에듀윌과 함께 시작하면,
당신도 합격할 수 있습니다!

대학 진학 후 진로를 고민하다 1년 만에
서울시 행정직 9급, 7급에 모두 합격한 대학생

용기를 내 계리직공무원에 도전해
4개월 만에 합격한 40대 주부

직장생활과 병행하며 7개월간 공부해
국가공무원 세무직에 당당히 합격한 51세 직장인까지

누구나 합격할 수 있습니다.
시작하겠다는 '다짐' 하나면 충분합니다.

마지막 페이지를 덮으면,

에듀윌과 함께
공무원 합격이 시작됩니다.

69개월 베스트셀러 1위
에듀윌 공무원 교재

기초부터 확실하게 기본 이론

기본서
국어 독해

기본서
국어 문법

기본서
영어 독해

기본서
영어 문법

기본서
한국사

기본서
행정학

기본서
행정법총론

다양한 출제 유형 대비 문제집

단원별 기출&예상 문제집
국어

단원별 기출&예상 문제집
한국사

단원별 기출&예상 문제집
행정학

단원별 기출&예상 문제집
행정법총론

* YES24 수험서 자격증 공무원 베스트셀러 1위 (2017년 3월, 2018년 4월~6월, 8월, 2019년 4월, 6월~12월, 2020년 1월~12월, 2021년 1월~12월, 2022년 1월~12월, 2023년 1월~12월, 2024년 1월~7월, 9월 월별 베스트, 매월 1위 교재는 다름)
* YES24 국내도서 해당분야 월별, 주별 베스트 기준

1초 합격예측
모바일 성적분석표

1초 안에 '클릭' 한 번으로 성적을 확인하실 수 있습니다!

활용 GUIDE

실시간 성적분석 방법!

STEP 1 QR 코드 스캔 ▶ STEP 2 모바일 OMR 입력 ▶ STEP 3 자동채점 & 성적분석표 확인

STEP 1

QR 코드 스캔

- 교재의 QR 코드를 모바일로 스캔 후 에듀윌 회원 로그인
- QR 코드 하단의 바로가기 주소로도 접속 가능

STEP 2

모바일 OMR 입력

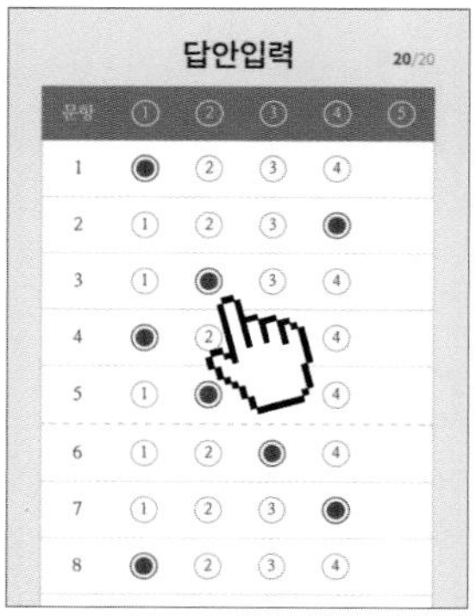

- 회차 확인 후 '응시하기' 클릭
- 모바일 OMR에 답안 입력
- 문제풀이 시간까지 측정 가능

STEP 3

자동채점 & 성적분석표 확인

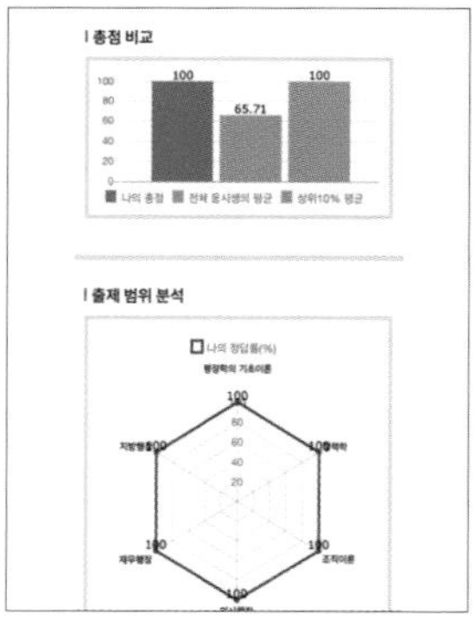

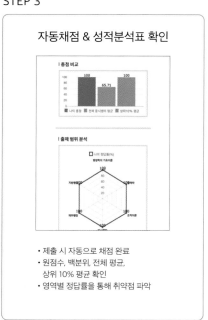

- 제출 시 자동으로 채점 완료
- 원점수, 백분위, 전체 평균, 상위 10% 평균 확인
- 영역별 정답률을 통해 취약점 파악

공무원,
에듀윌을 선택해야 하는 이유

합격자 수 수직 상승

2,100%

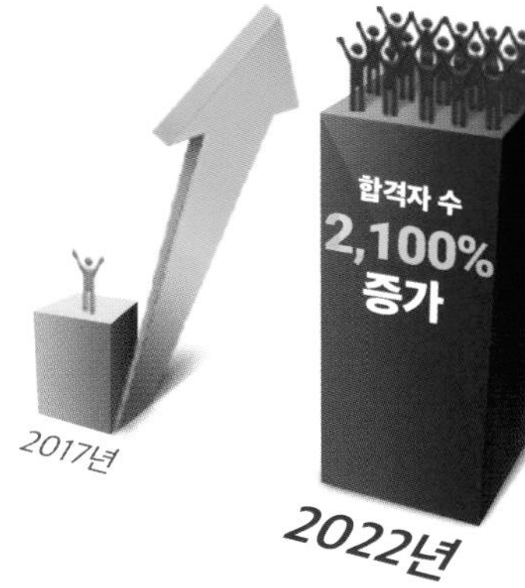

명품 강의 만족도

99%

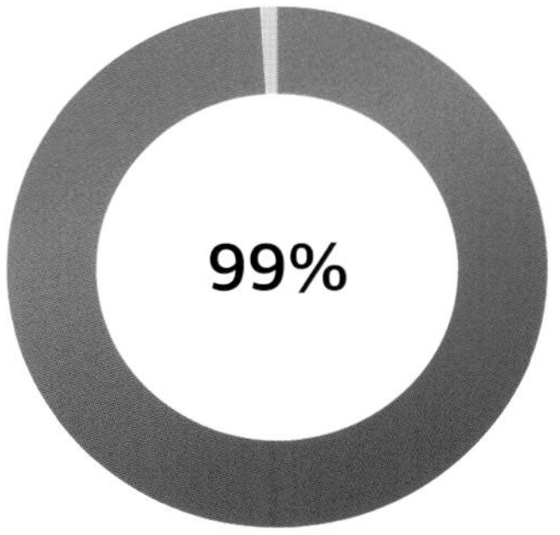

공무원

베스트셀러 1위

69개월(5년 9개월)

5년 연속 공무원 교육

1위

* 2017/2022 에듀윌 공무원 과정 최종 환급자 수 기준 * 9급공무원 대표 교수진 2023년 7월 ~ 2024년 4월 강의 만족도 평균(배영표, 헤더진, 한유진, 이광호, 김용철)
* YES24 수험서 자격증 공무원 베스트셀러 1위 (2017년 3월, 2018년 4월~6월, 8월, 2019년 4월, 6월~12월, 2020년 1월~12월, 2021년 1월~12월, 2022년 1월~12월, 2023년 1월~12월, 2024년 1월~7월, 9월 월별 베스트, 매월 1위 교재는 다름)
* 2023, 2022, 2021 대한민국 브랜드만족도 7·9급공무원 교육 1위 (한경비즈니스) / 2020, 2019 한국브랜드만족지수 7·9급공무원 교육 1위 (주간동아, G밸리뉴스)

eduwill

* 2023 대한민국 브랜드만족도 7·9급공무원 교육 1위 (한경비즈니스)

실패율 Zero! 따라만 해도 3회독 완성!

회독 플래너

PART	CHAPTER	1회독	2회독	3회독
행정학의 기초이론	행정의 개념	1	1	1
	현대행정의 변천	2~5	2~3	
	행정학이론 발달	6~9	4~5	
	행정이념	10		
정책학	정책학의 기초이론	11~12	6	2
	정책의제설정론	13~14	7	
	정책분석론	15~17	8	
	정책결정이론모형	18~20	9	
	정책집행론	21~22	10	
	정책평가론	23~24	11	
	기획이론	25		
조직이론	조직의 기초이론	26~27	12	3
	조직구조론	28~30	13~14	
	조직관리론	31~32	15	4
	조직정보론	33~34	16	
	조직변동(혁신)론	35		
인사행정론	인사행정의 기초이론	36~37	17	5
	공직의 분류	38~39	18	
	인사행정의 3대 변수	40~41	19	
	근무규율	42~43	20	
재무행정론	재무행정의 기초이론	44~45	21~22	6
	예산과정론	46~47	23~24	
	예산제도론	48~49	25	
행정환류론	행정책임과 통제	50	26	7
	행정개혁(정부혁신)	51		
지방행정론	지방행정의 기초이론	52	27	7
	정부 간 관계	53~54		
	지방자치단체의 운영체계	55~56	28	
	주민참여제도	57~58	29	
	지방재정	59~60	30	
		⇩	⇩	⇩
		60일 완성	30일 완성	7일 완성

* 필수기출편과 출제예상편에 대한 회독 플래너입니다.
* 3회독 시에는 △, ☒에 체크한 문제 위주로 빠르게 풀며 취약점을 보완하세요.

실력 Upgrade! 스스로 계획하여 3회독 완성!

회독 플래너

PART	CHAPTER	1회독	2회독	3회독
행정학의 기초이론	행정의 개념			
	현대행정의 변천			
	행정학이론 발달			
	행정이념			
정책학	정책학의 기초이론			
	정책의제설정론			
	정책분석론			
	정책결정이론모형			
	정책집행론			
	정책평가론			
	기획이론			
조직이론	조직의 기초이론			
	조직구조론			
	조직관리론			
	조직정보론			
	조직변동(혁신)론			
인사행정론	인사행정의 기초이론			
	공직의 분류			
	인사행정의 3대 변수			
	근무규율			
재무행정론	재무행정의 기초이론			
	예산과정론			
	예산제도론			
행정환류론	행정책임과 통제			
	행정개혁(정부혁신)			
지방행정론	지방행정의 기초이론			
	정부 간 관계			
	지방자치단체의 운영체계			
	주민참여제도			
	지방재정			

⇩ ⇩ ⇩

___일 완성 ___일 완성 ___일 완성

* 필수기출편과 출제예상편에 대한 회독 플래너입니다.
* 3회독 시에는 △, ☒에 체크한 문제 위주로 빠르게 풀며 취약점을 보완하세요.

시작하는 방법은

말을 멈추고

즉시 행동하는 것이다.

– 월트 디즈니(Walt Disney)

합격을 당기는 전략

기출회독 최종점검

문제풀이 집중훈련

2025

에듀윌 7·9급공무원 단원별 기출&예상 문제집

행정학

eduwill

WHY

시간이 없는데,
풀어야 할 것도 많은데

.

.

"단원별 기출&예상 문제집, 왜 풀어야 할까요?"

REASON 1

약점을 알아야 합격이 빨라진다!

'질러가는 길이 돌아가는 길이다.'라는 말이 있습니다. 본인의 취약점은 모른 채 단순히 학습 커리큘럼만 따라가면 합격에서 점점 멀어질 수 있습니다. 단원별 문제풀이를 통해 본인의 약점을 파악하고 이를 집중적으로 학습하는 것이 합격으로 빨리 가는 효율적인 길입니다.

REASON 2

개념을 안다고 문제가 바로 풀리지 않는다!

분명 수업 시간에 배운 개념인데 막상 문제를 보면 어떻게 풀어야 할지 막막할 때가 많습니다. 합격을 위해서는 무작정 개념만을 학습하기보다는 체계적으로 설계된 문제를 통해 학습한 개념을 문제에 직접 접목할 수 있는 '적용력'을 키우는 것이 더 중요합니다.

REASON 3

문제해결 능력을 키워야 '실전'이 두렵지 않다!

어떤 단원에서, 어떤 유형이 출제될지 두렵고 막연하기만 한 공시!
따라서 어떤 문제가 출제되어도 해결해 낼 수 있는 문제해결 능력을 키우는 것이 매우 중요합니다. 단원별로 구성된 기출 문제, 기출 기반의 예상 문제, 약점 보완 최종 마무리 모의고사를 통해 문제에 대한 자신감을 키워야 합니다.

INTRO | 머리말

목표가 있으면 여행이 되고, 목표가 없으면 방황이 된다!

여행 vs. 방황

여행과 방황의 차이는 목표가 있느냐에 따라 달라진다고 합니다. 목표가 있으면 여행이 되고, 목표가 없으면 방황이 되는 것이지요. 여행의 목표가 정해졌다면 목표를 찾아가기 위한 지도와 나침반이 필요합니다. 지도와 나침반을 가지고 출발하면 여행이 되지만, 지도와 나침반이 없이 출발하면 방황이 됩니다. 수험공부도 그러합니다. 합격이라는 목표를 찾아가기 위해서는 기출문제라는 지도와 출제 방향이라는 나침반이 필요합니다.

여행을 떠나기 전에 누군가는 설레고, 누군가는 이러저러한 이유로 마지못해 출발합니다. 수험공부도 그러합니다. 누군가는 수험에 대한 설렘으로 출발하지만, 누군가는 마지못해 수험생활을 시작합니다.

여행을 하는 과정에서 재미있고 좋은 일이 있을 수도 있고, 힘든 일이 있을 수도 있습니다. 수험공부도 그러합니다. 수험공부를 하는 과정에서 생각하지도 못한 앎에 대한 기쁨이 있을 수도 있고, 수험공부의 고통이 있을 수도 있습니다.

여행 후에 많은 것을 깨닫고 느끼는 사람이 있는가 하면, 여행하는 동안 안 좋은 일을 잊기 위해 애쓰는 사람도 있습니다. 수험공부도 그러합니다. 수험공부 후에 한 단계 성숙하는 사람도 있지만, 수험공부를 했던 시기의 안 좋은 일을 잊기 위해 애쓰는 사람도 있습니다.

판도라의 상자

수험공부라는 여정이 반드시 즐겁고 유쾌하지만은 않을 수 있습니다. 하지만 누구에게나 판도라의 상자는 있습니다. 힘들고 지칠 때는 판도라의 상자를 보면서 희망을 품어 보세요.

지도, 나침반, 목표

우리는 그동안 기본서와 기본이론 강의를 통해 독도법(讀圖法)을 익혔습니다. 이 책에서 제공하는 좀 더 정밀한 지도(필수기출편)와 나침반(출제예상편, 진도별 모의고사)이 여러분의 목표 도달에 도움이 되기를 바랍니다.

편저자 남 진 우

STRUCTURE | 구성과 특징

| 문제편 | 필수기출편 + 출제예상편 + 진도별 모의고사

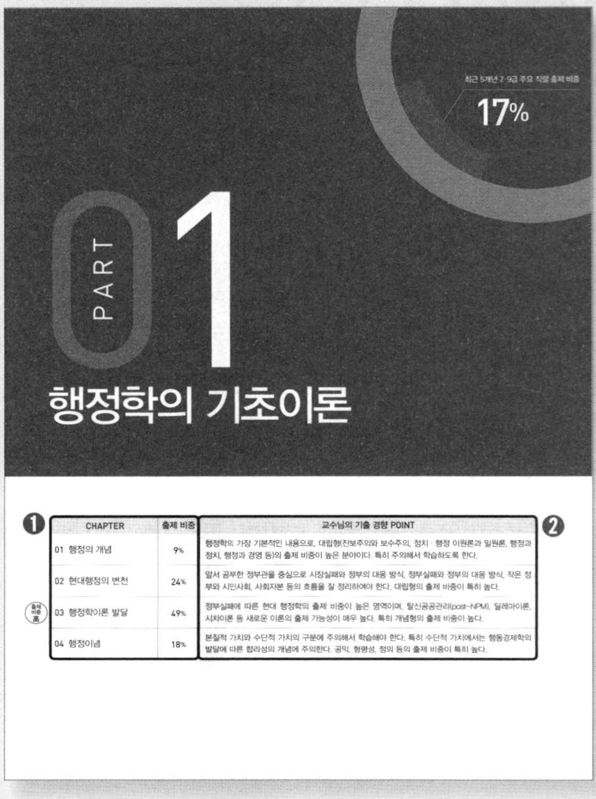

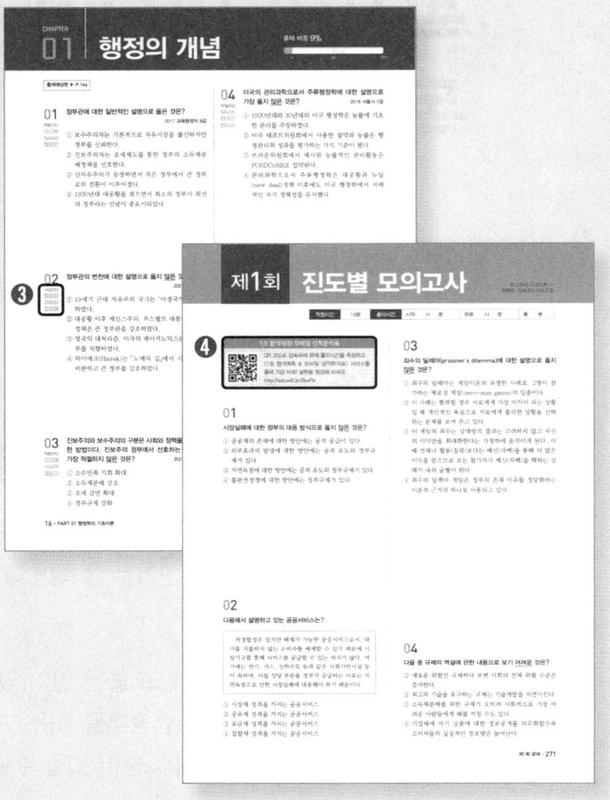

❶ 단원별 출제 비중
단원별 출제 비중을 통해 어떤 단원이 얼마나 많이 출제되었는지 파악하여 전략적으로 학습할 수 있다.

❷ 교수님의 기출 경향 POINT
기출 문제의 분석을 통해 도출해 낸 최신 출제 경향을 제시하여 기출 트렌드를 숙지할 수 있다.

❸ 3회독 약점진단 ◎△☒
정확히 알고 맞힌 문제는 ◎, 헷갈려서 찍은 문제는 △, 몰라서 틀린 문제는 ☒로 표기하고 △, ☒ 문항은 다시 풀어 볼 수 있다.

❹ 1초 합격예측 서비스
회차별 QR 코드를 스캔한 후, 모바일 OMR을 이용하여 모의고사를 실전처럼 풀이할 수 있다.

※ ❷ 출제예상편에는 '교수님의 출제 예상 POINT'가 수록되어 있습니다.

| 정답과 해설 | 필수기출편 + 출제예상편 + 진도별 모의고사

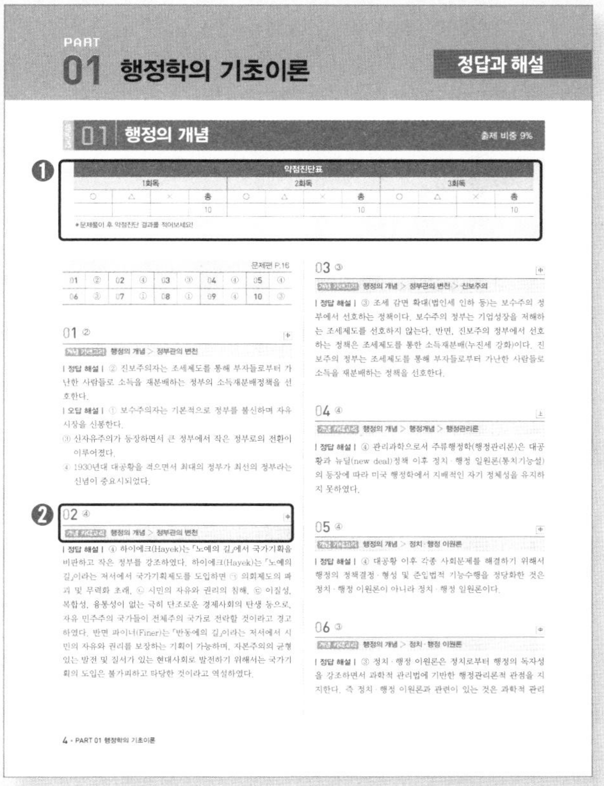

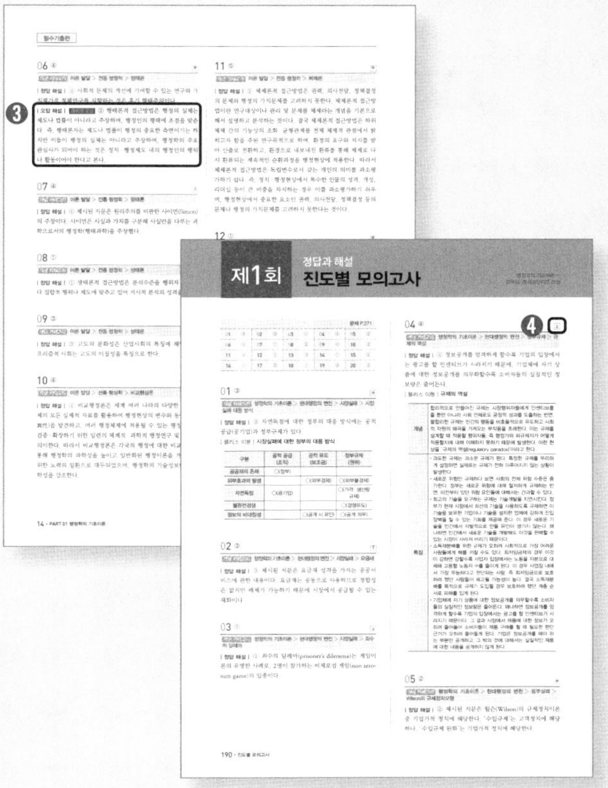

❶ 3회독 약점진단표
단원별 문제풀이 후 약점진단 결과를 적어 자신의 약점과 약점 공략 과정을 한눈에 파악할 수 있다.

❷ 개념 카테고리
카테고리를 제시하여 더 자세하게 알고 싶은 개념을 기본서와 연계하여 학습할 수 있다.

❸ 매력적 오답
오답률을 높게 만든 오답 선택지를 짚어 주어 함정 문제의 유형을 파악하고 함정을 피해 확실하게 정답을 고를 수 있다.

❹ 문항별 난이도
모든 해설에 문항별 난이도를 상, 중, 하로 기재하여 학습 시 참고할 수 있다.

무료 제공!

회독 및 실전까지 확실하게 책임지는
무료 합격팩

- 자동 3회독 완성, **회독 플래너**
- 반복 활용 가능, **OMR 카드**
- 모바일 OMR로 성적확인, **1초 합격예측 서비스**

◀ 회독 플래너

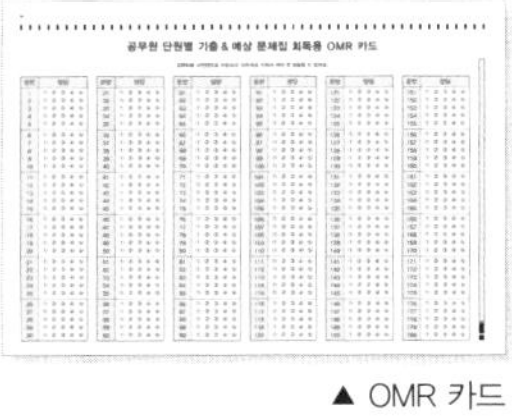
▲ OMR 카드

ANALYSIS | 출제 경향 & 합격 전략

주요 직렬 최근 5개년 출제 경향

*2024~2020년도 국가직/지방직 9급

출제 비중

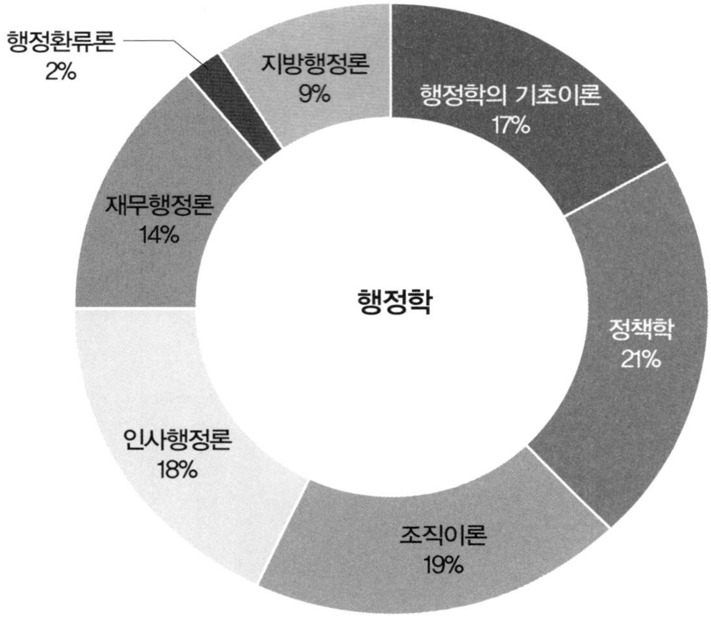

출제 분석

출제 영역 면에서는 전 영역에서 고른 출제 분포를 보이고 있다(PART 01~05 - 3~4문항, PART 06 - 1문항, PART 07 - 2~3문항). 신구(新舊) 문제 면에서는 적절한 조화를 보이며, 신경향 문제들이 1~3문항 정도 꾸준히 출제되고 있다.

잠깐! 미리보는 2025 기출트렌드

'파레토의 80 대 20 법칙'에 따라 80~90%는 익숙한 빈출 문제가 출제되고, 10~20%는 신경향 문제가 출제될 것으로 예상된다. PART 01은 탈신공공관리 등의 새로운 이론에서, PART 02는 새로운 정책분석기법이나 이론에서, PART 03은 정보화와 관련된 내용에서, PART 04는 성과와 역량 중심의 이론에서, PART 05는 재정혁신 등의 이론에서, PART 06은 행정개혁에 관한 내용에서, PART 07은 지방재정의 건전성 등에서 신경향 문제가 출제될 가능성이 높다.

파트별 합격 전략

PART 01 행정학의 기초이론

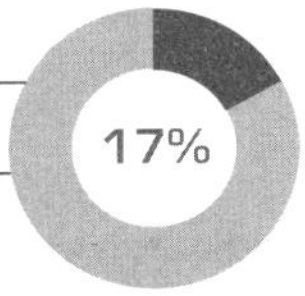

행정학은 시장실패로 인해 정부의 역할과 기능이 확대되면서 등장한 학문으로, 시장실패의 원인과 그에 따른 정부의 역할과 기능 변화를 확실히 이해해야 한다. 최근 출제 비중이 높은 영역이다. 이와 같은 정부관의 변화에 따라 행정국가의 이론 및 이념보다는 신행정국가의 이론 및 이념이 중시되고 있으므로, 행정학 패러다임 변화에 따른 출제 비중의 변화에 주의해야 한다.

PART 02 정책학

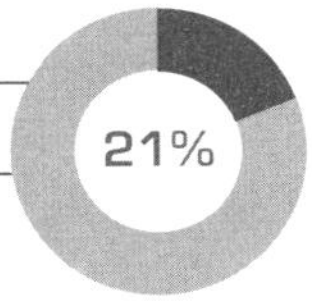

기초이론에서는 정책유형, 정책네트워크모형, 권력모형, 정책의제설정에서는 사회문제가 어떻게 정부의제로 채택되는지, 정책분석에서는 합리적 결정을 위한 분석기법, 정책결정에서는 합리성을 중심으로 모형화한 정책결정모형, 정책집행에서는 하향적 · 상향적 접근방법, 정책평가에서는 타당성 · 신뢰성과 평가방법을 중심으로 학습해야 한다.

PART 03 조직이론

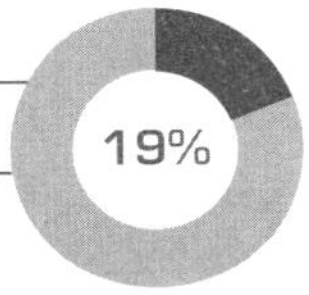

조직이론의 핵심적인 내용에 해당하는 조직구조의 모형(기능구조, 사업구조, 매트릭스구조 등), 관료제와 후기관료제, 학습조직, 지식정보사회의 조직모형이 매번 반복적으로 출제된다. 이후 인간관계론의 영향으로 동기부여이론에 관한 관심이 높아졌고, 더 나아가 조직 내부의 효율적 관리에 관심이 높아지고 있다. 최근에는 정보화 등을 중심으로 하는 환경 변화에 관한 관심이 고조되고 있으므로 이에 주의하여 학습해야 한다.

PART 04 인사행정론

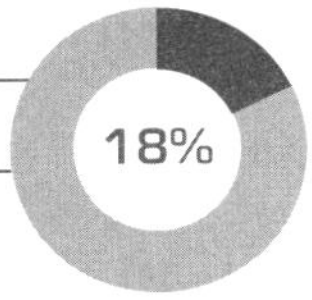

엽관주의 · 실적주의, 대표관료제, 직업공무원제, 경력직 · 특수경력직, 개방형 · 폐쇄형, 계급제 · 직위분류제, 고위공무원단제도 등에서 반드시 1~2문항이 출제된다. 임용에서는 특히 시험의 출제 비중이 높다. 능력발전에서는 근무성적평정이 중요하며, 최근에는 다면평가의 출제 비중이 높아지고 있다. 사기앙양에서 연금의 경우는 개정된 내용을 정확히 숙지해야 하며, 공직윤리에서는 공직윤리에 관한 법령상의 차이를 숙지하고 부패의 접근방법과 유형을 구분하여 학습해야 한다.

PART 05 재무행정론

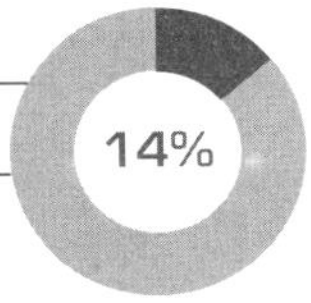

기초이론에서는 예산의 종류, 예산원칙, 법적 기초가, 예산과정에서는 집행, 편성의 출제 비중이 높으나 최근에는 발생주의와 복식부기를 중심으로 결산의 출제 비중이 높아지고 있다. 예산제도론에서는 정부관 변화에 따른 예산제도의 변화와 각 예산제도의 장 · 단점, 특히 경기회복과 관련된 자본예산제도에 주의해야 한다.

PART 06 행정환류론

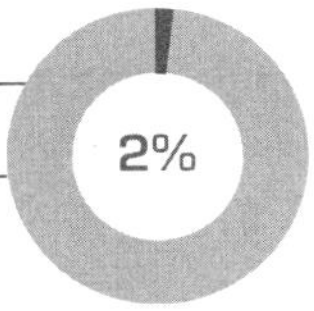

행정책임과 통제의 유형 구분, 특히 내부통제로서의 감사원과 외부통제로서의 옴부즈만(Ombudsman) 제도에 주의한다. 행정개혁의 접근방법, 저항요인과 극복방안, 정부혁신의 공통적 방향을 중심으로 학습해야 한다.

PART 07 지방행정론

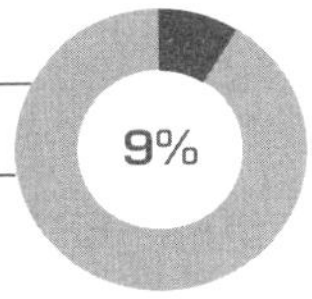

지방자치를 포함한 지방행정의 기본 개념과 신중앙집권의 원인 및 특징을 숙지해야 한다. 최근 정부간 관계와 주민투표, 조례의 제정과 개정 · 폐지 청구, 주민감사청구 등 주민참여제도에 대한 관심이 높아지고 있으므로, 관련 법령을 비교하여 정리해야 한다. 지방자치의 발전도 결국은 재정의 문제이므로 지방세, 지방교부세를 중심으로 지방재정의 전반적인 내용까지 숙지하도록 한다.

CONTENTS | 차례

합격을 당기는 전략

기출회독 최종점검

문제풀이 집중훈련

기출회독 최종점검

필수기출편

합격을 당기는 전략

기출회독 최종점검

문제풀이 집중훈련

최근 5개년 7·9급 주요 직렬 출제 비중

17%

PART 01

행정학의 기초이론

CHAPTER	출제 비중	교수님의 기출 경향 POINT
01 행정의 개념	9%	행정학의 가장 기본적인 내용으로, 대립형(진보주의와 보수주의, 정치 · 행정 이원론과 일원론, 행정과 정치, 행정과 경영 등)의 출제 비중이 높은 분야이다. 특히 주의해서 학습하도록 한다.
02 현대행정의 변천	24%	앞서 공부한 정부관을 중심으로 시장실패와 정부의 대응 방식, 정부실패와 정부의 대응 방식, 작은 정부와 시민사회, 사회자본 등의 흐름을 잘 정리하여야 한다. 대립형의 출제 비중이 특히 높다.
출제 비중 高 03 행정학이론 발달	49%	정부실패에 따른 현대 행정학의 출제 비중이 높은 영역이며, 탈신공공관리(post-NPM), 딜레마이론, 시차이론 등 새로운 이론의 출제 가능성이 매우 높다. 특히 개념형의 출제 비중이 높다.
04 행정이념	18%	본질적 가치와 수단적 가치의 구분에 주의해서 학습해야 한다. 특히 수단적 가치에서는 행동경제학의 발달에 따른 합리성의 개념에 주의한다. 공익, 형평성, 정의 등의 출제 비중이 특히 높다.

CHAPTER 01

행정의 개념

출제 비중 9%

출제예상편 ▶ P.166

01

약점진단 ○△× ○△× ○△×

정부관에 대한 일반적인 설명으로 옳은 것은?

2017 교육행정직 9급

① 보수주의자는 기본적으로 자유시장을 불신하지만 정부를 신뢰한다.

② 진보주의자는 조세제도를 통한 정부의 소득재분배정책을 선호한다.

③ 신자유주의가 등장하면서 작은 정부에서 큰 정부로의 전환이 이루어졌다.

④ 1930년대 대공황을 겪으면서 최소의 정부가 최선의 정부라는 신념이 중요시되었다.

02

약점진단 ○△× ○△× ○△×

정부관의 변천에 대한 설명으로 옳지 않은 것은?

2022 국가직 9급

① 19세기 근대 자유주의 국가는 '야경국가'를 지향하였다.

② 대공황 이후 케인스주의, 루스벨트 대통령의 뉴딜정책은 큰 정부관을 강조하였다.

③ 영국의 대처리즘, 미국의 레이거노믹스는 작은 정부를 지향하였다.

④ 하이에크(Hayek)는 「노예의 길」에서 시장실패를 비판하고 큰 정부를 강조하였다.

03

약점진단 ○△× ○△× ○△×

진보주의와 보수주의의 구분은 사회와 정책을 이해하는 한 방법이다. 진보주의 정부에서 선호하는 정책으로 가장 적절하지 않은 것은?

2024 군무원 9급

① 소수민족 기회 확대

② 소득재분배 강조

③ 조세 감면 확대

④ 정부규제 강화

04

약점진단 ○△× ○△× ○△×

미국의 관리과학으로서 주류행정학에 대한 설명으로 가장 옳지 않은 것은?

2018 서울시 7급

① 1920년대와 30년대의 미국 행정학은 능률에 기초한 관리를 주장하였다.

② 미국 태프트위원회에서 사용한 절약과 능률은 행정관리의 성과를 평가하는 가치 기준이 됐다.

③ 브라운위원회에서 제시된 능률적인 관리활동은 POSDCoRB로 집약된다.

④ 관리과학으로서 주류행정학은 대공황과 뉴딜(new deal)정책 이후에도 미국 행정학에서 지배적인 자기 정체성을 유지했다.

05

약점진단 ○△× ○△× ○△×

정치행정이원론에 대한 설명으로 옳지 않은 것은?

2022 국가직 7급

① 행정과 경영이 차이가 없음을 강조하는 공사행정일원론의 입장을 취한다.

② 의사결정 역할을 하는 정치와 결정된 의사를 집행하는 행정의 역할을 엄격하게 구분할 것을 주장하였다.

③ 윌슨(Wilson)은 행정을 전문적 · 기술적 영역으로 규정하고, 정부는 효율성과 전문성을 갖추어야 한다고 주장하였다.

④ 대공황 이후 각종 사회문제를 해결하기 위해서 행정의 정책결정 · 형성 및 준입법적 기능수행을 정당화하였다.

06 정치행정이원론과 관련된 설명으로 가장 옳지 않은 것은?

2022 군무원 9급

약점진단 ○△× ○△× ○△×

① 행정을 공공서비스의 효율적인 생산 및 공급, 분배와 관련된 비권력적 관리현상으로 이해한다.
② 엽관주의를 극복하기 위한 시대적 요청에 따라 미국 펜들턴법(Pendleton Civil Service Reform Act)이 제정되었다.
③ 정치로부터 행정의 독자성을 강조하면서 과학적 관리법에 기반한 행태주의적 관점을 지지한다.
④ 행정국가의 등장으로 행정의 능률성과 전문성이 강조되면서 행정개혁운동이 전개되었다.

07 정치 · 행정 일원론에 대한 설명으로 옳은 것은?

2021 지방직 9급(서울시 9급)

약점진단 ○△× ○△× ○△×

① 행정국가의 등장과 연관성이 깊다.
② 윌슨(Wilson)의 「행정연구」가 공헌하였다.
③ 정치는 의사결정의 영역이고, 행정은 결정된 내용을 집행한다고 보았다.
④ 행정은 경영과 비슷해야 하며, 행정이 지향하는 가치로 절약과 능률을 강조하였다.

08 정치 · 행정 이원론에 대한 설명으로 옳은 것은?

2020 국가직 9급

약점진단 ○△× ○△× ○△×

① 정당정치의 개입으로부터 자유로운 행정 영역을 강조하였다.
② 1930년대 뉴딜정책은 정치 · 행정 이원론이 등장하게 된 중요 배경이다.
③ 과학적 관리론과 행정개혁운동은 정치 · 행정 이원론의 한계를 지적하였다.
④ 정치 · 행정 이원론을 대표하는 애플비(Appleby)는 정치와 행정이 단절적이라고 보았다.

09 행정에 대한 설명으로 가장 옳지 않은 것은?

2018 서울시 7급 제1회

약점진단 ○△× ○△× ○△×

① 행정은 최협의적으로는 행정부의 조직과 공무원의 활동에 대한 것이다.
② 행정은 공공서비스의 생산, 공급, 분배를 통해 공공 욕구를 충족시켜 국민 삶의 질을 증대하고자 한다.
③ 행정의 활동은 환경과의 상호작용을 통해 역동적으로 변화한다.
④ 행정의 활동은 정치권력을 배경으로 공공서비스의 생산 및 공급을 정부가 독점한다.

10 1930년대 귤릭(Gulick)이 제시한 기본행정이론에 시대적 요구에 따라 1970년대 폴랜드(Poland)가 추가시킨 이론 분야는?

2023 군무원 7급

약점진단 ○△× ○△× ○△×

① 기획(Planning)
② 조직(Organizing)
③ 평가(Evaluating)
④ 인사(Staffing)

약점 체크와 약점 보완을 한 번에 정답과 해설 P.4

현대행정의 변천

출제 비중 24%

24 50 100

출제예상편 ▶ P.168

01 머스그레이브(Musgrave)의 정부 재정기능의 기본 원칙에 대한 설명으로 옳지 않은 것은?

약점진단 ○△× ○△× ○△×

2018 지방직 9급(사회복지직 9급)

① 시장실패를 교정하고 사회적 최적 생산과 소비수준이 이루어지도록 해야 한다.
② 세입 면에서는 차별 과세를 하고, 세출 면에서는 사회보장적 지출을 통해 소외계층을 지원해야 한다.
③ 고용, 물가 등과 같은 거시경제 지표들을 안정적으로 조절해야 한다.
④ 정부에 부여된 목적과 자원을 연계하여 소기의 성과를 거둘 수 있도록 관료를 통제해야 한다.

02 시장실패에 대한 설명으로 옳지 않은 것은?

약점진단 ○△× ○△× ○△×

2024 국가직 9급

① 민영화를 강조하는 작은 정부론은 시장실패에 대한 대응으로 제기되었다.
② 시장기구를 통해 자원을 효율적으로 배분할 수 없는 상태를 말한다.
③ 정부는 시장개입 및 규제를 통해 시장실패를 교정한다.
④ 공공재의 존재는 시장실패를 야기하는 요인이다.

03 공공서비스를 소비의 배제성과 경합성을 기준으로 구분하면 〈보기 1〉과 같이 4가지 유형으로 구분할 수 있다. 각 영역에 해당하는 공공서비스의 명칭과 사례를 〈보기 2〉에서 바르게 연결한 것은? 2018 서울시 7급 제2회

약점진단 ○△× ○△× ○△×

보기 1

소비의 경합성 / 소비의 배제성	경합적	비경합적
배제 가능	가	나
배제 불가능	다	라

보기 2

구분	명칭	사례
가	㉠ 공유재	ⓐ 전기, 통신, 상하수도
나	㉡ 공공재	ⓑ 음식점, 호텔, 의료, 택시
다	㉢ 시장재	ⓒ 소방, 치안, 국방, 공기
라	㉣ 요금재	ⓓ 지하수, 해저광물, 강, 호수

	가	나	다	라
①	㉢ – ⓑ	㉣ – ⓐ	㉠ – ⓓ	㉡ – ⓒ
②	㉢ – ⓐ	㉠ – ⓑ	㉣ – ⓒ	㉡ – ⓓ
③	㉣ – ⓐ	㉢ – ⓓ	㉡ – ⓑ	㉠ – ⓒ
④	㉡ – ⓓ	㉠ – ⓒ	㉢ – ⓑ	㉣ – ⓐ

04 사바스(Savas)가 구분한 공공서비스의 유형 중에서 비경합성과 비배타성(비배제성)을 모두 가진 것은?

약점진단 ○△× ○△× ○△×

2023 군무원 7급

① 시장재 ② 요금재
③ 공유재 ④ 집합재

05 다음 글을 읽고 추론한 것으로 옳지 않은 것은? 2011 국회직 8급

약점진단 ○△× ○△× ○△×

> 하딘(Hardin)은 공유의 초지에 가축을 방목할 때 방목자들이 자신의 이익을 극대화하려는 행동의 결과로서 모두가 공멸하게 될 수 있음을 지적하였다. 이러한 공멸의 결과를 가져올 개개인의 행위는 방목자들의 도덕적인 양심이나 윤리적 판단에 의하여 억제될 수 있다. 그러나 이에 대해 하딘은 대단히 회의적인 시각을 견지하였다. 첫째, 장기적으로 볼 때 도덕이나 양심을 준수하는 것은 자기 파멸적이라는 것이다. 공유의 권한에 입각한 사용의 권리를 양심이나 도덕관념에 호소하여 자제하도록 한다는 것은 장기적으로는 생존의 경쟁에서 양심적인 사람들보다 비양심적이거나 비도덕적인 사람을 선호하는 선별적인 체제를 만들어 나간다는 주장으로 연결된다. 둘째, 단기적으로 볼 때 도덕적 호소나 양심을 준수해 나간다는 것은 준수자로 하여금 심각한 심리적 모순 상태에 빠져들게 하여 정신적 고통을 겪게 한다는 것이다. 양심과 도덕적 호소에 따라 행동하지 않으면 책임 있는 시민으로 행동하지 않는 데 대해 공개된 비난을 받을 수 있다는 점과 다른 한편으로는 다른 사람들이 공유의 상태를 최대한 활용하여 자기 이익을 극대화시키고 있는 동안 자기는 바보처럼 그냥 있어야 한다는 점에서 정신적 갈등을 겪게 된다.

① 공유지의 비극은 행위자들이 자신의 이익을 극대화하려는 선택을 함으로써 발생한다.
② 공유지의 비극은 행위자들이 공멸로 인해 부담하는 비용보다 개인의 편익이 크다고 인식할 때 발생한다.
③ 공유지의 비극은 비용의 집중과 편익의 분산관계로 인해 발생한다.
④ 공유지에서 아무런 제약이 없다면 행위자들은 제한된 자원인 줄 알면서도 필연적으로 방목 가축의 수를 무한히 늘리게 된다.
⑤ 공유지의 비극은 개인의 이익극대화 활동의 결과가 집단 전체에는 최선의 이익이 될 수 없다는 사실을 보여 주는 사례이다.

06 다음 〈보기〉 내용의 시장실패에 대한 설명으로 옳지 않은 것은? 2015 지방직 9급

약점진단 ○△× ○△× ○△×

> **보기**
>
> 한 마을에 적당한 크기의 목초지가 있었다. 그 마을에는 열 가구가 오순도순 살고 있었는데, 각각 한 마리의 소를 키우고 있었고 그 목초지는 소 열 마리가 풀을 뜯는 데 적당한 크기였다. 소들은 좋은 젖을 주민들에게 공급하면서 튼튼하게 자랄 수 있었다. 그런데 한 집에서 욕심을 부려 소 한 마리를 더 키우면서 문제가 시작되었다. 다른 집들도 소 한 마리, 또 한 마리 등 욕심을 부리기 시작하면서 목초지는 풀뿌리까지 뽑히게 되었고, 결국 소가 한 마리도 살아갈 수 없는 황폐한 공간으로 바뀌고 말았다.

① 위에서 나타나는 시장실패의 주된 요인은 무임승차자 문제이다.
② 〈보기〉의 사례에 나타난 재화는 배제불가능성과 함께 소비에서의 경합성을 특징으로 한다.
③ 〈보기〉의 사례는 '공유지의 비극(tragedy of the commons)'에 대한 설명이다.
④ 이러한 시장실패를 해결하기 위한 방법의 하나는 재화의 재산권을 명확히 하는 것이다.

07 사바스(Savas)의 재화 및 서비스 유형에 대한 설명으로 옳지 않은 것은? 2023 지방직 7급

약점진단 ○△× ○△× ○△×

① 시장재(private goods)는 소비자 보호와 서비스 안전을 위해 행정의 개입도 가능하다.
② 공유재(common pool goods)는 과다 소비와 공급 비용 귀착 문제가 발생한다.
③ 요금재(toll goods)는 X－비효율성으로 인해 발생할 수 있는 문제 때문에 대부분 정부가 공급한다.
④ 집합재(collective goods)는 비용 부담에 따라 서비스 혜택을 차별화하거나 배제할 수 없기 때문에 무임승차 문제가 발생한다.

08 약점진단 ○△×

다음의 분류에 해당하는 재화에 대한 정부의 역할로 적절하지 않은 것은? 2016 교육행정직 9급

구분	배제성	비배제성
경합성	(가)	(나)
비경합성	(다)	(라)

① (가): 재화는 시장에 맡겨 두고 정부가 간섭을 하지 않아야 한다.
② (나): 재화에 대해 정부는 무분별한 사용을 막는 규칙을 설정한다.
③ (다): 재화의 상당 부분을 정부가 공급하는 이유는 자연독점에 의한 시장실패에 대응해야 하기 때문이다.
④ (라): 재화는 무임승차 문제를 야기하기 때문에 원칙적으로 정부가 직접 공급해야 한다.

09 약점진단 ○△×

외부효과를 교정하기 위한 방법에 대한 설명으로 옳지 않은 것은? 2015 국가직 9급

① 교정적 조세(피구세: Pigouvian tax)는 사회 전체적인 최적의 생산 수준에서 발생하는 외부효과의 양에 해당하는 만큼의 조세를 모든 생산물에 대해 부과하는 방법이다.
② 외부효과를 유발하는 기업에게 보조금을 지급하여 사회적으로 최적의 생산량을 생산하도록 유도한다.
③ 코즈(R. Coase)는 소유권을 명확하게 확립하는 것이 부정적 외부효과를 줄이는 방법이라고 주장했다.
④ 직접적 규제의 활용 사례로는 일정한 양의 오염허가서(pollution permits) 혹은 배출권을 보유하고 있는 경제 주체만 오염물질을 배출할 수 있게 허용하는 방식이 있다.

10 약점진단 ○△×

다음 중 공공서비스에 대한 설명으로 옳지 않은 것은? 2014 국회직 8급

① 의료, 교육과 같은 가치재(worthy goods)는 경합적이므로 시장을 통한 배급도 가능하지만 정부가 개입할 수도 있다.
② 공유재(common goods)는 정당한 대가를 지불하지 않는 사람들을 이용에서 배제하기 어렵다는 문제가 있다.
③ 노벨상을 수상한 오스트롬(E. Ostrom)은 정부의 규제에 의해 공유자원의 고갈을 방지할 수 있다는 보편적 이론을 제시하였다.
④ 공공재(public goods) 성격을 가진 재화와 서비스는 시장에 맡겼을 때 바람직한 수준 이하로 공급될 가능성이 높다.
⑤ 어획자 수나 어획량에 대해서 아무런 제한이 없는 개방어장의 경우 공유의 딜레마 또는 공유의 비극이라는 문제가 발생한다.

11 약점진단 ○△×

시장실패를 야기하는 요인에 대한 정부의 대응방식으로 가장 적절한 것은? 2023 군무원 7급

① 공공재의 존재에 대한 정부 보조금
② 외부효과의 발생에 대한 직접적인 공적(公的) 공급
③ 자연독점에 대한 정부규제
④ 정보의 비대칭성에 대한 직접적인 공적(公的) 공급

12 다음 중 시장실패에 따른 정부개입 근거에 대한 설명으로 가장 거리가 먼 것은? 2023 군무원 9급

약점진단 ○△× ○△× ○△×

① 공공재의 공급이 부족한 경우 정부가 강제적으로 공급한다.
② 외부효과 발생 시 조세와 보조금 등을 사용하여 외부효과를 제거한다.
③ 사회적 소득불평등에 따른 문제를 해결하기 위해 사회보장정책을 시행한다.
④ 불완전경쟁에 대해서는 보조금 혹은 공적 공급으로 대응할 수 있다.

13 파킨슨의 법칙(Parkinson's law)에 대한 설명으로 옳지 않은 것은? 2019 지방직 7급

약점진단 ○△× ○△× ○△×

① 관료는 본질적인 업무가 증가하지 않으면 파생적인 업무도 줄이려는 무사안일의 경향을 가진다.
② 업무의 강도나 양과는 관계없이 공무원의 수는 항상 일정한 비율로 증가한다.
③ 공무원은 업무의 양이 증가하면 비슷한 직급의 동료보다 부하 직원을 충원하려는 경향이 강하다.
④ 브레넌과 뷰캐넌(Brennan & Buchanan)의 리바이던 가설(leviathan hypothesis)처럼, 관료제가 '제국의 건설'을 지향한다는 입장이다.

14 다음은 윌슨(Wilson)의 규제정치 유형에 대한 설명이다. 각 유형별 사례를 바르게 짝지은 것은? 2014 지방직 9급

약점진단 ○△× ○△× ○△×

ㄱ. 정부규제로 인해 발생되는 비용은 상대적으로 이질적인 불특정 다수집단에 부담되나, 그 편익은 매우 크며 동질적인 소수집단에게 귀속되는 상황
ㄴ. 정부규제로 인해 감지된 비용과 편익이 쌍방 모두 이질적인 불특정 다수에게 미치기 때문에, 개개인으로 보면 그 크기가 작은 상황
ㄷ. 규제로부터 예상되는 비용과 편익이 모두 소수의 동질적인 집단에 국한되고, 쌍방이 모두 조직적인 힘을 바탕으로 이익 확보를 위해 첨예하게 대립되는 상황
ㄹ. 피규제 집단에게는 비용이 좁게 집중되지만, 규제로 인한 편익이 일반시민을 포함하여 넓게 분포되는 상황

	ㄱ	ㄴ	ㄷ	ㄹ
①	수입규제	음란물 규제	한약규제	원자력 발전규제
②	원자력 발전규제	수입규제	한약규제	음란물 규제
③	한약규제	원자력 발전규제	수입규제	음란물 규제
④	수입규제	한약규제	음란물 규제	원자력 발전규제

15 윌슨(Wilson)의 규제정치 유형 중 다음 설명에 해당하는 것은? 2022 국가직 9급

약점진단 ○△× ○△× ○△×

정부규제로 발생하게 될 비용은 상대적으로 작고 이질적인 불특정 다수에게 부담된다. 그러나 편익은 크고 동질적인 소수에 귀속된다. 이런 상황에서 상당한 이익을 얻을 수 있는 소수집단은 정치조직화하여 편익이 자신들에게 제도적으로 보장될 수 있도록 정치적 압력을 행사한다.

① 대중정치 ② 고객정치
③ 기업가정치 ④ 이익집단정치

16 다음 사례에 가장 부합하는 윌슨(Wilson)의 규제정치 유형은? 2017 국가직 7급

약점진단 ○△× ○△× ○△×

> A시와 검찰은 지난해부터 올 2월까지 B상수원 보호구역 내 불법 음식점 70곳을 단속해 7명을 구속기소하고 12명을 불구속기소하는 한편 45명을 벌금 500만~3천만 원에 약식기소했다. 이에 해당 유역 8개 시·군이 참여하는 '특별대책지역 수질보전정책협의회' 상인대표단은 11일 "B상수원 환경정비구역 내 휴게·일반음식점 규제·단속은 형평성이 결여됐다"며 중앙정부 차원의 해결책을 요구했다.

① 고객정치 ② 대중정치
③ 이익집단정치 ④ 기업가정치

17 다음 중 규제피라미드에 대한 설명으로 옳은 것은? 2018 국회직 8급

약점진단 ○△× ○△× ○△×

① 새로운 위험만 규제하다 보면 사회의 전체 위험수준은 증가하는 상황
② 규제가 또 다른 규제를 낳은 결과 피규제자의 비용부담이 점점 늘어나게 되는 상황
③ 기업체에게 상품 정보에 대한 공개 의무를 강화할수록 소비자들의 실질적인 정보량은 줄어들게 되는 상황
④ 과도한 규제를 무리하게 설정하다 보면 실제로는 규제가 거의 이루어지지 않게 되는 상황
⑤ 소득재분배를 위한 규제가 오히려 사회적으로 가장 어려운 사람들에게 해를 끼치게 되는 상황

18 다음 중 공공재의 공급 규모에 대한 설명으로 가장 적절하지 않은 것은? 2024 군무원 9급

약점진단 ○△× ○△× ○△×

① 니스카넨(Niskanen)의 예산극대화모형에 따르면 공공재는 과다 공급된다.
② 파킨슨(Parkinson)의 법칙이 적용되면 공공재는 과다 공급된다.
③ 보몰(Baumol)의 효과로 인하여 정부의 지출 규모가 감소하여 공공재는 과소 공급된다.
④ 다운스(Downs)에 의하면, 국민의 합리적 무지 내지 무관심은 공공재의 과소 공급을 가져온다.

19 정부규제에 대한 설명으로 가장 적절하지 않은 것은? 2023 군무원 9급

약점진단 ○△× ○△× ○△×

① 규제는 정부가 공권력을 이용하여 개인이나 기업의 활동을 정부가 원하는 바람직한 상태로 유도하기 위한 정책수단이다.
② 규제는 개인이나 기업의 자유로운 활동을 금지하거나 제한하고 이를 위반한 경우에 불이익이 가해지기 때문에 엄격한 법적 근거가 요구된다.
③ 경제적 규제는 기업의 본원적 활동을 제한하는 것은 아니고 정부와의 관계에 관한 규제이다.
④ 사회적 규제는 소비자, 환경, 노동자 등을 보호할 목적으로 안전, 위생, 오염, 고용 등에 관한 규제가 주를 이룬다.

20 정부규제의 유형에 대한 설명으로 옳지 않은 것은?

2021 국회직 8급

약점진단 ○△× ○△× ○△×

① 관리규제에서는 정부가 제시한 성과 기준만 충족하면 되기 때문에 이를 달성하는 수단과 방법의 선택은 피규제자가 자유롭게 선택할 수 있으며, 수단규제에 비해 피규제자가 많은 자율성을 갖는다.

② 수단규제는 정부의 목표를 달성하기 위해 필요한 기술이나 행위에 대해 사전적으로 규제하는 것으로 투입규제라고도 한다.

③ 공동규제는 정부로부터 위임을 받은 민간집단에 의해 이뤄지는 규제로 자율규제와 직접규제의 중간 성격을 띤다.

④ 자율규제는 개인과 기업 등 피규제자가 스스로 합의된 규범을 만들고 이를 구성원들에게 적용하는 형태의 규제이다.

⑤ 네거티브 규제 방식에서는 명시적으로 금지하는 것 이외의 모든 것을 자유로이 할 수 있다.

22 정부규제에 대한 설명으로 옳은 것만을 모두 고르면?

2019 국가직 9급

약점진단 ○△× ○△× ○△×

ㄱ. 포지티브(positive) 규제가 네거티브(negative) 규제보다 자율성을 더 보장해 준다.
ㄴ. 환경규제와 산업재해규제는 사회규제의 성격이 강하다.
ㄷ. 공동규제는 정부로부터 위임을 받은 민간집단에 의해 이뤄지는 규제를 의미한다.
ㄹ. 수단규제는 정부의 목표를 달성하기 위해 필요한 기술이나 행위에 대해 사전적으로 규제하는 것을 의미한다.

① ㄱ, ㄴ ② ㄷ, ㄹ
③ ㄱ, ㄴ, ㄷ ④ ㄴ, ㄷ, ㄹ

22 규제유형에 대한 설명으로 옳지 않은 것은?

2024 국가직 9급

약점진단 ○△× ○△× ○△×

① 오염배출부과금제도, 이산화탄소 배출권거래제도는 시장유인적 규제유형에 속한다.

② 포지티브 규제방식은 네거티브 규제방식에 비해 피규제자의 자율성을 더 보장한다.

③ 명령지시적 규제는 시장유인적 규제에 비해 일반국민이 이해하기 쉽고 직관적 설득력이 높다는 장점이 있다.

④ 사회규제는 주로 사회적 영향을 야기하는 기업행동에 대한 규제를 말하며 작업장 안전 규제, 소비자 보호 규제 등이 있다.

23 규제의 대상에 따라 정부규제를 수단규제, 성과규제, 관리규제로 분류할 때 〈보기〉의 각 유형별 대표 사례와 특징을 바르게 연결한 것은?

2018 서울시 7급 제2회

약점진단 ○△× ○△× ○△×

보기

구분	규제 사례	규제의 특징
㉠ 수단규제	ⓐ 개발 신약에 대한 허용 가능한 부작용 발생 수준 규제	❶ 과정규제
㉡ 성과규제	ⓑ 작업장 안전확보를 위한 안전 장비 착용 규제	❷ 투입규제
㉢ 관리규제	ⓒ 식품안전성 확보를 위한 식품위해요소 중점관리기준(HACCP) 규제	❸ 산출규제

	㉠	㉡	㉢
①	ⓐ – ❶	ⓑ – ❷	ⓒ – ❸
②	ⓐ – ❷	ⓒ – ❶	ⓑ – ❸
③	ⓑ – ❸	ⓒ – ❷	ⓐ – ❶
④	ⓑ – ❷	ⓐ – ❸	ⓒ – ❶

24 작은 정부의 등장을 지지하게 된 이론적 배경으로 가장 적절하지 않은 것은? 2019 서울시 7급 제2회

약점진단 ○△× ○△× ○△×

① 예산극대화모형 ② 지대추구이론
③ X-비효율성 ④ 외부효과

25 시장실패와 정부실패에 대한 설명으로 옳지 않은 것은? 2022 국회직 8급

약점진단 ○△× ○△× ○△×

① 시장은 배타성과 경쟁성을 모두 갖지 않는 재화를 충분히 공급하기 어렵다.
② 정부는 시장 활동이 초래하는 환경오염과 같은 부정적 외부효과를 막기 위해 규제 등의 수단을 가지고 시장에 개입한다.
③ 공유지의 비극은 개인의 합리적인 행동으로 인해 공동자원이 훼손되는 현상을 설명하는 용어이다.
④ 관료의 외부성은 관료가 부서의 확장에만 집착하는 것을 의미한다.
⑤ 정부의 독점적인 공공서비스 공급은 경쟁의 부재로 인해 생산성이 낮아져 정부실패를 초래할 수 있다.

26 다음 중 정부실패와 관련한 설명으로 가장 옳지 않은 것은? 2022 군무원 7급

약점진단 ○△× ○△× ○△×

① 니스카넨(Niskanen)은 관료조직이 자기 부처의 예산을 극대화하여 권한을 확대하고자 하는 이기적 행위가 있음을 경험적으로 입증하였다.
② 파킨슨(Parkinson)은 공무원 규모는 업무량에 상관없이 증가한다고 주장했다.
③ 피콕-와이즈만(Peacock-Wiseman)은 공공지출 과정을 분석하여 공공지출이 불연속적으로 증대되는 과정을 설명하였다.
④ 바그너(Wagner)는 경제성장과 관계없이 국민총생산에서 공공지출이 높아진다는 공공지출증가의 법칙을 주장하였다.

27 정부실패의 요인에 대한 설명으로 옳지 않은 것은? 2022 국가직 7급

약점진단 ○△× ○△× ○△×

① 'X-비효율성'은 정부가 가진 권력을 통해 불평등한 분배가 이루어지는 현상이다.
② '지대추구'는 정부개입에 따라 발생하는 인위적 지대를 획득하기 위해 자원을 낭비하는 활동이다.
③ '파생적 외부효과'는 시장실패를 해결하기 위해 정부가 개입하지만 의도하지 않은 부작용을 초래하는 것이다.
④ '내부성(internalities)'은 공공조직이 공익적 목표보다는 관료 개인이나 소속기관의 이익을 우선적으로 고려하는 것이다.

28 다음 중 시장실패 또는 정부실패를 야기하는 원인과 그에 대한 정부의 대응으로 옳은 것은? 2017 국회직 8급

약점진단 ○△× ○△× ○△×

① 공공재 – 정부보조 삭감
② 정보의 비대칭성 – 정부규제
③ 자연독점 – 규제완화
④ 관료의 사적 목표의 설정 – 공적 유도
⑤ 정부개입에 의한 파생적 외부효과 – 공적 공급

29 복지국가의 공공서비스 공급 접근방법에 대한 설명으로 가장 옳은 것은? 2017 서울시 9급

약점진단 ○△× ○△× ○△×

① 민간부문을 조정 · 관리 · 통제하는 공공서비스기능이 강조된다.
② 서비스의 배분 준거는 재정효율화이다.
③ 공공서비스의 형태는 선호에 따라 차별적으로 상품화된 서비스이다.
④ 성과관리는 수요자 중심의 맞춤형 관점에서 이루어진다.

30 약점진단 ○△× ○△× ○△×

정부는 공공서비스를 효율적으로 공급하기 위한 방법의 하나로서 민간위탁 방법을 사용하기도 하는데, 민간위탁 방식에 해당하지 않는 것은? 2014 서울시 9급

① 면허 방식
② 이용권(바우처) 방식
③ 보조금 방식
④ 책임경영 방식
⑤ 자조활동 방식

31 약점진단 ○△× ○△× ○△×

민간위탁(contracting out)에 대한 설명으로 옳지 않은 것은? 2022 지방직 7급(서울시 7급)

① 정부가 제공하는 서비스를 민간부문에 맡기고 비용을 지불하는 방식이다.
② 비영리단체는 민간위탁의 대상이 되지 않는다.
③ 정부의 직접공급에 비해 고용과 인건비의 유연성 확보가 용이하다.
④ 대표적인 예로는 쓰레기수거업무나 도로건설업무가 있다.

32 약점진단 ○△× ○△× ○△×

다음 중 민간부분에 의한 공공서비스 생산의 유형과 설명으로 가장 거리가 먼 것은? 2023 군무원 9급

① 민간위탁은 계약에 의한 민간의 생산자가 공공서비스를 생산하는 것이다.
② 자원봉사는 간접적인 보수는 허용되는 공공서비스 생산 유형이다.
③ 면허는 일정구역 내에서 공공서비스를 제공하는 권리를 인정하는 유형이다.
④ 바우처 지급은 시민들에게 공공서비스 이용권을 지급하는 형태이다.

33 약점진단 ○△× ○△× ○△×

다음 중 정책집행 수단으로서 바우처(voucher)제도의 특징에 대한 설명으로 옳지 않은 것은? 2016 국회직 8급

① 주민 대응성을 제고하고 저소득층을 지원하는 성격이 강하다.
② 시장에 존재하는 다양한 공급 주체를 활용한다.
③ 소비자가 아닌 공급자에게 서비스의 선택권을 부여한다.
④ 공급자 간 경쟁을 촉진시켜 서비스의 질을 제고한다.
⑤ 민간부문을 활용하지만 여전히 최종적인 책임은 정부에 있다.

34 약점진단 ○△× ○△× ○△×

바우처(voucher)제도에 대한 설명으로 옳지 않은 것은? 2017 국가직 9급(추가채용)

① 살라몬(L. M. Salamon)의 행정수단 유형 분류에 있어서 민간위탁과 같이 직접성이 매우 높은 행정수단이다.
② 전자바우처의 도입을 통해 행정비용을 절감할 수 있다.
③ 수혜자에게 현금을 지원하는 대신 특정 재화나 서비스를 구매할 수 있는 쿠폰이나 포인트를 제공하는 제도이다.
④ 저소득층 및 특수계층을 대상으로 하는 복지 분야에서 많이 활용되고 있다.

35 약점진단 ○△× ○△× ○△×

다음 중 공공서비스의 공급과 생산에 대한 설명으로 가장 옳지 않은 것은? 2022 군무원 7급

① 면허(franchise)는 서비스 제공자들 사이에 경쟁이 미약하면 이용자의 비용부담이 과중하게 되는 부정적 효과가 발생한다.
② 바우처(vouchers)는 관료와 서비스 제공자 간의 유착을 근절하여 부정부패를 막을 수 있다.
③ 민간위탁(contracting-out)은 인력운영의 유연성을 제고해서 관료조직의 팽창을 억제할 수 있다.
④ 집합적 공동생산(collective co-production)은 시민들의 참여도에 관계없이 혜택이 공통으로 돌아가게 한다는 재분배적 사고가 기저에 있다.

36 약점진단 ○△× ○△× ○△×

정책효과의 유형은 산출(output), 성과(outcome), 영향(impact)으로 구분될 수 있다. 〈보기〉는 시립도서관 운영의 성과를 나타내는 지표들이다. 각 유형과 〈보기〉의 지표가 올바르게 짝지어진 것은? 2015 교육행정직 9급

보기

ㄱ. 시립도서관 이용자 수
ㄴ. 시 정부에 대한 신뢰도
ㄷ. 시립도서관 이용자 만족도

	ㄱ	ㄴ	ㄷ
①	산출	영향	성과
②	산출	성과	영향
③	성과	산출	영향
④	영향	산출	성과

37 약점진단 ○△× ○△× ○△×

「비영리민간단체 지원법」상 정부의 비영리민간단체 지원에 대한 설명으로 옳지 않은 것은? 2024 국가직 9급

① 비영리민간단체는 영리가 아닌 공익활동을 수행하는 것을 주된 목적으로 하는 민간단체이어야 한다.
② 등록비영리민간단체는 공익사업의 소요경비를 지원받을 수 있으며 소요경비의 범위는 사업비를 원칙으로 한다.
③ 등록비영리민간단체가 공익사업 추진의 보조금을 교부받고자 할 때에는 사업의 목적과 내용, 소요경비, 기타 필요한 사항을 기재한 사업계획서를 제출해야 한다.
④ 등록비영리민간단체는 보조금을 받아 수행한 공익사업을 완료한 때에는 사업보고서를 대통령에게 제출해야 하며 사업평가, 사업보고서 및 평가결과의 공개 등에 필요한 사항은 대통령령으로 정한다.

38 약점진단 ○△× ○△× ○△×

오늘날 시민사회조직에 대한 설명으로 가장 적절하지 않은 것은? 2023 군무원 9급

① 비정부조직이 생산하는 공공재나 집합재의 생산비용을 정부가 지원하는 경우에는 정부와 대체적 관계를 형성한다.
② 정부와 비정부조직 간에 적대적 관계보다는 서로의 존재를 인정하는 동반자적 관계가 점차 확산되고 있다.
③ 비영리조직이 지닌 특징으로는 자발성, 자율성, 이익의 비배분성 등이 있다.
④ 정부가 지지나 지원의 필요성을 위해 특정한 비정부조직 분야의 성장을 유도하여 형성된 의존적 관계는 개발도상국에서 많이 나타난다.

39 약점진단 ○△× ○△× ○△×

시민단체 해석의 관점에 대한 설명으로 가장 옳지 않은 것은? 2022 군무원 9급

① 결사체 민주주의 입장에서는 이상적인 사회란 NGO 등의 자원조직이 많이 생겨서 효과적으로 활동하며 사회적 의미를 부여하는 형태를 의미한다.
② 공동체주의에서는 공동체를 위한 책임있는 개인의 자원봉사 정신을 강조한다.
③ 다원주의에서는 개인의 자유를 중시하는 전통적 자유주의와 개인의 책임을 강조하는 보수주의를 절충한 입장을 취하고 있다.
④ 사회자본론도 시민사회와 시민단체에 대해 의미있는 해석을 강화하며, 사회자본은 시민의 자발적 참여에 의해 생산되는 무형의 자본을 의미한다.

40 약점진단 ○△× ○△× ○△×

다음 중 사회적 자본에 대한 설명으로 가장 적절하지 않은 것은? 2024 군무원 7급

① 사회적 자본은 경제적 자본에 비하여 형성과정이 불투명하지만 보다 확실하다.
② 사회적 자본의 형성은 단기간에 이루어지기 힘들다.
③ 사회적 자본은 공동체주의적 지향성을 갖는다.
④ 사회적 자본은 측정이 용이하지 않다는 지적을 받는다.

41 사회자본의 특징에 대한 설명으로 옳지 않은 것은? 2014 서울시 7급

약점진단 ○△× ○△× ○△×

① 사회자본은 행위자들 간의 관계 속에 존재하는 자본이다.
② 사회자본의 사회적 교환관계는 동등한 가치의 등가교환이다.
③ 사회자본은 지속적인 교환과정을 거쳐서 유지되고 재생산된다.
④ 사회자본은 거시적 차원에서 공공재의 속성을 가지고 있다.
⑤ 사회자본의 교환은 시간적으로 동시성을 전제로 하지 않는다.

42 사회적 자본에 대한 설명으로 옳은 것은? 2021 국가직 7급

약점진단 ○△× ○△× ○△×

① 사회적 자본이 증가하면 제재력이 약화되는 역기능이 있다.
② 타인에 대한 신뢰는 사회적 자본의 구성요소가 아니다.
③ 호혜주의는 사회적 자본에 영향을 미치지 않는다.
④ 사회적 자본은 거래비용을 감소시키는 순기능이 있다.

43 사회자본이론(social capital theory)에 대한 설명으로 옳지 않은 것은? 2017 국가직 9급(추가채용)

약점진단 ○△× ○△× ○△×

① 신뢰와 네트워크를 통한 과도한 대외적 개방성에 대하여 많은 비판을 받고 있다.
② 정밀한 사회적 연결망은 신뢰를 강화하고, 거래비용을 낮추며, 혁신을 가속화함으로써 경제 발전을 촉진할 수 있다.
③ 푸트남(R. D. Putnam) 등은 이탈리아에서 사회자본(시민공동체 의식)이 지방정부의 제도적 성과 차이를 잘 설명한다고 주장했다.
④ 사회자본은 참여자들이 협력하도록 함으로써 공유한 목적을 보다 효과적으로 성취하게 만드는 신뢰, 규범, 네트워크와 같은 사회조직의 특징으로 정의할 수 있다.

44 4차 산업혁명에 관한 설명으로 옳지 않은 것은? 2021 지방직 9급(서울시 9급)

약점진단 ○△× ○△× ○△×

① 초연결성, 초지능성 등의 특징이 있다.
② 대량 생산 및 규모의 경제 확산이 핵심이다.
③ 사물인터넷은 스마트 도시 구현에 도움이 된다.
④ 빅데이터를 활용한 맞춤형 공공서비스 제공이 가능하다.

45 4차 산업혁명으로 인한 행정 변화로 옳지 않은 것은? 2021 국회직 8급

약점진단 ○△× ○△× ○△×

① ICT기술의 발달로 투명하고 효율적인 정부가 운영된다.
② 대규모 정보에 대한 분석으로 정책의 예측가능성이 높아지게 된다.
③ 정보 및 분석기술의 발달로 의사결정의 분권화가 촉진될 수 있다.
④ 정보의 공개와 유통으로 간접민주주의가 활성화되고 시민 중심의 서비스가 제공된다.
⑤ 행정서비스의 종합적 제공을 위한 플랫폼 중심의 서비스가 발달한다.

46 다음은 4차 산업혁명 시대의 주요 정보기술을 설명하고 있다. 이에 해당하는 것은? 2024 국가직 9급

약점진단 ○△× ○△× ○△×

> 거래정보의 기록을 중앙집중화된 서버나 관리 기능에 의존하지 않고, 분산원장(distributed ledger)을 기반으로 모든 참여자에게 분산된 형태로 배분함으로써, 데이터 관리의 탈집중화된 환경을 제공하는 기술이다.

① 인공지능(AI) ② 블록체인(block chain)
③ 빅데이터(big data) ④ 사물인터넷(IoT)

약점 체크와 약점 보완을 한 번에 정답과 해설 P.6

행정학이론 발달

출제 비중 49%

49 100

출제예상편 ▶ P.175

01

약점진단 ○△✕ ○△✕ ○△✕

행정학의 기술성과 과학성에 대한 설명으로 옳지 않은 것은? 2020 군무원 9급

① 왈도(D. Waldo)가 'practice'란 용어로 지칭한 기술성은 정해진 목표를 어떻게 효율적으로 달성하는가 하는 방법을 의미한다.
② 윌슨(W. Wilson) 등 초기 행정학자들은 관리 기술이나 행정의 원리 등을 발견하려는 데 초점을 두고 행정학의 기술성을 강조하였다.
③ 행태주의 학자들은 행정학 연구에서 처방보다는 학문의 과학화에 역점을 두고 가설의 경험적 검증 등을 강조했다.
④ 현실 문제의 해결은 언제나 과학에만 의존할 수 없으므로 행정학은 기술성과 과학성을 동시에 고려하여야 한다.

02

약점진단 ○△✕ ○△✕ ○△✕

미국 행정의 발달과정과 행정학의 태동에 대한 설명으로 옳은 것은? 2019 지방직 7급

① 잭슨(Jackson)이 도입한 엽관주의는 정치지도자의 행정통솔력을 약화함으로써 국민의 요구에 대한 관료적 대응성의 후퇴 및 정책수행과정에서의 비효율성을 초래하였다.
② 건국 직후 미국 정치체제는 행정의 효율성을 지향하는 해밀턴주의(Hamiltonianism)가 지배했다.
③ 1906년에 설립된 뉴욕시정조사연구소(The New York Bureau of Municipal Research)는 좋은 정부를 구현하기 위한 능률과 절약의 실천방안을 제시하고 시정에 대한 과학적 연구를 수행했다.
④ 미국 행정학의 학문적 초석을 다진 애플비(Appleby)는 행정에 대한 지나친 정당정치의 개입이 정책의 능률적 집행을 저해한다고 보았다.

03

약점진단 ○△✕ ○△✕ ○△✕

테일러(Taylor)의 과학적 관리론에 대한 설명으로 옳지 않은 것은? 2021 국가직 9급

① 관리자는 생산 증진을 통해서 노·사 모두를 이롭게 해야 한다.
② 조직 내의 인간은 사회적 욕구에 의해 동기가 유발된다고 전제한다.
③ 업무와 인력의 적정한 결합은 노동자가 아닌 관리자에 의해 결정되어야 한다.
④ 업무수행에 관한 유일 최선의 방법을 찾기 위해 동작연구와 시간연구를 사용한다.

04

약점진단 ○△✕ ○△✕ ○△✕

다음 중 호손실험에 대한 내용으로 가장 옳은 것은? 2016 서울시 7급

① 인간관계론의 이론적 틀을 마련하였다.
② 테일러의 과학적 관리법을 계승한다.
③ 개인의 생산성 향상을 위해서는 물리적 작업환경이 중요하다는 점을 발견하였다.
④ 본래 실험 의도와 다르게 작업의 과학화, 객관화, 분업화의 중요성을 발견하였다.

05

약점진단 ○△✕ ○△✕ ○△✕

행태적 접근방법에 대한 설명으로 옳지 않은 것은? 2018 국가직 7급

① 사회현상을 관찰 가능한 객관적 대상으로 보며, 인간의 주관이나 의식을 배제하고 인식론적 근거로서 논리실증주의를 신봉한다.
② 연구에서 가치와 사실을 구분하지 않는다.
③ 행태의 규칙성, 상관성 및 인과성을 경험적으로 입증하고 설명할 수 있다고 본다.
④ 집단의 고유한 특성을 인정하지 않는 방법론적 개체주의의 입장을 취한다.

06 행태론적 접근방법에 대한 설명으로 가장 옳지 않은 것은?

2017 서울시 7급

약점진단 ○△× ○△× ○△×

① 행태주의는 사회과학이 행태에 공통된 관심을 갖고 있기 때문에 통합된다고 보고 있다.
② 행정의 실체는 제도나 법률이 아니라고 주장하며, 행정인의 행태에 초점을 맞춘다.
③ 논리실증주의를 강조한 사이몬(Simon) 이후 행정학 분야에서 크게 발전하였다.
④ 사회적 문제의 개선에 기여할 수 있는 연구와 가치평가적 정책연구를 지향한다.

07 다음 글의 저자와 그의 주장으로 옳은 것은?

2023 지방직 7급

약점진단 ○△× ○△× ○△×

> 격언에 대한 일반적인 사실의 하나는, 예를 들어 "뛰기 전에 살펴라"라는 격언과 "지체하는 자는 진다"라는 격언에서 볼 수 있듯이, 상호모순적인 경우가 많다는 것이다. 이러한 격언과 같이 기존 행정학의 내용을 구성하고 있는 수많은 원리는 상호모순성이 많다.

① 윌슨(Wilson)은 행정의 탈정치화를 통해 자유로운 행정 영역을 확립하려고 했다.
② 애플비(Appleby)는 정치와 행정의 관계는 연속·순환적이기 때문에 양자를 구별하는 것은 적절하지 않다고 했다.
③ 굿노(Goodnow)는 정치를 국가의지의 표명으로, 행정을 국가의지의 집행으로 정의했다.
④ 사이먼(Simon)은 사실과 가치를 구분해 사실만을 다루는 과학으로서의 행정학을 주장했다.

08 행정학의 접근방법에 관한 설명으로 옳지 않은 것은?

2015 교육행정직 9급

약점진단 ○△× ○△× ○△×

① 생태론적 접근방법은 집단보다 행위자 개인을 분석단위로 한다.
② 행태론적 접근방법은 인식론적 근거로서 논리실증주의를 채택한다.
③ 체제론적 접근방법은 환류를 통한 체제의 지속적인 균형을 중시한다.
④ 공공선택론적 접근방법은 인간이 이기적임을 전제하고, 방법론적 개체주의를 채택한다.

09 리그스(Riggs)의 프리즘적 모형(prismatic model)에서 설명하는 프리즘적 사회의 특성으로 옳지 않은 것은?

2015 국가직 7급

약점진단 ○△× ○△× ○△×

① 고도의 이질혼합성 ② 형식주의
③ 고도의 분화성 ④ 다규범성

10 다음 중 비교행정론에 대한 설명으로 가장 거리가 먼 것은?

2023 군무원 9급

약점진단 ○△× ○△× ○△×

① 리그스(Fred W. Riggs)가 대표적인 학자이다.
② 생태론적 접근방법을 취한다.
③ 후진국의 국가발전에 대한 비관적 숙명론으로 귀결된다.
④ 행정학의 과학성보다는 기술성을 강조한다.

11 행정학의 접근방법에 대한 설명으로 옳지 않은 것은? 2021 국회직 8급

약점진단 ○△× ○△× ○△×

① 공공선택론은 국가의 역할을 지나치게 경시하고, 개인의 기득권을 유지하기 위한 보수주의적 접근에 불과하다는 비판이 있다.
② 후기행태주의 접근방법은 가치중립적인 과학적 연구보다는 가치평가적인 정책연구를 지향한다.
③ 비교행정 연구모형을 제시한 리그스(Riggs)의 연구는 행정현상을 자연, 사회, 문화적 환경과 관련지어 이해하는 생태론적 접근으로 볼 수 있다.
④ 신제도론은 외생변수로 다루어져 오던 정책 혹은 행정환경을 내생변수와 같이 직접적인 분석 대상에 포함시켰다.
⑤ 체제론적 접근방법은 권력, 의사전달, 정책결정의 문제와 행정의 가치문제를 중시한다.

12 다음 〈보기〉 중 옳은 것을 모두 고르면? 2018 국회직 8급

약점진단 ○△× ○△× ○△×

보기

ㄱ. 인간관계론에서 조직 참여자의 생산성은 육체적 능력보다 사회적 규범에 의해 좌우된다.
ㄴ. 과학적 관리론은 과학적 분석을 통해 업무수행에 적용할 유일 최선의 방법을 발견할 수 있다고 전제한다.
ㄷ. 체제론은 비계서적 관점을 중시한다.
ㄹ. 발전행정론은 정치, 사회, 경제의 균형성장에 크게 기여하였다.

① ㄱ, ㄴ
② ㄱ, ㄹ
③ ㄴ, ㄷ
④ ㄴ, ㄹ
⑤ ㄷ, ㄹ

13 미국에서 등장한 행정이론인 신행정학(new public administration)에 대한 설명으로 옳지 않은 것은? 2019 지방직 9급

약점진단 ○△× ○△× ○△×

① 신행정학은 미국의 사회문제 해결을 촉구한 반면 발전행정은 제3세계의 근대화 지원에 주력하였다.
② 신행정학은 정치 · 행정 이원론에 입각하여 독자적인 행정이론의 발전을 이루고자 하였다.
③ 신행정학은 가치에 대한 새로운 인식을 기초로 규범적이며 처방적인 연구를 강조하였다.
④ 신행정학은 왈도(Waldo)가 주도한 1968년 미노브룩(Minnowbrook)회의를 계기로 태동하였다.

14 1960년대 미국의 '신행정학' 운동과 가장 관련이 없는 것은? 2021 군무원 7급

약점진단 ○△× ○△× ○△×

① 적실성
② 고객에 의한 통제
③ 전문직업주의
④ 사회적 형평성

15 행정이론에 대한 설명으로 옳은 것은? 2023 국가직 9급

약점진단 ○△× ○△× ○△×

① 과학적 관리론은 최고관리자의 운영원리로 POSDCoRB를 제시하였다.
② 행정행태론은 가치와 사실을 구분하고 가치에 기반한 행정의 과학화를 시도하였다.
③ 신행정론은 실증주의적 방법론을 비판하고 사회적 형평성과 적실성을 강조하였다.
④ 신공공관리론은 민간과 공공 부문의 파트너십을 강조하고 기업가 정신보다 시민권을 중요시하였다.

16 공공선택이론에 대한 설명으로 옳지 않은 것은?

2024 지방직 9급

약점진단 ○△× ○△× ○△×

① 인간을 이기적이고 합리적인 경제인으로 본다.
② 비시장적 의사결정을 경제학적 관점에서 연구한다.
③ 뷰캐넌(Buchanan), 털럭(Tullock), 오스트롬(Ostrom) 등이 대표적인 학자이다.
④ 경제주체의 집단적 선택행위를 중시하는 방법론적 집단주의 입장이다.

17 니스카넨(Niskanen)의 예산극대화 이론과 던리비(Dunleavy)의 관청형성 이론에 대한 설명으로 옳지 않은 것은?

2020 국가직 7급

약점진단 ○△× ○△× ○△×

① 니스카넨(Niskanen)에 따르면 최적의 서비스 공급 수준은 한계편익(marginal benefit)과 한계비용(marginal cost)이 일치하는 수준에서 결정된다.
② 두 이론 모두 관료를 자신의 이익과 효용을 추구하는 인간으로 가정한다.
③ 던리비(Dunleavy)에 따르면 관청형성의 전략 중 하나는 내부조직 개편을 통해 정책결정 기능과 수준을 강화하되 일상적이고 번잡스러운 업무는 분리하고 이전하는 것이다.
④ 니스카넨(Niskanen)에 따르면 예산극대화 행동은 예산유형과 직위의 관계, 기관유형, 시대적 상황 등의 측면에서 다양하게 나타날 수 있다.

18 행정학의 접근방법에 대한 설명으로 옳지 않은 것은?

2021 지방직 7급(서울시 7급)

약점진단 ○△× ○△× ○△×

① 생태론적 접근방법은 외부환경이 행정체제에 영향을 미친다는 시각으로 환경에 대한 행정의 주체적인 역할을 경시했다는 비판을 받는다.
② 후기행태주의는 적실성(relevance)과 실천(action)을 강조하고, 가치중립적인 과학적 연구보다는 가치평가적인 정책연구를 지향하였다.
③ 공공선택이론은 권한이 분산된 여러 작은 조직들에 의해 공공서비스가 공급되는 것보다 단일의 대규모 조직에 의해 독점적으로 공급되는 것을 선호한다.
④ 역사적 제도주의에서 제도는 경로의존성과 관성적인 성향으로 인해 새로운 환경의 변화에 적절히 대응하지 못할 수도 있다.

19 다음 중 공공선택이론에 대한 설명으로 가장 적절하지 않은 것은?

2024 군무원 9급

약점진단 ○△× ○△× ○△×

① 중위투표자 이론은 중간선호자만을 만족시킨 모형으로서 모든 투표자의 선호를 고려하지 않기 때문에 자원배분의 효율성을 보장하지 못한다.
② 티부(Tiebout)에 의하면, 지역주민의 완전한 이동성이라는 시장 배분적 과정을 통하여 지방공공재의 적정규모 공급이 가능하다.
③ 공공선택이론은 소비자인 개인의 선호를 존중하고, 경쟁을 통하여 공공서비스를 생산하고 공급함으로써 행정의 대응성을 높일 수 있다고 주장한다.
④ 고위직 관료들의 관청형성전략(bureau-shaping strategy)은 소속 조직을 보다 집권화된 대규모의 계서적 관료조직으로 개편시키게 된다.

20 다음 중 신제도주의에 대한 설명으로 가장 적절하지 않은 것은? 2024 군무원 7급

약점진단 ○△× ○△× ○△×

① 신제도주의는 구제도주의와 동일하게 합리적 행동모형에 대해서 회의적이다.
② 역사적 신제도주의는 제도가 경로의존성을 가지며 현재의 정책선택을 제약한다고 본다.
③ 사회학적 신제도주의는 방법론적 개체주의에 의해서 분석한다.
④ 합리적 선택 신제도주의는 개인의 선택 결과에 대한 연역적 예측을 할 수 있다고 본다.

21 신제도주의에 대한 설명으로 옳은 것만을 〈보기〉에서 모두 고르면? 2021 국회직 8급

약점진단 ○△× ○△× ○△×

보기

ㄱ. 사회학적 제도주의가 제도의 종단면적 측면을 중시하면서 국가 간의 차이를 강조한다면, 역사적 제도주의는 횡단면적으로 서로 다른 국가나 조직에서 어떻게 유사한 제도가 나타나는지에 관심을 갖는다.
ㄴ. 역사적 제도주의에 의하면, 제도는 환경의 변화가 크지 않으면 안정적인 균형상태를 유지하다가 외부의 충격을 겪으면서 근본적 변화를 경험하고 새로운 경로에서 다시 균형상태를 이루는 단절적 균형의 특성을 보인다.
ㄷ. 사회학적 제도주의에서는 개인이나 조직의 제도적 환경에 대한 적응력이 강조되고, 사회적으로 표준화된 규칙 또는 규범에 적절하게 순응하는 개인이나 조직은 사회로부터 정당성을 부여받는다.
ㄹ. 사회학적 제도주의는 제도의 변화에서 개인의 역할을 인정하지 않고, 개인은 자신의 의도에 따라 제도를 만들거나 변화시킬 수 없으며 제도에 종속될 뿐이라고 본다.

① ㄱ, ㄴ ② ㄴ, ㄷ
③ ㄷ, ㄹ ④ ㄴ, ㄷ, ㄹ
⑤ ㄱ, ㄴ, ㄷ, ㄹ

22 다음 중 신제도주의에 대한 설명으로 가장 옳지 않은 것은? 2022 군무원 7급

약점진단 ○△× ○△× ○△×

① 사회학적 제도주의는 제도의 변화에서 개인의 역할을 전혀 인정하지 않는다.
② 역사적 제도주의는 제도의 횡단적 측면을 중시하면서 국가 간에 어떻게 유사한 제도의 형태를 취하는가에 관심을 갖는다.
③ 역사적 제도주의는 주로 국가 간 비교사례연구를 통한 귀납적 방법으로 이론화를 시도하였다.
④ 합리적 선택제도주의는 방법론적 개인주의를 취하는 반면 사회학적 제도주의는 방법론적 전체주의의 입장을 취한다.

23 사회학적 신제도주의에 대한 설명으로 옳지 않은 것은? 2020 지방직 7급(서울시 7급)

약점진단 ○△× ○△× ○△×

① 개인의 행위는 고립된 상태에서 선택되는 것이 아니라 사회관계에 의하여 영향을 받는다는 의미에서 '배태성(embeddedness)'이라는 개념을 사용한다.
② 조직들이 시장의 압력 속에서 생존하기 위해 경쟁력 있는 조직형태나 조직관리기법을 합리적으로 선택하는 것은 규범적 동형화(normative isomorphism)의 예이다.
③ 정부의 규제정책에 따라 기업들이 오염방지장치를 도입하거나 장애인 고용을 확대하는 것은 강압적 동형화(coercive isomorphism)의 예이다.
④ 정부의 제도개혁에 선진국의 제도를 도입하여 적용하는 것은 모방적 동형화(mimetic isomorphism)의 예이다.

24 다음 중 신공공관리론의 특징에 대한 설명으로 가장 적절한 것은? 2023 군무원 9급

약점진단 ○△× ○△× ○△×

① 시장원리 도입으로서 경쟁 도입과 고객지향의 확대이다.
② 급격한 행정조직 확대로 행정의 공동화가 발생하지 않는다.
③ 정부, 시장, 시민사회의 평등한 관계를 중시한다.
④ 결과보다 과정에 가치를 둔다.

25 신공공관리론에 입각한 정부개혁의 내용으로 옳지 않은 것은? 2024 국가직 9급

약점진단 ○△× ○△× ○△×

① 효율성 대신 형평성에 초점을 맞춘 고객지향적 정부 강조
② 수익자 부담 원칙의 강화
③ 정부 부문 내의 경쟁 원리 도입
④ 결과 혹은 성과 중심주의의 강조

26 다음 중 신공공관리론에 대한 설명으로 가장 옳지 않은 것은? 2022 군무원 7급

약점진단 ○△× ○△× ○△×

① 시장에 대한 규제는 완화하지만 관료에 대한 규정과 규제는 강화한다.
② 현대국가의 팽창과 복지국가에 대한 비판의 성격이 강하다.
③ 시장주의와 신관리주의의 개념이 합해진 것으로 볼 수 있다.
④ 시장화의 방법으로는 민영화, 민간위탁 등을 활용한다.

27 오스본(D. Osborne)과 개블러(T. Gaebler)의 저서 「정부재창조론」에서 제시된 정부 운영의 원리에 대한 설명으로 옳은 것은? 2022 국회직 8급

약점진단 ○△× ○△× ○△×

① 정부의 새로운 역할로 종래의 방향잡기보다는 노젓기를 강조한다.
② 규칙 및 역할 중심 관리방식에서 사명 지향적 관리방식으로 전환되어야 함을 강조한다.
③ 예방적 정부보다는 치료 중심적 정부로 바뀌어야 함을 강조한다.
④ 행정서비스 제공에 경쟁 개념을 도입하기보다는 독점적 공급을 강조한다.
⑤ 주민에게 권한을 부여하기보다는 서비스를 제공하는 방향으로 전환되어야 함을 강조한다.

28 전략기획(strategic planning)에 대한 설명으로 가장 옳지 않은 것은? 2022 군무원 9급

약점진단 ○△× ○△× ○△×

① 불확실한 미래에 체계적이고 능동적으로 대응하기 위한 전략을 만드는 과정이다.
② 상대적으로 정치 및 경제 등이 불안정한 환경 속에서 유용성이 높다.
③ 정책결정에 비해 외부환경에 개방되지 않고 전문가의 역할이 강조되는 편이다.
④ 환경에 대한 체계적인 분석과 조직진단을 통해 실현 가능한 설계에 초점을 맞춘다.

29 행정재정립운동(refounding movement)에 대한 설명으로 옳은 것은? 2020 군무원 7급

약점진단 ○△× ○△× ○△×

① 직업공무원의 재량권을 축소하고 정치적으로 임명하는 공무원의 수를 상대적으로 증가시키는 것이다.
② 기존의 정치행정이원론을 재해석하여 정책과정에서 공무원의 적극적인 역할을 옹호하였다.
③ 정부를 재구축하고 민간부분이 공공서비스 공급에 참여할 필요가 있다고 강조하였다.
④ 고객중심적 행정을 주요 대상으로 하는 새로운 연구경향이다.

30 블랙스버그 선언(Blacksburg Manifesto)과 행정재정립운동(refounding movement)에 대한 설명으로 옳지 않은 것은? 2023 지방직 9급

약점진단 ○△× ○△× ○△×

① 블랙스버그 선언은 행정의 정당성을 침해하는 정치 · 사회적 상황을 비판했다.
② 행정재정립운동은 직업공무원제를 옹호했다.
③ 행정재정립운동은 정부를 재창조하기보다는 재발견해야 한다고 주장했다.
④ 블랙스버그 선언은 신행정학의 태동을 가져왔다.

31 신공공서비스론에 대한 설명으로 옳지 않은 것은? 2024 지방직 9급

약점진단 ○△× ○△× ○△×

① 신공공관리론을 극복하기 위해 등장하였으며, 비판이론과 포스트 모더니즘을 활용한다.
② 공익은 시민의 공유된 가치에 대한 담론의 결과이다.
③ 정부는 '노젓기'보다 '방향잡기'에 집중하면서 시민에게 더 많은 권력을 부여해야 한다.
④ 정부관료는 헌법과 법률, 정치 규범, 시민에 대한 대응성을 중요시해야 한다.

32 신공공서비스론의 특성에 대한 설명으로 옳지 않은 것은? 2021 국가직 9급

약점진단 ○△× ○△× ○△×

① 정부의 역할은 시민에 대한 봉사여야 한다.
② 공익은 개인적 이익의 집합체이기 때문에 시민들과 신뢰와 협력의 관계를 확립해야 한다.
③ 책임성이란 단순하지 않기 때문에 관료들은 헌법, 법률, 정치적 규범, 공동체의 가치 등 다양한 측면에 관심을 기울여야 한다.
④ 생산성보다는 사람에게 가치를 부여하기 때문에 공공조직은 공유된 리더십과 협력의 과정을 통해 작동되어야 한다.

33 신공공서비스론에 대한 설명으로 옳지 않은 것만을 〈보기〉에서 모두 고르면? 2021 국회직 8급

약점진단 ○△× ○△× ○△×

보기

ㄱ. 공무원이 반응해야 하는 대상을 고객과 유권자 집단으로 본다.
ㄴ. 책임성 확보의 방법으로 개인이익의 총합을 통해 시민 또는 고객집단에게 바람직한 결과를 창출하는 방법을 추구한다.
ㄷ. 행정재량의 필요성을 인정하지만 제약과 책임이 수반되어야 한다고 본다.
ㄹ. 공익의 개념은 공유 가치에 대한 담론의 결과이다.
ㅁ. 공무원의 동기를 유발하는 수단은 정부규모를 축소하려는 이데올로기적 욕구와 사회봉사이다.

① ㄱ, ㄴ, ㄹ
② ㄱ, ㄴ, ㅁ
③ ㄴ, ㄷ, ㄹ
④ ㄴ, ㄹ, ㅁ
⑤ ㄷ, ㄹ, ㅁ

34 약점진단 ○△× ○△× ○△×

탈신공공관리(post-NPM)에 대한 설명으로 가장 적절하지 않은 것은? 2024 군무원 9급

① 탈신공공관리의 기본 목표는 신공공관리의 역기능적 측면을 교정하고 통치역량을 강화하며, 정치·행정의 통제와 조정을 개선하기 위해 재집권화와 재규제를 주창하는 것이다.
② 탈신공공관리는 신공공관리의 조정이 아니라 신공공관리의 주요 아이디어들을 대체하는 것이다.
③ 탈신공공관리는 구조적 통합을 통해 분절화의 축소를 추구한다.
④ 중앙의 정치·행정적 역량 강화를 추구한다.

35 약점진단 ○△× ○△× ○△×

탈신공공관리(post-NPM)의 아이디어들로 묶인 것으로 가장 옳은 것은? 2022 군무원 7급

ㄱ. 총체적 정부 또는 연계형 정부
ㄴ. 민간위탁과 민영화의 확대
ㄷ. 민간·공공부문의 파트너십 강조
ㄹ. 정부부문 내 경쟁 원리 도입
ㅁ. 중앙의 정치·행정적 역량 강화
ㅂ. 환경적·역사적·문화적 요소에의 유지

① ㄱ, ㄴ, ㅁ, ㅂ　② ㄴ, ㄷ, ㄹ, ㅁ
③ ㄱ, ㄷ, ㅁ, ㅂ　④ ㄷ, ㄹ, ㅁ, ㅂ

36 약점진단 ○△× ○△× ○△×

다음 중 뉴거버넌스(New Governance)에 대한 설명으로 가장 거리가 먼 것은? 2023 군무원 9급

① 국민을 고객으로만 보는 것을 넘어 국정의 파트너로 본다.
② 행정의 효율성을 중시하지만 신공공관리론적 정부개혁에 대해 비판적으로 접근한다.
③ 행정의 경영화와 시장화를 중시하기 때문에 행정과 정치의 관계를 이원론적으로 보는 경향이 강하다.
④ 파트너십과 유기적 결합관계를 중시한다.

37 약점진단 ○△× ○△× ○△×

피터스(Peters)가 『미래의 국정관리(The Future of Governing)』에서 제시한 정부개혁 모형에 해당하지 않는 것은? 2024 지방직 9급

① 시장 모형　② 자유민주주의 모형
③ 참여 모형　④ 탈규제 모형

38 약점진단 ○△× ○△× ○△×

피터스(B. Guy Peters)의 거버넌스 유형 중 계층제를 문제로 진단하고, 관리측면에서 총체적 품질관리나 팀제를 중시하며, 구조면에서는 평면조직으로의 개편을 통해서 상하단계를 줄이려고 하는 모형으로 다음 중 가장 옳은 것은? 2022 군무원 7급

① 신축적 정부모형　② 참여적 정부모형
③ 시장적 정부모형　④ 탈규제적 정부모형

39 피터스(B. Guy Peters)가 제시한 시장 모형의 구조 개혁 방안으로 옳은 것은?
2022 국회직 8급

약점진단 ○△× ○△× ○△×

① 계층제 ② 분권화
③ 평면조직 ④ 가상조직
⑤ 기업가적 정부

40 넛지(nudge)의 특성으로 옳은 것만을 모두 고르면?
2022 지방직 7급(서울시 7급)

약점진단 ○△× ○△× ○△×

> ㄱ. 넛지 방식으로 정책을 설계하는 것을 선택설계라고 한다.
> ㄴ. 정책대상집단의 행동에 개입하지만 개인의 자유로운 선택을 허용한다.
> ㄷ. 넛지는 디폴트 옵션 설정 방식처럼 사람들의 인지적 편향을 전략적으로 활용하는 정책수단이다.

① ㄱ, ㄴ ② ㄱ, ㄷ
③ ㄴ, ㄷ ④ ㄱ, ㄴ, ㄷ

41 세일러와 선스타인(Thaler & Sunstein)이 제시한 넛지 이론(Nudge Theory)과 가장 거리가 먼 것은?
2023 군무원 7급

약점진단 ○△× ○△× ○△×

① 행동경제학에서는 휴리스틱과 행동 편향에 따른 영향이 개인의 의사결정과 선택에 영향을 미쳐 자신의 후생 손실을 초래하는 외부효과가 행동적 시장실패의 핵심 요소라고 본다.
② 넛지란, 어떤 선택을 금지하거나 경제적 유인을 크게 변화시키지 않으면서 예측 가능한 방향으로 사람들의 행동을 변화시키는 선택설계의 제반 요소를 의미한다.
③ 전통경제학에서는 명령지시적 정부규제나 경제적 유인을 정책수단으로 활용하지만, 넛지는 기본적으로 간접적이고 유도적인 방식의 정부 개입방식으로서 촉매적 정책수단의 성격을 띠고 있다.
④ 넛지는 엄격하게 검증된 증거에 기반하여 정책을 선택하거나 결정하는 것을 강조한다.

42 다음 대화에서 옳지 않은 말을 한 사람은?
2023 국가직 7급

약점진단 ○△× ○△× ○△×

> A: 신공공관리론의 학문적 토대는 신고전학파 경제학인데, 넛지이론은 공공선택론이야.
> B: 신공공관리론은 효율성을 증대하여 고객 대응성을 높이자는 목표를 가지는데, 넛지이론은 행동 변화를 통해서 삶의 질을 높이는 것이 목표야.
> C: 신공공관리론에서는 경제적 합리성을 가정하지만, 넛지이론에서는 제한된 합리성을 가정하지.
> D: 신공공관리론에서는 공무원이 정치적 기업가가 되길 원하지만 넛지이론에서는 선택설계자가 되길 바라지.

① A ② B
③ C ④ D

43 무어(Moore)의 공공가치창출론(creating public value)적 시각에 대한 설명으로 옳지 않은 것은?
2023 지방직 9급

약점진단 ○△× ○△× ○△×

① 행정의 정당성 위기를 극복하기 위한 대안적 접근이다.
② 전략적 삼각형 개념을 제시한다.
③ 신공공관리론을 계승하여 행정의 수단성을 강조한다.
④ 정부의 관리자들은 공공가치 실현에 힘써야 한다고 주장한다.

44 공공가치론에 대한 설명으로 옳은 것만을 모두 고르면?

2024 지방직 9급

약점진단 ○△× ○△× ○△×

ㄱ. 무어(Moore)는 공공가치 실패를 진단하는 도구로 '공공가치 지도그리기(mapping)'을 제안한다.
ㄴ. 보즈만(Bozeman)은 공공기관에 의해 생산된 순(純)공공가치를 추정하는 '공공가치 회계'를 제시했다.
ㄷ. '전략적 삼각형' 모델은 정당성과 지지, 운영역량, 공공가치로 구성된다.
ㄹ. 시장과 공공부문이 공공가치 실현에 필수적으로 요구되는 재화와 서비스를 제공하지 못할 때 '공공가치 실패'가 일어난다.

① ㄱ, ㄴ ② ㄱ, ㄹ
③ ㄴ, ㄷ ④ ㄷ, ㄹ

45 포스트모더니티 이론에서 규칙에 얽매이지 않는 행정의 운영이나 특수성을 인정하는 것에 해당하는 것은?

2021 군무원 7급

약점진단 ○△× ○△× ○△×

① 상상(imagination)
② 해체(deconstruction)
③ 영역 해체(deterritorialization)
④ 타자성(alterity)

46 다음 행정이론에 대한 설명으로 옳지 않은 것은?

2019 국가직 7급

약점진단 ○△× ○△× ○△×

변화 시작의 시간적 전후관계나 동반관계, 변화 과정의 시간적 장단(長短)관계를 사회현상 연구에 적용하는 접근 방법이다. 정책이 실제로 실행되는 타이밍, 정책대상자들의 학습시간, 정책의 관련요인들 간 발생순서 등이 정책효과를 다르게 할 수 있다고 주장한다.

① 원인변수와 결과변수 간 인과관계가 원인변수들이 작용하는 순서에 따라 달라지지는 않는다고 본다.
② 정책이나 제도의 도입 이후 어느 시점에서 변경을 시도해야 바람직한 결과를 낳을 것인지에 주목한다.
③ 정책이나 제도의 효과는 어느 정도 숙성기간이 지난 후에 평가하는 것이 보다 합리적이라고 본다.
④ 시차적 요소에 대해 적절하게 고려하지 않아 정부개혁의 실패가 나타난다고 본다.

약점 체크와 약점 보완을 한 번에 정답과 해설 P.13

CHAPTER

04 행정이념

출제 비중 18%

18 50 100

출제예상편 ▶ P.182

01 약점진단 ○△×

행정문화란 행정체제의 구성원들이 공유하는 가치와 신념, 그리고 태도와 행동양식의 총체라고 할 수 있다. 호프스테드(Hofstede)의 문화차원을 근거로 하였을 때 한국문화의 특성으로 보기 어려운 것은?

2015 국가직 7급

① 개인주의 ② 온정주의
③ 권위주의 ④ 안정주의

02 약점진단 ○△×

다음 중 호프스테드(Hofstede)가 비교한 문화의 비교 차원과 가장 옳지 않은 것은? 2022 군무원 7급

① 불확실성의 회피
② 보편주의 대 특수주의
③ 개인주의 대 집단주의
④ 장기성향 대 단기성향

03 약점진단 ○△×

행정가치 중 본질적 가치와 가장 거리가 먼 것은?

2016 사회복지직 9급

① 정치적 자유
② 가치의 평등한 배분
③ 민주적 의사결정
④ 사회적 형평

04 약점진단 ○△×

공익에 대한 설명으로 옳은 것만을 모두 고르면?

2022 지방직 9급(서울시 9급)

ㄱ. 실체설에 의하면 공익은 사익을 초월한 것이다.
ㄴ. 과정설에 의하면 공익은 사익 간 갈등을 조정·타협하는 과정에서 산출되는 것이다.
ㄷ. 실체설은 다원적 민주주의에 도움을 준다.
ㄹ. 플라톤(Plato)과 루소(Rousseau) 모두 공익 실체설을 주장하였다.

① ㄱ, ㄴ ② ㄴ, ㄷ
③ ㄱ, ㄴ, ㄹ ④ ㄱ, ㄷ, ㄹ

05 약점진단 ○△×

공익(public interest)에 대한 '과정설'의 설명으로 가장 옳지 않은 것은? 2022 군무원 9급

① 공익은 인식 가능한 행동결정의 유용한 안내자 역할을 한다는 입장이다.
② 공익은 하나의 실체라기보다 다수의 이익들이 조정되면서 얻어진 결과로 본다.
③ 공무원의 행동을 경쟁관계에 있는 집단들의 이익을 돕는 조정자의 역할로 이해한다.
④ 실체설의 주장을 행정의 정당성 확보를 위해 도입된 상징적 수사로 간주한다.

06 약점진단 ○△× ○△× ○△×

공리주의적 관점에서 공익을 설명한 것으로 옳은 것만을 모두 고르면? 2020 국가직 9급

> ㄱ. 사회 전체의 효용이 증가하면 공익이 향상된다.
> ㄴ. 목적론적 윤리론을 따르고 있다.
> ㄷ. 효율성(efficiency)보다는 합법성(legitimacy)이 윤리적 행정의 판단기준이다.

① ㄱ ② ㄷ
③ ㄱ, ㄴ ④ ㄴ, ㄷ

07 약점진단 ○△× ○△× ○△×

롤스(J. Rawls)가 주장한 사회 정의의 기본원리에 대한 설명으로 가장 적절하지 않은 것은? 2023 군무원 7급

① '기본적 자유의 평등 원리'란, 다른 사람의 유사한 자유와 상충되지 않는 범위 내에서 최대한의 기본적 자유에의 평등한 권리가 인정되어야 한다는 것이다.
② '차등원리'란, 저축 원리와 양립하는 범위 내에서 가장 불우한 사람들의 편익을 최대화해야 한다는 것이다.
③ '공정한 기회균등의 원리'란, 사회 · 경제적 불평등은 그 모체가 되는 모든 직무와 지위에 대한 기회균등이 공정하게 이루어진 조건하에서 직무나 지위에 부수해 존재해야 한다는 것이다.
④ '공정한 기회균등의 원리'와 '차등원리'가 충돌할 때에는 후자가 우선되어야 한다.

08 약점진단 ○△× ○△× ○△×

정보화 사회로 진입하면서 산업구조의 변화, 질적 성장에 대한 요구 증대, 저출산 · 고령화로 인한 인구구조 변화, 민주주의 발전에 따른 지방정부의 역할 강화 등의 복합적인 여러 사회변화가 일어나고 있으며 이러한 변화 속에서 형평성에 대한 관심이 증대되고 있다. 다음 중 사회적 형평성과 관련된 설명으로 가장 옳은 것은? 2022 군무원 7급

① 대표관료제는 수평적 형평성을 확보하기 위함이다.
② 롤스(J. Rawls)는 원초적 상태하에서 합리적 인간의 최대 극소화 원리에 따른다고 한다.
③ 정부의 환경보존사업에 필요한 비용을 공채 발행으로 조달하여 다음 세대에게 그 부담을 전가하는 것은 수직적 형평성에 해당한다.
④ 형평성은 총체적 효용 개념을 강조한다.

09 약점진단 ○△× ○△× ○△×

사회적 형평성(social equity)에 대한 설명으로 옳지 않은 것은? 2024 지방직 9급

① 1968년 개최된 미노부룩 회의(Minnowbrook Conference)에서 태동한 신행정론에서 강조하였다.
② 롤스(Rawls)의 『정의론』은 사회적 형평성 논의에 영향을 주었다.
③ 수직적 형평성(vertical equity)은 '동등한 여건에 있지 않은 사람을 동등하게 취급'함을 의미하며, 누진세가 그 예이다.
④ 수평적 형평성(horizontal equity)은 '동등한 여건에 있는 사람을 동등하게 취급'함을 의미하며, 동일노동 동일임금이 그 예이다.

10 행정가치에 대한 설명으로 옳은 것만을 〈보기〉에서 모두 고르면? 2022 국회직 8급

약점진단 ○△× ○△× ○△×

보기

ㄱ. 공익의 과정설은 집단이기주의의 폐단이 발생할 수 있다는 한계가 있다.
ㄴ. 롤스(J. Rawls)의 사회정의 원칙에 따르면, 기회균등의 원리와 차등의 원리가 충돌할 때 기회균등의 원리가 차등의 원리에 우선한다.
ㄷ. 공익의 실체설은 현실주의 혹은 개인주의적으로 공익 개념을 주장한다.
ㄹ. 롤스(J. Rawls)의 정의관은 자유방임주의에 의거한 전통적 자유주의와 생산수단의 사회적 소유를 주장하는 사회주의의 양극단을 지향한다.

① ㄱ, ㄴ ② ㄱ, ㄷ
③ ㄴ, ㄷ ④ ㄱ, ㄴ, ㄹ
⑤ ㄱ, ㄷ, ㄹ

11 행정이 추구하는 가치에 대한 설명으로 옳은 것을 〈보기〉에서 모두 고른 것은? 2018 서울시 7급 제2회

약점진단 ○△× ○△× ○△×

보기

ㄱ. 효과성을 추구하는 과정에서 능률성의 희생이 발생될 수 있다.
ㄴ. 민주성은 국민과의 관계뿐만 아니라 정부 관료제 내부의 의사결정 과정의 두 가지 측면에서 논의된다.
ㄷ. 절차적 합리성은 목표에 비추어 적합한 행동이 선택되는 정도를 의미한다.
ㄹ. 투명성은 정보공개뿐만 아니라 정보에 대한 접근권까지 포함하는 개념이다.
ㅁ. 제도적 책임성은 자율적이고 적극적인 행정책임을 의미한다.

① ㄱ, ㄷ, ㅁ ② ㄴ, ㄷ, ㅁ
③ ㄱ, ㄴ, ㄹ ④ ㄴ, ㄷ, ㄹ

12 행정가치에 대한 설명으로 옳지 <u>않은</u> 것은? 2023 지방직 9급

약점진단 ○△× ○△× ○△×

① 합리성은 어떤 행위가 궁극적 목표 달성의 최적 수단이 되느냐의 여부를 가리는 개념이다.
② 효율성은 목표의 달성도를 나타내고, 효과성은 투입 대비 산출의 비율을 의미한다.
③ 자율적 책임성은 공무원이 직업윤리와 책임감에 기초해 전문가로서 자발적인 재량을 발휘할 때 확보된다.
④ 행정의 민주성은 국민과의 관계뿐만 아니라 관료조직의 내부 의사결정 과정의 측면에서도 고려된다.

13 행정가치 중 수단적 가치에 대한 설명으로 가장 옳지 <u>않은</u> 것은? 2017 서울시 9급

약점진단 ○△× ○△× ○△×

① 대외적 민주성을 확보하기 위해 행정통제가 필요하다.
② 수단적 가치는 본질적 가치의 실현을 가능하게 하는 가치들이다.
③ 전통적으로 책임성은 제도적 책임성(accountability)과 자율적 책임성(responsibility)으로 구분되어 논의되었다.
④ 사회적 효율성(social efficiency)은 과학적 관리론의 등장과 함께 강조되었다.

14 약점진단 ○△×

심의민주주의(deliberative democracy)에 대한 설명으로 옳은 것은? 2007 지방직(경북) 9급

① 의사결정참여자들이 상호작용의 과정 중에 각자의 선호를 기꺼이 변화시킬 수 있다는 점을 전제로 한다.
② (입법적) 의사결정은 가장 널리 공유된 선호의 결집을 반영한 것이다.
③ 집합(aggregative) 민주주의와 거의 동일하다.
④ 개인 간 선호의 질적 차이나 정당성의 차이를 고려하지 않는다.

15 약점진단 ○△×

행정가치에 대한 설명으로 옳은 것은? 2023 지방직 7급

① 가외성은 예측하지 못한 행정수요에 대응이 가능하게 함으로써 행정에 대한 신뢰성을 제고한다.
② 공익 실체설은 공익을 사익의 총합이거나 사익 간 타협 또는 집단 간 상호작용의 산물로 본다.
③ 기계적 효율성은 행정의 사회목적 실현과 다차원적 이익들 간의 통합 조정 등을 내용으로 한다.
④ 수평적 형평성은 '다른 사람은 다르게 취급한다'는 원칙으로, 실적과 능력의 차이로 인한 상이한 배분을 용인한다.

16 약점진단 ○△×

다음 중 공공행정에서 '가외성'에 대한 설명으로 가장 적절하지 <u>않은</u> 것은? 2024 군무원 7급

① 법원의 삼심제는 일종의 가외성 현상의 반영이라고 볼 수 있다.
② 가외성은 행정의 경제성과 능률성의 관점에서 충분한 근거를 찾을 수 있다.
③ 다양한 정책대안들이 요구되는 것도 가외성의 개념으로 설명할 수 있다.
④ 가외성은 행정 체제 운영의 안정성을 확보하고 신뢰성을 높여주는 기능을 한다.

17 약점진단 ○△×

합리성의 개념과 유형에 대한 설명으로 옳지 <u>않은</u> 것은? 2019 지방직 7급

① 사이몬(Simon)의 실질적(substantive) 합리성은 행위자가 합리적인 선택을 할 수 있는 모든 지식과 능력을 소유하고 있다고 가정한다.
② 디징(Diesing)은 합리성을 기술적 합리성, 경제적 합리성, 사회적 합리성, 법적 합리성, 진화론적 합리성으로 나누어 설명한다.
③ 기술적 합리성은 일정한 수단이 목표를 얼마만큼 잘 달성시키는가, 즉 목표와 수단 사이에 존재하는 인과관계의 적절성을 의미한다.
④ 사이몬(Simon)은 인간이 실질적 합리성을 사실상 포기하고, 만족할 만한 대안을 선택하려는 절차적 합리성을 추구한다고 주장한다.

18 〈보기〉에서 설명하는 모형으로 옳은 것은?

2020 국회직 8급

약점진단 ○△× ○△× ○△×

보기

이 모형은 한 조직, 특히 공공조직은 다양한 가치를 공유할 수밖에 없음에도 불구하고 기존 연구들이 조직문화를 단일 차원적으로 접근함으로써 갖게 되는 한계를 극복하기 위한 다중 차원적 접근방법 중 하나이다. 이 모형에 따르면, 조직문화의 유형은 두 가지 차원, 즉 내부 대 외부, 그리고 통제성 대 유연성을 기준으로 인간관계모형, 개방체제모형, 내부과정모형, 그리고 합리적 목표모형 등 네 가지로 구분된다.

① 조직문화창조모형 ② 갈등 · 협상모형
③ 혼합주사모형 ④ 경쟁가치모형
⑤ 하위정부모형

19 조직문화의 경쟁가치모형에 대한 설명으로 옳지 않은 것은?

2022 지방직 9급(서울시 9급)

약점진단 ○△× ○△× ○△×

① 위계 문화는 응집성을 강조한다.
② 혁신지향 문화는 창의성을 강조한다.
③ 과업지향 문화는 생산성을 강조한다.
④ 관계지향 문화는 사기 유지를 강조한다.

20 조직효과성의 경쟁가치모형(competing values model)에서 조직의 성장 및 자원획득의 목표를 강조하는 관점은?

2018 서울시 7급 제1회

약점진단 ○△× ○△× ○△×

① 개방체제 관점 ② 내부과정 관점
③ 인간관계 관점 ④ 합리적 목표 관점

21 다음 중 공무원 부패를 방지하기 위해 가장 중요한 가치로서 인식되는 것은?

2022 군무원 9급

약점진단 ○△× ○△× ○△×

① 형평성 ② 민주성
③ 절차성 ④ 투명성

약점 체크와 약점 보완을 한 번에 정답과 해설 P.21

최근 5개년 7·9급 주요 직렬 출제 비중

21%

PART 02

정책학

CHAPTER	출제 비중	교수님의 기출 경향 POINT
01 정책학의 기초이론	21%	정책유형, 정책네트워크모형, 권력모형 등을 중심으로 출제 비중이 매우 높은 영역이다. 정당은 비공식적 참여자라는 점에 특히 주의해야 한다.
02 정책의제설정론	10%	주도집단에 따른 정책의제설정모형, 정책의제의 선택적 설정과 관련된 주요 이론, 무의사결정의 출제 비중이 특히 높으므로 주의하여 학습해야 한다.
03 정책분석론	10%	비용편익분석을 중심으로 합리적 결정을 위한 정책분석기법과, 계층화분석법 등을 중심으로 하는 최근의 분석기법에 철저하게 대비하여야 한다.
04 정책결정이론모형	14%	정책결정이론모형은 대립형과 연결형의 출제 비중이 매우 높다. 또한 정책결정이론모형이 집단적 차원에서 어떻게 연결되는지를 잘 이해해야 하고, Allison모형을 중심으로 집단적 정책결정모형을 통합적으로 이해하여야 한다.
05 정책집행론	19%	하향적 집행과 상향적 집행을 대립형으로 이해하고, 정책집행의 유형을 개념형으로 정리해야 한다. 최근에는 정책수단의 출제 비중이 높아지고 있으므로 주의해서 학습해야 한다.
(출제 비중 高) 06 정책평가론	26%	정책평가의 타당성(내적 · 외적 타당성 저해요인)과 신뢰성의 개념을 정확하게 이해하고, 정책평가 방법의 차이를 구분하여야 한다. 최근 「정부업무평가 기본법」의 출제 비중이 높아지고 있으므로 주의해서 학습해야 한다.
07 기획이론	0%	기획과 민주주의에 관한 학자 간의 논쟁을 주의 깊게 살펴보아야 하고, 그레샴의 법칙이 기획에 어떻게 적용되는지를 이해하여야 한다.

CHAPTER 01

정책학의 기초이론

출제 비중 21%

21 50 100

출제예상편 ▶ P.186

01 정책학의 발달에 대한 설명으로 옳지 않은 것은?

2024 지방직 9급

약점진단 ○△× ○△× ○△×

① 1951년 「정책지향(Policy Orientation)」이라는 논문은 정책학의 정체성 확립에 기여하였다.

② 라스웰(Lasswell)은 1971년 「정책학 소개(A Pre-View of Policy Sciences)」에서 맥락지향성, 이론지향성, 연합학문지향성을 제시하였다.

③ 1980년대 정책학의 연구는 정책형성, 집행, 평가, 변동 등 다양한 분야로 확대되었다.

④ 드로(Dror)는 정책결정 단계를 상위정책결정(meta-policymaking), 정책결정(policy making), 정책결정 이후(post-policymaking)로 나누는 최적모형을 제시하였다.

02 로위(Lowi)는 강제력의 행사방법과 강제력의 적용영역 차이에 따라 정책을 네 가지(A~D)로 유형화하고, 정책유형별 특징과 사례를 제시하였다. 이에 대한 설명으로 옳지 않은 것은?

2016 지방직 7급

약점진단 ○△× ○△× ○△×

강제력의 적용영역 / 강제력의 행사방법	개별적 행위	행위의 환경
간접적	A	B
직접적	C	D

① A에서는 정책내용이 세부 단위로 쉽게 구분되고 각 단위는 다른 단위와 별개로 처리될 수 있다.

② B에는 선거구 조정, 정부조직이나 기구 신설, 공직자 보수 등에 관한 정책이 포함된다.

③ C에서는 피해자와 수혜자가 명백하게 구분되며 정책결정자와 집행자가 서로 결탁하여 갈라먹기식(log-rolling)으로 정책을 결정하는 것이 어렵다.

④ D에서는 지방적 수준에서 분산적인 정책결정이 이루어진다.

03 로위(Lowi)의 정책유형에 대한 설명으로 옳지 않은 것은?

2024 국가직 9급

약점진단 ○△× ○△× ○△×

① 정부 혹은 정치체제의 정통성과 정당성을 확보하고, 국민의 단결력이나 자부심을 높여 줌으로써 정부의 정책활동을 원활하게 하기 위한 정책은 구성정책에 해당한다.

② 기초생활보장 대상자에 대한 생활 보조금 지급 등과 같이 소득이전과 관련된 정책은 재분배정책에 해당한다.

③ 도로 건설, 하천·항만 사업과 같이 국민에게 공공서비스나 혜택을 제공하기 위한 정책은 분배정책에 해당한다.

④ 사회구성원이나 집단의 활동을 통제해 다른 사람이나 집단을 보호하려는 목적을 가진 정책은 규제정책에 해당한다.

04 로위(Lowi)의 정책유형과 리플리와 프랭클린(Ripley & Franklin)의 정책유형에는 없지만, 앨먼드와 파월(Almond & Powell)의 정책유형에는 있는 것은?

2023 지방직 9급

약점진단 ○△× ○△× ○△×

① 상징정책 ② 재분배정책
③ 규제정책 ④ 분배정책

05 정책유형에 대한 설명으로 가장 옳지 않은 것은?

2022 군무원 9급

약점진단 ○△× ○△× ○△×

① 구성정책은 대외적으로 가치배분에 직접 영향을 주지 않으나 대내적으로 '게임의 규칙(rule of game)'을 결정한다.
② 규제정책은 국가공권력을 통해 개인이나 집단의 행동에 제약을 가하여 순응을 확보하는 정책이다.
③ 분배정책은 집단 간에 '나눠먹기식 다툼(pork-barrel)'이 일어나는 특징을 지닌다.
④ 추출정책은 정부가 집단 간에 재산, 소득, 권리 등의 배정을 변동시켜 그들로부터 자원을 획득하는 정책이다.

06 로그롤링(log rolling)이나 포크배럴(pork barrel)과 같은 정치적 현상이 나타나기 쉬운 정책유형에 가장 가까운 것은?

2023 군무원 7급

약점진단 ○△× ○△× ○△×

① 분배정책 ② 규제정책
③ 재분배정책 ④ 상징정책

07 정부규제에 대한 설명으로 옳지 않은 것은?

2021 지방직 7급(서울시 7급)

약점진단 ○△× ○△× ○△×

① 종합편성 채널의 운영권을 부여하고, 이를 확보한 방송사에 대한 규제는 리플리와 프랭클린(Ripley & Franklin)의 보호적 규제정책을 시행한 것으로 볼 수 있다.
② 네거티브 규제(negative regulation)는 포지티브 규제(positive regulation)보다 자율성을 적극적으로 부여한다는 측면에서 피규제자가 선호하는 방식이다.
③ 우리나라는 신기술과 신산업을 육성하기 위하여 규제샌드박스 제도를 도입하였다.
④ 윌슨(Wilson)의 규제정치이론에 따르면, 대체로 경제적 규제는 고객정치의 상황으로 분류되며 사회적 규제는 기업가정치의 상황으로 분류된다.

08 정책유형별 사례의 연결이 옳지 않은 것은?

2020 군무원 9급

약점진단 ○△× ○△× ○△×

① 구성정책: 국경일의 제정, 정부기관 개편
② 보호적 규제정책: 최저임금제, 장시간 근로 제한
③ 추출정책: 조세, 병역
④ 분배정책: 보조금, 사회간접자본

09 다음 중 로위(T. J. Lowi)가 제시한 정책유형과 사례 간의 연결이 가장 적절하지 않은 것은?

2023 군무원 9급

약점진단 ○△× ○△× ○△×

① 규제정책 – 환경규제, 금연정책, 마약단속
② 분배정책 – 종합소득세, 임대주택, 노령연금
③ 상징정책 – 국경일, 한일월드컵, 국군의 날
④ 구성정책 – 정부조직 개편, 선거구 조정, 행정구역 통합

10 약점진단 ○△× ○△× ○△×

정책결정요인론 중 도슨과 로빈슨(R. Dawson & J. Robinson)이 주장한 '경제적 자원모형'의 내용으로 옳지 않은 것은? 2014 국가직 9급

① 소득, 인구 등의 사회·경제적 요인이 정책내용을 결정한다.
② 정치적 변수는 정책에 단독으로 영향을 미치지 못한다.
③ 정치체제는 환경변수와 정책내용 간의 매개변수가 아니다.
④ 사회경제적 변수, 정치체제, 정책은 순차적 관계에 있다.

11 약점진단 ○△× ○△× ○△×

정책결정요인론에 대한 비판으로 가장 옳지 않은 것은? 2022 군무원 9급

① 정치체제가 환경에 미치는 영향을 고려하지 않는다.
② 정치체제의 매개·경로적 역할을 고려하지 않는다.
③ 정치체제가 지니는 정량적 변수를 포함하지 않는다.
④ 정치체제가 정책에 미치는 영향을 과소평가한다.

12 약점진단 ○△× ○△× ○△×

정책참여자에 대한 설명으로 옳지 않은 것은? 2024 국가직 9급

① 시민단체(NGO)는 비공식적 참여자로서 시민 여론을 동원해 정책의제설정, 정책대안제시, 정부의 집행활동 감시 등 정책과정 전반에 영향을 미친다.
② 정당은 공식적 참여자로서 대중의 여론을 형성하고 일반 국민에게 정책 관련 주요 정보를 전달하는 역할을 통해 정책과정에 영향을 미친다.
③ 사법부는 공식적 참여자로서 정책과 관련된 법적 쟁송이 발생한 경우 그 정책의 타당성에 대한 판결을 통해 정책에 영향을 미친다.
④ 이익집단은 비공식적 참여자로서 특정 이해관계를 공유하는 사람들의 모임이며, 구성원들의 이익을 실현하기 위해 정부에 압력을 가함으로써 정책에 영향을 미친다.

13 약점진단 ○△× ○△× ○△×

정책과정에 관료가 우월적 위치를 차지하게 되는데 이러한 관료의 우월적 위치의 근원으로 다음 중 가장 옳지 않은 것은? 2022 군무원 7급

① 정치자원의 활용
② 정보의 통제
③ 사회적 신뢰
④ 전략적 지위

14 약점진단 ○△× ○△× ○△×

정책과정에서 철의 삼각(iron triangle)에 해당하지 않는 것은? 2024 국가직 9급

① 의회 상임위원회
② 행정부 관료
③ 이익집단
④ 법원

15 약점진단 ○△× ○△× ○△×

정책네트워크에 대한 설명으로 옳지 않은 것은? 2019 국가직 9급

① 정책네트워크의 참여자는 정부뿐만 아니라 민간부문까지 포함한다.
② 정책공동체(policy community)에 비해서 이슈네트워크(issue network)는 제한된 행위자들이 정책과정에 참여하며 경계의 개방성이 낮은 특성이 있다.
③ 헤클로(Heclo)는 하위정부모형을 비판적으로 검토하면서 정책이슈를 중심으로 유동적이며 개방적인 참여자들 간의 상호작용 현상을 묘사하기 위한 대안적 모형을 제안하였다.
④ 하위정부(sub-government)는 선출직 의원, 정부관료, 그리고 이익집단의 역할에 초점을 맞춘다.

16 정책네트워크의 개념과 유형에 대한 설명으로 옳지 않은 것은? 2023 국가직 7급

약점진단 ○△× ○△× ○△×

① 수많은 공식 · 비공식적 참여자가 존재하는 정책네트워크는 정책과정의 참여자들 간 상호작용을 구조적인 차원으로 설명하는 틀이다.
② 정책네트워크의 경계는 구조적인 틀에 따라 달라지는 상호인지의 과정에 의하기보다는 공식기관들에 의해 결정된다.
③ 하위정부 모형은 이익집단, 의회의 상임위원회, 주요 행정부처로 구성되는 네트워크를 말하며, 안정성이 높은 것이 특징이다.
④ 정책공동체 모형은 하위정부 모형에 대한 대안으로 대두되었으나 전문화된 정책영역에서 정책결정이 이루어진다는 측면에서 서로 유사한 점이 있다.

17 다음 중 정책네트워크의 유형에 대한 설명으로 가장 적절하지 않은 것은? 2024 군무원 9급

약점진단 ○△× ○△× ○△×

① 정책공동체는 대체로 제로섬게임(zero-sum game)의 성격을 띠지만, 정책문제망은 상대적으로 공동의 이익을 추구하는 포지티브섬 게임(positive-sum game)이다.
② 정책문제망은 주로 특정한 정책 문제별로 형성되며 그 경계는 모호하고 개방성이 높은 편이다.
③ 정책공동체는 주로 정책 분야별로 형성되며 그 참여자의 범위가 하위정부의 경우보다 비교적 넓은 편이다.
④ 하위정부 모형에서 '철의 3각 동맹관계'는 주로 정책 분야별로 형성되며 그들 간에 상호 활발한 교류를 한다.

18 정책참여자의 권력관계 모형에 대한 설명으로 옳지 않은 것은? 2020 지방직 7급(서울시 7급)

약점진단 ○△× ○△× ○△×

① 국가조합주의는 국가가 민간부문의 집단들에 대하여 강력한 주도권을 행사한다고 보는 모형이다.
② 다원주의는 주로 개발도상국가에서 경제개발과정에서의 이익집단에 대한 통제를 설명하기 위한 이론으로 활용되었다.
③ 사회조합주의는 사회경제체제의 변화에 순응하려는 이익집단의 자발적 시도로부터 생성되었다.
④ 다원주의는 이익집단 간의 영향력 차이를 인정하지만 전반적으로 균형이 유지되고 있다는 입장을 지닌다.

19 엘리트이론과 다원주의론에 대한 설명으로 옳지 않은 것은? 2024 국회직 8급

약점진단 ○△× ○△× ○△×

① 고전적 엘리트이론은 집단이 형성되면 소수의 엘리트에 의한 지배체제가 구성된다고 주장한다.
② 무의사결정론은 엘리트들에게 안전한 문제만 논의하고 불리한 문제는 거론조차 되지 못하게 방해하는 결정이 이루어진다고 주장한다.
③ 무의사결정론은 무의사결정이 정책의제설정 단계뿐만 아니라 정책집행과정에서도 일어난다고 주장한다.
④ 다원주의론은 정책 영역별로 영향력을 행사하는 엘리트들이 각기 다르다고 주장한다.
⑤ 다원주의론은 이익집단이 정부 정책과정에 대한 동등한 접근 기회를 가지고 있다고 주장하며, 이를 조정하기 위한 정부의 적극적이고 능동적인 역할 수행을 강조한다.

20 엘리트이론과 다원주의이론에 대한 설명으로 옳지 않은 것은? 2023 지방직 9급

약점진단 ○△× ○△× ○△×

① 고전적 엘리트이론에서 엘리트들은 다른 계층에 대해 책임을 지지 않는다.
② 밀즈(Mills)는 명성접근법을 사용하여 엘리트들을 분석한다.
③ 달(Dahl)은 권력이 분산되어 있음을 전제로 다원주의론을 전개한다.
④ 바흐라흐와 바라츠(Bachrach & Baratz)는 무의사결정이 의제설정과정뿐만 아니라 정책결정과정에서도 발생할 수 있다고 주장한다.

21 신엘리트이론에 대한 설명으로 옳지 않은 것은? 2018 국가직 7급

약점진단 ○△× ○△× ○△×

① 엘리트들에게 안전한 이슈만을 논의하고 불리한 문제는 거론조차 못하게 봉쇄하는 무의사결정론과 밀접하게 연결되어 있다.
② 모스카(Mosca)나 미헬스(Michels) 등에 의해 대표되는 고전적 엘리트이론과 달리 밀스(Mills)의 지위접근법이나 헌터(Hunter)의 명성적 접근방법을 도입하였다.
③ 정책결정에 영향을 미치는 정치권력은 두 가지 얼굴이 있다고 주장하며, 이 가운데 하나의 측면만을 고려하는 다원주의를 비판하였다.
④ 엘리트는 정책문제의 정의와 의제설정과정에서 은밀한 영향력을 행사하기 때문에 실증적 분석방법론의 활용이 어렵다고 주장하였다.

22 ㉠, ㉡에 해당하는 권력모형을 옳게 짝지은 것은? 2019 지방직 7급

약점진단 ○△× ○△× ○△×

- (㉠)은 전국적 차원이 아니라 지역사회의 지배구조에 초점을 맞추면서, 소수 엘리트가 강한 응집성을 가지고 정책을 결정하고 정치에 무관심한 일반대중들은 비판 없이 이를 수용한다고 설명한다.
- (㉡)은 정치권력에 두 얼굴(two faces of power)이 있음을 주장하는 입장으로부터 권력의 어두운 측면이 갖는 영향력에 대해 관심을 가지지 않았다는 점을 비판받았다.

	㉠	㉡
①	밀스의 지위접근법	다알의 다원주의론
②	밀스의 지위접근법	바흐라흐와 바라츠의 무의사결정론
③	헌터의 명성접근법	다알의 다원주의론
④	헌터의 명성접근법	바흐라흐와 바라츠의 무의사결정론

23 정책과정에서 행위자 사이의 권력관계 이론에 대한 설명으로 가장 옳지 않은 것은? 2018 서울시 9급

약점진단 ○△× ○△× ○△×

① 헌터(Hunter)는 지역사회연구를 통해 응집력과 동료의식이 강하고 협력적인 정치 엘리트들이 지역사회를 지배한다는 엘리트론을 주장한다.
② 무의사결정론(nondicision-making)은 권력을 가진 집단은 자신들에게 불리하거나 바람직하지 않다고 생각되는 특정 이슈들이 정부 내에서 논의되지 못하도록 봉쇄한다고 설명한다.
③ 다원론을 전개한 다알(Dahl)은 New Haven시를 대상으로 한 연구에서 정책결정을 담당하는 엘리트가 분야별로 다른 형태를 보인다고 설명한다.
④ 신다원론에서는 집단 간 경쟁의 중요성은 여전히 인정하면서 집단 간 대체적 동등성의 개념을 수정하여 특정 집단이 다른 집단보다 더욱 강력할 수 있다는 점을 인정하였다.

약점 체크와 약점 보완을 한 번에 정답과 해설 P.25

CHAPTER 02 정책의제설정론

출제 비중 10%

10 50 100

출제예상편 ▶ P.189

01 약점진단 ○△× ○△× ○△×

킹던(Kingdon)이 제시한 정책흐름모형에 대한 설명으로 옳은 것만을 모두 고르면? 2023 지방직 9급

> ㄱ. 경쟁하는 연합의 자원과 신념 체계(belief system)를 강조한다.
> ㄴ. 쓰레기통모형을 발전시킨 것이다.
> ㄷ. 정책 과정의 세 흐름은 문제흐름, 정책흐름, 정치흐름이 있다.

① ㄱ　② ㄷ
③ ㄱ, ㄴ　④ ㄴ, ㄷ

02 약점진단 ○△× ○△× ○△×

흘릿(Howlett)과 라메쉬(Ramesh)의 모형에 따라 정책의제설정 유형을 분류할 때, (가)~(라)에 대한 설명으로 옳지 않은 것은? 2022 지방직 9급(서울시 9급)

의제설정 주도자 \ 공중의 지지	높음	낮음
사회 행위자(societal actors)	(가)	(나)
국가(state)	(다)	(라)

① (가) – 시민사회단체 등이 이슈를 제기하여 정책의제에 이른다.
② (나) – 특별히 의사결정자들에게 접근할 수 있는 영향력 있는 집단이 정책을 주도한다.
③ (다) – 이미 공중의 지지가 높기 때문에 정책이 결정된 후 집행이 용이하다.
④ (라) – 정책결정자가 이슈를 제기하면 자동적으로 정책의제화되기 때문에 성공적인 집행을 위한 공중의 지지는 필요없다.

03 약점진단 ○△× ○△× ○△×

정책의제 설정과정의 유형에 대한 설명으로 옳지 않은 것은? 2022 지방직 7급(서울시 7급)

① 내부접근모형에서는 일반 시민의 지지를 얻기 위해 관료집단이 주도한 의제가 정부의 홍보활동을 통해 공중의제로 확산된다.
② 동원모형은 정치지도자의 지시에 따라 사회문제가 바로 정부의제로 채택되며 정부의 힘이 강하고 민간 부문이 취약한 후진국에서 자주 볼 수 있다.
③ 외부주도형은 이익집단들에 의해 제기된 문제가 여론을 형성해 공중의제로 전환되며 정부가 외부의 요구에 민감하게 반응하는 정치체제에서 자주 볼 수 있다.
④ 공고화모형에서는 이미 광범위한 일반 대중의 지지가 있는 경우에, 정부는 동원 노력보다는 이미 존재하는 지지를 그대로 공고화해 의제를 설정한다.

04 약점진단 ○△× ○△× ○△×

다음 중 어떠한 정책문제가 정책의제로 채택될 가능성이 가장 낮은 경우는? 2015 국가직 9급

① 정책문제의 해결가능성이 높은 경우
② 이해관계자의 분포가 넓고 조직화 정도가 낮은 경우
③ 선례가 있어 관례화(routinized)된 경우
④ 정책의제화를 요구하는 집단의 규모가 큰 경우

05 정책의제설정과 관련된 이론과 설명이 바르게 연결된 것은? 2014 국가직 9급

약점진단 ○△× ○△× ○△×

A. 사이몬(H. Simon)의 의사결정론
B. 체제이론
C. 다원주의론
D. 무의사결정론

ㄱ. 조직의 주의집중력은 한계가 있어 일부의 사회문제만이 정책의제로 선택된다.
ㄴ. 문지기(gate－keeper)가 선호하는 문제가 정책의제로 채택된다.
ㄷ. 이익집단들이나 일반 대중이 정책의제설정에 상당한 영향력을 행사한다.
ㄹ. 대중에 대한 억압과 통제를 통해 엘리트들에게 유리한 이슈만 정책의제로 설정된다.

	A	B	C	D
①	ㄱ	ㄴ	ㄷ	ㄹ
②	ㄱ	ㄷ	ㄴ	ㄹ
③	ㄹ	ㄴ	ㄷ	ㄱ
④	ㄹ	ㄷ	ㄴ	ㄱ

06 다음 중 무의사결정론에 대한 설명으로 가장 적절하지 않은 것은? 2024 군무원 9급

약점진단 ○△× ○△× ○△×

① 기득권의 정치권력에 존재하는 두 얼굴 중 어두운 측면의 얼굴에 해당한다.
② 정책결정권자의 무관심이나 무능력 때문에 이루어지는 경향이 크다.
③ 정책 결정에 핵심적 권력을 갖는 개인이나 집단에 부정적 영향을 끼치는 주장을 억압·좌절시키거나 고의적으로 방치한다.
④ 기득권 세력은 때때로 정책의제 또는 정책대안의 범위·내용을 제한하여 집행의 의미가 없는 상징적 의제 또는 대안만 채택할 수 있도록 하기도 한다.

07 바흐라흐(Bachrach)와 바라츠(Baratz)의 무의사결정론에 대한 설명으로 옳지 않은 것은? 2023 국가직 9급

약점진단 ○△× ○△× ○△×

① 무의사결정의 행태는 정책과정 중 정책문제 채택 단계 이외에서도 일어난다.
② 기존 정치체제 내의 규범이나 절차를 동원하여 변화 요구를 봉쇄한다.
③ 정책문제화를 막기 위해 폭력과 같은 강제력을 사용하기도 한다.
④ 엘리트의 두 얼굴 중 권력행사의 어두운 측면을 고려하지 못한다고 비판했기 때문에 신다원주의로 불린다.

08 무의사결정론에 대한 설명으로 옳지 않은 것은? 2020 국가직 9급

약점진단 ○△× ○△× ○△×

① 정치체제 내의 지배적 규범이나 절차가 강조되어 변화를 위한 주장은 통제된다고 본다.
② 엘리트들에게 안전한 이슈만이 논의되고 불리한 이슈는 거론조차 못하게 봉쇄된다고 한다.
③ 위협과 같은 폭력적 방법을 통해 특정한 이슈의 등장이 방해받기도 한다고 주장한다.
④ 조직의 주의집중력과 가용자원은 한계가 있어 일부 사회문제만이 정책의제로 선택된다고 주장한다.

09 정책의제설정과정에 대한 설명으로 가장 옳지 않은 것은? 2018 서울시 7급 제1회

약점진단 ○△× ○△× ○△×

① 정책문제에 대한 통계지표의 오류는 바람직한 의제설정을 어렵게 한다.
② 크렌슨(Crenson)은 선출직 지도자들이 공장공해 등 전체적인 문제에 민감하게 반응하여 이를 정책의제화한다고 한다.
③ 우리나라의 1960년대 경제제일주의는 많은 노동문제를 정부의제로 공식 검토되지 않게 하였다.
④ 정치체제의 가용자원 한계는 정책의제에 대한 적극적 탐색을 어렵게 하기도 한다.

약점 체크와 약점 보완을 한 번에 정답과 해설 P.28

CHAPTER 03

정책분석론

출제 비중 10%

출제예상편 ▶ P.191

01 약점진단 ○△× ○△× ○△×

정책문제의 특성에 대한 설명으로 가장 옳지 않은 것은?

2017 서울시 7급

① 정책문제는 당위론적 가치관의 입장에서 정의하는 것이 중요하다.
② 정책 주체와 객체의 행태는 주관적이지만 정책문제는 객관적이다.
③ 특정 문제의 발생원인이나 해결방안 등은 다른 문제들과 상호 연관성을 갖는다.
④ 정책수혜집단과 정책비용집단이 있다는 것을 의미하는 차별적 이해성을 갖는다.

02 약점진단 ○△× ○△× ○△×

정책문제의 구조화기법에 대한 설명으로 옳은 것만을 모두 고르면?

2024 지방직 9급

ㄱ. 가정분석: 문제상황의 가능성 있는 원인, 개연성(plausible) 있는 원인, 행동가능한 원인을 식별하기 위한 기법
ㄴ. 계층분석: 정책문제에 관해 서로 대립되는 가정의 창조적 종합을 목표로 하는 기법
ㄷ. 시네틱스(유추분석): 문제들 사이에 유사한 관계를 인지하는 것이 분석가의 문제해결 능력을 크게 증가시킬 것이라는 가정에 기초한 기법
ㄹ. 분류분석: 문제상황을 정의하고 분류하기 위해 사용되는 개념을 명확하게 하기 위한 기법

① ㄱ, ㄴ ② ㄱ, ㄹ
③ ㄴ, ㄷ ④ ㄷ, ㄹ

03 약점진단 ○△× ○△× ○△×

조직목표에 대한 설명으로 옳지 않은 것은?

2018 지방직 7급

① 목표의 다원화(multiplication) 및 목표의 확대(expansion)는 기존목표에 새로운 목표가 추가되거나 기존목표의 범위가 넓어지는 것을 말한다.
② 목표의 전환(diversion)은 애초에 설정된 목표를 달성할 수 없거나 목표가 완전히 달성된 경우 같은 유형의 다른 목표로 교체되는 것을 말한다.
③ 목표의 대치(displacement)란 조직의 목표 추구가 왜곡되는 현상으로, 조직이 정당하게 추구하는 종국적 목표가 다른 목표나 수단과 뒤바뀌는 것을 말한다.
④ 조직의 운영상 목표는 공식목표를 추진하는 과정에서 추구하는 목표로, 비공식적 목표다.

04 약점진단 ○△× ○△× ○△×

조직의 의사결정에 대한 설명으로 옳지 않은 것은?

2019 지방직 9급

① 전통적 델파이기법은 전문가들의 다양성을 고려해 의견일치를 유도하지 않는다.
② 현실의 세계에서는 완벽한 합리성이 아닌 제한된 합리성의 상황에서 의사결정이 이루어진다.
③ 브레인스토밍 과정에서는 타인의 아이디어를 비판하거나 평가하지 말아야 한다.
④ 고도로 집권화된 구조나 기능을 중심으로 편제된 조직의 의사결정은 최고관리자 개인이 주도하는 경우가 많다.

05 미래예측을 위한 일반적 델파이기법에 대한 설명으로 옳지 않은 것은? 2017 국가직 9급(추가채용)

약점진단 ○△× ○△× ○△×

① 전문가들의 의견을 종합하여 보다 합리적인 아이디어를 만들려는 시도이며, 정책대안의 결과예측뿐 아니라 정책대안의 개발·창출에도 사용된다.
② 전문가집단의 의사소통은 구조화된 설문지를 통해 반복적으로 이루어진다.
③ 불확실한 먼 미래보다는 가까운 미래를 예측하기 위하여 통계분석을 활용하는 객관적 미래예측방법이다.
④ 전문가집단은 익명성이 보장된 상태에서 답변하며 자신의 답변을 수정할 수 있다.

06 다음 중 델파이기법의 절차나 요소에 대한 설명으로 가장 적절하지 않은 것은? 2024 군무원 9급

약점진단 ○△× ○△× ○△×

① 전문가 집단에게 예측하고자 하는 문제나 관련된 분야에 대하여 설문지를 배부한다.
② 설문지의 응답 내용을 통계 처리한 뒤에 결과물을 다시 동일 전문가에게 발송하여 처음의 의견을 수정할 것인지를 물어서 결과를 회신하도록 한다.
③ 장래에 일어날 사건의 줄거리를 가상적 시나리오로 구성한다.
④ 문제나 이슈에 대한 전문가를 선정한다.

07 정책델파이(policy delphi) 기법에 대한 설명으로 옳지 않은 것은? 2021 국가직 7급

약점진단 ○△× ○△× ○△×

① 대립되는 입장에 내재된 가정과 논증을 표면화시키고 명백하게 하기 위하여 노력한다.
② 개인의 판단을 집약할 때, 불일치와 갈등을 의도적으로 강조하는 수치를 사용한다.
③ 정책대안에 대한 주장들이 표면화된 후에는 참가자들로 하여금 비공개적으로 토론을 벌이게 한다.
④ 참가자를 선발하는 과정은 '전문성' 자체보다는 이해관계와 식견이라는 기준에 바탕을 둔다.

08 정책과정에서 정책결정자가 불확실한 것을 확실하게 하려는 '불확실성의 적극적 극복방안'에 해당하는 것만을 〈보기〉에서 있는 대로 고른 것은? 2017 교육행정직 9급

약점진단 ○△× ○△× ○△×

보기

ㄱ. 민감도분석
ㄴ. 이론 개발
ㄷ. 정책델파이
ㄹ. 정보의 충분한 획득

① ㄱ, ㄷ
② ㄱ, ㄴ, ㄹ
③ ㄴ, ㄷ, ㄹ
④ ㄱ, ㄴ, ㄷ, ㄹ

09 정책환경의 불확실성을 극복하는 대처방안 중 소극적인 방법에 해당하는 것은? 2019 지방직 9급

약점진단 ○△× ○△× ○△×

① 상황에 대한 정보의 획득
② 정책실험의 수행
③ 협상이나 타협
④ 지연이나 회피

10 정책분석기법에 대한 설명으로 옳지 않은 것은? 2017 국가직 7급(추가채용)

약점진단 ○△× ○△× ○△×

① 교차영향분석(cross−impact analysis)은 불완전한 정보를 가지고 있는 모형 내의 파라미터의 변화에 따라 대안의 결과가 어떻게 반응하는지를 분석하는 기법이다.
② 칼도−힉스 기준(Kaldor−Hicks criterion)은 전통적인 비용편익분석(cost−benefit analysis)의 기초가 된다.
③ 추세 연장에 의한 예측에서 가장 표준적인 방법은 선형 경향 추정(linear trend estimation)이다.
④ 의사결정나무(decision tree)를 활용한 분석모형에서는 상황의 불확실성을 고려한다.

11 다음 설명에 해당하는 정책분석기법은? 2024 지방직 9급

약점진단 ○△× ○△× ○△×

> 관련 사건이 일어났느냐 일어나지 않았느냐에 기초하여 미래에 어떤 사건이 일어날 확률에 대해서 식견 있는 판단(informed judgments)을 끌어내는 방법이다.

① 브레인스토밍　② 교차영향분석
③ 델파이 기법　④ 선형경향추정

12 비용효과(cost−effectiveness)분석에 대한 설명으로 옳은 것은? 2022 지방직 9급(서울시 9급)

약점진단 ○△× ○△× ○△×

① 정책대안의 비용과 효과는 모두 화폐단위로 측정된다.
② 분석결과는 사회적 후생의 문제와 쉽게 연계시킬 수 있다.
③ 시장가격의 메커니즘에 전적으로 의존한다.
④ 국방, 치안, 보건 등의 영역에 적용할 수 있다.

13 정부의 예산분석에 활용되는 비용편익분석에 대한 설명으로 가장 옳지 않은 것은? 2017 서울시 7급

약점진단 ○△× ○△× ○△×

① 예산편성과정에서 사업의 타당성과 우선순위를 식별하는 분석도구로 사용된다.
② 완전경쟁적인 가격으로 조정된 시장가격을 잠재가격(shadow price)이라 한다.
③ 전체 이자를 계산하는 데 사용되는 일반적인 방법은 복리 접근방법이다.
④ 높은 할인율을 적용하면 장기간에 걸쳐 편익이 발생하는 장기 투자에 유리하다.

14 공공사업의 경제성 분석에 대한 설명으로 옳은 것만을 모두 고르면? 2021 국가직 9급

약점진단 ○△× ○△× ○△×

> ㄱ. 할인율이 높을 때는 편익이 장기간에 실현되는 장기투자사업보다 단기간에 실현되는 단기투자사업이 유리하다.
> ㄴ. 직접적이고 유형적인 비용과 편익은 반영하고, 간접적이고 무형적인 비용과 편익은 포함하지 않는다.
> ㄷ. 순현재가치(NPV)는 비용의 총현재가치에서 편익의 총현재가치를 뺀 것이며 0보다 클 경우 사업의 타당성을 인정할 수 있다.
> ㄹ. 내부수익률은 할인율을 알지 못해도 사업평가가 가능하도록 하는 분석기법이다.

① ㄱ, ㄴ　② ㄱ, ㄹ
③ ㄴ, ㄷ　④ ㄱ, ㄷ, ㄹ

15 비용편익분석에 대한 설명으로 옳지 않은 것은?

2020 지방직 9급(서울시 9급)

약점진단 ○△× ○△× ○△×

① 분야가 다른 정책이나 프로그램은 비교할 수 없다.
② 정책대안의 비용과 편익을 모두 가시적인 화폐 가치로 바꾸어 측정한다.
③ 미래의 비용과 편익의 가치를 현재가치로 환산하는 데 할인율(discount rate)을 적용한다.
④ 편익의 현재가치가 비용의 현재가치를 초과하면 순현재가치(NPV)는 0보다 크다.

16 비용편익분석에 대한 내용으로 옳지 않은 것은?

2018 국가직 7급

약점진단 ○△× ○△× ○△×

① 재화에 대한 잠재가격(shadow price)의 측정과정에서 실제가치를 왜곡할 수 있다.
② 내부수익률(internal rate of return)은 순현재가치를 영으로 만드는 할인율을 말한다.
③ 칼도-힉스기준(Kaldor-Hicks criterion)은 재분배적 편익의 문제를 중시한다.
④ 정책대안이 가져오는 모든 비용과 편익을 측정하려고 하며, 화폐적 비용이나 편익으로 쉽게 측정할 수 없는 무형적인 것도 포함된다.

17 다음 사례에서 최대최솟값(Maximin) 기준에 의한 대안과 그에 따른 이득의 크기는?

2022 국회직 8급

약점진단 ○△× ○△× ○△×

K시는 복합시민센터의 이용수요를 향상시킬 목적으로 리모델링을 진행하고자 한다. 시민의 이용수요 상황에 따른 각 대안의 이득에 대한 표는 다음과 같다.

상황 / 대안	S1 (수요낮음)	S2 (수요보통)	S3 (수요높음)
A1(소규모)	15	20	50
A2(중규모)	20	40	80
A3(대규모)	10	70	100

	대안	이득의 크기
①	A1	15
②	A1	50
③	A2	20
④	A2	80
⑤	A3	100

18 재니스(Janis)의 집단사고(groupthink)의 특성에 해당하지 않는 것은?

2023 국가직 9급

약점진단 ○△× ○△× ○△×

① 토론을 바탕으로 한 집단지성의 활용
② 침묵을 합의로 간주하는 만장일치의 환상
③ 집단적 합의에 대한 이의 제기에 대한 자기 검열
④ 집단에 대한 과대평가로 집단이 실패할 리 없다는 환상

약점 체크와 약점 보완을 한 번에 정답과 해설 P.30

정책결정이론모형

출제 비중 14%

출제예상편 ▶ P.193

01 의사결정모형에 대한 설명으로 가장 옳지 않은 것은? 2019 서울시 7급 제2회

약점진단 ○△× ○△× ○△×

① 합리모형은 대안을 포괄적으로 탐색하고 대안의 결과도 포괄적으로 고려한다.
② 합리모형은 국가권력이 사회 각 계층에 분산된 사회에서 주로 활용된다.
③ 점증모형은 다원화된 민주사회에 적합하다.
④ 혼합주사모형은 범사회적 지도체제(societal guidance system)로서의 틀을 갖춘 능동적 사회에 적용하는 것이 바람직하다.

02 다음에서 제시하는 정책결정모형에 대한 설명으로 옳은 것은? 2021 지방직 7급(서울시 7급)

약점진단 ○△× ○△× ○△×

- 정책의 본질이 미래지향적 문제해결에 있고, 정책결정에서 가치비판적 발전관에 기초한 가치지향적 행동 추구의 중요성을 고려할 때 매우 중요한 의의가 있다.
- 대안을 선택할 수 있는 기준이 명확해야 한다.
- 기존 정책이나 사업의 매몰 비용으로 인해 현실적합성이 떨어지는 한계가 있다.

① 시간의 흐름에 따라 환류되는 정보를 분석하여 잘못한 점이 있으면 수정·보완하는 방식이다.
② 문제성 있는 선호(problematic preferences), 불명확한 기술(unclear technology), 일시적 참여자(part-time participants)가 전제조건이다.
③ 갈등을 완전히 해결하지 못하고, 타협을 통한 봉합을 모색한다.
④ 같은 비용으로 최대의 목표산출을 얻을 수 있는 대안을 선택하는 행위를 의미한다.

03 사이몬(H. A. Simon)의 정책결정만족모형에 대한 설명으로 옳지 않은 것은? 2020 군무원 9급

약점진단 ○△× ○△× ○△×

① 사이몬(H. A. Simon)은 합리모형의 의사 결정자를 경제인으로, 자신이 제시한 의사 결정자를 행정인으로 제시한다.
② 경제인은 목표달성의 극대화를, 행정인은 만족하는 선에서 그친다.
③ 경제인은 합리적 분석적 결정을, 행정인은 직관, 영감에 기초한 결정을 한다.
④ 경제인은 복잡하고 동태적인 모든 상황을 고려하지만, 행정인은 실제 상황을 단순화시키고, 무작위적이고 순차적으로 대안을 탐색한다.

04 다음 중 점증모형의 논리적 근거로 가장 거리가 먼 것은? 2023 군무원 9급

약점진단 ○△× ○△× ○△×

① 매몰 비용
② 실현가능성
③ 제한적 합리성
④ 정보접근성

05 다음 설명에 해당하는 정책결정모형은? 2020 국가직 9급

약점진단 ○△× ○△× ○△×

> 지난 30년간 자료를 중심으로 전국의 자연재난 발생현황을 개략적으로 파악한 다음, 홍수와 지진 등 두 가지 이상의 재난이 한 해에 동시에 발생한 지역을 중심으로 다시 면밀하게 관찰하며 정책을 결정한다.

① 만족모형
② 점증모형
③ 최적모형
④ 혼합탐사모형

06 정책결정 모형에 대한 설명으로 가장 적절하지 않은 것은? 2023 군무원 7급

약점진단 ○△×

① 합리모형은 신제도주의에서 설명한 합리적 선택 모형과 맥을 같이 한다.
② 합리모형은 완전한 정보를 가지고 효용극대화의 논리에 따라 행동을 하는 경제인의 가정과 매우 유사하다.
③ 점증모형은 실제의 결정상황에 기초한 현실적이고 기술적인 모형이다.
④ 점증모형의 장점을 합리모형과의 통합으로 보완하려는 시도가 최적모형에서 나타난다.

07 다음 중 정책결정모형에 대한 설명으로 가장 적절하지 않은 것은? 2024 군무원 7급

약점진단 ○△×

① 혼합주사모형은 집단적 차원의 정책결정 모형이다.
② 점증모형은 수단에 의해서 목표가 수정될 수 있다고 본다.
③ 만족모형은 공무원의 보수주의와 책임회피를 심화시킬 수 있다.
④ 최적모형은 지속적 환류를 통하여 정책결정능력의 계속적 고양을 시도한다.

08 정책결정모형에 대한 설명 중 가장 옳지 않은 것은? 2017 서울시 사회복지직 9급

약점진단 ○△×

① 쓰레기통모형은 불확실한 상황에서의 의사결정을 설명한다.
② 최적모형은 정책결정자의 직관적 판단을 배제하고 있다.
③ 점증모형은 정책결정의 상황적 특성에 초점을 맞추고 있다.
④ 합리모형은 정책결정자가 확실성을 갖고 행위 결과를 예측할 수 있다고 전제한다.

09 정책결정모형에 대한 설명으로 옳은 것은? 2019 국가직 7급

약점진단 ○△×

① 쓰레기통모형은 의사결정을 위해서는 문제, 해결책, 참여자의 세 가지 요소가 필요하다고 본다.
② 만족모형은 의사결정자들이 만족할 만하고 괜찮은 해결책을 얻기 위해 몇 개의 대안만을 병렬적으로 탐색한다고 본다.
③ 앨리슨(Allison)모형 II는 긴밀하게 연결된 하위조직체들이 표준운영절차를 통해 상호의존적인 의사결정을 한다고 본다.
④ 최적모형에 따르면 정책결정과 관련해 위험최소화전략 대신 혁신전략을 취하는 것은 상위정책결정(meta-policy making)에 해당한다.

10 다음 중 정책결정과 관련하여 드로어(Dror)가 제시한 최적모형에서 메타정책결정단계(meta – policy making stage)에 해당하지 않는 것은? 2016 국회직 8급

약점진단 ○△×

① 정책결정전략의 결정
② 정책결정체제의 설계 · 평가 및 재설계
③ 정책집행을 위한 동기부여
④ 문제 · 가치 및 자원의 할당
⑤ 자원의 조사 · 처리 및 개발

11 정책결정모형에 대한 설명 중 가장 옳지 않은 것은?
2017 서울시 9급

약점진단 ○△× ○△× ○△×

① 만족모형은 제한된 합리성을 반영하고 있다.
② 점증모형은 기존 정책을 중요시한다.
③ 회사모형은 의사결정자에 의해 조직의 의사결정이 통제된다고 본다.
④ 앨리슨(G. T. Allison)은 관료정치모형의 중요성을 언급하였다.

12 정책결정모형 중에서 회사모형에 대한 설명으로 옳지 않은 것은?
2015 국가직 9급

약점진단 ○△× ○△× ○△×

① 회사조직이 서로 다른 목표를 지닌 구성원들의 연합체(coalition)라고 가정한다.
② 연합모형 또는 조직모형이라고 불리기도 한다.
③ 조직이 환경에 대해 장기적으로 대응하고 환경 변화에 수동적으로 적응한다고 한다.
④ 문제를 여러 하위문제로 분해하고 이들을 하위조직에게 분담시킨다고 가정한다.

13 의사결정 모형에 대한 설명으로 옳지 않은 것은?
2022 국가직 9급

약점진단 ○△× ○△× ○△×

① '최적모형'은 정책결정자의 합리성뿐 아니라 직관·판단·통찰 등과 같은 초합리성을 아울러 고려한다.
② '쓰레기통 모형'은 대학조직과 같이 조직구성원 사이의 응집력이 아주 약한 상태, 즉 조직화된 무정부상태(organized anarchy)에서 의사결정이 이루어지는 과정을 설명하려고 시도한다.
③ '점증모형'은 실제 정책의 결정이 점증적인 방식으로 이루어질 뿐 아니라 정책을 점증적으로 결정하는 것이 바람직하다는 입장을 견지한다.
④ '회사모형'은 조직의 불확실한 환경을 회피하고 조직 내 갈등을 극복하기 위하여 장기적인 전략과 기획의 중요성을 강조한다.

14 쓰레기통모형에 대한 설명으로 옳은 것은?
2021 국가직 7급

약점진단 ○△× ○△× ○△×

① 조직구성원의 응집성이 아주 강한 혼란 상태에 있는 조직에서 의사결정이 어떻게 이루어지는가를 기술하고 설명한다.
② 불명확한 기술(unclear technology)은 조직에서 의사결정참여자의 범위와 그들이 투입하는 에너지가 유동적임을 의미한다.
③ 쓰레기통모형의 의사결정방식에는 끼워넣기(by oversight)와 미뤄두기(by flight)가 포함된다.
④ 문제성 있는 선호(problematic preferences)는 목표와 수단 사이의 인과관계가 명확하지 않음을 의미한다.

15 정책결정모형에 대한 설명으로 옳은 것은?
2023 지방직 9급

약점진단 ○△× ○△× ○△×

① 혼합주사모형(mixed scanning approach)은 1960년대 미국의 쿠바 미사일 위기사건을 설명하기 위해 연구된 모형이다.
② 사이버네틱스모형을 설명하는 예시로 자동온도조절장치를 들 수 있다.
③ 쓰레기통모형은 갈등의 준해결, 문제 중심의 탐색, 불확실성 회피, 표준운영절차의 활용을 설명하는 모형이다.
④ 합리모형은 만족할 만한 수준에서 의사결정이 이루어진다고 설명하는 모형이다.

16 앨리슨(Allison)모형 중 다음 내용에 초점을 두고 정책 결정을 설명하는 것은? 2021 지방직 9급(서울시 9급)

약점진단 ○△× ○△× ○△×

> 1960년대 쿠바 미사일 사태에서 미국은 해안봉쇄로 위기를 극복하였다. 정부의 각 부처를 대표하는 사람들은 위기상황에서 각자가 선호하는 대안을 제시하였다. 대표자들은 여러 대안에 대하여 갈등과 타협의 과정을 거쳤고, 결국 해안봉쇄 결정이 내려졌다. 이는 대통령이 사태 초기에 선호했던 국지적 공습과는 다른 결정이었다. 물론 해안봉쇄가 위기를 해소하는 최선의 대안이라는 보장은 없었고, 부처에 따라서는 불만을 가진 대표자도 있었다.

① 합리적 행위자 모형
② 쓰레기통모형
③ 조직과정모형
④ 관료정치모형

17 앨리슨(Allison)의 관료정치모형(모형 III)에 대한 설명으로 옳은 것은? 2023 국가직 9급

약점진단 ○△× ○△× ○△×

① 정책결정은 준해결(quasi-resolution)적 상태에 머무르는 경우가 많다.
② 정책결정자들은 국가 전체의 이익이나 전략적 목표를 극대화하기 위한 결정을 한다.
③ 정책결정에 참여하는 구성원들 간의 목표 공유 정도와 정책결정의 일관성이 모두 매우 낮다.
④ 정부는 단일한 결정주체가 아니며 반독립적(semi-autonomous) 하위조직들이 느슨하게 연결된 집합체이다.

18 공론조사(deliberative polling)에 대한 설명으로 옳지 않은 것은? 2018 지방직 7급

약점진단 ○△× ○△× ○△×

① 조사 대상자들을 한곳에 모아 일정 기간 동안 공론화 과정을 거쳐야 하기 때문에 비용과 시간이 많이 든다.
② 공론조사는 조사 대상자가 중간에 탈락하는 경우가 적기 때문에 대표성 측면에서 일반 여론조사보다 우위에 있다.
③ 공론조사는 여론조사에 숙의와 토론과정을 보완한 것으로, 정제된 국민여론을 수렴하는 방법이라고 할 수 있다.
④ 우리나라에서도 공공정책 결정과정에서 공론조사를 도입하여 활용한 사례가 있다.

19 증거기반 정책결정에 대한 설명으로 가장 적절하지 않은 것은? 2024 군무원 9급

약점진단 ○△× ○△× ○△×

① 정책이 이념, 신념, 의견 등에 기반하거나 과학적 사실이 부족한 담론 등에 의한 정책결정을 지양한다는 것이다.
② 증거기반 정책결정이 성공하기 위해서는 상당한 수준의 정보를 활용할 수 있는 정보기반이 갖추어져야 한다.
③ 증거기반 정책결정은 보건정책 분야, 사회복지정책 분야, 교육정책 분야, 형사정책 분야 등에서 상대적으로 용이하게 적용할 수 있다.
④ 증거기반 정책결정을 주장하는 학자들은 정치적 결정 과정을 증거기반 정책결정으로 대체할 수 있다고 주장한다.

약점 체크와 약점 보완을 한 번에 정답과 해설 P.33

정책집행론

출제 비중 19%

19 50 100

출제예상편 ▶ P.196

01 정책집행을 주어진 정책목표의 달성을 위한 수단적 행위로 파악하는 접근방법에 대한 설명으로 옳지 않은 것은? 2023 국가직 7급

약점진단 ○△× ○△× ○△×

① 타당한 인과이론에 바탕을 둔 정책결정의 내용은 이러한 접근에서 제시하는 규범적 처방이 된다.
② 효과적인 정책집행을 위해서는 정책내용으로서 명확한 법령과 구체적인 정책지침을 갖고 있어야 한다.
③ 정부 및 민간 프로그램에서의 의도하지 않은 효과까지도 분석할 수 있다는 장점이 있다.
④ 정책에 반대하는 정책행위자들의 입장이나 전략적 행동을 쉽게 파악할 수 없다는 단점이 있다.

02 다음 중 정책집행의 접근법에 대한 설명으로 가장 적절하지 않은 것은? 2024 군무원 9급

약점진단 ○△× ○△× ○△×

① 상향적 접근법은 정책목표의 명확성과 그 실현을 위한 다양한 수단의 필요성을 강조한다는 점에서 합리모형에 입각한 이론이다.
② 엘모어(Elmore)의 통합적 접근법에 따르면, 정책집행에 있어서 정책목표는 하향적으로 접근하여 설정하고, 정책수단은 상향적으로 접근하여 집행가능성이 가장 높은 수단을 선택한다.
③ 하향적 접근법은 정책결정에 대한 집행과정의 피동적 순응을 강조한다.
④ 타협모형(compromise model)에 따르면, 정책집행은 갈등을 야기하고 저항하는 세력과 타협하여 협력을 얻어내는 과정이다.

03 다음 설명에 해당하는 정책집행 모형을 제시한 학자는? 2022 국가직 7급

약점진단 ○△× ○△× ○△×

- 효과적인 정책집행을 위해 갖추어야 할 조건으로서 정책결정의 내용은 타당한 인과이론에 바탕을 두어야 하며 정책내용으로서 법령은 명확한 정책지침을 가지고 있어야 한다.
- 집행과정에서 발생할 수 있는 변수들을 미리 예견할 수 있도록 해 주는 체크리스트로서의 기능을 한다는 장점이 있다.
- 정책집행 현장의 일선관료들이나 대상집단의 전략 등을 과소평가하거나 쉽게 파악할 수 없다는 단점이 있다.

① 사바티어(Sabatier)와 매즈매니언(Mazmanian)
② 린드블롬(Lindblom)
③ 프레스만(Pressman)과 윌다브스키(Wildavsky)
④ 레인(Rein)과 라비노비츠(Rabinovitz)

04 정책집행의 하향식 접근(top-down approach)에 대한 설명으로 옳은 것만을 모두 고르면? 2020 지방직 9급(서울시 9급)

약점진단 ○△× ○△× ○△×

ㄱ. 집행이 일어나는 현장에 초점을 맞춘다.
ㄴ. 일선공무원의 전문지식과 문제해결능력을 중시한다.
ㄷ. 하위직보다는 고위직이 주도한다.
ㄹ. 정책결정자는 정책집행에 영향을 미치는 정치적·조직적·기술적 과정을 충분히 통제할 수 있다.

① ㄱ, ㄴ ② ㄱ, ㄷ
③ ㄴ, ㄹ ④ ㄷ, ㄹ

05 약점진단 ○△✕ ○△✕ ○△✕

립스키(Lipsky)의 일선관료제(street level bureaucracy)에 대한 설명으로 옳지 않은 것은? 2023 국가직 7급

① 일선관료에 대한 재량권 강화는 집행현장의 특수성 및 예상치 못한 사태에 대비하게 할 수 있다.
② 일선관료는 만성적으로 부족한 자원, 모호한 역할 기대, 그들의 권위에 대한 위협과 도전이라는 업무환경에 처해 있다.
③ 일선관료는 일반시민을 분류하지 않고, 모든 계층을 공평하게 대우한다.
④ 일선관료는 정부를 대신하여 시민에게 정책을 직접 전달하는 존재로, 특히 사회경제적 취약계층의 삶에 큰 영향력을 미친다.

06 약점진단 ○△✕ ○△✕ ○△✕

립스키(Lipsky)의 '일선관료제'에서 일선관료들이 처하는 업무환경의 특징으로 옳지 않은 것은? 2022 국가직 9급

① 자원의 부족
② 일선관료 권위에 대한 도전
③ 모호하고 대립되는 기대
④ 단순하고 정형화된 정책대상집단

07 약점진단 ○△✕ ○△✕ ○△✕

나카무라와 스몰우드(R. T. Nakamura & F. Smallwood)는 정책결정자와 정책집행자 간의 관계에 착안하여 정책집행자 유형을 5가지로 나누었다. 다음 중 고전적 기술자형의 특징으로 가장 적절한 것은? 2023 군무원 9급

① 정책결정자가 추상적인 목표를 지지하지만 구체적인 정책목표를 결정할 수 없기에 정책결정자가 집행자에게 광범위한 재량권을 위임하게 되는 유형이다.
② 집행자가 많은 권한을 위임받아 정책을 집행하는 경우로서 많은 재량권을 갖게 되는 유형이다.
③ 정책결정자가 집행과정에 대해서 엄격하게 통제를 하는 것을 의미하며, 정책집행자는 약간의 정책적 재량만을 갖는 유형이다.
④ 정책결정자가 목표를 수립하고, 집행자들은 정책결정자와 목표나 목표달성을 위한 수단에 관하여 협상한다.

08 약점진단 ○△✕ ○△✕ ○△✕

살라몬(L. M. Salamon)이 제시한 정책수단의 유형에서 직접적 수단으로만 묶인 것은? 2018 국가직 9급

> ㄱ. 조세지출(tax expenditure)
> ㄴ. 경제적 규제(economic regulation)
> ㄷ. 정부소비(direct government)
> ㄹ. 사회적 규제(social regulation)
> ㅁ. 공기업(government corporation)
> ㅂ. 보조금(grant)

① ㄱ, ㄴ, ㄷ　② ㄱ, ㄹ, ㅂ
③ ㄴ, ㄷ, ㅁ　④ ㄹ, ㅁ, ㅂ

09 살라몬(Salamon)의 정책도구 분류에서 강제성이 가장 높은 것은? 2022 지방직 9급(서울시 9급)

약점진단 ○△× ○△× ○△×

① 경제적 규제 ② 바우처
③ 조세지출 ④ 직접대출

10 다음은 정책순응을 확보하기 위한 수단과 그 특징에 대한 설명이다. (가)~(다)에 들어갈 말을 바르게 연결한 것은? 2022 국가직 7급

약점진단 ○△× ○△× ○△×

- (가): 일선 집행관료는 큰 저항을 하지 않으나 정책에 의해 피해를 입는 대상집단은 의도적으로 불응의 핑계를 찾으려 한다.
- (나): 도덕적 자각이나 이타주의적 고려에 의해 자발적으로 순응하는 사람들의 명예나 체면을 손상시키고 사람의 타락을 유발할 수 있다.
- (다): 불응의 형태를 정확하게 점검 및 파악하기 어려운 경우가 많다는 약점이 있다.

	(가)	(나)	(다)
①	도덕적 설득	유인	처벌
②	도덕적 설득	처벌	유인
③	유인	도덕적 설득	처벌
④	처벌	유인	도덕적 설득

약점 체크와 약점 보완을 한 번에 정답과 해설 P.37

CHAPTER 06

정책평가론

출제 비중 26%

26 50 100

출제예상편 ▶ P.199

01 정책평가의 유형에 대한 설명으로 옳지 않은 것은? 2023 국가직 7급

약점진단 ○△× ○△× ○△×

① 평가성 사정(evaluability assessment)은 평가의 실행가능성을 검토하는 일종의 예비평가이다.
② 정책영향평가는 사후평가이며 동시에 효과성 평가로 볼 수 있다.
③ 모니터링은 과정평가에 속하지만 집행의 능률성과 효과성을 확보하기 위한 평가이다.
④ 형성평가는 집행이 종료된 후 정책이 의도했던 목적을 달성했는지에 초점을 맞춘다.

02 정책평가의 논리모형에 대한 설명으로 옳지 않은 것은? 2024 국가직 9급

약점진단 ○△× ○△× ○△×

① 정책프로그램의 요소들과 해결하려는 문제들 사이의 논리적 인과관계를 투입(input) – 활동(activity) – 산출(output) – 결과(outcome)로 도식화한다.
② 산출은 정책집행이 종료된 직후의 직접적인 결과물을 의미하며, 결과는 산출로 인해 나타나는 변화를 의미한다.
③ 과정평가이기 때문에 정책프로그램의 목표달성 여부를 보여 주지는 못한다는 한계가 있다.
④ 정책프로그램과 관련된 다양한 이해관계자의 이해도를 높일 수 있다.

03 정책평가를 위한 측정도구의 타당성과 신뢰성에 대한 설명으로 옳지 않은 것은? 2020 국가직 9급

약점진단 ○△× ○△× ○△×

① 타당성은 없지만 신뢰성이 높은 측정도구가 있을 수 있다.
② 신뢰성이 없지만 타당성이 높은 측정도구는 있을 수 없다.
③ 신뢰성은 측정도구의 타당성을 담보할 수 있는 충분조건이다.
④ 타당성이 없는 측정도구는 제1종 오류를 범하는 원인이 될 수 있다.

04 정책평가의 논리에서 수단과 목표 간의 인과관계에 대한 설명으로 옳은 것만을 모두 고르면? 2020 지방직 9급(서울시 9급)

약점진단 ○△× ○△× ○△×

ㄱ. 정책목표의 달성이 정책수단의 실현에 선행해서 존재해야 한다.
ㄴ. 특정 정책수단 실현과 정책목표 달성 간 관계를 설명하는 다른 요인이 배제되어야 한다.
ㄷ. 정책수단의 변화 정도에 따라 정책목표의 달성 정도도 변해야 한다.

① ㄱ ② ㄷ
③ ㄱ, ㄴ ④ ㄴ, ㄷ

05 정책분석 및 평가연구에 적용되는 기준 중 내적 타당성에 대한 설명으로 옳은 것은? 2023 국가직 9급

약점진단 ○△× ○△× ○△×

① 분석 및 평가 결과를 다른 상황에서도 적용할 수 있는 정도를 의미한다.
② 이론적 구성요소들의 추상적 개념을 성공적으로 조작화한 정도를 의미한다.
③ 집행된 정책내용과 발생한 정책효과 간의 관계에 대한 인과적 추론의 정확성 정도를 의미한다.
④ 반복해서 측정했을 때 일관성 있는 결과를 얻는 정도를 의미한다.

06 정책평가를 위한 사회실험에 대한 설명으로 옳지 않은 것은? 2023 국가직 9급

약점진단 ○△× ○△× ○△×

① 통제집단 사전·사후 설계는 검사효과를 통제할 수 있다.
② 준실험은 진실험에 비해 실행 가능성이 높다는 장점이 있다.
③ 회귀불연속 설계는 구분점(구간)에서 회귀직선의 불연속적인 단절을 이용한다.
④ 솔로몬 4집단 설계는 통제집단 사전·사후 설계와 통제집단 사후 설계의 장점을 갖는다.

07 다음 사례에서 정책평가의 내적 타당도를 위협하는 요인은? 2021 국회직 8급

약점진단 ○△× ○△× ○△×

> 지방정부 A시는 최근 일정 나이의 청년들에게 월마다 일정 금액을 지급하는 청년소득 정책을 실시하였다. 청년소득 지급이 청년들의 고용에 어떤 영향을 미치는지 알아보기 위해 청년소득 정책 실시 전후 대상자들의 고용현황을 측정하고 비교해서 그 차이를 청년소득의 효과라고 해석하려고 한다. 그런데 두 측정시점 사이에 경기불황이라는 상황이 발생하였다.

① 호손효과 ② 검사요인
③ 역사적 요인 ④ 회귀인공요인
⑤ 오염효과

08 정책평가와 관련하여 실험결과의 외적 타당성을 저해하는 요인으로 옳지 않은 것은? 2021 국가직 9급

약점진단 ○△× ○△× ○△×

① 연구자의 측정기준이나 측정도구가 변화되는 경우
② 표본으로 선택된 집단의 대표성이 약할 경우
③ 실험집단 구성원 자신이 실험대상임을 인지하고 평소와 다른 특별한 반응을 보일 경우
④ 실험의 효과가 크게 나타날 것으로 예상되는 집단만을 의도적으로 실험집단에 배정하는 경우

09 사회실험에 대한 설명으로 옳은 것만을 모두 고르면?

2021 지방직 7급(서울시 7급)

약점진단 ○△× ○△× ○△×

ㄱ. 자연과학의 실험실 실험과는 달리 상황에 따라 통제집단(control group) 또는 비교집단(comparison group) 없이 진행할 수 있다.
ㄴ. 진실험 방법을 활용하여 사회실험을 진행하면 호손효과(Hawthorne effect)를 방지할 수 있다는 점이 가장 큰 장점이다.
ㄷ. 아직 검증되지 않은 정책프로그램에 대규모 투자를 하기 전에 그 결과를 미리 평가해 보는 것이 중요한 목적 중 하나이다.
ㄹ. 실험집단과 비교집단을 무작위배정(random assignment)할 수 없어 집단 간 동질성 확보가 불가능하면, 준실험(quasi-experiment) 방법을 채택하여 진행할 수 있다.

① ㄱ, ㄴ
② ㄱ, ㄹ
③ ㄴ, ㄷ
④ ㄷ, ㄹ

10 정책평가의 설계에 대한 설명으로 옳지 않은 것은?

2023 지방직 7급

약점진단 ○△× ○△× ○△×

① 사후적 비교집단 구성(비동질적 집단 사후측정설계)은 선정효과로 인해 내적 타당성이 훼손될 수 있다.
② 진실험은 모방효과로 인해 내적 타당성이 훼손될 수 있다.
③ 비동질적 통제집단설계는 진실험과 같은 수준의 내적 타당성을 확보할 수 있다.
④ 진실험과 준실험을 비교하면 실행가능성 측면에서는 준실험이, 내적 타당성 측면에서는 진실험이 더 우수하다.

11 정책변수에 대한 설명으로 옳은 것만을 모두 고르면?

2020 국가직 9급

약점진단 ○△× ○△× ○△×

ㄱ. 매개변수 – 독립변수의 원인인 동시에 종속변수의 원인이 되는 제3의 변수
ㄴ. 조절변수 – 독립변수와 종속변수 간에 상호작용 효과를 나타나게 하는 제3의 변수
ㄷ. 억제변수 – 독립변수와 종속변수 간에 상관관계가 없는데도 있는 것으로 나타나게 하는 제3의 변수
ㄹ. 허위변수 – 독립변수와 종속변수 모두에게 영향을 미치며 이들 사이의 공동변화를 설명하는 제3의 변수

① ㄱ, ㄷ
② ㄱ, ㄹ
③ ㄴ, ㄷ
④ ㄴ, ㄹ

12 정책평가방법 중 자연실험(natural experiment)에 대한 설명으로 옳지 않은 것은?

2018 지방직 7급

약점진단 ○△× ○△× ○△×

① 자연실험은 준실험(quasi-experiment)이 아닌 진실험(true experiment)에 가까운 실험설계 방식이다.
② 자연실험에서는 사회실험에 비해 비용 문제나 윤리적 문제 때문에 어려움을 겪을 가능성이 적다.
③ 자연실험에서 실험 여건은 자연적인 충격(shock)뿐만 아니라 급격한 정책이나 제도변화에 의해서도 형성된다.
④ 독립변수와 종속변수가 서로 영향을 주고받는 동시적 관계에 있을 때 이를 통제하기 위한 수단으로 자연실험을 이용할 수 있다.

13 약점진단 ○△×

「정부업무평가 기본법」상 정부업무평가제도에 대한 설명으로 옳은 것은? 2023 지방직 7급

① 기획재정부장관은 중앙행정기관의 자체평가결과를 확인·점검 후 평가의 객관성과 신뢰성에 문제가 있어 다시 평가가 필요하다고 판단되는 경우, 위원회의 심의·의결을 거쳐 재평가를 실시할 수 있다.
② 중앙행정기관의 장은 자체평가조직 및 자체평가위원회를 구성·운영하여야 하며, 이 경우 평가의 공정성과 객관성을 확보하기 위하여 자체평가위원의 3분의 2 이상은 민간위원으로 하여야 한다.
③ 행정안전부장관은 둘 이상의 중앙행정기관 관련 시책, 주요 현안시책, 혁신관리 및 대통령령이 정하는 부문에 대하여 특정평가를 실시하고 그 결과를 공개하여야 한다.
④ 지방자치단체 또는 그 장이 위임받아 처리하는 국가사무, 국고보조사업 그리고 국가의 주요 시책사업 등에 대해 국무총리는 관계중앙행정기관의 장과 합동으로 평가를 실시할 수 있다.

14 약점진단 ○△×

다음 중 정부업무평가에 대한 설명으로 가장 적절하지 않은 것은? 2024 군무원 7급

① 정부업무평가위원회는 위원장 2명을 포함한 15인 이내의 위원으로 구성되며, 민간위원의 임기는 2년이다.
② 정부업무평가위원회의 회의는 재적위원 2/3 출석으로 개의하고 출석위원 과반수의 찬성으로 의결한다.
③ 중앙행정기관과 지방자치단체의 장은 그 소속 기관의 정책 등을 포함하여 자체평가를 실시하여야 한다.
④ 기획재정부장관은 평가 결과를 중앙행정기관의 다음 연도 예산편성 시에 반영하여야 한다.

15 약점진단 ○△×

정책변동에 대한 설명으로 옳지 않은 것은? 2020 국가직 9급

① 킹던(Kingdon)의 정책흐름이론에 따르면 정책변동은 정책문제의 흐름, 정치의 흐름, 정책대안의 흐름이 결합하여 이루어진다.
② 무치아로니(Mucciaroni)의 이익집단 위상변동모형에서 이슈 맥락은 환경적 요인과 같이 정책의 유지 혹은 변동에 영향을 미치는 정책요인을 말한다.
③ 실질적인 정책내용이 변하더라도 정책목표가 변하지 않는다면 이를 정책유지라 한다.
④ 정책목표를 달성하기 위한 전반적인 정책수단을 소멸시키고 이를 대체할 다른 정책을 마련하지 않는 것을 정책종결이라 한다.

16 약점진단 ○△×

호그우드(Hogwood)와 피터스(Peters)가 제시한 정책변동의 유형에 대한 설명으로 옳지 않은 것은? 2022 지방직 9급(서울시 9급)

① 정책혁신은 기존의 조직이나 예산을 기반으로 새로운 형태의 개입을 결정하는 것이다.
② 정책승계는 정책의 기본 목표는 유지하되, 정책을 대체 혹은 수정하거나 일부 종결하는 것이다.
③ 정책유지는 기존 정책의 기본 골격을 유지하면서 정책수단의 부분적인 변화만 이루어지는 것이다.
④ 정책종결은 다른 정책으로의 대체 없이 기존 정책을 완전히 중단하는 것이다.

17 옹호연합모형(Advocacy Coalition Framework)에 대한 설명으로 옳은 것만을 모두 고르면? 2024 지방직 9급

약점진단 ○△× ○△× ○△×

> ㄱ. 정책하위체제에 초점을 두어 정책변화를 이해한다.
> ㄴ. 정책지향학습은 옹호연합 내부만 아니라 옹호연합 사이에서도 발생한다.
> ㄷ. 행정규칙, 예산배분, 규정의 해석에 대한 결정은 정책핵심 신념과 관련된다.
> ㄹ. 신념체계 구조에서 규범적 핵심 신념은 관심있는 특정 정책 규범에 적용되며, 이차적 측면(secondary aspects)보다 변화 가능성이 작다.

① ㄱ, ㄴ ② ㄱ, ㄹ
③ ㄴ, ㄷ ④ ㄷ, ㄹ

18 사바티어(Sabatier)의 통합모형에 대한 설명으로 가장 옳지 않은 것은? 2019 서울시 7급 제2회

약점진단 ○△× ○△× ○△×

① 정책변화 이해에 가장 유효한 분석 단위는 정책하위시스템이다.
② 정책하위시스템에는 서로 다른 목표를 가진 지지연합이 있다.
③ 정책하위시스템 참여자의 활동에 영향을 미치는 요소는 상향식 접근방법으로 도출하였다.
④ 정책집행을 한 번의 과정이 아니라 연속적인 정책변동으로 보았다.

19 홀(Hall)에 의해 제시된 정책변동모형으로 정책목표, 정책수단, 정책환경의 세 가지 변수 중 정책목표와 정책수단에 급격한 변화가 발생하는 정책변동모형은? 2016 지방직 9급

약점진단 ○△× ○△× ○△×

① 쓰레기통모형
② 단절균형모형(punctuated equilibrium)
③ 정책지지연합모형(advocacy coalition framework)
④ 정책패러다임변동모형

20 정책혁신의 확산에 대한 설명으로 옳은 것은? 2019 국가직 7급

약점진단 ○△× ○△× ○△×

① 혁신 확산에 관한 연구는 주로 미시수준에 머물러 있고, 중위수준 및 거시수준에서의 연구는 여전히 미진한 실정이다.
② 혁신의 초기수용자는 소속집단의 신망을 받는 이들로서 그 사회에서 여론선도자일 가능성이 높다.
③ 확산은 선진산업국가로부터 저개발지역으로 확산되는 '공간적 확산(spatial diffusion)'과 이웃지역으로부터의 모방을 통한 '계층적 확산(hierarchical diffusion)'으로 구분할 수 있다.
④ 로저스(E. Rogers)에 따르면, 혁신수용시간에 따라 수용자 수의 분포는 S자 형태를 띠고, 이들 수용자의 누적도수는 정규분포를 이룬다.

약점 체크와 약점 보완을 한 번에 정답과 해설 P.39

CHAPTER 07

기획이론

출제 비중 0%

0 50 100

출제예상편 ▶ P.202

01 약점진단 ○△× ○△× ○△×

다음 중 기획이 시장질서를 교란시키고 국민의 자유권을 침해하며 자유민주주의에 위배된다고 주장한 학자는? 2012 서울시 9급(추가채용)

① 하이에크(F. A. Hayek)
② 파이너(H. Finer)
③ 오스트롬(V. Ostrom)
④ 사이몬(H. Simon)
⑤ 테일러(F. Taylor)

02 약점진단 ○△× ○△× ○△×

조직 운영을 위해 기획은 매우 중요하다. 하지만 기획은 많은 제약요인을 수반한다. 다음 중 행정기관에서 기획과정상의 제약요인과 거리가 먼 것은? 2004 서울시 9급

① 기획목표를 설정할 때 담당자 혹은 집단 간의 갈등으로 인하여 목표의 일치를 확보하기 어렵다.
② 기획과정에서 유동적이고 가변적인 미래를 예측하기 어렵고, 특히 행정 부분에 있어서 각종 정보나 자료의 부족은 기획을 어렵게 한다.
③ 기획은 행정의 경직성을 초래하여, 급변하는 사회에 적절히 적응하는 데 장애요인으로 작용할 수 있다.
④ 관리자가 실행이 용이한 정형적 결정을 선호하여 쇄신적인 기획을 등한시할 가능성이 높다. 즉 "악화가 양화를 구축한다."는 그레샴의 법칙(Gresham's law)이 기획에도 적용된다.
⑤ 구체적이고 집권적 기획은 구성원의 판단과 창의성을 보장할 수 있다.

약점 체크와 약점 보완을 한 번에 정답과 해설 P.43

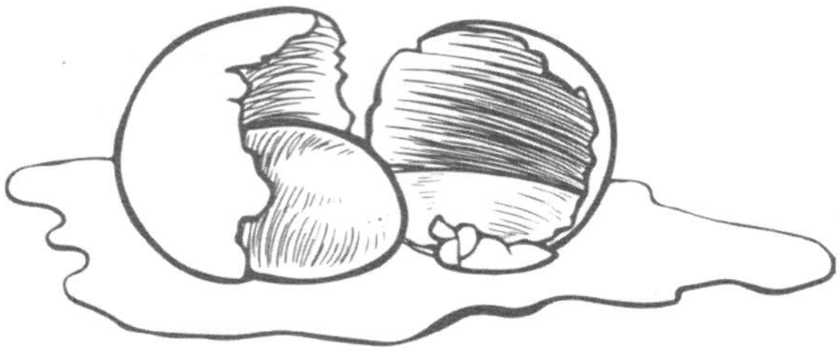

경험이란 사람들이
자신의 실수를 일컫는 말이다.

최근 5개년 7·9급 주요 직렬 출제 비중

19%

PART 03

조직이론

CHAPTER	출제 비중	교수님의 기출 경향 POINT
01 조직의 기초이론	19%	조직이론의 발달 흐름을 잘 이해하여야 한다. 특히 거시조직이론의 체계를 정확하게 구분하여야 한다.
02 조직구조론	27%	기계적 구조와 유기적 구조를 양극단으로 하여 조직구조의 유형을 반드시 숙지하고, 관료제의 병리현상과 우리나라 정부조직에 관한 내용을 정리해야 한다.
(출제 비중 高) 03 조직관리론	35%	내용이론과 과정이론의 차이를 대립적으로 이해하고, 각 동기부여이론의 내용을 개념형으로 정리하여야 한다. 또한 리더십이론의 변천과 개념, 갈등이론의 변천과 Thomas의 이차원 모형의 개념을 반드시 숙지해야 한다.
04 조직정보론	11%	조직정보론은 최근 출제 비중이 높아지고 있다. 최근에 중시되는 개념인 전자정부, 리엔지니어링, 정부 3.0, 빅테이터 등에 대한 내용을 정확하게 숙지하여야 한다.
05 조직변동(혁신)론	8%	총제적 품질관리(TQM), 균형성과관리(BSC), SWOT 분석 등 경영학적 관점이 요구되는 분야라는 것에 주목해서 학습해야 한다.

CHAPTER 01

조직의 기초이론

출제 비중 19%

출제예상편 ▶ P.204

01 조직목표의 기능에 대한 설명으로 옳지 않은 것은? 2021 국가직 9급

약점진단 ○△×

① 조직구성원들이 목표로 인해 일체감을 느끼기 때문에 구성원들의 동기를 유발해 준다.
② 조직의 구조와 과정을 설계하는 준거를 제공하고 성과를 평가하는 기준이 되기도 한다.
③ 미래의 바람직한 상태를 밝혀 조직활동의 방향을 제시한다.
④ 조직이 존재하는 정당성의 근거가 될 수는 없다.

02 파슨스(T. Parsons)의 조직유형 중 조직체제의 목표달성 기능과 관련된 유형으로 옳은 것은? 2020 군무원 9급

약점진단 ○△×

① 경제적 생산조직 ② 정치조직
③ 통합조직 ④ 형상유지조직

03 다음 중 민츠버그(Mintzberg)의 전문적 관료제 구조에 대한 설명으로 가장 적절하지 않은 것은? 2024 군무원 9급

약점진단 ○△×

① 업무의 표준화가 어려워 개인의 전문성에 의존한다.
② 종합병원과 같이 높은 분화와 낮은 공식화의 특성을 가진다.
③ 환경변화에 적응하는 속도가 빠른 편이므로 복잡하고 불안정한 환경에 적절하다.
④ 핵심운영층에 해당하는 작업 계층의 역할이 강조된다.

04 신고전적 조직이론인 인간관계론이 강조한 내용으로 옳은 것은? 2024 국가직 9급

약점진단 ○△×

① 기계적 능률성
② 공식적 조직구조
③ 합리적 · 경제적 인간관
④ 인간의 사회 · 심리적 요인

05 신고전 조직이론에 대한 설명으로 옳은 것은? 2022 국가직 7급

약점진단 ○△×

① 조직군생태론, 자원의존이론 등이 대표적이다.
② 인간을 복잡한 내면구조를 가진 복잡인으로 간주한다.
③ 환경과 상호작용하는 개방적 · 동태적 · 유기적 조직을 강조한다.
④ 조직 내 사회적 능률을 강조하고, 조직의 비공식적 구조나 요인에 초점을 둔다.

06 후기 인간관계론에 대한 설명으로 옳지 않은 것은? 2019 국가직 7급

약점진단 ○△×

① 합리적 · 경제적 인간관보다는 자아실현적 인간관과 더 부합한다.
② 개인은 다양한 차원에서 다양한 특성을 지니고 있으므로 상황에 따라 개인을 다양한 시각으로 이해할 필요가 있다.
③ 대표하는 이론으로는 맥그리거(McGregor)의 Y이론, 아지리스(Argyris)의 성숙인 등을 들 수 있다.
④ 의사결정과정에 개인을 참여시키는 관리전략이 필요하다.

07 현대조직이론에 대한 설명으로 옳은 것은?

2022 지방직 7급(서울시 7급)

약점진단 ○△× ○△× ○△×

① 조직군생태론은 단일조직을 기본 분석단위로 하며, 환경에 대한 조직 적합도에 초점을 둔다.
② 거래비용이론은 자원의존이론의 한 접근법으로, 조직 간 거래비용보다는 조직 내 거래비용에 더 많은 관심을 둔다.
③ 상황론적 조직이론은 독립변수를 한정하고 상황적 조건들을 유형화해 중범위라는 제한된 수준 내의 일반성과 규칙성을 발견하려고 한다.
④ 대리인이론에 따르면 정보의 대칭성과 자산 불특정성이 합리적 선택을 제약하며, 주인－대리인 관계는 조직 내에서 나타나지 않는다.

08 현대조직이론에 대한 설명으로 옳지 않은 것은?

2023 지방직 7급

약점진단 ○△× ○△× ○△×

① 자원의존이론은 조직을 환경적 결정에 피동적인 존재로 보지 않고 스스로의 이익을 위해 주도적·능동적으로 환경에 대처하며, 환경을 조직에 유리하도록 관리하려는 존재로 본다.
② 조직군생태론은 조직을 외부 환경의 선택에 따라 좌우되는 피동적인 존재로 보고, 조직의 발전이나 소멸의 원인을 환경에 대한 조직 적합도에서 찾는다.
③ 혼돈이론은 조직이라는 복잡한 체제의 총체적 이해를 도울 수 있다는 장점이 있으나, 복잡한 현상에 대한 통합적 연구를 지향한다는 점에서 현실세계에 적용하기 어렵다는 한계를 보인다.
④ 상황론적 조직이론은 기술, 규모, 환경 등의 다양한 상황요인에 대한 조직적합성을 발견함으로써, 모든 상황에 적합하고 유일한 최선의 조직설계와 관리방법을 찾을 수 있다고 본다.

09 조직이론과 그 내용에 대한 설명으로 옳지 않은 것은?

2023 국가직 9급

약점진단 ○△× ○△× ○△×

① 구조적 상황이론 – 불안정한 환경 속에 있는 조직은 유기적인 조직구조를 선택하는 것이 효과적이다.
② 전략적 선택이론 – 동일한 환경에 처한 조직도 환경에 대한 관리자의 지각 차이로 상이한 선택을 할 수 있다.
③ 거래비용이론 – 시장에서의 거래비용이 조직의 내부 거래비용보다 클 경우 내부 조직화를 선택한다.
④ 조직군 생태학이론 – 조직군의 변화를 이끄는 변이는 우연적 변화(돌연변이)로 한정되며, 계획적이고 의도적인 변화는 배제된다.

10 다음 중 조직이론에 대한 설명으로 가장 옳지 않은 것은?

2022 군무원 7급

약점진단 ○△× ○△× ○△×

① 자원의존이론은 환경에 능동적인 조직의 특성을 강조한다.
② 공동체 생태학이론은 조직 간의 관계에 대해 논의를 전개한다.
③ 구조적 상황이론은 환경에 적응하는 조직의 구조 실체를 강조한다.
④ 조직군 생태학이론은 조직의 주도적 선택을 강조한다.

11 주인－대리인이론(principal-agent theory)에 대한 설명으로 옳지 않은 것은?

2023 국가직 7급

약점진단 ○△× ○△× ○△×

① 경제적 능률을 중시하는 인간관에 기반한 이론으로, 행위자들이 이기적 존재임을 전제한다.
② 주인과 대리인의 목표 상충으로 인해 X－비효율성이 나타난다.
③ 인간의 인지적 한계와 정보 부족 등 상황적 제약으로 인해 합리성은 제약된다고 본다.
④ 주인과 대리인 사이에 정보비대칭성이 존재하고, 대리인이 기회주의적으로 행동하는 경우 역선택이나 도덕적 해이가 발생할 수 있다.

12 대리인이론에서 합리적 선택을 제약하는 요인에 대한 설명으로 가장 적절하지 않은 것은? 2021 군무원 7급

약점진단 ○△× ○△× ○△×

① 인간의 인지적 한계와 정보 부족 등 상황적 제약 때문에 합리성은 제약되며 따라서 불확실성을 통제하기 어렵다.
② 대리인이 자기 자질이나 업무수행에 관한 정보를 위임자보다 더 많이 가지고 있다는 정보 불균형 때문에 위임자는 대리인의 재량에 의존할 수밖에 없다.
③ 이기적인 대리인이 노력을 최소화하고 이익을 극대화하려는 기회주의적 행동을 하는 경우 위임자의 불리한 선택이 발생할 수 있다.
④ 조직이 투자한 자산이 유동적이어서 자산 특정성이 낮으면, 조직 내의 여러 관계나 외부공급자들과의 관계가 고착되어 대리인 관계가 비효율적이더라도 이를 바꾸기 어렵다.

13 대리인이론에서 주인-대리인 관계의 효율성을 제약하는 요인이 아닌 것은? 2020 지방직 7급(서울시 7급)

약점진단 ○△× ○△× ○△×

① 인간의 인지적 한계와 정보 부족 등으로 인한 합리성 제약
② 정보 비대칭성 혹은 정보 불균형
③ 대리인의 기회주의적 행동 성향
④ 대리인 관계를 설정할 수 있는 다수의 잠재적 당사자(대리인) 존재

14 거래비용이론에 대한 설명으로 옳지 않은 것은? 2021 국가직 7급

약점진단 ○△× ○△× ○△×

① 기회주의적 행동을 제어하는 데에는 시장이 계층제보다 효율적인 수단이다.
② 거래비용은 탐색비용, 거래의 이행 및 감시비용 등을 포함한다.
③ 시장의 자발적 교환행위에서 발생하는 거래비용이 계층제의 조정비용보다 크면 내부화하는 것이 효율적이다.
④ 거래비용이론은 조직이 생겨나고 일정한 구조를 가지는 이유를 조직경제학적으로 설명하는 접근방법이다.

15 다음 중 거시적 조직이론에 대한 설명으로 가장 옳지 않은 것은? 2016 서울시 9급

약점진단 ○△× ○△× ○△×

① 전략적 선택이론은 임의론이다.
② 조직군생태론은 자연선택론을 취한다.
③ 조직군생태론은 결정론적이다.
④ 전략적 선택이론의 분석 단위는 조직군이다.

16 조직이론에 대한 설명으로 옳지 않은 것은? 2017 국가직 9급(추가채용)

약점진단 ○△× ○△× ○△×

① 상황론적 조직이론에 따르면, 모든 상황에 적용되는 유일·최선의 조직구조나 관리방법은 없다.
② 거래비용이론에 따르면, 시장의 자발적인 교환행위에서 발생하는 거래비용이 관료제의 조정비용보다 클 경우 거래를 내부화하는 것이 효율적이다.
③ 주인-대리인이론에 따르면, 주인과 대리인 간에는 정보의 비대칭성으로 인해 대리인의 도덕적 해이와 주인의 역선택이 발생할 수 있다.
④ 자원의존이론에 따르면, 조직은 환경으로부터 필요한 자원을 획득하기 위하여 환경에 피동적으로 순응하여야 한다.

17 약점진단 ○△×○△×○△×

분업에 대한 설명으로 옳지 않은 것은? 2017 지방직 9급

① 분업의 심화는 작업도구·기계와 그 사용방법을 개선하는 데 기여할 수 있다.
② 작업 전환에 드는 시간(change-over time)을 단축할 수 있다.
③ 분업이 고도화되면 조직구성원에게 심리적 소외감이 생길 수 있다.
④ 분업은 업무량의 변동이 심하거나 원자재의 공급이 불안정한 경우에 더 잘 유지된다.

18 약점진단 ○△×○△×○△×

조직 내에서 직무의 범위와 깊이는 과제의 성격에 따라 달라져야 한다. 아래는 직무전문화와 과제 성격과의 관계를 나타낸 표이다. (가), (나), (다), (라)에 들어갈 내용이 옳게 연결된 것은? 2011 국회직 8급

구분		수평적 전문화	
		높음	낮음
수직적 전문화	높음	(가)	(나)
	낮음	(다)	(라)

	(가)	(나)	(다)	(라)
①	일선 관리직무	비숙련 직무	전문가적 직무	고위 관리직무
②	일선 관리직무	비숙련 직무	고위 관리직무	전문가적 직무
③	고위 관리직무	전문가적 직무	일선 관리직무	비숙련 직무
④	비숙련 직무	일선 관리직무	고위 관리직무	전문가적 직무
⑤	비숙련 직무	일선 관리직무	전문가적 직무	고위 관리직무

19 약점진단 ○△×○△×○△×

일반적인 조직구조 설계원리에 대한 설명으로 옳은 것만을 모두 고르면? 2021 국가직 7급

ㄱ. 계선은 부하에게 업무를 지시하고, 참모는 정보제공, 자료분석, 기획 등의 전문지식을 제공한다.
ㄴ. 부문화의 원리는 일정한 기준에 따라 서로 기능이 같거나 유사한 업무를 조직단위로 묶는 것을 의미한다.
ㄷ. 통솔범위가 넓을수록 고도의 수직적 분화가 일어나 고층구조가 형성되고, 좁을수록 평면구조가 이뤄진다.
ㄹ. 명령통일의 원리는 부하가 한 사람의 상관으로부터 명령을 받게 해야 함을 의미한다.

① ㄱ, ㄴ, ㄷ ② ㄱ, ㄴ, ㄹ
③ ㄱ, ㄷ, ㄹ ④ ㄴ, ㄷ, ㄹ

20 약점진단 ○△×○△×○△×

조직구조의 설계에 있어서 '조정의 원리'에 대한 설명으로 옳지 않은 것은? 2018 국가직 9급

① 수직적 연결은 상위계층의 관리자가 하위계층의 관리자를 통제하고 하위계층 간 활동을 조정하는 것을 목적으로 한다.
② 수직적 연결방법으로는 임시적으로 조직 내의 인적·물적 자원을 결합하는 프로젝트 팀(project team)의 설치 등이 있다.
③ 수평적 연결은 동일한 계층의 부서 간 조정과 의사소통을 목적으로 한다.
④ 수평적 연결방법으로는 다수 부서 간의 긴밀한 연결과 조정을 위한 태스크포스(task force)의 설치 등이 있다.

약점 체크와 약점 보완을 한 번에 정답과 해설 P.44

CHAPTER 02

조직구조론

출제 비중 27%

출제예상편 ▶ P.207

01 조직구조의 상황요인에 대한 설명으로 옳은 것을 〈보기〉에서 모두 고른 것은? 2018 서울시 7급 제2회

약점진단 ○△×

보기

ㄱ. 비일상적 기술일 경우 공식화가 높아질 것이다.
ㄴ. 조직규모가 커짐에 따라 공식화가 높아질 것이다.
ㄷ. 환경의 불확실성이 높을수록 집권화가 높아질 것이다.
ㄹ. 비일상적 기술일수록 집권화가 낮아질 것이다.
ㅁ. 환경의 불확실성이 높을수록 공식화가 낮아질 것이다.

① ㄱ, ㄷ, ㄹ ② ㄴ, ㄹ, ㅁ
③ ㄷ, ㄹ, ㅁ ④ ㄱ, ㄴ, ㅁ

02 집권화와 분권화에 대한 설명으로 옳지 않은 것은? 2023 국가직 9급

약점진단 ○△×

① 집권화는 조직의 규모가 작고 신설 조직일 때 유리하다.
② 집권화의 장점으로는 전문적 기술의 활용가능성 향상과 경비절감을 들 수 있다.
③ 탄력적 업무수행은 분권화의 장점이다.
④ 분권화는 행정기능의 중복과 혼란을 회피할 수 있고 분열을 억제할 수 있다.

03 조직구조에 대한 설명으로 가장 옳지 않은 것은? 2022 군무원 9급

약점진단 ○△×

① 기술(technology)과 집권화의 관계는 상관도가 높다.
② 우드워드(J. Woodward)는 대량 생산기술에는 관료제와 같은 기계적 구조가 효과적이라고 주장했다.
③ 톰슨(V. A. Thompson)은 업무 처리 과정에서 일어나는 조직 간·개인 간 상호의존도를 기준으로 기술을 분류했다.
④ 페로우(C. Perrow)는 과업의 다양성과 문제의 분석가능성을 기준으로 조직의 기술을 유형화했다.

04 기술과 조직구조의 관계에 대한 페로우(Perrow)의 설명으로 옳지 않은 것은? 2020 지방직 9급(서울시 9급)

약점진단 ○△×

① 정형화된(routine) 기술은 공식성 및 집권성이 높은 조직구조와 부합한다.
② 비정형화된(non-routine) 기술은 부하들에 대한 상사의 통솔 범위를 넓힐 수밖에 없을 것이다.
③ 공학적(engineering) 기술은 문제의 분석가능성이 높다.
④ 기예적(craft) 기술은 대체로 유기적 조직구조와 부합한다.

05 다음 중 조직구조의 유형으로서 '유기적 조직'에 대한 설명으로 가장 적절하지 않은 것은? 2024 군무원 7급

약점진단 ○△×

① 권한과 책임이 분산되어 필요에 따라 쌍방향의 상호작용 관계를 유지한다.
② 조직 환경이 안정적인 상황에서 현실적인 타당성을 인정받을 수 있다.
③ 의사소통이 상향식이고 수평적이며, 부서 간 구분이 모호하고 업무가 중복될 수 있다.
④ 환경변화에 탄력적으로 적응해서 조직 생존에 필요한 에너지를 유지하는 능력이 있다.

06 조직구조의 유형에 대한 설명으로 옳지 않은 것은?
2023 국가직 9급

약점진단 ○△×

① 사업(부)구조는 조직의 산출물에 기반을 둔 구조화 방식으로 사업(부) 간 기능 조정이 용이하다.
② 매트릭스구조는 수직적 기능구조에 수평적 사업구조를 결합시켜 조직운영상의 신축성을 확보한다.
③ 네트워크구조는 복수의 조직이 각자의 경계를 넘어 연결고리를 통해 결합 관계를 이루어 환경 변화에 대처한다.
④ 수평(팀제)구조는 핵심업무 과정 중심의 구조화 방식으로 부서 사이의 경계를 제거하여 의사소통을 원활하게 한다.

07 다음 중 매트릭스(matrix)구조에 대한 설명으로 가장 옳지 않은 것은?
2022 군무원 7급

약점진단 ○△×

① 개인들이 다양한 경험을 통해 전문기술의 개발과 넓은 안목을 갖출 수 있다.
② 기능부서 통제권한의 계층은 수평적으로 흐르고, 사업부서 간 조정권한의 계층은 수직적으로 흐르게 된다.
③ 구성원 간의 역할갈등, 역할모호성, 과업조정의 어려움 등이 발생할 우려가 있다.
④ 경직화되어 가는 대규모 관료제 조직에 융통성을 부여해 줄 수 있다.

08 조직유형에 대한 설명으로 옳지 않은 것은?
2020 지방직 7급(서울시 7급)

약점진단 ○△×

① 매트릭스 조직은 기능 중심의 수직적 계층구조에 수평적 조직구조를 결합한 조직으로 명령통일의 원리에 부합한다.
② 태스크포스는 특수한 과업 완수를 목표로 기존의 다른 부서나 외부업체 등에서 사람들을 선발하여 구성한 조직이며, 본래 목적을 달성하면 해체되는 임시조직이다.
③ 프로젝트팀은 전략적으로 중요하거나 창의성이 요구되는 프로젝트를 진행하기 위해 여러 부서에서 프로젝트 목적에 적합한 사람들을 선발해 구성한 조직이다.
④ 네트워크 조직은 각기 높은 독자성을 지닌 조직단위나 조직들 간에 협력적 연계를 통해 구성된 조직이며, 환경변화에 신속하게 적응할 수 있다.

09 다음 내용에 해당하는 조직유형에 대한 설명으로 옳지 않은 것은?
2024 국가직 9급

약점진단 ○△×

> A회사는 장기적인 제품개발 프로젝트 수행을 위해 각 부서에서 총 10명을 차출하여 팀을 운영하려고 한다. 이 팀에 소속된 팀원들은 원 부서에서 주어진 고유 기능을 수행하면서 제품개발을 위한 별도 직무가 부여된다. 따라서 프로젝트 수행 기간 중 팀원들은 프로젝트팀장과 원 소속 부서장의 지휘를 동시에 받게 된다.

① 기능구조와 사업구조를 결합한 혼합형 구조이다.
② 동태적 환경 및 부서 간 상호 의존성이 높은 상황에서 효과적이다.
③ 조직 내부의 갈등 가능성이 커질 우려가 있다.
④ 명령 계통의 다원화로 유연한 인적자원 활용이 어렵다.

10 팀제 조직에 대한 설명으로 옳은 것만을 모두 고르면?

2024 지방직 9급

약점진단 ○△× ○△× ○△×

> ㄱ. 결정과 기획의 핵심 기능만 남기고 사업집행 기능은 전문 업체에 위탁한다.
> ㄴ. 역동적 환경변화에 유연하게 적응하고 신속한 문제해결이 가능하다.
> ㄷ. 기술구조 부문이 중심이 되고 작업 과정의 표준화가 주요 조정수단이다.
> ㄹ. 관료제의 병리를 타파하고 업무수행에 새로운 의식과 행태의 변화 필요성으로 등장하였다.

① ㄱ, ㄴ ② ㄱ, ㄷ
③ ㄴ, ㄹ ④ ㄷ, ㄹ

11 네트워크조직에 대한 설명으로 옳은 것만을 모두 고른 것은?

2015 국가직 9급

약점진단 ○△× ○△× ○△×

> ㄱ. 구조의 유연성이 강조된다.
> ㄴ. 조직 간 연계장치는 수직적인 협력관계에 바탕을 둔다.
> ㄷ. 개방적 의사전달과 참여보다는 타율적 관리가 강조된다.
> ㄹ. 조직의 경계는 유동적이며 모호하다.

① ㄱ, ㄴ ② ㄱ, ㄹ
③ ㄴ, ㄷ ④ ㄷ, ㄹ

12 네트워크 조직구조가 가지는 일반적인 장점에 대한 설명으로 가장 옳지 않은 것은?

2019 서울시 9급 제2회

약점진단 ○△× ○△× ○△×

① 조직의 유연성과 자율성 강화를 통해 창의력을 발휘할 수 있다.
② 통합과 학습을 통해 경쟁력을 제고할 수 있다.
③ 조직의 네트워크화를 통해 환경 변화에 따른 불확실성을 감소시킬 수 있다.
④ 조직의 정체성과 응집력을 강화시킬 수 있다.

13 네트워크 구조의 기본원리로 가장 적절하지 않은 것은?

2024 군무원 9급

약점진단 ○△× ○△× ○△×

① 네트워크 참여자의 독립성
② 구성원 간의 자발적 연결
③ 네트워크 참여자에게 있는 공통된 목표
④ 계층의 통합과 단일의 지도자

14 약점진단 ○△× ○△× ○△×

베버(Max Weber)의 관료제에 대한 설명으로 가장 옳지 않은 것은? 2022 군무원 9급

① 합리성을 조직에 적용하여 목표달성을 위한 효과적인 수단으로 관료제를 간주한다.
② 실적을 인사행정의 기준으로 채택하는 실적주의를 바탕으로 한다.
③ 조직의 목표달성을 위해 절차나 방법을 문서화된 법규형태로 가진다.
④ 관료제의 구성원들은 조직 전반의 일반적인 업무에 대해 책임을 진다.

15 약점진단 ○△× ○△× ○△×

베버(Weber)의 관료제모형에 대한 설명으로 옳지 않은 것은? 2015 국가직 7급

① 관료에게 지급되는 봉급은 업무수행 실적에 대한 평가에 따라 결정된다.
② 관료제모형은 계층제의 원리를 근간으로 한다.
③ 베버(Weber)는 정당성을 기준으로 권위의 유형을 전통적 권위, 카리스마적 권위, 법적·합리적 권위로 나누었는데 근대적 관료제는 법적·합리적 권위에 기초를 두고 있다고 주장한다.
④ 관료제모형은 '전문화로 인한 무능(trained incapacity)' 등 역기능을 초래할 수도 있다.

16 약점진단 ○△× ○△× ○△×

베버(Weber)의 이념형(ideal type) 관료제에 대한 설명으로 옳지 않은 것은? 2023 국가직 9급

① 관료제 성립의 배경은 봉건적 지배체제의 확립이다.
② 법적·합리적 권위에 기초를 둔 조직구조와 형태이다.
③ 직위의 권한과 임무는 문서화된 법규로 규정된다.
④ 관료는 원칙적으로 상관이 임명한다.

17 약점진단 ○△× ○△× ○△×

관료제의 병리와 역기능에 대한 설명으로 옳지 않은 것은? 2015 국회직 8급

① 셀즈닉(P. Selznik)에 따르면 최고관리자의 관료에 대한 지나친 통제가 조직의 경직성을 초래하여 관료제의 병리현상이 나타난다.
② 관료들은 상관의 권위에 무조건적으로 의존하는 경향이 있다.
③ 관료들은 보수적이며 변화와 혁신에 저항하는 경향이 있다.
④ 파킨슨의 법칙은 업무량과는 상관없이 기구와 인력을 팽창시키려는 역기능을 의미한다.
⑤ 굴드너(W. Gouldner)는 관료들의 무사안일주의적 병리현상을 지적한다.

18 약점진단 ○△× ○△× ○△×

전통적 관료제의 특징과 그 역기능을 연결한 것으로 옳지 않은 것은? 2017 국가직 7급(추가채용)

① 문서주의 – 형식주의와 번문욕례(繁文縟禮)
② 전문화 – 훈련된 무능과 할거주의
③ 비정의성(비인간화) – 주관적이고 재량적인 관료행태
④ 계층제 – 의사결정 지연과 상급자 권위에 대한 지나친 의존

19 약점진단 ○△× ○△× ○△×

관료제 병리현상과 그 특징을 짝지은 것으로 옳지 않은 것은? 2022 지방직 9급(서울시 9급)

① 할거주의 – 조정과 협조 곤란
② 형식주의 – 번거로운 문서 처리
③ 피터(Peter)의 원리 – 관료들의 세력 팽창 욕구로 인한 기구와 인력의 증대
④ 전문화로 인한 무능 – 한정된 분야의 전문성 강조로 타 분야에 대한 이해력 부족

20 다음 중 탈관료제의 특징으로 가장 적절하지 않은 것은? 2024 군무원 7급

약점진단 ○△× ○△× ○△×

① 비계서구조
② 임무와 능력 중시
③ 분업화에 의한 문제 해결
④ 상황 적응성 강조

21 애드호크라시(Adhocracy)에 속하는 조직유형에 대한 설명으로 가장 적절하지 않은 것은? 2023 군무원 9급

약점진단 ○△× ○△× ○△×

① 태스크포스는 특수한 과업 완수를 목표로 기존의 서로 다른 부서에서 선발하여 구성한 팀으로, 목적을 달성하면 해체되는 임시조직이다.
② 프로젝트 팀은 태스크포스와 마찬가지로 한시적이고 횡적으로 연결된 조직유형이지만 태스크포스에 비해 참여자의 전문성과 팀에 대한 소속감이 강하다는 특성을 가지고 있다.
③ 매트릭스조직은 기능 중심의 수직적 분화가 되어 있는 기존의 지시 라인에 횡적으로 연결된 또 하나의 지시 라인을 인정하는 이원적 권위계통을 가진다.
④ 네트워크조직은 전체 기능을 포괄하는 조직을 중심에 놓고 다수의 협력체를 묶어 일을 수행하는 조직형태이다.

22 셍게(P. Senge)가 제시한 학습조직(Learning Organization) 구축을 위한 다섯 가지 방법에 해당하지 않는 것은? 2022 국회직 8급

약점진단 ○△× ○△× ○△×

① 조직이 달성하고자 하는 목표, 가치 등에 관한 비전 공유가 필요하다.
② 공동학습을 통해 지식을 공유하고 토론을 활성화하는 집단학습이 필요하다.
③ 개인의 전문지식 습득 노력을 통한 자기완성이 필요하다.
④ 조직에 대한 종합적·동태적 이해를 위해 시스템적 사고가 필요하다.
⑤ 학습효과를 극대화하기 위해 관리자의 리더십이 필요하다.

23 지식정보화 시대에 필요한 학습조직의 특성에 대한 설명으로 옳은 것만 묶은 것은? 2010 국가직 9급

약점진단 ○△× ○△× ○△×

ㄱ. 조직의 기본구성 단위는 팀으로, 수직적 조직구조를 강조한다.
ㄴ. 불확실한 환경에 요구되는 조직의 기억과 학습의 가능성에 주목한다.
ㄷ. 리더에게는 구성원들이 공유할 수 있는 미래비전 창조의 역할이 요구된다.
ㄹ. 체계화된 학습이 강조됨에 따라 조직구성원의 권한은 약화된다.

① ㄱ, ㄴ ② ㄱ, ㄹ
③ ㄴ, ㄷ ④ ㄷ, ㄹ

24 지식정보화 사회에서의 다양한 정부 논의에 대한 설명으로 가장 적절하게 제시된 것은? 2010 서울시 7급

약점진단 ○△× ○△× ○△×

① 삼엽조직 – 소규모 전문적 근로자, 계약직 근로자, 신축적 근로자로 구성된 조직
② 혼돈정부 – 조직 내에 존재하는 혼동을 제거함으로써 질서를 확보하는 조직
③ 공동(空洞)조직 – 정부의 업무가 미치지 않는 영역까지 영역이 확장된 확대조직
④ 그림자 국가 – 고객에 대한 복지서비스 공급보다는 생산활동을 강조하는 국가
⑤ 후기 기업가조직 – 신속성, 창의성, 신축성보다는 안정성과 지속성을 강조하는 조직

25 혼돈이론에 대한 설명으로 옳은 것만을 〈보기〉에서 모두 고르면? 2021 국회직 8급

약점진단 ○△× ○△× ○△×

보기

ㄱ. 혼돈이론은 안정된 운동상태를 보이는 계(系)가 어떻게 혼돈상태로 바뀌는가를 설명하고, 또 혼돈상태에서 숨겨진 질서를 찾으려는 시도이다.
ㄴ. 혼돈이론에 의하면, 혼돈은 스스로 불규칙하게 변화할 뿐 아니라 미세한 초기조건의 차이가 점차 증폭되어 시간이 얼마간 지나면 완전히 다른 결과를 나타낸다.
ㄷ. 혼돈이론은 선형적 변화를 가정하며, 이는 뉴턴(Newton)의 운동법칙을 계승한 것이다.
ㄹ. 혼돈이론에서 설명하는 혼돈 속에서 질서를 찾는 과정은 자기조직화(self-organizing)와 공진화(coevolution)이다.

① ㄱ, ㄴ
② ㄴ, ㄷ
③ ㄱ, ㄴ, ㄹ
④ ㄱ, ㄷ, ㄹ
⑤ ㄱ, ㄴ, ㄷ, ㄹ

26 다음 중 보조기관과 보좌기관에 대한 설명으로 가장 적절하지 않은 것은? 2024 군무원 7급

약점진단 ○△× ○△× ○△×

① 보조기관은 조직의 규모가 커질 경우, 조직의 장에게 업무가 과중될 수 있다.
② 보좌기관은 계선의 통솔범위를 확대시킬 수 있다.
③ 보조기관은 부문 간 조정이 용이하여 조직 운영의 효율성을 극대화할 수 있다.
④ 보좌기관은 전문지식을 통한 합리적 결정을 지원한다.

27 정부의 위원회 조직에 대한 설명으로 옳지 않은 것은? 2019 국가직 9급

약점진단 ○△× ○△× ○△×

① 결정에 대한 책임의 공유와 분산이 특징이다.
② 복수인으로 구성된 합의형 조직의 한 형태다.
③ 국민권익위원회는 의사결정의 권한이 없는 자문위원회에 해당된다.
④ 소청심사위원회는 행정관청적 성격을 지닌 행정위원회에 해당된다.

28 정부위원회에 대한 설명으로 옳은 것만을 모두 고르면? 2022 지방직 9급(서울시 9급)

약점진단 ○△× ○△× ○△×

ㄱ. 책임성이 결여될 수 있다.
ㄴ. 자문위원회는 업무가 계속성·상시성이 있어야 한다.
ㄷ. 민주성을 제고하는 장점이 있다.
ㄹ. 방송통신위원회, 공정거래위원회, 국민권익위원회, 금융위원회, 개인정보 보호위원회, 원자력안전위원회는 중앙행정기관이다.

① ㄱ, ㄷ
② ㄴ, ㄷ
③ ㄴ, ㄹ
④ ㄱ, ㄷ, ㄹ

29 국무총리 직속의 위원회가 아닌 것은? 2014 서울시 9급

약점진단 ○△× ○△× ○△×

① 공정거래위원회
② 금융위원회
③ 국민권익위원회
④ 원자력안전위원회
⑤ 방송통신위원회

30 「정부조직법」상 행정기관의 소속으로 옳지 않은 것은?
2018 지방직 9급(사회복지직 9급)

약점진단 ○△× ○△× ○△×

① 법제처 – 국무총리
② 국가정보원 – 대통령
③ 소방청 – 행정안전부장관
④ 특허청 – 기획재정부장관

31 중앙행정기관의 소속기관으로만 묶은 것은?
2018 국가직 7급 변형

약점진단 ○△× ○△× ○△×

ㄱ. 지방자치인재개발원	ㄴ. 공정거래위원회
ㄷ. 특허청	ㄹ. 국가기록원
ㅁ. 국립중앙박물관	ㅂ. 국가유산청

① ㄱ, ㅂ ② ㄴ, ㄹ
③ ㄷ, ㅁ ④ ㄹ, ㅁ

32 문재인 정부에서 이루어진 조직개편의 내용에 해당하는 것을 〈보기〉에서 모두 고른 것은?
2018 서울시 7급 제1회 변형

약점진단 ○△× ○△× ○△×

보기
ㄱ. 중소기업청을 중소벤처기업부로 승격 · 신설하였다.
ㄴ. 국민안전처를 해체하고 소방청과 해양경찰청 조직은 외청으로 독립시켜 행정안전부 산하에 두었다.
ㄷ. 미래창조과학부는 과학기술정보통신부로 명칭을 변경하고 과학기술 혁신의 컨트롤타워 기능을 강화하기 위해 과학기술혁신본부를 차관급 기구로 두었다.
ㄹ. 일관성이 있는 수자원 관리를 위해 국토교통부가 물관리 일원화를 담당하게 하였다.
ㅁ. 국가보훈처는 장관급으로 격상하고 대통령경호실은 차관급으로 하향 조정하며 명칭을 대통령경호처로 변경했다.

① ㄱ, ㄴ, ㄷ ② ㄱ, ㄷ, ㅁ
③ ㄱ, ㄹ, ㅁ ④ ㄴ, ㄷ, ㄹ

33 2016년 이후 정부조직의 변화에 대한 설명으로 옳지 않은 것은?
2019 지방직 9급

약점진단 ○△× ○△× ○△×

① 중소기업, 벤처기업 등에 관한 사무를 관장하는 중소벤처기업부를 신설하였다.
② 행정안전부의 외청으로 소방청을 신설하였다.
③ 국가보훈처가 차관급에서 장관급으로 격상되었다.
④ 한국수자원공사에 대한 관할권을 환경부에서 국토교통부로 이관하였다.

34 역대 정부의 조직개편에 대한 설명으로 옳지 않은 것은?
2017 지방직 7급

약점진단 ○△× ○△× ○△×

① 김대중 정부는 대통령 소속의 중앙인사위원회를 신설하고, 내무부와 총무처를 행정자치부로 통합하였다.
② 노무현 정부는 국무총리 소속의 국정홍보처를 신설하고, 행정자치부 산하에 소방방재청을 신설하였다.
③ 이명박 정부는 기획예산처, 국정홍보처, 정보통신부, 해양수산부, 과학기술부 등을 다른 부처와 통폐합하였다.
④ 박근혜 정부는 행정안전부를 안전행정부로 개편하고, 식품의약품안전청을 식품의약품안전처로 개편하였다.

35 공공서비스의 공급 주체 중 정부 부처 형태의 공기업에 해당하는 것은? 2019 국가직 9급

약점진단 ○△× ○△× ○△×

① 한국연구재단 ② 국립중앙극장
③ 한국소비자원 ④ 한국철도공사

36 다음 중 책임운영기관에 대한 설명으로 가장 적절하지 않은 것은? 2024 군무원 9급

약점진단 ○△× ○△× ○△×

① 기관장은 계약직으로 임용되지만, 소속 직원은 공무원 신분을 유지하는 공법인이다.
② 성과를 중시하는 신공공관리론의 원리에 따라 등장한 제도이다.
③ 시장원리에 대한 강조로 인하여 공공서비스의 형평성과 안정성이 저하될 가능성이 있다.
④ 정책 결정 기능으로부터 집행기능을 분리한 집행 중심의 조직이다.

37 「책임운영기관의 설치 · 운영에 관한 법률」상 책임운영기관에 대한 설명으로 옳지 않은 것은? 2019 국가직 9급

약점진단 ○△× ○△× ○△×

① 책임운영기관은 기관장에게 재정상의 자율성을 부여하고 그 운영성과에 대해 책임을 지도록 하는 행정기관의 특성을 갖는다.
② 소속책임운영기관에 두는 공무원의 총 정원 한도는 총리령으로 정하며, 이 경우 고위공무원단에 속하는 공무원의 정원은 부령으로 정한다.
③ 소속책임운영기관 소속 공무원의 임용시험은 기관장이 실시함을 원칙으로 한다.
④ 기관장의 근무기간은 5년의 범위에서 소속중앙행정기관의 장이 정하되, 최소한 2년 이상으로 하여야 한다.

38 「책임운영기관의 설치 · 운영에 관한 법률」의 내용으로 옳지 않은 것은? 2022 국회직 8급

약점진단 ○△× ○△× ○△×

① 행정안전부장관은 5년 단위로 책임운영기관의 관리 및 운영 전반에 관한 중기관리계획을 수립한다.
② 중앙책임운영기관의 장의 임기는 2년으로 하되, 한 차례만 연임할 수 있다.
③ 소속책임운영기관에는 소속 기관을 둘 수 없다.
④ 중앙책임운영기관의 장은 고위공무원단에 속하는 공무원을 제외한 소속 공무원에 대한 일체의 임용권을 가진다.
⑤ 책임운영기관운영위원회는 위원장 및 부위원장 각 1명을 포함한 15명 이내의 위원으로 구성한다.

39 민영화에 대한 문제점으로 가장 옳지 않은 것은? 2020 군무원 9급

약점진단 ○△× ○△× ○△×

① 공공성의 침해 ② 서비스 품질의 저하
③ 경쟁의 심화 ④ 행정책임확보의 곤란성

약점 체크와 약점 보완을 한 번에 정답과 해설 P.47

조직관리론

출제 비중 35%

35 50 100

출제예상편 ▶ P.212

01 자아실현적 인간에 대한 관리 전략에 대한 설명으로 가장 적절하지 않은 것은? 2024 군무원 9급

약점진단 ○△× ○△× ○△×

① 상황 조건과 구성원 동기의 차별성을 고려하여 획일적이기보다는 유연하고 다원적이며 세분화된 관리 전략을 사용한다.
② 구성원이 자신들의 직무에서 의미를 발견하고, 긍지와 자존심을 가지며, 도전적으로 직무에 임할 수 있도록 한다.
③ 관리자는 구성원을 지시하고 통제하기보다는 구성원 스스로 자기통제와 자기계발을 통해 문제를 해결할 수 있도록 지원하고 촉진한다.
④ 통합모형에 근거해 개인과 조직의 목표를 융합하고 통합할 수 있도록 의사결정 과정에서 구성원들의 참여를 확대한다.

02 동기유발의 과정을 설명하는 '과정이론'에 해당하는 것만을 모두 고르면? 2022 국가직 9급

약점진단 ○△× ○△× ○△×

ㄱ. 브룸(Vroom)의 기대이론
ㄴ. 애덤스(Adams)의 공정성이론
ㄷ. 로크(Locke)의 목표설정이론
ㄹ. 앨더퍼(Alderfer)의 ERG이론
ㅁ. 맥그리거(McGregor)의 X이론 · Y이론

① ㄱ, ㄴ, ㄷ ② ㄱ, ㄴ, ㄹ
③ ㄴ, ㄷ, ㅁ ④ ㄷ, ㄹ, ㅁ

03 동기이론에 대한 설명으로 옳은 것은? 2019 지방직 7급

약점진단 ○△× ○△× ○△×

① 매슬로우(Maslow)의 욕구 5단계론은 욕구가 상위 수준에서 하위 수준으로 후퇴할 수도 있다고 본다.
② 앨더퍼(Alderfer)의 ERG이론은 상위 욕구가 만족되지 않으면, 하위 욕구를 더욱 충족시키고자 한다고 주장한다.
③ 허즈버그(Herzberg)의 욕구충족 이원론은 '감독자와 부하의 관계'를 만족 요인 중 하나로 제시한다.
④ 포터와 롤러(Porter & Lawler)의 업적 · 만족이론은 성과보다는 구성원의 만족이 직무성취를 가져온다고 지적한다.

04 매슬로우(Maslow)의 욕구단계이론에 대한 설명으로 옳은 것은? 2017 국가직 7급

약점진단 ○△× ○△× ○△×

① 가장 낮은 안전의 욕구부터 시작하여 다섯 가지의 위계적 욕구단계가 존재한다.
② 안전의 욕구와 사회적 욕구는 앨더퍼(Alderfer)의 ERG이론의 첫 번째 욕구단계인 존재욕구에 해당한다.
③ 어느 한 단계의 욕구가 완전히 충족되어야만 다음 단계의 욕구를 추구하게 되는 것은 아니다.
④ 사회적 욕구는 어떤 일을 행함으로써 느끼게 되는 자신감, 성취감 등을 의미한다.

05 〈보기〉 이론의 내용과 잘 부합하는 조직관리 전략으로 가장 옳지 않은 것은? 2018 서울시 7급 제2회

약점진단 ○△× ○△× ○△×

보기

대부분의 사람들은 본질적으로 일을 싫어하며 가능하면 일을 하지 않으려고 한다. 또한 안전을 원하고 변화에 저항적이다.

① 정확한 업무 지시와 감독을 강화해야 한다.
② 의사결정 시 부하직원을 참여시키고 권한을 확대해서 자율적으로 업무를 수행할 수 있게 한다.
③ 업무 평가 결과에 따른 엄격한 상벌의 원칙을 제시한다.
④ 관리자가 조직구성원에게 적절한 업무량을 부과하여 업무를 수행하게 해야 한다.

06 허즈버그(Herzberg)의 욕구충족요인 이원론에서 위생요인에 해당하지 않는 것은? 2022 지방직 9급(서울시 9급)

약점진단 ○△× ○△× ○△×

① 감독　② 대인관계
③ 보수　④ 성취감

07 다음 중 조직 구성원의 동기부여 이론에 대한 설명으로 가장 거리가 먼 것은? 2023 군무원 9급

약점진단 ○△× ○△× ○△×

① 매슬로우(A. H. Maslow)의 5단계 욕구이론은 욕구계층의 고정성을 전제로 한다.
② 허즈버그(F. Herzberg)의 욕구충족이론에 의하면 위생요인(hygiene factor)이 충족되는 경우 동기가 부여된다.
③ 샤인(E. H. Schein)의 복잡 인간관에서는 구성원의 맞춤형 관리전략의 필요성을 강조한다.
④ 맥그리거(D. McGregor)의 X · Y이론은 욕구와 관리전략의 성장측면을 강조한다.

08 조직구성원의 동기유발이론에 대한 다음 설명 중 옳지 않은 것은? 2015 국회직 8급

약점진단 ○△× ○△× ○△×

① 허즈버그(F. Herzberg)의 이론은 실제의 동기유발과 만족 자체에 중점을 두고 있기 때문에 하위욕구를 추구하는 계층에 적용하기가 용이하다.
② 앨더퍼(C. Alderfer)의 이론은 두 가지 이상의 욕구가 동시에 작용되기도 한다는 복합연결형의 욕구단계를 설명한다.
③ 브룸(V. Vroom)의 이론은 동기부여의 방안을 구체적으로 제시하지 못하는 한계가 있다.
④ 맥그리거(D. McGregor)의 이론에서 X이론은 하위 욕구를, Y이론은 상위 욕구를 중시한다.
⑤ 매슬로우(A. Maslow)의 이론은 인간의 동기가 생리적 욕구, 안전의 욕구, 소속의 욕구, 존경의 욕구, 자아실현의 욕구라는 순서에 따라 순차적으로 유발된다고 본다.

09 다음 중 동기부여 이론에 대한 설명으로 적절한 것을 모두 고른 것은? 2024 군무원 7급

약점진단 ○△×

㉠ 매슬로우(Maslow)는 하위단계의 욕구가 어느 정도 충족되면 다음 단계의 욕구가 발로된다고 본다.
㉡ 앨더퍼(Alderfer)는 매슬로우처럼 욕구를 계층화하고 욕구의 계층에 따라 욕구의 발로가 이루어진다고 보았지만, 두 가지 이상의 욕구가 한 가지 행동을 유발한다고 보는 점에서 차이가 있다.
㉢ 맥그리거(McGregor)의 X · Y이론은 욕구좌절로 인한 후진적 · 하향적 퇴행을 제시하였다.
㉣ 아지리스(Argyris)는 개인의 동기는 사회문화와 상호작용하는 과정에서 취득되고 학습된다고 보았다.

① ㉠, ㉡　② ㉠, ㉢
③ ㉡, ㉢　④ ㉡, ㉣

10 브룸(Vroom)의 기대이론에 대한 설명으로 옳지 <u>않은</u> 것은? 2021 국가직 7급

약점진단 ○△×

① 동기부여의 과정이론(process theory) 중 하나이다.
② 기대감(Expectancy)은 개인의 노력(effort)이 공정한 보상(reward)으로 이어질 것이라는 주관적 믿음을 의미한다.
③ 수단성(Instrumentality)은 개인의 성과(performance)와 보상(reward) 간의 관계에 대한 인식이다.
④ 유인가(Valence)는 개인이 특정 보상(reward)에 대해 갖는 선호의 강도를 의미한다.

11 동기요인이론에 대한 설명으로 옳지 <u>않은</u> 것은? 2021 국가직 9급

약점진단 ○△×

① 애덤스(Adams)의 공정성이론에 따르면 공정하다고 인식할 때 동기가 유발된다.
② 맥클리랜드(McClelland)의 성취동기이론에 따르면 개인들의 욕구가 학습을 통해 개발될 수 있다.
③ 브룸(Vroom)의 기대이론에서 기대감은 특정 결과는 특정한 노력으로 인해 나타날 수 있다는 가능성에 대한 개인의 신념으로 통상 주관적 확률로 표시된다.
④ 앨더퍼(Alderfer)의 ERG이론에 따르면 상위욕구 충족이 좌절되면 하위욕구를 충족시키고자 할 수 있다.

12 애덤스(Adams)의 공정성이론에 대한 설명으로 옳지 <u>않은</u> 것은? 2024 지방직 9급

약점진단 ○△×

① 투입과 산출의 비율을 준거인과 비교하여 공정성을 지각한다.
② 불공정성을 느낄 때 자신의 지각을 의도적으로 왜곡하기도 한다.
③ 노력과 기술은 투입에 해당하며, 보수와 인정은 산출에 해당한다.
④ 준거인과 비교하여 과소보상자는 불공정하다고 생각하고, 과대보상자는 공정하다고 생각한다.

13 동기부여 이론에 대한 설명으로 옳은 것은?

2023 지방직 9급

약점진단 ○△× ○△× ○△×

① 로크(Locke)의 목표설정이론에서는 목표의 도전성(난이도)과 명확성(구체성)을 강조했다.
② 매슬로우(Maslow)의 욕구 5단계설에서는 욕구의 좌절과 퇴행을 강조했다.
③ 해크먼과 올드햄(Hackman & Oldham)의 직무특성이론에서는 유의성, 수단성, 기대감을 동기부여의 핵심으로 보았다.
④ 앨더퍼(Alderfer)의 ERG이론에서는 위생요인이 충족되었다고 하더라도 동기부여가 되는 것은 아니라고 주장했다.

14 공공봉사동기이론(public service motivation)에 대한 설명으로 옳지 않은 것은?

2021 국가직 9급

약점진단 ○△× ○△× ○△×

① 공사부문 간 업무성격이 다르듯이, 공공부문의 조직원들은 동기구조 자체도 다르다는 입장에 있다.
② 정책에 대한 호감, 공공에 대한 봉사, 동정심(compassion) 등의 개념으로 구성되어 있다.
③ 공공봉사동기가 높은 사람을 공직에 충원해야 한다는 주장의 근거가 될 수 있다.
④ 페리와 와이스(Perry & Wise)는 제도적 차원, 금전적 차원, 감성적 차원을 제시하였다.

15 공직동기이론에 대한 설명으로 가장 옳지 않은 것은?

2022 군무원 9급

약점진단 ○△× ○△× ○△×

① 공직동기는 민간부문 종사자와는 차별화되는 공공부문 종사자의 가치체계를 의미한다.
② 공직동기이론에서는 공공부문의 종사자들을 봉사의식이 투철하고 공공문제에 더 큰 관심을 가지며 공공의 문제에 영향을 미칠 수 있다는 것에 큰 가치를 부여하고 있는 개인으로 가정한다.
③ 페리와 와이즈(Perry & Wise)에 따르면 공직동기는 합리적 차원과 규범적 차원, 그리고 정서적 차원으로 구성된다.
④ 1980년대 이후 급격히 확산된 신공공관리론의 외재적 보상에 의한 동기부여를 재차 강조한다.

16 리더십 상황이론에 해당하지 않는 것은?

2019 서울시 7급 제2회

약점진단 ○△× ○△× ○△×

① 블레이크(Blake)와 머튼(Mouton)의 관리그리드 이론
② 피들러(Fiedler)의 상황적응모형
③ 허시(Hersey)와 블랜차드(Blanchard)의 삼차원적모형
④ 하우스(House)와 에반스(Evans)의 경로 – 목표 이론

17 피들러(Fiedler)의 상황적합적 리더십이론에 대한 설명으로 옳지 않은 것은?

2021 국가직 7급

약점진단 ○△× ○△× ○△×

① 리더와 부하의 관계, 부하의 성숙도, 과업구조의 조합에 따라 리더의 상황적 유리성(situational favorableness)을 설명한다.
② 리더에게 매우 유리한 상황인 경우 과업 지향적 리더십이 효과적이다.
③ LPC(Least Preferred Coworker) 점수를 사용하여 리더를 과업 지향적 리더와 관계 지향적 리더로 분류했다.
④ 리더가 처한 상황에 따라서 리더십의 효과성이 달라질 수 있다.

18 다음 중 리더십에 대한 설명으로 옳지 않은 것은? 2017 국회직 8급

약점진단 ○△× ○△× ○△×

① 행태론적 접근법은 효과적인 리더의 행동은 상황에 따라 다르다는 사실을 간과한다.
② 특성론적 접근법은 성공적인 리더는 그들만의 공통적인 특성이나 자질을 가지고 있다고 전제한다.
③ 상황론적 접근법은 리더의 어떠한 행동이 리더십 효과성과 관계가 있는가를 파악하고자 하는 접근법이다.
④ 거래적 리더십은 합리적 과정이나 교환과정의 중요성을 강조한다.
⑤ 변혁적 리더십은 카리스마, 개별적 배려, 지적 자극, 영감(inspiration) 등을 강조한다.

19 변혁적(transformational) 리더십에 대한 설명으로 옳은 것은? 2021 지방직 9급(서울시 9급)

약점진단 ○△× ○△× ○△×

① 적응보다 조직의 안정을 강조한다.
② 기계적 조직체계에 적합하며, 개인적 배려는 하지 않는다.
③ 부하에게 새로운 비전을 제시하며, 지적 자극을 통한 동기부여를 강조한다.
④ 리더와 부하의 관계를 경제적 교환관계로 인식하고, 보상에 관심을 둔다.

20 변혁적 리더십에 대한 설명으로 옳지 않은 것은? 2023 지방직 9급

약점진단 ○△× ○△× ○△×

① 도전적 목표와 임무, 미래에 대한 비전을 추구하도록 격려한다.
② 구성원 개개인에게 관심을 가지고 배려한다.
③ 상황적 보상과 예외관리를 특징으로 한다.
④ 새로운 관점에서 문제를 재구성하고 해결책을 찾도록 자극한다.

21 리더십이론에 대한 설명으로 옳은 것만을 모두 고른 것은? 2017 국가직 7급(추가채용)

약점진단 ○△× ○△× ○△×

ㄱ. 피들러(Fiedler)의 상황적합이론(contingency theory of leadership)에서는 상황변수로 '리더와 부하의 관계', '직위 권력', '과업구조' 세 가지를 들고 있다.
ㄴ. 허시와 블랜차드(Hersey & Blanchard)의 경로-목표이론(path-goal theory of leadership)에서는 상황변수로 부하의 능력과 의욕으로 구성되는 성숙도를 채택하였다.
ㄷ. 하우스(House)는 리더십을 거래적 리더십(transactional leadership)과 변혁적 리더십(transformational leadership)으로 구분하였다.
ㄹ. 블레이크와 머튼(Blake & Mouton)의 관리격자(managerial grid)모형에 따르면 무기력형, 컨트리클럽형, 과업형, 중도형, 팀형이라는 기본적인 리더십 유형이 도출된다.

① ㄱ, ㄴ　② ㄱ, ㄹ
③ ㄴ, ㄷ　④ ㄷ, ㄹ

22 서번트(servant) 리더십에 대한 설명으로 옳은 것만을 모두 고르면? 2022 지방직 9급(서울시 9급)

약점진단 ○△× ○△× ○△×

ㄱ. 구성원들이 공동의 목표를 이뤄 나갈 수 있도록 환경을 조성하고 도와준다.
ㄴ. 보상과 처벌을 핵심 관리수단으로 한다.
ㄷ. 그린리프(Greenleaf)는 존중, 봉사, 정의, 정직, 공동체 윤리를 강조했다.
ㄹ. 리더의 최우선적인 역할은 업무를 명확하게 지시하는 것이다.

① ㄱ, ㄷ ② ㄱ, ㄹ
③ ㄴ, ㄷ ④ ㄴ, ㄹ

23 리더십에 대한 설명으로 옳은 것은? 2017 지방직 7급

약점진단 ○△× ○△× ○△×

① 피들러(Fiedler)는 리더십 유형을 결정하는 조건으로 부하의 성숙도를 중요시한다.
② 번스(Burns)의 거래적 리더십은 영감, 개인적 배려에 치중하고 조직에서 변화를 주도하는 리더십이다.
③ 하우스(House)의 참여적 리더는 부하들과 상담하고 의사결정 전에 부하들의 의견을 반영하려고 한다.
④ 블레이크와 머튼(Blake & Mouton)은 직원 지향적 리더십이 가장 이상적인 리더십 유형이라고 규정한다.

24 허시(Hersey)와 블랜차드(Blanchard)는 부하의 성숙도(maturity)에 따른 효과적인 리더십을 제시하였다. 부하가 가장 미성숙한 상황에서 점점 성숙해 간다고 할 때, 가장 효과적인 리더십 유형을 〈보기〉에서 골라 순서대로 나열한 것은? 2019 서울시 9급 제2회

약점진단 ○△× ○△× ○△×

보기

(가) 참여형	(나) 설득형
(다) 위임형	(라) 지시형

① (다) → (가) → (나) → (라)
② (라) → (가) → (나) → (다)
③ (라) → (나) → (가) → (다)
④ (라) → (나) → (다) → (가)

25 조직 내부에서 발생하는 갈등에 대한 설명으로 옳지 않은 것은? 2013 국가직 9급

약점진단 ○△× ○△× ○△×

① 갈등은 양립할 수 없는 둘 이상의 목표를 추구하는 상황에서도 발생한다.
② 고전적 조직이론에서는 갈등을 중요하게 고려하지 않는다.
③ 행태론적 입장에서는 모든 갈등이 조직 성과에 부정적 영향을 미치므로 제거되어야 한다고 본다.
④ 현대적 접근 방식은 갈등을 정상적인 현상으로 보고 경우에 따라서는 조직 발전의 원동력으로 본다.

26 조직 내부에서 발생하는 갈등에 대한 설명으로 가장 옳지 않은 것은? 2019 서울시 7급 제2회

약점진단 ○△× ○△× ○△×

① 전통적인 시각에서 갈등은 비용과 비합리성을 초래하는 해로운 것이다.
② 조직 내 하위목표를 강조함으로써 갈등을 해소할 수 있다.
③ 새로운 아이디어 촉발, 문제 해결력 개선 등 순기능이 있다.
④ 행태론적 시각은 조직 내 갈등을 불가피하고 정상적인 것으로 간주한다.

27 조직 내 갈등에 대한 설명으로 옳지 않은 것은? 2020 국가직 9급

약점진단 ○△× ○△× ○△×

① 과업의 상호의존성이 높은 경우 잠재적 갈등이 야기될 수 있다.
② 고전적 관점에서 갈등은 조직 효과성에 부정적인 영향을 끼친다고 가정한다.
③ 의사소통 과정에서 충분한 양의 정보도 갈등을 유발하는 경우가 있다.
④ 진행단계별로 분류할 때 지각된 갈등은 갈등이 야기될 수 있는 상황 또는 조건을 의미한다.

28 다음 중 의사결정자가 각 대안의 결과를 알고는 있으나 대안 간 비교 결과 어떤 것이 최선의 결과인지를 알 수 없어 발생하는 개인적 갈등의 원인은? 2017 서울시 9급

약점진단 ○△× ○△× ○△×

① 비수락성(unacceptability)
② 불확실성(uncertainty)
③ 비비교성(incomparability)
④ 창의성(creativity)

29 갈등관리 유형에 대한 설명으로 옳지 않은 것은? 2024 국가직 9급

약점진단 ○△× ○△× ○△×

① 회피(avoiding)는 갈등이 존재함을 알면서도 표면상으로는 그것을 무시하거나 인정하지 않음으로써 갈등 상황에 소극적으로 대응한다.
② 수용(accommodating)은 자신의 이익을 양보하고 상대방의 이익을 배려해 협조한다.
③ 타협(compromising)은 갈등 당사자 간 서로 존중하고 자신과 상대방 모두의 이익을 극대화하려는 유형으로 'win－win' 전략을 취한다.
④ 경쟁(competing)은 갈등 당사자가 자기 이익은 극대화하고 상대방의 이익은 최소화한다.

30 프렌치와 레이븐(French & Raven)이 주장하는 권력의 원천에 대한 설명으로 옳지 않은 것은? 2020 국가직 9급

약점진단 ○△× ○△× ○△×

① 합법적 권력은 권한과 유사하며 상사가 보유한 직위에 기반한다.
② 강압적 권력은 카리스마 개념과 유사하며 인간의 공포에 기반한다.
③ 전문적 권력은 조직 내 공식적 직위와 항상 일치하는 것은 아니다.
④ 준거적 권력은 자신보다 뛰어나다고 생각하는 사람을 닮고자 할 때 발생한다.

약점 체크와 약점 보완을 한 번에 정답과 해설 P.52

CHAPTER 04

조직정보론

출제 비중 11%

11 50 100

출제예상편 ▶ P.215

01 지식정보사회의 제반 특징에 대한 설명으로 틀린 것은? 2012 군무원 9급

약점진단 ○△× ○△× ○△×

① 소품종 대량생산체제
② 탈계층제적 구조
③ 여성 중심의 유연한 조직문화
④ 경계를 타파한 이음매 없는 조직

02 전통적 행정관리와 비교한 새로운 지식행정관리의 특징으로 보기 어려운 것은? 2014 지방직 9급

약점진단 ○△× ○△× ○△×

① 공유를 통한 지식가치 향상 및 확대 재생산
② 지식의 조직 공동 재산화
③ 계층제적 조직 기반
④ 구성원의 전문가적 자질 향상

03 전자정부와 지식관리에 대한 설명으로 옳지 않은 것은? 2012 국가직 9급

약점진단 ○△× ○△× ○△×

① 전자정부의 발달과 함께 공공정보의 개인 사유화가 심화되었다.
② 지식관리는 계층제적 조직보다는 학습조직을 기반으로 한다.
③ 전자 거버넌스의 확대는 직접민주주의에 대한 가능성을 높인다.
④ 정보이용 계층에 대한 정보화 정책으로서 정보격차 해소정책이 중요해졌다.

04 다음 중 지식행정관리의 기대효과로 가장 옳지 않은 것은? 2015 서울시 7급

약점진단 ○△× ○△× ○△×

① 조직구성원의 전문적 자질 향상
② 지식공유를 통한 지식가치의 확대 재생산
③ 학습조직 기반 구축
④ 지식의 개인 사유화 촉진

05 지식을 암묵지(tacit knowledge)와 형식지(explicit knowledge)로 구분할 경우, 암묵지에 해당하는 것만을 모두 고른 것은? 2013 지방직 9급

약점진단 ○△× ○△× ○△×

ㄱ. 업무매뉴얼
ㄴ. 조직의 경험
ㄷ. 숙련된 기능
ㄹ. 개인적 노하우(know-how)
ㅁ. 컴퓨터 프로그램
ㅂ. 정부 보고서

① ㄱ, ㄴ, ㄷ ② ㄴ, ㄷ, ㄹ
③ ㄷ, ㄹ, ㅁ ④ ㄹ, ㅁ, ㅂ

06 「지능정보화 기본법」상 지능정보화책임관의 담당업무가 아닌 것은? 2013 국가직 7급 변형

약점진단 ○△× ○△× ○△×

① 지능정보화 사업의 조정, 지원 및 평가
② 건전한 정보문화의 창달 및 지능정보사회윤리의 확립
③ 지능정보기술 개발 · 고도화 및 실용화 · 사업화
④ 「전자정부법」 제2조 제12호에 따른 정보기술아키텍처의 도입 · 활용

07 「전자정부법」에서 정의하고 있는 다음의 개념은? 2022 국가직 9급

약점진단 ○△× ○△× ○△×

> 일정한 기준과 절차에 따라 업무, 응용, 데이터, 기술, 보안 등 조직 전체의 구성요소들을 통합적으로 분석한 뒤 이들 간의 관계를 구조적으로 정리한 체제 및 이를 바탕으로 정보화 등을 통하여 구성요소들을 최적화하기 위한 방법

① 전자문서 ② 정보기술아키텍처
③ 정보시스템 ④ 정보자원

08 현행 「전자정부법」에 명시된 전자정부의 원칙이 아닌 것은? 2023 군무원 7급

약점진단 ○△× ○△× ○△×

① 대민서비스의 전자화 및 국민편익의 증진
② 행정업무의 혁신 및 생산성 · 효율성의 향상
③ 중복투자의 방지 및 상호운용성 증진
④ 전자정부의 국제협력 강화

09 「전자정부법」상 전자정부에 대한 설명으로 옳지 않은 것은? 2020 국회직 8급

약점진단 ○△× ○△× ○△×

① 국회사무총장은 전자정부의 구현 · 운영 및 발전을 위하여 5년마다 전자정부기본계획을 수립하여야 한다.
② 국회입법조사처장은 5년마다 해당 기관의 전자정부의 구현 · 운영 및 발전을 위한 기본계획을 수립하여 국회사무총장에게 제출하여야 한다.
③ 전자정부기본계획에는 전자정부서비스의 제공 및 활용 촉진, 전자정부 구현을 위한 업무 재설계, 전자정부의 국제협력에 대한 내용이 포함되어야 한다.
④ 국회예산처장은 민원인이 첨부 · 제출하여야 하는 증명서류 등 구비서류가 행정기관 등이 전자문서로 발급할 수 있는 문서인 경우 민원인이 관계 법령에서 정한 수수료를 냈을 때에만, 직접 그 구비서류를 발급하는 기관으로부터 발급받아 업무를 처리할 수 있다.
⑤ "정보기술아키텍처"란 정보의 수집 · 가공 · 저장 · 검색 · 송신 · 수신 및 그 활용과 관련되는 기기와 소프트웨어의 조직화된 체계를 말한다.

10 우리나라의 전자정부에 대한 설명으로 옳지 않은 것은? 2023 국가직 9급

약점진단 ○△× ○△× ○△×

① 정부는 '지능정보사회 종합계획'을 3년 단위로 수립하여야 한다.
② 과학기술정보통신부장관은 5년마다 행정기관 등의 기관별 계획을 종합하여 '전자정부기본계획'을 수립하여야 한다.
③ 「전자정부법」상 '전자화문서'는 종이문서와 그 밖에 전자적 형태로 작성되지 아니한 문서를 정보시스템이 처리할 수 있는 형태로 변환한 문서를 말한다.
④ 중앙행정기관의 장과 지방자치단체의 장은 해당 기관의 지능정보사회 시책의 효율적 수립 · 시행과 대통령령이 정하는 업무를 총괄하는 '지능정보화 책임관'을 임명하여야 한다.

11 약점진단 ○△× ○△× ○△×

정보기술의 활용을 통해 업무처리의 절차를 근본적으로 개선하는 데 초점을 맞추고, ICT 기반 행정혁신을 촉진하는 것은? 2023 국가직 7급

① 혼합현실(mixed reality)
② 업무재설계(business process reengineering)
③ 정보자원관리(information resource management)
④ 제3의 플랫폼(the 3rd platform)

12 약점진단 ○△× ○△× ○△×

유비쿼터스 전자정부에 대한 설명으로 옳은 것만을 모두 고르면? 2020 지방직 9급(서울시 9급)

ㄱ. 기술적으로 브로드밴드와 무선, 모바일 네트워크, 센싱, 칩 등을 기반으로 한다.
ㄴ. 서비스 전달 측면에서 지능적인 업무수행과 개개인의 수요에 맞는 맞춤형 서비스를 제공한다.
ㄷ. any-time, any-where, any-device, any-network, any-service 환경에서 실현되는 정부를 지향한다.

① ㄱ, ㄴ
② ㄱ, ㄷ
③ ㄴ, ㄷ
④ ㄱ, ㄴ, ㄷ

13 약점진단 ○△× ○△× ○△×

다음 중 '정부 3.0 추진 기본계획'에 포함된 정부 3.0의 내용으로 옳지 않은 것은? 2014 국회직 8급

① 공공데이터의 민간활용 활성화
② 정부 주도의 적극적인 일방향 서비스 제공
③ 민관협치 강화
④ 빅데이터를 활용한 과학적 행정 구현
⑤ 창업 및 기업활동에 대한 원스톱 지원 강화

14 약점진단 ○△× ○△× ○△×

정보화와 전자정부 등에 대한 설명으로 옳지 않은 것은? 2016 국가직 9급

① e-거버넌스는 모범적인 거버넌스를 실현하기 위하여 다양한 차원의 정부와 공공부문에서 정보통신기술의 잠재력을 활용하기 위한 과정과 구조의 실현을 추구한다.
② 웹 접근성이란 장애인 등 정보 소외계층이 웹사이트에 있는 정보에 접근할 수 있도록 편의를 제공하는 것을 말한다.
③ 빅데이터(big data)의 3대 특징은 크기, 정형성, 임시성이다.
④ 지역정보화 정책의 기본목표는 지역경제의 활성화, 주민의 삶의 질 향상, 행정의 효율성 강화이다.

15 약점진단 ○△× ○△× ○△×

빅데이터에 대한 설명으로 옳지 않은 것은? 2021 국가직 7급

① 사진은 빅데이터에 포함되지 않는다.
② 정형 데이터도 포함하는 개념이다.
③ 각종 센서 장비의 발달로 데이터가 늘어나면서 나타났다.
④ 데이터를 실시간으로 처리하기도 한다.

16 기존 전자정부 대비 지능형 정부의 특징에 대한 설명으로 가장 옳지 않은 것은? 2022 군무원 9급

약점진단 ○△× ○△× ○△×

① 국민주도로 정책결정이 이루어진다.
② 현장 행정에서 복합문제의 해결이 가능하다.
③ 생애주기별 맞춤형 서비스를 제공한다.
④ 서비스 전달방식은 수요기반 온·오프라인 멀티채널이다.

17 정보 격차에 대한 설명으로 옳지 않은 것은? 2017 국가직 9급(추가채용) 변형

약점진단 ○△× ○△× ○△×

① 경제협력개발기구(OECD)는 정보격차를 '개인, 가정, 기업 및 지역들 간에 상이한 사회·경제적 여건에서 비롯된 정보통신기술에 대한 접근 기회와 다양한 활동을 위한 인터넷 이용에서의 차이'로 정의했다.
② '정보화마을'은 우리나라에서 도농 간 정보 격차 해소를 위해 시행한 지역지능정보화 정책의 사례이다.
③ 「지능정보화 기본법」은 국가기관과 지방자치단체뿐 아니라 민간기업에 대해서도 정보 격차 해소 시책을 마련할 의무를 규정하고 있다.
④ 「장애인차별금지 및 권리구제 등에 관한 법률」은 정보통신·의사소통 등에서의 정당한 편의 제공의무에 관한 규정을 두고 있다.

18 정보통신기술을 활용한 행정개선 사례로 옳지 않은 것은? 2017 국가직 7급

약점진단 ○△× ○△× ○△×

① 정부서울청사 등에 스마트워크센터를 설치하여 운영하고 있다.
② 민원서비스를 통합적으로 제공하는 '정부24'를 도입하였다.
③ 정부에 대한 불편사항 제기, 국민제안, 부패 및 공익 신고 등을 위해 '국민신문고'를 도입하였다.
④ 공공기관의 공사, 용역, 물품 등의 발주정보를 공개하고 조달절차를 인터넷으로 처리하도록 '온나라시스템'을 도입하였다.

19 전자정부에 대한 설명으로 옳지 않은 것은? 2020 국가직 7급

약점진단 ○△× ○△× ○△×

① 온라인 참여포털 국민신문고는 국민의 고충 민원과 제안을 원스톱으로 접수 및 처리하는 것을 목적으로 한다.
② 디지털예산회계시스템(d-Brain)은 재정업무의 전 과정을 온라인으로 수행하고 재정사업의 현황을 실시간으로 파악할 수 있는 통합재정정보시스템이다.
③ 스마트워크(smart work)란 통신, 방송, 인터넷 등을 통합한 멀티미디어 서비스를 안전하게 제공하는 통합네트워크를 의미한다.
④ 전자정부 2020 기본계획은 「전자정부법」에 따라 2016년부터 2020년까지 5개년 계획으로 수립되었다.

20 전자적 행정서비스를 제공받는 집단에 대한 설명으로 옳은 것은? 2018 지방직 7급

약점진단 ○△× ○△× ○△×

① G2G(Government, Government)에서는 그룹웨어시스템을 통한 원격지 연결, 정보 공유, 업무의 공동처리, 업무 유연성 등으로 행정의 생산성이 저하된다.
② G2C(Government, Citizen)의 관계 변화를 통해 시민요구에 부응하는 질 높은 행정서비스를 제공하고 시민참여를 촉진할 수 있지만 공공서비스 수요에 대한 대응성이 낮아진다.
③ G2G(Government, Government)에서는 정부부처 간, 중앙과 지방정부 간에 정보를 공동활용하여 행정업무의 정확성과 효율성이 증대되고 거래비용이 감소한다.
④ G2B(Government, Business)의 관계 변화로 정부의 정책수행을 위한 권고, 지침전달 등을 위한 정보교류 비용이 감소하지만 조달행정 비용은 증가한다.

21 전자정부의 발전단계에 대한 설명으로 가장 옳지 않은 것은? 2018 서울시 7급 제2회

약점진단 ○△× ○△× ○△×

① 우리나라의 나라장터(G2B)는 2002년 개설된 범정부적 전자조달사업으로서 입찰공고 및 조달정보 제공, 제한서 제출시스템 등을 갖추고 있다.
② 미국의 'challenge.gov' 프로그램은 국민을 프로슈머 협력자로 보기보다는 정부 정책을 홍보해야 할 대상으로 여긴다.
③ 정부의 '국민신문고'나 서울시의 '천만상상 오아시스' 시스템은 참여형 전자거버넌스의 예이다.
④ 공동생산형 전자정부 단계에서는 정부와 국민이 공동 생산자로 등장하기 때문에 GNC(Government and Citizen)로 약칭된다.

22 전자정부의 역기능에 해당하는 내용과 그 요인을 〈보기〉에서 모두 고른 것은? 2018 서울시 7급 제2회

약점진단 ○△× ○△× ○△×

> **보기**
> ㄱ. 인포데믹스(infordemics)
> ㄴ. 집단극화(group polarization)
> ㄷ. 선택적 정보접촉(selective exposure to information)
> ㄹ. 정보격차(digital divide)

① ㄱ, ㄴ　　② ㄷ, ㄹ
③ ㄱ, ㄴ, ㄹ　　④ ㄱ, ㄴ, ㄷ, ㄹ

23 온라인 시민 참여 유형과 관련 제도가 바르게 연결된 것은? 2017 서울시 9급

약점진단 ○△× ○△× ○△×

① 정책결정형 –「행정절차법」
② 협의형 – 국민의 입법 제안
③ 협의형 – 옴부즈만제도
④ 정책결정형 –「정보공개법」

24 다음 설명에 해당하는 의사전달 네트워크(communication network)의 유형으로 가장 적합한 것은?

2017 교육행정직 9급

약점진단 ○△× ○△× ○△×

> 이 유형은 조직 내 각 구성원이 다른 모든 구성원들과 직접적인 의사전달을 하는 형태로서, 구성원들 모두가 서로 정보를 교환하기 때문에 문제해결에 시간이 많이 걸리나 상황판단의 정확성이 높은 장점을 가지고 있다. 그리고 이 유형에는 중심적 위치(구심성: centrality)를 차지하는 단일의 리더는 없다.

① 원(circle)형 ② 연쇄(chain)형
③ 바퀴(wheel)형 ④ 개방(all channel)형

25 우리나라 공공기관의 정보공개제도에 대한 설명으로 옳지 않은 것은?

2022 국가직 7급

약점진단 ○△× ○△× ○△×

① 당시 법률의 구체적 위임은 없었으나 청주시에서 우리나라 최초로 행정정보공개조례가 제정되었다.
② 청구에 의한 공개도 가능하지만 특정 정보는 별도의 청구 없이도 사전에 공개해야 한다.
③ 비공개 대상 정보를 제외한 모든 정보를 공개 대상으로 하는 네거티브 방식을 취하고 있다.
④ 정보목록은 비공개 대상 정보가 포함된 경우라도 공공기관이 작성, 공개하여야 한다.

약점 체크와 약점 보완을 한 번에 정답과 해설 P.57

CHAPTER 05

조직변동(혁신)론

출제 비중 8%

8 50 100

출제예상편 ▶ P.219

01 목표관리제(MBO)에 대한 설명으로 옳은 것만을 모두 고르면? 2022 국가직 9급

약점진단 ○△× ○△× ○△×

> ㄱ. 부하와 상사의 참여를 통해 목표를 설정한다.
> ㄴ. 중·장기목표를 단기목표보다 강조한다.
> ㄷ. 조직 내·외의 상황이 안정적이고 예측가능한 조직에서 성공확률이 높다.
> ㄹ. 개별 구성원의 직무 특수성을 반영하기 위하여 목표의 정성적, 주관적 성격이 강조된다.

① ㄱ, ㄴ ② ㄱ, ㄷ
③ ㄴ, ㄹ ④ ㄷ, ㄹ

02 총체적 품질관리(Total Quality Management)에 대한 설명으로 옳은 것만을 모두 고르면? 2020 국가직 9급

약점진단 ○△× ○△× ○△×

> ㄱ. 고객의 요구를 존중한다.
> ㄴ. 무결점을 향한 지속적 개선을 중시한다.
> ㄷ. 집권화된 기획과 사후적 통제를 강조한다.
> ㄹ. 문제해결의 주된 방법은 집단적 노력에서 개인적 노력으로 옮아간다.

① ㄱ, ㄴ ② ㄱ, ㄷ
③ ㄴ, ㄹ ④ ㄷ, ㄹ

03 레비트(H. Levitt)가 제시하는 조직 혁신의 주요 대상 변수로 옳지 않은 것은? 2020 군무원 9급

약점진단 ○△× ○△× ○△×

① 업무 ② 인간
③ 구조 ④ 규범

04 다음 설명에 해당하는 교육훈련 방법은? 2019 국가직 9급

약점진단 ○△× ○△× ○△×

> 서로 모르는 사람 10명 내외로 소집단을 만들어 허심탄회하게 자신의 느낌을 말하고 다른 사람이 자신을 어떻게 생각하는지를 귀담아듣는 방법으로 훈련을 진행하기 위한 전문가의 역할이 요구된다.

① 역할연기 ② 직무순환
③ 감수성훈련 ④ 프로그램화 학습

05 카플란과 노턴(Kaplan & Norton)의 균형성과표(BSC: Balanced Score Card)에서 네 가지 관점에 따른 성과지표가 잘못 연결된 것은? 2023 군무원 7급

약점진단 ○△× ○△× ○△×

① 고객 관점: 의사결정과정에 시민참여
② 내부 프로세스 관점: 적법 절차
③ 재무적 관점: 자본수익률
④ 학습과 성장 관점: 정보시스템 구축

06 균형성과표(Balanced Score Card)를 활용한 성과관리에 대한 설명으로 옳지 않은 것은? 2022 국회직 8급

약점진단 ○△× ○△× ○△×

① 결과에 초점을 둔 재무지표 방식의 성과관리에 대한 대안으로 개발되었다.
② 성과관리를 위한 단기적 관점과 장기적 관점의 균형을 중시한다.
③ 고객관점의 성과지표로 고객만족도, 민원인의 불만율 등을 제시한다.
④ 재무적 관점은 전통적인 선행 성과지표이다.
⑤ 성과에 대한 조직구성원 간의 커뮤니케이션 도구로 사용할 수 있다.

07 다음 중 성과평가시스템으로서의 균형성과표(BSC: Balanced Score Card)에 대한 설명으로 옳지 않은 것은? 2015 국회직 8급

약점진단 ○△× ○△× ○△×

① BSC는 추상성이 높은 비전에서부터 구체적인 성과지표로 이어지는 위계적인 체제를 가진다.
② 잘 개발된 BSC라 할지라도 조직구성원들에게 조직의 전략과 목적 달성에 필요한 성과가 무엇인지 알려 주는 데 한계가 있기 때문에 조직전략의 해석지침으로는 적합하지 않다.
③ 내부 프로세스 관점의 대표적인 지표들로는 의사결정과정에 시민 참여, 적법절차, 조직 내 커뮤니케이션구조 등이 있다.
④ BSC를 공공부문에 적용할 때 재무적 관점이라 함은 국민이 요구하는 수준의 공공서비스를 제공할 수 있는 재정자원을 확보하여야 한다는 측면을 포함하며 지원시스템의 예산 부분이 여기에 해당한다.
⑤ BSC를 공공부문에 적용할 때는 고객, 즉 국민의 관점을 가장 중시한다.

08 균형성과표(BSC)에 대한 설명으로 옳지 않은 것은? 2021 지방직 9급(서울시 9급)

약점진단 ○△× ○△× ○△×

① 조직의 장기적 전략 목표와 단기적 활동을 연결할 수 있게 한다.
② 재무적 성과지표와 비재무적 성과지표를 통한 균형적인 성과관리 도구라고 할 수 있다.
③ 재무적 정보 외에 고객, 내부 절차, 학습과 성장 등 조직 운영에 필요한 관점을 추가한 것이다.
④ 고객 관점에서의 성과지표는 시민참여, 적법절차, 내부 직원의 만족도, 정책 순응도, 공개 등이 있다.

09 균형성과표(BSC: Balanced Score Card)에 대한 설명으로 옳지 않은 것은? 2019 국회직 8급

약점진단 ○△× ○△× ○△×

① 재무적 관점의 성과지표로는 매출, 자본수익률, 예산 대비 차이 등이 있다.
② 정부는 성과평가에 있어서 재무적 관점보다는 국민이 원하는 정책을 개발하고 재화와 서비스를 제공하는지에 대한 고객의 관점을 중요한 위치에 놓는다.
③ 학습과 성장의 관점은 민간부문과 정부부문이 큰 차이를 둘 필요가 없는 부분이다.
④ 업무처리 관점은 정부부문에서 정책결정과정, 정책집행과정, 재화와 서비스의 전달과정 등을 포괄하는 넓은 의미를 가진다.
⑤ 고객 관점은 BSC의 4가지 관점 중에서 행동지향적 관점에 해당한다.

10 SWOT분석을 기초로 한 전략에서 방향전환전략으로 가장 옳은 것은? 2022 군무원 7급

약점진단 ○△× ○△× ○△×

① SO 전략 ② WO 전략
③ ST 전략 ④ WT 전략

약점 체크와 약점 보완을 한 번에 정답과 해설 P.62

최근 5개년 7·9급 주요 직렬 출제 비중

18%

PART 04

인사행정론

CHAPTER	출제 비중	교수님의 기출 경향 POINT
01 인사행정의 기초이론	26%	엽관주의와 실적주의, 직업공무원제, 대표관료제 등의 개념을 정확하게 숙지하고, 이들 간의 관계를 정확하게 이해하여야 한다.
02 공직의 분류	26%	공직분류의 기준과 내용, 특히 직위분류제의 주요 용어, 고위공무원단의 세부적 내용을 반드시 숙지하여야 한다.
출제 비중 高 03 인사행정의 3대 변수	28%	임용결격사유, 당연퇴직, 시보임용, 시험의 타당성과 신뢰성, 근무성적평정의 방법 및 오류, 다면평가의 개념과 문제점, 연금제도에 주의해야 한다.
04 근무규율	20%	공직윤리와 관련된 법령의 기본내용을 숙지하고, 공직부패에서는 부패의 유형을 반드시 숙지하여야 한다.

CHAPTER 01

인사행정의 기초이론

출제 비중 26%

26 50 100

출제예상편 ▶ P.222

01 약점진단 ○△× ○△× ○△×

다음 중 엽관제 공무원제도(spoil system)에 대한 설명으로 가장 거리가 먼 것은? 2023 군무원 9급

① 공직에 대한 민주적 교체가 가능하다.
② 우리나라 공무원제도에도 엽관제 요소가 작동하고 있다.
③ 행정의 안정성과 중립성에 도움이 된다.
④ 개방형 인사제도이다.

02 약점진단 ○△× ○△× ○△×

정실주의와 엽관제에 대한 설명으로 옳지 않은 것은? 2022 국가직 7급

① 실적제로 전환을 위한 영국의 추밀원령은 미국의 펜들턴법보다 시기적으로 앞섰다.
② 엽관제는 전문성을 통한 행정의 효율성 제고와 정부관료의 역량 강화에 기여한 것으로 평가된다.
③ 미국의 잭슨 대통령은 엽관제를 민주주의의 실천적 정치원리로 인식하고 인사행정의 기본 원칙으로 채택하였다.
④ 엽관제는 관료제의 특권화를 방지하고 국민에 대한 대응성을 높인다는 점에서 현재도 일부 정무직에 적용되고 있다.

03 약점진단 ○△× ○△× ○△×

실적주의(merit system)에 대한 설명으로 옳지 않은 것은? 2019 지방직 7급

① 실적주의의 도입은 중앙인사기관의 권한과 기능을 분산시키는 결과를 가져왔다.
② 사회적 약자의 공직진출을 제약할 수 있다는 점은 실적주의의 한계이다.
③ 미국의 실적주의는 펜들턴법(pendleton act)이 통과됨으로써 연방정부에 적용되기 시작하였다.
④ 실적주의에서 공무원은 자의적인 제재로부터 적법절차에 의해 구제받을 권리를 보장받는다.

04 약점진단 ○△× ○△× ○△×

인사행정제도에 대한 설명으로 가장 옳은 것은? 2019 서울시 7급 제2회

① 직위분류제는 계급제에 비해 탄력적 인사관리가 가능한 장점을 가진다.
② 엽관주의는 정당에의 충성도와 공헌도를 임용 기준으로 삼았기 때문에 민주주의와 전혀 관련이 없다.
③ 실적주의는 정치적 중립을 지향하여 인사행정을 소극화, 형식화시켰다.
④ 직업공무원제는 원칙적으로 개방형 충원 및 전문가주의에 입각하고 있다.

05 실적주의 공무원제도에 대한 설명으로 옳은 것은?

2024 국가직 9급

약점진단 ○△× ○△× ○△×

① 미국에서는 잭슨(Jackson) 대통령에 의해 공식화되었다.
② 공직의 일은 건전한 상식과 인품을 가진 일반 대중 누구나 수행할 수 있는 것이라고 전제하였다.
③ 공개경쟁시험, 신분보장, 정치적 중립이 핵심적인 요소이다.
④ 사회적 형평성을 가장 중요한 가치로 삼는 인사제도이다.

06 다음 중 실적주의와 직업공무원제에 대한 설명으로 가장 적절하지 <u>않은</u> 것은?

2024 군무원 9급

약점진단 ○△× ○△× ○△×

① 실적주의를 개방형 충원과 동시에 시행하면 직업공무원제가 확립되기 어렵다.
② 직업공무원제는 실적주의의 확립 요건 또는 구성요소 중 하나로 볼 수 있으며, 따라서 직업공무원제는 실적주의를 토대로 할 때 더욱 확고하게 뿌리내릴 수 있다.
③ 결원 충원 방식 및 공직 분류 제도에 있어서 실적주의는 개방형과 직위분류제에, 직업공무원제는 폐쇄형과 계급제에 가깝다고 할 수 있다.
④ 직업공무원제는 승진, 전보, 교육훈련 등을 통해 공무원 능력발전의 기회를 강조한다.

07 직업공무원제의 특징으로 옳지 <u>않은</u> 것은?

2022 국가직 9급

약점진단 ○△× ○△× ○△×

① 직무급 중심 보수체계 ② 능력발전의 기회 부여
③ 폐쇄형 충원방식 ④ 신분의 보장

08 대표관료제에 대한 설명으로 옳지 <u>않은</u> 것은?

2023 지방직 9급

약점진단 ○△× ○△× ○△×

① 우리나라는 양성채용목표제, 장애인 의무고용제 등 다양한 균형인사제도를 통해 대표관료제의 논리를 반영하고 있다.
② 다양한 집단의 이익을 반영하는 실적주의 이념에 부합하는 인사제도이다.
③ 할당제를 강요하는 결과를 초래하고, 특정 집단에 대한 역차별 문제를 야기할 수 있다.
④ 임용 전 사회화가 임용 후 행태를 자동적으로 보장한다는 가정하에 전개되어 왔다.

09 다음 중 대표관료제에 대한 설명으로 가장 적절하지 <u>않은</u> 것은?

2024 군무원 7급

약점진단 ○△× ○△× ○△×

① 사회의 인적 구성을 잘 반영하도록 함으로써 관료제 내에 민주적 가치를 주입한다.
② 정부정책에 대한 관료들의 책임성을 제고시킨다.
③ 공직 전문성과 생산성 제고로 능력과 업적에 따른 인사관리를 강조하는 실적주의와 잘 맞을 수 있다.
④ 대표집단의 이기주의화 현상이 우려된다.

10 다양성 관리(diversity management)에 대한 설명으로 옳지 않은 것은? 2021 국가직 7급

약점진단 ○△× ○△× ○△×

① 오늘날 개인의 성격, 가치관의 차이와 같은 내면적 다양성의 중요성이 커지고 있다.
② 다양성 관리란 내적·외적 차이를 가진 다양한 조직구성원을 공평하고 효율적으로 활용하기 위한 체계적인 인적자원관리과정이다.
③ 균형인사정책, 일과 삶 균형정책은 다양성 관리의 방안으로 볼 수 없다.
④ 대표관료제를 통한 조직 내 다양성 증대는 실적주의와 충돌할 가능성이 있다.

11 다음 중앙인사기관의 유형에 대한 설명으로 옳은 것은? 2021 지방직 7급(서울시 7급)

약점진단 ○△× ○△× ○△×

- 행정수반이 인사관리에 직접적인 책임을 지며, 인사기관의 장은 행정수반을 보좌하여 집행업무를 담당한다.
- 인적자원 확보, 능력발전, 유지, 보상 등 인사관리에 대한 기능을 부처의 협조하에 통합적으로 수행한다.
- 인사기관의 결정과 집행의 행위는 행정수반의 승인과 검토의 대상이 된다.

① 정치권력의 부당한 개입을 막아 정치적 중립성과 공직의 안정성을 확보할 수 있다.
② 인사기관의 구성방식을 통해서 인사정책의 일관성을 확보할 수 있다.
③ 합의에 따른 결정방식으로 인사의 공정성을 유지하는 것이 중요하다.
④ 한 명의 인사기관의 장이 조직을 관장하고 행정수반의 지휘 아래 놓이게 된다.

12 「지방공무원법」상 인사위원회의 위원으로 임명되거나 위촉될 수 없는 사람은? 2023 국가직 9급

약점진단 ○△× ○△× ○△×

① 지방의회의원
② 법관·검사 또는 변호사 자격이 있는 사람
③ 공무원으로서 20년 이상 근속하고 퇴직한 사람
④ 초등학교·중학교·고등학교 교장 또는 교감으로 재직하는 사람

13 중앙인사기관의 조직 형태에 대한 설명으로 가장 옳지 않은 것은? 2022 군무원 9급

약점진단 ○△× ○△× ○△×

① 1948년 대한민국 정부 수립 이후 비독립형 단독제 기관으로서 총무처를 두고 있었다.
② 1999년 독립형 합의제 기관으로서 중앙인사위원회가 설치되어 행정자치부와 업무를 분담하였으며, 2004년부터는 중앙인사위원회로 통합되어 정부 인사 기능이 일원화되었다.
③ 2008년 중앙인사위원회의 폐지 이후 2013년까지 행정안전부를 거쳐 안전행정부로 인사관리기능이 독립형 단독제 기관으로 통합되어 운영되었다.
④ 2014년 국무총리 소속으로 인사혁신처가 신설되어 현재까지 비독립형 단독제 기관의 형태로 중앙인사기관이 운영되고 있다.

14 공무원과 관할 소청심사기관의 연결로 옳지 않은 것은? 2024 국가직 9급

약점진단 ○△× ○△× ○△×

① 경기도청 소속의 지방공무원 甲 – 경기도 소청심사위원회
② 지방검찰청 소속의 검사 乙 – 법무부 소청심사위원회
③ 소방청 소속의 소방위 丙 – 인사혁신처 소청심사위원회
④ 국립대학교 소속의 교수 丁 – 교육부 교원소청심사위원회

15 우리나라 공무원제도에 대한 설명으로 옳은 것만을 모두 고르면? 2023 국가직 7급

약점진단 ○△× ○△× ○△×

ㄱ. 중앙정부 · 지방자치단체 및 그 하부기관에 근무하는 공무원은 직장협의회를 설립할 수 있으며, 하나의 기관에 복수의 협의회 설립이 가능하다.
ㄴ. 휴직은 공무원으로서의 신분을 보유하게 하면서 직무담임을 일시적으로 해제하는 것으로서 임용권자가 직권으로 휴직을 명하는 직권휴직과 본인의 원에 따라 휴직을 명하는 청원휴직이 있다.
ㄷ. 공무원은 소청심사위원회를 통해 부당하다고 여겨지는 징계에 대한 구제를 신청할 수 있으며, 소청심사위원회의 결정은 처분청과 소청인 모두를 기속한다.
ㄹ. 시보 임용기간 중에 있는 공무원이 근무성적 · 교육훈련성적이 나빠서 공무원으로서의 자질이 부족하다고 판단되는 경우에는 면직시킬 수 있다.

① ㄱ, ㄴ ② ㄱ, ㄷ
③ ㄴ, ㄹ ④ ㄷ, ㄹ

16 다음 중 전략적 인적자원관리에 대한 설명으로 가장 거리가 먼 것은? 2023 군무원 9급

약점진단 ○△× ○△× ○△×

① 장기적이며 목표 성과 중심적으로 인적자원을 관리한다.
② 조직의 전략 및 성과와 인적자원관리 활동 간의 연계에 중점을 둔다.
③ 인사업무 책임자가 조직 전략 수립에 적극적으로 관여한다.
④ 개인의 욕구는 조직의 전략적 목표달성을 위해 희생해야 한다는 입장이다.

17 연공주의(seniority system)에 대한 설명으로 옳은 것만을 모두 고르면? 2023 국가직 9급

약점진단 ○△× ○△× ○△×

ㄱ. 장기근속으로 조직에 대한 공헌도를 높인다.
ㄴ. 개인의 성과에 따른 적절한 보상을 통해 사기를 높인다.
ㄷ. 계층적 서열구조 확립으로 조직 내 안정감을 높인다.
ㄹ. 조직 내 경쟁을 통해서 개인의 역량 개발에 기여한다.

① ㄱ, ㄴ ② ㄱ, ㄷ
③ ㄴ, ㄹ ④ ㄷ, ㄹ

약점 체크와 약점 보완을 한 번에 정답과 해설 P.64

CHAPTER 02 공직의 분류

출제 비중 26%

26 . 50 . 100

출제예상편 ▶ P.224

01 공직 분류 체계에 대한 설명으로 옳은 것은?

약점진단 ◯△✕ ◯△✕ ◯△✕

2021 지방직 9급(서울시 9급)

① 소방공무원은 특수경력직 공무원에 해당한다.
② 국회 수석전문위원은 일반직 공무원에 해당한다.
③ 차관에서 3급 공무원까지는 특정직 공무원에 해당한다.
④ 경력직 공무원은 실적과 자격에 의해 임용되고 신분이 보장된다.

02 우리나라 인사제도에 대한 설명으로 옳지 않은 것은?

약점진단 ◯△✕ ◯△✕ ◯△✕

2020 국가직 9급

① 인사혁신처는 비독립형 단독제 형태의 중앙인사기관이다.
② 전문경력관이란 직무 분야가 특수한 직위에 임용되는 일반직 공무원을 말한다.
③ 별정직 공무원의 근무상한연령은 65세이며, 일반임기제 공무원으로 채용할 수 있다.
④ 각 부처의 고위공무원을 범정부적 차원에서 효율적으로 관리하고자 고위공무원단 제도를 운영하고 있다.

03 다음 중 「국가공무원법」 및 「지방공무원법」상 특수경력직 공무원에 해당하는 사람을 〈보기〉에서 모두 고르면?

약점진단 ◯△✕ ◯△✕ ◯△✕

2017 국회직 8급

보기

ㄱ. A 파출소에 근무 중인 순경 甲
ㄴ. B 국회의원 의원실에 근무 중인 비서관 乙
ㄷ. 국토교통부에서 차관으로 근무 중인 丙
ㄹ. C 병무청에서 근무 중인 군무원 丁
ㅁ. 청와대에서 대통령비서실 민정수석비서관으로 근무하는 戊

① ㄱ, ㄴ, ㄷ
② ㄱ, ㄷ, ㄹ
③ ㄱ, ㄹ, ㅁ
④ ㄴ, ㄷ, ㅁ
⑤ ㄴ, ㄹ, ㅁ

04 다음 중 현재 군인·군무원과 같은 특정직 공무원이 아닌 자는?

약점진단 ◯△✕ ◯△✕ ◯△✕

2023 군무원 7급

① 공립학교 교원
② 소방서장
③ 경찰서장
④ 검찰청 검찰사무관

05 정무직 공무원에 해당하지 않는 것은?

약점진단 ◯△✕ ◯△✕ ◯△✕

2019 국가직 7급 변형

① 감사원 사무차장
② 헌법재판소 사무차장
③ 국무조정실 국무차장
④ 국가정보원 차장

06 전문경력관제도에 대한 설명으로 옳지 않은 것은?

약점진단 ◯△✕ ◯△✕ ◯△✕

2022 국가직 7급 변형

① 계급 구분과 직군 및 직렬의 분류를 적용하지 않는다.
② 직무의 특성, 난이도 및 직무에 요구되는 숙련도 등에 따라 가군, 나군, 다군으로 구분한다.
③ 전직시험을 거쳐 다른 일반직 공무원을 전문경력관으로 전직시킬 수 있으나, 전문경력관을 다른 일반직 공무원으로 전직시킬 수는 없다.
④ 소속 장관은 해당 기관의 일반직 공무원 직위 중 순환보직이 곤란하거나 장기 재직 등이 필요한 특수 업무 분야의 직위를 전문경력관직위로 지정할 수 있다.

07 약점진단 ○△× ○△× ○△×

통상적인 근무시간보다 짧은 시간(주 15~35시간)을 근무하는 공무원으로서 일반 공무원처럼 시험을 통해 채용되고 정년이 보장되는 공무원으로 옳은 것은?

2020 군무원 9급

① 시간선택제 전환 공무원
② 시간선택제 임기제 공무원
③ 시간선택제 채용 공무원
④ 한시임기제 공무원

08 약점진단 ○△× ○△× ○△×

다음 설명에 해당하는 유연근무제의 유형은?

2022 지방직 9급(서울시 9급)

- 탄력근무제의 한 유형
- 1일 8시간에 구애받지 않음
- 주 3.5 ~ 4일 근무

① 재택근무형 ② 집약근무형
③ 시차출퇴근형 ④ 근무시간선택형

09 약점진단 ○△× ○△× ○△×

「인사혁신처 예규」상 탄력근무제에 해당하지 않는 것은?

2020 국회직 8급

① 재택근무형 ② 시차출퇴근형
③ 재량근무형 ④ 근무시간 선택형
⑤ 집약근무형

10 약점진단 ○△× ○△× ○△×

국회 인사청문회 제도에 관한 설명으로 옳지 않은 것은?

2017 교육행정직 9급

① 국회의 인사청문회는 인사청문특별위원회와 소관 상임위원회로 구분하여 실시하고 있다.
② 국회의 인사청문회의 진행은 원칙적으로 공개되어야 하나, 예외적으로 공개하지 않을 수 있다.
③ 소관상임위원회 인사청문에서 상임위원회가 경과보고서를 채택하지 않는 경우에, 대통령이 후보자를 임명하는 것을 실정법으로 막을 수 있다.
④ 대법원장 · 헌법재판소장 · 국무총리 · 감사원장 및 대법관과 국회에서 선출하는 헌법재판소 재판관 및 중앙선거관리위원회 위원은 인사청문특별위원회에서 인사청문이 이루어진다.

11 약점진단 ○△× ○△× ○△×

개방형 또는 폐쇄형 인사제도에 대한 설명으로 옳은 것은?

2021 국가직 7급

① 개방형 인사제도는 외부전문가나 경력자에게 공직을 개방하여 새로운 지식과 기술, 아이디어를 수용해 공직사회의 침체를 막고 행정의 효율성을 높이는 데 유리하다.
② 일반적으로 폐쇄형 인사제도는 직위분류제에 바탕을 두고 있으며, 일반행정가보다 전문가 중심의 인력구조를 선호한다.
③ 개방형 인사제도는 폐쇄형 인사제도에 비해 안정적인 공직사회를 형성함으로써 공무원의 사기를 높이고 장기근무를 장려한다.
④ 폐쇄형 인사제도는 개방형 인사제도에 비해 내부승진과 경력 발전을 위한 교육훈련의 기회가 적다.

12 〈보기〉에서 우리나라의 공무원 임용제도에 대한 설명으로 옳지 않은 것은 모두 몇 개인가? 2021 국회직 8급

약점진단 ○△× ○△× ○△×

보기

ㄱ. 공모 직위는 공무원에게만 개방하며 민간인은 지원할 수 없다.
ㄴ. 개방형 직위는 일반직을 대상으로 하며 특정직 및 별정직은 제외된다.
ㄷ. 중앙정부부처나 지방자치단체의 장은 소속기관의 개방형 직위 지정범위에 관해 중앙인사기관의 장과 협의해야 한다.
ㄹ. 우리나라의 공무원 임용제도는 계급제를 기반으로 하며 부분적으로 직위분류제적 요소를 도입하고 있다.
ㅁ. 개방형 직위에 임용되는 공무원의 임용기간은 다른 법령에 특별한 규정이 있는 경우를 제외하고는 최소한 3년 이상으로 하여야 한다.

① 1개 ② 2개
③ 3개 ④ 4개
⑤ 5개

13 직위분류제와 관련하여 다음 설명에 해당하는 것은? 2020 국가직 9급

약점진단 ○△× ○△× ○△×

- 직무의 곤란성과 책임성을 기준으로 상대적 가치를 결정하는 것이다.
- 서열법, 분류법, 점수법 등을 활용한다.
- 개인에게 공정한 보수를 제공하는 데 필요한 작업이다.

① 직무조사 ② 직무분석
③ 직무평가 ④ 정급

14 직무평가 방법에 대한 설명으로 옳지 않은 것은? 2024 지방직 9급

약점진단 ○△× ○△× ○△×

① 분류법은 미리 정해진 등급기준표를 이용하는 비계량적 방법이다.
② 서열법은 비계량적 방법으로, 직무의 수가 적은 소규모 조직에 적절하다.
③ 점수법은 직무와 관련된 평가요소를 선정하고 각 요소별로 중요도를 부여하는 과정에서 계량화를 통해 명확하고 객관적인 이론적 증명이 가능하다.
④ 요소비교법은 조직 내 기준직무(key job)를 선정하여 평가하려는 직무와 기준직무의 평가요소를 상호비교하여 상대적 가치를 판단하는 방법이다.

15 직무평가 방법에 대한 설명으로 옳지 않은 것은? 2023 국가직 9급

약점진단 ○△× ○△× ○△×

① 점수법은 직무를 구성하는 하위요소별 점수를 합산하여 평가하는 방법이다.
② 분류법은 미리 정한 등급기준표와 직무 전체를 비교하여 등급을 결정하는 비계량적 방법이다.
③ 서열법은 직무의 구성요소를 구별하지 않고 직무 전체의 중요도를 종합적으로 평가하는 방법이다.
④ 요소비교법은 기준직무(key job)와 평가할 직무를 상호 비교해 가며 평가하는 비계량적 방법이다.

16 직위분류제의 주요 개념에 대한 설명으로 옳지 않은 것은? 2022 국가직 9급

약점진단 ○△×

① '직위'는 한 사람의 공무원에게 부여할 수 있는 직무와 책임을 의미한다.
② '직급'은 직무의 종류가 유사하고 곤란도·책임도가 서로 다른 군(群)을 의미한다.
③ '직류'는 동일 직렬 내에서 담당분야가 동일한 직무의 군(群)을 의미한다.
④ '직무등급'은 직무의 곤란도·책임도가 유사해 동일 보수를 줄 수 있는 직위의 군(群)을 의미한다.

17 계급제에 대한 설명으로 옳지 않은 것은? 2023 지방직 9급

약점진단 ○△×

① 직무의 속성을 중심으로 공직을 분류하는 제도이다.
② 폐쇄형 충원방식을 원칙으로 한다.
③ 일반행정가 양성을 지향한다.
④ 탄력적 인사관리에 용이하다.

18 계급제의 특징에 대한 설명으로 옳은 것은? 2022 국회직 8급

약점진단 ○△×

① 업무 분담과 직무분석으로 합리적인 정원관리 및 사무관리에 유리하다.
② 계급에 따른 권한과 책임의 명확화를 통해 전문화되고 체계적인 조직관리가 가능하다.
③ 동일 직무에 대한 동일 보수의 원칙을 따르는 직무급 제도를 통해 합리적인 보수체계를 확립할 수 있다.
④ 직무의 종류·책임도·곤란도에 따라 공직을 분류하므로 시험·임용·승진·전직을 위한 기준을 제공해줄 수 있다.
⑤ 담당할 직무와 관계없이 인사배치를 할 수 있어 인사배치의 신축성·융통성을 기할 수 있다.

19 고위공무원단에 대한 설명으로 가장 적절하지 않은 것은? 2023 군무원 9급

약점진단 ○△×

① 고위공무원단은 실·국장급 공무원을 적재적소에 활용하고 개방과 경쟁을 확대하여 성과책임을 강화하고자 하는 전략적 인사 시스템이다.
② 기존의 1~3급이라는 신분중심의 계급을 폐지하고 직무의 난이도와 책임도에 따라 가급과 나급으로 직무를 구분한다.
③ 민간과 경쟁하는 개방형직위제도와 타 부처 공무원과 경쟁하는 공모직위제도를 두고 있다.
④ 특히 경력에서 자격이 있는 민간인과 공무원이 지원하여 경쟁할 수 있는 경력개방형직위제도도 도입되었다.

20 다음 중 우리나라 고위공무원단 또는 고위감사공무원단에 속하는 공무원이 아닌 것은? 2024 군무원 9급

약점진단 ○△×

①「정부조직법」 제2조에 따른 중앙행정기관의 실장·국장 및 이에 상당하는 보좌기관
② 지방자치단체 및 지방교육행정기관의 지방공무원 중 국장급 직위에 상당하는 직위
③ 행정부 각급의 직위 중 제1호의 직위에 상당하는 직위
④ 감사원 사무차장, 감사교육원장, 감사연구원장

21 고위공무원단제도에 대한 설명으로 옳지 않은 것은? 2021 지방직 9급(서울시 9급)

약점진단 ○△×

① 역량 중심의 인사관리
② 계급 중심의 인사관리
③ 성과와 책임 중심의 인사관리
④ 개방과 경쟁 중심의 인사관리

22 고위공무원단제도에 대한 설명으로 옳은 것은?

2017 국가직 7급

약점진단 ○△× ○△× ○△×

① 고위공무원단의 구성은 소속 장관별로 개방형 직위 30%, 공모직위 20%, 기관자율 50%로 이루어져 있다.
② 고위공무원단 직무등급이 2009년 2등급에서 5등급으로 변경됨에 따라 계급 중심의 인사관리로 회귀할 가능성이 높아졌다.
③ 적격 심사에서 부적격 결정을 받은 경우에 한해서만 직권면직이 가능하므로 제도 도입 전보다 고위공무원의 신분보장이 강화되었다.
④ 고위공무원단으로 관리되는 풀(pool)에는 일반직 공무원뿐만 아니라 외무공무원도 포함된다.

23 역량평가제도에 대한 설명으로 가장 적절하지 않은 것은?

2024 군무원 9급

약점진단 ○△× ○△× ○△×

① 우리나라 역량평가제도는 고위공무원단의 구성과 함께 고위공무원으로서 요구되는 역량의 사전적 검증장치로 도입되었다.
② 역량평가는 특정 피평가자에 대해 다양한 사람으로부터 입체적이고 다면적인 평가 결과를 도출함으로써 평가의 공정성을 확보할 수 있다.
③ 역량평가는 구조화된 모의 상황을 설정해 현실적 직무 상황에 근거한 행정을 관할해 평가하는 방식이다.
④ 역량평가는 다양한 실행 과제를 종합적으로 활용함으로써 개별 평가기법의 한계를 극복하고 대상자들의 몰입을 유도하며 다양한 역량을 측정할 수 있다.

24 다음 중 우리나라의 고위공무원단제도에 대한 설명으로 가장 적절하지 않은 것은?

2024 군무원 7급

약점진단 ○△× ○△× ○△×

① 고위공무원단에 속하는 공무원의 경우 소속 장관은 당해 기관에 소속되지 아니한 자에 대해서도 임용제청을 할 수 있다.
② 정부관료제의 고위직에 정치적 정실 임용이 확대되어 직업공무원의 사기를 저하할 수 있다.
③ 고위공무원단으로 진입하기 위해서는 역량평가와 필요한 교육훈련을 받아야 한다.
④ 고위공무원단제도가 최초 도입될 당시는 국가공무원에만 적용하였으나 그 이후 부지사·부교육감 등 지방공무원도 포함하게 되었다.

약점 체크와 약점 보완을 한 번에 정답과 해설 P.67

인사행정의 3대 변수

출제 비중 28%

28 50 100

출제예상편 ▶ P.229

01 「지방공무원법」상 공무원 인사이동에 대한 설명으로 옳지 않은 것은? 2024 지방직 9급

약점진단 ○△×

① 전직은 직렬을 달리하는 임명을 말한다.
② 전보는 같은 직급 내에서 보직변경을 말한다.
③ 강임의 경우, 같은 직렬의 하위 직급이 없는 경우 다른 직렬의 하위 직급으로는 이동할 수 없다.
④ 지방자치단체의 장 또는 지방의회의 의장은 공무원을 전입시키려고 할 때에는 해당 공무원이 소속된 지방자치단체의 장 또는 지방의회의 의장의 동의를 받아야 한다.

02 2022년 10월 14일 기준, 「국가공무원법」상 공무원으로 임용될 수 없는 사람은? (단, 다른 상황은 고려하지 않음) 2022 국가직 7급

약점진단 ○△×

① 2021년 10월 13일에 성년후견이 종료된 甲
② 파산선고를 받고 2021년 10월 13일에 복권된 乙
③ 2019년 10월 13일에 공무원으로서 징계로 파면처분을 받은 丙
④ 2017년 금고형을 선고받고 그 집행유예기간이 2019년 10월 13일에 끝난 丁

03 선발시험의 신뢰성을 검증하는 방법에 해당하지 않는 것은? 2022 지방직 7급(서울시 7급)

약점진단 ○△×

① 하나의 시험유형 내에서 각 문항 간의 상관관계를 종합하여 시험의 일관성을 검증한다.
② 시험성적과 본래 시험으로 예측하고자 했던 기준 사이에 얼마나 밀접한 상관관계가 있는가를 검증한다.
③ 시험을 본 수험자에게 일정한 시간이 지난 뒤, 다시 같은 문제로 시험을 보게 하여 두 점수 간의 일관성을 확인한다.
④ 문제 수준이 비슷한 두 개의 시험유형을 개발하여 동일 통제집단을 대상으로 시험을 보게 한 후 두 집단의 성적 간 상관관계를 분석한다.

04 다음 글의 (ㄱ)에 해당하는 개념으로 옳은 것은? 2024 국회직 8급

약점진단 ○△×

> 시험을 통해 측정하는 행동이나 질문 주제의 내용이 직무 수행의 중요한 국면을 대표할 수 있는지에 대한 판단과 관련된다. 예를 들어, 워드프로세서 시험에서 실제 근무상황에 사용되는 것과 똑같은 서류 양식을 시험문제로 출제하는 경우나 취재기자 선발시험에서 일반적인 논술 주제가 아닌 구체적인 기사 작성을 시험문제로 출제할 경우, (ㄱ)를 확보할 수 있다.

① 신뢰도 ② 기준타당도
③ 내용타당도 ④ 구성타당도
⑤ 실용도

05 우리나라의 시보제도에 대한 설명으로 가장 옳은 것은? 2022 군무원 9급

약점진단 ○△×

① 시보기간 동안은 신분이 보장되지 않기 때문에 그 기간은 공무원 경력에 포함되지 아니한다.
② 시보공무원은 공무원법상 공무원에 해당하기 때문에 시보기간 동안에도 보직을 부여받을 수 있다.
③ 시보기간 동안에 직권면직이 되면, 향후 3년간 다시 공무원으로 임용될 수 없는 결격사유에 해당한다.
④ 시보기간 동안은 신분이 보장되지 않기 때문에 징계처분에 대한 소청심사청구를 할 수 없다.

06 교육훈련 방식에 대한 설명으로 옳은 것만을 〈보기〉에서 모두 고르면?

2022 국회직 8급

약점진단 ○△× ○△× ○△×

보기

ㄱ. 멘토링은 조직 내 핵심 인재의 육성과 지식 이전, 구성원들 간의 학습활동을 촉진할 수 있는 방법으로, 조직 내 업무 역량을 조기에 배양할 수 있다.

ㄴ. 학습조직은 암묵적 지식으로 관리되던 조직의 내부 역량을 체계적으로 관리하는 방법으로, 조직설계 기준 제시가 용이하다.

ㄷ. 액션러닝은 참여와 성과 중심의 교육훈련을 지향하는 방법으로, 현장에서 발생하는 현안 문제를 가지고 자율적 학습 또는 전문가의 지원을 받아 구체적인 문제 해결 방안을 모색한다.

ㄹ. 워크아웃 프로그램은 전 구성원의 자발적 참여에 의한 행정혁신을 추진하는 방법으로, 관리자의 의사결정과 문제 해결이 지연되는 한계가 있다.

① ㄱ, ㄴ ② ㄱ, ㄷ
③ ㄱ, ㄹ ④ ㄴ, ㄷ
⑤ ㄴ, ㄹ

07 다음 설명에 해당하는 공무원 교육훈련 방법은?

2024 국가직 9급

약점진단 ○△× ○△× ○△×

교육 참가자들을 소그룹 규모의 팀으로 구성해 개인, 그룹 또는 조직에 중요한 의미가 있는 실제 현안 문제를 해결하면서 동시에 문제 해결 과정에 대한 성찰을 통해 학습하도록 지원하는 교육방식이다. 우리나라 정부 부문에는 2005년부터 고위공직자에 대한 교육훈련 방법으로 도입되었다.

① 액션러닝 ② 역할연기
③ 감수성훈련 ④ 서류함기법

08 다음의 설명과 근무성적평정방법을 바르게 연결한 것은?

2020 지방직 7급(서울시 7급)

약점진단 ○△× ○△× ○△×

ㄱ. 피평정자들의 성적분포가 과도하게 집중되는 것을 방지하기 위해 등급별로 비율을 정하여 준수하도록 하는 방법

ㄴ. 시간당 수행한 공무원의 업무량을 전체 평정기간 동안 계속적으로 조사해 평균치를 측정하거나, 일정한 업무량을 달성하는 데 소요된 시간을 계산해 그 성적을 평정하는 방법

ㄷ. 선정된 중요 과업 분야에 대해서 가장 이상적인 과업수행 행태에서부터 가장 바람직하지 못한 과업수행 행태까지를 몇 개의 등급으로 구분하고, 등급마다 중요 행태를 명확하게 기술하고 점수를 할당하는 방법

	ㄱ	ㄴ	ㄷ
①	강제배분법	산출기록법	행태기준평정척도법
②	강제선택법	주기적 검사법	행태기준평정척도법
③	강제선택법	산출기록법	행태관찰척도법
④	강제배분법	주기적 검사법	행태관찰척도법

09 근무성적평정에 대한 설명으로 옳지 않은 것은?

2022 지방직 7급(서울시 7급)

약점진단 ○△× ○△× ○△×

① 다면평정법은 상급자, 동료, 부하, 고객 등 다양한 구성원에게 평정에 참여할 기회를 준다.
② 목표관리제 평정법은 참여를 통한 명확한 목표의 설정과 개인과 조직 간 목표의 통합을 추구한다.
③ 강제배분법은 평정치의 편중과 관대화 경향을 막기 위해 등급별로 비율을 미리 정해 놓는다.
④ 도표식 평정척도법은 근무성적을 객관적 사실에 기초하여 평가하므로 평정자의 편견이 개입할 가능성이 작다.

10 근무성적평정 방법 중 강제배분법에 대한 설명으로 옳지 않은 것은? 2023 국가직 7급

약점진단 ○△×

① 역산식 평정이 불가능하며 관대화 경향을 초래한다.
② 평가의 집중화 경향을 억제하는 효과가 있다.
③ 평정대상 다수가 우수한 경우에도 일정한 비율의 인원은 하위 등급을 받을 수 있다는 단점이 있다.
④ 등급별 할당 비율에 따라 피평가자들을 배정하는 것이다.

11 근무성적평정상의 오류에 대한 설명으로 옳지 않은 것은? 2023 지방직 9급

약점진단 ○△×

① 평정자가 피평정자를 잘 모르는 경우 집중화 경향이 발생할 수 있다.
② 평정자의 평정기준이 일정하지 않은 경우 총계적 오류(total error)가 발생할 수 있다.
③ 연쇄효과(halo effect)는 초기 실적이나 최근의 실적을 중심으로 평가함으로써 발생하는 시간적 오류를 의미한다.
④ 관대화 경향의 폐단을 막기 위해 강제배분법을 활용할 수 있다.

12 근무성적평정 과정상의 오류와 완화방법에 대한 설명으로 옳지 않은 것은? 2021 국가직 9급

약점진단 ○△×

① 일관적 오류는 평정자의 기준이 다른 사람보다 높거나 낮은 데서 비롯되며 강제배분법을 완화방법으로 고려할 수 있다.
② 근접효과는 전체 기간의 실적을 같은 비중으로 평가하지 못할 때 발생하며 중요사건기록법을 완화방법으로 고려할 수 있다.
③ 관대화 경향은 비공식집단적 유대 때문에 발생하며 평정결과의 공개를 완화방법으로 고려할 수 있다.
④ 연쇄효과는 도표식 평정척도법에서 자주 발생하며 피평가자별이 아닌 평정요소별 평정을 완화방법으로 고려할 수 있다.

13 켈리(Kelly)의 귀인(歸因)이론에서 주장되는 귀인의 성향으로 가장 옳지 않은 것은? 2022 군무원 9급

약점진단 ○△×

① 판단대상 외 다른 사람들이 다른 상황에서 동일한 행동을 보이는 정도가 높다면, 그 행동의 원인을 내적 요소에 귀인하는 경향이 나타난다.
② 판단대상이 다른 상황에서는 달리 행동하는 정도가 높다면, 그 행동의 원인을 외적 요소에 귀인하는 경향이 나타난다.
③ 판단대상이 동일한 상황에서 과거와 동일한 행동을 보이는 정도가 높다면, 그 행동의 원인을 내적 요소에 귀인하는 경향이 나타난다.
④ 판단대상 외 다른 사람들도 동일한 상황에 대해 동일한 행동을 보이는 정도가 높다면, 그 행동의 원인을 외적 요소에 귀인하는 경향이 나타난다.

14 우리나라 공무원의 승진제도에 대한 설명으로 옳지 않은 것은? 2019 국회직 8급 변형

약점진단 ○△×

① 5급 이하 공무원의 승진후보자명부는 근무성적평정 60%, 경력평정 40%를 고려하여 작성된다.
② 일반직 공무원(우정직 공무원은 제외)이 승진하려면 7급은 1년 이상, 6급은 2년 이상 해당 계급에 재직해야 한다.
③ 근속승진은 승진후보자명부 작성단위기관 직제상의 정원표에 일반직 6급·7급 또는 8급의 정원이 없는 경우에도 근속승진 인원만큼 상위직급에 결원이 있는 것으로 보고 승진 임용할 수 있다.
④ 공개경쟁승진은 5급으로의 승진에 적용되며, 기관 구분 없이 승진자격을 갖춘 6급 공무원을 대상으로 하는 공개경쟁승진시험의 성적에 의하여 결정된다.
⑤ 특별승진은 민원봉사대상 수상자, 직무수행능력 우수자, 제안채택시행자, 명예퇴직자, 공무사망자 등을 대상으로 일정 요건을 충족하는 경우 승진임용하거나, 승진심사 또는 승진시험에 응시할 수 있도록 하는 제도이다.

15 성과평가제도에 대한 설명으로 옳은 것은?

2017 국가직 7급

약점진단 ○△× ○△× ○△×

① 일반직 공무원의 근무성적평정은 크게 5급 이상을 대상으로 한 '성과계약 등 평가'와 6급 이하를 대상으로 한 '근무성적평가'로 구분된다.
② '성과계약 등 평가'는 정기평가와 수시평가로 나눌 수 있으며 정기평가는 6월 30일과 12월 31일 기준으로 연 2회 실시한다.
③ 다면평가는 평가의 객관성과 공정성을 제고할 수 있으나 각 부처가 반드시 이를 실시해야 하는 것은 아니다.
④ 역량평가제도는 5급 신규 임용자를 대상으로 업무수행에 필요한 충분한 역량을 보유하고 있는지를 평가한다.

16 우리나라의 다면평가제도에 대한 설명으로 옳지 않은 것은?

2017 국가직 9급(추가채용)

약점진단 ○△× ○△× ○△×

① 민원인은 해당 공무원에 대한 다면평가에 참여할 수 없다.
② 다면평가의 결과는 해당 공무원에게 공개할 수 있다.
③ 다면평가의 결과는 승진, 전보, 성과급 지급 등에 참고자료로 활용될 수 있다.
④ 해당 공무원에게 평가정보를 다각적으로 제공하는 경우에는 능력개발을 유도할 수 있다.

17 다음 중 근무성적평정제도에서 다면평가제도의 장점으로 옳지 않은 것은?

2018 국회직 8급

약점진단 ○△× ○△× ○△×

① 직무수행 동기 유발
② 원활한 커뮤니케이션
③ 자기역량 강화
④ 미래 행동에 대한 잠재력 측정
⑤ 평가의 수용성 확보 가능

18 다음 중 직무성과계약제에 대한 설명으로 가장 옳은 것은?

2017 서울시 7급

약점진단 ○△× ○△× ○△×

① 직무성과계약제는 상·하급자 간의 합의를 통해 목표를 설정하고 성과계약의 내용이 구체적이며 상향식으로 체결된다는 점에서 목표관리제(MBO)와 유사하다.
② 직무성과계약제는 실·국장 등과 5급 이하 공무원 간에 공식적 성과계약을 체결한다.
③ 직무성과계약제는 주로 개인의 성과평가제도로 조직 전반의 성과관리를 중심으로 하는 균형성과지표(BSC)와 구분된다.
④ 직무성과계약제는 산출이나 성과보다는 투입부문의 통제에 초점을 두고 있다.

19 다음 중 '직무성과급적 연봉제'의 적용을 받는 공무원으로 옳은 것은?

2022 군무원 7급

약점진단 ○△× ○△× ○△×

① 고위공무원단
② 1~5급 공무원
③ 임기제 공무원
④ 정무직 공무원

20 공무원 보수의 유형에 대한 설명으로 옳지 않은 것은?

2022 지방직 9급(서울시 9급)

약점진단 ○△× ○△× ○△×

① 직능급은 자격증을 갖춘 유능한 인재의 확보에 유리하다.
② 연공급은 근속연수를 기준으로 하기 때문에 전문기술인력 확보에 유리하다.
③ 직무급은 동일노동에 대한 동일임금이라는 합리적인 보수 책정이 가능하다.
④ 성과급은 결과를 중시하며 변동급의 성격을 가진다.

21 공무원 인사제도에 대한 설명으로 옳지 않은 것은? 2018 국가직 7급

약점진단 ○△× ○△× ○△×

① 직업공무원제도는 공직을 직업전문 분야로 확립시키기도 하지만, 행정의 전문성 약화를 가져오기도 한다.
② 엽관주의하에서는 행정의 민주성과 관료적 대응성의 향상은 물론 정책수행 과정의 효율성 제고도 기대할 수 있다.
③ 대표관료제는 역차별 문제의 발생과 실적주의 훼손의 비판이 제기되며, 사회적 소외집단을 배려하는 우리나라의 균형인사정책은 미국의 적극적 조치(affirmative action)의 관점에서 이해될 수 있다.
④ 총액인건비제도는 일반적으로 기구 · 정원 조정에 대한 재정당국의 중앙통제는 그대로 둔 채 수당의 신설 · 통합 · 폐지와 절감예산 활용 등에서의 부처 자율성을 부여하는 특성을 갖는다.

22 현행 법령상 공무원의 보수 및 연금제도에 대한 설명으로 옳지 않은 것은? 2020 지방직 7급(서울시 7급)

약점진단 ○△× ○△× ○△×

① 호봉 간 승급에 필요한 기간은 1년이며, 직종별 구분 없이 하나의 봉급표가 적용된다.
② 고위공무원단에 속하는 공무원에 대해서는 대통령경호처 직원 중 별정직 공무원을 제외하고 직무성과급적 연봉제를 적용한다.
③ 「공무원연금법」상 퇴직급여에는 퇴직연금, 퇴직연금일시금, 퇴직연금공제일시금, 퇴직일시금이 있다.
④ 군인과 선거에 의하여 취임하는 공무원은 「공무원연금법」상의 공무원에서 제외된다.

23 2015년 공무원연금 개혁에 대한 설명으로 옳지 않은 것은? 2022 지방직 9급(서울시 9급)

약점진단 ○△× ○△× ○△×

① 퇴직연금 지급률을 1.7%로 단계적 인하
② 퇴직연금 수급 재직요건을 20년에서 10년으로 완화
③ 퇴직연금 기여율을 기준소득월액의 9%로 단계적 인상
④ 퇴직급여 산정 기준은 퇴직 전 3년 평균보수월액으로 변경

24 공무원 노동조합에 대한 설명으로 옳은 것은? 2022 국회직 8급

약점진단 ○△× ○△× ○△×

① 노동조합과 그 조합원은 정치활동이 허용된다.
② 6급 이하의 일반직 공무원만 노동조합에 가입할 수 있다.
③ 퇴직공무원도 노동조합에 가입할 수 있다.
④ 소방공무원과 교원은 노동조합 가입이 허용되지 않는다.
⑤ 교정 · 수사 등에 관한 업무에 종사하는 공무원은 노동조합에 가입할 수 있다.

약점 체크와 약점 보완을 한 번에 정답과 해설 P.73

CHAPTER 04

근무규율

출제 비중 20%

출제예상편 ▶ P.233

01 약점진단 ○△× ○△× ○△×

「국가공무원법」에 명시된 공무원의 의무에 해당하지 않는 것은? 2021 국가직 9급

① 부패행위 신고 의무
② 품위 유지의 의무
③ 복종의 의무
④ 성실 의무

02 약점진단 ○△× ○△× ○△×

「공직자윤리법」에서 규정하고 있는 것만을 모두 고르면? 2024 지방직 9급

ㄱ. 이해충돌 방지 의무　　ㄴ. 등록재산의 공개
ㄷ. 종교 중립의 의무　　ㄹ. 품위 유지의 의무

① ㄱ, ㄴ　　② ㄱ, ㄹ
③ ㄴ, ㄷ　　④ ㄷ, ㄹ

03 약점진단 ○△× ○△× ○△×

백지신탁 제도에 대한 설명으로 옳지 않은 것은? 2023 국가직 7급

① 주식백지신탁의 수탁기관은 신탁재산을 관리·운용·처분한 내용을 관할 공직자윤리위원회에 보고하여야 한다.
② 우리나라의 「공직자의 이해충돌 방지법」에는 백지신탁 제도가 규정되어 있지 않다.
③ 공개대상자 및 그 이해관계인이 보유하고 있는 주식의 직무관련성을 심사·결정하기 위하여 인사혁신처에 주식백지신탁 심사위원회를 둔다.
④ 백지신탁은 이해충돌이 존재하는 주식을 신탁회사에서 해당 공직자의 의견을 반영해 이해충돌이 없는 주식으로 변경하는 제도이다.

04 약점진단 ○△× ○△× ○△×

「공직자윤리법」상 재산 등록에 대한 내용으로 옳은 것은? 2023 국가직 7급

① 등록하여야 할 재산이 국채, 공채, 회사채인 경우는 액면가로 등록하여야 한다.
② 혼인한 직계비속인 여성이 소유한 재산은 재산등록 의무자가 등록할 재산에 포함된다.
③ 공직자는 등록의무자가 된 날부터 3개월이 되는 날이 속하는 달의 말일까지 재산등록을 해야 한다.
④ 교육공무원 중 대학교 학장은 재산등록 의무자가 아니다.

05 「부정청탁 및 금품 등 수수의 금지에 관한 법률」(일명 김영란법) 및 동법 시행령에 규정된 내용 중 가장 옳지 않은 것은? 2018 서울시 7급 제1회

약점진단 ○△× ○△× ○△×

① 누구든지 직접 또는 제3자를 통하여 법에 규정된 직무를 수행하는 공직자 등에게 부정청탁을 해서는 아니 된다.
② 공직자 등이 직무와 관련하여 1회 100만 원 이하의 금품을 수수하는 경우 형사 처벌할 수 있다.
③ 이 법의 적용대상은 언론사의 임직원은 물론 그 배우자를 포함한다.
④ 경조사비는 축의금, 조의금은 5만 원까지 가능하고, 축의금과 조의금을 대신하는 화환이나 조화는 10만 원까지 가능하다.

06 공직자의 이해충돌에 대한 설명으로 옳지 않은 것은? 2023 국가직 9급

약점진단 ○△× ○△× ○△×

① 우리나라는 2021년 5월 「공직자의 이해충돌 방지법」을 제정하였다.
② 이해충돌은 그 특성에 따라 실제적, 외견적, 잠재적 형태로 분류할 수 있다.
③ 이해충돌 회피에 있어서는 '어느 누구도 자신이 연루된 사건의 재판관이 되어서는 안 된다'라는 원칙이 적용된다.
④ 「공직자의 이해충돌 방지법」의 위반행위는 감사원, 수사기관, 국민권익위원회 등에 신고할 수 있으나 위반행위가 발생한 기관은 제외된다.

07 「공직자의 이해충돌 방지법」상 '사적이해관계자'로 규정하고 있는 대상이 아닌 것은? 2024 국가직 9급

약점진단 ○△× ○△× ○△×

① 공직자 자신 또는 그 가족
② 공직자의 직무수행과 관련하여 이익 또는 불이익을 직접적으로 받는 다른 공직자
③ 공직자로 채용·임용되기 전 2년 이내에 공직자 자신이 재직하였던 법인 또는 단체
④ 공직자 자신 또는 그 가족이 임원·대표자·관리자 또는 사외이사로 재직하고 있는 법인 또는 단체

08 공무원의 정치적 중립의 정당화 근거로 옳지 않은 것은? 2022 국가직 9급

약점진단 ○△× ○△× ○△×

① 엽관주의의 폐해를 극복하여 행정의 안정성과 전문성을 제고할 수 있다.
② 공무원은 국민 전체의 이익을 위해 공평무사하게 봉사해야 하는 신분이다.
③ 공무원의 정치적 기본권을 강화하여 공직의 계속성을 제고할 수 있다.
④ 공명선거를 통해 민주적 기본질서를 제고할 수 있다.

09 우리나라의 공무원 복무와 징계에 대한 설명으로 옳은 것은? 2023 국가직 7급

약점진단 ○△× ○△× ○△×

① 공무원은 직무상의 관계가 있든 없든 그 소속 상관에게 증여하거나 소속 공무원으로부터 증여를 받아서는 아니 된다.
② 중징계의 일종인 파면의 경우 5년간 공무원으로 재임용될 수 없으나, 연금급여의 불이익은 없다.
③ 공무원은 어떠한 경우에도 자신의 직무권한을 행사하여 직무관련자로부터 사적 노무를 제공받아서는 아니 된다.
④ 감봉은 경징계에 해당하며 1개월 이상 3개월 이하 기간 동안 직무에 종사하지 못하고, 보수의 1/3을 삭감하는 처분이다.

10 징계위원회에서 징계위원 7명의 의견이 다음과 같다. 「공무원징계령」에 따를 때 결정된 징계 종류는? 2020 국회직 8급

약점진단 ○△× ○△× ○△×

• 위원 A: 파면	• 위원 B: 감봉
• 위원 C: 강등	• 위원 D: 해임
• 위원 E: 정직	• 위원 F: 해임
• 위원 G: 파면	

① 파면 ② 해임
③ 정직 ④ 강등
⑤ 감봉

11 공무원 신분의 변경과 소멸에 대한 설명으로 옳지 않은 것은? 2022 국가직 9급

약점진단 ○△× ○△× ○△×

① 직권면직은 법률상 징계의 종류로 규정되어 있지 않다.
② 정직은 징계처분의 일종으로, 정직 기간 중에는 보수의 1/2을 감하도록 되어 있다.
③ 임용권자는 사정에 따라서는 공무원 본인의 의사에도 불구하고 휴직을 명해야 한다.
④ 임용권자는 직무수행 능력 부족을 이유로 직위해제를 받은 공무원이 직위해제 기간에 능력의 향상을 기대하기 어렵다고 인정된 때에 직권면직을 통해 공무원의 신분을 박탈할 수 있다.

12 공무원의 직위해제에 대한 설명으로 옳은 것은? 2023 국가직 9급

약점진단 ○△× ○△× ○△×

① 직위해제는 공무원 징계의 한 종류이다.
② 직위해제 처분을 받은 공무원은 잠정적으로 공무원 신분이 상실된다.
③ 직무수행 능력이 부족하거나 근무성적이 극히 나쁜 자에 대해서도 직위해제가 가능하다.
④ 직위해제의 사유가 소멸된 경우 임용권자는 인사위원회의 심의를 거쳐 3개월 이내에 직위를 부여하여야 한다.

13 부패의 원인에 관한 도덕적 접근방법의 입장과 가장 가까운 것은? 2020 지방직 7급(서울시 7급)

약점진단 ○△× ○△× ○△×

① 부패는 관료 개인의 윤리의식과 자질로 인하여 발생한다.
② 부패는 관료 개인의 속성, 제도, 사회문화적 환경 등의 여러 요인이 복합적으로 상호작용한 결과이다.
③ 부패는 현실과 괴리된 법령의 이중적인 규제 기준과 모호한 법규정, 적절한 통제장치의 미비 등에 의해 발생한다.
④ 부패는 공식적 법규나 규범보다는 관습과 같은 사회문화적 환경에 의해 유발된다.

14 공무원 부패에 대한 설명으로 가장 적절하지 않은 것은?

2024 군무원 9급

약점진단
○△×
○△×
○△×

① 「부패방지 및 국민권익위원회의 설치와 운영에 관한 법률」에서는 부패행위를 공직자가 직무와 관련하여 그 지위 또는 권한을 남용하거나 법령을 위반하여 자기 또는 제3자의 이익을 도모하는 행위 등으로 규정하고 있다.
② 공무원 부패에 대해 체제론적 접근에서는 사회의 법과 제도상의 결함이나 이러한 것들에 대한 관리기구와 운영상의 문제들 또는 예기치 않았던 부작용이 부패의 원인으로 작용한다고 보는 입장이다.
③ 선의의 목적으로 행해지는 부패를 '백색부패'라고 한다.
④ 사회적으로 희소한 권력을 갖고 있는 사람들에 의한 부패를 '권력형 부패'라고 하며, 이는 사회적 지탄의 대상이 된다.

15 공직부패의 유형에 대한 설명으로 옳지 않은 것은?

2022 국가직 7급

약점진단
○△×
○△×
○△×

① 인·허가 업무처리 시 소위 '급행료'를 당연하게 요구하는 행위를 일탈형 부패라고 한다.
② 정치인이나 고위공무원이 자신의 권력을 남용해 사적 이익을 추구하는 것을 권력형 부패라고 한다.
③ 공금 횡령, 회계 부정 등 거래 당사자 없이 공무원에 의해 일방적으로 발생하는 부패를 사기형 부패라고 한다.
④ 사회체제에 파괴적 영향을 미칠 잠재성이 있음에도 불구하고, 일부 집단은 처벌을 원하는 반면, 다른 집단은 처벌을 원하지 않는 경우를 회색부패라고 한다.

16 다음 중 제도화된 부패의 특징으로 옳지 않은 것은?

2017 국회직 8급

약점진단
○△×
○△×
○△×

① 부패저항자에 대한 보복
② 비현실적 반부패 행동규범의 대외적 발표
③ 부패행위자에 대한 보호
④ 공식적 행동규범의 준수
⑤ 부패의 타성화

17 고충민원 처리 및 부패방지와 관련된 설명으로 옳지 않은 것은?

2016 지방직 7급

약점진단
○△×
○△×
○△×

① 내부고발자를 보호하기 위한 제도가 시행되고 있다.
② 공공기관의 부패행위에 대해 국민권익위원회에 감사를 청구할 수 있는 국민감사청구제도가 시행되고 있다.
③ 국민권익위원회 위원장과 위원의 임기는 각각 3년으로 하되, 1차에 한하여 연임할 수 있다.
④ 지방자치단체는 고충민원을 처리하기 위해 시민고충처리위원회를 둘 수 있다.

18 공무원의 부패방지 대책으로 가장 옳지 않은 것은?

2019 서울시 7급 제2회

약점진단
○△×
○△×
○△×

① 행정정보 공개 ② 내부고발자 보호
③ 행정절차의 간소화 ④ 사회적 규제 강화

약점 체크와 약점 보완을 한 번에 정답과 해설 P.79

한 글자로는 '꿈'

두 글자로는 '희망'

세 글자로는 '가능성'

네 글자로는 '할 수 있어'

– 정철, 『머리를 구하라』, 리더스북

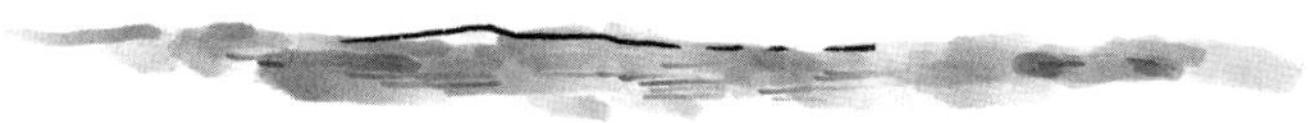

최근 5개년 7·9급 주요 직렬 출제 비중

14%

PART 05

재무행정론

CHAPTER	출제 비중	교수님의 기출 경향 POINT
(출제 비중 高) 01 재무행정의 기초이론	41%	예산의 종류를 개념형으로 정리하고, 전통적 · 현대적 예산원칙을 구분한 후 전통적 예산원칙의 예외를 반드시 숙지하여야 한다.
02 예산과정론	38%	편성에서는 4대 재정개혁을, 집행에서는 재정통제와 신축성 유지의 구분을, 결산에서는 현금주의 · 발생주의, 단식부기 · 복식부기의 구분을 주의해서 학습하여야 한다.
03 예산제도론	21%	예산제도의 변화와 각 예산제도의 장 · 단점을 이해하고, 성과주의와 신성과주의의 차이를 정확하게 숙지한다.

CHAPTER 01

재무행정의 기초이론

출제 비중 41%

출제예상편 ▶ P.238

01 조세의 성격에 대한 설명으로 가장 적절하지 않은 것은?

2021 군무원 7급

약점진단 ○△× ○△× ○△×

① 국가가 재정권에 기초해 동원하는 공공재원으로 형벌권에 기초해서 처벌을 목적으로 부과하는 벌금이나 행정법상 부과하는 과태료와 다르다.

② 내구성이 큰 투자사업의 경비를 조달하기에 적합하며 사업이나 시설로 인해 편익을 얻게 될 후세대도 비용을 분담하기 때문에 세대 간 공평성을 높일 수 있다는 점에서 국공채와 다르다.

③ 일반국민을 대상으로 부과한다는 점에서 행정활동으로부터 이익을 받는 특정 시민을 대상으로 이익의 일부를 징수하는 수수료나 수익자부담금과 다르다.

④ 강제로 징수하기 때문에 합의원칙 내지 임의원칙으로 확보되는 공기업수입, 재산수입, 기부금과 다르다.

02 정부가 동원하는 공공재원에 대한 설명으로 옳지 않은 것은?

2019 국가직 9급

약점진단 ○△× ○△× ○△×

① 조세의 경우 납세자인 국민들은 정부지출을 통제하고 성과에 대한 직접적인 책임을 요구할 수 있다.

② 국공채는 사회간접자본(SOC) 관련 사업이나 시설로 인해 편익을 얻게 될 경우 후세대도 비용을 분담하기 때문에 세대 간 형평성을 훼손시킨다.

③ 수익자부담금은 시장기구와 유사한 메커니즘을 통해 공공서비스의 최적 수준을 지향하여 자원 배분의 효율성을 제고할 수 있다.

④ 조세로 투자된 자본시설은 개인이 대가를 지불하지 않는 것으로 인식되어 과다 수요 혹은 과다 지출되는 비효율성 문제가 발생할 수 있다.

03 국가채무에 대한 설명으로 옳지 않은 것은?

2023 국가직 7급

약점진단 ○△× ○△× ○△×

① 「국가재정법」에 따른 국가채무는 국가의 회계가 발행한 채권을 포함하며, 모든 기금이 발행한 채권은 제외된다.

② 우리나라 중앙정부가 발행하는 국채에는 국고채권, 국민주택채권, 외화표시 외국환평형기금채권 등이 있다.

③ 국가채무는 크게 금융성 채무와 적자성 채무로 구분한다.

④ 채권의 발행 주체가 중앙정부일 때는 국채, 지방자치단체일 때는 지방채라고 할 수 있다.

04 예산과 법률의 차이점에 대한 설명으로 옳지 않은 것은?

2023 국가직 7급

약점진단 ○△× ○△× ○△×

① 법률안은 국회의원과 정부가 제출할 수 있지만, 예산안은 정부만이 제출할 수 있다.

② 발의·제출된 법률안에 대해 국회는 수정할 수 있지만, 예산안의 경우 국회는 정부의 동의 없이 제출된 지출예산 각 항의 금액을 증가하거나 새 비목을 설치할 수 없다.

③ 법률안은 대외적 효력을 인정받기 위해 공포 절차를 거쳐야 하지만 예산안은 국회에서 의결되면 효력을 갖는다.

④ 대통령은 국회가 의결한 법률안에 대해 재의 요구를 할 수 있으나, 국회는 정부가 제출한 예산안에 대한 심의·의결 자체를 거부할 수 있다.

05 일반회계, 특별회계, 기금에 대한 설명으로 옳지 않은 것은? 2022 지방직 9급(서울시 9급)

약점진단 ○△× ○△× ○△×

① 일반회계는 조세수입 등을 주요 세입으로 하여 국가의 일반적인 세출에 충당하기 위하여 설치한다.
② 특별회계와 기금은 예산총계주의 원칙의 예외이다.
③ 일반회계, 특별회계, 기금 모두 국회로부터 결산의 심의 및 의결을 받아야 한다.
④ 일반회계와 특별회계는 전쟁이나 대규모 재해가 발생한 경우 추가경정예산을 편성할 수 있다.

06 다음 중 특별회계예산의 특징으로 가장 옳지 않은 것은? 2016 서울시 9급

약점진단 ○△× ○△× ○△×

① 특별회계예산은 세입과 세출의 수지가 명백하다.
② 특별회계예산에서는 행정부의 재량이 확대된다.
③ 특별회계예산은 국가재정의 전체적인 관련성을 파악하기 곤란하다.
④ 특별회계예산에서는 입법부의 예산통제가 용이해진다.

07 정부예산의 종류에 대한 설명으로 옳지 않은 것은? 2023 지방직 9급

약점진단 ○△× ○△× ○△×

① 기금은 예산원칙의 일반적 제약으로부터 벗어나 탄력적으로 운용된다.
② 특별회계예산은 국가의 회계 중 특정한 세입으로 특정한 세출을 충당하기 위한 예산이다.
③ 특별회계예산은 일반회계예산과 달리 예산편성에 있어 국회의 심의 및 의결을 받지 않는다.
④ 기금은 예산 통일성 원칙의 예외가 된다.

08 특별회계예산과 기금에 대한 설명으로 옳지 않은 것은? 2021 지방직 9급(서울시 9급)

약점진단 ○△× ○△× ○△×

① 기금은 특정 수입과 지출의 연계가 강하다.
② 특별회계예산은 세입과 세출이라는 운영체계를 지닌다.
③ 특별회계예산은 합목적성 차원에서 기금보다 자율성과 탄력성이 강하다.
④ 특별회계예산과 기금은 모두 결산서를 국회에 제출하여야 한다.

09 우리나라 정부기금에 관한 설명으로 옳은 것은? 2018 교육행정직 9급

약점진단 ○△× ○△× ○△×

① 세입·세출예산 내에서 운영해야 한다.
② 재원의 자율적 운영을 위하여 국회의 심의를 거치지 않는다.
③ 기금운용계획안은 국무회의의 심의와 대통령의 승인이 필요하다.
④ 기금은 법률로써 설치하며 출연금, 부담금 등은 기금의 재원으로 활용할 수 없다.

10 다음 중 추가경정예산에 대한 설명으로 가장 적절하지 않은 것은? 2023 군무원 9급

약점진단 ○△× ○△× ○△×

① 추가경정예산은 예산이 성립한 후의 사후적인 예산변경제도이다.
② 추가경정예산은 일반회계·특별회계·기금을 대상으로 한다.
③ 추가경정예산은 대내·외 여건에 중대한 변화가 발생하였거나 발생할 우려가 있는 경우에 편성할 수 있다.
④ 정부는 국회에서 추가경정예산안이 확정되기 전에 긴급한 상황이 발생한 경우 이를 미리 배정하거나 집행할 수 있다.

11 현행 「국가재정법」상 추가경정예산안을 편성할 수 있는 경우가 아닌 것은? 2023 군무원 7급

약점진단 ○△× ○△× ○△×

① 전쟁이나 대규모 재해(「재난 및 안전관리기본법」상 자연재난과 사회재난에 따른 피해)가 발생한 경우
② 전쟁이나 대규모 재해(「재난 및 안전관리기본법」상 자연재난과 사회재난에 따른 피해)가 발생할 우려가 있는 경우
③ 경기침체, 대량실업, 남북관계의 변화, 경제협력과 같은 대내·외 여건에 중대한 변화가 발생한 경우
④ 경기침체, 대량실업, 남북관계의 변화, 경제협력과 같은 대내·외 여건에 중대한 변화가 발생할 우려가 있는 경우

12 동일 회계연도 예산의 성립을 기준으로 볼 때 시기적으로 빠른 것부터 순서대로 바르게 나열한 것은? 2022 국가직 9급

약점진단 ○△× ○△× ○△×

① 본예산, 수정예산, 준예산
② 준예산, 추가경정예산, 본예산
③ 수정예산, 본예산, 추가경정예산
④ 잠정예산, 본예산, 준예산

13 예산 불성립에 따른 예산 종류에 대한 설명으로 옳지 않은 것은? 2023 지방직 9급

약점진단 ○△× ○△× ○△×

① 준예산은 전년도 예산을 기준으로 예산을 편성해 운영하는 제도이다.
② 현재 우리나라는 준예산제도를 채택하고 있다.
③ 가예산은 1개월분의 예산을 국회의 의결을 거쳐 집행하는 것으로 우리나라가 운영한 경험이 있다.
④ 잠정예산은 수개월 단위로 임시예산을 편성해 운영하는 것으로 가예산과 달리 국회의 의결이 불필요하다.

14 우리나라의 통합재정에 대한 설명으로 옳지 않은 것은? 2023 국가직 9급

약점진단 ○△× ○△× ○△×

① 세입과 세출은 경상거래와 자본거래로 구분하여 작성한다.
② 통합재정의 범위에는 일반정부와 공기업 등 공공부문 전체가 포함된다.
③ 정부의 재정이 국민 경제에 미치는 효과를 파악하고자 하는 예산의 분류체계이다.
④ 통합재정 산출 시 내부거래와 보전거래를 제외함으로써 세입·세출을 순계 개념으로 파악한다.

15 우리나라 통합재정수지에 대한 설명으로 옳은 것은? 2020 국회직 8급

약점진단 ○△× ○△× ○△×

① 2009년 이전까지는 지방재정이 통합재정수지에 포함되지 않았지만, 현재는 지방재정의 일반회계, 기금, 교육특별회계까지 모두 통합재정수지에 포함된다.
② 통합재정수지를 통해 국가재정을 통합하여 관리할 수 있게 되어 예산운용의 신축성이 제고되었다.
③ 통합재정수지를 계산할 때 국민연금기금 등의 사회보장성 기금의 수지는 제외된다.
④ 통합재정수지는 정부가 실제 수행하고 있는 활동영역별 예산을 파악하기 위해 도입되었다.
⑤ 일반회계, 특별회계, 기금을 포괄한 정부 예산의 규모를 정확하게 파악하기 위한 것이다.

16 조세지출예산제도에 대한 설명으로 옳지 않은 것은? 2020 군무원 9급

약점진단 ○△× ○△× ○△×

① 비과세, 감면 등의 세제혜택을 통해 포기한 액수를 조세지출이라 한다.
② 지방재정에는 지방세지출제도가 도입되지 않았다.
③ 조세지출의 내용과 규모를 주기적으로 공표해 관리하는 제도이다.
④ 「국가재정법」에 따라 조세지출예산서를 작성해 국가에 보고한다.

17 「국가재정법」상 온실가스감축인지 예산제도에 대한 설명으로 옳지 않은 것은? 2024 국가직 9급

약점진단 ○△× ○△× ○△×

① 온실가스감축인지 예산제도는 정부예산의 원칙 중 하나이다.
② 온실가스감축인지 예산서에는 온실가스 감축에 대한 기대효과, 성과목표, 효과분석 등을 포함해야 한다.
③ 정부의 기금은 온실가스감축인지 예산제도의 대상에 포함되지 않는다.
④ 정부는 예산이 온실가스를 감축하는 방향으로 집행되었는지를 평가하는 보고서를 작성하여야 한다.

18 다음 중 예산 원칙의 예외를 옳게 짝지은 것은? 2019 지방직 7급

약점진단 ○△× ○△× ○△×

	한정성 원칙	단일성 원칙
①	목적세	특별회계
②	예비비	목적세
③	이용과 전용	수입대체경비
④	계속비	기금

19 다음 〈보기〉에서 ㉠과 ㉡에 해당하는 내용을 바르게 연결한 것은? 2016 국가직 9급

약점진단 ○△× ○△× ○△×

보기

(㉠)은(는) 국가가 특별한 용역 또는 시설을 제공하고 그 제공을 받은 자로부터 비용을 징수하는 경우의 당해 경비로서 기획재정부장관이 정하는 경비를 의미하며, 「국가재정법」상 (㉡)의 예외로 규정되어 있다.

	㉠	㉡
①	수입대체경비	예산총계주의 원칙
②	전대차관	예산총계주의 원칙
③	전대차관	예산 공개의 원칙
④	수입대체경비	예산 공개의 원칙

20 「국가재정법」상 다음 원칙의 예외에 대한 규정으로 옳지 않은 것은? 2017 지방직 9급

약점진단 ○△× ○△× ○△×

- 한 회계연도의 모든 수입을 세입으로 하고, 모든 지출을 세출로 한다.
- 한 회계연도의 세입과 세출은 모두 예산에 계상하여야 한다.

① 수입대체경비에 있어 수입이 예산을 초과하거나 초과할 것이 예상되는 때에는 그 초과수입을 대통령령이 정하는 바에 따라 그 초과수입에 직접 관련되는 경비 및 이에 수반되는 경비에 초과지출할 수 있다.
② 국가가 현물로 출자하는 경우에는 이를 세입세출예산 외로 처리할 수 있다.
③ 국가가 외국차관을 도입하여 전대하는 경우에는 이를 세입세출예산 외로 처리할 수 있다.
④ 출연금이 지원된 국가연구개발사업의 개발 성과물 사용에 따른 대가를 사용하는 경우에는 이를 세입세출예산 외로 처리할 수 있다.

21 재정투명성에 대한 설명으로 옳지 않은 것은? 2023 국가직 7급

약점진단 ○△× ○△× ○△×

① 재정투명성이란 재정에 관한 정보를 체계적으로 적시에 공개하는 것을 의미한다.
② 2007년의 IMF 「재정투명성 규약」에는 '예산과정의 공개', '재정정보의 완전성 보장', '정부의 역할과 책임에 대한 명확성' 등이 규정되어 있다.
③ 「국가재정법」에서는 공공부문을 제외한 일반정부의 재정통계를 매년 1회 이상 투명하게 공표하도록 규정하고 있다.
④ 「국가재정법」은 예산 · 기금의 불법 지출에 대한 국민감시 규정을 두고 있다.

22 세계잉여금에 대한 설명으로 옳은 것만을 모두 고르면?
2020 국가직 9급

약점진단 ○△× ○△× ○△×

ㄱ. 일반회계, 특별회계가 포함되고 기금은 제외된다.
ㄴ. 적자 국채 발행 규모와 부(−)의 관계이며, 국가의 재정 건전성을 파악하는 데 효과적이다.
ㄷ. 결산의 결과 발생한 세계잉여금은 전액 추가경정예산에 편성하여야 한다.

① ㄱ ② ㄷ
③ ㄱ, ㄴ ④ ㄴ, ㄷ

23 다음 성인지예산에 대한 설명으로 가장 옳지 않은 것은?
2022 군무원 7급

약점진단 ○△× ○△× ○△×

① 국가재정법에서는 성인지예산서와 성인지결산서 작성을 의무화하고 있다.
② 성인지예산제도는 기금에도 적용하고 있다.
③ 성인지예산제도는 성 중립적(gender neutral) 관점에 기반하고 있다.
④ 세입뿐만 아니라 세출에 대해서도 차별철폐를 추구한다.

24 우편사업, 우체국예금사업, 양곡관리사업, 조달사업을 수행하기 위한 특별회계예산의 운용에 관한 사항을 규정하고 있는 현행법은?
2017 지방직 9급

약점진단 ○△× ○△× ○△×

①「공공기관의 운영에 관한 법률」
②「정부기업예산법」
③「예산회계법」
④「정부산하기관관리기본법」

25 현행 법령상 공공기관에 대한 규정으로 옳은 것은?
2023 군무원 7급

약점진단 ○△× ○△× ○△×

① 공기업과 준정부기관의 지정기준은 직원 정원 50명 이상, 총수입액 30억 원 이상, 자산규모 10억 원 이상이다.
② 기획재정부장관은 총수입액 중 자체수입액이 차지하는 비중이 대통령령으로 정하는 기준 이상인 기관은 공기업으로 지정하고, 공기업이 아닌 공공기관은 준정부기관으로 지정한다.
③ 기획재정부장관은 필요한 경우 구성원 상호 간의 상호부조 · 복리증진 · 권익향상 또는 영업 질서 유지 등을 목적으로 설립된 기관도 공공기관으로 지정할 수 있다.
④ 기획재정부장관은 기타공공기관의 일부만을 세분하여 지정하여서는 아니 된다.

26 「공공기관의 운영에 관한 법률」상 공공기관에 대한 설명으로 옳지 않은 것은?
2018 국가직 7급 변형

약점진단 ○△× ○△× ○△×

① 위탁집행형 준정부기관은 기금관리형 준정부기관이 아닌 준정부기관을 의미한다.
② 기금관리형 준정부기관은「국가재정법」에 따라 기금을 관리하거나 기금의 관리를 위탁받은 준정부기관을 의미한다.
③ 기획재정부장관은 공공기관을 공기업 · 준정부기관과 기타 공공기관으로 구분하여 지정하되, 공기업과 준정부기관은 직원 정원, 수입액 및 자산규모가 대통령령으로 정하는 기준에 해당하는 공공기관 중에서 지정한다.
④ 기획재정부장관은 지방자치단체가 설립하고 그 운영에 관여하는 기관을 공공기관으로 지정할 수 있다.

27 공기업 민영화에 대한 설명으로 옳지 않은 것은? 2017 지방직 9급

약점진단 ○△× ○△× ○△×

① 공공기관 경영평가에서 3년 연속 최하등급을 받은 공기업은 「공공기관의 운영에 관한 법률」상 민영화하여야 한다.
② 공공영역을 일정 부분 축소하는 것으로 볼 수 있다.
③ 공기업은 민영화하면 국민에 대한 보편적 서비스의 제공이 약화될 수 있다.
④ 공기업 매각 방식의 민영화를 통해 공공재정의 확충이 가능하다.

28 공공서비스 공급 주체의 유형과 예시를 바르게 연결한 것은? 2017 국가직 9급(사회복지직 9급)

약점진단 ○△× ○△× ○△×

① 준시장형 공기업 – 한국방송공사
② 시장형 공기업 – 한국마사회
③ 기금관리형 준정부기관 – 한국연구재단
④ 위탁집행형 준정부기관 – 한국소비자원

29 다음 공공기관 중 위탁집행형으로 구분되지 않는 것은? 2016 국회직 8급

약점진단 ○△× ○△× ○△×

① 한국가스안전공사
② 한국산업인력공단
③ 대한무역투자진흥공사
④ 한국고용정보원
⑤ 국민연금공단

30 공공서비스 공급주체와 그 사례의 연결로 옳은 것만을 〈보기〉에서 모두 고르면? 2021 국회직 8급 변형

약점진단 ○△× ○△× ○△×

보기

ㄱ. 책임운영기관 – 국립재활원
ㄴ. 준시장형 공기업 – 한국관광공사
ㄷ. 위탁집행형 준정부기관 – 근로복지공단
ㄹ. 시장형 공기업 – 한국철도공사
ㅁ. 정부기업 – 우정사업본부

① ㄱ, ㅁ　② ㄴ, ㄹ
③ ㄱ, ㄴ, ㅁ　④ ㄴ, ㄷ, ㄹ
⑤ ㄷ, ㄹ, ㅁ

31 우리나라의 재정사업 성과관리에 대한 설명으로 옳지 않은 것은? 2023 국가직 9급

약점진단 ○△× ○△× ○△×

① 재정사업 성과관리의 내용은 성과목표관리와 성과평가로 구성된다.
② 재정사업 성과평가 결과는 지출 구조조정 등의 방법으로 재정운용에 반영될 수 있다.
③ 재정사업 심층평가 결과 기획재정부장관이 필요하다고 판단하면 재정사업 자율평가를 실시할 수 있다.
④ 재정사업 자율평가는 미국 관리예산처(OMB)의 PART(Program Assessment Rating Tool)를 우리나라 실정에 맞게 도입한 제도이다.

32 정부활동의 일반적이며 총체적인 내용을 보여 주어 일반납세자가 정부의 예산내용을 쉽게 이해할 수 있도록 설계된 예산의 분류방법은? 2017 서울시 사회복지직 9급

약점진단 ○△× ○△× ○△×

① 품목별 분류　② 기능별 분류
③ 경제성질별 분류　④ 조직별 분류

33 예산 분류별 장·단점에 대한 설명으로 옳지 않은 것은?

2021 지방직 7급(서울시 7급)

약점진단 ○△× ○△× ○△×

① 예산의 기능별 분류의 단점은 회계책임이 불명확하다는 점이다.
② 예산의 조직별 분류의 장점은 예산지출의 목적(대상)을 파악하기 쉽다는 점이다.
③ 예산의 기능별 분류의 장점은 국민이 정부예산을 이해하기 쉽다는 점이다.
④ 예산의 품목별 분류의 단점은 예산집행의 신축성을 저해한다는 점이다.

34 예산의 분류 방법과 분류 기준을 바르게 연결한 것은?

2022 지방직 7급(서울시 7급)

약점진단 ○△× ○△× ○△×

분류 방법	분류 기준
① 기능별 분류	정부가 무슨 일을 하는 데 얼마를 쓰느냐
② 조직별 분류	정부가 무엇을 구입하는 데 얼마를 쓰느냐
③ 경제 성질별 분류	누가 얼마를 쓰느냐
④ 시민을 위한 분류	국민경제에 미치는 총체적인 효과가 어떠한가

35 프로그램 예산제도에 대한 설명으로 옳지 않은 것은?

2024 지방직 9급

약점진단 ○△× ○△× ○△×

① 우리나라 중앙정부는 2007년부터 프로그램 예산제도를 도입하였다.
② 예산 전과정을 프로그램 중심으로 구조화하고 성과평가체계와 연계시킨다.
③ 세부 업무와 단가를 통해 예산 금액을 산정하는 상향식(bottom up) 방식을 사용한다.
④ 일반회계, 특별회계, 기금이 포괄적으로 표시되어 총체적 재정배분 파악이 가능하다.

36 2000년대 초반 도입된 한국의 프로그램 예산제도에 대한 설명으로 옳지 않은 것은?

2018 지방직 7급

약점진단 ○△× ○△× ○△×

① 프로그램 예산제도는 현재 운영되지 않는 제도이다.
② 프로그램 예산분류(과목) 체계는 분야 – 부문 – 프로그램 – 단위사업 – 세부사업 등으로 구성된다.
③ 프로그램 예산제도 도입 시 비목(품목)의 개수를 대폭 축소함으로써 비목 간 칸막이를 최대한 줄였다.
④ 프로그램 예산제도는 정책과 성과중심의 예산운영을 위해 설계·도입된 제도이다.

37 윌다브스키(A. Wildavsky)의 예산행태 유형 중 국가의 경제력은 낮지만 재정 예측력이 높은 경우에 나타나는 행태는?

2019 국가직 7급

약점진단 ○△× ○△× ○△×

① 점증적 예산(incremental budgeting)
② 반복적 예산(repetitive budgeting)
③ 세입예산(revenue budgeting)
④ 보충적 예산(supplemental budgeting)

약점 체크와 약점 보완을 한 번에

정답과 해설 P.84

CHAPTER 02

예산과정론

출제 비중 38%

38 50 100

출제예상편 ▶ P.243

01 (가)~(라)에 들어갈 숫자를 바르게 연결한 것은?

2021 지방직 7급(서울시 7급)

약점진단 ○△× ○△× ○△×

- 정부는 재정운용의 효율화와 건전화를 위하여 매년 해당 회계연도부터 (가)회계연도 이상의 기간에 대한 재정운용계획을 수립하여야 한다.
- 기획재정부장관은 대통령의 승인을 얻은 다음 연도의 예산안편성지침을 매년 (나)월 31일까지 각 중앙관서의 장에게 통보해야 한다.
- 기획재정부장관은 「국가회계법」에 따라 회계연도마다 국가결산보고서를 작성하여 대통령의 승인을 얻어 다음 연도 4월 (다)일까지 감사원에 제출하여야 한다.
- 예산의 편성 및 의결, 집행, 그리고 결산 및 회계검사의 단계가 일정한 주기로 반복되는 것을 예산주기 또는 예산순기라고 하는데 우리나라의 경우 통상 (라)년이다.

	(가)	(나)	(다)	(라)
①	10	3	10	1
②	5	3	10	3
③	5	5	20	1
④	10	5	20	3

02 「국가재정법」상 (가)에 해당하는 기관만을 모두 고르면?

2023 지방직 7급

약점진단 ○△× ○△× ○△×

정부는 협의에도 불구하고 (가)의 세출예산요구액을 감액하고자 할 때에는 국무회의에서 해당 (가)의 장의 의견을 들어야 하며, 정부가 (가)의 세출예산요구액을 감액한 때에는 그 규모 및 이유, 감액에 대한 (가)의 장의 의견을 국회에 제출하여야 한다.

ㄱ. 헌법재판소　ㄴ. 중앙선거관리위원회
ㄷ. 국민권익위원회　ㄹ. 국가인권위원회

① ㄱ, ㄴ　② ㄱ, ㄹ
③ ㄴ, ㄷ　④ ㄷ, ㄹ

03 예산과 재정운영제도에 대한 설명으로 옳지 않은 것은?

2022 국회직 8급

약점진단 ○△× ○△× ○△×

① 국회는 국가재정운용계획과 예산안을 함께 심의하여 확정한다.
② 총액배분·자율편성제도는 정부가 사전에 설정한 지출한도에 맞추어 각 중앙부처가 예산을 편성하는 것을 의미한다.
③ 프로그램예산제도는 유사 정책을 시행하는 사업의 묶음인 프로그램별로 예산을 편성하는 제도로 우리나라의 경우 중앙정부와 지방정부 모두 도입하고 있다.
④ 기획재정부장관은 예비타당성조사의 결과를 국회 소관 상임위원회와 예산결산특별위원회에 제출하여야 한다.
⑤ 정부는 예산이 온실가스 감축에 미칠 영향을 미리 분석한 보고서를 작성하여야 한다.

04 총액배분·자율편성제도에 대한 설명으로 옳지 않은 것은?

2018 지방직 9급(사회복지직 9급)

약점진단 ○△× ○△× ○△×

① 전략기획과 분권 확대를 예산편성 방식에 도입하기 위해 실시하고 있다.
② 각 중앙부처는 소관 정책과 우선순위에 입각해 연도별 재정규모, 분야별·부문별 지출한도를 제시한다.
③ 지출한도가 사전에 제시되기 때문에 부처의 재정사업에 대한 책임과 권한을 강화할 수 있다.
④ 부처의 재량을 확대하였지만 기획재정부는 사업별 예산통제 기능을 유지하고 있다.

05 d-Brain System에 대한 설명으로 옳지 않은 것은?

2017 국가직 7급

약점진단 ○△× ○△× ○△×

① 노무현 정부 당시 재정개혁의 일환으로 구축이 추진되었다.
② 예산편성, 집행, 결산, 사업관리 등 재정업무 전반을 종합적으로 연계 처리하도록 하는 통합재정정보시스템이다.
③ d-Brain 구축이 완료됨에 따라 총액배분·자율편성예산제도의 도입이 가능해졌다.
④ UN 공공행정상을 수상하는 등 국제적으로 호평을 받고 있다.

06 예산 과정에 대한 설명으로 옳지 않은 것은?

2024 지방직 9급

약점진단 ○△× ○△× ○△×

① 「국가재정법」에서는 대통령의 승인을 얻은 정부 예산안이 회계연도 개시 90일 전까지 국회에 제출되어야 한다고 규정하고 있다.
② 기획재정부장관은 국무회의의 심의를 거쳐 대통령의 승인을 얻은 다음 연도의 예산안편성지침을 매년 3월 31일까지 중앙관서의 장에게 통보해야 한다.
③ 국회 예산결산특별위원회는 소관 상임위원회에서 삭감한 세출예산 각 항의 금액을 증가하게 하거나 새 비목을 설치할 경우 소관 상임위원회의 동의를 받아야 한다.
④ 정부는 국회에 예산안을 제출한 후 부득이한 사유로 인하여 그 내용의 일부를 수정하고자 하는 때에는 국무회의의 심의를 거쳐 대통령의 승인을 얻은 수정예산안을 국회에 제출할 수 있다.

07 예산과정에 대한 설명으로 옳지 않은 것은?

2023 지방직 7급

약점진단 ○△× ○△× ○△×

① 각 중앙관서의 장은 그 소관에 속하는 다음 연도의 세입세출예산·계속비·명시이월비 및 국고채무부담행위 요구서를 작성하여 매년 5월 31일까지 기획재정부장관에게 제출하여야 한다.
② 정부는 예산안을 국회에 제출한 후 부득이한 사유로 그 내용의 일부를 수정하고자 할 때에는 국무회의의 심의를 거쳐 대통령의 승인을 얻은 수정예산안을 국회에 제출할 수 있다.
③ 국회에 제출된 예산안은 예산결산특별위원회에서 예비심사하여 그 결과를 의장에게 보고하고, 의장은 소관 상임위에 회부하여 심사가 끝난 후 본회의에 부의한다.
④ 기획재정부장관은 회계연도마다 작성하여 대통령의 승인을 받은 국가결산보고서를 다음 연도 4월 10일까지 감사원에 제출하여야 한다.

08 우리나라의 예산결산특별위원회에 대한 설명으로 옳지 않은 것은?

2020 지방직 7급(서울시 7급)

약점진단 ○△× ○△× ○△×

① 예산안 및 결산 심사는 제안설명과 전문위원의 검토보고를 듣고, 종합정책질의, 부별 심사 또는 분과위원회 심사 및 찬반토론을 거쳐 표결한다.
② 국회의장이 기간을 정하여 회부한 예산안과 결산에 대하여 상임위원회가 이유 없이 그 기간 내에 심사를 마치지 아니한 때에는 이를 바로 예산결산특별위원회에 회부할 수 있다.
③ 예산안과 결산뿐 아니라 관계 법령에 따라 제출·회부된 기금운용계획안도 심사한다.
④ 소관 상임위원회에서 삭감한 세출예산 각 항의 금액을 증가하게 할 경우에 소관 상임위원회의 동의를 받지 않아도 된다.

09 다음 중 예산심의와 관련된 법령에 대한 설명으로 옳은 것을 〈보기〉에서 모두 고르면? 2017 국회직 8급

약점진단 ○△× ○△× ○△×

보기

ㄱ. 세목 또는 세율과 관계있는 법률의 제정 또는 개정을 전제로 하여 미리 제출된 세입예산안은 소관상임위원회에서 심사한다.
ㄴ. 국회는 정부의 동의 없이 정부가 제출한 지출예산 각 항의 금액을 증가하거나 새 비목을 설치할 수 없다.
ㄷ. 예산결산특별위원회는 소관상임위원회에서 삭감한 세출예산 각 항의 금액을 증가하게 할 경우에는 소관상임위원회의 동의를 얻어야 한다.
ㄹ. 예산결산특별위원회는 그 활동기한을 1년으로 한다.
ㅁ. 의원이 예산 또는 기금상의 조치를 수반하는 의안을 발의하는 경우에는 그 의안의 시행에 수반될 것으로 예상되는 비용에 대한 재정소요를 추계하여야 한다.

① ㄱ, ㄴ, ㄷ ② ㄱ, ㄴ, ㄹ
③ ㄱ, ㄷ, ㅁ ④ ㄴ, ㄷ, ㅁ
⑤ ㄴ, ㄹ, ㅁ

10 우리나라의 예산안과 법률안의 의결방식에 대한 설명으로 가장 옳지 않은 것은? 2018 서울시 9급

약점진단 ○△× ○△× ○△×

① 법률에 대해서는 대통령의 거부권 행사가 가능하지만 예산은 거부권을 행사할 수 없다.
② 예산으로 법률의 개폐가 불가능하지만, 법률로는 예산을 변경할 수 있다.
③ 법률과 달리 예산안은 정부만이 편성하여 제출할 수 있다.
④ 예산안을 심의할 때 국회는 정부가 제출한 예산안의 범위 내에서 삭감할 수 있고, 정부의 동의 없이 지출예산의 각 항의 금액을 증가하거나 새 비목을 설치할 수 없다.

11 우리나라 예산심의의 특징으로 가장 옳지 않은 것은? 2017 서울시 7급

약점진단 ○△× ○△× ○△×

① 정치 체계의 성격상 예산심의과정이 의원내각제에 비해 상대적으로 엄격하지 않다.
② 일반적으로 예산의 심의에서 본회의는 형식적인 경우가 많다.
③ 국회는 정부의 동의 없이 금액 증가나 새로운 비목을 설치하지 못한다.
④ 예산심의과정에서 국회 상임위원회가 소관부처의 이해관계를 대변하기 쉽다.

12 예산집행의 신축성을 유지하기 위한 제도로 옳지 않은 것은? 2022 국가직 9급

약점진단 ○△× ○△× ○△×

① 계속비 ② 수입대체경비
③ 예산의 재배정 ④ 예산의 이체

13 예산과정에 대한 설명으로 옳은 것은? 2019 지방직 9급

약점진단 ○△× ○△× ○△×

① 예산과정은 예산편성-예산집행-예산심의-예산결산의 순으로 이루어진다.
② 예산집행의 신축성을 확보하기 위해 예비비, 총액계상 제도 등을 활용하고 있다.
③ 예산제도 개선 등으로 절약된 예산 일부를 예산성과금으로 지급할 수 있지만 다른 사업에 사용할 수는 없다.
④ 각 중앙부처가 총액 한도를 지정한 후에 사업별 예산을 편성하고 있어 기획재정부의 사업별 예산통제 기능은 미약하다.

14 다음은 「국가재정법」상 예비타당성조사에 대한 내용이다. (가)와 (나)에 들어갈 숫자로 옳은 것은?

2022 지방직 9급(서울시 9급)

약점진단 ○△× ○△× ○△×

> 기획재정부장관은 총사업비가 (가) 억 원 이상이고 국가의 재정지원 규모가 (나) 억 원 이상인 신규 사업으로서 건설공사가 포함된 사업 등에 대한 예산을 편성하기 위하여 미리 예비타당성조사를 실시하고, 그 결과를 요약하여 국회 소관 상임위원회와 예산결산특별위원회에 제출하여야 한다.

	(가)	(나)		(가)	(나)
①	300	100	②	300	200
③	500	250	④	500	300

15 현행 「국가재정법」상 예비타당성조사에 관한 규정으로 가장 적절하지 않은 것은?

2023 군무원 7급

약점진단 ○△× ○△× ○△×

① 기획재정부장관은 총사업비가 500억 원 이상이고 국가의 재정지원 규모가 300억 원 이상인 신규 사업으로서 일정한 경우에 해당하는 대규모사업에 대한 예산을 편성하기 위하여 미리 예비타당성조사를 실시해야 한다. 다만, 특정한 분야의 사업은 중기사업계획서에 의한 재정지출이 500억 원 이상 수반되는 신규 사업으로 한다.
② 예비타당성조사 대상사업은 중앙관서의 장의 신청이 있는 경우에 한하여 기획재정부장관이 선정할 수 있다.
③ 기획재정부장관은 국회가 그 의결로 요구하는 사업에 대하여는 예비타당성조사를 실시하여야 한다.
④ 기획재정부장관은 일정한 국가연구개발사업에 대한 예비타당성조사에 관해서는 대통령령으로 정하는 바에 따라 과학기술정보통신부장관에게 위탁할 수 있다.

16 <보기>에서 예산집행의 시간적 제약을 완화하기 위해 도입한 제도를 모두 고른 것은?

2018 서울시 7급 제1회

약점진단 ○△× ○△× ○△×

> **보기**
> ㄱ. 총액계상제도 ㄴ. 이용
> ㄷ. 전용 ㄹ. 이월제도
> ㅁ. 계속비제도 ㅂ. 국고채무부담행위

① ㄱ, ㄴ, ㄷ ② ㄴ, ㄷ, ㄹ
③ ㄹ, ㅁ, ㅂ ④ ㄴ, ㄹ, ㅁ

17 예산의 이용과 전용에 대한 설명으로 옳은 것은?

2021 국가직 7급

약점진단 ○△× ○△× ○△×

① 이용은 입법과목 사이의 상호 융통으로 국회의 의결을 얻으면 기획재정부장관의 승인이나 위임 없이도 할 수 있다.
② 기관(機關) 간 이용도 가능하다.
③ 세출예산의 항(項) 간 전용은 국회 의결 없이 기획재정부장관의 승인을 얻어서 할 수 있다.
④ 이용과 전용은 예산 한정성 원칙의 예외로 볼 수 없다.

18 다음 중 국회의 승인이나 의결을 얻지 <u>않아도</u> 되는 것은?

2018 국회직 8급

약점진단 ○△× ○△× ○△×

① 명시이월 ② 예비비 사용
③ 예산의 이용 ④ 계속비
⑤ 예산의 이체

19 「국가재정법」상 예산집행에 있어서 신축성을 보장하는 규정으로 옳지 <u>않은</u> 것은?

2015 지방직 7급

약점진단 ○△× ○△× ○△×

① 각 중앙관서의 장은 예산이 정한 각 기관 간 또는 각 장·관·항 간에 상호 이용(移用)할 수 없다. 다만, 예산집행상 필요에 따라 미리 예산으로써 국회의 의결을 얻은 때에는 기획재정부장관의 승인을 얻어 이용하거나 기획재정부장관이 위임하는 범위 안에서 자체적으로 이용할 수 있다.
② 각 중앙관서의 장은 예산의 목적 범위 안에서 재원의 효율적 활용을 위하여 대통령령이 정하는 바에 따라 기획재정부장관의 승인을 얻어 각 세항 또는 목의 금액을 전용(轉用)할 수 있다.
③ 행정안전부장관은 정부조직 등에 관한 법령의 제정·개정 또는 폐지로 인하여 중앙관서의 직무와 권한에 변동이 있는 때에는 기획재정부장관의 요구에 따라 그 예산을 상호 이용하거나 이체(移替)할 수 있다.
④ 세출예산 중 경비의 성질상 연도 내에 지출을 끝내지 못할 것이 예측되는 때에는 그 취지를 세입세출예산에 명시하여 미리 국회의 승인을 얻은 후 다음 연도에 이월하여 사용할 수 있다.

20 약점진단

예산집행의 신축성 유지 방안에 대한 설명으로 옳지 않은 것은? 2024 지방직 9급

① 추가경정예산의 경우, 정부는 국회에서 추가경정예산안이 확정되기 전에 이를 미리 배정하거나 집행할 수 없다.
② 예비비의 경우, 정부는 예측할 수 없는 예산 외의 지출 또는 예산초과지출에 충당하기 위하여 일반회계 예산총액의 100분의 5 이내의 금액으로 세입세출예산에 계상할 수 있다.
③ 계속비의 경우, 국가가 지출할 수 있는 연한은 그 회계연도로부터 5년 이내이나, 사업규모 및 국가재원 여건을 고려하여 필요한 경우에는 예외적으로 10년 이내로 할 수 있다.
④ 각 중앙관서의 장은 예산의 목적범위 안에서 재원의 효율적 활용을 위하여 대통령령으로 정하는 바에 따라 기획재정부장관의 승인을 얻어 각 세항 또는 목의 금액을 전용(轉用)할 수 있다.

21 약점진단

다음 중 우리나라의 예비비에 대한 설명으로 가장 적절하지 않은 것은? 2024 군무원 9급

① 목적예비비는 예산총칙 등에서 미리 사용목적을 지정해야 하며, 따로 세입·세출예산에 계상할 수 있다.
② 예측할 수 없는 예산 외의 지출 또는 초과지출에 충당하기 위하여 편성한다.
③ 재해대책비·공공요금·환율상승에 따른 원화부족액 보정 등을 위해 사용 가능한 한도액을 정한 목적예비비가 있다.
④ 일반예비비는 그 사용 목적을 특정하지 않고 국회의 사전 의결을 거친 경비이므로 회계연도를 달리하여 사용할 수 있다.

22 약점진단

예산집행의 신축성 유지방안에 관한 설명으로 옳은 것은? 2017 교육행정직 9급

① 추가경정예산은 예산 성립 이후 사업을 변경하거나 새로운 사업을 추진해야 하는 경우, 예산을 우선 집행하고 사후에 국회의 승인을 받도록 하는 것이다.
② 예비비는 예측할 수 없는 예산 외의 지출 또는 예산초과지출에 충당하기 위하여 특별회계예산 총액의 100분의 1 이내의 금액을 세입세출예산에 계상한 것이다.
③ 예산의 전용은 장-관-항 간의 융통을 의미하며, 중앙관서의 장은 예산의 효율적인 활용을 위하여 대통령령이 정하는 바에 따라 기획재정부장관의 승인을 얻어 재원을 사용할 수 있다.
④ 계속비는 완성에 수년도를 요하는 공사나 제조 및 연구개발사업에 대해 그 경비의 총액과 연부액을 정하여 미리 국회의 의결을 얻은 범위 안에서 수년도에 걸쳐서 지출할 수 있는 것이다.

23 약점진단

국고채무부담행위에 대한 설명으로 옳은 것만을 모두 고르면? 2024 국가직 9급

ㄱ. 사항마다 필요한 이유를 명백히 하고 그 행위를 할 연도와 상환연도, 채무부담의 금액을 표시해야 한다.
ㄴ. 국가가 금전 급부 의무를 부담하는 행위로서 그 채무 이행의 책임은 다음 연도 이후에 부담됨을 원칙으로 한다.
ㄷ. 국가가 채무를 부담할 권한과 채무의 지출권한을 부여받은 것으로, 지출을 위한 국회 의결 대상에서 제외된다.
ㄹ. 단년도 예산 원칙의 예외라는 점에서 계속비와 동일하지만, 공사나 제조 및 연구개발 사업 등 대상이 한정되어 있다는 점에서는 대상이 한정되지 않는 계속비와 차이가 있다.

① ㄱ, ㄴ ② ㄱ, ㄹ
③ ㄴ, ㄷ ④ ㄷ, ㄹ

24 우리나라 예산집행 제도에 대한 설명으로 옳은 것만을 〈보기〉에서 모두 고르면? 2021 국회직 8급

약점진단 ○△× ○△× ○△×

보기

ㄱ. 총괄예산제도는 예산집행의 신축성을 위한 제도이다.
ㄴ. 계속비는 사전승인의 원칙에 대한 예외로, 국가가 지출할 수 있는 연한은 원칙적으로 그 회계연도로부터 5년 이내이다.
ㄷ. 예비비는 일반회계 예산총액의 1/100 이내에서 계상할 수 있다.
ㄹ. 국고채무부담행위에는 차관, 국공채 등이 포함된다.

① ㄱ, ㄴ
② ㄱ, ㄷ
③ ㄱ, ㄷ, ㄹ
④ ㄴ, ㄷ, ㄹ
⑤ ㄱ, ㄴ, ㄷ, ㄹ

25 다음 중 회계연도 개시 전에 예산을 배정할 수 있는 경비에 해당하지 않는 것은? 2016 국회직 8급

약점진단 ○△× ○△× ○△×

① 수입대체경비
② 선박의 운영·수리 등에 소요되는 경비
③ 교통이나 통신이 불편한 지역에서 지급하는 경비
④ 범죄수사 등 특수활동에 소요되는 경비
⑤ 경제정책상 조기집행을 필요로 하는 공공사업비

26 우리나라의 예산·회계제도에 대한 설명으로 옳지 않은 것은? 2016 사회복지직 9급

약점진단 ○△× ○△× ○△×

① 총액배분·자율편성예산제도, 디지털예산회계시스템 등과 같은 예산개혁의 실효성을 확보하기 위한 제도적 기반으로서 프로그램 예산제도가 도입되었다.
② 국가의 재정활동에서 발생하는 경제적 거래 등은 발생사실에 따라 복식부기 방식으로 회계처리되어야 한다.
③ 예비타당성조사제도는 완성에 2년 이상이 소요되는 사업으로서 대통령령이 정하는 대규모 사업에 대하여 각 중앙관서의 장이 그 사업규모 등을 정하여 미리 기획재정부장관과 협의하도록 하는 제도이다.
④ 기획재정부장관은 예비타당성조사를 실시하기로 결정한 경우에는 대상 사업의 경제성 및 정책적 필요성 등을 종합적으로 검토하여야 한다.

27 우리나라의 재정건전성 관련 제도에 대한 설명으로 가장 옳은 것은? 2017 서울시 9급

약점진단 ○△× ○△× ○△×

① 총사업비관리제도는 예비타당성조사제도와 같은 시기에 도입되었다.
② 예비타당성조사는 총사업비 500억 원 이상이면서 국자재정지원이 300억 원 이상인 신규사업 중에서 일정한 절차를 거쳐 실시한다.
③ 토목사업은 400억 원 이상일 경우 총사업비관리 대상이다.
④ 재정사업자율평가제도는 2004년부터 실시되었다.

28 민간투자사업자가 사회기반시설 준공과 동시에 해당 시설 소유권을 정부로 이전하는 대신 시설관리운영권을 획득하고, 정부는 해당 시설을 임차 사용하여 약정 기간 임대료를 민간에게 지급하는 방식은?

약점진단 ○△× ○△× ○△×

2020 지방직 9급(서울시 9급)

① BTO(Build-Transfer-Operate)
② BTL(Build-Transfer-Lease)
③ BOT(Build-Own-Transfer)
④ BOO(Build-Own-Operate)

29 다음 중 민간투자 방식인 BTO와 BTL의 상대적 특징을 설명한 내용으로 옳지 않은 것은? 2016 국회직 8급

약점진단 ○△× ○△× ○△×

① BTO는 민간의 수요 위험을 배제한다.
② BTO의 사업 운영 주체는 민간사업 시행자이다.
③ BTL에서는 정부의 시설임대료를 통하여 투자비를 회수한다.
④ BTL은 최종수요자에게 부과되는 사용료만으로 투자비 회수가 어려운 시설에 대해서 실시하는 경우가 일반적이다.
⑤ BTO에서는 예상수입의 일부를 보장해 주는 최소수입보장제도가 적용되기도 하나 우리나라의 경우 부작용으로 인해 폐지되었다.

30 우리나라 결산에 관한 설명으로 옳은 것은?

약점진단 ○△× ○△× ○△×

2018 교육행정직 9급

① 결산은 부당한 지출인 경우 집행된 내용을 무효로 할 수 있다.
② 국회는 결산 의결권을 가지며 예산결산특별위원회에서 결산을 최종 승인한다.
③ 결산은 회계연도에서 국가의 수입과 지출을 잠정적 수치로 표시하는 행위이다.
④ 감사원은 세입 · 세출의 결산을 매년 검사하여 대통령과 차년도 국회에 그 결과를 보고하여야 한다.

31 결산에 대한 설명으로 옳지 않은 것은? 2021 국회직 8급

약점진단 ○△× ○△× ○△×

① 정부는 집행실적, 성평등 효과분석 및 평가 등을 포함한 성인지 결산서를 작성하여야 한다.
② 각 중앙관서의 장은 회계연도마다 작성한 결산보고서를 다음 연도 2월 말일까지 기획재정부장관에게 제출하여야 한다.
③ 국회의 사무총장은 회계연도마다 예비금사용명세서를 작성하여 다음 연도 2월 말까지 기획재정부장관에게 제출하여야 한다.
④ 기획재정부장관은 회계연도마다 작성하여 대통령의 승인을 받은 국가결산보고서를 다음 연도 4월 20일까지 감사원에 제출하여야 한다.
⑤ 감사원은 제출된 국가결산보고서를 검사하고 그 보고서를 다음 연도 5월 20일까지 기획재정부장관에게 송부하여야 한다.

32 예산주기에 비추어 볼 때 2021년도에 볼 수 없는 예산 과정은? 2021 국가직 9급

약점진단 ○△× ○△× ○△×

① 국방부의 2022년도 예산에 대한 예산요구서 작성
② 기획재정부의 2021년도 예산에 대한 예산배정
③ 대통령의 2022년도 예산안에 대한 국회 시정연설
④ 감사원의 2021년도 예산에 대한 결산검사보고서 작성

33 정부회계제도의 기장방식에 대한 〈보기〉의 설명과 바르게 짝지어진 것은? 2018 서울시 9급

약점진단 ○△× ○△× ○△×

보기

ㄱ. 현금의 수불과는 관계 없이 경제적 자원에 변동을 주는 사건이 발생된 시점에 거래를 인식하는 방식이다.
ㄴ. 하나의 거래를 대차평균의 원리에 따라 차변과 대변에 이중 기록하는 방식이다.

	ㄱ	ㄴ
①	현금주의	복식부기
②	발생주의	복식부기
③	발생주의	단식부기
④	현금주의	단식부기

34 정부회계의 기장방식에 대한 설명으로 옳지 않은 것은? 2018 국가직 9급

약점진단 ○△× ○△× ○△×

① 단식부기는 발생주의 회계와, 복식부기는 현금주의 회계와 서로 밀접한 연계성을 갖는다.
② 단식부기는 현금의 수지와 같이 단일 항목의 증감을 중심으로 기록하는 방식이다.
③ 복식부기에서는 계정 과목 간에 유기적 관련성이 있기 때문에 상호 검증을 통한 부정이나 오류의 발견이 쉽다.
④ 복식부기는 하나의 거래를 대차 평균의 원리에 따라 차변과 대변에 동시에 기록하는 방식이다.

35 정부회계에 대한 설명으로 옳지 않은 것은? 2022 지방직 9급(서울시 9급)

약점진단 ○△× ○△× ○△×

① 국가회계는 디브레인(dBrain) 시스템을 통해, 지방자치단체회계는 e-호조 시스템을 통해 처리된다.
② 재무회계는 현금주의 단식부기 회계방식이, 예산회계는 발생주의 복식부기 방식이 적용된다.
③ 발생주의에서는 미수수익이나 미지급금을 자산과 부채로 표시할 수 있다.
④ 재무제표는 거래가 발생하면 차변과 대변 양쪽에 동일한 금액으로 이중기입하는 복식부기 방식을 채택하고 있다.

36 다음 중 정부회계에 대한 설명으로 가장 적절하지 않은 것은? 2024 군무원 9급

약점진단 ○△× ○△× ○△×

① 현금주의 회계가 발생주의 회계보다 상대적으로 절차가 간편하고 통제가 용이하다.
② 현금주의 회계는 무상거래를 인식하지 않지만 발생주의 회계는 이중거래로 인식한다.
③ 감가상각에 대해서 현금주의 회계는 비용으로 인식하지만 발생주의 회계에서는 인식이 안 된다.
④ 발생주의 회계는 재정 성과 파악이 현금주의 회계보다 용이하다.

37 중앙정부 결산보고서상의 재무제표로 옳은 것은? 2022 국가직 9급 변형

약점진단 ○△× ○△× ○△×

① 손익계산서, 순자산변동표, 현금흐름표
② 대차대조표, 재정운영보고서, 이익잉여금처분계산서
③ 재정상태표, 재정운영표, 순자산변동표, 현금흐름표
④ 재정상태보고서, 순자산변동표, 현금흐름보고서

38 우리나라의 국가재무제표에 대한 설명으로 옳지 않은 것은? 2017 국가직 7급(추가채용) 변형

약점진단 ○△× ○△× ○△×

① 재무제표는 국가결산보고서에 포함되어 국회에 제출하도록 하고 있다.
② 「국가회계법」에 따르면 재무제표는 재정상태표, 재정운영표, 순자산변동표, 현금흐름표로 구성된다.
③ 재정상태표는 재정상태표일 현재 국가재정 상태를 보여 주는 것이다.
④ 재정상태표에는 현금주의와 단식부기가, 재정운영표에는 발생주의와 복식부기가 각각 적용되고 있다.

약점 체크와 약점 보완을 한 번에 정답과 해설 P.92

CHAPTER 03

예산제도론

출제 비중 21%

21 50 100

출제예상편 ▶ P.247

01 예산이론에 대한 설명으로 옳지 않은 것은?

약점진단 ○△× ○△× ○△×

2023 국가직 9급

① 총체주의는 계획예산(PPBS), 영기준예산(ZBB)과 같은 예산제도 개혁을 설명하기에 적합한 이론이다.
② 점증주의는 거시적 예산결정과 예산삭감을 설명하기에 적합한 이론이다.
③ 총체주의는 합리적·분석적 의사결정과 최적의 자원배분을 전제로 한다.
④ 점증주의는 예산을 결정할 때 대안을 모두 고려하지는 못한다는 것을 전제로 한다.

02 예산이론에 대한 설명 중 가장 옳지 않은 것은?

약점진단 ○△× ○△× ○△×

2022 군무원 7급

① 계획예산제도는 점증모형에 의한 예산결정이다.
② 총체주의는 자원배분의 최적화를 통한 사회후생의 극대화를 추구한다.
③ 합리모형은 예산을 탄력적으로 활용하여 경기변동에 대응하는 재정정책적 기능을 수행한다.
④ 점증주의는 정치적 협상과 타협 등 정치적 합리성을 중시한다.

03 총체주의 예산이론에 대한 설명 중 옳지 않은 것은?

약점진단 ○△× ○△× ○△×

2017 서울시 사회복지직 9급

① 계획예산제도(PPBS)와 영기준예산제도(ZBB)는 대표적 총체주의 예산제도이다.
② 정치적 타협과 상호 조절을 통해 최적의 예산을 추구한다.
③ 예산의 목표와 목표 간 우선순위를 명확하게 설정한다.
④ 합리적 분석을 통해 비효율적 예산배분을 지양한다.

04 예산 관련 모형에 관한 설명으로 옳은 것은?

약점진단 ○△× ○△× ○△×

2017 교육행정직 9급

① 점증주의모형을 적용한 대표적인 예산제도에는 영기준 예산제도가 있다.
② 단절균형모형은 예산의 단절균형 발생 시점을 예측할 수 있기 때문에 미래 지향성을 지닌다.
③ 예산극대화모형은 관료들이 사회적 효용의 극대화를 위해 소속 부서의 예산을 증가시키려는 현상을 설명한다.
④ 합리주의모형은 대안의 선정 시에 순현재가치, 내부수익률, 비용편익비율 등과 같은 분석 기준을 주로 사용한다.

05 다중합리성 예산모형(multiple rationalities model of budgeting)의 근간이 되는 두 모형에 대한 설명으로 옳지 않은 것은?

약점진단 ○△× ○△× ○△×

2020 국가직 7급

① 루빈(Rubin)의 실시간 예산운영(Real-Time Budgeting)모형은 세입, 세출, 균형, 집행, 과정 등과 관련한 의사결정 흐름개념을 활용하고 있다.
② 킹던(Kingdon)의 의제설정 모형은 정책과정의 복잡하고 불확실한 역동성을 부각시킨다는 점에서 다중합리성 모형의 중요한 모태라고 할 수 있다.
③ 루빈(Rubin)의 실시간 예산운영(Real-Time Budgeting)모형에서 다섯 가지의 의사결정 흐름은 느슨하게 연계된 상호의존성을 가지고 있다.
④ 루빈(Rubin)의 실시간 예산운영(Real-Time Budgeting)모형에서 예산균형 흐름에서의 의사결정은 기술적 성격이 강하며, 책임성(accountability)의 정치적 특징을 갖는다.

06 약점진단 ○△× ○△× ○△×

정부예산에 대한 이론 중 다중합리성모형을 설명하고 있는 것은? 2021 국회직 8급

① 예산 혹은 정책과정의 각 단계에 영향을 미치는 합리성은 경제적 측면뿐 아니라 정치 · 사회 · 법적 측면에서 다양한 형태로 존재한다. 따라서 관료들은 예산주기의 다양한 시점에서 단계별로 작용하는 합리적 기준에 따라 서로 다른 형태의 의사결정을 한다.
② 예산재원의 배분 형태가 항상 일정하게 유지되는 것이 아니라 특정 사건이나 상황에 따라 균형 상태에서 급격한 변화를 경험한 이후 다시 합리적 균형을 지속하게 된다.
③ 예산 배분 문제를 해결하기 위한 모형을 구성하고 이에 기초해서 최적의 해결방안을 모색한다. 이를 위해 우선 문제를 확인하고 목표를 설정하며 가능한 모든 대안을 탐색한다.
④ 예산 결정은 전체적인 혹은 종합적인 관점이 아니라 전년도 대비 일정 규모의 증가에 그치는 부분에 대한 분석이 중요하다고 본다.
⑤ 관료를 공익을 대변하는 합리적 대리인이 아니라 자신의 효용을 극대화하는 이기적 합리성을 따르는 경제적 주체로 본다.

07 약점진단 ○△× ○△× ○△×

예산제도에 대한 설명으로 옳지 <u>않은</u> 것은? 2021 지방직 9급(서울시 9급)

① 품목별 예산제도는 행정부의 재량권을 확대하기 위해 도입되었다.
② 성과주의 예산제도에서는 사업의 단위원가를 기초로 예산을 편성한다.
③ 계획예산제도에서는 장기적인 기획과 단기적인 예산편성을 연계하여 합리적 예산 배분을 시도한다.
④ 영기준 예산제도는 예산을 편성할 때 전년도 예산에 구애받지 않는다.

08 약점진단 ○△× ○△× ○△×

품목별 예산제도에 대한 설명으로 옳은 것은? 2019 국가직 9급

① 능률적인 관리를 위하여 구성원의 참여를 촉진한다는 점에서는 목표에 의한 관리(MBO)와 비슷하다.
② 거리 청소, 노면 보수 등과 같이 활동 단위를 중심으로 예산재원을 배분한다.
③ 미국 케네디 행정부의 국방장관인 맥나마라(McNamara)가 국방부에 최초로 도입하였다.
④ 지출을 통제하고 공무원들로 하여금 회계적 책임을 쉽게 확보할 수 있는 데 용이하다.

09 약점진단 ○△× ○△× ○△×

품목별 예산제도(Line-Item Budget System)에 대한 설명으로 옳지 <u>않은</u> 것은? 2023 지방직 9급

① 미국에서 공무원의 부정부패를 막고 행정의 능률을 향상시키기 위해 도입되었다.
② 정부 활동에 대한 총체적인 사업계획과 우선순위 결정에 유리하다.
③ 예산 집행의 책임성을 확보할 수 있는 통제지향 예산제도이다.
④ 특정 사업의 지출 성과에 대해서는 파악하기 어렵다.

10 약점진단 ○△× ○△× ○△×

다음 중 성과주의 예산제도에 대한 설명으로 옳지 <u>않은</u> 것은? 2014 국회직 8급

① 정부가 무슨 일을 하느냐에 중점을 두는 제도이다.
② 기능별 예산제도 또는 활동별 예산제도라고 부르기도 한다.
③ 관리 지향성을 지니며 예산관리를 포함하는 행정관리작용의 능률화를 지향한다.
④ 예산관리기능의 집권화를 추구한다.
⑤ 정부사업에 대한 회계책임을 묻는 데 용이하다.

11 성과주의 예산제도(PBS: Performance Budgeting System)의 장점에 대한 설명으로 가장 옳지 않은 것은?

약점진단 ○△× ○△× ○△×

2018 서울시 7급 제2회

① 평가 대상 업무 단위가 중간 산출물인 경우가 많아 예산성과의 질적인 측면까지 평가할 수 있다.
② 계량화된 정보를 통해 합리적인 의사결정과 관리 개선에 기여할 수 있다.
③ 입법부의 예산심의를 간편하게 만든다.
④ 사업 또는 활동별로 예산이 편성되기 때문에 국민들이 정부의 추진사업을 쉽게 이해할 수 있다.

12 다음 중 성과주의 예산(PBS: Performance Budgeting System)의 장점으로 가장 거리가 먼 것은?

약점진단 ○△× ○△× ○△×

2023 군무원 9급

① 프로그램을 이용하여 장기적인 계획과 연차별 예산이 유기적으로 연계된다.
② 사업별 총액배정을 통한 예산집행의 신축성 · 능률성 제고를 들 수 있다.
③ 투입 · 산출 간 비교와 평가가 쉬워 환류가 강화된다.
④ 과학적 계산에 의한 효율적인 자원배분으로 예산편성과 집행의 관리가 쉽다.

13 A 예산제도에서 강조하는 기능은?

약점진단 ○△× ○△× ○△×

2020 지방직 9급(서울시 9급)

A 예산제도는 당시 미국의 국방장관이었던 맥나마라(McNamara)에 의해 국방부에 처음 도입되었고, 국방부의 성공적인 예산개혁에 공감한 존슨(Johnson) 대통령이 1965년에 전 연방정부에 도입하였다.

① 통제 ② 관리
③ 기획 ④ 감축

14 다음의 단점 혹은 한계로 인하여 정착이 어려운 예산제도는?

약점진단 ○△× ○△× ○△×

2021 국가직 7급

• 사업구조를 작성하는 것이 어렵다. • 결정구조가 집권화되는 문제가 있다. • 행정부처의 직원들이 복잡한 분석 기법을 이해하기 어렵다.

① 품목별 예산제도 ② 성과주의 예산제도
③ 계획예산제도 ④ 영기준 예산제도

15 예산제도에 대한 설명으로 옳지 않은 것은?

약점진단 ○△× ○△× ○△×

2017 국가직 9급(사회복지직 9급)

① 쉬크(Shick)는 통제-관리-기획이라는 예산의 세 가지 지향(orientation)을 제시하였다.
② 영기준 예산제도(ZBB)가 단위사업을 사업-재정계획에 따라 장기적인 예산편성 쪽으로 방향을 잡았다면, 계획예산제도(PPBS)는 당해 연도의 예산 제약 조건을 먼저 고려한다.
③ 우리나라는 예산편성과 성과관리의 연계를 위해 재정사업자율평가제도를 실시하고 있다.
④ 조세지출예산제도는 조세지출의 내용과 규모를 주기적으로 공표해 조세지출을 관리하는 제도이다.

16 영기준 예산(ZBB)에 대한 설명으로 옳지 않은 것은?

약점진단 ○△× ○△× ○△×

2024 국가직 9급

① 기존 사업과 새로운 사업을 구분하지 않고 사업의 목적, 방법, 자원에 대한 근본적인 재평가를 바탕으로 예산을 편성하는 제도이다.
② 우리나라는 정부예산에 영기준 예산제도를 적용한 경험이 있다.
③ 예산편성의 기본 단위는 의사결정 단위(decision unit)이며 조직 또는 사업 등을 지칭한다.
④ 집권화된 관리체계를 갖기 때문에 예산편성 과정에 소수의 조직구성원만이 참여하게 된다.

17 다음 중에서 영기준 예산제도(ZBB)에 대한 설명 중에서 가장 거리가 먼 것은?

약점진단 ○△× ○△× ○△×

2023 군무원 7급

① 새로운 사업의 구상보다는 기존 사업의 감축관리에 목적을 둔다.
② 예산에 관한 의사결정이 하향적(top down)으로 진행된다.
③ 사업 검토가 조직의 경계 내에서 진행되는 폐쇄적인 의사결정의 일종이다.
④ 상급 관리계층에게 정보홍수와 업무과다를 초래한다.

18 예산제도의 유형에 대한 설명으로 옳지 않은 것은?

약점진단 ○△× ○△× ○△×

2018 지방직 7급

① 품목별 예산제도(LIBS)는 예산집행에 대한 회계책임을 명백히 하고 경비사용을 엄격하게 통제한다.
② 계획예산제도(PPBS)의 주요한 관심 대상은 사업의 목표이나, 투입과 산출에도 관심을 둔다.
③ 목표관리 예산제도(MBO)의 도입 취지는 불요불급한 지출을 억제하고 감축관리를 지향하는 데 있다.
④ 성과주의 예산제도(PBS)에서는 국민과 의회가 정부의 사업 내용과 목적을 이해하는 데 편리하다.

19 다음 중 예산제도에 대한 설명으로 옳은 것을 〈보기〉에서 모두 고르면?

약점진단 ○△× ○△× ○△×

2017 국회직 8급

보기

ㄱ. 품목별 예산제도(LIBS) – 지출의 세부적인 사항에만 중점을 두므로 정부활동의 전체적인 상황을 알 수 없다.
ㄴ. 성과주의 예산제도(PBS) – 예산배정과정에서 필요사업량이 제시되지 않아서 사업계획과 예산을 연계할 수 없다.
ㄷ. 기획예산제도(PPBS) – 모든 사업이 목표 달성을 위해 유기적으로 연계되어 있어 부처 간의 경계를 뛰어넘는 자원배분의 합리화를 가져올 수 있다.
ㄹ. 영기준 예산제도(ZBB) – 모든 사업이나 대안을 총체적으로 분석하므로 시간이 많이 걸리고 노력이 과중할 뿐만 아니라 과도한 문서자료가 요구된다.
ㅁ. 목표관리제도(MBO) – 예산결정과정에 관리자의 참여가 어렵다는 점에서 집권적인 경향이 있다.

① ㄱ, ㄷ, ㄹ
② ㄱ, ㄷ, ㅁ
③ ㄴ, ㄷ, ㄹ
④ ㄱ, ㄴ, ㄹ, ㅁ
⑤ ㄴ, ㄷ, ㄹ, ㅁ

20 다음 특징에 해당하는 예산관리제도는? 2017 지방직 7급

약점진단 ○△× ○△× ○△×

- 사업 시행 후 기존 사업과 지출에 대해 입법기관이 재검토한다.
- 정부의 불필요한 행위나 활동을 폐지하고 효율적인 정부를 추구하려는 노력이다.
- 특정 조직이나 사업에 대해 존속시킬 타당성이 없다고 판명되면 자동적으로 폐지하는 제도이다.
- 매 회계연도마다 반복되는 예산과정에서 비교적 독립적으로 진행할 수 있다.

① 영기준 예산제 ② 일몰제
③ 계획예산제 ④ 성과주의 예산제

21 다음 중 자본예산제도의 장점으로 옳지 않은 것은? 2013 국회직 8급

약점진단 ○△× ○△× ○△×

① 자본예산제도는 자본적 지출에 대한 특별한 분석과 예산사정을 가능하게 한다.
② 자본예산제도에 수반되는 장기적인 공공사업계획은 조직적인 자원의 개발 및 보존을 위한 수단이 될 수 있다.
③ 계획과 예산 간의 불일치를 해소하고 이들 간에 서로 밀접한 관련성을 갖게 한다.
④ 경제적 불황기 내지 공황기에 적자예산을 편성하여 유효수요와 고용을 증대시킴으로써 불황을 극복하는 유용한 수단이 될 수 있다.
⑤ 국가 또는 지방자치단체의 순자산상황의 변동과 사회간접자본의 축적·유지의 추이를 나타내는 데 사용할 수 있다.

22 결과 지향적 예산제도(new perfomance budgeting; result-oriented budgeting)에 대한 설명으로 옳지 않은 것은? 2017 국가직 7급

약점진단 ○△× ○△× ○△×

① 20세기 후반부터 주요 국가들이 재정사업의 운영과정이나 기능에 초점을 두고 새로운 성과주의예산 체계를 도입하기 시작했다.
② 재정사업의 목표, 결과, 재원을 연계하여 예산을 '성과에 대한 계약'의 개념으로 활용한다.
③ 각 부처 재정사업 담당자들에 대한 동기부여를 강조하고 이들에게 더 많은 권한을 부여하고자 한다.
④ 미국 클린턴 행정부는 결과 지향적 예산제도의 일환으로 PART(Program Assessment Rating Tool)를 도입했다.

23 신성과주의 예산(new performance budgeting)의 특징으로 가장 옳지 않은 것은? 2018 서울시 7급 제1회

약점진단 ○△× ○△× ○△×

① 투입요소 중심이 아니라 산출 또는 성과를 중심으로 예산을 운용하는 제도이다.
② 과거의 성과주의 예산과 비교하여 프로그램 구조와 회계제도에 미치는 영향이 훨씬 광범위하고 포괄적이다.
③ 책임성 확보를 위해 시행되고 있는 성과관리를 예산과 연계시킨 제도이다.
④ 예산집행에서의 자율성을 부여하되, 성과평가와의 연계를 통해 책임성을 확보하고자 한다.

약점 체크와 약점 보완을 한 번에 정답과 해설 P.99

최근 5개년 7·9급 주요 직렬 출제 비중

2%

PART 06

행정환류론

CHAPTER	출제 비중	교수님의 기출 경향 POINT
출제 비중 高 01 행정책임과 통제	100%	행정책임과 통제의 유형 구분에 주의해서 학습하여야 한다. 특히, 제도적 책임성과 자율적 책임성, 외부통제와 내부통제, 옴부즈만과 국민권익위원회를 대립형으로 정리한다.
02 행정개혁(정부혁신)	0%	행정개혁의 저항요인과 극복방안을 전략별로 구분하여 정리하고, 행정개혁의 접근방법, 시민(행정서비스)헌장, 정부혁신의 공통적 방향을 중심으로 정리한다.

CHAPTER 01

행정책임과 통제

출제 비중 100%

50 100

출제예상편 ▶ P.250

01 약점진단 ○△× ○△× ○△×

행정의 책임성에 대한 설명으로 가장 옳지 않은 것은?

2018 서울시 7급 제1회

① 행정의 책임성에는 결과에 대한 책임과 함께 과정에 대한 책임도 포함된다.

② 신공공관리론(NPM)에서 강조하고 있는 시장책임성은 고객만족에 의한 행정책임을 포함한다.

③ 법적 책임의 확보 방법은 시대에 따라 변하고 있다.

④ 제도적 책임성은 공무원의 자율적이고 능동적인 행정책임을 의미한다.

02 약점진단 ○△× ○△× ○△×

행정통제와 행정책임에 대한 설명으로 옳은 것만을 모두 고르면?

2021 지방직 9급(서울시 9급)

ㄱ. 파이너(Finer)는 법적·제도적 외부통제를 강조한다.
ㄴ. 감사원의 직무감찰과 회계감사는 외부통제에 해당한다.
ㄷ. 프리드리히(Friedrich)는 내재적 통제보다 객관적·외재적 책임을 강조한다.

① ㄱ ② ㄴ
③ ㄱ, ㄷ ④ ㄴ, ㄷ

03 약점진단 ○△× ○△× ○△×

롬젝(Romzeck)의 행정책임 유형에 대한 설명으로 옳지 않은 것은?

2023 국가직 9급

① 계층적 책임 – 조직 내 상명하복의 원칙에 따라 통제된다.

② 법적 책임 – 표준운영절차(SOP)나 내부 규칙(규정)에 따라 통제된다.

③ 전문가적 책임 – 전문직업적 규범과 전문가집단의 관행을 중시한다.

④ 정치적 책임 – 민간 고객, 이익집단 등 외부 이해관계자의 기대에 부응하는가를 중시한다.

04 약점진단 ○△× ○△× ○△×

행정통제에 대한 설명으로 가장 옳지 않은 것은?

2019 서울시 9급 제2회

① 행정 권한의 강화 및 행정재량권의 확대가 두드러지면서 행정책임 확보의 수단으로서 행정통제의 중요성이 커지고 있다.

② 의회는 국가의 예산을 심의하고 승인하거나 혹은 지출을 금지하거나 제한하는 등의 조치를 통하여 행정부를 통제한다.

③ 행정이 전문성과 복잡성을 띠게 된 현대 행정국가 시대에는 내부통제보다 외부통제가 점차 강조되고 있다.

④ 일반 국민은 선거권이나 국민투표권의 행사를 통하여 행정을 간접적으로 통제한다.

05 행정책임 확보 방안 중 내부통제에 해당하는 것은?

2022 지방직 7급(서울시 7급)

약점진단 ○△× ○△× ○△×

① 공정한 감시와 견제기능을 하는 시민단체 활동
② 부정청탁금지법 제정과 같은 국회의 입법 활동
③ 부당한 행정에 대한 언론의 감시 활동
④ 중앙부처의 예산 편성과 집행에 대한 기획재정부의 관리 활동

06 「헌법」상 독립기관에 대한 통제와 자율성에 대한 설명이 틀린 것은?

2014 군무원 9급

약점진단 ○△× ○△× ○△×

① 감사원은 입법부와 사법부에 대하여 회계감사를 실시할 수 있다.
② 감사원은 입법부와 사법부의 직원에 대하여 직무감찰을 실시할 수 있다.
③ 기획재정부는 입법부와 사법부의 예산을 사정하고 배정할 수 있다.
④ 감사원은 입법부와 사법부에 대하여 결산을 확인할 수 있다.

07 행정부에 대한 외부통제에 해당하는 것만을 모두 고르면?

2021 국가직 9급

약점진단 ○△× ○△× ○△×

ㄱ. 행정안전부의 각 중앙행정기관 조직과 정원 통제
ㄴ. 국회의 국정조사
ㄷ. 기획재정부의 각 부처 예산안 검토 및 조정
ㄹ. 국민들의 조세부과 처분에 대한 취소소송
ㅁ. 국무총리의 중앙행정기관에 대한 기관평가
ㅂ. 환경운동연합의 정부정책에 대한 반대
ㅅ. 중앙행정기관장의 당해 기관에 대한 자체평가
ㅇ. 언론의 공무원 부패 보도

① ㄱ, ㄷ, ㅁ, ㅅ　② ㄴ, ㄷ, ㄹ, ㅁ
③ ㄴ, ㄹ, ㅁ, ㅇ　④ ㄴ, ㄹ, ㅂ, ㅇ

08 옴부즈만(Ombudsman)제도에 대한 설명으로 옳지 않은 것은?

2020 군무원 9급

약점진단 ○△× ○△× ○△×

① 스웨덴에서 처음 도입된 제도이다.
② 행정 내부통제의 한계를 보완하는 제도이다.
③ 시정을 촉구하거나 건의함으로써 국민의 권리를 구제하는 제도이다.
④ 대부분의 국가에서는 입법부에 소속되어 있다.

09 다음 중 옴부즈만제도에 대한 설명으로 옳지 않은 것은?

2017 국회직 8급

약점진단 ○△× ○△× ○△×

① 1800년대 초반 스웨덴에서 처음으로 채택되었다.
② 옴부즈만은 입법기관에서 임명하는 옴부즈만이었으나 국회의 제청에 의해 행정수반이 임명하는 옴부즈만도 등장하게 되었다.
③ 우리나라 지방자치단체는 시민고충처리위원회를 둘 수 있는데 이것은 지방자치단체의 옴부즈만이라고 할 수 있다.
④ 국무총리 소속으로 설치한 국민권익위원회는 행정체제 외의 독립통제기관이며, 대통령이 임명하는 옴부즈만의 일종이다.
⑤ 시정조치의 강제권이 없기 때문에 비행의 시정이 비행자의 재량에 달려 있는 경우가 많다.

10 옴부즈만제도에 대한 설명으로 옳은 것은?

2021 국가직 7급

약점진단 ○△× ○△× ○△×

① 시민의 요구가 없다면 직권으로 조사활동을 할 수 없다.
② 부족한 인력과 예산으로 국민의 권익을 구제하는 데 한계가 있다.
③ 사법부가 임명한다.
④ 시정조치를 법적으로 강제할 수 있는 권한이 있다.

11 옴부즈만(Ombudsman)제도의 일반적 특징에 대한 설명으로 옳지 않은 것은?

2017 지방직 7급

약점진단 ○△× ○△× ○△×

① 옴부즈만은 비교적 임기가 짧고 임기보장이 엄격하게 적용되지 않는다.
② 옴부즈만에게 민원을 신청할 수 있는 사안은 행정관료의 불법행위와 부당행위를 포함한다.
③ 옴부즈만은 행정기관의 결정에 대해 직접 취소·변경할 수 있는 권한을 갖지 않는다.
④ 업무처리에 있어 절차상의 제약이 크지 않아 옴부즈만에 대한 시민들의 접근이 용이하다.

12 행정통제에 대한 설명으로 옳지 않은 것은?

2017 지방직 9급

약점진단 ○△× ○△× ○△×

① 국무총리 소속 국민권익위원회는 옴부즈만적 성격을 가지며, 국민권익위원회의 위원장과 부위원장은 국무총리의 제청으로 대통령이 임명한다.
② 교차기능조직(criss-cross organizations)은 행정체제 전반에 걸쳐 관리작용을 분담하여 수행하는 참모적 조직 단위들로서 내부적 통제체제로부터 완전히 독립되어 있다.
③ 헌법재판제도는 「헌법」을 수호하고 부당한 국가권력으로부터 국민의 권리와 자유를 보호하는 과정에서 행정에 대한 통제기능을 수행한다.
④ 독립통제기관(separate monitoring agency)은 일반행정기관과 대통령 그리고 외부적 통제중추들의 중간 정도에 위치하며, 상당한 수준의 독자성과 자율성을 누린다.

약점 체크와 약점 보완을 한 번에 정답과 해설 P.103

CHAPTER 02

행정개혁(정부혁신)

출제 비중 0%

0 50 100

출제예상편 ▶ P.253

01 행정개혁의 접근방법에 대한 설명으로 옳지 않은 것은? 2015 국가직 9급

약점진단 ○△× ○△× ○△×

① 사업(산출) 중심적 접근방법은 행정활동의 목표를 개선하고 서비스의 양과 질을 개선하려는 접근방법으로 분권화의 확대, 권한 재조정, 명령계통 수정 등에 관심을 갖는다.
② 과정적 접근방법은 행정체제의 과정 또는 일의 흐름을 개선하려는 접근방법이다.
③ 행태적 접근방법의 하나인 조직발전(OD: Organizational Development)은 의식적인 개입을 통해서 조직 전체의 임무수행을 효율화하려는 계획적이고 지속적인 개혁활동이다.
④ 문화론적 접근방법은 행정문화를 개혁함으로써 행정체제의 보다 근본적이고 장기적인 개혁을 성취하려는 접근방법이다.

02 행정개혁을 위한 다음의 내용 중 접근방법이 다른 한 가지는? 2011 군무원 9급

약점진단 ○△× ○△× ○△×

① 분권화의 확대
② 조직 내 운영과정의 개선
③ 의사결정 권한의 수정
④ 의사전달 체계의 수정

03 행정개혁에 대한 저항이 나타나는 원인이나 요인으로 가장 옳지 않은 것은? 2022 군무원 9급

약점진단 ○△× ○△× ○△×

① 행정개혁을 담당하는 조직의 중복성 혹은 가외성(redundancy)의 존재
② 행정개혁의 내용이나 그 실행계획의 모호성
③ 행정개혁에 요구되는 지식이나 기술의 부족
④ 행정개혁에 필요한 관련 법규의 제·개정의 어려움

04 행정개혁에 대한 저항을 극복하는 전략 및 방법에 관한 설명으로 옳은 것은? 2021 국가직 7급

약점진단 ○△× ○△× ○△×

① 경제적 손실 보상, 임용상 불이익 방지는 규범적·사회적 전략이다.
② 개혁지도자의 신망 개선, 의사전달과 참여의 원활화, 사명감 고취는 공리적·기술적 전략이다.
③ 교육훈련과 자기계발 기회 제공은 규범적·사회적 전략이다.
④ 개혁 시기 조정은 강제적 전략이다.

05 행정개혁의 저항을 줄이는 방법에 대한 다음 〈보기〉의 설명 중 옳은 것을 모두 고르면? 2014 국회직 8급

약점진단 ○△× ○△× ○△×

보기

ㄱ. 참여기회 제공
ㄴ. 포괄적 개혁 추진
ㄷ. 구성원의 부담 최소화
ㄹ. 외부집단에 의한 개혁 추진
ㅁ. 피개혁자 교육 및 홍보
ㅂ. 개혁안의 명료화

① ㄱ, ㄴ, ㄷ, ㅁ
② ㄱ, ㄷ, ㅁ, ㅂ
③ ㄱ, ㄴ, ㄷ, ㅁ, ㅂ
④ ㄱ, ㄷ, ㄹ, ㅁ, ㅂ
⑤ ㄱ, ㄴ, ㄷ, ㄹ, ㅁ, ㅂ

06 다음 중 우리나라의 행정개혁에 관한 내용을 시대적 순서대로 배열한 것은? 2015 국회직 8급

약점진단 ○△× ○△× ○△×

ㄱ. 정보통신정책과 국가정보화를 전담하여 추진하던 정보통신부를 폐지하고 방송통신 융합을 주도할 방송통신위원회를 설치하였다.
ㄴ. 대통령 소속의 중앙인사위원회를 설치해 대통령의 인사권 행사를 강화하였다.
ㄷ. 부총리제가 부활되고 외교통상부의 통상 교섭 기능이 산업통상자원부로 이관되었다.
ㄹ. 법제처와 국가보훈처를 장관급 기구로 격상하고, 소방방재청을 신설하였다.

① ㄱ − ㄹ − ㄴ − ㄷ
② ㄴ − ㄱ − ㄹ − ㄷ
③ ㄴ − ㄹ − ㄱ − ㄷ
④ ㄹ − ㄱ − ㄴ − ㄷ
⑤ ㄹ − ㄴ − ㄱ − ㄷ

약점 체크와 약점 보완을 한 번에 정답과 해설 P.105

최근 5개년 7·9급 주요 직렬 출제 비중

9%

PART 07

지방행정론

CHAPTER	출제 비중	교수님의 기출 경향 POINT
01 지방행정의 기초이론	5%	지방자치를 포함한 지방행정의 기본 개념을 숙지하고 신중앙집권의 원인 · 특징을 이해해야 한다. 주민자치와 단체자치, 중앙집권과 신중앙집권을 대립형으로 정리하고, 지방자치의 필요성과 관련하여 티부모형의 핵심 내용을 숙지해야 한다.
02 정부 간 관계	5%	정부 간 관계모형과 기능배분이론, 국가의 지도 · 감독과 정부 간 분쟁해결제도의 법적 기반, 광역행정의 촉진요인과 방식, 특별지방행정기관의 급증 이유와 장 · 단점을 중심으로 그 내용을 정확히 숙지해야 한다.
출제 비중 高 03 지방자치단체의 운영체계	53%	「지방자치법」 등 관련 법령을 반드시 숙지하고, 중층제의 비효율성으로 인한 단층제로의 변화를 주의해서 학습하여야 한다. 또한 지방의회와 단체장을 대립형으로 정리한다.
04 주민참여제도	11%	주민투표, 조례의 제정과 개정 · 폐지 청구, 주민감사청구, 주민소송, 주민소환 등 주민참여와 관련된 법령을 반드시 숙지하고, 새로운 참여 방식에 주의한다.
05 지방재정	26%	지방세와 지방교부세를 중심으로 전반적인 내용을 숙지해야 한다. 또한 국가재정과 지방재정, 국세와 지방세를 대립형으로 정리하고, 지방세의 세목은 반드시 암기한다. 또 서울시 재산세 공동과세와 지방재정 조정제도의 의미를 이해해야 한다.

CHAPTER 01

지방행정의 기초이론

출제 비중 5%

5 50 100

출제예상편 ▶ P.256

01 약점진단 ○△× ○△× ○△×

지방자치의 이념과 사상적 계보에 대한 설명으로 가장 옳은 것은? 2019 서울시 9급 제2회

① 자치권의 인식에서 주민자치는 전래권으로, 단체자치는 고유권으로 본다.
② 주민자치는 지방분권의 이념을, 단체자치는 민주주의 이념을 강조한다.
③ 주민자치는 의결기관과 집행기관을 분리하여 대립시키는 기관분리형을 채택하는 반면, 단체자치는 의결기관이 집행기관도 되는 기관통합형을 채택한다.
④ 사무구분에서 주민자치는 자치사무와 위임사무를 구분하지 않지만, 단체자치는 이를 구분한다.

02 약점진단 ○△× ○△× ○△×

주민자치와 구별되는 단체자치의 특성으로 가장 옳지 않은 것은? 2019 서울시 7급 제2회

① 지방분권
② 고유사무와 위임사무의 구분
③ 법률적 차원의 자치
④ 정치적 차원의 자치

03 약점진단 ○△× ○△× ○△×

주민참여제도 중 지방자치 실시 이후 가장 먼저 도입된 것은? 2018 서울시 7급 제1회

① 주민소환제 ② 조례제정개폐청구제
③ 주민투표제 ④ 주민소송제

04 약점진단 ○△× ○△× ○△×

다음 중 지방자치의 정치적·행정적인 기능과 가장 거리가 먼 것은? 2023 군무원 9급

① 민주정치에 대한 훈련
② 지역 간 행정의 통일성 확보
③ 행정의 대응성 제고
④ 정책의 지역별 실험 검증

05 약점진단 ○△× ○△× ○△×

오츠(Oates)의 분권화정리가 성립하기 위한 조건에 대한 설명으로 옳은 것만을 모두 고르면? 2021 국가직 7급

> ㄱ. 중앙정부의 공공재 공급 비용이 지방정부의 공공재 공급 비용보다 더 적게 든다.
> ㄴ. 공공재의 지역 간 외부효과가 없다.
> ㄷ. 지방정부가 해당 지역에서 파레토 효율적 수준으로 공공재를 공급한다.

① ㄱ ② ㄷ
③ ㄱ, ㄴ ④ ㄴ, ㄷ

06 티부(C. Tiebout)모형의 가정으로 옳지 않은 것은?

2022 국회직 8급

약점진단 ○△×

① 지방정부의 재원에 국고보조금은 포함되지 않아야 한다.
② 지방정부의 공공서비스에 외부효과가 발생하지 않아야 한다.
③ 고용기회와 관련된 제약조건은 거주지 의사결정에 왜곡을 초래할 수 있으므로 고려하지 않아야 한다.
④ 개인은 자신의 선호에 따라 다른 지방정부의 지역으로 자유롭게 이주할 수 있어야 한다.
⑤ 소수의 대규모 지방자치단체가 존재해야 한다.

07 다음 중 신중앙집권화와 신지방분권화에 대한 설명으로 가장 적절하지 않은 것은?

2024 군무원 7급

약점진단 ○△×

① 신중앙집권화는 분권의 비능률성과 중앙집권의 비민주성 문제를 해결하기 위한 새로운 형태의 집권이다.
② 국민적 최저수준 유지에 대한 요청이 확대되면서 경제 및 사회적 불평등 해소를 위해 신지방분권화가 촉진되었다.
③ 신지방분권은 중앙정부에 의한 지도의 필요성을 인정하고 국가발전에 적극적으로 동참하는 상대적 분권이다.
④ 신중앙집권은 비권력적 지도의 폭이 넓어진 수평적이고 협동적 집권을 의미한다.

08 지방자치에 관한 이론에 대한 설명으로 옳은 것은?

2022 지방직 7급(서울시 7급)

약점진단 ○△×

① 피터슨(Peterson)의 저서 「도시한계(City Limits)」에 따르면, 개방체제로서의 지방정부는 재분배정책보다 개발정책을 추구하는 경향이 있다.
② 라이트(Wright)는 정부 간 관계를 분쟁형, 창조형, 교환형으로 분류하고, 연방정부와 주정부 간 사회적·문화적 측면의 동태적 관계를 기술하였다.
③ 로즈(Rhodes)의 정부 간 관계론은 지방정부가 조직자원과 재정자원 측면에서 중앙정부보다 우월한 지위에 있다고 본다.
④ 티부(Tiebout)의 발에 의한 투표(voting with feet)가 가능하기 위해서는 주민의 자유로운 이동성, 공공서비스 제공에서 외부효과 존재 등의 전제조건이 충족되어야 한다.

09 자치경찰제도에 대한 설명으로 옳지 않은 것은?

2021 지방직 9급(서울시 9급)

약점진단 ○△×

① 지역 실정에 맞는 치안 행정을 펼칠 수 있다.
② 경찰 업무의 통일성과 효율성을 높일 수 있다.
③ 제주자치경찰단은 주민의 생활안전활동에 관한 사무를 수행한다.
④ 자치경찰 사무를 관장하기 위하여 광역자치단체에 시·도자치경찰위원회를 둔다.

10 우리나라 지방자치의 역사에 대한 설명으로 옳은 것은?

2022 국가직 7급

약점진단 ○△×

① 제헌의회가 성립하면서 1949년 전국에서 도의회의원 선거가 실시되었다.
② 1991년 지방선거에서 지방의회의원을 선출하였으나, 지방자치단체장 선거는 실시되지 않았다.
③ 1995년부터 주민직선제에 의한 시·도교육감 선거가 실시되면서 실질적 의미의 교육자치가 시작되었다.
④ 1960년 지방선거에서는 서울특별시장·도지사 선거는 실시되었으나, 시·읍·면장 선거는 실시되지 않았다.

11 주민자치위원회와 주민자치회에 대한 설명으로 가장 옳지 않은 것은?

2022 군무원 9급

약점진단 ○△×

① 주민자치위원회위원은 시·군·구청장이 위촉하고, 주민자치회위원은 읍·면·동장이 위촉한다.
② 주민자치회가 주민자치위원회보다 더 주민대표성이 강하다.
③ 주민자치위원회는 읍·면·동의 자문기구이고, 주민자치회는 주민자치의 협의·실행기구이다.
④ 지방자치단체와의 관계는 주민자치회가 주민자치위원회보다 더 대등한 협력적 관계이다.

약점 체크와 약점 보완을 한 번에 정답과 해설 P.106

정부 간 관계

출제 비중 5%

출제예상편 ▶ P.258

01 약점진단 ○△× ○△× ○△×

라이트(Wright)의 정부 간 관계(IGR: Inter-Governmental Relations) 모형에 대한 설명으로 옳지 않은 것은? 2023 지방직 9급

① 정부 간 상호권력관계와 기능적 상호의존관계를 기준으로 정부 간 관계(IGR)를 3가지 모델로 구분한다.
② 대등권위모형(조정권위모형, coordinate-authority model)은 연방정부, 주정부, 지방정부가 모두 동등한 권한을 가지고 있다고 설명한다.
③ 내포권위모형(inclusive-authority model)은 연방정부, 주정부, 지방정부를 수직적 포함관계로 본다.
④ 중첩권위모형(overlapping-authority model)은 연방정부, 주정부, 지방정부가 상호 독립적인 실체로 존재하며 협력적 관계라고 본다.

02 약점진단 ○△× ○△× ○△×

정부 간 관계 모형에 대한 설명으로 가장 옳지 않은 것은? 2022 군무원 9급

① 라이트(D. S. Wright)는 미국의 연방, 주, 지방정부 간 관계에 주목하여 분리형, 중첩형, 포함형으로 구분했다.
② 그린피스(J. A. Griffith)는 영국의 중앙·지방관계는 중세 귀족사회에서 지주와 그 지주의 명을 받아 토지와 소작권을 관리하는 마름(steward)의 관계에 가깝다고 하여 지주-마름 모형을 제시했다.
③ 로데스(R. A. W Rhodes)는 집권화된 영국의 수직적인 중앙·지방 관계 하에서도 상호의존현상이 나타남을 권력의존모형으로 설명했다.
④ 무라마쓰(村松岐夫)는 일본의 중앙·지방 관계의 변화에 주목하여 수직적 행정통제모형과 수평적 정치경쟁모형을 제시했다.

03 약점진단 ○△× ○△× ○△×

지방자치단체장(서울시장)의 직무이행명령에 대한 설명 중 가장 옳지 않은 것은? 2018 서울시 7급 제1회

① 서울시장이 국가위임사무의 관리와 집행을 명백히 게을리하고 있다고 인정되면 주무부장관이 기간을 정하여 서면으로 이행할 사항을 명령할 수 있다.
② 주무부장관은 서울시장이 국가위임사무에 대한 이행명령을 이행하지 아니하면 서울시의 비용부담으로 대집행하거나 행정상·재정상 필요한 조치를 할 수 있다.
③ 서울시장은 주무부장관의 이행명령에 이의가 있으면 이행명령서를 접수한 날부터 20일 이내에 대법원에 소를 제기할 수 있다.
④ 위 ③의 경우 서울시장은 이행명령의 집행을 정지하게 하는 집행정지결정을 신청할 수 있다.

04 약점진단 ○△× ○△× ○△×

다음 중 우리나라 지방자치단체의 사무에 대한 설명으로 가장 적절하지 않은 것은? 2024 군무원 7급

① 지방자치단체의 사무는 자치사무와 위임사무로 구분된다.
② 지방의회는 지방자치단체의 자치사무에 대해 행정사무 감사 및 조사를 실시할 수 있다.
③ 지방자치단체나 그 장이 위임받아 처리하는 국가사무에 대하여 주무부장관의 지도·감독을 받는다.
④ 지방자치단체의 자치사무에 대하여는 행정안전부장관이 그 회계를 감사할 수 없다.

05 중앙정부와 지방정부 간 갈등관계에 대한 설명으로 가장 옳지 않은 것은? 2015 서울시 7급

약점진단 ○△× ○△× ○△×

① 중앙정부와 지방정부 간 공식적인 갈등조정 기구는 대통령 소속의 행정협의조정위원회이다.
② 중앙정부와 지방정부 간 국책사업 갈등에는 지역주민이 갈등의 당사자로 참여하는 경우가 있다.
③ 중앙정부와 지방정부는 사무권한과 관련한 갈등의 경우 헌법재판소에 권한쟁의심판을 청구할 수 있다.
④ 취득세 감면조치는 중앙정부와 지방정부의 갈등 요인으로 작용할 수 있다.

06 「지방자치법」상 지방자치단체 상호 간 분쟁 발생 시 조정에 대한 설명으로 옳지 않은 것은? 2023 지방직 7급

약점진단 ○△× ○△× ○△×

① 지방자치단체 상호 간 사무를 처리할 때 의견이 달라 생긴 분쟁이 공익을 현저히 해쳐 조속한 조정이 필요하다고 인정되면 당사자의 신청이 없어도 행정안전부장관이나 시·도지사가 직권으로 조정할 수 있다.
② 행정안전부장관이나 시·도지사는 조정 결정 사항이 성실히 이행되지 아니할 경우 그 지방자치단체에 대하여 직무이행명령을 통해 이행하게 할 수 있다.
③ 지방분쟁조정위원회는 시·도에 설치하며 시·도와 시·군 및 자치구 간 또는 그 장 간의 분쟁을 심의·의결한다.
④ 중앙분쟁조정위원회는 행정안전부에 설치하며 시·도 간 또는 그 장 간의 분쟁을 심의·의결한다.

07 광역행정에 대한 설명으로 옳지 않은 것은? 2019 지방직 9급

약점진단 ○△× ○△× ○△×

① 기존의 행정구역을 초월해 더 넓은 지역을 대상으로 행정을 수행한다.
② 행정권과 주민의 생활권을 일치시켜 행정 효율성을 증진시킬 수 있다.
③ 규모의 경제를 확보하기 어렵다.
④ 지방자치단체 간에 균질한 행정서비스를 제공하는 계기로 작용해 왔다.

08 우리나라 지방자치단체 상호 간의 관계에 대한 설명으로 옳지 않은 것은? 2020 국회직 8급

약점진단 ○△× ○△× ○△×

① 지방자치단체나 그 장은 소관 사무의 일부를 다른 지방자치단체나 그 장에게 위임하여 처리하게 할 수 있다.
② 2개 이상의 지방자치단체에 관련된 사무의 일부를 공동으로 처리하기 위하여 행정협의회를 구성할 수 있다.
③ 지방자치단체장 상호 간의 교류와 협력을 위하여 전국적 협의체를 설립할 수 있다.
④ 중앙행정기관장과 지방자치단체장이 사무를 처리함에 있어서 의견을 달리하는 경우 이를 협의·조정하기 위하여 국무총리 소속으로 행정협의조정위원회를 둔다.
⑤ 지방자치단체 조합의 사무 처리의 효과는 지방자치단체가 아닌 지방자치단체 조합에 귀속된다.

09 광역행정의 방식 중에서 법인격을 갖춘 새 기관을 설립하는 방식만을 〈보기〉에서 모두 고르면?

약점진단 ○△×

2021 국회직 8급

보기

ㄱ. 사무위탁
ㄴ. 행정협의회
ㄷ. 지방자치단체조합
ㄹ. 연합
ㅁ. 합병

① ㄱ, ㄷ
② ㄴ, ㄹ
③ ㄷ, ㄹ
④ ㄷ, ㅁ
⑤ ㄹ, ㅁ

10 특별지방행정기관에 대한 설명으로 옳은 것은?

약점진단 ○△×

2019 국가직 7급

① 국가의 사무를 집행하기 위해 설치한 일선집행기관으로 고유의 법인격을 가지고 있다.
② 전문분야의 행정을 보다 효율적으로 수행하기 위해 설치하나 행정기관 간의 중복을 야기하기도 한다.
③ 특별지방행정기관의 예로는 자치구가 아닌 일반행정구가 있다.
④ 특별지방행정기관은 지방행정의 전문성을 제고하여 지방분권 강화에 긍정적인 영향을 미친다.

11 특별지방행정기관의 문제점이 아닌 것은?

약점진단 ○△×

2015 군무원 9급

① 특별지방행정기관은 국가의 일선기관으로서 중앙통제를 강화시킨다.
② 특별지방행정기관은 지역종합행정을 저해한다.
③ 특별지방행정기관은 주민들의 불편과 혼란을 야기한다.
④ 특별지방행정기관의 확대는 국가사무의 효율적이고 광역적인 추진을 저해한다.

12 특별지방행정기관에 대한 설명으로 옳지 않은 것은?

약점진단 ○△×

2015 국가직 9급

① 관할 지역 주민들의 직접적인 통제와 참여가 용이하기 때문에 책임행정을 실현할 수 있다.
② 출입국관리, 공정거래, 근로조건 등 국가적 통일성이 요구되는 업무를 수행한다.
③ 현장의 정보를 중앙정부에 전달하거나 중앙정부와 지방자치단체 사이의 매개 역할을 수행하기도 한다.
④ 국가의 사무를 집행하기 위해 중앙정부에서 설치한 일선행정기관으로 자치권을 가지고 있지 않다.

약점 체크와 약점 보완을 한 번에 정답과 해설 P.109

CHAPTER 03

지방자치단체의 운영체계

출제 비중 53%

50 53 100

출제예상편 ▶ P.260

01 지역에서의 행정서비스 전달주체에 대한 설명으로 가장 적절하지 않은 것은? 2023 군무원 9급

약점진단 ○△× ○△× ○△×

① 지역에서의 행정서비스 전달주체는 크게 특별지방행정기관과 지방자치단체로 구분된다.
② 특별지방행정기관은 지역에 위치한 세무서 등인데 소속 중앙행정기관의 지시 및 감독을 받는다.
③ 지방자치단체는 독자적인 법인격은 없지만 국가의 위임사무나 자치사무를 수행한다.
④ 지역에서의 행정서비스는 주민복지 등 지역주민의 생활공간 안에서의 생활행정이자 근접 행정이다.

02 다음 중 우리나라 지방자치단체 간의 연결구조에 대한 설명으로 가장 적절하지 않은 것은? 2024 군무원 9급

약점진단 ○△× ○△× ○△×

① 하나의 자치단체가 다른 자치단체를 구역 안에 포괄하는 중층제를 원칙으로 하며, 광역단체(시 · 도)와 기초단체(시 · 군 · 구)의 연결구조가 그 예이다.
② 한 구역에 하나의 자치단체만이 존재하는 단층제를 예외적으로 채택하고 있으며, 강원특별자치도 · 전북특별자치도 · 제주특별자치도 · 세종특별자치시가 여기에 해당한다.
③ 자치계층이 자치권을 바탕으로 하는 계층 간 독립적 관계구조라면, 행정계층은 계층 간 지휘 · 감독적 관계구조라고 할 수 있다.
④ 자치계층이 정치적 민주성을 중심으로 한다면, 행정계층은 행정의 효율성을 중심으로 하는 개념이라고 할 수 있다.

03 특별지방자치단체에 대한 설명으로 옳지 않은 것은? 2024 국회직 8급

약점진단 ○△× ○△× ○△×

① 2개 이상의 지방자치단체가 공동으로 특정한 목적을 위하여 광역적으로 사무를 처리할 필요가 있을 때 설치할 수 있다.
② 특별지방자치단체는 법인으로 한다.
③ 지방의회 의원은 특별지방자치단체의 의회 의원을 겸직할 수 없다.
④ 특별지방자치단체를 구성하는 지방자치단체(이하 '구성 지방자치단체'라고 함)는 상호 협의에 따른 규약을 정하여 구성 지방자치단체의 지방의회 의결을 거쳐 행정안전부장관의 승인을 받아야 한다.
⑤ 특별지방자치단체의 사무가 구성 지방자치단체 구역의 일부에만 관계되는 등 특별한 사정이 있을 때에는 해당 지방자치단체 구역의 일부만을 구역으로 할 수 있다.

04 「공공기관의 운영에 관한 법률」과 지방공기업법령상 공공기관과 지방공기업에 대한 설명으로 옳지 않은 것은? 2018 지방직 7급

약점진단 ○△× ○△× ○△×

① 기획재정부장관은 공공기관을 공기업 · 준정부기관과 기타 공공기관으로 구분하여 지정하되, 공기업과 준정부기관은 직원 정원, 수입액 및 자산규모가 대통령령으로 정하는 기준에 해당하는 공공기관 중에서 지정한다.
② 기획재정부장관은 경영실적 평가 결과 경영실적이 부진한 공기업 · 준정부기관에 대하여 운영위원회의 심의 · 의결을 거친 후 기관장, 상임이사의 임명권자에게 그 해임을 건의하거나 요구할 수 있다.
③ 「지방공기업법」상 지방공기업의 범주에는 지방직영기업과 지방공사 · 지방공단이 포함된다.
④ 지방자치단체장은 지방자치의 발전과 주민복리의 증진을 위해 지방공기업을 설립 · 운영할 수 있으며, 매년 경영평가 결과를 토대로 경영진단 대상 지방공기업을 선정한다.

05 「지방공기업법」상 지방공기업에 대한 설명으로 옳지 않은 것은? 2024 지방직 9급

약점진단 ○△× ○△× ○△×

① 지방직영기업의 관리자는 해당 지방자치단체의 공무원으로서 지방직영기업의 경영에 관하여 지식과 경험이 풍부한 사람 중에서 지방자치단체의 장이 임명한다.
② 지방공사를 설립하고자 하는 시장 · 군수 · 구청장은 설립 전에 행정안전부장관과 협의하여야 한다.
③ 지방자치단체는 상호 규약을 정하여 다른 지방자치단체와 공동으로 지방공사를 설립할 수 있다.
④ 지방자치단체는 지방직영기업을 설치 · 경영하려는 경우에는 그 설치 · 운영의 기본사항을 조례로 정하여야 한다.

06 「지방자치법」상 지방자치단체 종류별 사무배분의 기준에 대한 설명으로 옳지 않은 것은? 2022 국가직 7급

약점진단 ○△× ○△× ○△×

① 인구 30만 이상의 시에 대해서는 도가 처리하는 사무의 일부를 직접 처리하게 할 수 있다.
② 시 · 군 및 자치구가 독자적으로 처리하기 어려운 사무는 시 · 도의 사무이다.
③ 지방자치단체의 구역, 조직, 행정관리 등은 시 · 도와 시 · 군 및 자치구에 공통된 사무이다.
④ 국가와 시 · 군 및 자치구 사이의 연락 · 조정 등의 사무는 시 · 도의 사무이다.

07 「지방자치법」상 지방자치단체의 사무처리에 관한 설명으로 가장 옳지 않은 것은? 2018 서울시 9급

약점진단 ○△× ○△× ○△×

① 지방자치단체는 법령을 위반하여 그 사무를 처리할 수 없다.
② 행정처리 결과가 2개 이상의 시 · 군 및 자치구에 미치는 광역적 사무는 시 · 도가 처리한다.
③ 시 · 도와 시 · 군 및 자치구의 사무가 서로 경합하면 시 · 도에서 먼저 처리한다.
④ 지방자치단체는 법률에 다른 규정이 있는 경우를 제외하고 외교, 국방, 사법, 국세 등 국가의 존립에 필요한 사무를 처리할 수 없다.

08 지방자치단체의 기관구성에 대한 설명으로 옳은 것은? 2019 지방직 7급

약점진단 ○△× ○△× ○△×

① 우리나라는 시장의 권한이 지방의회의 권한에 비해 상대적으로 약한 기관대립형을 유지하고 있다.
② 영국의 의회형에서는 집행기관의 장을 주민이 직선으로 선출한다.
③ 미국의 위원회형은 기관대립형의 특수한 형태로 볼 수 있다.
④ 기관통합형의 집행기관은 기관대립형에 비해 행정의 전문성이 높지 않을 가능성이 크다.

09 지방행정제도에 대한 설명으로 옳지 않은 것은? 2024 국가직 9급

약점진단 ○△× ○△× ○△×

① 일정 조건을 충족한 주민은 해당 지방의회에 조례를 제정하거나 개정 또는 폐지할 것을 청구할 수 있다.
② 지방자치단체 간 관할 구역의 경계변경 조정 시 일정기간 이내에 경계변경자율협의체를 구성하지 못 한 경우 행정안전부장관은 지방자치단체중앙분쟁조정위원회의 심의 · 의결을 거쳐 조정할 수 있다.
③ 정책지원 전문인력인 정책지원관 제도는 지방자치단체장의 정책기능을 강화하기 위해 도입되었다.
④ 자치경찰사무는 합의제 행정기관인 시 · 도지사 소속 시 · 도 자치경찰위원회가 관장하며 업무는 독립적으로 수행한다.

10 다음 중 「지방자치법」상 지방의회의 의결사항에 해당하지 않는 것은? 2018 국회직 8급

약점진단 ○△× ○△× ○△×

① 조례의 제정 · 개정 및 폐지
② 재의요구권
③ 기금의 설치 · 운용
④ 대통령령으로 정하는 중요 재산의 취득 · 처분
⑤ 청원의 수리와 처리

11 지방의회가 지방자치단체에 대하여 행사할 수 있는 권한으로 옳지 않은 것은? 2016 서울시 7급

약점진단 ○△×

① 예산불성립 시 예산집행
② 선결처분의 사후 승인
③ 행정사무의 감사 · 조사
④ 청원서의 이송 · 보고 요구

12 「지방자치법」상 지방의회에 대한 설명으로 옳지 않은 것은? 2023 국가직 7급

약점진단 ○△×

① 지방의회의원의 의정활동을 지원하기 위하여 정책지원 전문인력을 둘 수 있다.
② 지방의회의 의장은 지방의회의 사무직원을 지휘 · 감독한다.
③ 지방의회는 매년 4회 정례회를 개최한다.
④ 지방의회의원은 각급 선거관리위원회 위원을 겸직할 수 없다.

13 「지방자치법」상 지방의회에 대한 내용으로 옳지 않은 것은? 2018 국가직 9급

약점진단 ○△×

① 지방의회는 조례로 정하는 바에 따라 위원회를 둘 수 있으며, 위원회의 종류는 상임위원회와 특별위원회로 한다.
② 지방의회는 그 의결로 소속 의원의 사직을 허가할 수 있다. 다만, 폐회 중에는 의장이 허가할 수 있다.
③ 의장은 의결에서 표결권을 가지지 못하며, 찬성과 반대가 같으면 부결된 것으로 본다.
④ 지방의회에서 부결된 의안은 같은 회기 중에 다시 발의하거나 제출할 수 없다.

14 우리나라의 지방선거에 대한 설명으로 가장 옳은 것은? 2018 서울시 7급 제2회

약점진단 ○△×

① 현재 광역-기초자치단체장 및 광역-기초의회 의원 선거 모두에 정당공천제가 허용되고 있다.
② 광역의회의 지역구 선거는 기본적으로 중선거구제를 채택하고 있다.
③ 기초의회 지역구 선거는 기본적으로 소선거구제에 입각하고 있다.
④ 소선거구제의 경우에 풀뿌리 민주주의의 기반이 되는 주민과 의원과의 관계가 멀어질 수 있다는 단점이 있다.

15 지방정부의 기관구성 형태에 대한 설명으로 옳지 않은 것은? 2021 지방직 9급(서울시 9급)

약점진단 ○△×

① 강시장-의회(strong mayor-council) 형태에서는 시장이 강력한 정치적 리더십을 행사한다.
② 위원회(commission) 형태에서는 주민 직선으로 선출된 의원들이 집행부서의 장을 맡는다.
③ 약시장-의회(weak mayor-council) 형태에서는 일반적으로 의회가 예산을 편성한다.
④ 의회-시지배인(council-manager) 형태에서는 시지배인이 의례적이고 명목적인 기능을 수행한다.

16 지방자치단체장의 권한 및 기능에 해당하지 않는 것은? 2022 국회직 8급

약점진단 ○△× ○△× ○△×

① 지방의회에 조례안을 제출할 수 있다.
② 교육기관을 설치, 이전 및 폐지할 수 있다.
③ 조례나 규칙으로 정하는 바에 따라 그 권한에 속하는 사무의 일부를 보조기관 등에 위임할 수 있다.
④ 법령 또는 조례의 범위에서 그 권한에 속하는 사무에 관하여 규칙을 제정할 수 있다.
⑤ 주민에게 과도한 부담을 주거나 중대한 영향을 미치는 지방자치단체의 주요 결정사항 등에 대하여 주민투표에 부칠 수 있다.

17 다음 중 지방자치단체의 집행기관인 소속 행정기관에 속하지 않은 것은? 2023 군무원 7급

약점진단 ○△× ○△× ○△×

① 보조기관 ② 직속기관
③ 합의제행정기관 ④ 자문기관

18 2021년 1월 전부개정된 「지방자치법」에서 처음으로 도입된 주민참여 제도는? 2023 국가직 9급

약점진단 ○△× ○△× ○△×

① 주민소환
② 주민의 감사청구
③ 조례의 제정과 개정 · 폐지 청구
④ 규칙의 제정과 개정 · 폐지 관련 의견 제출

19 우리나라 지방자치단체의 권한(자치권)으로 옳지 않은 것은? 2021 국가직 9급

약점진단 ○△× ○△× ○△×

① 지방자치단체는 법률의 위임이 있어야 주민의 권리를 제한하는 조례를 제정할 수 있다.
② 지방자치단체는 주민의 복지증진과 사업의 효율적 수행을 위하여 지방공기업을 설치 · 운영할 수 있다.
③ 지방자치단체는 조례를 위반한 행위에 대하여 조례로써 1,500만 원 이하의 과태료를 정할 수 있다.
④ 지방자치단체조합도 따로 법률로 정하는 바에 따라 지방채를 발행할 수 있다.

20 다음 중 우리나라 지방자치단체의 자치권에 대한 설명으로 옳지 않은 것은? 2017 국회직 8급

약점진단 ○△× ○△× ○△×

① 지방자치단체는 자치재정권이 인정되어 조례를 통해서 독립적인 지방 세목을 설치할 수 있다.
② 행정기구의 설치는 대통령령이 정하는 범위 안에서 지방자치단체의 조례로 정한다.
③ 자치사법권이 부여되어 있지 않다.
④ 중앙정부가 분권화시킨 결과가 지방정부의 자치권 확보라고 할 수 있다.
⑤ 중앙과 지방의 기능배분에 있어서 포괄적 예시형 방식을 적용한다.

21 단체위임사무와 기관위임사무에 대한 설명으로 옳지 않은 것은? 2020 국가직 9급

약점진단 ○△× ○△× ○△×

① 지방의회는 기관위임사무에 대해 조례제정권을 행사할 수 없다.
② 보건소의 운영업무와 병역자원의 관리업무는 대표적인 기관위임사무이다.
③ 중앙정부는 단체위임사무에 대해 사전적 통제보다 사후적 통제를 주로 한다.
④ 기관위임사무의 처리를 위한 비용은 국가가 부담한다.

22 지방정부의 사무에 대한 설명으로 옳지 않은 것은?
2023 지방직 9급

약점진단 ○△× ○△× ○△×

① 기관위임사무의 처리에 드는 경비는 중앙정부와 지방정부가 공동 부담하는 것이 원칙이다.
② 단체위임사무는 집행기관장이 아닌 지방정부 그 자체에 위임된 사무이다.
③ 지방의회는 단체위임사무의 처리 과정에 관한 조례를 제정할 수 있다.
④ 중앙정부는 자치사무에 대해 합법성 위주의 통제를 주로 한다.

23 지방자치단체가 수행하는 기관위임사무에 대한 설명으로 옳은 것은?
2020 국회직 8급

약점진단 ○△× ○△× ○△×

① 기관위임사무의 처리에 필요한 경비는 수임한 지방자치단체가 전액 부담한다.
② 상·하수도 설치 및 관리, 도시계획사업의 시행, 소비자 보호 및 저축장려는 기관위임사무이다.
③ 기관위임사무는 지방자치단체의 장과 지방의회가 공동으로 수임주체가 된다.
④ 지방자치단체가 그 권한에 속하는 사무의 일부를 소속 행정기관에 위임할 때는 개별적인 법령의 근거가 필요하지 않다.
⑤ 지방의회는 자치단체의 기관위임사무를 지휘할 수 있는 권한이 있다.

24 정부 간 관계와 지방자치권에 대한 설명으로 옳지 않은 것은?
2023 국가직 7급

약점진단 ○△× ○△× ○△×

① 라이트(Wright)는 미국의 연방정부, 주정부, 지방정부 간 관계에 주목하면서 중앙·지방정부 간 관계를 3가지 형태로 구분하였다.
② 엘코크(Elcock)가 제시한 대리인모형은 지방정부의 자율성이 제약되는 상황을 특징으로 한다.
③ 우리나라 지방자치단체의 자치조직권은 「지방자치법」의 위임에 따라 제정된 대통령령의 제약을 받는다.
④ 우리나라 지방자치단체의 단체위임사무는 의결기관인 지방의회가 그 사무의 처리에 관여할 수 없다.

약점 체크와 약점 보완을 한 번에 정답과 해설 P.112

주민참여제도

출제 비중 11%

11 50 100

출제예상편 ▶ P.264

01 약점진단 ○△× ○△× ○△×

다음 중 아른슈타인(Arnstein)이 제시한 주민참여의 8단계론 중 명목적(형식적) 참여의 범주에 해당하는 것은? 2016 국회직 8급

① 조작(manipulation)
② 치료(therapy)
③ 협력(partnership)
④ 정보제공(informing)
⑤ 주민통제(citizen control)

02 약점진단 ○△× ○△× ○△×

주민참여제도에 대한 설명으로 옳지 않은 것은? 2019 지방직 9급

① 주민참여제도에는 주민투표, 주민소환, 주민소송 등이 있다.
② 「지방자치법」에서는 주민소송에 관한 사항을 명시하고 있다.
③ 지역구지방의회의원에 대한 주민소환투표는 당해 지방의회의원의 지역선거구를 대상으로 한다.
④ 지방자치단체가 조례를 제정하면 해당 지역에 거주하는 17세 이상의 외국인에게도 주민투표권이 부여된다.

03 약점진단 ○△× ○△× ○△×

「지방자치법」에서는 지방자치단체의 구역 안에 주소를 가진 자를 "주민"의 자격이 있는 것으로 정의하고 있다. 주민이 갖는 권리에 해당하지 않는 것은? 2018 서울시 7급 제1회

① 법령으로 정하는 바에 따라 그 지방자치단체에서 실시하는 지방의회의원과 지방자치단체의 장의 선거에 참여할 권리를 가진다.
② 지방의회에 조례를 제정하거나 개정하거나 폐지할 것을 청구할 수 있다.
③ 주민에게 과도한 부담을 주거나 중대한 영향을 미치는 지방자치단체의 주요 결정사항 등에 대하여 주민투표를 발의할 수 있다.
④ 지방자치단체의 장 및 지방의회의원(비례대표 지방의회 의원은 제외)을 소환할 권리를 가진다.

04 약점진단 ○△× ○△× ○△×

우리나라 지방자치단체 주민투표제도에 대한 설명으로 가장 옳은 것은? 2019 서울시 9급 제2회

① 1994년 「지방자치법」 개정에서 도입된 이래 지금까지 시행되고 있다.
② 주민투표에 부쳐진 사항은 법에서 정한 경우를 제외하고는 주민투표권자 총수의 4분의 1 이상의 투표와 유효 투표 수 과반수의 득표로 확정된다.
③ 지방자치단체의 장은 주민 또는 지방의회의 청구에 의한 경우가 아닌 자신의 직권으로 주민투표를 실시할 수 없다.
④ 일반 공직선거와 마찬가지로 외국인은 어떠한 경우에도 주민투표에 참여할 수 없다.

05 우리나라의 주민참여제도에 대한 설명으로 가장 옳지 않은 것은? 2022 군무원 9급

약점진단 ○△× ○△× ○△×

① 주민은 지방자치단체의 장을 상대로 소송을 제기할 수 있다.
② 주민은 지방자치단체의 장 및 지방의회의원(비례대표 지방의회의원은 제외)을 소환할 수 있다.
③ 주민은 지방자치단체의 장에게 조례의 제정과 개폐를 청구할 수 있다.
④ 주민은 지방예산 편성 등 예산과정에 참여할 수 있다.

06 다음 중 아래의 주민감사청구에 대한 「지방자치법」에 들어갈 내용이 모두 맞는 것은? 2022 군무원 7급

약점진단 ○△× ○△× ○△×

> **제21조(주민의 감사청구)** ① 지방자치단체의 (　　) 이상의 주민으로서 다음 각 호의 어느 하나에 해당하는 사람은 시·도는 (　　), 제198조에 따른 인구 50만 이상 대도시는 (　　), 그 밖의 시·군 및 자치구는 (　　) 이내에서 그 지방자치단체의 조례로 정하는 수 이상의 (　　) 이상의 주민이 연대 서명하여 그 지방자치단체와 그 장의 권한에 속하는 사무의 처리가 법령에 위반되거나 공익을 현저히 해친다고 인정되면 시·도의 경우에는 (　　)에게, 시·군 및 자치구의 경우에는 (　　)에게 감사를 청구할 수 있다.

① 19세 – 300명 – 200명 – 150명 – 19세 – 대통령 – 주무부장관
② 18세 – 200명 – 150명 – 100명 – 18세 – 주무부장관 – 시·도지사
③ 19세 – 300명 – 250명 – 200명 – 19세 – 대통령 – 주무부장관
④ 18세 – 300명 – 200명 – 150명 – 18세 – 주무부장관 – 시·도지사

07 우리나라의 주민참여제도에 대한 설명으로 옳지 않은 것은? 2017 국가직 9급(추가채용)

약점진단 ○△× ○△× ○△×

① 지방자치단체의 장은 주민에게 과도한 부담을 주거나 중대한 영향을 미치는 지방자치단체의 주요 결정사항 등에 대하여 주민투표에 부칠 수 있다.
② 개인의 사생활을 침해할 우려가 있는 사항이라도, 사무의 처리가 법령에 위반되거나 공익을 현저히 해친다고 인정되면 주민감사청구를 할 수 있다.
③ 주무부장관이나 시·도지사는 주민감사청구를 처리(각하 포함)할 때 청구인의 대표자에게 반드시 증거 제출 및 의견 진술의 기회를 주어야 한다.
④ 지방자치단체의 장은 대통령령으로 정하는 바에 따라 지방예산편성과정에 주민이 참여할 수 있는 절차를 마련하여 시행하여야 한다.

08 다음 중 현행 법률상 허용되지 않는 것만을 모두 고르면? 2019 지방직 7급

약점진단 ○△× ○△× ○△×

> ㄱ. 비례대표 지방의회의원에 대한 주민소환
> ㄴ. 수사에 관여하게 되는 사항에 대한 주민감사청구
> ㄷ. 수수료 감면을 위한 주민의 조례 개정 청구
> ㄹ. 지방공무원의 정원에 관한 주민투표

① ㄱ, ㄷ　② ㄱ, ㄴ, ㄹ
③ ㄴ, ㄷ, ㄹ　④ ㄱ, ㄴ, ㄷ, ㄹ

09 주민참여제도에 대한 설명으로 옳은 것은?

2023 지방직 7급

약점진단 ○△× ○△× ○△×

① 주민투표의 대상·발의자·발의요건, 그 밖에 투표절차 등에 관한 사항은 따로 「주민투표법」으로 정하고 있다.
② 주민은 지방자치단체의 권한에 속하는 사무의 처리가 법령에 위반되거나 공익을 현저히 해친다고 판단될 때 해당 지방자치단체장에게 감사를 청구할 수 있다.
③ 주민은 지방자치단체의 공금지출에 관한 위법한 행위에 대하여 해당 지방자치단체의 장을 상대방으로 주민소송이 가능하며, 이 제도는 2021년 지방자치법 전부개정을 통해 처음 도입되었다.
④ 주민은 지방의회의원과 지방자치단체장에 대해 소환할 권리를 가지며 비례대표 지방의회의원도 소환 대상에 포함된다.

10 우리나라의 주민소환제도에 대한 설명으로 옳지 않은 것은?

2021 국가직 9급

약점진단 ○△× ○△× ○△×

① 가장 유력한 직접민주주의 제도이다.
② 비례대표 지방의회의원은 주민소환 대상이 아니다.
③ 심리적 통제 효과가 크다.
④ 군수를 소환하려고 할 경우에는 해당 군의 주민소환투표청구권자 총수의 100분의 10 이상의 서명을 받아 청구해야 한다.

11 우리나라 주민참여예산제도에 대한 설명으로 옳지 않은 것은?

2021 국가직 7급

약점진단 ○△× ○△× ○△×

① 주민이 참여할 수 있는 예산의 범위는 「지방재정법」에 규정되어 있다.
② 지방자치단체의 장은 주민참여예산제도를 마련하여 시행해야 할 법적 의무가 있다.
③ 지방자치단체 중 최초로 주민참여예산조례를 제정한 곳은 광주광역시 북구이다.
④ 지방의회 예산심의권 침해 논란이 있다.

12 우리나라에서 채택하고 있는 주민참여제도에 대한 설명으로 옳지 않은 것은?

2021 국회직 8급

약점진단 ○△× ○△× ○△×

① 주민발안제도를 통해 주민들이 지방자치단체의 조례의 제정 및 개·폐를 지방의회에 청구할 수 있다.
② 지방자치단체장, 지방의회의원에 대한 주민소환제도는 임기 만료 1년 미만일 때는 청구할 수 없다.
③ 주민들이 지방자치단체의 주요 현안을 직접 결정하기 위해서 주민투표의 실시를 청구할 수 있다.
④ 지방자치단체의 재무행위가 위법하다고 인정되는 경우에 주민들은 자신의 권익에 침해가 없는 경우에도 주민소송을 청구할 수 있다.
⑤ 주민참여예산제도는 「지방재정법」상 지방자치단체의 의무이므로, 주민참여예산제도를 통해 수렴된 주민의 의견은 예산에 반영되어야만 한다.

13 현행 「지방자치법」에 근거하는 제도에 해당하지 않는 것은?

2022 국회직 8급

약점진단 ○△× ○△× ○△×

① 주민참여예산제 ② 주민투표제
③ 주민감사청구제 ④ 주민소송제
⑤ 주민소환제

약점 체크와 약점 보완을 한 번에 정답과 해설 P.117

CHAPTER 05

지방재정

출제 비중 26%

26 50 100

출제예상편 ▶ P.266

01 지방재정의 사전관리제도에 해당하는 것을 〈보기〉에서 모두 고른 것은? 2019 서울시 7급 제2회

약점진단 ○△× ○△× ○△×

보기

ㄱ. 중기지방재정계획 ㄴ. 지방재정투자심사
ㄷ. 행정사무감사 ㄹ. 성인지 예산제도
ㅁ. 재정공시

① ㄱ, ㄴ ② ㄴ, ㄷ
③ ㄱ, ㄴ, ㄹ ④ ㄷ, ㄹ, ㅁ

02 다음 중 지방자치단체의 재정자립도에 대한 설명으로 가장 적절하지 않은 것은? 2024 군무원 9급

약점진단 ○△× ○△× ○△×

① 특별회계와 기금을 제외하고 일반회계만을 고려하기 때문에 실제 재정 능력이 과소 평가된다.
② 자체재원만을 반영하고 세출 구조를 고려하지 않아 세출의 질을 알 수 없다.
③ 중앙정부의 재정지원을 의존재원으로 처리함으로써 그 재정지원의 형태나 성격을 제대로 파악할 수 없다.
④ 지방자치단체가 중앙정부 등 외부의 간섭이나 통제 없이 자주적으로 편성·집행할 수 있는 재원의 비율을 말한다.

03 지방재정에 대한 설명으로 옳지 않은 것은? 2023 지방직 7급

약점진단 ○△× ○△× ○△×

① 재정자립도는 일반회계 예산규모에서 지방세와 세외수입 합계액의 비(比)를 의미하며 지방자치단체의 실제 재정력과 차이가 있다는 비판이 있다.
② 재정자주도는 일반회계 예산규모에서 자체수입과 자주재원 합계액의 비를 의미하며 보통교부세 교부 여부의 적용기준으로 활용된다.
③ 재정력지수는 기준재정수요액에서 기준재정수입액의 비를 의미하며 기본적 행정 수행을 위한 재정수요의 실질적 확보 능력을 판단하는 기준이 된다.
④ 주민 1인당 지방세 부담액은 지방세액을 해당 지방자치단체 주민 수로 나눈 것으로 세입구조 안정성을 판단하는 기준이 된다.

04 다음 중 2023년 현재 조세를 실제로 부담하는 사람과 이를 직접 납부하는 사람이 서로 다른 간접세를 포함하고 있는 국세의 종목은 모두 몇 개인가? 2023 군무원 7급

약점진단 ○△× ○△× ○△×

ㄱ. 자동차세 ㄴ. 부가가치세
ㄷ. 담배소비세 ㄹ. 주세
ㅁ. 개별소비세 ㅂ. 종합부동산세

① 1개 ② 2개
③ 3개 ④ 4개

05 특별시·광역시의 보통세와 도의 보통세에 공통적으로 속하는 세목만을 모두 고르면? 2022 지방직 9급(서울시 9급)

약점진단 ○△× ○△× ○△×

ㄱ. 지방소득세 ㄴ. 지방소비세
ㄷ. 주민세 ㄹ. 레저세
ㅁ. 재산세 ㅂ. 취득세

① ㄱ, ㄴ, ㄹ ② ㄱ, ㄷ, ㅁ
③ ㄴ, ㄹ, ㅂ ④ ㄷ, ㅁ, ㅂ

06 우리나라의 지방재정에 대한 설명으로 가장 옳지 않은 것은?

2017 서울시 9급

약점진단 ○△× ○△× ○△×

① 지방자치단체의 세입재원은 크게 자주재원과 의존재원으로 나눌 수 있는데, 자주재원에는 지방세와 세외수입이 있고, 의존재원에는 국고보조금과 지방교부세 등이 있다.
② 지방세 중 목적세로는 담배소비세, 레저세, 자동차세, 지역자원시설세, 지방교육세 등이 있다.
③ 지방교부세는 지방자치단체 간 재정력의 불균형을 조정하는 재원으로 보통교부세·특별교부세·부동산교부세 및 소방안전교부세로 구분한다.
④ 지방재정자립도를 높이기 위해 국세의 일부를 지방세로 전환할 경우 지역 간 재정불균형이 심화될 수 있다.

07 우리나라의 지방자치제도에 대한 설명으로 옳은 것은?

2017 지방직 7급

약점진단 ○△× ○△× ○△×

① 시·군의 지방세 세목에는 담배소비세, 주민세, 지방소득세, 재산세, 자동차세가 있다.
② 지방의회는 지방자치단체를 외부에 대표하는 기능, 국가위임사무 집행기능 등을 가진다.
③ 지방자치단체는 2층제이며, 16개의 광역자치단체와 220개의 기초자치단체가 설치되어 있다.
④ 기관통합형 구조를 채택하고 있으며, 기초자치단체장 선거에서는 정당공천제를 실시하지 않고 있다.

08 지방세 체계에 대한 설명 중 옳지 않은 것은?

2016 교육행정직 9급

약점진단 ○△× ○△× ○△×

① 광역시의 경우에는 주민세 재산분 및 종업원분은 광역시세가 아니고 구세로 한다.
② 광역시의 군지역은 광역시세와 자치구세의 세목구분이 적용되지 않고 도세와 시·군세의 세목 구분이 적용된다.
③ 시·도는 지방교육세를 매 회계연도 일반회계예산에 계상하여 교육비특별회계로 전출하여야 한다.
④ 특별시의 재산세는 특별시분과 자치구분으로 구분하고, 특별시분은 구의 지방세수 등을 고려하여 자치구에 차등분배하고 있다.

09 지방채에 대한 설명으로 옳은 것은?

2018 국가직 7급

약점진단 ○△× ○△× ○△×

① 지방자치단체조합의 장은 지방채를 발행할 수 없다.
② 이미 발행한 지방채의 차환을 위해서 지방자치단체의 장은 지방채를 발행할 수 없다.
③ 제주특별자치도지사는 제주특별자치도의 발전과 관계가 있는 사업을 위하여 필요하면 도의회 의결을 마친 후 외채 발행과 지방채 발행 한도액의 범위를 초과한 지방채 발행을 할 수 있다.
④ 외채를 발행할 경우에는 지방채 발행 한도액 범위더라도 지방의회의 의결을 거치기 전에 기획재정부장관의 승인을 받아야 한다.

10 지방교부세에 대한 설명으로 옳지 않은 것은?

2022 국가직 9급

약점진단 ○△×

① 지역 간 재정력 격차를 완화시키는 재정 균등화 기능을 수행한다.
② 보통교부세, 특별교부세, 부동산교부세, 소방안전교부세로 구분한다.
③ 신청주의를 원칙으로 하며 각 중앙관서의 예산에 반영되어야 한다.
④ 부동산교부세는 종합부동산세를 재원으로 하며 전액을 지방자치단체에 교부한다.

11 우리나라 지방재정조정제도에 대한 설명으로 옳은 것은?

2021 지방직 7급(서울시 7급)

약점진단 ○△×

① 「지방교부세법」상 지방교부세는 보통교부세, 특별교부세, 부동산교부세 및 소방안전교부세로 구분된다.
② 지방교부세는 중앙정부가 국가사무를 지방정부에 위임하거나 지방정부가 추진하는 사업경비의 전부 또는 일부를 보조하거나 지원하기 위한 제도이다.
③ 조정교부금은 전국적 최소한 동일 행정서비스 수준 보장을 위해 중앙정부가 내국세의 일정 비율을 자치단체에 배분하는 것이다.
④ 지방교부세 대비 국고보조금의 비중 증가는 지방재정의 자율성을 강화한다.

12 현행 지방교부세에 대한 설명으로 가장 거리가 먼 것은?

2023 군무원 7급

약점진단 ○△×

① 지방교부세의 종류는 보통교부세 · 특별교부세 · 부동산교부세 및 소방안전교부세로 구분한다.
② 보통교부세는 해마다 기준재정수입액이 기준재정수요액에 못 미치는 지방자치단체에 그 미달액을 기초로 교부한다. 다만, 자치구의 경우에는 기준재정수요액과 기준재정수입액을 각각 해당 특별시 또는 광역시의 기준재정수요액 및 기준재정수입액과 합산하여 산정한 후, 그 특별시 또는 광역시에 교부한다.
③ 행정안전부장관은 법령에 따른 특별교부세의 사용에 관하여 조건을 붙이거나 용도를 제한하여서는 아니 된다.
④ 행정안전부장관은 지방자치단체의 장이 법령에 따른 특별교부세의 교부를 신청하는 경우에는 이를 심사하여 특별교부세를 교부한다. 다만, 행정안전부장관이 필요하다고 인정하는 경우에는 신청이 없는 경우에도 일정한 기준을 정하여 특별교부세를 교부할 수 있다.

13 지방재정조정제도에 대한 설명으로 옳은 것은?

2021 국회직 8급

약점진단 ○△×

① 교부세의 재원에는 내국세 총액의 19.24%, 종합부동산세 총액, 담배에 부과하는 개별소비세 총액의 45%가 포함된다.
② 부동산교부세는 지방교부세 중 가장 최근에 신설되었다.
③ 소방안전교부세는 담배소비세 총액의 100분의 20을 재원으로 하였으나 2020년 100분의 40으로 상향 조정되었다.
④ 특별교부세는 그 교부 주체가 기획재정부장관으로 통합 · 일원화되었다.
⑤ 국고보조금은 지정된 사업목적 이외의 용도로 사용할 수 있는 재원이다.

14 우리나라 지방재정에 대한 설명으로 옳지 않은 것은?

2020 국회직 8급

약점진단 ○△✕ ○△✕ ○△✕

① 중앙관서의 장은 그 소관 사무로서 지방자치단체의 경비부담을 수반하는 사무에 관한 법령을 제정하거나 개정하려면 미리 행정안전부장관의 의견을 들어야 한다.
② 지방자치단체의 장은 이미 성립된 예산을 변경할 필요가 있을 때에는 추가경정예산을 편성할 수 있다.
③ 국가는 정책상 필요하다고 인정할 때 또는 지방자치단체의 재정 사정상 특히 필요하다고 인정할 때에는 예산의 범위에서 지방자치단체에 교부금을 지급할 수 있다.
④ 지방자치단체의 장은 대통령령으로 정하는 바에 따라 각 정책사업 내의 예산액 범위에서 각 단위사업 또는 목의 금액을 전용할 수 있다.
⑤ 행정안전부장관은 지방자치단체가 소속 공무원의 인건비를 30일 이상 지급하지 못한 경우 해당 지방자치단체를 긴급재정관리단체로 지정할 수 있다.

15 지방재정에 대한 설명으로 옳지 않은 것은?

2021 지방직 9급(서울시 9급)

약점진단 ○△✕ ○△✕ ○△✕

① 재정자립도는 일반회계 세입 중 지방세와 세외수입이 차지하는 비중을 말한다.
② 국고보조금은 지방재정 운영의 자율성을 제고한다.
③ 지방교부세는 지역 간의 재정 불균형을 시정하기 위한 제도이다.
④ 지방자치단체는 재해예방 및 복구사업에 경비를 조달하기 위해서 지방채를 발행할 수 있다.

약점 체크와 약점 보완을 한 번에 정답과 해설 P.121

회독의 빈틈을 채워줄

출제예상편

합격을 당기는 전략

기출회독 최종점검

문제풀이 집중훈련

PART 01

행정학의 기초이론

CHAPTER	출제 비중	교수님의 출제 예상 POINT
01 행정의 개념	9%	행정의 개념은 행정학의 가장 기본적인 내용에 해당하는 부분이다. 통치기능설의 등장에 따른 '행정학의 정체성 위기'를 이해하고, 이에 대한 극복 방안을 학자별로 구분하여 숙지하여야 한다.
02 현대행정의 변천	24%	'큰 정부와 작은 정부'에 관한 논쟁의 핵심과 정부의 대응 방식을 정확하게 이해하여야 한다. 또한 '행정학의 정체성 위기'에도 불구하고 규제는 정부의 고유한 영역이므로 Wilson의 규제정치모형, 규제유형을 반드시 숙지하여야 한다.
출제 비중 高 03 행정학이론 발달	49%	재정이론의 변화와 같은 행정환경의 변화로 인하여 행정학의 다양한 접근(딜레마이론, 시차이론 등)은 출제 가능성이 높은 영역에 해당한다. 따라서 재정이론의 변화에 따른 행정이론의 변화를 연결하여 정리해 두어야 한다.
04 행정이념	18%	최근 행정환경의 변화에 따른 행정이념의 특성을 숙지해 두어야 한다. 특히 가외성, 투명성 등의 주요 내용을 중심으로 정리해 두는 것이 좋다.

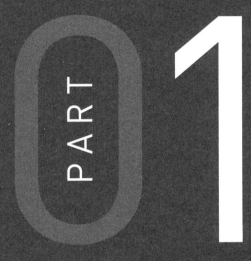

CHAPTER 01

행정의 개념

출제 비중 9%

9 50 100

01 약점진단 ○△×

이념적 지향에 따라 진보주의와 보수주의로 구분할 때 진보주의의 특징으로 보기 어려운 것은?

① 조세 감면과 완화
② 오류가능성 여지가 있는 인간이라는 관점
③ 번영과 진보에 대한 자유시장의 잠재력 인정
④ 조세제도를 통한 소득재분배 선호

02 약점진단 ○△×

다음은 보수주의(자)의 정부관을 설명한 것이다. 바르지 못한 것은?

① 보수주의자의 이상적 정의는 교환적 정의(commutative justice)이지 배분적 정의(distributive justice)가 아니다.
② 정부를 개인의 자유를 위태롭게 할 뿐만 아니라 경제조건을 악화시키는 전제적 횡포라고 믿기 때문에, 기본적으로 자유시장에 대한 신뢰가 높으며 정부를 불신한다.
③ 기회의 평등과 경제적 자유를 강조하고 소득, 부 또는 기타 경제적 결과의 평등은 경시한다.
④ 보수주의자는 '무엇을 할 수 있는 자유'인 적극적 자유(정부의 간섭주의를 지향)를 중시한다.

03 약점진단 ○△×

정치·행정 일원론과 정치·행정 이원론에 관한 설명으로 옳은 것은?

① 과학적 관리론은 정치·행정 일원론의 발전에 기여하였다.
② 정치·행정 일원론은 정치와 행정을 엄격히 구분한다.
③ 정치·행정 이원론은 행정관리의 능률성을 이념으로 한다.
④ 정치·행정 이원론은 행정의 정치적 기능을 강조한다.

04 약점진단 ○△×

정치·행정 일원론에 관한 설명으로 옳지 않은 것을 모두 고르면?

ㄱ. 행정에 있어서 절약과 능률을 최고 가치로 추구한다.
ㄴ. 정치와 행정은 불가분의 관계에 있으므로 서로 협조적 관계에 있다고 본다.
ㄷ. 경제대공황(great depression)과 뉴딜정책 이후 정부의 적극적 역할이 강조된 시기에 발달되었다.
ㄹ. 행정에 있어서 정책수립이라는 정치적·가치배분적 기능이 중요시된다.

① ㄱ ② ㄱ, ㄴ
③ ㄴ, ㄷ ④ ㄷ, ㄹ

05 행정학의 정체성 위기에 관한 설명으로 옳지 않은 것은?

약점진단 ○△×

① 사이몬(H. Simon)은 행정학의 정체성 위기를 극복하기 위하여 행정행태론을 주장하였다.
② 정치·행정 일원론은 행정학의 정체성 위기를 조장하였다.
③ 왈도(D. Waldo)는 행정학의 정체성 위기를 극복하기 위하여 기술성 차원에서 행정학의 전문직업성을 강조하였다.
④ 신행정학 운동은 전문직업주의와 가치중립적인 관리론을 강조하였다.

06 행정과 경영의 차이점에 관한 설명으로 옳지 않은 것은?

약점진단 ○△×

① 행정은 공익을 추구하지만, 경영은 이윤극대화를 추구한다.
② 행정은 모든 국민에게 법 앞에 평등원칙이 지배하지만, 경영은 고객에 따라 대우를 달리할 수 있다.
③ 행정은 직접적인 법적 규제를 받지 않지만, 경영은 엄격한 법적 규제를 받는다.
④ 행정은 경영보다 정당, 의회, 이익단체로부터 더 강한 통제를 받는다.

07 다음 중 행정과 경영의 차이점이 아닌 것은?

약점진단 ○△×

① 관리기법과 의사결정 방식이 다르다.
② 권력성과 법규적용성이 다르다.
③ 능률의 척도와 공개성이 다르다.
④ 활동 주체와 목적이 다르다.

08 행정의 경영화에 관한 설명으로 옳지 않은 것은?

약점진단 ○△×

① 행정의 경영화는 정부부문에 시장원리와 경쟁원리를 도입하여 비효율을 제거하고 성과 지향적이며 고객 지향적인 공공서비스를 제공하는 데 목적이 있다.
② 행정의 경영화는 기업에서 앞서 발전된 관리기술을 정부부문에 도입한다는 의미이다.
③ 행정의 경영화는 정부관료제의 역기능적 성격을 완화하려는 노력이라고 볼 수 있다.
④ 행정의 경영화는 수익자부담에 의한 응능주의 원칙을 강조한다.

약점 체크와 약점 보완을 한 번에 정답과 해설 P.126

CHAPTER 02

현대행정의 변천

출제 비중 24%

01 다음의 주장과 가장 거리가 먼 것은?

약점진단 ○△× ○△× ○△×

> 사회에서 개인들의 이기적인 사익추구행위는 가격의 신호기능을 통해 자동적으로 공익 달성으로 이어진다.

① 자원배분의 효율성
② 시장실패
③ 보이지 않는 손
④ 자유방임국가

02 다음 경찰의 단속 중 그 성격이 다른 것은?

약점진단 ○△× ○△× ○△×

① 운전 중 DMB 시청 금지
② 음주운전 단속
③ 운전 중 휴대폰 사용 단속
④ 운전 중 안전벨트 미착용 단속

03 다음 중 시장실패의 요인으로 옳지 않은 것은?

약점진단 ○△× ○△× ○△×

① 비용과 편익의 괴리
② 자연독점
③ 불완전한 경쟁
④ 정보의 비대칭성

04 시장실패의 요인으로 옳은 것을 모두 고른 것은?

약점진단 ○△× ○△× ○△×

> ㄱ. 공공재의 존재
> ㄴ. 비용과 편익의 절연
> ㄷ. 정보의 비대칭성
> ㄹ. 내부성
> ㅁ. 파생적 외부효과
> ㅂ. 외부효과의 발생

① ㄱ, ㄷ, ㅂ　　② ㄱ, ㄹ, ㅁ
③ ㄴ, ㄷ, ㅁ　　④ ㄴ, ㄹ, ㅁ

05 시장실패에 관한 설명으로 옳은 것은?

약점진단 ○△× ○△× ○△×

① 전기 · 수도와 같은 공공서비스 공급에 정부가 개입하는 이유는 해당 서비스가 비경합성과 비배제성을 지니고 있기 때문이다.
② 규모의 경제에 따른 자연독점이 성립하는 경우 경쟁을 촉진하는 것이 바람직하다.
③ 긍정적 외부효과가 존재하는 시장의 경우 과소공급에 따른 비효율성이 초래된다.
④ 코즈의 정리(Coase's theorem)에서는 부정적 외부효과의 해결을 위한 정부의 규제정책을 강조한다.

06 큰 정부와 작은 정부의 논쟁에 관한 설명으로 옳지 않은 것은?

약점진단 ○△×

① 민주주의 국가에서 진보적 정치집단이 집권을 하면 복지정책의 확대, 정부 지출 및 조세 증대, 그리고 공공부문의 확대 정책을 추진하며, 이 과정에서 자연스럽게 정부 규모가 커지게 된다.
② 학자들은 정부 범위에 대한 태도에 영향을 미치는 요인으로서는 성·연령·교육, 그리고 소득변수에 주목하고, 여성·노인·저소득 취약계층이 큰 정부를 선호하므로 민주주의 국가에서는 자연스럽게 정부 규모가 커지게 된다.
③ 큰 정부와 작은 정부의 논쟁은 작은 정부를 주장하는 사람들의 복지국가 재정지출을 비판하기 위한 수단으로 활용되었다.
④ 선진국 복지재정의 비효율성은 더 이상 큰 정부를 정당화시켜주지 못했으며, 미국 캘리포니아 주에서는 주민발안 13호(Proposition 13)로 시민들이 주정부의 재산세 인상에 저항하는 조세저항운동이 전개되었다.

07 가치재에 관한 설명으로 옳지 않은 것은?

약점진단 ○△×

① 가치재는 정부의 관점에서 볼 때 국민들이 최소한 일정 수준 이상 소비하는 것이 바람직한 재화나 서비스를 의미한다.
② 가치재는 공공재와 같이 정부가 직접 공급에 참여하고 있는 재화이므로 공공재와는 그 성격이 같다.
③ 가치재의 공급을 위한 정부의 개입은 온정주의적 차원에서 정당화된다고 보아야 한다.
④ 소비자 주권에 의해 생산량이 결정되지 않는다.

08 다음 중 외부효과와 가장 거리가 먼 현상은?

약점진단 ○△×

① 자동차의 배기가스나 소음
② 기초과학 연구에 대한 투자 부족
③ 악화가 양화를 구축
④ 남획으로 인한 어족자원의 고갈

09 다음 중 외부효과로 보기 어려운 것은?

약점진단 ○△×

① 노숙자를 위한 자원봉사 행위
② 공공장소에서의 흡연행위
③ 공장의 공해 배출
④ 과수원과 양봉업

10 비배제성과 경합성을 띠는 재화로서 그 속성상 무임승차 및 집단행동의 딜레마를 초래하는 경우에 해당하는 것은?

약점진단 ○△×

① 구성의 오류　② 공유지의 비극
③ 집합지의 무능　④ 외부불경제 효과

11 코즈(Coase)의 정리에 관한 설명으로 타당하지 않은 것은?

약점진단 ○△×

① 누구에게 재산권을 주어야 그 결과가 공정할 수 있을 것인가에 대해서 관심이 있다.
② 외부성의 경우에 시장의 실패가 일어나는 이유는 외부성에 대한 재산권이 형성되어 있지 않기 때문이라고 볼 수 있다.
③ 재산권을 확정해 준다면 외부성은 해결될 수 있는 문제라고 본다.
④ 외부성을 유발하는 대상물에 대한 재산권을 확정해 주기만 하면 이해당사자들 간에 자발적으로 해결을 얻을 수 있게 된다.

12 약점진단 ○△× ○△× ○△×

시장실패를 교정하기 위한 정부의 역할은 공적 공급 또는 정부의 직접 공급, 보조금 등 금전적 수단을 통해 유인 구조를 바꾸는 공적 유도, 그리고 법적 권위에 기초한 정부규제 등으로 구분할 수 있다. 다음 중 정부에 의한 공적 공급을 통해 해결이 가능한 시장실패 원인은?

① 공공재의 존재 ② 자연독점
③ 불완전경쟁 ④ 정보의 비대칭성

13 약점진단 ○△× ○△× ○△×

다음 중 공무원의 수가 업무량에 관계없이 일정한 비율로 증가하는 현상을 무엇이라고 하는가?

① 세이어의 법칙(Sayre's law)
② 피터의 원리(Peter's principle)
③ 과두제의 철칙(iron law of oligarchy)
④ 파킨슨의 법칙(Parkinson's law)

14 약점진단 ○△× ○△× ○△×

'작은 정부'에 대한 설명 중 옳은 것을 모두 고르면?

> ㄱ. 정부규모의 총량에 관심을 갖고, 무절제한 정부팽창에 반대한다.
> ㄴ. 고비용구조의 탈피압력과 무결점주의에 대한 요청 등에 의해 등장하였다.
> ㄷ. '작은 정부'의 판단기준으로 공무원의 수, 조직 및 예산의 규모, 기능의 범위 등이 포함되나, 국민생활에 대한 규제의 범위나 정부와 국민 사이의 권력관계는 포함되지 않는다.
> ㄹ. 신자유주의 사상과 신고전학파 경제이론에 근거한다.

① ㄱ, ㄴ ② ㄴ, ㄷ
③ ㄱ, ㄴ, ㄹ ④ ㄴ, ㄷ, ㄹ

15 약점진단 ○△× ○△× ○△×

윌슨(Wilson)의 규제정치모형 중 기업가적 정치에 대한 설명으로 옳지 <u>않은</u> 것을 모두 고르면?

> ㄱ. 비용이 소수의 동질적 집단에 집중된다.
> ㄴ. 수입규제, 자동차 안전규제, 위해물품규제 등이 좋은 예이다.
> ㄷ. 규제의 수혜자들이 잘 조직화되어 있다.
> ㄹ. 해당 사업에 대한 신규사업자의 진입이 제한된다.
> ㅁ. 편익을 기대할 수 있는 측은 집단행동의 딜레마에 빠진다.

① ㄱ, ㄴ ② ㄷ, ㄹ
③ ㄱ, ㄴ, ㅁ ④ ㄴ, ㄷ, ㄹ

16 약점진단 ○△× ○△× ○△×

다음의 설명은 윌슨(Wilson)의 규제정치이론 중 어떤 유형에 해당하는가?

> 환경운동가와 같은 정책선도자들이 집단행동의 딜레마에 빠져 흩어진 시민들의 의사를 결집하여 환경규제에 저항하는 오염업체에 대한 비판활동을 하게 된다. 그런데 피규제집단(환경오염업체 등)에 비용이 집중된 경우 규제 담당기관이 피규제집단에 포획되는 것이 불가피한 것은 아니지만, 결과적으로 규제 대상집단에 포획될 가능성을 안고 있으며, 규제기관의 포획의 결과는 느슨한 정책집행이라고 한다. 예를 들어, 대형 환경사건이 발생하면 환경단체와 언론 등의 강력한 규제 요구로 엄격한 입법이 이루어지지만, 로비를 통한 예외규정으로 인해 시간의 경과와 함께 국민의 관심이 퇴조하면 정책내용은 변질되고 규제기관은 포획될 가능성이 높아진다는 것이다.

① 이익집단정치 ② 고객정치
③ 기업가적 정치 ④ 대중적 정치

17 약점진단 ○△× ○△× ○△×

규제샌드박스는 기존 규제로 인해 신기술이나 신제품의 시장 출시가 지연되고 있는 경우, 기존 규제의 개선 이전에도 우선 시장에 출시할 수 있도록 해 주는 임시적인 조치를 포괄하고 있다. 그 유형으로 옳지 않은 것은?

① 규제 신속 확인제도 ② 임시 허가
③ 실증특례 ④ 사후평가관리

18 약점진단 ○△× ○△× ○△×

「행정규제기본법」에 관한 내용으로 옳지 않은 것은?

① 행정규제에 관한 기본적인 사항을 규정하여 불필요한 행정규제를 폐지하고 비효율적인 행정규제의 신설을 억제함으로써 사회·경제활동의 자율과 창의를 촉진하여 국민의 삶의 질을 높이고 국가경쟁력의 지속적인 향상을 도모함을 목적으로 한다.
② 우리나라의 행정규제법은 규제 법정주의를 택하고 있다.
③ 국민의 일반적인 민사·상사와 관련한 「민법」·「상법」 규정사항은 행정규제가 아니다.
④ 규제의 존속기한은 규제의 목적을 달성하기 위하여 필요한 최소한의 기간 내에서 설정되어야 하며, 그 기간은 원칙적으로 3년을 초과할 수 없다.

19 약점진단 ○△× ○△× ○△×

규제심사에 관한 설명으로 옳지 않은 것은?

① 규제개혁위원회의 규제심사는 정부제출 법안에 대한 입법과정에서 필수적으로 거쳐야 하는 과정이며, 정부가 신설하거나 강화하려는 규제에 대해서는 사전에 타당성과 실현가능성 등에 대해 규제개혁위원회에 체계적 검토를 받도록 되어 있다.
② 규제개혁위원회의 규제심사는 법제처장의 입법예고가 이루어진 법령안에 대해 이루어진다.
③ 규제개혁위원회의 규제심사를 거친 안은 내용을 보완해 소관 중앙행정기관의 법령안 원안으로 확정된다.
④ 규제심사는 정부입법에 대해서만 적용되는 것이 아니라 의원입법에 대해서도 적용된다.

20 약점진단 ○△× ○△× ○△×

정부가 추진해야 할 규제개혁의 방향에 관한 내용 중 옳은 것을 모두 고르면?

ㄱ. 경제적 규제와 사회적 규제의 대폭적인 강화
ㄴ. 「행정절차법」의 정비와 행정정보 공개
ㄷ. 규제 행정조직과 정책과정의 개선
ㄹ. 정부규제에 대한 비용편익분석의 강화

① ㄱ, ㄴ ② ㄷ, ㄹ
③ ㄱ, ㄴ, ㄷ ④ ㄴ, ㄷ, ㄹ

21 다음은 규제와 재정의 관계에 관한 설명이다. 바르지 못한 것은?

약점진단 ○△× ○△× ○△×

① 규제가 법률과 명령과 같은 규칙의 제정과 적용을 통해 이루어진다면, 재정은 조세 징수로 조성된 공공재원을 민간에 배분하는 방식으로 이루어진다.
② 규제는 재정정책에 비해 경제적 효율성 측면에서 열등하며, 규제가 재정정책보다 열등한 또 다른 이유는 피규제자의 행위를 제약하기 때문이다.
③ 소득보조와 같은 재정정책 수단을 활용하는 것이 규제보다 사회적 비용이 적다.
④ 규제와 재정이라는 정부활동의 두 방식은 상호 대체성이 낮다.

22 정부실패에 관한 설명으로 옳지 않은 것은?

약점진단 ○△× ○△× ○△×

① 정부예산의 공유재적 성격 때문에 자원배분의 비효율성이 발생한다.
② 정부의 X-비효율성은 정부서비스의 공급 측면보다는 사회적 · 정치적 수요 측면 때문에 발생한다.
③ 선거에 민감한 정치인들의 정치적 보상기제로 인해 사회문제가 과장되거나 단기적 해결책에 그치는 경우가 발생한다.
④ 정부 개입에 의한 인위적 지대(rent)를 획득하는 과정에서 불필요한 자원 낭비가 발생한다.

23 다음 중 규제완화를 통해서는 해결하기 어려운 대표적인 정부실패 현상은?

약점진단 ○△× ○△× ○△×

① 사적 목표의 설정
② X-비효율성 · 비용 체증
③ 파생적 외부효과
④ 권력의 편재

24 다음은 무엇에 관한 설명인가?

약점진단 ○△× ○△× ○△×

정부가 민간부문과 계약을 통해 공공서비스를 제공하는 방법이다. 이 경우 정부는 공공서비스의 공급결정자가 되고, 민간부문은 그 서비스의 생산 · 공급자가 된다.

① 성과관리 ② 품질관리
③ 민간위탁 ④ 책임경영

25 다음 중 민간위탁할 수 없는 사무는?

약점진단 ○△× ○△× ○△×

① 국민의 권리 · 의무와 직접 관계된 사무
② 특수한 전문지식 및 기술을 요하는 사무
③ 단순 사실행위인 행정작용
④ 공익성보다 능률성이 현저히 요청되는 사무

26 민간위탁의 주요 방식에 대한 설명으로 옳지 않은 것은?

약점진단 ○△× ○△× ○△×

① 면허 방식은 민간조직에 일정 구역 내에서 공공서비스를 제공하는 권리를 인정하는 방식이다.
② 자원봉사자 방식은 서비스의 생산과 관련된 현금지출에 대해서만 보상받고 직접적인 보수는 받지 않는 방식으로 레크리에이션, 안전 모니터링, 복지사업 등의 분야에서 많이 활용된다.
③ 보조금 방식은 공공서비스에 대한 요건을 구체적으로 명시하기 곤란하거나 서비스가 기술적으로 복잡한 경우에 적합하다.
④ 계약 방식에서는 시민 또는 이용자가 서비스 제공자에게 비용을 지불하며 서비스 수준과 질은 정부가 규제한다.

27 바우처(voucher)에 관한 설명으로 옳지 않은 것은?

약점진단 ○△×

① 공공서비스와 재화를 정부가 직접 제공하지 않고 제3의 주체를 통해 제공하는 간접적인 정책수단이다.
② 저소득층 및 특수계층을 대상으로 하는 복지 분야에서 활용되고 있다.
③ 수혜자에게 현금을 지원하는 대신 정책목표 달성에 부합하도록 특정 재화나 서비스를 구매할 수 있는 쿠폰이나 포인트를 제공한다.
④ 수요자에게 쿠폰이나 전자바우처 등을 지급하는 묵시적 바우처가 있고, 서비스 공급자에게 수요량에 따라 보조금을 지급하는 명시적 바우처가 있다.

28 시민단체 해석을 위한 네 가지 관점 중 (　　)에 해당하는 것은?

약점진단 ○△×

> 이 관점에 의하면, 이상적인 사회란 NGO 등의 (결사체적)자원조직들이 많이 생겨서 효과적으로 활동하며 사회적 의미를 부여하는 사회를 의미한다(Hirst, 1994). 현대의 많은 관료적 국가들은 시민과 거리를 두고 있는 가운데 시민 참여를 최소화하기 위해 노력할 뿐이며, 시민이 원하는 서비스를 제대로 제공해주지도 못한다. 바람직한 정부의 역할은 결사체들이 성장하고 활동하면서 서로 경쟁하도록 보장할 수 있어야 한다.
>
> 다원주의자들은 자발적 결사체들의 활동으로 대의민주주의의 위기가 극복될 수 있다고 보고, 이를 보완하는 대안으로 참여민주주의를 제시하고 있다. 사회 발전 역사에서도 (　　)적 흐름을 발견할 수 있다. 다만 여전히 정부의 역할은 (　　)를/을 적극적으로 수용하는 입장에 있지 않다는 비판적 지적들이 많다. 시민사회는 (　　)적 관점에서 활동하지만, 정부는 그 반대의 입장에서 대응하고 있다는 것이다.

① 결사체 민주주의　② 공동체주의
③ 다원주의　④ 사회자본론

29 시민단체 해석을 위한 네 가지 관점 중 (　　)에 해당하는 것은?

약점진단 ○△×

> 이 관점에서는 개인의 자유를 중시하는 전통적 자유주의와 개인의 책임을 강조하는 보수주의를 절충한 입장을 취하고 있다. 따라서 공동체를 위한 책임 있는 개인의 자원봉사 정신을 강조한다. 그리고 국가–시장–공동체라는 구조를 상정해 공동체는 국가나 시장과 구분되며, 정서적 유대와 공유된 도덕적 문화를 특징으로 한다.
>
> 일반적으로 정부는 명시적이지는 않지만 (　　)적 입장에서 법질서 유지를 강조하고 정책을 추진하는 경우를 종종 발견할 수 있다. 물론 이 입장을 실질적으로 견지하고 있는지는 별개다. 이 입장이 개인의 자유와 공동체에 대한 책임 간의 균형을 강조하는 것이라면, 양자 모두 중요한 가치로서 지향될 수 있어야 한다. 따라서 (　　)적 입장에 선 정책을 제시하려면, 반대에서는 개인 자유의 입장도 동시에 견지될 수 있어야 한다.

① 결사체 민주주의　② 공동체주의
③ 다원주의　④ 사회자본론

30 살라몬(Salamon)의 비정부조직(NGO) 실패모형 중 NGO에 가장 많은 자원을 공급하는 사람이나 집단의 결정에 의해 그 활동내용과 방식이 결정되는 단점과 관련이 있는 것은?

약점진단 ○△×

① 박애적 아마추어리즘(philanthropic amateurism)
② 박애적 온정주의(philanthropic paternalism)
③ 박애적 배타주의(philanthropic particularism)
④ 박애적 불충분성(philanthropic insufficiency)

31 사회적 자본(social capital)에 관한 설명으로 옳은 것은?

약점진단
ⓞ△✕
ⓞ△✕
ⓞ△✕

① 신행정학의 이론 형성에 영향을 끼쳤다.
② 가치중립적이며 과학적인 탐구를 강조한다.
③ 경제대공황을 극복하기 위한 방법론을 제시하였다.
④ 사회구성원들 간의 신뢰와 협력을 중시한다.

약점 체크와 약점 보완을 한 번에 정답과 해설 P.127

CHAPTER 03

행정학이론 발달

출제 비중 49%

01 행정학의 학문적 성격에 관한 설명으로 옳은 것은?

약점진단 ○△× ○△× ○△×

① 1950년대에 공공선택론, 신행정론 등의 영향으로 행정학의 정체성 위기가 처음 등장했다.
② 행정학에서 기술성은 정치·행정 일원론에 의해 중요하게 제기되었다.
③ 왈도(D. Waldo)는 과학성을, 사이몬(H. A. Simon)은 기술성을 상대적으로 더 강조하였다.
④ 행정학의 과학성을 강조하는 학자들은 행정현상의 보편적 원칙을 인정하지 않는다.

02 미국 행정학의 형성과 발달과정에 관한 설명으로 옳지 않은 것은?

약점진단 ○△× ○△× ○△×

① 건국 후 미국 정치체제는 자유주의와 민주주의 이념을 상징하는 제퍼슨-잭슨철학이 지배하였다.
② 1887년 윌슨(W. Wilson)은 「행정의 연구(The Study of Administration)」에서 행정을 관리와 경영의 영역, 그리고 전문적·기술적 영역으로 규정하였다.
③ 1930년대 이후 등장한 통치기능설은 정당정치로부터의 행정의 독립을 중시하였다.
④ 1940년대 이후 논리실증주의에 기반을 두고 등장한 행태주의는 행정학의 과학화를 위하여 사실판단적인 것만을 연구대상으로 삼았다.

03 과학적 관리론과 인간관계론에 관한 설명으로 옳지 않은 것은?

약점진단 ○△× ○△× ○△×

① 과학적 관리론은 비공식적 집단의 역할을 강조하지만, 인간관계론은 공식적 조직의 역할을 중시한다.
② 메이요(Mayo)의 호손(hawthorne)실험은 인간관계론의 형성에 영향을 주었다.
③ 인간관계론은 작업환경이나 물리적 조건보다 조직구성원들의 사회심리적 요인을 중시한다.
④ 과학적 관리론과 인간관계론은 생산성 향상을 추구한다는 점에서 유사하다.

04 인간관계론에 관한 설명으로 옳지 않은 것을 모두 고른 것은?

약점진단 ○△× ○△× ○△×

> ㄱ. 합리적 경제인관·X이론적 인간관에 기초한다.
> ㄴ. 과학적 관리론과 마찬가지로 생산성과 능률성 향상을 추구한다.
> ㄷ. 인간을 생존에 대한 기본적인 욕구에 의해 동기부여되는 것으로 본다.
> ㄹ. 경제적·물질적 조건보다 구성원의 사회·심리적 요인을 중시한다.

① ㄱ, ㄴ ② ㄴ, ㄷ
③ ㄱ, ㄷ ④ ㄴ, ㄹ

05 다음 〈보기〉에서 설명하는 행정이론은?

약점진단 ○△× ○△× ○△×

> 보기
>
> 인간행위를 연구대상으로 정립했으며 행정연구에 과학주의를 도입하여 가치중립적인 객관적 분석을 가능하게 하였다. 그러나 이 이론은 과학적·계량적 연구방법론의 강조로 연구대상과 범위의 제한을 가져왔다는 비판을 받고 있다.

① 비교행정론 ② 과학적 관리론
③ 인간관계론 ④ 행정행태론

06 행태론적 접근방법에 관한 설명으로 옳지 않은 것은?

약점진단 ○△× ○△× ○△×

① 행태론자는 제도나 법률이 행정의 중요한 측면이긴 하지만 이들이 행정의 실체는 아니라고 주장한다.
② 인식론적 기초를 논리적 실증주의에 두어 가치와 사실의 분리와 가치중립성, 계량화, 조작화 등을 강조한다.
③ 특정 질문에 따른 반응을 통해 파악해 볼 수 있는 태도, 의견, 개성 등을 행태에 포함시키고 있다.
④ 행태주의는 거시적 접근에 입각하여 집단의 고유한 특성을 인정하는 방법론적 전체주의의 입장을 취한다.

07 리그스(F. W. Riggs)의 프리즘적 모형(prismatic model)에 관한 설명으로 옳지 않은 것은?

약점진단 ○△× ○△× ○△×

① 프리즘적 모형은 비교행정 연구의 대표적인 성과이다.
② 프리즘적 모형은 개발도상국의 행정체제를 설명하기 위한 이론모형이다.
③ 프리즘적 사회는 농업사회에서 산업사회로 넘어가는 과도기적 사회를 의미한다.
④ 농업사회의 지배적인 행정모형은 사랑방 모형(sala model)이다.

08 행정학의 접근방법에 관한 설명으로 옳지 않은 것은?

약점진단 ○△× ○△× ○△×

① 역사적 접근방법은 어떤 사건·제도·정책 등의 기원과 발전과정을 파악하고 설명하는 데 많이 사용되며, 이런 연구에서는 발생론적 설명 방식을 주로 사용하게 된다.
② 행태주의는 명백한 자극과 반응으로 볼 수 있는 행위 또는 행동만을 연구 대상으로 삼는 심리학적 행동주의와는 달리 특정 질문에 따른 반응을 통해 파악해 볼 수 있는 태도, 의견, 개성 등도 행태에 포함시키고 있다.
③ 생태론적 접근방법은 행정체제의 개방성을 강조하고 있으며, 분석 수준을 집합적 행위나 제도보다는 행위자 개인에 맞추고 있어 미시적 분석의 성격을 띠고 있다.
④ 체제론적 접근방법은 체제 간의 기능관계 규명에 중점을 두고 있으나, 실제 하위 체제 간의 구분·비중·기능의 성질을 밝히기 어렵다.

09 약점진단 ○△× ○△× ○△×

국가발전이라는 목표를 달성하기 위해 행정이 정치·경제·사회 등의 변동을 주도해 나가야 한다는 행정학설은?

① 통치기능론
② 정책화기능설
③ 비교행정론
④ 발전행정론

10 약점진단 ○△× ○△× ○△×

다음 〈보기〉 중 행정학의 주요 접근방법과 그 내용을 연결한 것으로 옳은 것은 모두 몇 개인가?

보기

ㄱ. 공공선택론 – 오스트롬(V. Ostrom) – 정치경제학적 연구
ㄴ. 뉴거버넌스론 – 로즈(R. A. W. Rhodes) – 민관협력 네트워크
ㄷ. 신공공관리론 – 오스본(D. Osborne)과 개블러(T. Gaebler) – 기업가적 정부
ㄹ. 후기 행태주의 – 이스턴(D. Easton) – 가치중립적·과학적 연구 강조

① 1개
② 2개
③ 3개
④ 4개

11 약점진단 ○△× ○△× ○△×

신행정학(new public administration)이 추구한 내용이 아닌 것은?

① 사회적 형평성 중시
② 기업식 정부 운영
③ 반실증주의
④ 현실적합성

12 약점진단 ○△× ○△× ○△×

현상학적 접근방법에 대한 설명 중 옳은 것은?

① 사회과학에서 형성하는 사유 대상(thought objects) 또는 정신적 구성물은 자연과학의 그것과 본질적으로 같다는 입장이다.
② 현상학적 접근방법은 개개인의 사례나 문제 중심적인 방법에 의해서 파악하기보다는 일반법칙적인 방법에 의해서 설명된다.
③ 행정학 연구에서 현상학적 접근방법을 원용함으로써 인간의 주관적 관념, 의식 및 동기 등의 의미를 더 적절하게 이해할 가능성을 제시해 주고 있다.
④ 현상학적 접근방법은 근본적으로 행정학 연구를 행정가의 일상적이고 실제적 측면을 강조하는 거시적 관점으로의 방향 전환을 시도하는 것이다.

13 약점진단 ○△× ○△× ○△×

다음 내용과 밀접한 관련이 있는 이론은?

- 관료의 예산극대화
- 정치인의 득표극대화
- 포획과 지대추구행위
- 정치·행정현상의 경제학적 분석

① 포스트모더니즘이론
② 대리인이론
③ 거래비용이론
④ 공공선택론

14 약점진단 ○△× ○△× ○△×

공공선택론에 관하여 설명한 것으로 옳은 것은?

① 복잡한 미래 사회에서 정부의 방향잡기 역할이 어렵거나 불가능하기 때문에 행정의 역할은 서비스를 제공해야 하는 데 있음을 강조한다.
② 공공서비스의 효율적 공급을 위해 정치 및 행정현상에 경제학적 분석도구를 적용하여 설명한다.
③ 인간의 주관적 관념, 의식 및 동기의 의미를 이해하는 데에 초점을 맞추어 조직문제에 대한 폭넓은 사고방식과 준거의 틀을 정립한다.
④ 공공서비스 전달 및 공공문제 해결과정에서 정부와 민간부문 간의 협력적 네트워크를 적극적으로 활용한다.

15 중위투표자이론에 대한 설명으로 타당한 것은?

약점진단 ○△×

① 중위투표자모형은 양대 정당의 정강정책이 거의 일치하지 않는다.
② 의안이 논의되는 순서에 따라 의사결정의 결과가 달라지는 현상을 말한다.
③ 극단적인 선호를 가진 투표자들은 기권을 많이 하게 된다.
④ 개별 투표자의 전략적 행위에 가장 취약한 투표 방식이다.

16 던리비(Dunleavy)의 관청형성모형에 관한 설명으로 옳지 않은 것은?

약점진단 ○△×

① 자익 추구적(self-interested)인 개인들의 합리적 선택을 기본가정으로 하는 공공선택론의 방법론을 비판한다.
② 관료들의 효용은 소속기관이 통제하는 전체 예산액 중 일부분에만 관련이 있다.
③ 고위관리들은 예산극대화전략보다 '관청형성전략(bureau-shaping strategy: 소속관청의 형태 변화)'을 통한 효용 증대에 노력을 한다.
④ 관청형성전략이 이루어지면 더 분산화된 국가구조의 발전이 나타난다.

17 신제도주의에 관한 설명으로 옳은 것은?

약점진단 ○△×

① 신제도주의는 그동안 내생변수로만 다루어 오던 정책 혹은 행정환경을 외생변수와 같이 직접적인 분석대상에 포함시켜 종합·분석적인 연구에 기여하고 있다.
② 역사적 제도주의는 서로 다른 국가들 사이의 제도가 유사해지는 현상을 설명하는 데 유리하다.
③ 사회학적 제도주의는 동일한 상황에서 국가 간의 상이한 제도로 인해 서로 다른 정책이 채택되고 효과도 다르게 나타나는 현상을 강조한다.
④ 합리적 선택 제도주의의 연장선상에서 오스트롬(E. Ostrom)은 '공유재의 비극'의 해결 방안으로 공동체 중심의 자치제도를 제시한다.

18 다음 〈보기〉의 내용과 가장 관계가 깊은 것은?

약점진단 ○△×

보기

컴퓨터 자판의 왼손 맨 위쪽 알파벳 배열을 보면 Q-W-E-R-T-Y로 되어 있다. 수동타자기는 기술적으로 원시적이어서 익숙해진 사람들이 타이프를 빨리 칠 경우 글자가 엉키는 경향이 있었다. 따라서 타자에 익숙한 사람이라도 느리게 한 자 한 자 치도록 하기 위해 일부러 어렵고 비효율적으로 자판을 배열한 것이다. 이후 타자기 제조기술이 비약적으로 발전해 아무리 빨리 쳐도 글씨가 엉키는 현상이 완전히 사라지게 되었다. 그런데도 비효율적인 QWERTY형 자판은 컴퓨터 자판시대인 오늘날까지도 살아 있다.

① 구제도주의
② 역사적 신제도주의
③ 사회학적 신제도주의
④ 합리적 선택 신제도주의

19 행정현상의 접근방법에 대한 설명으로 옳은 것은?

약점진단 ○△×

① 행태론적 접근방법은 행정현상에 관한 이론의 맥락성과 상대성을 강조한다.
② 체제론적 접근방법은 현상의 전체성보다는 구성부분 사이의 일방적·선형적 인과관계를 강조한다.
③ 사회학적 신제도주의는 제도가 국가나 조직의 경계를 넘어 유사한 형태로 수렴된다고 본다.
④ 전통적인 법적·제도적 접근방법은 제도가 일단 형성되면 일정한 경로를 유지하기 때문에 환경 변화에 적응하지 못하는 점을 강조한다.

20 행정이론에 관한 설명으로 옳지 않은 것은?

약점진단 ○△× ○△× ○△×

① 현상학은 사회과학 연구의 본질적 문제에 대한 실증주의와 행태주의적 연구방법을 비판하고 등장한 이론이다.
② 신제도론은 제도가 개인행위를 제약하며, 제도적 맥락 속에서 이루어지는 행위는 규칙성을 가진다고 본다.
③ 포스트모더니즘 행정이론은 사회적 맥락에 대한 고려 없이 보편적 이론을 발견하고자 하는 실증주의를 비판하였다.
④ 신공공관리론은 고객의 개인적 이익이 아닌 시민 전체로서의 공익에 대한 책임성과 대응성을 강조한다.

21 오스본(D. Osborne)과 플라스트릭(P. Plastrick)은 「관료제의 추방」(1997년)에서 정부개혁의 5가지 전략(5C)을 제시하였다. 포함되지 않는 것은?

약점진단 ○△× ○△× ○△×

① 핵심(Core)전략
② 과정(Course)전략
③ 고객(Customer)전략
④ 통제(Control)전략

22 신공공관리론의 예로 보기 어려운 것은?

약점진단 ○△× ○△× ○△×

① 성과급을 도입하였다.
② 직위분류제를 도입하였다.
③ 민간위탁을 강화하였다.
④ 책임운영기관을 도입하였다.

23 다음 중 신공공관리론의 주장과 거리가 먼 것은?

약점진단 ○△× ○△× ○△×

① 폐쇄적 인사관리에서 개방적 인사관리 체제로 전환하였다.
② 기업 회계의 방식, 즉 발생주의 회계를 도입하였다.
③ 공·사행정을 엄격하게 구분하였다.
④ 민간기업의 전략적 기획 혹은 전략적 관리개념을 도입하였다.

24 다음 중 미국의 신공공관리적 행정개혁이라고 보기 어려운 것은?

약점진단 ○△× ○△× ○△×

① 공기업의 민영화
② 행정부패 방지
③ 책임운영기관(performance-based organization)
④ 민간자금 활용방안(PFI: Private Finance Initiative)

25 다음 〈보기〉의 주장과 거리가 먼 것은?

약점진단 ○△× ○△× ○△×

> **보기**
> - 고객이 아닌 시민에 대해 봉사하라.
> - 공익을 찾으려고 노력하라.
> - 기업주의 정신보다는 시민의식(citizenship)의 가치를 받아들여라.
> - 전략적으로 생각하고 민주적으로 행동하라.
> - 책임성이란 것이 단순한 것이 아니라는 점을 인식하라.
> - 방향잡기보다는 봉사하기를 하라.
> - 단순히 생산성이 아니라 '사람'의 가치를 받아들여라.

① 담론의 중요성 강조
② 서비스에 기반한 정부의 새로운 역할 강조
③ 민주주의 정신과 협력에 기반한 관료의 특성과 책임 강조
④ 복잡한 미래 사회에서 정부의 방향잡기 역할 강조

26 신공공서비스론에 관한 설명으로 옳은 것은?

약점진단 ○△× ○△× ○△×

① 공공선택론, 대리인이론, 거래비용이론 등이 배경이 되고 있다.
② 관료는 사회문제를 해결하는 과정에서 협상과 중재 기능을 담당한다.
③ 공익을 행정활동으로 생성되는 부산물로 간주한다.
④ 개인이익의 총화는 시민 또는 고객집단에게 바람직한 결과를 창출한다는 시장지향적 책임을 강조한다.

27 피터스(Peters)는 전통적인 관료제적 국정관리모형을 개혁하기 위한 4가지 모형을 제시하였다. 다음의 내용이 설명하는 피터스의 거버넌스 정부개혁모형은?

약점진단 ○△× ○△× ○△×

> 정부관료제가 공공봉사 의지를 지닌 대규모의 헌신적인 구성원으로 구성되어 있다는 것을 전제하여, 정부의 내부규제가 제거되거나 축소되면 정부관료제가 훨씬 역동적이고 효율적으로 기능할 것이라고 가정한다.

① 시장적 정부모형　② 참여적 정부모형
③ 신축적 정부모형　④ 탈규제 정부모형

28 다음은 미래의 국정관리에서 피터스(Peters)가 제시한 네 가지 정부모형에 대한 설명 중 시장적 정부모형에 관한 설명이다. 옳지 않은 것은?

약점진단 ○△× ○△× ○△×

① 시장모형은 전통적 행정모형의 독점성을 문제시한다. 공공부문은 행정서비스를 독점적으로 공급하기에 비효율성이 불가피하고, 이에 시장의 경쟁과 민간부문의 관리기법을 도입하려는 것이 개혁의 기본논리이다.
② 시장모형은 전통적 정부조직모형의 주요한 문제점을 환경의 신호에 비효과적으로 대응하는 거대하고, 독점적인 부처조직에서 찾는다.
③ 전통적 정부조직은 시장의 신호 대신에 계층제와 내부규정에 의해 관리되면서 관리자의 혁신성을 저해하고, 환경변화에 둔감하게 반응한다고 비판한다.
④ 공공부문이 점차 관료화되면서 규정과 번문욕례(red-tape)의 폐해를 지적하면서, 공공관리자의 행정행위에 대한 내부규제를 완화함으로써 공무원의 잠재력과 혁신가적 에너지를 표출시켜 조직효과성을 제고할 수 있다는 입장이다.

29 신공공관리론과 뉴거버넌스론의 특징이 잘못 연결된 것을 모두 고른 것은?

약점진단 ○△× ○△× ○△×

구분	신공공관리론	뉴거버넌스론
ㄱ. 인식론적 기초	신자유주의	공동체주의
ㄴ. 관리가치	신뢰	결과
ㄷ. 작동원리	경쟁	협력
ㄹ. 관료 역할	조정자	공공기업가
ㅁ. 서비스	민영화, 민간위탁	공동공급 (시민, 기업 등 참여)

① ㄱ, ㄴ　② ㄴ, ㄹ
③ ㄷ, ㅁ　④ ㄹ, ㅁ

30 약점진단 ○△× ○△× ○△×

넛지이론(Nudge Theory)의 핵심 주장은 정부는 사람들의 선택의 자유를 존중하면서 보다 나은 의사결정을 하도록 도와줄 수 있다는 것이다. 다음 중 넛지이론과 거리가 먼 것은?

① 행동경제학
② 신자유주의
③ 선택설계자
④ 행동 변화를 통한 삶의 질 제고

31 약점진단 ○△× ○△× ○△×

행정학의 접근방법 중 포스트모더니즘의 특성이 아닌 것은?

① 상상(imagination)
② 탈영역화(deterritorilization)
③ 해체(deconstrucion)
④ 과학주의(scientism)

32 약점진단 ○△× ○△× ○△×

재정이론에 관한 다음 설명 중 옳지 않은 것은?

① 스미스(H. Smith)는 시장의 효율적 배분기능을 신봉하여 정부의 시장개입에 근본적으로 부정적인 입장을 취했다.
② 케인즈(J. M. Keynes)는 '세이의 법칙(Say's law)'을 부정하고 재정 운영에 정부의 적극적 개입을 요구하였다.
③ 프리드먼(M. Friedman)과 같은 통화주의론자들은 구축효과(crowding-out effect)를 들어 재정정책의 한계를 설명하고자 했다.
④ 공급중시 경제학자(supply-side economist)들은 래퍼곡선(laffer curve)을 근거로 감세정책을 비판하였다.

33 약점진단 ○△× ○△× ○△×

최근 행정환경의 복합성에 따른 다양한 접근 중 바르지 못한 것은?

① 딜레마이론은 어떤 현실적 조건하에서 이런 상황이 야기되는 것인지를 밝히기 위해 문제 상황의 특성, 대안의 성격, 결과가치의 성격, 행위자의 성격 등이 중요한 변수로 작용한다고 가정하고 있다.
② 시차이론은 다양한 변수들의 작용으로 정책이나 제도의 개혁은 제도의 도입과정에서 발생하는 시차적 요소에 의해 결과가 달라진다는 것이다.
③ 1980년대 후반 이후 신뢰에 근거한 인간관계가 사회발전의 원동력이 된다는 논의는 신뢰를 새로운 사회발전의 추동력으로 상정하고 있다.
④ 다문화주의(multiculturalism)는 사회와 문화의 일대일 대응을 전제로 하여 각 문화가 각 그 자체로서 고유한 가치를 갖는 점을 강조한다.

약점 체크와 약점 보완을 한 번에 정답과 해설 P.131

CHAPTER

04 행정이념

출제 비중 18%

18 50 100

01 행정이 추구하는 가치 중 본질적 가치에 해당하는 것은?

약점진단 ○△× ○△× ○△×

① 능률성 ② 형평성
③ 합법성 ④ 생산성

02 공익에 관한 학설 중 실체설에 대한 설명으로 옳지 않은 것은?

약점진단 ○△× ○△× ○△×

① 공익과 사익은 명확히 구분된다고 본다.
② 공익과 사익 간의 갈등이란 있을 수 없다는 입장이다.
③ 공익을 단순히 개인들의 집합이 아니라고 보아 집단주의적 성격을 띤다.
④ 집단이기주의가 발생할 수 있다.

03 형평성에 관한 다음 설명 중 옳지 않은 것은?

약점진단 ○△× ○△× ○△×

① 사회적 형평이란 동등한 것을 동등한 자에게, 동등하지 않은 것을 동등하지 않은 자에게 처방하는 것을 의미한다.
② 사회적 형평의 개념 속에는 정당한 불평등의 개념이 내포되어 있다.
③ 행정이념으로서의 사회적 형평성은 신행정론의 등장과 함께 강조되었다.
④ 신행정론은 공리주의적 총체적 효용을 강조한다.

04 정의에 관한 다음 설명 중 옳지 않은 것은?

약점진단 ○△× ○△× ○△×

① 롤스(Rawls)는 원초적 상태(original position)하에서 합의되는 일련의 법칙이 곧 사회정의의 원칙으로서 그들 계약 당사자들의 사회협동체를 규제하게 된다고 본다.
② 노직(R. Nozick)은 모든 사람이 정당하게 가질 권리가 있는 것들을 자유롭게 소유하는 분배 상태를 분배적 정의로 파악하였다.
③ 원초적 상태(original position)란 가설적 상황으로 특정한 정책의 선택이 자신에게 유리할지 불리할지를 모르는 무지의 베일(veil of ignorance)에 가리워져 있는 상태를 말한다.
④ 차등원리는 저축원리와 충돌하더라도 가장 불우한 사람들의 편익을 최대화해야 한다는 원리를 말한다.

05 행정가치에 관한 설명으로 옳은 것을 모두 고르면?

약점진단 ○△× ○△× ○△×

ㄱ. 민원처리과정을 온라인으로 공개함으로써 과정의 투명성을 확보할 수 있다.
ㄴ. 사회적 능률성은 민주성의 개념으로 이해되는데 신행정론에서 처음 주창된 가치이다.
ㄷ. 신공공관리론에서는 정치적 책임성과 법적 책임성 외에도 시장 책임성을 강조한다.
ㄹ. 효과성은 1960년대 발전행정의 사고가 지배적일 때 주된 가치판단 기준이었다.
ㅁ. 적극적 의미의 합법성(legality)은 상황에 따라 신축성을 부여하는 법의 적합성보다 예외 없이 적용하는 법의 안정성을 강조한다.

① ㄱ, ㄴ ② ㄱ, ㄷ, ㄹ
③ ㄴ, ㄷ, ㄹ ④ ㄷ, ㄹ, ㅁ

06 행정에 있어서 가외성(redundancy)에 관한 설명으로 옳지 않은 것은?

약점진단 ○△× ○△× ○△×

① 중첩성이라고도 하며 환경에 대한 조직의 적응성을 높인다.
② 조직 내외에서 가외성은 기능상 충돌의 가능성을 높인다.
③ 조직의 실패 확률을 감소시켜 안정성을 높인다.
④ 환경의 불확실성이 커질수록 가외성의 필요성은 감소한다.

07 다음 중 가외성의 효용에 해당하지 않는 것은?

약점진단 ○△× ○△× ○△×

① 적응성
② 신축성
③ 안정성
④ 능률성

08 투명성(transparency)에 관한 설명으로 옳지 않은 것은?

약점진단 ○△× ○△× ○△×

① 투명성은 행정의 신뢰성 확보를 위한 가장 중요한 요소이다.
② 투명성은 정부의 의사결정과 집행과정 등 다양한 공적 활동이 정부 외부로 명확하게 드러나는 것을 의미한다.
③ 민원처리과정을 온라인으로 공개하는 것은 결과의 투명성을 확보하기 위한 조치이다.
④ 투명성과 관련이 깊은 가치 개념으로 청렴성과 이해충돌 문제를 들 수 있다.

약점 체크와 약점 보완을 한 번에 정답과 해설 P.136

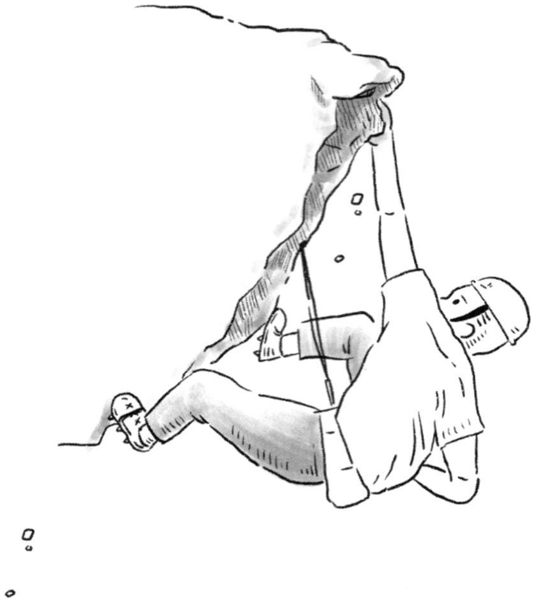

실패가 두려워서
새로운 시도를 거부해서는 안 된다.

서글픈 인생은
"할 수 있었는데"
"할 뻔 했는데"
"해야 했는데"
라는 세 마디로 요약된다.

– 루이스 E. 분(Louis E. Boone)

PART 02

정책학

CHAPTER	출제 비중	교수님의 출제 예상 POINT
01 정책학의 기초이론	21%	최근 정책유형에 관한 내용의 출제 비중이 매우 높게 나타나고 있다. 정책네트워크모형의 흐름 변화에 주의하고, 특히 이슈네트워크와 정책공동체를 비교하는 대립형 문항 출제에 대비해야 한다.
02 정책의제설정론	10%	정책의제설정론은 '조직화 정도'에 따른 '의제화 가능성'의 출제 가능성이 높은 영역이다. 이를 정확히 파악해 두어야 한다.
03 정책분석론	10%	비용편익분석은 합리적 결정을 위한 대표적 분석기법으로, 꾸준하게 출제되고 있는 영역에 해당한다. 특히 비용편익분석을 응용하는 문제에 대비할 필요가 있다.
04 정책결정이론모형	14%	합리성을 중심으로 정책결정이론모형의 전체적 틀을 숙지해야 한다. 또한 사이버네틱스(cybernetics) 모형은 출제 비중이 높은 편은 아니지만, 합리모형과 가장 대립적 모형임을 기억해야 한다.
05 정책집행론	19%	정책집행론에서는 최근 정책(행정)수단의 출제 비중이 높아지고 있다. 앞으로도 출제 비중이 높을 것으로 예상되는 영역이므로 정책(행정)수단을 중심으로 내용을 숙지해야 한다.
출제 비중 高 06 정책평가론	26%	정책평가론은 타당성을 중심으로 출제 비중이 높아지고 있다. 정책평가의 타당성과 신뢰성의 개념을 정확히 이해하고 정책평가 방법의 차이를 구분해야 한다.
07 기획이론	0%	기획은 본질적으로 집권적 성격을 가진다는 점에 주의해야 한다. 또한 그레샴 법칙과 기획의 관계를 주의 깊게 살펴보아야 한다.

CHAPTER 01

정책학의 기초이론

출제 비중 21%

01 정책학의 특징으로 옳지 않은 것은?

약점진단 ○△× ○△× ○△×

① 정책문제의 해결이라는 실천적인 목표를 지니므로 문제 지향적(problem-oriented)이다.
② 문제해결을 위해 여러 학문 분야로부터 이론·논리·기법 등을 받아들이고 이를 활용하므로 범학문적(inter-disciplinary)이다.
③ 방법론적 다양성을 지니며, 시간적·공간적 상황이나 역사성을 강조하는 맥락성(contextuality)을 가진다.
④ 가치판단을 위한 규범적(normative) 접근을 배제하고 사실판단을 위한 실증적(positive) 접근을 강조한다.

02 정책의 기능과 유형에 관한 설명으로 옳은 것은?

약점진단 ○△× ○△× ○△×

① 정책은 정치적·행정적 과정으로서 단순하고 정태적 과정을 거친다.
② 정책 자체가 하나의 행동노선을 담고 있기 때문에 그에 관련된 개인들의 행동을 위한 지침역할을 한다.
③ 최저임금제는 재분배정책의 대표적인 사례이다.
④ 보호적 규제정책은 배분정책과 규제정책의 성격을 동시에 지니고 있다.

03 리플리와 프랭클린(R. B. Ripley & G. A. Franklin)은 정책유형이 달라짐에 따라 정책형성과정과 정책집행과정도 달라진다고 주장한다. 다음은 그들이 제시한 정책유형 중 어떤 정책에 관한 설명인가?

약점진단 ○△× ○△× ○△×

> 정부는 특정한 재화 및 용역을 제공할 수 있는 권리를 다수의 경쟁자들 중 특정 소수자에게 제한시키되 일정한 기간 후에는 자격조건을 재심사하도록 함으로써 경쟁력을 높이고, 공익을 위해서 서비스 제공에 대한 규정을 지키도록 하는 것이다.

① 분배정책 ② 재분배정책
③ 경쟁적 규제정책 ④ 보호적 규제정책

04 로위(Lowi) 등의 정책분류에 관한 설명으로 옳은 것만을 모두 고르면?

약점진단 ○△× ○△× ○△×

> ㄱ. 배분정책의 비용부담자는 자신이 누구를 위해 얼마나 비용부담을 하고 있는지 인지하지 못한다.
> ㄴ. 규제정책은 정책결정 시 정책으로부터 혜택을 보는 자와 피해를 보는 자를 선택한다.
> ㄷ. 보호적 규제정책의 경우 다수의 수혜집단이 적극적인 지지활동을 전개하는 경향을 보인다.
> ㄹ. 재분배정책은 재산권의 행사에 관련된 것이 아니라 재산 자체를 문제로 삼는다.

① ㄱ, ㄴ ② ㄱ, ㄴ, ㄹ
③ ㄱ, ㄷ, ㄹ ④ ㄴ, ㄷ, ㄹ

05 정책유형에 관한 설명으로 옳지 않은 것은?

약점진단 ○△× ○△× ○△×

① 규제정책은 주로 법률의 형태로 표현되며 집행자의 재량이 있다.
② 분배정책은 단순한 개별화된 의사결정이며 세부사업의 집합이 하나의 정책을 구성하는 것이다.
③ 재배분정책은 규제정책이나 분배정책에서와는 달리 재산권의 행사에 관련된 것이 아니라 재산 자체를, 그리고 평등한 대우가 문제가 아니라 평등한 소유를 문제로 삼고 있다.
④ 구성정책은 모든 국민을 대상으로 하는 정책이므로 대외적인 가치배분에 큰 영향을 미친다.

06 정책유형에 관한 설명으로 옳은 것은?

약점진단 ○△× ○△× ○△×

① 리플리와 프랭클린(R. Ripley & G. Franklin)의 경쟁적 규제정책은 배분정책과 규제정책의 성격을 동시에 지니고 있다.
② 리플리와 프랭클린(R. Ripley & G. Franklin)의 보호적 규제정책은 소수를 보호하기 위해 다수를 규제하는 정책이다.
③ 로위(T. Lowi)가 주장하는 배분정책의 가장 큰 특징은 계급 대립의 성격을 지닌다는 것이다.
④ 로위(T. Lowi)의 재분배정책은 수혜자와 비용부담자 간의 갈등이 없다는 점이 특징이다.

07 정책유형 중 상징정책에 해당하는 것을 모두 고른 것은?

약점진단 ○△× ○△× ○△×

ㄱ. 선거구의 통폐합
ㄴ. 올림픽 등 국제행사의 유치 및 개최
ㄷ. 국경일의 제정 및 준수
ㄹ. 국공립학교를 통한 교육서비스 제공
ㅁ. 조세 부과 및 징병

① ㄱ, ㄹ　② ㄴ, ㄷ
③ ㄱ, ㄴ, ㄹ　④ ㄴ, ㄷ, ㅁ

08 정책과정에서의 입법부의 역할에 관한 설명으로 옳지 않은 것은?

약점진단 ○△× ○△× ○△×

① 정책의제설정단계에서 사회문제를 정책문제화하여 정부가 책임지도록 하는 데 의회의 역할은 매우 큰 편이다.
② 정책결정단계에서는 입법부의 역할이 가장 강하다. 입법부는 국민의 대표기관으로 입법권의 행사를 통해 정부의 중요한 정책을 결정짓는 최종적인 권한을 가진다. 또한 예산과정에서 정부가 제출한 예산안을 수정하여 정책 변화를 시도하기도 하면서 정책과정에 영향력을 행사한다.
③ 정책집행단계에서 입법부는 직접적으로 집행에 개입하고 간섭할 수 있다. 또한 입법부는 정부의 활동에 대한 조사와 질의 등에서 입법부가 의도한 대로 예산 또는 정책이 집행되고 있는지에 대해 계속 통제한다.
④ 정책평가단계에서는 예산결산심의과정, 대정부 질의 등의 활동을 통해 정책을 평가하고 정책집행상의 잘잘못을 평가한다.

09 정책과정에서의 우리나라 NGO의 역할에 관한 설명으로 옳지 않은 것은?

약점진단 ○△× ○△× ○△×

① NGO는 정책의제설정단계에서 정책창도자의 역할을 수행한다.
② NGO는 정책결정단계에서 다양한 정책정보를 생산, 정치과정에 투입하는 역할을 수행한다.
③ NGO는 정책집행단계에서 특정 정책의 집행을 촉진하거나 저지하는 기능을 수행한다.
④ NGO는 정책평가단계에서 가장 참여가 빈번하며 중립적 합리적 평가자로 기능한다.

10 중앙정부의 정책과정의 참여자 중 비공식 참여자로만 묶은 것은?

약점진단 ○△× ○△× ○△×

ㄱ. 정당	ㄴ. 국무총리
ㄷ. 대통령	ㄹ. 이익집단
ㅁ. 전문가집단	ㅂ. 시민단체
ㅅ. 언론	ㅇ. 부처장관

① ㄱ, ㄴ, ㄷ, ㅁ, ㅂ　② ㄱ, ㄹ, ㅁ, ㅂ, ㅅ
③ ㄴ, ㄷ, ㄹ, ㅁ, ㅇ　④ ㄴ, ㄷ, ㄹ, ㅅ, ㅇ

11 철의 삼각(iron triangle)모형에서 동맹을 형성하는 집단들을 모두 고른 것은?

약점진단 ○△× ○△× ○△×

ㄱ. 언론매체	ㄴ. 이익집단
ㄷ. 집단	ㄹ. 행정기관
ㅁ. 의회 소관 위원회	ㅂ. 대통령

① ㄱ, ㄴ, ㄷ
② ㄱ, ㄴ, ㅁ
③ ㄴ, ㄷ, ㅂ
④ ㄴ, ㄹ, ㅁ

12 정책네트워크모형 중 이슈네트워크와 구별되는 정책공동체의 특징이 아닌 것은?

약점진단 ○△× ○△× ○△×

① 정책결정을 둘러싼 권력게임은 공동의 이익을 추구하는 정합게임(positive-sum game)의 성격을 띤다.
② 참여자들이 기본가치를 공유하며 그들 간의 접촉빈도가 높다.
③ 참여자의 범위가 넓고 경계의 개방성이 높다.
④ 모든 참여자가 교환할 자원을 가지고 참여한다.

13 정책네트워크모형에 관한 설명으로 옳지 않은 것은?

약점진단 ○△× ○△× ○△×

① 자원의존성을 토대로 한 행위자들 간의 교환관계를 중시한다.
② 하위정부모형에서는 소수의 엘리트 행위자들이 특정 정책영역에서 정책결정을 지배하고 있다고 설명한다.
③ 이슈네트워크에서는 행위자들 간의 권력배분이 불평등하다.
④ 정책공동체는 이슈네트워크에 비해 개방적이고 유동적인 네트워크로서의 특징을 지닌다.

14 다음 중 다원론(pluralism)의 특징이 아닌 것은?

약점진단 ○△× ○△× ○△×

① 소수의 엘리트들이 정책을 주도하는 이론이다.
② 모든 사회문제는 거의 무작위적으로 정치체제로 투입된다는 이론이다.
③ 특정 세력이 정책을 주도하지 못한다.
④ 정책의제설정의 외부주도형과 연관된다.

15 다음 중 조합주의에 대한 설명으로 틀린 것은?

약점진단 ○△× ○△× ○△×

① 조합주의의 기원은 중세 길드사회이며 가톨릭의 전통과 관련이 있다.
② 각 구성 집단 간의 경쟁과 갈등을 조장한다.
③ 국가목표 수행을 위해 이익집단을 동원하였다.
④ 국가조합주의와 사회조합주의로 나눌 수 있다.

약점 체크와 약점 보완을 한 번에 정답과 해설 P.137

CHAPTER 02

정책의제설정론

출제 비중 10%

10 50 100

01 콥과 로스(Cobb & Ross)가 제시한 정책의제설정모형에 관한 내용으로 옳지 않은 것은?

약점진단 ○△× ○△× ○△×

① 외부주도형은 이익집단이 발달하고 정부가 외부의 요구에 민감하게 반응하는 정치체제에서 주로 나타나기 때문에 다원화되고 민주화된 선진국 정치체제에서 많이 나타난다.
② 동원형은 정부의 힘이 강하고 민간부문이 취약한 후진국에서 많이 나타나는 유형이나, 선진국에서도 정치지도자가 특정한 사회문제 해결을 주도하는 경우에 나타난다.
③ 내부접근형은 고위의사결정자 등에 의해 정부의제가 먼저 설정되고 정책순응을 확보하기 위해 다각적인 홍보 등을 거쳐 최종적으로 정책의제로 채택되는 유형이다.
④ 내부접근형은 국방, 외교 등 비밀 유지가 필요한 분야의 정책, 또는 강한 반대가 예상됨에도 불구하고 반드시 추진하려는 정책 등에서 찾아볼 수 있다.

02 정책의제설정에 관한 설명으로 옳지 않은 것은?

약점진단 ○△× ○△× ○△×

① 내부접근형은 국민이 사전에 알면 곤란한 문제나 시간적 여유가 없을 때, 의도적으로 국민을 무시하는 정부에서 나타난다.
② 외부주도형은 공중의제화를 억제하기 때문에 일종의 음모형에 해당한다.
③ 동원형은 의제설정이 비교적 용이하게 이루어지는 유형이므로 허쉬만(Hirshman)은 이를 '채택된(chosen) 정책문제'라고 한다.
④ 위기나 재난 등 극적 사건은 사회문제를 정부의제화시키는 점화장치에 해당된다.

03 정책의제설정의 유형 중에서 다음의 〈보기〉에 해당하는 것은?

약점진단 ○△× ○△× ○△×

보기
이 경우는 여러 가지 경로를 통해 다수 국민과 정부의 의사결정 관련 행위자가 사회문제의 심각성에 대한 인식을 공유할 수 있도록 의도적으로 여러 가지 전략을 사용해 노력하는 상황이 전개되기도 한다. 사회문제로 피해를 입고 있는 집단은 특정 사회적 쟁점이 많은 사회구성원들이 해결되어야 한다고 공감하도록 다각적인 노력을 기울여 공중의제(public agenda)를 형성시키고 다양한 전략을 구사해 정부가 개입해야 할 문제인 정책의제로 선정되도록 한다.

① 외부주도형 ② 동원형
③ 내부접근형 ④ 음모형

04 정책의제설정은 정책의 정치경제적 성격을 잘 보여 주는 정책과정이다. 정책의제설정을 위해서는 정책이해관계자, 이슈가 되는 정책문제, 문제를 논의하는 제도적 환경 등 복합적인 역학관계가 작용한다. 다음 중 옳은 것을 모두 고르면?

약점진단 ○△× ○△× ○△×

> ㄱ. 사회 이슈와 관련된 행위자가 많고, 이 문제를 해결하기 위한 정책의 영향이 많은 집단에 영향을 미치거나 정책으로 인한 영향이 중요한 것인 경우 상대적으로 쉽게 정책의제화된다.
> ㄴ. 집단의 규모가 클수록, 그리고 정책영향력이 클수록 정책의제화될 가능성이 낮다.
> ㄷ. 조직화 정도가 낮은 경우에는 조직비용이 높기 때문에 상대적으로 쉽게 의제화된다.
> ㄹ. 국민의 관심 집결도가 높거나 특정 사회 이슈에 대해 정치인의 관심이 큰 경우에는 정책의제화가 쉽게 진행된다.

① ㄱ, ㄷ　　② ㄱ, ㄹ
③ ㄴ, ㄷ　　④ ㄴ, ㄹ

05 무의사결정이론에 대한 설명으로 옳은 것은?

약점진단 ○△× ○△× ○△×

① 정책결정자의 이익과 조화될 때 발생한다.
② 다원화된 선진국에서 주로 발생하게 되는 현상이다.
③ 결정자의 무관심과 무능력으로 인하여 일어나는 것이다.
④ 넓은 의미의 무의사결정은 정책의 전 과정에서 일어난다.

06 바흐라흐와 바라츠(P. Bachrach & M. Baratz)의 무의사결정론에 관한 설명으로 옳지 않은 것은?

약점진단 ○△× ○△× ○△×

① 무의사결정은 의사결정자의 가치나 이익에 대한 잠재적이거나 현재적인 도전을 억압하거나 방해하는 결과를 초래하는 결정을 의미한다.
② 무의사결정을 추진하기 위하여 폭력이 동원되기도 한다.
③ 무의사결정은 정책의제 채택과정에서 일어날 뿐 정책결정과 집행과정에서는 일어나지 않는다.
④ 다원주의 이론을 비판하면서 엘리트론을 계승 발전시킨 신엘리트론적 이론이다.

약점 체크와 약점 보완을 한 번에 정답과 해설 P.139

CHAPTER 03 정책분석론

출제 비중 10%

10 50 100

01 약점진단 ○△× ○△× ○△×

정부의 정책문제는 해결해야 할 문제를 어떤 관점에서 보는가에 따라 정책목표의 구체적인 내용과 정책수단도 달라진다. 다음 중 정책문제의 속성에 관한 설명으로 옳은 것을 모두 고르면?

> ㄱ. 정책문제는 사익성이 강하다.
> ㄴ. 정책문제는 주관적이며, 인공적 성격이 강하다.
> ㄷ. 정책문제는 복잡·다양하며, 상호 의존적이다.
> ㄹ. 정책문제는 정태적 성격이 강하다.
> ㅁ. 정책문제는 역사적 산물인 경우가 많다.

① ㄱ, ㄴ ② ㄷ, ㄹ
③ ㄹ, ㅁ ④ ㄴ, ㄷ, ㅁ

02 약점진단 ○△× ○△× ○△×

다음 중 주관적 예측기법에 해당하는 것은?

① 정책델파이기법에 의하여 전문가들의 견해를 수렴하여 미래를 예측한다.
② 예견법에 의하여 경로분석이나 선형계획기법을 이용하여 예측한다.
③ 비용편익분석을 이용하여 사업의 경제적 타당성을 분석한다.
④ 외삽법에 의하여 추세를 연장하여 미래를 추정한다.

03 약점진단 ○△× ○△× ○△×

델파이(delphi)기법에 관한 설명으로 옳지 <u>않은</u> 것은?

① 참여한 모든 전문가는 익명성이 철저히 보장된다.
② 회의식 결정의 문제점을 극복하기 위해 등장하였다.
③ 객관적 근거에 의한 미래예측기법이다.
④ 설문 여하에 따라 응답이 크게 달라질 수 있다.

04 약점진단 ○△× ○△× ○△×

통일부는 델파이기법을 활용하여 앞으로 우리나라의 통일에 대한 여건을 전망하고 이에 입각하여 통일정책의 기본방향을 모색하려고 한다. 이와 관련하여 바르지 <u>못한</u> 것은?

① 관련 전문가를 선정하였다.
② 전문가의 익명성을 보장하여 설문에 응답하였다.
③ 전문가의 의견을 분석하여 통계처리하였다.
④ 전문가들의 의견의 차이를 부각시키는 통계처리를 하였다.

05 약점진단 ○△× ○△× ○△×

다음 내용과 밀접한 관련이 있는 정책대안의 미래예측기법은?

> • 선택적 익명성
> • 식견 있는 다수의 참여
> • 차이를 부각시키는 통계처리
> • 조성된 갈등 유도

① 시계열분석기법 ② 선형계획
③ 정책델파이 ④ 회귀분석

06 약점진단 ○△× ○△× ○△×

다음 중 합리적 정책결정을 제약하는 요인으로 보기 <u>어려운</u> 것은?

① 집권적 조직구조
② 관리정보체계의 발달
③ 의사소통의 장애
④ 표준운영절차의 존중

07 다음 중 합리적 정책결정의 구조적 제약요인으로 보기 어려운 것은?

약점진단 ○△× ○△× ○△×

① 표준운영절차
② 매몰비용
③ 계선과 막료의 갈등
④ 지나친 집권화

08 앤더슨(Anderson)은 정책결정자의 행동에 영향을 미치는 가치를 구분하였는데, 다음과 관계가 깊은 것은?

약점진단 ○△× ○△× ○△×

> 자신의 정치적 위험을 무릅쓰고, 경제정의의 실현을 위해 토지공개념과 금융실명제를 도입하자고 주창했던 개혁 지향적인 경제관료들은 그러한 개혁정책이 도덕적으로 옳고 또한 평등이 바람직한 정책목표라고 믿기 때문일 것이다.

① 정치적 가치　② 정책의 가치
③ 개인의 가치　④ 조직의 가치

09 비용편익분석에 대한 설명으로 옳지 않은 것은?

약점진단 ○△× ○△× ○△×

① 순현재가치가 0보다 큰 사업일 때 실현가치가 있다고 평가된다.
② 화폐가치로 환산하여 표시하므로 금전적 편익을 고려한다.
③ 회수기간법은 회수기간이 짧을수록 우수한 대안이다.
④ 독립된 투자안에 있어서 순현가법과 내부수익률법은 동일한 결과를 얻는다.

10 비용편익분석의 장·단점에 대한 설명으로 옳지 않은 것은?

약점진단 ○△× ○△× ○△×

① 비용과 편익 모두 공통기준인 화폐가치에 의해 표현된다.
② 공공투자에 시중금리보다 낮은 할인율을 적용할 경우 민간투자를 용이하게 할 수 있다.
③ 여러 분야에 걸쳐서 정책대안의 타당성을 비교할 수 있다.
④ 시장가격이 사회적 가치를 반영할 수 없을 때 잠재가격을 매길 수밖에 없다.

약점 체크와 약점 보완을 한 번에 정답과 해설 P.140

정책결정이론모형

출제 비중 14%

14 50 100

01 정보사회의 의사결정모형인 접시모형에 관한 설명으로 옳지 않은 것은?

약점진단 ○△× ○△× ○△×

① 정보가 범람하고 있는 상황에서 적용 가능하고, 가치 있는 정보를 찾아내는 모형이다.
② 정보의 공유로 볼 때 모두가 정보를 소유하고 있다고 보는 형태이다.
③ 조직체에서 의사결정을 할 때 부분적인 토론이나 그에 대한 접근을 강조한다.
④ 핵심적이고 본질적인 과제로 직접 접근된다는 것이다.

02 정보사회의 의사결정모형인 공동참여 전략형에 관한 설명으로 옳지 않은 것은?

약점진단 ○△× ○△× ○△×

① 모든 구성원이 결정에 참여할 때의 상태를 기준으로 보는 것이다.
② 정보화사회는 전략형의 사회로서 공동참여를 추구한다.
③ 조직구성원 중에서 인격과 자질 등이 충분한 구성원을 의사결정에 참여시키는 것이다.
④ 고급화된 정보와 질적 가치를 높여 줄 수 있는 정보의 유무가 최선의 과제라고 볼 수 있다.

03 정책결정모형에 관한 설명으로 옳지 않은 것은?

약점진단 ○△× ○△× ○△×

① 에치오니(Etzioni)는 규범적이지만 비현실적인 합리모형과 현실적이지만 보수적인 점증모형을 절충한 모형을 제시하였다.
② 사이몬(Simon)은 결정자의 인지능력의 한계, 상황의 불확실성 및 시간의 제약 때문에 제한적 합리성하에서 결정이 이루어진다고 주장한다.
③ 합리모형에서 말하는 합리성은 정치적 합리성이다.
④ 점증모형은 실제의 결정상황에 기초한 현실적이고 기술적인 모형이다.

04 합리모형에 대한 비판으로 보기 어려운 것은?

약점진단 ○△× ○△× ○△×

① 실제의 의사결정에는 습관적인 결정이나 직관에 의한 결정도 이루어지고 있다.
② 불가능한 일을 정책결정자에게 강요함으로써 바람직한 의사결정에 도움을 주지 못한다.
③ 다양한 가치와 이해관계의 대립을 해결할 수 없다.
④ 잘못된 정책에 대한 악순환이 일어날 소지가 많은 모형이다.

05 사이버네틱스(cybernetics)모형에 관한 설명으로 옳지 않은 것은?

약점진단 ○△× ○△× ○△×

① 사전에 설정된 고차원 목표의 극대화를 추구한다.
② 자동온도조절장치와 같이 사전에 프로그램된 메커니즘에 따라 의사결정이 이루어진다.
③ 주요 변수의 유지를 위한 적응에 초점을 둔다.
④ 정책결정과정에서 변수의 단순화를 통해서 불확실성을 통제한다.

06 점증주의 정책결정모형에 관한 설명으로 옳지 않은 것은?

약점진단 ○△×

① 정치적 다원주의 입장에서 이해관계자들의 타협과 조정을 통해 정책결정이 이루어진다.
② 경제적 합리성보다 정치적 합리성을 중요시하며 정책의 정치적 실현가능성을 높여 주는 장점이 있다.
③ 계속적 · 점진적인 방식으로 당면한 정책문제를 해결하고자 한다.
④ 정책결정자의 직관이나 판단력, 창의력 등 초합리적인 요소를 중시하는 규범적 · 처방적 모형이다.

07 조직이 습득한 각종 정책 관련 정보, 지식 등을 가장 적게 활용해도 되는 의사결정방법은 다음 중 어느 것인가?

약점진단 ○△×

① 점증적 방법
② 합리적 · 총체적 방법
③ 혼합주사적 방법
④ 최적화 방법

08 다음 중 쓰레기통모형(garbage can model)에서 의사결정이 이루어지기 위한 네 가지 기본요소 및 흐름에 해당하지 않는 것은?

약점진단 ○△×

① 선례
② 참여자
③ 문제의 해결책
④ 의사결정기회

09 정책결정모형의 하나인 쓰레기통모형에 관한 설명으로 옳지 않은 것은?

약점진단 ○△×

① 코헨(M. Cohen), 마치(J. March), 올슨(J. Olson)이 정리한 모형으로 조직화된 무정부 상태(organized anarchy)에서 이루어지는 의사결정을 설명한다.
② 상하위 계층적 관계를 지니지 않은 참여자들에 의하여 의사결정이 이루어지는 경우에도 적용할 수 있다.
③ 의사결정의 네 가지 요소인 정책문제, 해결방안, 참여자, 선택기회가 초기부터 서로 상호작용을 통하여 나타나는 의사결정이다.
④ 고도로 불확실한 조직상황에서 이루어지는 의사결정과정을 기술하고 설명하는 모형이다.

10 다음 중 정책결정모형에 관한 설명으로 옳은 것은?

약점진단 ○△×

① 합리모형 – 사회적 약자나 참여에 소외된 계층의 이익이 무시될 우려가 있다.
② 점증모형 – 합리모형의 의사결정은 당위적으로는 바람직하지만, 합리적 의사결정에 필요한 정보와 분석능력의 부족으로 현실적으로 불가능하다고 비판한다.
③ 혼합주사모형 – 점증적 결정이란 나무보다는 숲을 개괄적으로 파악하는 유형의 결정을 말한다.
④ 쓰레기통모형 – 복잡한 갈등이나 혼란이 존재한다는 전제에 입각한 모형이다.

11 정책결정모형에 관한 설명으로 옳지 않은 것은?

약점진단 ○△× ○△× ○△×

① 합리모형에서는 의사결정자가 정책결정에 있어서 주관적이고 감정적인 요소를 배제하고 합리성에 근거하여 정책을 결정한다.
② 점증모형은 현재 정책에 대한 약간의 변화만을 고려해 정책을 결정하고 시간이 흐름에 따라 환류되는 정보를 분석하여 지속적으로 수정하는 것이다.
③ 쓰레기통모형은 쿠바 미사일 위기에 따른 미국 정부의 정책결정과정을 설명하기 위해서 고안되었다.
④ 앨리슨모형은 정책결정과정을 합리모형, 조직과정모형 및 관료정치모형 등으로 분류하고 있다.

12 앨리슨(Allison)모형 중 합리적 행위자모형에 관한 설명으로 옳지 않은 것은?

약점진단 ○△× ○△× ○△×

① 조직을 조정과 통제가 잘 된 유기체로 본다.
② 권력은 조직의 두뇌와 같은 최고지도자가 보유한다.
③ 구성원의 응집도가 가장 약한 모형이다.
④ 정책결정은 최고지도자가 조직의 두뇌와 같이 명령하고 지시한다.

13 집단의 의사결정기법에 관한 설명으로 옳지 않은 것은?

약점진단 ○△× ○△× ○△×

① 델파이기법(delphi method)은 종국적으로 이해관계자 집단의 의견일치를 유도하는 기법이다.
② 브레인스토밍(brainstorming)은 자유롭게 자신의 아이디어를 제출할 수 있는 분위기를 만드는 것이 중요하고, 브레인스토밍 과정에서 타인의 아이디어를 비판하거나 평가하지 말아야 한다.
③ 지명반론자기법(devil's advocate method)은 작위적으로 특정 조직원들 또는 집단을 반론을 제기하는 집단으로 지정해 반론자 역할을 부여하고, 이들이 제기하는 반론과 이에 대한 제안자의 옹호 과정을 통해 의사결정을 유도하는 의사결정 방식이다. 성공적인 집단의사결정이 되기 위해서는 반론자들이 고의적으로 본래 대안의 단점과 약점을 최대한 적극적으로 지적해야 한다. 이 과정을 거치면 발생할 수 있는 모든 가능성이 검토되기 때문에 최종 대안의 효과성과 현실적응성이 높아진다.
④ 명목집단기법(nominal group technique)은 관련자들이 의사결정에 참여하지 않은 채 서면으로 대안에 대한 아이디어를 제출하도록 하고, 모든 아이디어가 제시된 이후 제한된 집단적 토론만 한 다음 투표로 의사결정을 하는 기법이다. 집단구성원 간 원활한 의사소통이 이뤄지지 않기 때문에 이들은 명목적으로만 집단이 된다.

약점 체크와 약점 보완을 한 번에 정답과 해설 P.141

CHAPTER 05

정책집행론

출제 비중 19%

19 50 100

01 약점진단 ○△× ○△× ○△×

다음 중 정책집행에 대한 관심의 대두요인으로 보기 어려운 것은?

① 정책결정 및 형성에만 집착
② 오클랜드(Oakland) 사업(소수민족 취업계획)의 성공
③ 존슨(Johnson) 대통령의 위대한 사회정책(The Great Society)의 실패
④ 실현가능성을 고려하지 않은 국회에서의 입법 및 정책의 양산

02 약점진단 ○△× ○△× ○△×

정책집행은 정책을 결정하거나 수정하는 측면을 내포하고 있다. 그 이유로 보기 어려운 것은?

① 각기 다른 집단들 간의 협상이나 타협을 폭넓게 수용하기 위해, 입법가들의 입법적 정책결정의 내용은 구체적이고 명확한 경우가 많다.
② 실질적이고 세부적인 결정은 집행과정에서 구체화되기도 한다.
③ 상황이 불확실하거나 복잡할 경우에는 결정단계에서 사전에 구체화된 내용을 규정하기 곤란하여 이를 집행단계에 위임하게 되는 경우가 많다.
④ 결정단계에서 마련된 정책이 비현실적이거나 기존의 관례를 크게 수정하도록 하는 경우에 집행자들이 이러한 정책의 집행을 지연시키거나 성과를 낮추는 경우도 있다.

03 약점진단 ○△× ○△× ○△×

정책결정과 집행 간의 괴리가 발생하는 원인으로 옳은 것을 모두 고르면?

ㄱ. 공공문제 해결에 있어서 전문성과 기술성 증대
ㄴ. 정책집행과정에 있어서의 정치적 합의의 해체
ㄷ. 정책집행과정에 있어서의 입법부의 강력한 통제
ㄹ. 정책집행과정에 있어서의 이익집단의 작용

① ㄱ, ㄷ
② ㄷ, ㄹ
③ ㄱ, ㄴ, ㄹ
④ ㄴ, ㄷ, ㄹ

04 약점진단 ○△× ○△× ○△×

정책집행연구 중 하향적 접근방법에 관한 설명으로 옳지 않은 것은?

① 집행에 영향을 주는 집행관료와 이해관계집단 등 다양한 행위자들의 생각과 상호작용을 현장감 있게 분석할 수 있다.
② 결정된 정책에 대해 행정부와 입법부를 포함한 다수의 이해관계집단으로부터 지속적인 지지를 받아야 한다.
③ 유능하고 헌신적인 관료가 집행을 담당하여야 효과적인 정책집행이 가능하다고 한다.
④ 법령이 정확한 정책지침을 갖고 있어야 하며 대상집단의 순응을 극대화하도록 구성되어야 한다.

05

약점진단 ○△× ○△× ○△×

정책집행에서 상향적(bottom-up) 접근방법에 관한 설명으로 옳지 않은 것은?

① 정책목표보다는 집행문제의 해결에 초점을 맞추며 의도하지 않았던 정책의 효과를 분석할 수 있다.
② 일선집행관료들이 쉽게 느끼지 못하는 사회적, 경제적, 법적 요인들이 경시되기 쉽다.
③ 정책집행과정에 대해 정확하게 이해하기 위해서 일선집행관료와 대상집단의 행태를 고찰한다.
④ 선거직 공무원에 의한 정책결정과 책임이라는 민주주의의 기본가치를 충실하게 반영한다.

06

약점진단 ○△× ○△× ○△×

상향식 정책집행의 내용과 거리가 먼 것은?

① 집행의 성공 또는 실패의 판단기준은 '정책결정권자의 의도에 얼마나 순응하였는가'가 아니라 '일선집행관료의 바람직한 행동이 얼마나 유발되었는가'이다.
② 상향식 접근방법은 일선공무원들에게 권한과 재량이 주어지기 때문에 주인-대리인이론에서 발생하는 문제를 최소화시킬 수 있다.
③ 정책집행의 현장에서 일어나는 문제점을 파악하여 대응하게 함으로써 분권과 참여가 증대될 수 있다.
④ 정책집행에서 순응과 통제의 방식이 아닌 재량과 자율을 강조한다.

07

약점진단 ○△× ○△× ○△×

일선관료제의 특징으로 옳지 않은 것은?

① 사람 처리적 업무보다는 서면 처리적 업무를 주로 진행한다.
② 많은 재량을 행사한다.
③ 고객을 범주화하여 선별한다.
④ 업무 과다와 자원의 부족에 직면한다.

08

약점진단 ○△× ○△× ○△×

다음 〈보기〉에서 설명하는 정책집행의 유형에 해당하는 것으로 옳은 것은?

> **보기**
>
> 이 유형의 예는 전문적인 보건의료기관에서 많이 볼 수 있다. 국가보건연구소나 의과대학이 암이나 뇌일혈, 심장병 등의 연구를 수행할 수 있도록 정부가 자금을 보조해 주는 경우이다. 그리고 복잡한 사회문제를 해결하기 위한 '빈곤과의 전쟁'과 관련된 사업계획의 경우도 대부분 이 유형에 해당된다. 이러한 분야의 문제들은 정책결정자가 쉽게 판단할 수 없는 고도의 전문성이나 기술성을 요구할 뿐만 아니라, 복잡한 정치적 이해관계가 얽혀 있기 때문에 정책결정자는 이의 해결을 집행자에게 위임해 버린다.

① 정책집행자는 목표의 달성을 위한 수단적이고 기술적인 사항에 대해서만 위임을 받는다.
② 정책결정자는 정책집행자에게 광범위한 행정적 권한을 부여한다.
③ 정책집행자에게 정책목표와 수단 등의 구체적인 내용결정에서 광범위한 재량권을 위임한다.
④ 정책집행자가 정책결정자의 결정권을 장악하고 정책과정 전반을 완전히 통제하는 유형이다.

09

약점진단 ○△× ○△× ○△×

정책집행에서 대상집단의 불응을 야기하는 원인이 아닌 것은?

① 불명확한 의사전달
② 자원의 부족
③ 정책에 대한 불신
④ 형사처벌 등 제재의 사용

10 다음은 살라몬(L. M. Salamon)의 정책수단 분류에서 직접성의 정도에 따른 행정수단과 효과에 관한 설명이다. 바르지 못한 것은?

약점진단 ○△× ○△× ○△×

① 손해책임법, 보조금, 대출보증, 정부출자기업, 바우처 등은 직접성이 낮은 대표적인 행정수단들이다.
② 전통적으로 정부가 직접 수행하는 보험, 직접대출, 경제적 규제, 정보 제공, 공기업, 정부 소비 등은 직접성이 매우 높다.
③ 직접성이 낮은 수단은 효과성 측면에서 볼 때 우월하지 않지만, 행정수단의 정당성과 정치적 지지 측면에서는 더 나은 도구로 볼 수 있으며, 직접성이 높은 경우 효과적인 수단이지만 과도한 개입 논란을 야기할 수도 있으므로 정당성이 낮다고 볼 수 있다.
④ 관리가능성 측면에서 볼 때 제3자가 참여하는 간접적인 수단을 사용하면 정부와 제3자, 그리고 수혜자 간의 관리가능성이 높아진다.

11 다음은 살라몬(L. M. Salamon)의 정책수단 분류에서 강제성의 정도에 따른 수단과 효과에 관한 설명이다. 바르지 못한 것은?

약점진단 ○△× ○△× ○△×

① 손해책임법, 정보 제공, 조세지출 등은 강제성이 높은 대표적인 수단이며, 전통적으로 정부가 권위에 기반해 경제활동 등에 개입하는 규제는 강제성이 낮은 수단이다.
② 바우처나 보조금, 그리고 위탁계약 등은 규제와 비교할 경우 강제성이 약한 수단이며, 강제성이 높은 규제는 대개 정책목표와 규제 대상집단이 명확하고, 효율적으로 집행할 경우 효과성이 높다.
③ 많은 사람이 그 해결을 원하는 정책문제의 경우에는 규제 도입의 타당성과 정당성이 높아 정치적으로도 지지를 받을 수 있다.
④ 규제는 집행비용이 높으며 규제기관의 재량 남용 가능성이 상존하므로 관리에 어려움이 있으며, 특히 규제집행과정에서 대상집단으로부터 포획현상이 나타날 경우 효과성도 기대할 수 없게 된다.

12 정책수단 중 혼합적 수단에 해당하지 않는 것은?

약점진단 ○△× ○△× ○△×

① 공기업
② 보조금
③ 조세감면
④ 지급보증

13 행정수단의 선택 기준에는 경제적 기준과 정치적 기준이 있다. 다음 중 정치적 기준으로 보기 어려운 것은?

약점진단 ○△× ○△× ○△×

① 이해관계나 이념
② 개인 성향
③ 제도와 국제환경
④ 합리성

약점 체크와 약점 보완을 한 번에 정답과 해설 P.142

CHAPTER 06

정책평가론

출제 비중 26%

01 정책평가의 목적에 관한 설명으로 옳지 않은 것은?

약점진단 ○△× ○△× ○△×

① 목표가 얼마나 잘 충족되었는지 파악할 수 있다.
② 정책 성공과 실패의 원인을 구체적으로 제시할 수 있다.
③ 정책 성공을 위한 원칙 발견과 향상된 연구를 위한 토대를 마련할 수 있다.
④ 정책문제의 구조화와 정책담당자의 자율성을 확보하는 데 있다.

02 정책평가의 절차 중 마지막 단계에서 이루어지는 것은?

약점진단 ○△× ○△× ○△×

① 자료의 수집 및 분석
② 인과모형의 설정
③ 대상 및 기준의 설정
④ 평가결과의 환류

03 정책평가에 관한 설명으로 옳지 않은 것은?

약점진단 ○△× ○△× ○△×

① 의도했던 정책목표의 달성 정도를 확인하는 과정이다.
② 정책성과와 정책집행의 적정성을 확인하는 과정이다.
③ 정책평가 결과는 새로운 정책결정과 집행과정에 필요한 정보가 되어 정책과정에 환류된다.
④ 정책평가 결과는 정책담당자의 책임성 규정, 정책집행의 효과성과 능률성을 증진하기 위한 지식의 축적에는 활용되기 어렵다.

04 다음은 정책평가의 유형에 관한 설명이다. 연결이 옳은 것은?

약점진단 ○△× ○△× ○△×

> ㄱ. 정책집행이 끝난 후 정책이 원래 의도한 목적을 충분하고도 적절하게 달성했는지를 평가하는 것으로서 정책효과에 대한 평가이다. 정책프로그램의 최종적 성과를 확인하기 위해 주로 외부평가자에 의해 수행되며, 평가결과는 정책프로그램의 지속, 중단, 확인 등 정책적 판단 혹은 의사결정에 활용된다.
> ㄴ. 정책이 집행되는 과정이 적절한지를 확인하고 정책수단에서 최종목표까지 연계되는 인과관계가 적절한지 등 정책집행과정에서 발생하는 문제점을 해결하려는 목적으로 수행되는 평가이다. 정책프로그램에 대한 피드백을 위해 주로 내부평가자와 외부평가자의 자문에 의해 평가를 진행하며 그 결과는 정책집행에 환류된다.

	ㄱ	ㄴ
①	총괄평가	과정평가
②	과정평가	총괄평가
③	실험평가	비실험평가
④	비실험평가	실험평가

05 정책평가에 관한 설명으로 옳지 않은 것은?

약점진단 ○△× ○△× ○△×

① 정책평가의 구성적 타당성은 처리, 결과, 모집단 및 상황들에 대한 이론적 구성요소들이 성공적으로 조작화된 정도를 의미한다.
② 정책평가의 내적 타당성은 정책이 집행된 후에 일어난 변화가 정책 때문인지 또는 다른 요인에 의한 것인지 명백히 하는 것이다.
③ 정책평가의 신뢰도는 측정도구가 어떤 현상을 되풀이해서 측정했을 때 얼마나 일관성 있게 측정할 수 있느냐 하는 정도를 의미한다.
④ 정책평가의 외적 타당성을 저해하는 요인으로 선정요인, 성숙요인, 역사요인 등을 들 수 있다.

06 정책평가에 관한 설명으로 옳지 않은 것은?

약점진단 ○△× ○△× ○△×

① 평가성 검토(evaluability assessment)는 본격적인 평가를 시작하기 전에 실시하는 것으로 일종의 예비평가라고 볼 수 있다.
② 구성적 타당성은 정책집행 이후 변화가 오직 해당 정책에 기인한 것인지 아닌지를 밝히는 것과 관련된다.
③ 외적 타당성은 정책평가 결과의 일반화 가능성을 의미한다.
④ 허위변수는 두 변수 간에 전혀 관계가 없는데도 인과관계가 있는 것처럼 보이게 하는 제3의 변수이다.

07 다음은 정책평가의 타당성 저해요인에 관한 설명이다. 어느 요인에 해당하는가?

약점진단 ○△× ○△× ○△×

> 실험 직전의 측정결과를 토대로 집단을 구성할 때, 평소와는 달리 유별나게 좋거나 나쁜 결과를 얻은 사람들이 선발되는 수가 있다. 이들은 실험이 진행되는 동안 정상적인 상태로 되돌아가게 되는데, 그렇게 되면 측정결과에 대한 해석이 제대로 될 수 없다.

① 역사적 요소 ② 성숙효과
③ 회귀인공요인 ④ 선정효과

08 정책평가 연구설계의 타당성에 관한 설명으로 옳은 것은?

약점진단 ○△× ○△× ○△×

① 내적 타당성은 정책변수의 효과에 대한 결론을 일반화시킬 수 있는 범위를 의미한다.
② 외적 타당성은 정책 수단과 결과의 인과관계에 관한 추론의 정확성을 의미한다.
③ 통계적 결론의 타당성은 연구에 사용된 측정도구가 이론적 구성개념과 일치하는 정도를 의미한다.
④ 성숙요인은 내적 타당성을 저해할 수 있다.

09 정책평가에 관한 설명으로 옳지 않은 것은?

약점진단 ○△× ○△× ○△×

① 준실험설계는 실험집단과 통제집단의 동질성을 확보하여야 한다.
② 비실험적 방법은 허위변수와 혼란변수가 개입할 가능성이 높으며, 허위변수나 혼란변수가 존재하면 정책효과의 추정은 부정확해진다.
③ 실험집단과 통제집단을 동질적으로 구성하기 위해서는 실험대상들을 무작위적으로 배정해야 한다.
④ 허위변수는 두 변수 간에 전혀 관계가 없는데도 인과관계가 있는 것처럼 보이게 하는 제3의 변수이다.

10 진실험에 대한 설명으로 틀린 것은?

약점진단 ○△× ○△× ○△×

① 준실험에 비해 실행가능성이 낮다.
② 무작위로 배정해서 동질성을 확보한다.
③ 허위변수나 혼란변수를 통제한다.
④ 외적 타당도가 높은 실험이다.

11 정책평가제도에 관한 설명 중 옳지 않은 것은?

약점진단 ○△× ○△× ○△×

① 국무총리실의 정부업무평가제도는 「정부업무평가 기본법」에 근거해 추진되는 대표적인 성과관리 및 정책평가제도이다.
② 중앙정부 각 부처의 주요 정책평가제도에는 기획재정부의 재정사업 자율평가, 환경부의 환경영향평가, 여성가족부의 성별영향평가가 있다.
③ 재정사업 자율평가, 환경영향평가, 성별영향평가는 법제도적 기반과 무관하게 시행하는 평가제도이다.
④ 교통영향분석, 재해영향분석, 인구영향분석 등 정책성과와 관련된 평가제도는 양적 평가와 질적 평가 방법을 혼용하고 있다.

12 다음은 정부의 각종 평가제도이다. 옳지 않은 것은?

약점진단 ○△× ○△× ○△×

① 규제영향평가는 새로운 규제가 입법되려고 할 경우 사회·경제·행정 등에 미치는 제반 영향을 비용과 편익의 관점에서 분석해 규제의 적정성을 판단하는 제도이다.

② 갈등영향평가는 법률이나 공공정책의 형성과 집행이 사회 갈등의 발생이나 관리 및 해소에 어떤 영향을 미치는지를 분석 및 예측하고 대안을 제시하려는 제도이다.

③ 부패영향평가는 법령 등에 잠재되어 있는 부패 유발 요인을 분석해 부패에 취약한 부분을 보완하고 법령 입안과정의 재량권을 적절한 수준으로 조정하며 투명성을 높여 정책의 신뢰성을 증진하려는 제도이다.

④ 규제영향평가, 갈등영향평가, 부패영향평가는 특정 제도 혹은 정책이 도입된 후 집행과정에서 발생하는 영향을 평가하는 제도들이다.

13 정책변동모형 중 다음 〈보기〉의 설명에 해당하는 것은?

약점진단 ○△× ○△× ○△×

> **보기**
>
> 신념체계에서 규범적 핵심이나 정책 핵심의 변화가 쉽게 나타나지 않기 때문에 정책 목표와 수단에 급격한 변화를 가져오는 근본적 정책변동은 용이하지 않다.

① 정책패러다임변동모형

② 정책흐름모형

③ 정책지지연합모형

④ 단절균형모형

약점 체크와 약점 보완을 한 번에 정답과 해설 P.144

CHAPTER 07

기획이론

출제 비중 0%

0 50 100

01 기획의 특징으로 보기 어려운 것은?

약점진단 ○△× ○△× ○△×

① 미래 지향성
② 목표 지향성
③ 합리적 의사결정과정
④ 민주적 성격

02 다음 내용과 관련이 깊은 것은?

약점진단 ○△× ○△× ○△×

- 일상적이고 진부한 업무와 쇄신적 업무의 두 가지 중 전자가 후자를 구축한다는 법칙이다.
- 정형적 결정을 선호하여 쇄신적인 기획을 등한시 할 가능성이 높다.

① 파킨슨 법칙
② 그레샴 법칙
③ 세이어 법칙
④ 마타이 법칙

약점 체크와 약점 보완을 한 번에 정답과 해설 P.145

PART 03

조직이론

CHAPTER	출제 비중	교수님의 출제 예상 POINT
01 조직의 기초이론	19%	최근 대리인이론, 조직경제학(신제도주의 경제학) 등의 출제 비중이 높게 나타난다. 수직적, 수평적 연결기제를 구분하여 대립적으로 정리해야 한다.
02 조직구조론	27%	정보사회 등장에 따른 조직구조의 유형(모형)의 변화와 학습조직 등 후기 관료제조직에 주의하여 학습해야 한다. 또한 우리나라 정부조직의 변화에 주목하여 학습해야 한다.
출제 비중 高 03 조직관리론	35%	애덤스(Adams)의 공정성이론의 출제 비중이 높아지고 있고, 기존의 거래적 리더십과 비교하여 변혁적 리더십의 출제 비중이 높게 나타나고 있다. 신공공관리론에 대한 비판으로 등장한 공직동기이론은 앞으로 출제가 예상되는 개념이므로 정확히 숙지해 두도록 한다.
04 조직정보론	11%	정보사회는 행정환경 변화의 매우 중요한 요소이다. 전자정부, 온라인 시민참여 유형, 지역정보화 정책 등은 출제 가능성이 높은 영역이므로 이를 중심으로 학습해야 한다.
05 조직변동(혁신)론	8%	재무지표 중심의 기존 성과관리의 한계를 극복하고 다양한 관점의 균형을 추구하는 균형성과관리(BSC)는 앞으로도 출제 비중이 높을 것으로 예상되는 개념이므로 주의하여 학습해야 한다.

CHAPTER 01

조직의 기초이론

출제 비중 19%

19 50 100

01 고전 조직이론에 관한 설명으로 옳지 않은 것은?

약점진단 ○△× ○△× ○△×

① 공식적 · 합리적 구조와 과정을 중시한다.
② 단일 가치 기준으로서 능률을 추구한다.
③ 조직 속의 인간을 합리적 경제인으로 간주한다.
④ 조직을 환경과 상호작용하는 동태적 · 유기체적 개방체제로 파악한다.

02 지식정보사회의 등장에 따른 구성원의 행태 변화에 관한 설명으로 옳지 않은 것은?

약점진단 ○△× ○△× ○△×

① 신축성과 유연성을 강조하는 조직구조로 인해 전통적인 경직된 문화에서 유연한 문화로 변화하게 될 것이다.
② 노동력 또는 인력의 구성과 질적인 측면이 변화하게 될 것이다.
③ 정보화의 영향으로 조직 간 또는 개인 간의 경쟁이 가속화될 것이다.
④ 조직 내에서 개인이 자신의 업무를 수행하는 데 있어서의 자율성이 현저하게 약화될 것이다.

03 현대 조직이론의 주요 이론에 관한 설명 중 옳지 않은 것은?

약점진단 ○△× ○△× ○△×

① 상황론적 조직이론은 모든 상황에 적용되는 유일 · 최선의 조직구조나 관리방법은 없다는 전제하에, 효과적인 조직구조나 관리방법은 조직환경 등의 상황요인에 따라 달라지기 때문에 상황에 적합한 효과적인 조직구조의 설계나 관리방법을 찾아내고자 한다.
② 거래비용이론은 시장의 자발적인 교환행위에서 발생하는 거래비용이 관료제의 조정비용보다 크면, 거래비용의 최소화를 위해 거래를 내부화하는 것이 효율적이 된다고 본다.
③ 자원의존이론은 조직을 환경적 결정에 피동적인 존재로 보지 않고 스스로의 이익을 위해 주도적 · 능동적으로 환경에 대처하여, 환경을 조직에 유리하도록 관리하려는 존재로 보는 접근방법이다.
④ 조직군생태론은 조직을 능동적인 존재로 보고, 왜 어떤 유형의 조직들은 존속 · 발전하고 어떤 유형의 조직들은 소멸하는가에 대한 원인을 환경에 대한 조직 적합도에서 찾는 이론이다.

04 주인 – 대리인이론(principal – agent theory)에 관한 설명으로 옳은 것을 모두 고른 것은?

약점진단 ○△× ○△× ○△×

ㄱ. 주인과 대리인 간 정보가 균등하다고 가정한다.
ㄴ. 주인과 대리인의 관계에 관한 경제학적 모형에 근거한 이론이다.
ㄷ. 대리인의 도덕적 해이(moral hazard) 현상을 설명하는 데 유용하다.
ㄹ. 주인과 대리인의 상충적 이해관계로 대리손실(agency loss)이 발생한다.

① ㄱ, ㄴ ② ㄷ, ㄹ
③ ㄱ, ㄴ, ㄷ ④ ㄴ, ㄷ, ㄹ

05 다음 조직경제학에 관한 설명 중 옳지 않은 것은?

약점진단 ○△× ○△× ○△×

① 조직이 발생하고 조직을 운영하는 것은 의사결정에 따른 비용을 최소화하기 위한 하나의 전략이라고 생각한다.
② 거래비용경제학은 시장에서의 거래비용이 관료제적 조정비용보다 크면 거래비용의 최소화를 위하여 거래의 내부화가 이루어진다는 이론이다.
③ 대리인이론은 주인과 대리인 간의 정보의 비대칭성으로 인해 역선택과 도덕적 해이 등의 문제가 발생한다고 본다.
④ 정보의 비대칭성으로 인해 위임자는 대리인의 업무수행과정을 감시·통제하기 어렵고, 따라서 대리인은 무성의하거나 수준 이하의 노력을 할 가능성이 있는 현상을 역선택이라 한다.

06 다음 상황과 관련 있는 이론은?

약점진단 ○△× ○△× ○△×

> 중고생산물시장에서 중고생산물의 품질에 대한 정보를 판매자는 알고 있지만, 구매자는 알지 못하는 상황이다. 이때 구매자는 바람직하지 않은 상대방과 거래하는 현상이 나타날 수 있고, 시장 자체의 거래가 중지될 수도 있다.

① 죄수의 딜레마
② 공유지의 비극
③ 도덕적 해이
④ 역선택

07 정부와 국민 간의 정보의 비대칭성을 극복하기 위한 방안으로 보기 어려운 것은?

약점진단 ○△× ○△× ○△×

① 행정예고제와 입법예고제
② 「행정절차법」의 강화
③ 국민제안센터의 합리적 운영
④ 정보공개제도의 활성화

08 다음 거래비용이론에 관한 설명 중 옳지 않은 것은?

약점진단 ○△× ○△× ○△×

① 조직이 생겨나고 일정한 구조를 가지는 이유를 조직경제학적으로 설명하는 접근방법이다.
② 비용보다는 생산에 관심을 갖고 조직을 거래비용을 감소하기 위한 장치로 본다.
③ 거래비용은 거래 상대방이 기회주의적 행동을 할 것인가에 대한 탐색비용, 거래의 이행 및 감시비용을 포함한다.
④ 시장의 자발적인 교환행위에서 발생하는 거래비용이 관료제의 조정비용보다 크면, 거래비용의 최소화를 위해 거래를 내부화하는 것이 효율적이 된다.

09 윌리암슨(Williamson)의 거래비용이론에 관한 설명으로 옳지 않은 것은?

약점진단 ○△× ○△× ○△×

① 생산보다는 비용에 관심을 갖고 조직을 거래비용을 감소하기 위한 장치로 본다.
② 동일한 업무를 기업 안에서 처리할 때의 조직관리비용과 기업 밖에서 처리할 때의 거래비용을 비교하여, 해당 업무를 내부조직에서 직접 수행할지 아니면 외부와의 거래를 통해 수행할지를 결정하는 이론이다.
③ 사후 거래비용은 거래가 계약 조건이나 이행과 협력에서 벗어나 발생하는 부적합의 조정비용, 사후 부대등 관계를 시정하기 위해 양자가 노력할 경우 발생하는 협상비용, 분쟁 관련 비용, 확실한 계약 이행을 위한 보증비용 등이 해당된다.
④ 조직(계층제)은 집합적 의사결정의 결정비용은 증가시키며 외부비용은 감소시킨다.

10 약점진단 ○△× ○△× ○△×

부서 간 조정을 위해서는 분화된 부서를 연결해 의사소통을 촉진해야 하는데, 분화된 조직을 연결하는 방법은 수직적 연결과 수평적 연결로 구분된다. 다음 중 수평적 연결로 보기 어려운 것은?

① 동일한 계층의 부서 간 조정과 의사소통방법을 말하며, 정보시스템을 활용하거나 업무 관련이 있는 특정한 부서와 직접 연결을 위해 연락 담당자를 지정하는 방법이 있다.
② 조정과 연락 업무만을 담당하는 통합관리자를 설치할 수도 있는데 이들은 전임 통합자, 프로젝트 매니저, 브랜드 관리자 등으로 불린다.
③ 다수 부서 간 긴밀한 연결과 조정이 필요할 경우 설치하는 태스크포스, 프로젝트 팀의 설치방법이 있다.
④ 통제와 조정이 필요한 사항에 대한 규칙과 계획을 정해 연결하는 방법이 있다.

11 약점진단 ○△× ○△× ○△×

무니(J. D. Mooney)가 다른 조직원리를 내포하며 조직이 추구하는 내부 목표의 제1원리라고 한 것은?

① 조정의 원리
② 전문화의 원리
③ 계층제의 원리
④ 통솔범위의 원리

12 약점진단 ○△× ○△× ○△×

세계경제의 통합과 정보통신기술의 확산은 정부조직의 탈관료제화 개혁을 더욱 가속화시키고 있다. 다음 중 이에 관한 설명으로 바르지 못한 것은?

① 공공서비스 생산의 측면에서 정부기관의 과제 성격이 더욱 예측 불가능하게 되었다.
② 정보의 흐름이 기존의 조직 내외의 시간적·공간적 경계를 벗어나게 되어 정보통신망으로 연결된 가상조직, 망조직이 확산되고 있다.
③ 정보통신기술은 조직 내에서 수직적·수평적으로 복잡하고 풍성한 정보를 보편적이고 신속하게 소통시키면서, 수직적·수평적 조정기제로 활용될 수 있다.
④ 조직 내 중간관리자와 지원 인력을 상당 부분 확대할 수 있어 조직의 대규모화와 고층구조화를 가져올 수 있다.

약점 체크와 약점 보완을 한 번에 정답과 해설 P.146

CHAPTER 02

조직구조론

출제 비중 27%

27 50 100

01 약점진단 ○△× ○△× ○△×

조직의 공식화 수준이 너무 높을 경우에는 다양한 역기능이 일어난다. 다음 중 이에 관한 설명으로 옳지 않은 것은?

① 조직구성원의 의견이 중시되지 않기 때문에 돌발상황에 적응하기 어렵다.
② 구성원의 자율성을 제약하고 업무처리과정에서 소외감을 주기도 한다.
③ 지나치게 공식화될 경우 조직의 궁극적인 목표를 추구하기보다는 규칙이나 절차만을 중시하는 동조과잉현상이 일어나 목표 달성을 저해할 수 있다.
④ 공식화가 높은 조직은 업무처리과정에서 조직원의 의사결정이 그다지 필요하지 않기 때문에 유기적인 조직구조를 가진다.

02 약점진단 ○△× ○△× ○△×

집권화된 조직이 선호되는 경우로 보기 어려운 것은?

① 조직이 동원하고 배분하는 재정자원의 규모가 커지는 경우
② 기술과 환경 변화가 역동적으로 이루어지는 경우
③ 조직이 규칙과 절차의 합리성과 효과성에 대해 신뢰하는 경우
④ 신설 조직 등 조직의 역사가 짧은 경우

03 약점진단 ○△× ○△× ○△×

조직구조와 조직기술에 관한 설명으로 옳지 않은 것은?

① 비일상기술에는 유기적 구조가, 일상기술에는 기계적 구조가 적합하다.
② 장인기술에는 다량의 계량적 정보가, 공학기술에는 소량의 풍성한 정보가 요구된다.
③ 낮은 불확실성에는 기계적 구조가, 높은 불확실성에는 유기적 구조가 적합하다.
④ 중저 불확실성에는 기계적 구조가, 중고 불확실성에는 유기적 구조가 적합하다.

04 약점진단 ○△× ○△× ○△×

조직규모가 커질수록 조직구조는 더욱 기계적 유형으로 변하게 된다. 다음 중 이에 관한 설명으로 옳지 않은 것은?

① 조직규모가 커질수록 조직구조가 더욱 관료제적으로 변하게 된다.
② 조직과정을 규칙과 절차를 통해 더욱 공식화·표준화시킨다.
③ 표준화와 함께 의사결정의 분권화를 채택함으로써 하위계층에서 의사결정이 이루어지며, 실질적인 자유재량권이 주어진다.
④ 업무과정에 자동화를 도입하여 통제력의 손실 없이 더 많은 분권화를 가능하게 해 준다.

05 약점진단 ○△× ○△× ○△×

조직구조와 조직기술에 관한 페로우(C. Perrow)의 이론과 거리가 먼 것은?

① 문제의 분석가능성과 과제의 다양성을 기준으로 분류하였다.
② 조직이 사용하는 기술은 조직에 대한 투입을 산출로 전환하는 데 사용되는 지식과 방법을 말한다.
③ 장인기술, 비일상적 기술, 일상적 기술, 공학적 기술로 유형을 구분해 각각에 적합한 조직의 기본변수를 제시하였다.
④ 일상적 기술과 공학적 기술에는 유기적 구조가, 장인기술과 비일상적 기술에는 기계적 구조가 적합하다.

06 조직전략과 조직구조에 관한 설명으로 옳지 <u>않은</u> 것은?

약점진단 ○△× ○△× ○△×

① 조직이 무엇을 추구하는지를 규정한 것이 '목표'라고 하면 '전략'이란 어떻게 그 목표에 도달할 것인가를 규정하는 것이다.
② 저비용전략은 내부 지향적이고 안정성 위주의 전략으로, 효율적 시설관리, 비용절감, 생산비용 통제 등 경제성과 효율성을 적극적으로 추구하여 경쟁자에 비해 가격경쟁력을 확보하려는 계획이다.
③ 차별화전략은 외부 지향적이고 모험을 취하는 전략으로, 시장에 독특한 혁신적 산출물을 개발하고 경쟁자와 차별화를 추구함으로써 시장점유율을 넓히려는 계획이다.
④ 저비용전략을 추구하는 관리자는 주로 유기적 구조로 설계하고, 차별화전략을 추구하는 관리자는 주로 기계적 구조로 설계하는 것이 효과적이다.

07 조직구조에 대한 설명으로 가장 적절하지 <u>않은</u> 것은?

약점진단 ○△× ○△× ○△×

① 기능구조 – 기본적으로 수평적 조정의 필요가 높을 때 가장 효과적이다.
② 사업구조 – 기능 간 조정이 극대화될 수 있는 조직구조이다.
③ 매트릭스구조 – 기능구조와 사업구조의 화학적 결합을 시도하는 조직구조이다.
④ 팀구조 – 조직구성원을 핵심업무과정 중심으로 조직하는 방식이다.

08 사업구조의 장점으로 보기 <u>어려운</u> 것은?

약점진단 ○△× ○△× ○△×

① 중복과 낭비를 예방하고 기능 내에서 규모의 경제를 구현할 수 있다.
② 사업부서 내의 기능 간 조정이 용이하고 신속한 환경 변화에 적합하다.
③ 특정 산출물별로 운영되기 때문에 고객만족도를 제고할 수 있다.
④ 성과책임의 소재가 분명해 성과관리 체제에 유리하다.

09 기능구조와 사업구조에 관한 설명으로 옳지 <u>않은</u> 것은?

약점진단 ○△× ○△× ○△×

① 기능구조는 사업부서 내의 기능 간 조정이 용이하고 신속한 환경 변화에 적합하다.
② 기능구조는 중복과 낭비를 예방하고 기능 내에서 규모의 경제 구현이 가능하다.
③ 사업구조는 성과책임의 소재가 분명해 성과관리 체제에 유리하다.
④ 사업구조는 조직구성원들의 목표가 기능구조보다 포괄적으로 형성된다.

10 매트릭스조직에 관한 설명으로 옳은 것은?

약점진단 ○△× ○△× ○△×

① 단일한 명령 및 보고체제를 갖고 있다.
② 하위조직 간 정보 흐름이 활성화된다.
③ 하위조직 간 할거주의가 발생할 경우 조정이 용이하다.
④ 불안정한 환경에 적절하게 대응하지 못하며, 복잡한 의사결정을 하지 못한다.

11 다음에 해당하는 조직구조 모형은?

약점진단 ○△× ○△× ○△×

- 조직구조가 과업, 기능, 지리에 기반하지 않고 핵심과정에 기초한다.
- 기본 구성 단위는 자율팀이다.
- 핵심과정에 대한 전체적인 책임은 각 과정조정자가 진다.
- 팀원은 여러 직무를 수행할 수 있게 훈련받는다.
- 조직효과성은 핵심과정별 최종 성과지표, 고객만족도, 종업원만족도, 재정기여도 등에 의해 평가된다.

① 기능구조　② 사업구조
③ 수평구조　④ 매트릭스구조

12 네트워크구조에 관한 설명으로 타당하지 않은 것은?

약점진단 ○△× ○△× ○△×

① 네트워크구조는 조직 자체의 기능은 핵심역량에만 집중하고 나머지는 외부와 계약 등을 통해서 수행하는 조직구조 방식이다.
② 네트워크구조는 정보통신기술의 확산으로 채택된 새로운 조직구조이다.
③ 전 지구적으로 최고 품질과 최저 비용의 자원들을 활용할 수 있으면서도 대단히 간소화된 조직구조를 갖는다.
④ 계약관계에 있는 외부기관을 직접 통제하기가 매우 용이하다.

13 관료제의 특징으로 옳지 않은 것은?

약점진단 ○△× ○△× ○△×

① 분업적 업무처리
② 계층제적 조직구조
③ 법규에 의한 업무처리
④ 정의적(personal) 업무처리

14 막스 베버(Max Weber)의 이념형 관료제에 대한 설명으로 틀린 것은?

약점진단 ○△× ○△× ○△×

① 근대적 관료제는 보편성과 합리성을 기반으로 한다.
② 법규에 의한 지배와 법 앞의 평등을 중시한다.
③ 관료제는 현상 유지에 집착하여 환경 변화에 유기적으로 대응한다.
④ 화폐경제 발달은 근대관료제의 발전에 기여했다.

15 다음 중 학습조직이 갖는 특징으로 타당한 것을 모두 고르면?

약점진단 ○△× ○△× ○△×

ㄱ. 구성원의 권한 강화
ㄴ. 타인 지향적 인간관
ㄷ. 개인별 성과급
ㄹ. 원자적 구조

① ㄱ ② ㄷ
③ ㄱ, ㄴ ④ ㄷ, ㄹ

16 학습조직에 관한 설명으로 옳지 않은 것은?

약점진단 ○△× ○△× ○△×

① 리더의 사려 깊은 리더십이 요구된다.
② 구성원의 권한강화(empowerment)를 강조한다.
③ 수평적 구조의 팀으로 구성된다.
④ 전체보다 부분을 중시한다.

17 다음은 기존의 조직과 학습조직을 비교한 것이다. 바르지 못한 것은?

약점진단 ○△× ○△× ○△×

	구분	기존조직	학습조직
①	계층단계	많음	적음
②	구조	수직적 구조, 분업원리	수평적 구조, 과정적 중심
③	책임의 소재	책임의 전가	스스로 책임
④	변화의 대응	신속, 유연	지연, 경직

18 혼돈정부는 자연과학에서 비롯된 카오스이론, 복잡성이론 등을 정부조직에 적용한 조직 형태를 말한다. 그 내용으로 옳지 않은 것은?

약점진단 ○△×

① 공(동)진화
② 선형적 변화
③ 자기조직화
④ 나비효과(초기조건의 민감성)

19 지식정보사회의 조직구조 중 신속한 행동, 창의적인 탐색, 더 많은 신축성, 직원과 고객 간의 밀접한 관계 등을 강조하는 조직에 해당하는 것은?

약점진단 ○△×

① 삼엽(三葉)조직(shamrock organization)
② 혼돈정부(chaos government)
③ 공동정부(hollow organization)
④ 후기 기업가조직(post-entrepreneurial organization)

20 위원회제도에 대한 설명으로 틀린 것은?

약점진단 ○△×

① 행정책임의 명확화 유지
② 이해 대립의 사전 조정에 기여
③ 행정의 민주화에 기여
④ 행정의 계속성·안전성 유지

21 다음 설명 중에서 독립규제위원회와 관계없는 것은?

약점진단 ○△×

① 준입법적·준사법적 권한을 가지고 있다.
② 권력분립적 성격을 가진다.
③ 독립성으로 인해 통일성 확보가 곤란하다.
④ 우리나라의 중앙선거관리위원회도 이와 유사한 기관으로 볼 수 있다.

22 행정조직에 관한 설명으로 옳지 않은 것은?

약점진단 ○△×

① 위원회 조직은 단독제에 대응되는 개념으로서, 결정에 다수인이 참여하는 합의제 기관으로 책임한계가 불명확한 단점이 있다.
② 방송통신위원회, 공정거래위원회와 같은 행정위원회는 결정권한을 갖고 있지만 집행까지 담당하지는 않는다.
③ 책임운영기관은 정부팽창의 은폐수단 또는 민영화의 회피수단으로 사용될 가능성이 있다.
④ 애드호크라시는 현대사회의 복잡하고 불확실한 환경에서 발생하는 문제에 신속하게 대응할 수 있다.

23 대통령 소속기관 중 「헌법」에 근거하여 설치된 기관이 아닌 것은?

약점진단 ○△×

① 방송통신위원회
② 국가안전보장회의
③ 민주평화통일자문회의
④ 국민경제자문회의

24 다음 중 행정기관의 연결이 잘못된 것은?

약점진단 ○△✕ ○△✕ ○△✕

① 기획재정부 – 조달청
② 산업통상자원부 – 특허청
③ 보건복지부 – 식품의약품안전청
④ 환경부 – 기상청

25 다음 중 행정기관의 연결이 잘못된 것은?

약점진단 ○△✕ ○△✕ ○△✕

① 법무부 – 검찰청
② 교육부 – 교육청
③ 농림축산식품부 – 산림청
④ 기획재정부 – 조달청

26 책임운영기관에 관한 설명 중 옳지 않은 것은?

약점진단 ○△✕ ○△✕ ○△✕

① 민간기업의 관리 방식을 도입하고 관리자에게 보다 많은 신축성을 부여한 다음 그 성과에 따라 책임을 묻도록 하는 기관이다.
② 정책결정을 담당하는 기관과 정책의 집행 또는 서비스의 전달을 담당하는 기관을 분리하여 행정의 능률성을 제고하는 것이 도입의 취지이다.
③ 책임운영기관 특별회계 및 「정부기업예산법」의 적용을 받으며, 기관장은 임기제 공무원으로 채용한다.
④ 내부시장을 창출할 수 있는 분야에서 도입되므로 민영화 및 공사화 추진이 가능한 분야에 도입된다.

27 책임운영기관제도의 특징에 관한 설명으로 옳은 것은?

약점진단 ○△✕ ○△✕ ○△✕

① 민영화 또는 공기업화가 가능한 분야에 우선 적용한다.
② 책임운영기관은 조직 운영의 독립성은 있으나, 예산 운영의 자율성은 없다.
③ 책임운영기관의 설치는 조례로 정한다.
④ 책임운영기관은 정부조직이며 구성원도 공무원 신분이다.

28 정부가 도입한 책임운영기관에 관한 설명으로 옳지 않은 것은?

약점진단 ○△✕ ○△✕ ○△✕

① 기관의 지위에 따라 소속책임운영기관과 중앙책임운영기관으로 구분된다.
② 신공공관리론의 조직원리에 따라 등장한 새로운 형태의 정부조직이다.
③ 기관장에게 재량권을 부여하여 자율적인 경영과 그 성과에 대한 책임을 지게 한다.
④ 예산편성 및 집행상의 자율권을 확보하기 위하여 특별회계를 두나, 예산의 전용·이월 등이 허용되지 않는다.

약점 체크와 약점 보완을 한 번에 정답과 해설 P.147

CHAPTER 03

조직관리론

출제 비중 35%

35 50 100

01 매슬로우(Maslow)에 대비한 앨더퍼(Alderfer)의 ERG 이론의 차이점이 아닌 것은?

약점진단 ○△✕ ○△✕ ○△✕

① 인간의 욕구를 계층화하고 계층에 따라 욕구의 발로가 이루어진다고 규정하였다.
② 인간의 욕구를 생존욕구, 관계욕구, 성장욕구 등의 세 가지로 분류하였다.
③ 욕구 좌절로 인한 욕구 발로의 후진적·하향적 퇴행을 제시하였다.
④ 두 가지 이상의 욕구가 동시에 작용하여 복합적으로 하나의 행동을 유발한다고 주장하였다.

02 허즈버그(F. Herzberg)의 동기·위생 2요인이론에 관한 설명으로 옳지 않은 것은?

약점진단 ○△✕ ○△✕ ○△✕

① 인간의 욕구를 계층적 구조로 나누어 설명한다.
② 동기요인에는 승진, 책임감, 성취감 등이 포함된다.
③ 위생요인은 주로 생리적 욕구, 안전욕구 등을 만족시키는 요인들이다.
④ 개인차에 대한 충분한 고려가 없다는 방법론적 비판을 받는다.

03 동기부여이론에 관한 설명 중 틀린 것은?

약점진단 ○△✕ ○△✕ ○△✕

① 브룸(V. Vroom)은 기대감, 수단성, 유의성을 강조하였다.
② 직장 내 어린이집 설치는 허즈버그(Herzberg)의 만족요인이다.
③ 앨더퍼(Alderfer)는 좌절·퇴행의 요소를 추가하였다.
④ 맥클리랜드(McClelland)는 개인마다 욕구의 계층에 차이가 있다고 주장하였다.

04 기대이론에 관한 설명 중 옳지 않은 것은?

약점진단 ○△✕ ○△✕ ○△✕

① 기대이론은 동기부여의 과정이론이다.
② 기존의 내용이론을 보완하는 데 의미가 있다.
③ 기대란 근무성과를 가져올 것이라는 객관적 확률에 대한 기대이다.
④ 기대이론은 욕구충족과 동기유발 사이의 직접적인 인과관계를 인정하지 않는다.

05 브룸(V. Vroom)의 기대이론에 관한 설명으로 옳은 것만을 모두 고른 것은?

약점진단 ○△✕ ○△✕ ○△✕

> ㄱ. 인간이 행동하는 방향의 강도는 그 행동이 일정한 결과로 이어진다는 기대의 강도와 이어진 결과에 대한 매력에 달려 있다고 주장한다.
> ㄴ. 일정한 노력을 기울이면 근무성과를 가져올 수 있으리라는 가능성에 대한 인간의 객관적인 확률과 관련된 믿음을 기대감(Expectation)이라고 한다.
> ㄷ. 개인이 지각하기에 어떤 특정한 수준의 성과를 달성하면 바람직한 보상이 주어지리라고 믿는 정도를 수단성(Instrumentality)이라고 한다.
> ㄹ. 어느 개인이 원하는 특정한 보상에 대한 선호의 강도를 유의성(Valence)이라고 한다.

① ㄱ, ㄷ ② ㄴ, ㄹ
③ ㄱ, ㄷ, ㄹ ④ ㄴ, ㄷ, ㄹ

06 다음은 동기부여이론 중 어느 이론에 해당하는가?

약점진단 ○△✕ ○△✕ ○△✕

> 학생에게 "최선을 다해 공부를 열심히 하거라."라고 지도하는 교사보다 "너의 현재 실력이 80점이니 다음 시험에서는 85점을 맞도록 하거라."라고 하는 것이 동기유발 효과가 있다.

① 브룸(Vroom)의 기대이론
② 포터(Porter)와 롤러(Lawler)의 업적·만족이론
③ 로크(Locke)의 목표설정이론
④ 해크먼(Hackman)과 올드햄(Oldham)의 직무특성이론

07 포터와 롤러(Porter & Lawler)의 업적·만족이론에 대한 설명 중 틀린 것은?

약점진단 ○△× ○△× ○△×

① 공정한 보상이 중요하다고 본다.
② 만족이 업적에 선행해야 한다.
③ 외재적 보상보다 내재적 보상이 더 중요하다.
④ 전통적 기대이론을 수정·발전시킨 이론이다.

08 다음 동기부여이론 중 옳지 않은 것은?

약점진단 ○△× ○△× ○△×

① 앨더퍼(Alderfer)는 상위 욕구가 만족되지 않거나 좌절될 때 하위 욕구를 더욱 충족시키고자 한다는 '좌절 – 퇴행' 접근법을 주장하였다.
② 허즈버그(Herzberg)는 만족의 반대를 불만족이 아니라 만족이 없는 상태로, 불만족의 반대를 만족이 아니라 불만족이 없는 상태로 규정한다.
③ 애덤스(Adams)는 개인이 지각하는 산출 – 투입 비율이 준거인의 비율과 대등한 경우 개인은 공정하다고 느끼게 되고 동기가 형성된다고 하였다.
④ 로크(Locke)는 구체적인 목표가 모호한 목표나 목표가 없는 상태보다 직무성과를 높인다고 하였다.

09 A는 능력이 유사한 B에 비해 부당한 대접을 받고 있다고 생각한다. 이 경우 A가 느끼는 심리적 상태를 설명해 주는 이론은?

약점진단 ○△× ○△× ○△×

① 공정성이론　② 욕구충족요인 이원론
③ 욕구계층이론　④ 기대이론

10 다음 〈보기〉 중 공무원 동기의 특성과 공직동기에 관한 설명으로 바른 것은?

약점진단 ○△× ○△× ○△×

보기

ㄱ. 공공조직은 민간조직과 여러 가지 차이점이 있는데, 그 차이가 조직원의 동기에도 존재하는가를 연구한 것이 공직동기(public service motivation)이론이다.
ㄴ. 공직동기이론은 공공부문의 종사자들은 "봉사의식이 투철하고 공공문제에 더 큰 관심을 가지며 공공의 문제에 영향을 미칠 수 있다는 것에 큰 가치를 부여하고 있는 사람들"이라고 가정한다.
ㄷ. 이러한 가정에서 출발하는 타인에 대한 봉사동기와 공익 우선의 동기는 민간기업 근로자의 일반적인 동기와 다른 새로운 동기의 내용에 해당된다.
ㄹ. 현재까지의 연구 결과는 공직 종사자들과 민간기업 종사자들 간 동기에 차이가 있으나 이러한 차이는 특별히 '공직동기'라고 보기 어렵다.
ㅁ. 매슬로우(Maslow)가 분류한 인간의 다섯 가지 욕구의 내용에서 공공부문 종사자들의 욕구(안전 욕구)와 민간기업 종사자들의 욕구(경제적 욕구)의 내용상 차이가 있을 뿐이라는 것으로 정리되고 있다.
ㅂ. 신공공관리론에서 강조하는 이기적인 개인의 전제나 성과급 등을 통한 외재적 보상의 중요성보다는 공공부문 종사자가 갖고 있는 내적 동기 요인의 제고를 강조한다.

① ㄱ, ㄴ, ㄷ
② ㄱ, ㄴ, ㄷ, ㄹ
③ ㄱ, ㄴ, ㄷ, ㄹ, ㅁ
④ ㄱ, ㄴ, ㄷ, ㄹ, ㅁ, ㅂ

11 리더십 행동이론에 관한 설명으로 옳은 것은?

약점진단 ○△× ○△× ○△×

① 상황에 따라 리더십의 효과성이 달라진다는 시각에서 리더의 행동을 파악한다.
② 지도자 행태, 부하의 성숙도, 그리고 특정 상황에 따른 각 지도자 행태의 효과성에 관심을 갖는다.
③ 훈련에 의해 효과적인 리더를 양성할 수 있다고 주장한다.
④ 리더의 자질을 가진 사람은 어떤 상황에서든 지도자가 될 수 있다고 주장한다.

12 피들러(Fiedler)의 상황적응리더십이론의 3가지 상황 변수가 아닌 것은?

약점진단 ○△× ○△× ○△×

① 지도자의 권위
② 지도자의 자질
③ 지도자와 부하의 관계
④ 업무의 조직화

13 리더십에 대한 설명으로 옳지 않은 것은?

약점진단 ○△× ○△× ○△×

① 허시(Hersey)와 블랜차드(Blanchard)는 리더십의 유형을 결정하는 조건으로 부하의 성숙도를 중요시한다.
② 하우스(House)는 도전적 목표를 설정하고 부하들이 최고의 성과를 내기를 기대하는 리더를 성취지향적 리더라고 하였다.
③ 피들러(Fiedler)는 리더십의 효율성에 영향을 미치는 3가지 상황변수로 지도자의 자질, 업무의 조직화, 지도자의 권위를 제시하였다.
④ 화이트(White)와 리피트(Lippitt)는 리더를 리더의 행태에 따라 권위주의형, 민주형, 자유방임형으로 구분하였다.

14 변혁적 리더십의 요소로 보기 어려운 것은?

약점진단 ○△× ○△× ○△×

① 지적 자극
② 업적에 따른 보상
③ 개별적 배려
④ 영감적 리더십

15 변혁적 리더십의 내용으로 보기 어려운 것은?

약점진단 ○△× ○△× ○△×

① 카리스마적 리더십
② 영감적 리더십
③ 개별적 배려
④ 합리적 과정의 중요성 강조

16 변혁적 리더십의 구성요소로 보기 어려운 것은?

약점진단 ○△× ○△× ○△×

① 카리스마적 리더십
② 교환과정의 중요성
③ 개별적 배려
④ 지적 자극

17 변혁적 리더십에 적합한 조직의 조건으로 보기 어려운 것은?

약점진단 ○△× ○△× ○△×

① 변혁적 리더십은 능률지향보다는 적응지향이 더 강조되는 조직에 적합하다.
② 변혁적 리더십은 경계작용적 구조보다 기술구조가 더 지배적인 조직에 적합하다.
③ 변혁적 리더십은 기계적 관료제·전문적 관료제·할거적 구조보다는 단순구조와 임시체제에 더 적합하다.
④ 변혁적 리더십은 시장적 교환관계나 관료적 통제보다는 개인적 이익과 조직의 이익을 통합시키는 관리전략에 의해 공동목표성취를 위한 구성원들의 동기를 유발하려는 조직에 더 적합하다.

18 토머스(K. Thomas)의 모형 중 자신의 이익이나 상대방의 이익 모두에 무관심한 대인적 갈등관리 방안은?

약점진단 ○△× ○△× ○△×

① 회피
② 경쟁
③ 순응
④ 협동

약점 체크와 약점 보완을 한 번에 정답과 해설 P.151

CHAPTER 04 조직정보론

출제 비중 11%

11 50 100

01 지식정보사회의 특징으로 보기 어려운 것은?

약점진단 ○△× ○△× ○△×

① 개인문제 해결에 정보활용이 증가하였다.
② 고부가가치 창출 지식산업이 등장하였다.
③ 개인의 심리적 거리감이 축소되었다.
④ 다품종 소량생산에서 소품종 대량생산으로 변화하였다.

02 다음은 정보화로 인한 정치 · 행정과정의 변화에 관한 설명이다. 옳은 것은 모두 몇 개인가?

약점진단 ○△× ○△× ○△×

> ㄱ. 행정과 정책 등의 전자적 정보공개가 가능해지며, 시민의 알 권리를 더욱 충족시킬 수 있다.
> ㄴ. 시민들 간의 현안 이슈와 관련된 다양한 주제에 대한 의견 교환이 가능해짐으로써 텔레 커뮤니티 형성을 가능하게 한다.
> ㄷ. 전자투표 등을 활용해 대표자 선출과 중요한 정책결정과정에서 참여율을 높임으로써 행정 전반에서 시민들에 대한 책임성을 높일 수 있다.

① 0개 ② 1개
③ 2개 ④ 3개

03 지식행정에 관한 내용으로 옳지 않은 것은?

약점진단 ○△× ○△× ○△×

① 지식행정은 지식사회를 설계하고, 지식 창출 · 형식화 · 전파 · 활용 등 지식관리를 통해 가치를 창출하고 극대화하는 행정이다.
② 예측할 수 없을 정도로 급변하는 환경에서 경쟁력을 갖춘 지능적 행정으로서 그 외연적 모습은 지식정부로 나타난다.
③ 지식행정은 장래의 기회와 위협 요소에 대응하기 위해 행정활동의 프로세스를 끊임없이 개선하는 학습과정으로서 리엔지니어링을 통해서 이루어진다.
④ 행정조직은 창조력을 지닌 유기체로 기능하도록 스스로 인도하는 자기지시적(self-guiding) 능력을 발휘하며 여기서 자신의 행위과정을 결정하고 변화시키는 능력을 갖게 된다.

04 다음 내용은 무엇에 관한 설명인가?

약점진단 ○△× ○△× ○△×

> 일정한 기준과 절차에 따라 업무, 응용, 데이터, 기술, 보안 등 조직 전체의 구성요소들을 통합적으로 분석한 뒤 이들 간의 관계를 구조적으로 정리한 체제 및 이를 바탕으로 정보화 등을 통하여 구성요소들을 최적화하기 위한 방법이다.

① 정보기술아키텍처
② 원스톱행정
③ 전자문서교환
④ G4C(Government for Citizen)

05 다음 괄호 안에 들어갈 용어로 옳은 것은?

약점진단 ○△× ○△× ○△×

- 「전자정부법」상 (ㄱ)(이)란 「전기통신기본법」 제2조 제2호에 따른 전기통신설비를 활용하거나 전기통신설비와 컴퓨터 및 컴퓨터 이용기술을 활용하여 정보를 수집·가공·저장·검색·송신 또는 수신하는 정보통신체제를 말한다.
  ※ 「전기통신기본법」 제2조 제2호에 따른 전기통신설비라 함은 전기통신을 하기 위한 기계·기구·선로 기타 전기통신에 필요한 설비를 말한다.
- 「전자정부법」상 (ㄴ)(이)란 감리발주자 및 피감리인의 이해관계로부터 독립된 자가 정보시스템의 효율성을 향상시키고 안전성을 확보하기 위하여 제3자의 관점에서 정보시스템의 구축 및 운영 등에 관한 사항을 종합적으로 점검하고 문제점을 개선하도록 하는 것을 말한다.

	ㄱ	ㄴ
①	정보자원	정보시스템감리
②	정보기술아키텍처	정보자원
③	정보통신망	정보시스템감리
④	정보통신망	정보기술아키텍처

06 전자정부에 관한 설명으로 옳은 것을 모두 고르면?

약점진단 ○△× ○△× ○△×

ㄱ. 전자정부는 정보통신기술을 활용하여 효율적인 행정, 질 높은 대민서비스, 투명하고 민주적인 정부를 구현하는 실천적인 수단이다.
ㄴ. 우리나라 전자정부시스템에는 '정부민원포털(정부24)', '국가종합전자조달시스템(나라장터)', '전자통관시스템(UNI-PASS)' 등이 있다.
ㄷ. 스마트워크센터는 출장지 등 원격지에서 업무가 가능하도록 정보통신기술 기반의 원격업무시스템을 갖춘 사무공간을 말한다.
ㄹ. 행정기관 등의 장은 원격지 간 업무수행을 할 때에는 온라인 영상회의를 우선적으로 활용하도록 노력하여야 한다.

① ㄱ, ㄴ　② ㄷ, ㄹ
③ ㄴ, ㄷ, ㄹ　④ ㄱ, ㄴ, ㄷ, ㄹ

07 전자정부의 발전단계에서 통합 2단계에 해당하는 내용과 거리가 먼 것은?

약점진단 ○△× ○△× ○△×

① 온라인상에서 질문하고 답을 받아 볼 수 있다.
② 온라인상에서 제공되는 이메일 주소를 이용해 담당자와 연결할 수 있다.
③ 이용자가 필요로 하는 정부문서 서식 등을 온라인으로 다운로드할 수 있다.
④ 여권이나 비자를 온라인으로 발급받을 수 있는 단계이다.

08 정보화에 관한 설명으로 옳지 않은 것은?

약점진단 ○△× ○△× ○△×

① 행정기관 등은 전자정부의 구현·운영 및 발전을 추진할 때 정보기술아키텍처를 기반으로 하여야 한다.
② 정보기술은 자동화, 통합화, 매개물 제거 등의 기회를 제공해서 업무처리 재설계의 가능성을 제시한다.
③ 전자정부 통합 3단계는 정보제공자와 이용자 간에 좀 더 적극적인 상호작용이 이루어지며, 관련 서류를 발급받을 수 있는 단계이다.
④ 전자적 참여 형태는 전자정보화, 전자자문, 전자결정단계로 진화한다.

09 '정부 3.0'에 대한 설명 중 옳지 않은 것은?

약점진단 ○△× ○△× ○△×

① 행정서비스의 양방향 제공을 강조한다.
② 온라인 민관협업공간(플랫폼)을 구축하는 데 역점을 둔다.
③ 공공정보 적극 공개로 국민의 알 권리 충족에 역점을 둔다.
④ 개방 · 공유 · 소통 · 협력을 핵심가치로 사용하고 있다.

10 지능형 전자정부에 관한 내용으로 옳지 않은 것은?

약점진단 ○△× ○△× ○△×

① 문제 자동인지와 스스로 대안제시
② 질적 · 공감적 서비스 공동생산
③ 생애주기별 맞춤형
④ 수요 기반 온 · 오프라인 멀티채널

11 보편적 서비스정책의 주요 내용으로 보기 어려운 것은?

약점진단 ○△× ○△× ○△×

① 접근성
② 활용가능성
③ 광역성
④ 요금의 저렴성

12 지역지능정보화 정책에 관한 설명으로 옳지 않은 것은?

약점진단 ○△× ○△× ○△×

① 지역지능정보화는 협의로는 특정 지역을 대상으로 하는 국가 및 지방자치단체 주도의 정보화로 정의되고, 광의로는 특정 지역을 대상으로 하는 지역 주도의 지역민을 위한 정보정책의 수립과 추진을 의미한다.
② 지역지능정보화 정책의 기본 목표는 지역경제의 활성화, 주민의 삶의 질 향상, 행정의 효율성 강화이다.
③ 정부는 지능정보사회 정책의 효율적 · 체계적 추진을 위하여 지능정보사회 종합계획을 3년 단위로 수립하여야 하며, 공공 · 민간 · 지역 등 분야별 지능정보화가 이에 포함된다.
④ 중앙정부의 지역지능정보화 기본계획에 의거해 지방자치단체는 해당 지역의 정보화 마스터플랜으로 지역정보화 기본계획을 수립해야 한다.

13 웹 접근성 강화에 관한 설명으로 옳지 않은 것은?

약점진단 ○△× ○△× ○△×

① 웹 접근성이란 장애인 등 정보 소외계층이 일반인과 동일하게 웹사이트에 있는 모든 정보에 접근해 활용할 수 있도록 편의를 제공하는 것을 의미한다.
② 웹 관련 국제표준화기구인 W3C(World Wide Web Consortium)는 장애인의 인터넷 이용과 관련한 핵심 이슈가 사용성에서 접근성으로 무게 중심이 이동해야 한다고 강조하였다.
③ 사용성이란 장애인이 웹에 접근하는 수준에서 한 걸음 더 나아가 인터넷을 직접 활용할 수 있도록 하는 데 초점을 맞추고 있다.
④ 「장애인차별금지 및 권리구제 등에 관한 법률」을 제정해 2009년부터 공공기관을 시작으로 2015년 민간부문까지 단계적으로 장애인에 대한 웹 접근성 편의 제공을 의무화하는 기반을 마련하였다.

14 온라인 시민 참여에 관한 설명으로 옳지 않은 것은?

약점진단 ○△×

① 정보제공형 참여는 정부가 생산한 정보를 정부가 일방적 · 적극적으로 제공하는 형태로 관심이 없거나 수동적인 시민은 혜택을 보지 못한다.
② 협의형 참여는 시민과 정부 사이에 쌍방향적인 의사소통이 있지만, 주로 정부 주도에 의한 의사소통으로 정부가 시민들의 관심과 정책적 순응을 확보하기 위해 활용한다.
③ 정책결정형 참여는 시민들이 정책과정에 적극적으로 참여함으로써 참여과정 및 정책과정을 시민들이 결정을 할 수 있는 단계이다.
④ 정책결정형에서 정보제공형으로 갈수록 행정에 대한 시민 참여 및 영향력이 증대된다.

15 온라인 시민 참여 유형 중 협의형과 거리가 먼 것은?

약점진단 ○△×

① 전자국민투표법
② 「행정절차법」
③ 옴부즈만제도
④ 민원 관련 법

16 공식적 의사전달의 장점으로 보기 어려운 것은?

약점진단 ○△×

① 신속한 전달
② 객관적인 의사소통
③ 명확한 책임소재
④ 자료 보존 용이

17 의사전달의 장애요인 중 조직구조에 의한 장애요인이 아닌 것은?

약점진단 ○△×

① 지위상의 차이
② 집권적 계층구조
③ 할거주의와 전문화
④ 정보전달 채널의 부족

18 우리나라 행정정보공개제도에 관한 설명으로 옳은 것은?

약점진단 ○△×

① 청구인이 청구한 지 10일 이내에 공개 여부를 결정해야 한다.
② 외국인은 청구할 수 없다.
③ 공무원의 성명 · 직위는 비공개 대상 정보이다.
④ 정보공개비용은 행정청이 부담한다.

19 행정정보공개의 문제점으로 볼 수 없는 것은?

약점진단 ○△×

① 통제비용 증가
② 행정비용 증가
③ 공무원 업무량 증가
④ 정보의 변조나 왜곡

약점 체크와 약점 보완을 한 번에 정답과 해설 P.153

CHAPTER 05

조직변동(혁신)론

출제 비중 8%

8 50 100

01

목표관리제(MBO)에 관한 설명으로 옳지 않은 것은?

약점진단 ○△× ○△× ○△×

① 개인이나 부서의 목표를 조직의 관리자가 일방적으로 제시하는 것이 아니라, 하급자나 하위 부서가 상급자나 상급기관과 협의해 목표를 설정한다.
② 목표 설정 시 바람직한 목표가 제시되는 것이 중요하며, 좋은 목표는 구체적이고 상세하게 기술된 목표이다.
③ 목표 달성도를 평가해 평가결과를 예산, 연봉, 인사 등에 반영하도록 하는 제도이다.
④ 하급자의 참여를 통한 협력적 목표 설정이라는 점에서 목표관리제는 조직목표 달성을 위한 하향식 접근이다.

02

총체적 품질관리(TQM)의 내용으로 보기 어려운 것은?

약점진단 ○△× ○△× ○△×

① 과정보다는 결과의 계속적인 개선
② 산출과정 초기의 품질 정착
③ 서비스의 지나친 변이성 방지
④ 소비자 중심의 품질

03

조직발전에 관한 설명으로 옳지 않은 것은?

약점진단 ○△× ○△× ○△×

① 조직발전은 인위적 · 계획적 · 의도적 변화과정이다.
② 조직발전은 대인관계능력보다는 과업수행기능에 역점을 둔다.
③ 조직발전은 전체 체제로서의 조직의 변동을 의도한다.
④ 조직발전은 행태과학적 접근방법을 통한 조직혁신이다.

04

재무지표 중심의 기존의 성과관리의 한계를 극복하고 다양한 관점의 균형을 추구하는 것이 균형성과관리(BSC)의 장점이자 특징이다. 균형성과관리(BSC)의 균형에 관한 설명 중 옳은 것은?

약점진단 ○△× ○△× ○△×

ㄱ. 재무적 지표와 비재무적 지표(고객, 학습과 성장, 내부 프로세스)의 균형
ㄴ. 조직의 내부 요소(직원과 내부 프로세스)와 외부 요소(재무적 투자자와 고객) 간 균형
ㄷ. 결과를 예측해 주는 선행지표와 결과인 후행지표 간 균형
ㄹ. 단기적 관점(재무 관점)과 장기적 관점(학습과 성장 관점)의 균형

① ㄱ ② ㄱ, ㄴ
③ ㄱ, ㄴ, ㄷ ④ ㄱ, ㄴ, ㄷ, ㄹ

05 균형성과관리(BSC)에 대한 설명이 잘못된 것은?

약점진단 ○△×

① 성과를 측정할 때 매출액이나 영업이익과 같은 재무적 지표만을 기준으로 삼는다.
② 전통적 성과관리에 비하여 고객만족 등을 중시하는 고객 중심적인 성과관리체제이다.
③ 성과 측정도구로 출발한 BSC는 최근 들어 전략의 실행도구로도 각광받고 있다.
④ 전략을 좀 더 구체적인 지표와 목표 숫자로 바꾸어 주는 기능을 한다.

06 다음의 내용과 가장 관계가 깊은 것은?

약점진단 ○△×

> A라는 패밀리 레스토랑의 올해 전략은 '고객에게 가장 편안한 외식 서비스를 제공해 업계 1위가 되는 것'이다. 이런 전략을 달성하기 위해 어떤 목표를 정해, 어떻게 실행해야 할까? 재무적 관점에서만 본다면 연간 매출 성장률 목표만 정하면 되지만, 고객 관점에서는 고객의 '불만 접수 건수'를 작년보다 30% 낮추는 게 목표가 될 수 있다. 프로세스 관점에선 주문한 후 테이블에 음식이 차려지는 시간(lead time)을 15분 이내로 줄이도록 한다. 학습과 성장의 관점에선 종업원에 대한 친절 교육 시간을 연 100시간 이상으로 늘리는 것을 목표로 한다.

① 관리과학(Management Science)
② 목표관리(Management By Objective)
③ 조직발전(Organization Development)
④ 균형성과관리(Balanced Score Card)

07 환경분석과정은 조직 외부의 환경과 조직 내부의 여건을 종합적으로 분석하는 과정이다. 조직 외부 환경분석은 조직을 둘러싼 정치·경제·사회·문화·기술적 변화를 확인하고 주요 이해관계자를 확인하며, 조직 내부 환경분석은 조직 내부 자원의 흐름, 업무 처리 과정·조직문화·업무 처리 능력 등을 확인한다. 이때, 환경분석과정을 효율적으로 수행하기 위해 활용되는 기법은 무엇인가?

약점진단 ○△×

① 분기점 분석 ② SWOT 분석
③ 비용편익 분석 ④ 민감도 분석

약점 체크와 약점 보완을 한 번에 정답과 해설 P.156

PART 04

인사행정론

CHAPTER	출제 비중	교수님의 출제 예상 POINT
01 인사행정의 기초이론	26%	엽관주의는 행정의 대응성, 실적주의는 행정학의 태동, 대표관료제는 균형인사를 지향한다는 점에서 계속적으로 출제 가능성이 높은 영역이다. 아울러 공무원의 권익보호라는 측면에서 소청심사제도의 주요 내용을 숙지하여야 한다.
02 공직의 분류	26%	인사청문제도는 매우 시사적인 문제이므로 인사청문특별위원회와 소관상임위원회로 구분하여 세부적인 차이점을 숙지하여야 한다. 아울러 임기제 공무원과 관련된 법령의 내용을 숙지하여야 한다.
출제 비중 高 03 인사행정의 3대 변수	28%	역량기반 교육훈련, 성과관리카드제도, 경력개발제도는 성과관리와 관련하여 출제 가능성이 높은 내용이므로 정확히 숙지해 두어야 한다.
04 근무규율	20%	행정윤리의 철학적 기초인 결과주의와 의무론을 구분하고, 부패유형과 그 사례를 숙지한다. 「부패방지 및 국민권익위원회의 설치와 운영에 관한 법률」의 주요 개정사항에도 주의해야 한다.

CHAPTER 01

인사행정의 기초이론

출제 비중 26%

26 50 100

01

다음 각종 인사제도에 관한 연결 중 옳은 것은?

약점진단 ○△× ○△× ○△×

① 직업공무원제도 – 행정의 대응성 제고
② 대표관료제 – 행정의 전문성 향상에 공헌
③ 개방형 공무원제도 – 행정의 계속성 유지에 유리
④ 엽관주의 – 인사권자의 지도력 강화에 기여

02

엽관주의의 장점으로 보기 어려운 것은?

약점진단 ○△× ○△× ○△×

① 정당의 대중화와 정당정치의 발달에 공헌하였다.
② 국민의 요구에 대한 관료적 부응성을 향상시켰다.
③ 민주정치의 발달과 행정의 민주화에 공헌하였다.
④ 행정의 전문성과 능률성에 공헌하였다.

03

"전리품은 승리자에게 속한다(To the victor belong the spoils)."와 가장 관계가 먼 것은?

약점진단 ○△× ○△× ○△×

① 행정의 안전성을 저해한다.
② 공무원의 정치적 중립성을 저해한다.
③ 공직의 특권계층화를 초래한다.
④ 부정부패를 유발한다.

04

실적주의의 장점으로 보기 어려운 것은?

약점진단 ○△× ○△× ○△×

① 공직의 특권화 배제
② 공직취임의 기회균등 보장
③ 행정의 전문화 촉진
④ 공무원의 질적 수준 향상

05

인사행정의 제도적 기반에 관한 설명으로 옳지 않은 것은?

약점진단 ○△× ○△× ○△×

① 대표관료제는 출신 성분과 인간의 행동 간에는 밀접한 관계가 있다는 것을 전제한다.
② 실적주의는 시험을 통해 공무원을 선발하므로 공직의 특권화를 배제할 수 있다.
③ 직업공무원제를 확립하기 위해서는 폐쇄형에 따라 공무원을 충원하는 것이 바람직하다.
④ 엽관주의는 정치적 충성심에 따라 공무원을 임용하므로 정치와 행정의 대응성을 제고할 수 있다.

06

다음은 정부조직을 유연하게 만들기 위한 관리융통성 제도이다. 이에 해당하지 않는 것은?

약점진단 ○△× ○△× ○△×

① 인사권 분권화 ② 총액인건비제
③ 개방형 임용제 ④ 실적주의

07

직업공무원제의 장점으로 보기 어려운 것은?

약점진단 ○△× ○△× ○△×

① 행정의 계속성과 안전성을 유지할 수 있으며, 고급 공무원의 양성에 유리하다.
② 공직에 대한 자부심과 일체감이 강화됨으로써 높은 수준의 봉사정신과 행동규범을 유지하는 데 도움이 된다.
③ 공직에의 장기근무를 격려하기 때문에 공직을 하나의 전문직업 분야로 확립하는 데 유리하다.
④ 학교를 갓 졸업한 유능하고 젊은 사람이 공무원으로 채용되어 행정의 전문화 요구에 부응할 수 있다.

08 대표관료제(representative bureaucracy)에 관한 설명으로 옳지 않은 것은?

약점진단 ○△× ○△× ○△×

① 대표관료제란 모든 사회집단들이 한 나라의 인구 전체 안에서 차지하는 비율에 맞게 관료조직의 직위들을 차지해야 한다는 원리가 적용되는 관료제이다.
② 현대행정에서 외부통제만으로는 비대해진 관료제를 효과적으로 통제하기 어려워짐에 따라 행정의 책임성과 대응성, 효과적인 내부통제를 위하여 등장하였다.
③ 관료제의 대표성을 제고하기 위해서는 사회적 약자의 공직진출·분야 확대, 고위직 임용의 지역적 안배, 학력 위주의 풍토 개선, 실적주의의 확립 등이 필요하다.
④ 모셔(F. C. Mosher) 등은 관료들이 출신집단의 이익을 위해 적극적으로 행동할 것을 기대하는 적극적 대표와 대표관료제가 사회의 인구구성적 특징을 단지 상징적으로 반영할 뿐이라는 소극적 대표로 구분하여 적극적 대표에 대해서 의문을 제기하였다.

09 다음은 관료제의 대표성을 제고하기 위한 방안이다. 바르지 못한 것은?

약점진단 ○△× ○△× ○△×

① 고위직의 지역적 안배
② 사회적 약자의 공직진출 기회 확대
③ 학력 위주의 사회분위기 개선
④ 실적주의의 확립

10 비독립단독형 중앙인사기관의 장점으로 보기 어려운 것은?

약점진단 ○△× ○△× ○△×

① 중앙인사기관이 단일의 지도층을 형성하므로 인사행정의 책임소재를 분명히 할 수 있다.
② 지도층이 한 사람의 기관장에 의하여 이루어지기 때문에 중요한 인사정책을 신속히 결정할 수 있다.
③ 행정수반에게 인사관리 수단을 제공함으로써 국가정책을 신속하고 강력하게 추진할 수 있다.
④ 행정수반이나 내각에 소속되므로 양당적이거나 초당적인 문제를 적절히 반영할 수 있다.

11 소청심사제도에 관한 설명으로 옳지 않은 것은?

약점진단 ○△× ○△× ○△×

① 소청의 심사절차에서 징계대상자에게 반드시 진술의 기회를 부여해야 한다.
② 위원회의 결정이 부당하다고 여길 때 중앙인사기관의 장은 소청심사위원회의 결정에 대하여 재심을 요구할 수 있다.
③ 공무원이 징계처분 기타 그 의사에 반하는 불리한 처분이나 부작위에 대하여 이의를 제기하는 경우 이를 심사하고 결정하는 행정심판제도의 일종이다.
④ 공무원의 근무규율에 엄격한 제약을 가할 경우 구제율이 떨어지는 경향이 나타난다.

12 다음은 소청심사제도에 관한 설명이다. 바르지 못한 것은?

약점진단 ○△× ○△× ○△×

① 소청은 그의 의사에 반해 불리한 처분을 받은 공무원이 위법적 사항에 한해 제기할 수 있으며, 위법 사항이 아닌 부당한 사항은 고충상담의 처리대상이 된다.
② 징계처분이나 강임·휴직·직위해제 또는 면직처분과 같이 그의 의사에 반하는 불이익 처분을 받은 공무원이 그에 불복해 이의를 제기하는 경우, 이를 심사해 구제하는 절차이다.
③ 소청의 심사절차에서 징계 대상자에게 반드시 진술의 기회를 주어야 하고 소청심사위원회가 징계처분을 받은 자의 청구에 따라 소청을 심사할 경우에는 원징계처분에서 부과한 징계보다 무거운 징계를 부과하는 결정을 하지 못한다.
④ 공무원의 근무규율에 엄격한 제약을 가할 경우에는 구제율이 높아지는 경향이 나타난다.

약점 체크와 약점 보완을 한 번에 정답과 해설 P.157

CHAPTER 02

공직의 분류

출제 비중 26%

26 50 100

01 다음은 행정의 담당자로서 공무원에 관한 설명이다. 바르게 설명된 것은?

약점진단 ○△× ○△× ○△×

① 행정부에 소속된 공무원 중 국가공무원보다 지방공무원의 수가 더 많다.
② 우리나라의 경우 특정직 공무원의 수가 가장 많다.
③ 인구수와 대비한 공무원 수를 외국과 비교하면 우리나라의 공무원 수는 상대적으로 많은 편에 속한다.
④ 파킨슨(Parkinson)은 파생적 업무가 아니라 본질적 업무의 증가로 인해 공무원의 수가 증가한다고 본다.

02 다음 중 지방공무원이 아닌 것만을 모두 고르면?

약점진단 ○△× ○△× ○△×

ㄱ. 대전광역시 행정부시장
ㄴ. 대전광역시 정무부시장
ㄷ. 대전광역시 교육청 부교육감
ㄹ. 대전광역시 지방의회 부의장

① ㄱ, ㄴ　② ㄴ, ㄷ
③ ㄱ, ㄷ　④ ㄷ, ㄹ

03 다음 중 특정직 공무원이 아닌 것은?

약점진단 ○△× ○△× ○△×

① 국가정보원 기획조정실장
② 헌법재판소 헌법연구관
③ 법관과 검사
④ 경찰공무원

04 우리나라 공무원 분류 중 특수경력직 공무원에 해당되지 않는 것은?

약점진단 ○△× ○△× ○△×

① 장관과 차관
② 헌법재판소 헌법연구관
③ 비서관
④ 국가정보원 차장

05 공무원은 실적주의와 직업공무원제의 적용 여부에 따라 경력직 공무원과 특수경력직 공무원으로 구분된다. 다음의 설명 중 부적절한 것은?

약점진단 ○△× ○△× ○△×

① 헌법재판소 재판관은 정무직이며, 헌법연구관은 특정직이다.
② 서울시 구청장은 정무직이며, 경기도 구청장은 일반직이다.
③ 국회 수석전문위원, 비서관은 별정직 공무원이다.
④ 특수경력직 공무원은 각 개별 법률에 의해 별도 계급(직급) 체계를 유지하며, 특정직 공무원은 계급 구분이 없다.

06 인사청문회에 관한 설명으로 옳지 않은 것은?

약점진단 ○△× ○△× ○△×

① 국무위원 전원은 국회의 인사청문 대상이다.
② 대법원 대법관 전원은 인사청문특별위원회에서 인사청문을 실시한다.
③ 헌법재판소 재판관 전원은 인사청문특별위원회에서 인사청문을 실시한다.
④ 구속력을 가지는 경우와 가지지 않는 경우가 있다.

07 현행 우리나라의 인사청문제도에 관한 설명으로 옳지 않은 것은?

약점진단 ○△× ○△× ○△×

① 헌법재판소 재판관 9인 모두는 인사청문회 대상이다.
② 중앙선거관리위원회 위원장은 인사청문특별위원회에서 인사청문을 실시한다.
③ 국정원장, 경찰청장, 검찰총장 등은 소관상임위원회에서 인사청문을 실시한다.
④ 「헌법」에서 임명에 국회의 동의를 얻도록 정하고 있는 사람들은 인사청문특별위원회를 거쳐야 한다.

08 공무원은 임용 형태에 의해 정규직 공무원과 임기제 공무원으로 구분할 수 있다. 바르지 못한 것은?

약점진단 ○△× ○△× ○△×

① 공무원의 근무기간을 규정하지 않고 정년까지 근무할 것이 예정되는 공무원을 정규직 공무원이라 하고, 일정 기간 근무기간을 정해 임용하는 공무원을 임기제 공무원이라 한다.

② 임기제 공무원이란 국가나 지방자치단체의 임용권자가 담당 직원이 업무를 수행하는 데 전문지식이나 기술을 요구하거나, 임용관리에 특수성이 요구되는 업무를 담당하게 하기 위해 근무기간을 정해 계약직 공무원으로 임용하는 공무원을 말한다. 일반 임기제 공무원은 직제 등 법령에 규정된 경력직 공무원의 정원에 해당하는 직위와 책임운영기관장의 직위에 채용되는 임기제 공무원을 말하고, 전문 임기제 공무원은 특정 분야에 대한 전문적 지식이나 기술 등이 요구되는 업무를 수행하기 위해 임용되는 공무원이다.

③ 시간선택제 임기제 공무원은 통상적인 근무시간보다 짧은 시간(주당 15시간에서 35시간 이하의 범위에서 정한 기간) 근무하는 공무원으로 시간선택제 일반 임기제 공무원과 시간선택제 전문 임기제 공무원으로 구분하며, 한시 임기제 공무원은 공무원이 장기간 휴직을 하거나 30일 이상 휴가를 하는 공무원의 업무를 대행하기 위해 임용되는 공무원으로 1년 6개월 이내의 기간 동안 업무를 대행하는 데 필요한 기간 동안 통상적인 근무시간보다 짧은 시간을 근무한다.

④ 한시 임기제 공무원을 제외한 임기제 공무원의 근무기간은 5년의 범위 안에서 해당 사업의 수행에 필요한 기간이며, 근무 실적이 우수하거나 해당 사업이 계속되어 근무기간을 연장해야 하는 경우에는 다시 5년의 범위 안에서 공고 절차 등을 거치지 않고 근무기간을 연장할 수 있다. 한시 임기제 공무원도 근무기간을 연장할 수 있다.

09 공무원은 근무시간에 의해 상근 공무원과 시간선택제 공무원으로 구분할 수 있다. 바르지 못한 것은?

약점진단 ○△× ○△× ○△×

① 공무원은 일반적으로 전일제(全日制) 근무를 전제로 한다. 전일제 근무란 통상적인 근무시간 동안 근무하는 것으로, 대체로 주당 40시간 내외를 통상적인 근무시간으로 하며, 이를 상근공무원, 전임공무원이라고 한다.

② 시간선택제 채용 공무원은 원래 가족친화적 인사정책을 적극적으로 활용하기 위한 유연근무제도의 일환으로 통상적인 근무시간보다 짧은 시간 근무하는 공무원을 말한다.

③ 시간선택제 채용 공무원은 통상적인 근무시간보다 짧은 근무시간을 근무(주당 15시간 이상 35시간 이하)할 것을 예정해 계약직 공무원으로 채용하는 공무원을 말한다.

④ 시간선택제 전환 공무원의 근무시간은 주당 15시간 이상 35시간 이하의 범위에서 소속장관이 정한다.

10 다음 괄호 안에 들어갈 C사무관의 근무 유형은?

약점진단 ○△× ○△× ○△×

> △△과 A사무관: ○○과죠? 업무협의 때문에 전화 드렸습니다. C사무관님과 통화하고 싶은데요?
> ○○과 B주무관: 네. C사무관님은 이번 달부터 10시에 출근하고 19시에 퇴근하십니다. 10시 이후에 다시 전화 바랍니다.
> △△과 A사무관: 아. 알겠습니다. C사무관님께서 (   )를 신청하셨군요.

① 재택근무제 ② 재량근무제
③ 시차출퇴근제 ④ 집약근무제

11 약점진단 ○△× ○△× ○△×

다음 사례에서 공무원 A가 대중교통 이용 시 사람들과의 접촉을 최소화하기 위하여 택할 수 있는 탄력근무방식으로 옳지 않은 것은?

> 공무원 A는 주 5일 대중교통으로 출퇴근한다. 코로나19사태로 인해 재택근무를 하고 싶으나 그가 맡은 업무는 정형적이면서도 보안을 유지해야 하는 특성이 있어 집에서 일할 수 없고 반드시 주 5일 출근을 해야만 한다.

① 재량근무제 ② 시차출퇴근제
③ 근무시간선택제 ④ 시간선택제 전환근무

12 약점진단 ○△× ○△× ○△×

다음 중 폐쇄형 충원 방식의 장점이 아닌 것은?

① 직업공무원제 확립에 기여한다.
② 행정의 전문화가 촉진된다.
③ 공무원의 사기가 앙양된다.
④ 임용비용이 절감된다.

13 약점진단 ○△× ○△× ○△×

개방형 직위 및 공모직위의 운영 등에 관한 규정으로 바르지 못한 것은?

① 공직 내부 또는 외부에서 고위공무원단 직위와 과장급 직위 총수의 100분의 20의 범위 안에서 개방형 직위를 지정할 수 있다.
② 기관 내부 또는 외부의 공무원 중에서 고위공무원단 직위 총수의 100분의 30, 과장급 직위 총수의 100분의 20의 범위 안에서 공모직위를 지정할 수 있다.
③ 지방자치단체의 개방형 직위는 시·군 및 자치구의 6급 이상 직위에 100분의 10의 범위에서 지정할 수 있다.
④ 개방형 직위에 임용되는 공무원의 임용기간은 5년의 범위에서 임용권자가 정하되, 최소한 2년 이상으로 해야 한다.

14 약점진단 ○△× ○△× ○△×

직위분류제의 수립절차 중 직류, 직렬, 직군이 결정되는 단계는?

① 직무기술서 작성
② 직무분석
③ 직급명세서 작성
④ 직무평가

15 약점진단 ○△× ○△× ○△×

직무평가의 방법으로 보기 어려운 것은?

① 서열법 ② 대인비교법
③ 점수법 ④ 분류법

16 약점진단 ○△× ○△× ○△×

다음은 직무평가에 관한 설명이다. 바르지 못한 것은?

① 수평적 분류구조를 결정하는 작업으로서 직급·직무등급을 결정·형성하는 절차이다.
② 각 직위의 직무에 내포되는 곤란성·책임성의 정도에 따라 직위의 상대적인 가치·비중·수준을 결정하는 것을 말한다.
③ 직무평가의 목적은 보수의 공정성과 합리성을 제고하기 위한 것이다.
④ 비계량적 방법으로 서열법, 분류법 등이 있고, 계량적 방법으로 점수법, 대인비교법 등이 있다.

17 다음은 직무평가 방법 중 어떤 것을 설명하는 것인가?

약점진단 ○△× ○△× ○△×

> • 직무평가 방법 중 가장 많이 사용하는 방법으로, 직무의 구성요소별로 계량적 점수를 부여하여 평가해 가는 방법이다. 체계적이고 과학적인 방법에 의하여 작성된 직무평가 기준표를 사용하기 때문에 평가결과의 타당성과 신뢰성이 인정된다.
> • 한정된 평가요소만을 사용하는 것이 아니라, 분류대상 직위의 직무에 공통적이며 중요한 특징을 평가요소로 사용하기 때문에 관계인들이 평가결과를 쉽게 수용한다.

① 요소비교법　② 점수법
③ 서열법　④ 분류법

18 다음에 해당하는 직위분류제의 개념은?

약점진단 ○△× ○△× ○△×

> 직위가 내포하는 직무의 성질 및 난이도, 책임의 정도가 유사해 채용과 보수 등에서 동일하게 다룰 수 있는 직위의 집단

① 직위(position)　② 직급(class)
③ 직렬(series)　④ 등급(grade)

19 직위분류제에 관한 설명으로 옳지 않은 것은?

약점진단 ○△× ○△× ○△×

① 직위(職位)란 1명의 공무원에게 부여할 수 있는 직무와 책임을 말한다.
② 직군(職群)이란 직무의 종류·곤란성과 책임도가 상당히 유사한 직위의 군을 말한다.
③ 직렬(職列)이란 직무의 종류가 유사하고 그 책임과 곤란성의 정도가 서로 다른 직급의 군을 말한다.
④ 직류(職類)란 같은 직렬 내에서 담당 분야가 같은 직무의 군을 말한다.

20 직위분류제와 관련한 다음의 개념을 옳게 연결한 것은?

약점진단 ○△× ○△× ○△×

> ㄱ. 직무의 종류가 유사하고 그 책임과 곤란성의 정도가 서로 다른 직급의 군
> ㄴ. 직무의 종류·곤란성과 책임도가 상당히 유사한 직위의 군
> ㄷ. 직무의 곤란성과 책임도가 상당히 유사한 직위의 군

	ㄱ	ㄴ	ㄷ
①	직급	직렬	직무등급
②	직급	직무등급	직렬
③	직렬	직급	직무등급
④	직렬	직무등급	직급

21 직위분류제의 장점으로 보기 어려운 것은?

약점진단 ○△× ○△× ○△×

① 적재적소의 인사배치
② 인사배치의 탄력성과 신축성
③ 교육훈련 수요 파악 용이
④ 권한과 책임의 명확화

22 계급제의 장점으로 보기 어려운 것은?

약점진단 ○△× ○△× ○△×

① 장기적 관점에서 유능한 인재를 공직에 흡수할 수 있다.
② 직무급 체계의 확립이 용이하며, 행정의 전문화에 부응할 수 있다.
③ 신분보장과 직업공무원제 확립에 유리하다.
④ 탄력적 인사관리를 가능하게 하며 일반행정가 양성에 유리하다.

23 우리나라의 고위공무원단에 대한 설명으로 옳은 것은?

약점진단 ○△× ○△× ○△×

① 중앙행정기관에 근무하는 일반직 3급 이상 공무원만을 그 대상으로 한다.
② 행정기관의 국장급 이상 약 1,500여 명의 공무원이 이에 해당한다.
③ 정기 적격심사는 매 5년마다 이뤄진다.
④ 국가공무원으로 보하는 부시장, 부지사, 부교육감 등은 해당되지 않는다.

24 고위공무원단제도에 관한 설명으로 옳지 않은 것은?

약점진단 ○△× ○△× ○△×

① 고위공무원단제도는 2006년 노무현 정부에서 시행되었으며, 계급에 구애되지 않고 직무에 따른 적격자를 임용할 수 있도록 한 공직분류제도이다.
② 성과목표 · 평가기준 등을 직상급자와 협의하여 성과계약을 체결하고, 목표 달성도를 평가하는 직무성과계약제가 시행된다.
③ 근무성적평정에서 최하위 등급의 평정을 총 2년 이상 받은 때, 무보직 기간이 1년에 달할 경우 적격심사 대상이며, 적격심사 결과 부적격결정을 받은 때 직권면직이 가능하다.
④ 실 · 국장급 국가공무원은 고위공무원단 소속 공무원이 되어 범정부적 풀 관리의 대상이 되므로 고위공무원에 대한 중앙인사기관의 권한이 확대되었다.

약점 체크와 약점 보완을 한 번에 정답과 해설 P.159

인사행정의 3대 변수

출제 비중 28%

28 50 100

01

약점진단 ○△× ○△× ○△×

공무원 결격사유에 관한 설명으로 옳지 않은 것은?

① 금고 이상의 형의 선고유예를 받은 경우에 그 선고유예 기간 중에 있는 자
② 징계로 파면처분을 받은 때부터 5년이 지나지 아니한 자
③ 금고 이상의 실형을 선고받고 그 집행이 끝나거나(집행이 끝난 것으로 보는 경우를 포함한다) 집행이 면제된 날부터 5년이 지나지 아니한 자
④ 금고 이상의 형의 집행유예를 선고받고 그 유예기간이 끝난 날부터 5년이 지나지 아니한 자

02

약점진단 ○△× ○△× ○△×

공무원 모집의 자격요건에 관한 설명으로 옳지 않은 것은?

① 적극적 요건은 연령·주민·학력 등이며, 소극적 요건은 가치관과 태도 및 지식과 기술 등을 의미한다.
② 미국·호주 등은 직위분류제·실적주의를 강조하는 입장이므로 학력과 연령을 제한하지 않는다.
③ 영국·프랑스·독일·일본 등은 직업공무원제를 강조하는 입장이므로 학력과 연령을 제한한다.
④ 금고 이상의 형의 선고유예를 받은 경우에 그 선고유예기간 중에 있는 자는 결격사유에 해당하나 당연퇴직은 제외(수뢰나 횡령 및 배임 등은 제외)된다.

03

약점진단 ○△× ○△× ○△×

공무원의 임용에 대한 설명으로 잘못된 것은?

① 공무원을 특정의 직위에 취임시키는 행위를 말한다.
② 시보공무원도 소청을 제기할 수 있다.
③ 획일적 실적주의에서 배제되었던 집단을 위해 균형인사를 지향한다.
④ 외국인과 복수국적자의 공무원 임용요건이 강화되었다.

04

약점진단 ○△× ○△× ○△×

다음은 시험의 타당도와 신뢰도에 관한 설명이다. 바르지 못한 것은?

① 타당도란 시험이 측정하려는 내용을 얼마나 정확하게 측정하고 있느냐의 정도를 의미한다.
② 타당도는 채용시험성적과 채용 후의 근무성적을 비교함으로써 측정할 수 있다.
③ 동일 응시생이 동일 시험을 시간을 달리하여 치른 경우 그 성적의 차이가 적을수록 그 시험의 신뢰도는 높다고 할 수 있다.
④ 타당도가 높다고 해서 신뢰도도 높다고 단정할 수는 없다.

05

약점진단 ○△× ○△× ○△×

역량기반 교육훈련(competency-based curriculum)의 대표적인 방식으로 보기 어려운 것은?

① 멘토링(mentoring)
② 목표관리(MBO)
③ 액션 러닝(action learning)
④ 워크아웃 프로그램(work-out program)

06

약점진단 ○△× ○△× ○△×

우리나라의 근무성적평정에 대한 설명이다. 바르지 못한 것은?

① 성과 중심의 행정을 구현하기 위한 제도이다.
② 근무성적평가의 평정요소에는 근무실적, 직무수행능력 등이 있다.
③ 성과계약 등 평가와 근무성적평가로 구분한다.
④ 집중화·관대화 경향을 방지하기 위해 강제선택법을 사용한다.

07 다음에서 설명하는 근무성적평정방법은?

약점진단 ○△× ○△× ○△×

> • 도표식 평정척도법이 갖는 평정요소 및 등급의 모호성과 해석상의 주관적 판단 개입, 그리고 중요사건평정법이 갖는 상호비교의 곤란성을 보완하기 위하여 두 방법의 장점을 통합시킨 것이다.
> • 주관적 판단을 배제하기 위하여 직무분석에 기초하여 직무(job)와 관련한 중요한 과업(task) 분야를 선정하고 각 과업 분야에 대하여 가장 이상적인 과업 행태에서부터 가장 바람직하지 못한 행태까지를 몇 개의 등급으로 구분하고 각 등급마다 중요 행태를 명확하게 기술하고 점수를 할당한다.

① 목표관리제 평정법 ② 행태기준 평정척도법
③ 체크리스트 평정법 ④ 행태관찰 척도법

08 다음 중 근무성적평정 결과를 공개할 때의 장점으로 보기 어려운 것은?

약점진단 ○△× ○△× ○△×

① 평정의 공정성 제고
② 자기발전의 도모
③ 평정결과의 광범위한 활용
④ 관대화 또는 집중화 경향

09 근무성적평정의 오류에 관한 설명으로 옳지 않은 것은?

약점진단 ○△× ○△× ○△×

① 피평정자가 성실한 경우, 그에게서 받은 좋은 인상이 창의성·지도력 등 전혀 성격이 다른 요소의 측정에도 영향을 미쳐 좋은 점수를 부여하게 되는 현상을 선입견에 의한 오류라 한다.
② 평정자의 평정 기준이 일정치 않아 관대화 및 엄격화 경향이 불규칙하게 나타나는 현상을 총계적 오차라 한다.
③ 최초효과는 첫인상에 너무 큰 비중을 두는 데서 일어나는 착오이며, 근접효과는 쉽게 기억할 수 있는 가장 최근의 정보를 너무 중요시하는 데서 유발되는 착오이다.
④ 유사성 효과란 평정자가 자기 자신과 성향이 유사한 부하에게 후한 점수를 주는 오차이다.

10 다면평가의 장점과 유용성으로 보기 어려운 것은?

약점진단 ○△× ○△× ○△×

① 조직의 계층적 구조가 완화되고 팀워크가 강조되는 현대 사회의 새로운 조직유형에 부합한다.
② 평가의 객관성과 공정성을 제고하며, 업무의 효율성과 이해의 폭을 높일 수 있다.
③ 상급자가 업무 추진보다는 부하의 눈치를 의식하는 행정이 이루어질 가능성이 낮다.
④ 자기 역량 강화의 기회를 촉진시킬 수 있으며, 조직의 생산성이 향상될 수 있다.

11 다면평가제도에 관한 설명으로 옳지 않은 것은?

약점진단 ○△× ○△× ○△×

① 직접적인 인사관리 기준으로 사용된다.
② 평가의 객관성과 공정성을 확보할 수 있다.
③ 업무수행의 효율성을 제고할 수 있다.
④ 부처이기주의가 발생할 수 있다.

12 성과관리카드제도에 관한 설명으로 옳지 않은 것은?

약점진단 ○△× ○△× ○△×

① 성과관리카드는 공무원의 개인별 인사 기록의 한 종류로서, 공무원의 업무성과에 대한 각종 평가 및 감사결과 등을 종합적·누진적으로 기록·관리해 실적과 능력에 따른 인사 운영 기반을 구축하기 위한 것으로, 종전의 인사기록카드가 경력과 신상 위주로 되어 있어 실제 인사 시 활용 가치가 낮았고 개인의 성과 및 평가정보가 체계적으로 관리되지 못하는 문제점이 있어 인사기록카드를 개편해 마련하였다.
② 성과관리카드 적용 대상은 행정부 소속 5급 이상 공무원에게 해당되며, 성과관리카드 기록 대상 성과정보의 내용은 실적 및 능력 평가정보, 정책평가 정보, 기타 평가정보 및 감사결과 정보로 구분한다.
③ 성과관리카드는 해당 연도 1월 1일부터 12월 31일까지의 성과에 대한 평가결과 및 감사결과를 기록하되, 기록대상 성과정보가 산출된 날로부터 1개월 이내에 작성해야 한다.
④ 성과관리카드는 각 기관에서 승진, 보직관리, 교육훈련 등 각종 인사관리의 기초 자료로 활용되고, 고위공무원단 인사심사에 실질 요건 심사 자료로도 활용된다.

13 경력개발제도(CDP: Career Development Program)에 관한 설명으로 옳은 것은?

약점진단 ○△× ○△× ○△×

① 개별 조직구성원이 장기적인 경력 목표를 설정하고 이를 달성하기 위해 필요한 경력계획을 수립해 자신의 역량을 개발해 나가는 활동이다.
② 경력개발제도 운영을 위한 기본원칙으로 적재적소의 원칙, 승진경로 배제의 원칙, 인재양성의 원칙, 직급과 역량 중심의 원칙, 폐쇄성 및 공정경쟁 원칙, 상관 주도의 원칙 등을 들 수 있다.
③ 조직 차원에서는 자기평가 → 관심 있는 경력 탐색 → 경력 목표 설정 → 실행계획 수립 → 경력관리의 단계를 거쳐 경력개발제도가 운영된다.
④ 개인 차원에서는 직무설계 → 경력설계 → 경력관리 → 평가 및 보완의 단계를 거쳐 경력개발제도가 운영된다.

14 다음은 공무원 보수의 특징이다. 바르지 못한 것은?

약점진단 ○△× ○△× ○△×

① 우리나라의 경우 전통적인 관직에 대한 사고와 기대가 더욱 불리한 보수결정을 하게 되는 요인으로 작용하기도 한다.
② 정부의 업무는 엄격한 직위분류제를 이용하는 경우 노동의 비교치를 찾기가 용이하다.
③ 공무원 보수의 전체 수준은 사회 일반의 보수 수준에 비해 낮다.
④ 공무원의 경우에는 노동권이 제약을 받고 있기 때문에 보수 결정에 불리한 영향을 미친다.

15 공무원 보수의 특징으로 보기 어려운 것은?

약점진단 ○△× ○△× ○△×

① 공무원의 보수 수준은 사회 일반의 보수 수준에 비해 낮은 편이다.
② 일반적으로 고위직의 보수는 사기업에 비해 상대적으로 많으나, 하위직의 보수는 낮게 책정한다.
③ 동일노동에 동일대가를 지불하는 것이 원칙이지만, 정부의 업무는 노동의 비교치를 찾는 것이 힘든 경우가 많으며 시장가격의 적용이 어렵다.
④ 민간기업의 보수는 근로자와 사용자의 합의에 의해 결정되지만, 공무원은 일반적으로 노동권의 제약을 받고 있어 보수 결정이 불리할 수 있다.

16 직무수행능력에 기초하여 임금을 결정하는 보수체계는?

약점진단 ○△× ○△× ○△×

① 직무급 ② 직능급
③ 근속급 ④ 생활급

17 공무원 노동조합에 대한 설명으로 옳지 않은 것은?

약점진단 ○△× ○△× ○△×

① 퇴직공무원도 노동조합에 가입할 수 있다.
② 소방공무원은 노동조합 가입이 허용된다.
③ 국가와 지방자치단체는 전임자에게 그 전임기간 중 보수를 지급하여서는 아니 된다.
④ 정책결정에 관한 사항, 임용권의 행사 등 그 기관의 관리 · 운영에 관한 사항으로서 근무조건과 직접 관련되지 아니하는 사항은 교섭의 대상이 될 수 없다.

18 다음 중 단체교섭의 대상에 해당하는 것은?

약점진단 ○△× ○△× ○△×

① 신규공무원의 채용기준
② 승진
③ 임용권 행사
④ 보수

약점 체크와 약점 보완을 한 번에 정답과 해설 P.162

근무규율

출제 비중 20%

20 50 100

01 약점진단 ○△×

행정윤리의 확보방안에 관한 설명으로 옳지 않은 것은?

① 「국가공무원법」과 「공직자윤리법」은 기본적으로 부정부패를 방지하기 위한 적극적 윤리를 강조한다.
② 4급 이상의 일반직 공무원과 이에 상응하는 공직유관 단체 임원들은 재산을 등록해야 한다.
③ 1급 이상의 중앙부처 공무원과 공직 유관 단체 임원들은 재산을 등록하고 이를 공개하도록 규정하고 있다.
④ 세무공무원의 경우 7급 이상이면 등록의무자가 되고 3급 이상이면 공개의무자가 된다.

02 약점진단 ○△×

다음은 공무원의 의무이다. 신분상의 의무로 보기 어려운 것은?

① 법령준수의 의무 ② 품위유지의 의무
③ 정치운동의 금지 ④ 집단행위의 금지

03 약점진단 ○△×

「국가공무원법」상 징계에 관한 설명으로 옳은 것은?

① 징계로 파면처분을 받은 때부터 3년이 지나지 아니한 자는 공무원으로 임용될 수 없다.
② 강등은 1계급 아래로 직급을 내리고 공무원신분은 보유하나 5개월간 직무에 종사하지 못하며 그 기간 중 보수는 2분의 1을 감한다.
③ 정직은 1개월 이상 3개월 이하의 기간으로 하고, 정직 처분을 받은 자는 그 기간 중 공무원의 신분은 보유하나 직무에 종사하지 못하며 보수는 전액을 감한다.
④ 감봉은 1개월 이상 3개월 이하의 기간 동안 보수의 2분의 1을 감한다.

04 약점진단 ○△×

행정윤리의 철학적 기초에 관한 내용이다. 바르지 못한 것은?

① 행정윤리는 공직자가 행정행위를 할 때 마땅히 갖춰야 할 바람직한 행위의 준칙으로, 윤리란 특정 시기에 사람들의 의식과 행태를 결정하는 것으로서 추상적인 것이라기보다는 구체적이고 실질적인 것이다.
② 공직자 윤리나 책임성을 평가하기 위해서는 결과주의(consequentialism)와 의무론(deontology)이 균형있게 결합되어야 하는데, 공무원의 행위에 대한 평가는 의무론적이며 동기에 대한 평가는 결과주의적인 것으로 양자는 모두 불완전한 상태이기 때문이다.
③ 결과주의에 근거한 행위의 평가는 사후적인 것으로서 문제의 해결보다는 행위 혹은 그 결과에 대한 처벌에 중점을 두며, 의무론에 입각한 동기에 대한 평가는 상대적으로 도덕적 원칙을 강조한다. 따라서 의무론이 정당화되기 위해서는 선한 목적을 위해 부도덕한 수단을 사용할 필요성이 없어야 하며, 선한 목적을 달성하기 위한 수단은 도덕적이라는 전제가 수용되어야 한다.
④ 개인의 가치관이나 윤리관에서는 수용할 수 없는 결정일지라도, 대표성을 지닌 공무원 입장에서는 수용할 수밖에 없는 수많은 정당하지 않은 결정, 즉 더러운 손(dirty hand)이 되는 상황에 처하게 된다.

05 공무원의 징계제도에 관한 설명으로 옳지 않은 것은?

약점진단 ○△× ○△× ○△×

① 공무원에 대하여 징계처분 등을 할 때나 강임 · 휴직 · 직위해제 또는 면직처분을 할 때에는 그 처분권자 또는 처분제청권자는 처분사유를 적은 설명서를 교부(交付)하여야 한다.
② 처분사유 설명서를 받은 공무원이 그 처분에 불복할 때나 본인의 의사에 반한 불리한 처분을 받았을 때에는 30일 이내에 소청심사위원회에 이에 대한 심사를 청구할 수 있다.
③ 징계 사유가 금품 및 향응 수수, 공금의 횡령 · 유용인 경우에는 해당 징계 외에 금품 및 향응 수수액, 공금의 횡령액 · 유용액의 3배 내의 징계부가금 부과의결을 징계위원회에 요구하여야 한다.
④ 감사원에서 조사 중인 사건에 대하여는 감사원 등의 조사개시 통보를 받은 날부터 징계 의결의 요구나 그 밖의 징계 절차를 진행하지 못한다.

06 다음은 행정권의 오용 중 무엇에 해당하는가?

약점진단 ○△× ○△× ○△×

> 정부가 환경보호 의견을 무시한 채 관련 법규에서 개발업자나 목재회사 측의 편을 들어 벌목을 허용하였다.

① 부정행위
② 입법 의도의 편향된 해석
③ 법규의 경시
④ 비윤리적 행위

07 공무원 부패의 사회문화적 접근법에 해당하는 것은?

약점진단 ○△× ○△× ○△×

① 개인들의 윤리, 자질의 문제로 파악한다.
② 특정한 지배적 관습이나 경험적 습성에서 부패가 비롯된다.
③ 사회의 법과 제도상의 결함이나 부작용이 부패를 발생시킨다.
④ 문화적 특성, 공무원의 부정적 행태 등 다양한 요인에 의해 부패가 야기된다.

08 다음 내용에 해당하는 부패의 접근방법은?

약점진단 ○△× ○△× ○△×

> 이 접근방법은 부패행위를 경제적 자원을 획득하는 하나의 수단으로 본다. 클라버렌(Jacob van Klaveren)에 의하면, "부패한 관료는 자신의 공직을 사적 이익을 극대화하는 수단으로 간주하며, 부패를 통해 얻게 되는 소득의 크기는 시장 상황과 수요-공급 곡선상에서 최대 이익을 가져다주는 점을 찾는 그의 능력에 달려 있다."고 한다. 경제학자들은 정부규제가 구성원의 기본권과 재산권을 재배분함으로써 경제적 지대(economic rent)를 창출하고 부정부패의 원인을 제공한다고 분석한다.

① 제도적 접근법
② 도덕적 접근법
③ 시장 · 교환적 접근법
④ 체제론적 접근법

09 다음 내용에 해당하는 부패의 접근방법은?

약점진단 ○△× ○△× ○△×

> 법 규정이 엄격하게 집행되지 않는 후진 사회에서는 법의 제정 및 집행단계에서 사익 추구를 위해 부당한 영향력이 행사되는 경우가 많으며, 이것이 부패행위로 나타날 수 있다.

① 제도적 접근법
② 도덕적 접근법
③ 시장 · 교환적 접근법
④ 권력관계 접근법

10 다음 내용에 해당하는 부패는?

약점진단 ○△× ○△× ○△×

> 과도한 선물의 수수는 윤리강령에 규정될 수 있지만, 이를 법률 등에 규정하는 것에 대해서는 반론이 있을 수 있다.

① 백색부패(white corruption)
② 회색부패(gray corruption)
③ 흑색부패(black corruption)
④ 황색부패(yellow corruption)

11 부패의 유형에 관한 설명으로 옳은 것은?

약점진단 ○△× ○△× ○△×

① 인 · 허가와 관련된 업무를 처리할 때 소위 '급행료'를 지불하는 것은 권력형 부패에 해당한다.
② 무허가 업소를 단속하던 단속원이 정상적인 단속활동을 수행하다가 금품을 제공하는 특정 업소에 대해 단속을 하지 않는 것들이 바로 일탈형 부패에 해당한다.
③ 과도한 선물의 수수는 윤리강령에 규정될 수 있지만, 이를 법률로 규정하는 것에 대해서는 반론이 있으며 이 경우에 해당하는 사례들이 흑색부패의 형태에 해당된다.
④ 거래형 부패인 공금횡령, 개인적인 이익의 편취, 회계 부정 등은 거래를 하는 당사자가 없이 공무원에 의해 일방적으로 발생하는 부패의 유형이다.

12 내부고발에 관한 설명으로 옳지 <u>않은</u> 것은?

약점진단 ○△× ○△× ○△×

① 조직구성원인 개인 또는 집단(퇴직자도 포함)이 비윤리적이라고 판단되는 조직 내부의 일을 대외적으로 폭로하는 행위를 의미한다.
② 조직 내부의 계선을 거치지 않고 외부적 통로를 이용한 대외적 공표를 의미한다.
③ 내부고발은 윤리적 신념 등 이타주의적 동기에 의한 경우도 있고, 자기이익 추구적 동기에 의한 경우도 있다.
④ 현재 우리나라는 「공직자윤리법」에 내부고발자를 보호하는 규정이 있다.

13 다음은 부패방지와 관련된 내용이다. 바르지 못한 것은?

약점진단 ○△× ○△× ○△×

① 공직자는 부패행위를 강요 또는 제의받은 경우에는 수사기관 등에 신고하여야 한다.
② 부패행위를 신고하고자 하는 자는 신고자의 인적사항과 신고취지 및 이유를 기재한 기명의 문서로써 하여야 한다.
③ 비위면직자는 퇴직 전 5년간 소속하였던 부서의 업무와 밀접한 관련이 있는 일정 규모 이상의 영리를 목적으로 하는 사기업체에 퇴직일부터 5년간 취업할 수 없다.
④ 내부고발자에게 신분상실에 해당하는 불이익조치를 한 자에 대해서는 1년 이하의 징역 또는 1천만원 이하의 벌금에 처한다.

14 「헌법」상 독립기관의 내용으로 바르지 못한 것은 모두 몇 개인가?

약점진단 ○△× ○△× ○△×

> ㄱ. 「헌법」에서 임명에 국회의 동의를 얻도록 정하고 있는 사람은 대법원장, 헌법재판소장, 국무총리, 감사원장 및 대법관이다.
> ㄴ. 국회, 대법원, 헌법재판소, 중앙선거관리위원회, 감사원의 세출예산요구액을 감액하고자 할 때에는 국무회의에서 해당 독립기관의 장의 의견을 들어야 한다.
> ㄷ. 국회 · 법원 · 헌법재판소 · 선거관리위원회 · 감사원 · 지방의회에 관한 사항은 고충민원의 각하 대상이다.
> ㄹ. 국회, 법원, 헌법재판소, 중앙선거관리위원회, 감사원의 사무처리가 법령위반 또는 부패행위로 인하여 공익을 현저히 해하는 경우 감사원에 감사를 청구할 수 있다.

① 1개 ② 2개
③ 3개 ④ 4개

15 「공직자의 이해충돌 방지법」의 내용으로 옳지 않은 것은?

약점진단 ○△× ○△× ○△×

① 공직자가 자신의 직무관련자가 사적이해관계자임을 안 경우 그 사실을 소속기관장에게 신고하고 회피를 신청하여야 한다.
② 부동산을 직접 취급하는 공공기관의 공직자는 업무와 관련된 부동산을 보유하고 있거나 매수하면 이를 신고해야 한다.
③ 고위공직자가 임용 전 5년 이내에 민간 부문에서 업무활동을 한 경우 해당 내역을 소속기관장에게 제출하고, 소속기관장은 다른 법령이 금지하지 아니하는 범위에서 그 내용을 공개할 수 있다.
④ 공직자가 직무관련자인 소속기관의 퇴직자와 골프, 여행, 사행성 오락을 같이 하는 행위 등 사적 접촉을 하는 경우 소속기관장에게 이를 신고하도록 한다.

16 공공부문과 민간부문의 접촉이 증가하면서 공익과 사익의 충돌 가능성이 증대되고 있다. 이해충돌에 관한 설명으로 옳지 않은 것은?

약점진단 ○△× ○△× ○△×

① 이해충돌은 "공무원에게 공적으로 부여된 직무 수행상의 의무와 사인으로서의 개인의 사적 이해의 충돌"을 의미한다.
② 이해충돌에 대한 종합적인 입법으로는 '뇌물 및 이해충돌에 관한 법률(Bribery and Conflict of Interest Act of 1962)'을 들 수 있다.
③ 실질적 이해충돌(actual conflict of interest)은 공무원이 미래에 공적 책임과 관련되는 일에 연루되는 경우 발생한다.
④ 백지신탁(Blind Trust)은 이해충돌이 존재하는 주식을 신탁회사에서 신탁자(공직자)가 모르는 주식으로 처분해 이해충돌이 없는 주식으로 변경하는 것이다. 신탁자가 자기 자산의 형태를 모르게 한다는 점에서 '백지'라는 용어를 사용한다.

약점 체크와 약점 보완을 한 번에 정답과 해설 P.165

PART 05

재무행정론

CHAPTER	출제 비중	교수님의 출제 예상 POINT
출제 비중 高 01 재무행정의 기초이론	41%	정부가 동원하는 공공재원, 예산과 법률, 국가채무관리 등 재정건전성관리, 미시적 재정관리 혁신은 최근 강조되고 있는 내용이므로 정확히 숙지해 두어야 한다.
02 예산과정론	38%	예산과정론에서는 행정부 예산제도, 독립기관의 예산편성에 관한 내용을 정확하게 숙지해 둘 필요가 있다. 특히 4대 재정개혁 중 총액배분 · 자율편성에 관한 내용을 정확하게 이해해야 한다.
03 예산제도론	21%	정부의 기능 변화에 따른 예산제도의 변화를 정확하게 이해하고, 기존의 예산제도와 비교하여 장 · 단점을 숙지하여야 한다.

재무행정의 기초이론

출제 비중 41%

41 50 100

01 약점진단 ○△×

시장실패로 인해 시장에서 최적 규모로 공급되지 않는 공공서비스를 생산하는 기능은?

① 자원배분기능 ② 소득분배기능
③ 경제안정기능 ④ 경제성장기능

02 약점진단 ○△×

정부가 공공사업을 위해 조달하는 재원에 관한 설명으로 옳은 것을 모두 고르면?

ㄱ. 조세는 국가가 재정권에 기초해 동원하는 공공재원으로 벌금과 과태료를 포함한다.
ㄴ. 수익자부담금은 형평성 차원에서 부담과 편익의 공평한 배분을 보장한다.
ㄷ. 국·공채는 세대 간 공평성을 갖는다.
ㄹ. 민간자본은 주로 산업기반시설 건설에 유치되고 복지시설 건설에는 유치할 수 없다.

① ㄱ, ㄴ ② ㄱ, ㄷ
③ ㄴ, ㄷ ④ ㄴ, ㄹ

03 약점진단 ○△×

정부가 동원하는 공공재원에는 조세, 수익자부담금, 국공채, 민간자본 투자유치 등이 있고, 공공서비스의 직접적 혜택이나 이용의 대가로 징수하는 재원인 수익자부담금에는 사용료, 수수료, 공기업 요금 등이 있다. 재원규모가 큰 수익자부담금은 중앙정부가 주로 운영하는데, 환경개선부담금과 개발부담금이 대표적인 사례에 해당한다. 다음 중 수익자부담금에 관한 설명으로 옳지 않은 것은?

① 수익자부담금은 시장기구와 유사한 메커니즘을 통해 공공서비스의 최적 수준을 결정할 수 있어 자원배분의 효율성을 제고할 수 있다.
② 수익자부담금은 부담과 편익의 공평한 배분을 보장할 수 있다. 공공재의 직접 편익에 대해 조세를 부과하면 이용하지 않는 사람은 비용만 부담하고 편익을 받지 못해 불공평하다는 것이다.
③ 공공재의 공급과 수익 관계가 분명하고 부담의 용도가 확실하면 수익자부담이 정당화될 수 있다.
④ 민간부문에서 투자할 자본이 정부로 이전하기 때문에 구축 효과가 발생할 수 있다.

04 약점진단 ○△×

우리나라 예산제도에 관한 다음 설명 중 옳은 것만을 모두 고른 것은?

ㄱ. 법률안은 국회의원과 정부가 제출할 수 있지만, 예산안은 정부만 제출할 수 있다.
ㄴ. 대통령은 국회가 의결한 예산에 대해 재의를 요구할 수 없다.
ㄷ. 법률안과 예산안은 국회에서 의결된 후 공포 절차를 거쳐야 효력이 발생한다.
ㄹ. 국회는 정부예산안에 대한 심의 거부권을 가지고 있다.

① ㄱ, ㄴ ② ㄱ, ㄷ
③ ㄴ, ㄷ ④ ㄴ, ㄹ

05 특별회계제도에 관한 설명으로 옳은 것은?

약점진단 ○△×

① 입법부의 심의를 받지 않는다.
② 입법부의 예산통제가 용이하다.
③ 대통령령으로 설치된다.
④ 예산제도가 복잡해지므로 국가재정의 통합적 관리를 어렵게 한다.

06 다음 중 추가경정예산안을 편성할 수 있는 경우가 아닌 것은?

약점진단 ○△×

① 전쟁이나 대규모 자연재해가 발생한 경우
② 대내·외 여건에 중대한 변화가 발생하였거나 발생할 우려가 있는 경우
③ 법령에 따라 국가가 지급하여야 하는 지출이 발생하거나 증가하는 경우
④ 공무원의 보수 인상을 위한 인건비 충당을 위한 경우

07 다음 중 준예산에 적용되는 경비가 아닌 것은?

약점진단 ○△×

① 인건비 ② 예비비
③ 계속비 ④ 교부금

08 일반회계와 특별회계 간 중복 부분을 제외한 개념은?

약점진단 ○△×

① 총계예산 ② 순계예산
③ 예산총계 ④ 예산순계

09 다음 중 우리나라의 통합예산의 범위에 포함되지 않는 것은?

약점진단 ○△×

① 공공비영리기관
② 공기업
③ 금융성 기금
④ 외국환평형 기금

10 재정준칙의 제정, 통합재정제도, 국가채무관리 등 재정건전성 관리를 위한 내용으로 옳지 않은 것은?

약점진단 ○△×

① 재정준칙(fiscal rule)은 재정지출, 재정수지, 국가채무와 같은 재정총량지표에 대해 목표치를 정하고 법적 구속력을 갖게 해서 정부의 재정지출을 통제할 수 있으며, 경제성장률과 연동시켜 일정 비율 이상 재정규모를 확대하지 못하도록 하는 것이 대표적인 사례이다.
② 재정준칙을 도입하면 재정규모의 결정이 단순해지기 때문에 재정규율을 확립하는 데 용이하며, 이익집단이나 정치적 압력으로부터 재정 확대 압력을 방어하는 수단이 된다. 미국과 일본은 수입만큼만 지출하는 '수입－지출 균형(PAYGO system: Pay－As－You－GO system)' 규정을 마련하였다.
③ 통합재정제도는 현행 예산제도를 유지하면서 일반회계, 특별회계, 기금 간의 전출금 및 전입금 등 회계 간 내부거래와 국채발행, 차입, 채무상환 등 수지차 보전을 위한 보전거래(재정상 채권·채무액)를 세입과 세출에서 각각 제외한 총계 개념상의 정부예산 총괄표이다.
④ 통합재정제도를 통해 통합재정수지를 작성하면 재정건전성 분석, 재정의 순계 규모 확인, 재정정책의 기본 방향 파악, 재정의 실물경제 효과분석, 재정 운용의 통화부문 영향효과 파악, 그리고 재정활동의 국제 비교가 가능하다.

11 조세지출예산제도에 관한 설명으로 옳지 않은 것은?

약점진단 ○△× ○△× ○△×

① 정부가 받아야 할 세금을 비과세, 감면, 그리고 공제 등의 세제 혜택을 통해 받지 않고 포기한 액수를 조세지출(tax expenditure)이라 하고, 조세지출예산제도란 조세지출의 내용과 규모를 주기적으로 공표하여 조세지출을 관리·통제하는 제도이다.
② 국세의 경우 「조세특례제한법」, 지방세의 경우 「지방세특례제한법」에 각각 감면요건을 규정하고 있으나, 구체적인 집행은 행정부에 위임되어 있기 때문에 이를 국회 차원에서 통제하고, 정책 효과를 판단하기 위해서는 조세지출예산제도가 필요하다.
③ 조세지출(감면)은 법률에 따라 집행되기 때문에 일단 법률로 제정되면 관심을 두지 않는 한 계속되는 경직성이 강하며 특정 분야에 지원되어 특혜의 가능성이 크다.
④ 1959년 독일에서 처음 발표되었고, 1967년에 도입되었으며, 우리나라의 경우는 도입이 논의되고 있으나 아직 도입되어 있지 못하다.

12 조세지출예산제도에 관한 설명으로 옳은 것만을 모두 고른 것은?

약점진단 ○△× ○△× ○△×

> ㄱ. 형식적으로는 조세의 일종이지만, 실제로는 지출의 성격을 가지며 일종의 감추어진 보조금의 역할을 한다.
> ㄴ. 조세제도 안에 조세지출의 요소가 많이 포함되어 있으면 자원배분의 비효율성이 야기될 수 있다.
> ㄷ. 2011년 「지방세특례제한법」을 제정하여 지방재정에도 지방세지출제도를 도입하였다.
> ㄹ. 불공정한 조세지출의 폐지, 재정 부담의 형평성 제고, 세수 인상을 위한 정책자료가 된다.

① ㄱ ② ㄱ, ㄴ
③ ㄱ, ㄴ, ㄷ ④ ㄱ, ㄴ, ㄷ, ㄹ

13 지출통제예산의 장점으로 보기 어려운 것은?

약점진단 ○△× ○△× ○△×

① 환경 변화에 대한 정부예산의 신축적인 대응이 가능하다.
② 자금의 오용이나 유용을 억제할 수 있다.
③ 예산절감효과와 예산집행에서의 창의적인 아이디어 창출과 활용이 가능하다.
④ 예산결정과정이 단순화되어 의사결정비용을 줄일 수 있다.

14 특정한 세입과 특정한 세출의 연계는 안 된다는 예산의 원칙은?

약점진단 ○△× ○△× ○△×

① 통일성의 원칙 ② 포괄성의 원칙
③ 구체화의 원칙 ④ 한정성의 원칙

15 다음에 해당하는 예산원칙은 어느 것인가?

약점진단 ○△× ○△× ○△×

> 지방정부가 각종 개발부담금을 징수하여 중앙정부의 세입장부로 이전시킬 때, 징수비용을 제외한 순수 수입만을 중앙정부 세입예산에 반영시켜서는 안 된다는 것이며, 현물출자나 외국차관을 도입하여 전대하는 경우는 예외가 인정된다. 즉, 1,000원을 징수하면서 100원의 비용이 발생하는 경우, 비용을 제외한 순수익 900원만 이전시켜서는 안 되며, 1,000원을 보고하고 사후적으로 100원을 보상받는 방식을 채택해야 한다는 것이다.

① 완전성의 원칙 ② 단일성의 원칙
③ 통일성의 원칙 ④ 한정성의 원칙

16 「헌법」은 예산과 관련된 내용을 다수 포함하고 있다. 다음 중 「헌법」에 규정된 예산 관련 내용이 아닌 것은?

약점진단 ○△× ○△× ○△×

① 예산총계주의 ② 계속비
③ 예비비 ④ 추가경정예산

17 다음 중 재정민주주의와 거리가 먼 예산원칙은?

약점진단 ○△× ○△× ○△×

① 명확성의 원칙 ② 사전의결의 원칙
③ 공개성의 원칙 ④ 단일성의 원칙

18 다음은 「국가재정법」의 주요 내용이다. 옳지 않은 것은?

약점진단 ○△× ○△× ○△×

① 매년 해당 회계연도부터 5회계연도 이상의 기간에 대한 국가재정운용계획을 수립, 예산안과 함께 국회제출을 의무화하였다.
② 국가재정의 효율적 운용을 위해 일반회계에서 특별회계·기금으로의 일방적인 재정지원제도를 회계·기금 간 여유 재원의 상호 전입·전출이 가능한 제도로 변경하였다.
③ 국가와 지방자치단체의 재정에 관한 중요한 사항은 매년 1회 이상 정보통신매체, 인쇄물 등으로 국민에게 공표해야 하며, 기획재정부장관은 각 중앙관서의 장에게 공표를 위해 필요한 자료의 제출을 요구할 수 있다.
④ 세계잉여금은 추경소요 발생 시 추가경정예산안의 편성에 우선 사용이 가능하다.

19 다음은 「국가재정법」의 제정 및 개정에 따른 변화를 설명한 것이다. 틀린 것은 모두 몇 개인가?

약점진단 ○△× ○△× ○△×

ㄱ. 매년 해당 회계연도부터 5회계연도 이상의 기간에 대한 국가재정운영계획을 수립, 예산안과 함께 국회제출을 의무화하였다.
ㄴ. 불법 재정지출에 대한 국민감시제도가 도입되었다.
ㄷ. 예비비로 상당하다고 인정되는 금액을 예비비로 편성할 수 있다.
ㄹ. 정부는 예산이 성별에 미치는 영향을 분석한 보고서를 작성하여 국회에 제출하여야 한다.
ㅁ. 국가채무 상환에 세계잉여금을 우선 사용한 후 잔액을 추경재원으로 사용토록 규정하였다.
ㅂ. 기획재정부장관은 매년 국채·차입금 상환실적 및 상환계획, 증감전망 등을 포함하는 국가채무관리계획을 수립하여 국회에 의무적으로 제출하여야 한다.

① 1개 ② 2개
③ 3개 ④ 4개

20 예산의 분류에는 여러 가지 기준이 있는데, 품목별 분류의 장점으로 보기 어려운 것은?

약점진단 ○△× ○△× ○△×

① 회계검사가 용이하다.
② 예산집행의 신축성을 제고한다.
③ 세출예산을 엄격히 통제할 수 있다.
④ 인사행정에 유용한 자료·정보를 제공한다.

21 약점진단 ○△× ○△× ○△×

예산서의 형식은 품목별 예산 형식과 프로그램 예산 형식으로 크게 분류할 수 있다. 프로그램 예산 형식에 대한 설명으로 옳지 않은 것은?

① 산출물에 따라 정부 지출을 분류하는 것이 프로그램 예산의 기본 개념이다.
② 프로그램 예산체제의 핵심은 형식이 아니라 내용에 있다.
③ 예산의 핵심요소는 장기적인 기획, 목표 설정, 프로그램 규명, 계량분석, 성과분석 등이다.
④ 정부 재정지출을 통제해야 할 항목별로 관리 감독하는 데 효과적인 방식이다.

22 약점진단 ○△× ○△× ○△×

중앙예산부서에서는 「국가재정법」 체계의 거시적인 재정관리구조를 설계·운용하는 데 그치지 않고 구체적인 예산 단위사업을 직접 관리하는 기능도 맡고 있다. 다음 중 미시적인 재정관리혁신을 위한 대표적인 조치로 보기 어려운 것은?

① 국가재정운영계획 수립과 총액배분·자율편성제도
② 예비타당성조사와 총사업비관리
③ SOC 민간투자
④ 예산성과금제도와 예산낭비신고센터 운영

23 약점진단 ○△× ○△× ○△×

미시적인 재정관리혁신을 위한 대표적인 조치로 보기 어려운 것을 모두 고른 것은?

ㄱ. 예비타당성조사
ㄴ. 총사업비관리
ㄷ. 성과관리제도
ㄹ. 디지털예산회계시스템(d-Brain System)
ㅁ. SOC 민간투자(BTL, BTO 등)
ㅂ. 예산성과금제도와 예산낭비신고센터 운영

① ㄱ, ㄷ
② ㄷ, ㄹ
③ ㄴ, ㄹ, ㅁ
④ ㄹ, ㅁ, ㅂ

약점 체크와 약점 보완을 한 번에 정답과 해설 P.168

예산과정론

출제 비중 38%

38 50 100

01 예산편성과정에서 나타나는 정치적 모습들에 대한 설명으로 타당하지 않은 것은?

약점진단 ○△×

① 위기의 시기에 새로운 사업을 중단한다.
② 엄청난 자료를 제시하여 아예 검토할 엄두를 내지 못하게 한다.
③ 상급자나 국회의원과 같은 후견인을 동원하여 응원을 받는다.
④ 인기 있는 사업의 경우 우선순위를 낮추어 쟁점화하지 않고 지나가려고 노력한다.

02 예산편성에서의 정치적 전략에 관한 설명으로 옳지 않은 것은?

약점진단 ○△×

① 대통령의 국정과제이므로 꼭 살려야 한다는 전략을 구사하기도 한다.
② 각 부처에서는 관련 단체의 시위를 통해 필요성을 환기시키는 경우가 많다.
③ 위기의 시기에 예산 절약을 위해 새로운 사업을 시작하지 못한다.
④ 새롭거나 문제 있는 사업을 인기 있는 프로그램과 결합하여 만든다.

03 우리나라 국회의 권한 중 옳지 않은 것은?

약점진단 ○△×

① 국정감사권
② 국정조사권
③ 국무총리와 국무위원 해임건의권
④ 예산편성권

04 다음 중 행정부 예산제도가 필요한 이유와 거리가 먼 것은?

약점진단 ○△×

① 입법부의 예산심의 촉진 및 주력
② 행정책임의 제고
③ 행정의 복잡성 · 전문성
④ 예산이 본질적으로 지니는 강한 행정적 성격

05 정부가 세출예산요구액을 감액하는 경우 해당 기관의 장의 의견을 구해야 하는 기관이 아닌 것은?

약점진단 ○△×

① 금융위원회　② 감사원
③ 헌법재판소　④ 대법원

06 다음의 내용과 거리가 먼 기관은?

약점진단 ○△×

> 정부는 독립기관의 예산을 편성할 때 해당 독립기관의 장의 의견을 최대한 존중하여야 하며, 국가재정상황 등에 따라 조정이 필요한 때에는 해당 독립기관의 장과 미리 협의하여야 한다. 정부는 협의에도 불구하고 독립기관의 세출예산요구액을 감액하고자 할 때에는 국무회의에서 해당 독립기관의 장의 의견을 들어야 하며, 정부가 독립기관의 세출예산요구액을 감액한 때에는 그 규모 및 이유, 감액에 대한 독립기관의 장의 의견을 국회에 제출하여야 한다.

① 국민권익위원회　② 중앙선거관리위원회
③ 감사원　④ 헌법재판소

07 우리나라 예산안 편성과정에 관한 설명으로 옳은 것을 모두 고른 것은?

약점진단 ○△×

> ㄱ. 각 중앙관서의 장은 매년 1월 31일까지 해당 회계연도부터 5회계연도 이상의 기간 동안의 신규사업 및 기획재정부장관이 정하는 주요 계속사업에 대한 중기사업계획서를 기획재정부장관에게 제출하여야 한다.
> ㄴ. 기획재정부장관은 국무회의의 심의를 거쳐 대통령의 승인을 얻은 다음 연도의 예산안편성지침을 매년 3월 31일까지 각 중앙관서의 장에게 통보하여야 한다.
> ㄷ. 기획재정부장관은 각 중앙관서의 장에게 통보한 예산안편성지침을 국회 소관 상임위원회에 보고하여야 한다.
> ㄹ. 정부는 대통령의 승인을 얻은 예산안을 회계연도 개시 90일 전까지 국회에 제출하여야 한다.

① ㄱ, ㄴ　② ㄱ, ㄷ
③ ㄴ, ㄷ　④ ㄴ, ㄹ

08 다음 중 예산편성 형식에 포함되는 것은?

약점진단 ○△✕ ○△✕ ○△✕

① 예비비 ② 사고이월비
③ 일반행정비 ④ 계속비

09 예산편성은 관료정치적 과정으로 전개되면서 많은 문제점이 발생한다. 이에 관한 설명으로 바르지 못한 것은?

약점진단 ○△✕ ○△✕ ○△✕

① 예산사정과정을 공개하지 않는다. 개별 부처가 요구한 예산 사업은 나름대로의 필요성이 있고, 정책과정에서 중요한 자료이지만 공개되지 않는다.
② 입법부와 사법부에 대한 예산을 중앙예산 부처에서 총괄 조정하고 있어 재정에서는 권력분립이 되지 못하고 있다.
③ 불필요한 시간과 노력이 낭비된다. 행정부 내에서 우선순위 조정과정에서 우위를 점하기 위한 각종 전략적 노력이 낭비에 불과하게 된다.
④ 기획재정부가 정한 총액 내에서 의원들의 관심이 높은 사업은 대규모 혹은 우선순위를 높게 설정해 예산심의에서 증액을 유도할 수 있는데, 국회심의 과정에서 증액된 부분은 부처별 한도액 제한을 받는다.

10 다음 중 국가 예산관리를 위한 4대 혁신의 내용으로 옳지 않은 것은?

약점진단 ○△✕ ○△✕ ○△✕

① 국가재정운용계획은 중장기 국가발전전략을 구체화한 5년 단위의 중기재정계획을 수립하여 국회에 제출하는 제도이다.
② 총액배분 · 자율편성(top-down)제도는 개별부처가 지출한도 내에서 사업의 우선순위를 확정하고 자체 예산편성을 하므로 상향식으로 자원을 배분하는 제도이다.
③ 디지털예산회계시스템 구축사업은 예산, 회계, 정보의 국면을 하나로 통합하거나 연계하여 지능형 재정정보시스템을 구축하고자 하는 사업이다.
④ 성과관리는 '예산편성 – 집행 – 결산'의 예산주기처럼 3년의 주기로서 '성과계획서 작성 – 해당 연도 사업집행 – 성과보고서 작성'의 과정으로 이루어진다.

11 총액배분 · 자율편성(top – down)제도의 기대효과로 보기 어려운 것은?

약점진단 ○△✕ ○△✕ ○△✕

① 재원배분의 효율성 · 투명성 · 자율성이 제고된다.
② 각 부처의 책임과 권한을 강화할 수 있다.
③ 예산편성과정의 비효율성을 제거할 수 있다.
④ 칸막이식 재원을 확보하려는 유인을 확대시킬 수 있다.

12 총액배분 · 자율편성제도에 관한 설명으로 옳은 것을 모두 고른 것은?

약점진단 ○△✕ ○△✕ ○△✕

ㄱ. 기획재정부에서는 경제사회 여건 변화와 국가발전전략에 입각한 재원배분계획(국가재정운용계획)에 근거해 연도별 재정 규모, 분야별 · 중앙관서별 · 부문별 지출한도를 제시한다. 이후 각 중앙부처는 소관 정책과 우선순위에 입각해 자율적으로 지출한도 내에서 사업별 재원을 배분한다.
ㄴ. 부처 입장에서는 지출한도가 사전 제시되기 때문에 부처의 전문성을 활용해 사업별 예산 규모를 결정할 수 있고 재정사업의 책임과 권한을 강화할 수 있다.
ㄷ. 전체 재정 규모와 분야 · 부처별 예산 규모 등 중요 정보를 각 부처와 기획재정부가 공유하고 분야별 · 부처별 재원배분계획을 국무위원 회의에서 함께 결정하면서 재정 투명성도 높아진다.
ㄹ. 부처별로 총액 한도를 지정하고 예산재원배분의 재량은 확대했지만 기획재정부의 사업별 예산통제기능은 계속 유지하고 있으며, 행정부 내의 예산편성에 적용하는 조치이다.

① ㄱ ② ㄱ, ㄴ
③ ㄱ, ㄴ, ㄷ ④ ㄱ, ㄴ, ㄷ, ㄹ

13 다음은 우리나라의 예산과정에 관한 설명이다. 바르지 못한 것은?

약점진단 ○△× ○△× ○△×

① 우리나라의 경우 예산편성권은 행정부에 있다.
② 시·도지사 협의회는 지방자치단체의 의견을 수렴하는 통로로서 1998년에 처음 도입되었다.
③ 예결위는 한시 조직이었으나 「국회법」이 개정됨에 따라 상설화된 특별위원회로 운영되고 있다.
④ 정부의 동의를 받지 않고도 국회에서 당초 정부가 제출한 항별 예산을 증액하거나 새로운 비목을 설치할 수 있다.

14 다음 중 국회의 승인을 요하지 않는 예산집행의 신축성 유지방안은?

약점진단 ○△× ○△× ○△×

① 예산의 이체 ② 예산의 이용
③ 명시이월 ④ 계속비

15 다음은 예산집행에 대한 설명이다. 바르지 못한 것은?

약점진단 ○△× ○△× ○△×

① 이용은 입법과목 간의 상호 융통을 의미하며, 국회의 승인을 요한다.
② 전용은 세항, 목 간의 상호 융통을 의미하며, 사전의결의 원칙에서 예외에 해당한다.
③ 중앙관서의 직무와 권한에 변동으로 인해 이체를 할 경우 국회의 승인을 요한다.
④ 계속비의 연한은 5년이나 국회의 의결을 거쳐 연장한다.

16 외교통상부의 통상사무가 산업자원부로 이관되어 산업통상자원부가 되었다. 이와 같은 '정부조직개편'과 가장 관련이 있는 것은?

약점진단 ○△× ○△× ○△×

① 전용(轉用) ② 이용(利用)
③ 이체(移替) ④ 이월(移越)

17 다음 중 정부조직 개편과 관계가 깊은 것으로 옳은 것은 모두 몇 개인가?

약점진단 ○△× ○△× ○△×

> ㄱ. 구성정책
> ㄴ. 배치전환
> ㄷ. 예산의 이체

① 0개 ② 1개
③ 2개 ④ 3개

18 국고채무부담행위에 관한 설명으로 옳지 않은 것은?

약점진단 ○△× ○△× ○△×

① 국고채무부담행위란 법률에 의한 것과 세출예산금액 또는 계속비 총액의 범위 내의 것 이외에 국가가 채무를 부담하는 행위를 말한다.
② 국고채무부담행위는 국가의 재정사업·공사 등에 대한 발주 계약 체결은 해당 연도에 할 필요가 있으나 지출은 다음 연도 이후에 행해지는 경우에 활용된다.
③ 국회의 의결은 다만 채무를 부담할 권한만 부여하는 것이므로 지출은 세출예산으로서 다시 국회의 의결을 얻어야 한다.
④ 국고채무부담행위액은 세입·세출예산액에는 포함되며, 그 상환액은 해당 연도의 세출예산에 포함되게 된다.

19 우리나라의 예산과정에 대한 설명으로 옳지 않은 것은?

약점진단 ○△× ○△× ○△×

① 우리나라 예산의 주기는 3년이다.
② 국회심의 후의 예산은 당초 행정부 제출 예산보다 증액되기도 한다.
③ 국회심의과정에서 증액된 부분은 부처별 한도액 제한을 받는다.
④ 결산심의에서 위법하거나 부당한 지출이 지적되더라도 그 정부활동은 무효나 취소가 되지 않는다.

20 오늘날의 예산에 대한 설명으로 틀린 것은?

약점진단 ○△× ○△× ○△×

① 디지털예산회계정보시스템을 도입한다.
② 거시적 · 하향적 예산을 도입한다.
③ 중앙예산기관에서 예산을 엄격히 통제한다.
④ 미래가 예측 가능한 발생주의 예산을 도입한다.

21 감사원에 관한 설명으로 옳지 않은 것은?

약점진단 ○△× ○△× ○△×

① 감사원은 세입 · 세출의 결산과 공무원직무감찰을 위해 대통령 소속하에 설치된 기관이다.
② 감사원은 대통령 소속이지만 직무에 관해 독립된 지위를 유지한다.
③ 감사원장은 국회의 동의를 얻어 대통령이 임명하며, 감사위원은 감사원장의 제청으로 대통령이 임명한다.
④ 감사원장의 임기는 6년이며, 원장을 포함해 11인의 감사위원으로 구성한다.

22 현금주의와 발생주의에 관한 설명으로 옳지 않은 것은?

약점진단 ○△× ○△× ○△×

① 현금주의회계 방식은 이해와 통제가 용이하며, 발생주의회계 방식은 재정건전성 확보가 용이하다.
② 현금주의회계 방식은 경영성과 파악이 용이하며, 발생주의회계 방식은 절차와 운용이 간편하다.
③ 현금주의회계 방식은 일반행정 부분에 적용 가능하며, 발생주의회계 방식은 사업적 성격이 강한 회계 부분에 적용 가능하다.
④ 현금주의회계 방식은 손해배상 비용이나 부채성 충당금 등에 대한 인식이 어렵지만, 발생주의회계 방식은 미지급비용과 미수수익을 각각 부채와 자산으로 인식한다.

23 정부회계에 관한 설명으로 옳지 않은 것은?

약점진단 ○△× ○△× ○△×

① 복식부기는 거래의 이중성에 따라 장부의 차변과 대변에 각각 계상하고 차변의 합계와 대변의 합계의 일치 여부로 자기검증기능을 갖는다.
② 미지급비용은 발생주의에서는 인식되지 않으나 현금주의에서는 부채로 인식된다.
③ 「국가회계법」상 중앙정부의 재무제표는 재정상태표, 재정운영표, 순자산변동표, 현금흐름표로 구성된다.
④ 발생주의 · 복식부기의 정부회계는 성과중심의 정부개혁에 유용한 정보를 제공한다.

약점 체크와 약점 보완을 한 번에 정답과 해설 P.171

CHAPTER 03

예산제도론

출제 비중 21%

21 50 100

01

예산은 희소한 공공재원 배분에 대한 계획이라는 의미를 올바르게 해석한 것을 모두 고른 것은?

약점진단 ○△× ○△× ○△×

> ㄱ. 예산은 합리적인 관리 혹은 행정적인 도구가 된다.
> ㄴ. 예산은 정부활동을 효율성 측면에서 평가하는 기준이 된다.
> ㄷ. 사업별 우선순위 조정에서는 기회비용이 우선 고려되어야 한다.
> ㄹ. 예산은 희소한 재원에 대한 중재된 정치투쟁의 산물이다.

① ㄱ, ㄴ ② ㄴ, ㄹ
③ ㄱ, ㄴ, ㄷ ④ ㄴ, ㄷ, ㄹ

02

예산의 미시적 배분(micro allocation)에 관한 설명으로 옳지 않은 것은?

약점진단 ○△× ○△× ○△×

① 민간부문과 공공부문 간의 자원배분에 관한 결정이다.
② 수입과 지출의 배분에 관한 결정이 모두 포함된다.
③ 주어진 예산총액의 범위 내에서 각 대안 간에 자금을 배분하는 것이다.
④ 어느 계층과 집단에 부담을 지울 것인가는 소득분배 문제와 관련된다.

03

다음은 니스카넨(Niskanen)모형에 관한 설명이다. 바르지 못한 것은?

약점진단 ○△× ○△× ○△×

① 정치가와 관료의 목적함수가 서로 다르다고 가정한다.
② 정치가는 사회후생의 극대화를 달성하기 위해 총편익과 총비용의 차이인 순편익이 최대가 되는 수준에서 공공서비스를 공급하려고 한다.
③ 관료들은 공공재의 편익보다는 비용에 더 많은 관심을 두어 실제 비용이 예산에 의해 충당되어야 한다는 점에 대해서만 신경을 쓴다.
④ 관료들이 추구하는 관료적 최적 수준은 정치적 최적 수준보다는 월등히 높은 상태에서 의사결정이 이루어진다고 한다.

04

선거가 예산에 미치는 영향에 대한 정치적 경기순환론 접근에 대한 설명으로 적절하지 못한 것은?

약점진단 ○△× ○△× ○△×

① 계량모형을 이용하여 정치적 경기순환이 있다는 것이 증명되기도 했다.
② 정치가는 선거 전에는 긴축정책을, 선거 후에는 확장정책을 추진한다.
③ 정치가는 선거 때가 되면 적자예산을 편성하기도 한다.
④ 세출뿐 아니라 조세정책에서도 선거의 영향이 확인된 바 있다.

05

알렌 쉬크(Allen Schick)가 제시한 예산의 희소성에 관한 설명으로 옳지 않은 것은?

약점진단 ○△× ○△× ○△×

① 급성 희소성 – 단기적 예산편성의 즉흥성을 유도
② 만성적 희소성 – 신규사업에 대한 자금 부족
③ 완화된 희소성 – 사업분석과 다년도 예산편성에 대한 관심
④ 총체적 희소성 – 선진국 국가의 재정적 운명

06 품목별 예산제도(LIBS)에 관한 설명으로 옳지 <u>않은</u> 것은?

약점진단 ○△× ○△× ○△×

① 예산의 유용이나 남용을 방지하는 데 도움이 된다.
② 투입 지향적 예산제도이다.
③ 정부사업의 우선순위 파악이 용이하다.
④ 의회의 예산심의가 용이하다.

07 다음의 예산제도에 관한 설명 중 옳지 <u>않은</u> 것은?

약점진단 ○△× ○△× ○△×

① 영기준 예산제도는 모든 지출제안서를 영점 기준에서 검토하도록 요구한다.
② 성과주의 예산제도에서는 재원배정과정에서 필요사업량이 제시되기 때문에, 예산과 사업을 연계시킬 수 있다.
③ 계획예산제도는 프로그램 예산 형식을 사용하고 예산편성에서 계량기법들을 본격적으로 도입하였다.
④ 품목별 예산제도는 구체적인 개별적 사업만 제시되어 있어 전체적인 종합 목표 의식이 결여되어 있다.

08 계획예산제도의 단점으로 보기 <u>어려운</u> 것은?

약점진단 ○△× ○△× ○△×

① 부서 간의 할거주의
② 목표의 명확한 설정 곤란
③ 계량화의 곤란
④ 민주주의의 약화

09 다음 내용과 가장 관련이 깊은 것은?

약점진단 ○△× ○△× ○△×

> 입법기관이 따로 조치를 취하지 않는 한 정부의 사업 또는 조직이 미리 정한 기간이 지나면 자동적으로 폐지 또는 폐기되도록 하는 제도이다.

① 감축관리제　② 일몰제
③ 목표관리제　④ 영기준 예산제

10 일몰법(SSL)과 영기준 예산(ZBB)에 대한 설명으로 옳지 <u>않은</u> 것은?

약점진단 ○△× ○△× ○△×

① 일몰법은 예산심의와 관계되는 입법적 과정이다.
② 영기준 예산은 예산편성과 관련되는 행정적 과정이다.
③ 일몰법은 조직의 하위구조에서 보다 효율적인 관리도구이다.
④ 영기준 예산은 단기적인 성격을, 일몰법은 장기적인 성격을 띤다.

11 자본예산제도의 장점으로 보기 <u>어려운</u> 것은?

약점진단 ○△× ○△× ○△×

① 재정의 기본 구조를 이해할 수 있다.
② 자본적 지출에 대한 과학적 관리와 분석을 가능하게 한다.
③ 세대 간 부담의 형평을 기하기 위해 좋은 제도이다.
④ 인플레이션을 치유할 수 있다.

12 자본예산제도(CBS)에 대한 설명으로 옳지 <u>않은</u> 것은?

약점진단 ○△× ○△× ○△×

① 장기적인 재정계획의 수립에 도움을 준다.
② 불황의 극복(경기회복)에 도움이 될 수 있다.
③ 경상적 지출에 대한 심도 있는 분석에 유리하다.
④ 수익자부담의 원칙을 구현해 준다.

약점 체크와 약점 보완을 한 번에 정답과 해설 P.174

PART 06

행정환류론

CHAPTER	출제 비중	교수님의 출제 예상 POINT
출제 비중 高 01 행정책임과 통제	100%	신공공관리론에서 강조하는 시장책임성은 출제 가능성이 높으며, 시민고충처리위원회는 국민권익위원회의 소속기관이 아니라 지방자치단체의 소속기관이라는 점에 주의해야 한다.
02 행정개혁(정부혁신)	0%	포획현상의 원인, 선진국의 행정개혁 사례와 이를 통한 공공서비스 공급의 혁신방안(성과 중심의 행정)에 관한 내용을 숙지하여야 한다.

CHAPTER 01

행정책임과 통제

출제 비중 100%

50 100

01 다음은 시장책임성에 관한 설명이다. 바르지 못한 것은?

약점진단 ○△× ○△× ○△×

① 시장책임성이란 경제적 능률성의 개념으로 비용 효과성을 중시한다.
② 신공공관리론에서 강조하는 책임이다.
③ 행정성과에 대한 측정의 수단보다 규칙이나 계층제적 권위에 의한 통제를 중시한다.
④ 투입보다는 결과와 성과에 대한 책임을 강조하며, 고객의 만족에 위한 행정책임을 중시한다.

02 행정통제를 외부통제와 내부통제로 분류할 때, 다음 중 그 분류가 다른 것은?

약점진단 ○△× ○△× ○△×

① 사법부에 의한 통제
② 시민단체에 의한 통제
③ 감사원에 의한 통제
④ 선거권의 행사에 의한 통제

03 공식적 수단에 의한 행정통제가 아닌 것은?

약점진단 ○△× ○△× ○△×

① 계층제에 의한 통제
② 입법부에 의한 통제
③ 공익가치에 의한 통제
④ 사법부에 의한 통제

04 다음 중 감사원의 기능이 아닌 것은?

약점진단 ○△× ○△× ○△×

① 심사청구 ② 결산승인
③ 직무감찰 ④ 회계검사

05 행정통제의 분류 중 그 성격이 다른 것은?

약점진단 ○△× ○△× ○△×

① 국민권익위원회에 의한 통제
② 시민에 의한 통제
③ 이익단체에 의한 통제
④ 입법부에 의한 통제

06 국민권익위원회의 내용으로 보기 어려운 것은?

약점진단 ○△× ○△× ○△×

① 내부통제　② 법률기관
③ 시정권고　④ 직권조사

07 국민권익위원회와 시민고충처리위원회에 관한 설명으로 옳지 않은 것은?

약점진단 ○△× ○△× ○△×

① 국민권익위원회는 국무총리 소속기관이다.
② 국민권익위원회 위원의 임기는 3년이며, 연임할 수 없다.
③ 국민권익위원회 위원은 재직 중 지방의회의원직을 겸임할 수 없다.
④ 지방자치단체 및 그 소속기관에 관한 고충민원의 처리와 행정제도의 개선 등을 위하여 각 지방자치단체에 시민고충처리위원회를 둘 수 있다.

08 행정통제의 유형 중 외부통제에 해당하지 않는 것은?

약점진단 ○△× ○△× ○△×

① 입법부에 의한 통제
② 옴부즈만에 의한 통제
③ 사법부에 의한 통제
④ 국민권익위원회를 통한 통제

09 약점진단 ○△× ○△× ○△×

옴부즈만(Ombudsman)제도는 스웨덴에서 처음 시행된 이후 현재 유럽을 비롯한 많은 나라에서 활용되고 있는 행정통제 수단이다. 이에 대한 설명으로 옳지 않은 것은?

① 문제해결을 위한 처리과정에 시간이 많이 걸린다.
② 행정권의 남용이나 부당행위로 국민의 권리가 침해되었을 때 구제하는 것이 목적이다.
③ 시민의 고발에 의하여 활동을 개시하는 것이 일반적이지만 자기직권으로 조사활동을 하기도 한다.
④ 우리나라의 국민권익위원회는 옴부즈만제도와 유사하다고 볼 수 있다.

10 약점진단 ○△× ○△× ○△×

행정통제에 관한 설명으로 옳지 않은 것은?

① 선거로 임명된 경우를 제외하고는 관료제 구성원은 상관이 있기 때문에 계층제 자체가 책임성을 확보하기 위한 장치가 된다.
② 대통령에 의한 통제는 직접적이고 일상적으로 이루어지기보다는 일시적으로 불시에 이루어지는 암행감사의 성격을 띠고 있다.
③ 총액인건비제도, 총액배분·자율편성제도의 도입 등 각급 기관의 자율성을 확대하는 방향으로 정부개혁이 추진되고 있어 중앙행정부처에 의한 통제는 점차 강화되는 경향이 있다.
④ 국가정보원·국방부·감사원 등의 권력기관과 같은 실세 부처는 통제자 또는 조정자라는 우월적 지위를 이용해 통제를 거부하거나 방해하기도 한다.

약점 체크와 약점 보완을 한 번에 정답과 해설 P.176

CHAPTER

02 행정개혁(정부혁신)

출제 비중 0%

0 50 100

01 행정개혁 저항에 대한 사회적·규범적 극복방안이 아닌 것을 모두 고른 것은?

약점진단 ○△× ○△× ○△×

ㄱ. 교육훈련
ㄴ. 임용상 불이익 방지
ㄷ. 경제적 보상
ㄹ. 긴장조성
ㅁ. 의사소통과 참여 촉진

① ㄱ, ㄹ ② ㄱ, ㅁ
③ ㄴ, ㄷ, ㄹ ④ ㄴ, ㄹ, ㅁ

02 행정서비스헌장에 대한 설명으로 옳지 않은 것은?

약점진단 ○△× ○△× ○△×

① 새로운 법적 권리를 만드는 것이 아니라 기존의 권리를 수요자에게 알려 주는 것이다.
② 공공서비스 공급의 경쟁화를 통한 서비스 질 향상을 목적으로 한다.
③ 공공서비스의 내용, 수준, 제공방법, 잘못된 서비스에 대한 시정 및 보상 등을 명문화한다.
④ 비법적인 수단(non-legal means)을 통하여 강제력을 확보한다.

03 다음 중 시민헌장제도에 대한 설명으로 틀린 것은?

약점진단 ○△× ○△× ○△×

① 고객에 대한 서비스 수준을 표준화하려는 제도이다.
② 기존의 당연히 누려야 할 권리를 명문화한 것으로, 새로운 권리를 부여하는 것은 아니다.
③ 공공서비스에 대한 정보공개와 정중한 도움을 받을 수 있는 권리와도 관련된다.
④ 독점적인 영역에서 주로 사용하는 제도이므로 순수공공재 영역에는 적용되지 않는다.

04 가장 급진적인 신공공관리모형으로 평가되고 있는 영연방식 정부혁신의 주요 특징으로 옳지 않은 것은?

약점진단 ○△× ○△× ○△×

① 범위의 포괄성과 적극적 집행
② 명령과 통제에 의한 관료제(command & control bureaucracies)를 시장에 의한 유인(market incentive)으로 대체
③ 결과와 산출이 아니라 투입에 초점
④ 하향적 접근방법(top-down approach)에 의한 민영화 노력

05 개혁추진자가 개혁 대상 조직의 영향 아래 들어가 그 이익을 옹호하는 포획현상의 원인으로 옳은 것만을 모두 고르면?

약점진단 ○△× ○△× ○△×

ㄱ. 강압적 개혁 추진
ㄴ. 제도화된 부패구조
ㄷ. 개혁 대상 조직의 강한 응집력
ㄹ. 개혁 대상 조직의 정보독점력
ㅁ. 개혁추진자의 목표 대치

① ㄱ, ㄷ ② ㄱ, ㄷ, ㄹ
③ ㄴ, ㄹ, ㅁ ④ ㄴ, ㄷ, ㄹ, ㅁ

06 약점진단 ○△× ○△× ○△×

다음 중 공공서비스의 품질 혁신을 위한 방안으로 보기 어려운 것은?

① 고객만족 경영기법 활용
② 민간위탁
③ 정부부문의 ISO 9000 품질경영 전략
④ 품질행정제

07 약점진단 ○△× ○△× ○△×

우리나라를 비롯한 OECD 국가들의 정부혁신의 목표는 성과제고이다. 다음 중 성과 중심의 행정을 지향하는 노력으로 옳지 않은 것은?

① 연봉제의 도입
② 직위분류제의 도입
③ 균형성과표(BSC)의 도입
④ 책임운영기관의 도입

08 약점진단 ○△× ○△× ○△×

우리나라 현행 제도상 사회적 기업에 대한 설명으로 옳지 않은 것은 모두 몇 개인가?

ㄱ. 정부는 매년 사회적 기업의 활동실태를 조사하고 육성계획을 수립·추진하여야 한다.
ㄴ. 설립 초기의 일정 기간 동안에는 유급근로자를 고용하지 않고 무급근로자만으로 운영할 수 있다.
ㄷ. 이익을 재투자하거나 그 일부를 연계기업에 배분할 수 있다.
ㄹ. 재화 및 서비스의 생산·판매 등 영업활동을 하여야 한다.

① 1개　② 2개
③ 3개　④ 4개

약점 체크와 약점 보완을 한 번에　정답과 해설 P.177

PART 07

지방행정론

CHAPTER	출제 비중	교수님의 출제 예상 POINT
01 지방행정의 기초이론	5%	주민자치와 단체자치, 신중앙집권과 신지방분권을 비교하여 대립적으로 정리하고, 지방자치의 한계, 티부모형의 핵심 개념을 숙지하여야 한다.
02 정부 간 관계	5%	중앙정부와 지방정부 간 기능배분에 관한 이론들 간의 차이를 정확하게 정리하고, 「지방자치법」상 국가와 지방자치단체 간의 관계에 관한 조문을 숙지하여야 한다.
출제 비중 高 03 지방자치단체의 운영체계	53%	관련 지방자치법령의 내용을 반드시 숙지해야 한다. 지방자치단체의 계층구조는 시사점이 큰 문제에 해당하므로 장 · 단점을 비교하여 정리하도록 한다.
04 주민참여제도	11%	대부분의 문제가 주민참여제도와 관련된 지방자치법령에서 출제되고 있다. 따라서 관련 조문을 꼼꼼하게 정리하고, 반복적으로 학습하도록 한다.
05 지방재정	26%	국가재정과 지방재정의 차이를 대립적으로 정리하고, 재정지표, 지방재정조정제도의 핵심 개념을 숙지하여야 한다.

CHAPTER 01

지방행정의 기초이론

출제 비중 5%

5 50 100

01 주민자치와 단체자치에 관한 설명 중 옳은 것은?

약점진단 ○△× ○△× ○△×

① 주민자치는 프랑스, 독일 등을 중심으로 하는 대륙형 지방자치, 그리고 단체자치는 영국형 지방자치이다.
② 자치의 중점에서 주민자치는 자치정부에의 주민참여로, 단체자치는 지방자치단체의 중앙정부로부터 독립이다.
③ 단체자치는 자치권을 국가 이전의 고유권으로, 그리고 주민자치는 자치권을 국가로부터 부여받은 권리로 인식한다.
④ 권한부여 방법에서 주민자치는 포괄적 위임주의이고, 단체자치는 개별적 지정주의이다.

02 지방자치제도의 한계로 보기 어려운 것은?

약점진단 ○△× ○△× ○△×

① 지역 간 과열경쟁의 유발 가능
② 지역이기주의 심화
③ 전국 규모 정책의 효과적 수행 곤란
④ 사회계층 간 갈등의 유발 가능

03 다음 내용과 관계가 깊은 것은?

약점진단 ○△× ○△× ○△×

주민들이 지역 간에 자유롭게 이동할 수 있기 때문에 지방공공재에 대한 주민들의 선호가 나타나며, 지방공공재 공급의 적정 규모가 결정된다.

① 발에 의한 투표(voting with the feed)
② 사무엘슨(Samuelson)의 적정공공재의 공급이론
③ 끈끈이 인형효과(tar-baby effect)
④ 파킨슨의 법칙(Parkinson's law)

04 다음 가정을 기본전제로 하는 이론은?

약점진단 ○△× ○△× ○△×

• 한 국가는 수많은 지방정부들로 구성되어 있다. • 각 지방정부는 주민들의 의사에 따라 지출과 조세에 대한 의사결정을 할 수 있다. • 개인들은 비용을 들이지 않고 자유롭게 지역 간 이주가 가능하다.

① 발에 의한 투표(voting with the feet)
② 딜론의 원칙(Dillon's rule)
③ 보충성의 원칙(subsidiary principle)
④ 쿨리 독트린(Cooley doctrine)

05 티부모형에 관한 설명으로 옳지 않은 것은?

약점진단 ○△× ○△× ○△×

① 다수의 지역사회, 완전한 정보, 완전한 이동성 등의 가정을 전제한다.
② 발에 의한 투표가 이루어질 경우 파레토 최적의 자원배분이 가능하다.
③ 티부모형의 기본가정이 완전경쟁시장의 성립조건과 유사하므로 비현실적이다.
④ 공평성의 측면에서 바람직한 결과를 얻을 수 있다.

06 신중앙집권화에 대한 설명 중 옳지 않은 것을 모두 고르면?

약점진단 ○△× ○△× ○△×

ㄱ. 국민생활권의 확대와 행정의 국민적 최저 수준 유지의 필요성에 의해 촉진되었다.
ㄴ. 지방자치의 민주화와 능률화의 조화를 추구한다.
ㄷ. 국가·지방의 공동사무의 증대, 중앙의 정책계획의 증대 등에 의해 촉진되었다.
ㄹ. 수평적·협동적 집권이 아니라 수직적·관료적 집권을 의미한다.

① ㄱ ② ㄹ
③ ㄱ, ㄴ, ㄷ ④ ㄷ, ㄹ

약점 체크와 약점 보완을 한 번에 정답과 해설 P.179

CHAPTER 02

정부 간 관계

출제 비중 5%

5 50 100

01 중앙정부와 지방정부 간의 기능배분에 관한 다음의 설명과 관계가 있는 것은?

약점진단

> 정부 간 기능배분 문제는 지배계급들이 자신들의 이익을 추구하기 위한 계급 간 갈등에 지나지 않는다. 따라서 자본주의 국가 내부의 정부 수준 간 기능배분에 관한 구체적 기준에 별로 관심을 가지지 않는다.

① 다원주의적 관점 ② 신우파론적 관점
③ 계급정치론적 관점 ④ 엘리트론적 관점

02 「지방자치법」상 지방자치단체에 대한 국가의 지도·감독의 내용으로 옳지 않은 것은?

약점진단

① 중앙행정기관의 장과 지방자치단체의 장이 사무를 처리할 때 의견을 달리하는 경우 이를 협의·조정하기 위하여 국무총리 소속으로 행정협의조정위원회를 둔다.
② 지방자치단체나 그 장이 위임받아 처리하는 국가사무에 관하여 시·도에서는 주무부장관, 시·군 및 자치구에서는 1차로 시·도지사, 2차로 주무부장관의 지도·감독을 받는다.
③ 행정안전부장관이나 시·도지사는 지방자치단체의 자치사무가 공익을 현저히 해친다고 판단되면 지방자치단체의 서류·장부 또는 회계를 감사할 수 있다.
④ 지방의회의 의결이 공익을 현저히 해친다고 판단되면 시·도에 대하여는 주무부장관이, 시·군 및 자치구에 대하여는 시·도지사가 재의를 요구하게 할 수 있다.

03 한국의 교육구(敎育區)는 광역행정에 있어서 다음 중 어떤 방식에 속하는가?

약점진단

① 특별구역 설정 방식 ② 합병 방식
③ 공동처리 방식 ④ 연합 방식

04 특별지방행정기관(특별일선기관)에 관한 문제점으로 옳지 않은 것은?

약점진단

① 지역종합행정 수행의 장애
② 비효율성 문제
③ 통일성 확보 곤란
④ 고객 불편 가중

05 특별지방행정기관의 남설에 따른 문제점으로 보기 어려운 것은?

약점진단 ○△× ○△× ○△×

① 행정의 통일성을 저해한다.
② 고객의 혼란과 불편문제가 있다.
③ 책임행정이 결여될 수 있다.
④ 업무의 중복 추진으로 인한 비효율성 문제가 있다.

06 특별지방행정기관의 장점으로 옳은 것은?

약점진단 ○△× ○△× ○△×

① 책임행정 확보가 가능하다.
② 광역적인 국가 업무를 효율적으로 처리할 수 있다.
③ 행정의 중복성을 통하여 효율성을 강화할 수 있다.
④ 지역주민을 위한 행정이 가능하다.

약점 체크와 약점 보완을 한 번에 정답과 해설 P.180

CHAPTER 03

지방자치단체의 운영체계

출제 비중 53%

50 53 100

01

약점진단 ○△× ○△× ○△×

「지방자치법」상 특별지방자치단체에 관한 내용으로 옳지 않은 것은?

① 2개 이상의 지방자치단체가 공동으로 특정한 목적을 위하여 광역적으로 사무를 처리할 필요가 있을 때에는 특별지방자치단체를 설치할 수 있다.
② 구성 지방자치단체의 장은 「지방자치법」상 겸임제한 규정에도 불구하고 특별지방자치단체의 장을 겸할 수 있다.
③ 특별지방자치단체의 의회는 규약으로 정하는 바에 따라 구성 지방자치단체의 의회 의원으로 구성한다.
④ 특별지방자치단체를 구성하는 지방자치단체는 상호 협의에 따른 규약을 정하여 구성 지방자치단체의 지방의회 의결을 거쳐 국무총리의 승인을 받아야 한다.

02

약점진단 ○△× ○△× ○△×

지방자치단체의 계층구조에 관한 설명이다. 바르지 못한 것은?

① 지방자치단체는 광역과 기초의 자치 2층제를 유지하고 있고, 기초자치단체 아래 읍, 면, 동을 두고 있다.
② 행정계층은 중앙집권 국가에서 전국을 효율적으로 통치하려는 차원에서 편의상 분할한 것으로 관리의 효율성을 우선 고려한다.
③ 자치계층은 주민(지역)공동체의 정책결정 및 집행의 단위로서 정치적 민주성 가치가 중요시되는 개념이다.
④ 제주특별자치도는 자치계층과 행정계층이 일치한다.

03

약점진단 ○△× ○△× ○△×

지방자치단체의 경계 및 명칭 변경 또는 폐치·분합에 대한 설명으로 틀린 것은?

① 시·군 및 자치구의 경계 변경은 대통령령으로 정한다.
② 읍·면·동의 구역·경계 및 명칭 변경은 조례에 의한다.
③ 광역자치단체의 경계 변경은 법률에 의한다.
④ 광역시의 명칭 변경은 법률로 정한다.

04

약점진단 ○△× ○△× ○△×

지방자치단체의 명칭과 구역에 관한 설명이다. 바르지 못한 것은?

① 지방자치단체를 폐지하거나 설치하거나 나누거나 합칠 때에는 관계 지방자치단체의 의회의 의견을 들어야 한다.
② 지방자치단체의 관할구역 경계 변경은 대통령령으로 정한다.
③ 읍·면·동을 폐지하거나 설치하거나 나누거나 합칠 때에는 해당 지방자치단체의 조례로 정하고, 그 결과를 특별·광역시장·(특별자치)도지사에게 보고하여야 한다.
④ 리의 명칭과 구역을 변경하거나 리를 폐지하거나 설치하거나 나누거나 합칠 때에는 해당 지방자치단체의 조례로 정한다.

05

약점진단 ○△× ○△× ○△×

다음 〈보기〉에 제시된 내용을 위해서 필요한 조치는 무엇인가?

> **보기**
>
> 성남시는 현재 43만 6,000여 명에 이르는 분당구 인구가 올 연말 시작되는 판교 신도시 입주로 50만 명을 넘어설 것으로 보이자 분구를 서두르고 있다. 시는 "효율적인 행정서비스를 위해선 한 구의 인구가 20~30만 명이 적합하다"며 분구가 불가피하다는 입장이다. 이를 위해 시는 지난해 9월 한국경제조사연구원에 분구 타당성과 행정구역 조정에 관한 용역 조사를 실시했다. 용역 결과 분당구를 동서로 쪼개 서쪽에 '판교구'를 신설하는 방안이 타당하다는 결론이 나왔다. 이럴 경우 분당구 19개 동 가운데 정자1~3·금곡1~2·구미·운중동·판교 등 8개 동은 판교구에 편입된다. 나머지 분당·수내1~3·서현1~2·이매1~2·야탑1~3동 등 11개 동은 분당구에 남게 된다. 시는 주민 여론, 시의회 의견 수렴, 지명위원회 명칭 제정 등의 절차를 거쳐 4월 총선이 끝난 뒤 최종적인 분구안을 마련할 예정이다.

① 「지방자치법」을 개정하여야 한다.
② 행정안전부장관 승인 후 성남시 조례를 개정하여야 한다.
③ 경기도지사 승인 후 성남시 조례를 개정하여야 한다.
④ 성남시 의회의 의결을 거친 후 법률로 정한다.

06 우리나라 계층구조의 문제점으로 보기 어려운 것은?

약점진단 ○△× ○△× ○△×

① 시와 군 및 구에 대한 시·도의 통제기능으로 인한 갈등 발생
② 동일 지역 내 행정기관의 난립으로 인해 책임성 확보 곤란
③ 계층구조의 중복으로 인한 비효율성
④ 광역사업의 처리 곤란

07 지방자치단체의 계층구조 중 다층제의 장점으로 보기 어려운 것은?

약점진단 ○△× ○△× ○△×

① 행정책임을 명확히 할 수 있다.
② 국가의 감독기능을 효율화할 수 있다.
③ 기초와 광역자치단체 간 기능수행상 상호 보완관계를 유지할 수 있다.
④ 기초와 광역자치단체 간 행정기능의 분업적 수행이 가능하다.

08 최근 마산, 창원, 진해를 통합한 창원시가 출범하는 등 행정계층구조에 대한 많은 논의가 진행되고 있다. 우리나라의 행정계층구조에 대한 설명 중 가장 옳지 않은 것은?

약점진단 ○△× ○△× ○△×

① 중층제는 단층제보다 행정책임을 보다 명확하게 할 수 있다.
② 동일 지역 내 행정기관의 난립으로 인해 책임성의 확보가 어렵다.
③ 시-도, 시-군 간 협력 행정이 미흡하여 갈등을 증대시킨다.
④ 국가의 감독기능을 효율화할 수 있다.

09 다음은 「지방자치법」 제11조(사무배분의 기본원칙)의 일부 규정이다. 다음에서 규정하고 있는 중앙·지방정부 간 사무배분의 원칙은?

약점진단 ○△× ○△× ○△×

> **제11조(사무배분의 기본원칙)** ② 국가는 제1항에 따라 사무를 배분하는 경우 지역주민생활과 밀접한 관련이 있는 사무는 원칙적으로 시·군 및 자치구의 사무로, 시·군 및 자치구가 처리하기 어려운 사무는 시·도의 사무로, 시·도가 처리하기 어려운 사무는 국가의 사무로 각각 배분하여야 한다.

① 포괄성의 원칙 ② 충분재정의 원칙
③ 효율성의 원칙 ④ 보충성의 원칙

10 "기초자치단체가 처리하기 어려운 사무는 광역자치단체가 맡고 지방자치단체에서 처리하기 어려운 사무는 중앙정부의 사무로 처리해야 한다."와 관련된 사무배분 원칙은?

약점진단 ○△× ○△× ○△×

① 포괄성의 원칙 ② 종합성의 원칙
③ 지역성의 원칙 ④ 보충성의 원칙

11 지방자치단체의 기관구성 중 기관대립형에 관한 설명으로 보기 어려운 것은?

약점진단 ○△× ○△× ○△×

① 대통령 중심제와 유사한 성격을 가진다.
② 견제와 균형의 원리의 구현이 용이하다.
③ 지방행정에 대한 주민통제가 용이하다.
④ 정책결정과 집행기능을 단일기관에 귀속시킨다.

12 다음 지방자치에 관한 규정 중에서 바르지 못한 것은?

약점진단 ○△× ○△× ○△×

① 지방의회는 매년 1회 그 지방자치단체의 사무에 대하여 시·도에서는 10일의 범위에서, 시·군 및 자치구에서는 7일의 범위에서 감사를 실시한다.
② 지방의회에 두는 사무직원의 수는 인건비 등 대통령령으로 정하는 기준에 따라 조례로 정한다.
③ 지방의회의 의장이나 부의장이 법령을 위반하거나 정당한 사유 없이 직무를 수행하지 아니하면 지방의회는 불신임을 의결할 수 있다.
④ 지방자치단체의 장은 그 직을 사임하려면 지방의회의 의장에게 미리 사임일을 적은 서면(사임통지서)으로 알려야 한다.

13 지방자치에 관한 설명으로 옳은 것은?

약점진단 ○△× ○△× ○△×

① 지방의회에 두는 사무직원의 정수는 조례로 정하며, 사무직원은 지방의회의 의장의 추천에 따라 그 지방자치단체의 장이 임명한다.
② 지방자치단체의 폐치·분합에 따라 새로 지방자치단체의 장을 선거하여야 하는 경우 그 지방자치단체의 장이 선거될 때까지 시·도지사는 행정안전부장관이, 시장·군수 및 자치구의 구청장은 지방의회의 의장이 각각 그 직무를 대행할 자를 지정하여야 한다.
③ 지방자치단체의 장은 회계연도마다 예산안을 편성하여 회계연도 시작 120일 전까지 지방의회에 제출하여야 한다.
④ 연간 회의 총일수와 정례회 및 임시회의 회기는 해당 지방자치단체의 조례로 정한다.

14 지방의회와 지방자치단체의 장에 관한 설명으로 옳은 것은?

약점진단 ○△× ○△× ○△×

① 지방자치단체의 장이 법령을 위반하거나 정당한 사유 없이 직무를 수행하지 아니하면 지방의회는 불신임을 의결할 수 있다.
② 지방자치단체의 장은 지방의회 사무직원을 지휘·감독하고 법령과 조례·의회규칙으로 정하는 바에 따라 그 임면·교육·훈련·복무·징계 등에 관한 사항을 처리한다.
③ 지방자치단체의 장은 그 직을 사임하려면 행정안전부장관에게 미리 사임일을 적은 서면으로 알려야 한다.
④ 지방자치단체의 장이 출장·휴가 등 일시적 사유로 직무를 수행할 수 없으면 부단체장이 그 직무를 대리하며, 지방자치단체의 장이 미리 서면으로 위임하거나 지시한 사무를 처리한다.

15 지방자치단체의 장의 권한에 관한 설명으로 옳지 않은 것은?

약점진단 ○△× ○△× ○△×

① 지방자치단체의 장은 지방의회의 의결이 월권이거나 법령에 위반되거나 공익을 현저히 해친다고 인정되거나, 예산상 집행할 수 없는 경비를 포함하고 있다고 인정되면 그 의결사항을 이송받은 날부터 15일 이내에 이유를 붙여 재의를 요구할 수 있다.
② 재의한 결과 재적의원 과반수의 출석과 출석의원 3분의 2 이상의 찬성으로 전과 같은 의결을 하면 그 의결사항은 확정된다.
③ 지방자치단체의 장은 재의결된 사항이 법령에 위반된다고 인정되면 재의결된 날부터 20일 이내에 대법원에 소(訴)를 제기할 수 있다.
④ 지방자치단체의 장은 지방의회의원이 구속되는 등의 사유로 의결정족수에 미달될 때와 지방의회의 의결사항 중 주민의 생명과 재산보호를 위하여 긴급하게 필요한 사항으로서 지방의회를 소집할 시간적 여유가 없거나 지방의회에서 의결이 지체되어 의결되지 아니할 때에는 선결처분을 할 수 있다.

16 현행 「지방자치법」상 지방자치단체의 장의 소속 행정기관이 아닌 것은?

약점진단 ○△× ○△× ○△×

① 부단체장 ② 사업소
③ 출장소 ④ 직속기관

17 우리나라 지방자치에 관한 설명으로 옳지 않은 것은?

약점진단 ○△× ○△× ○△×

① 집행부와 의회 간의 견제와 균형을 중시하는 기관대립형이다.
② 단체장은 의회가 의결한 조례에 대해 재의를 요구할 수 없다.
③ 의회의 단체장 불신임권이나 단체장의 의회해산권을 인정하지 않는다.
④ 지방의회에 비해 단체장의 지위를 강화한 강시장형에 속한다.

18 우리나라 지방자치단체의 자치입법권에 관한 설명으로 옳지 않은 것은?

약점진단 ○△× ○△× ○△×

① 지방자치단체는 법령의 범위에서 자치에 관한 규정을 제정할 수 있다.
② 지방자치단체는 지방자치단체의 장에게 위임하여 행하는 국가사무에 관하여 조례를 제정할 수 없다.
③ 지방자치단체는 법률의 구체적인 위임이 없더라도 조례를 위반한 행위에 대하여 벌금을 부과하는 조례를 제정할 수 있다.
④ 교육감은 법령 또는 조례의 범위 안에서 그 권한에 속하는 사무에 관하여 교육규칙을 제정할 수 있다.

19 지방자치권의 내용과 수준에 관한 설명으로 옳지 않은 것은?

약점진단 ○△× ○△× ○△×

① 우리나라의 경우 자치사법권이 부여되어 있지 않다.
② 표준정원제의 엄격한 통제를 완화하여 기준인건비 한도 내에서 지방자치단체가 조례로 기구와 정원을 구성할 수 있다.
③ 법령의 범위 안에서 자치에 관한 규정(조례)을 제정할 수 있다.
④ 지방세 탄력세율, 재산과세의 과표 및 수수료 탄력 결정 등과 같은 자치재정권이 인정되며, 조례를 통한 독립적인 지방세목의 설치가 가능하다.

20 우리나라 지방자치단체의 사무에 해당하는 것은?

약점진단 ○△× ○△× ○△×

① 원자력 개발 ② 금융정책
③ 근로기준 ④ 상수도사업

약점 체크와 약점 보완을 한 번에 정답과 해설 P.181

주민참여제도

출제 비중 11%

11 50 100

01 아른슈타인(Arnstein)이 제시한 주민참여의 단계론 중 실질적 참여에 해당하지 않는 것은?

약점진단 ○△× ○△× ○△×

① 권한위임 ② 주민통제
③ 협력 ④ 정보제공

02 주민투표의 실시요건으로 옳지 않은 것은?

약점진단 ○△× ○△× ○△×

① 중앙행정기관의 장은 지방자치단체의 폐치 · 분합 또는 구역 변경, 주요 시설의 설치 등 국가정책의 수립에 관하여 주민의 의견을 듣기 위하여 필요하다고 인정하는 때에는 주민투표의 실시구역을 정하여 관계 지방자치단체의 장에게 주민투표의 실시를 요구할 수 있다.
② 18세 이상의 주민투표청구권자는 주민투표청구권자 총수의 50분의 1 이상 20분의 1 이하의 범위 안에서 지방자치단체의 조례로 정하는 수 이상의 서명으로 그 지방자치단체의 장에게 주민투표의 실시를 청구할 수 있다.
③ 지방의회는 재적의원 과반수의 출석과 출석의원 3분의 2 이상의 찬성으로 그 지방자치단체의 장에게 주민투표의 실시를 청구할 수 있다.
④ 지방자치단체의 장은 직권에 의하여 주민투표를 실시하고자 하는 때에는 그 지방의회 재적의원 과반수의 출석과 출석의원 과반수의 동의를 얻어야 한다.

03 우리나라 주민투표에 관한 설명으로 옳지 않은 것은?

약점진단 ○△× ○△× ○△×

① 주민투표사무는 관할 선거관리위원회가 관리한다.
② 주민투표의 투표일은 주민투표발의일부터 23일 이상, 30일 이하의 범위 안에서 지방자치단체의 장이 관할 선거관리위원회와 협의하여 정한다.
③ 주민투표는 특정한 사항에 대하여 찬성 또는 반대의 의사표시를 하거나 두 가지 사항 중 하나를 선택하는 형식으로 실시하여야 한다.
④ 주민투표에 부쳐진 사항은 주민투표권자 총수의 4분의 1 이상의 투표와 유효투표수 과반수의 득표로 확정된다.

04 우리나라 주민조례발안에 관한 설명으로 옳지 않은 것은?

약점진단 ○△× ○△× ○△×

① 일정 요건을 갖춘 18세 이상의 주민이 지방자치단체장에게 조례의 제정 및 개폐를 청구할 수 있는 제도이다.
② 행정기구를 설치하거나 변경하는 사항, 공공시설의 설치를 반대하는 사항은 주민조례청구 대상에서 제외한다.
③ 특별시 및 인구 800만 이상의 광역시 · 도는 청구권자 총수의 200분의 1 이내에서 해당 지방자치단체의 조례로 정하는 청구권자 수 이상이 연대 서명하여야 한다.
④ 청구권자가 주민조례청구를 하려는 경우에는 청구인의 대표자를 선정하여야 하며, 선정된 대표자는 다음 각 호의 서류를 첨부하여 지방의회의 의장에게 대표자 증명서 발급을 신청하여야 한다.

05 다음 중 주민소송을 제기할 수 있는 경우로 가장 적절한 것은?

약점진단 ○△× ○△× ○△×

① 자치단체장이 부당하게 특정인을 승진시킨 것을 알게 된 주민이 소송을 제기할 경우
② 지방세 등 공금의 부과·징수를 게을리한 사항을 감사청구한 주민이 자치단체장을 상대방으로 하여 소송을 제기할 경우
③ 자치단체장이 주민 동의 없이 지역 내에 원자력발전소를 유치한 것을 알게 된 주민이 소송을 제기할 경우
④ 자치의회가 부당한 조례를 제정하였을 때

06 다음은 우리나라의 주민소환제도에 관한 설명이다. 바르지 못한 것은?

약점진단 ○△× ○△× ○△×

① 주민소환투표의 대상은 선출직 지방공직자인 해당 지방자치단체의 장 및 지방의회의원을 대상으로 하며, 비례대표시·도의원 및 비례대표자치구·시·군의원도 포함한다.
② 임기개시일부터 1년이 경과하지 아니한 때, 임기만료일부터 1년 미만인 때, 해당 선출직 지방공직자에 대한 주민소환투표를 실시한 날부터 1년 이내인 때에는 주민소환투표의 실시를 청구할 수 없도록 한다.
③ 주민소환투표일은 주민소환투표 공고일부터 20일 이상 30일 이내의 범위 안에서 관할 선거관리위원회가 정하되, 주민소환투표대상자가 자진사퇴, 피선거권 상실 또는 사망 등으로 궐위된 때에는 주민소환투표를 실시하지 아니한다.
④ 주민소환투표대상자는 주민소환투표안을 공고한 때부터 주민소환투표결과를 공표할 때까지 그 권한행사가 정지되며, 지방자치단체의 장의 권한이 정지된 경우에는 부단체장이 그 권한을 대행하도록 한다.

07 「주민소환에 관한 법률」에 관한 내용 중 잘못된 것은?

약점진단 ○△× ○△× ○△×

① 주민소환투표대상자는 관할 선거관리위원회가 주민소환투표결과를 공표할 때까지 그 권한을 행사한다.
② 외국인도 영주 체류자격 취득일 후 3년이 경과하면 주민소환투표권이 있다.
③ 취임 후 1년 이내, 잔여임기 1년 이내인 때에는 소환청구를 할 수 없다.
④ 주민소환은 주민소환투표권자 총수의 3분의 1 이상의 투표와 유효투표 총수 과반수의 찬성으로 확정된다.

08 우리나라의 주민참여에 관한 설명으로 옳지 않은 것은?

약점진단 ○△× ○△× ○△×

① 주민투표에 관한 사무는 관할 선거관리위원회가 담당하도록 한다.
② 주민투표의 발의는 해당 지방자치단체장에게 청구한다.
③ 주민소송은 위법한 재무행위에 대하여 주민감사청구를 먼저 한 후에 제기한다.
④ 주민소환은 해당 지방자치단체장에게 청구한다.

09 다음 중 주민소환 청구가 가능한 자는?

약점진단 ○△× ○△× ○△×

① 교육감 ② 교육의원
③ 국회의원 ④ 비례대표지방의원

약점 체크와 약점 보완을 한 번에 정답과 해설 P.184

지방재정

출제 비중 26%

26 50 100

01 다음은 국가재정과 지방재정의 차이를 설명한 것이다. 바르지 못한 것은?

약점진단 ○△× ○△× ○△×

① 국가재정은 조세에 의존하나, 지방재정은 세외수입에 의존한다.
② 국가재정은 가격원리의 적용이 곤란한 반면, 지방재정은 용이하다.
③ 국가재정은 형평성을 추구하나, 지방재정은 효율성을 추구한다.
④ 국가재정은 응익주의의 원칙을, 지방재정은 응능주의의 원칙을 추구한다.

02 지방재정에서 중요시하는 재정지표에 관한 설명으로 옳은 것만을 모두 고른 것은?

약점진단 ○△× ○△× ○△×

ㄱ. 재정자립도란 지방자치단체의 일반회계 세입에서 지방세와 세외수입의 합계인 자주재원이 차지하는 비율을 의미한다.
ㄴ. 재정자주도는 일반회계 세입에서 자주재원과 지방교부세를 합한 일반재원의 비중으로 생계급여 등 사회복지 분야에서 차등보조율을 설계할 때 사용된다.
ㄷ. 재정력지수는 지방교부세제도에서 규정되어 있는 '기준재정수요액' 대비 '기준재정수입액'의 비율이다.
ㄹ. 재정력 지수가 1이 넘는 지방자치단체는 자체적인 재정수입만으로 기초적인 재정 수요를 모두 충당할 수 있어 재정력이 우수한 것으로 평가받는다.

① ㄱ ② ㄱ, ㄴ
③ ㄱ, ㄴ, ㄷ ④ ㄱ, ㄴ, ㄷ, ㄹ

03 다음 중 지방세가 서로 옳지 않게 연결된 것은?

약점진단 ○△× ○△× ○△×

① 서울특별시 종로구세 – 등록면허세, 재산세
② 인천광역시 강화군세 – 지방소득세, 지방교육세
③ 제주특별자치도세 – 취득세, 지역자원시설세
④ 경기도 안양시세 – 재산세, 자동차세

04 지방재정에 관한 설명으로 옳은 것은?

약점진단 ○△× ○△× ○△×

① 특별시분 재산세는 자치구에 균등배분하고 있다.
② 지방자치단체의 지방재정자립도를 제고하기 위해 지방교부세의 법정교부율을 대폭 상향 조정한다.
③ 자주재원주의란 재정구조보다는 재정규모의 순증을 중시하는 입장으로 지방교부세와 같은 의존재원을 문제 삼지 않는다.
④ 재정자립도는 일반회계 세입에서 자주재원과 지방교부세를 합한 일반재원의 비중으로 생계급여 등 사회복지 분야에서 차등보조율 적용 지자체를 선정할 때 사용된다.

05 다음 중 세외수입에 해당하지 않는 것은?

약점진단 ○△× ○△× ○△×

① 사용료 ② 수수료
③ 분담금 ④ 교부금

06 지방재정에 관한 설명으로 옳지 않은 것은?

약점진단 ○△×

① 인구 50만 이상 대도시는 징수한 도세의 47%에 해당하는 금액을 도 관할구역 안의 시·군에 대한 조정교부금으로 확보한다.
② 지방교부세는 중앙정부와 지방정부 간의 '수직적' 재정불균형을 해소하기 위해 운용되는 제도인 동시에 지방정부 간의 '수평적' 재정불균형을 해소하기 위해 운용되는 제도이다.
③ 지방교부세 총액은 법률에 의해 정해지지만 국고보조금의 규모는 중앙정부의 재정여건, 예산정책 등을 고려하여 중앙정부에서 결정한다.
④ 지방채 발행 한도액의 범위 안이라면 외채를 발행하는 경우에도 지방의회의 의결만 거치면 된다.

07 우리나라 지방재정조정제도에 관한 설명으로 옳지 않은 것은?

약점진단 ○△×

① 지방행정 수행에 필요한 재정수요를 충족시켜 지방재정자립도 향상에 기여한다.
② 거주지역에 관계없이 국민에게 보장해야 하는 최소한의 공공서비스를 제공하기 위한 재원을 확충하는 데 도움을 준다.
③ 국가적으로 추진하는 사업을 장려하거나 촉진하는 기능을 수행한다.
④ 긍정적 외부효과가 큰 지방공공재의 공급을 지원하는 기능이 있다.

08 다음 중 현재 우리나라에서 채택하고 있지 않은 것은?

약점진단 ○△×

① 주민참여예산　② 예산성과금
③ 지방교부세　④ 지방양여금

09 현재 우리나라의 지방재원에 관한 설명으로 옳은 것은?

약점진단 ○△×

① 용도의 제한성에 따라 자주재원과 의존재원으로 분류한다.
② 수입원에 따라 일반재원과 특정재원으로 분류한다.
③ 지방교부세는 자주재원으로 재정자립도를 제고한다.
④ 특정재원과 달리 일반재원은 지방자치단체가 어떠한 경비로도 자유롭게 지출할 수 있는 재원이다.

10 다음 중 가도시화에 관한 설명으로 옳지 않은 것은?

약점진단 ○△×

① 각종 악성도시문제의 발생
② 산업 발달에 따른 농촌 노동인구의 흡인작용
③ 농촌경제의 파탄에 의한 이농현상에 의한 것
④ 경제기반이 약한 개발도상국의 급속한 도시팽창 현상

약점 체크와 약점 보완을 한 번에 정답과 해설 P.186

내가 꿈을 이루면
나는 누군가의 꿈이 된다.

– 이도준

약점 보완 최종 마무리

진도별 모의고사

합격을 당기는 전략

기출회독 최종점검

문제풀이 집중훈련

제1회 진도별 모의고사

행정학의 기초이론 ~
정책학. 정책결정이론모형

적정시간	15분	풀이시간	시작: 시 분	완료: 시 분	총 분

01

시장실패에 대한 정부의 대응 방식으로 옳지 않은 것은?

① 공공재의 존재에 대한 방안에는 공적 공급이 있다.
② 외부효과의 발생에 대한 방안에는 공적 유도와 정부규제가 있다.
③ 자연독점에 대한 방안에는 공적 유도와 정부규제가 있다.
④ 불완전경쟁에 대한 방안에는 정부규제가 있다.

02

다음에서 설명하고 있는 공공서비스는?

> 비경합성은 있지만 배제가 가능한 공공서비스로서, 대가를 지불하지 않는 소비자를 배제할 수 있기 때문에 시장기구를 통해 서비스를 공급할 수 있는 여지가 많다. 여기에는 전기, 가스, 상하수도 등과 같은 사회기반시설 등이 속하며, 이들 상당 부분을 정부가 공급하는 이유는 자연독점으로 인한 시장실패에 대응해야 하기 때문이다.

① 시장재 성격을 가지는 공공서비스
② 공유재 성격을 가지는 공공서비스
③ 요금재 성격을 가지는 공공서비스
④ 집합재 성격을 가지는 공공서비스

03

죄수의 딜레마(prisoner's dilemma)에 대한 설명으로 옳지 않은 것은?

① 죄수의 딜레마는 게임이론의 유명한 사례로, 2명이 참가하는 제로섬 게임(zero-sum game)의 일종이다.
② 이 사례는 협력할 경우 서로에게 가장 이익이 되는 상황일 때 개인적인 욕심으로 서로에게 불리한 상황을 선택하는 문제를 보여 주고 있다.
③ 이 게임의 죄수는 상대방의 결과는 고려하지 않고 자신의 이익만을 최대화한다는 가정하에 움직이게 된다. 이때 언제나 협동(침묵)보다는 배신(자백)을 통해 더 많은 이익을 얻으므로 모든 참가자가 배신(자백)을 택하는 상태가 내쉬 균형이 된다.
④ 죄수의 딜레마 게임은 정부의 존재 이유를 정당화하는 이론적 근거의 하나로 사용되고 있다.

04

다음 중 규제의 역설에 관한 내용으로 보기 어려운 것은?

① 새로운 위험만 규제하다 보면 사회의 전체 위험 수준은 증가한다.
② 최고의 기술을 요구하는 규제는 기술개발을 지연시킨다.
③ 소득재분배를 위한 규제가 오히려 사회적으로 가장 어려운 사람들에게 해를 끼칠 수도 있다.
④ 기업체에 자기 상품에 대한 정보공개를 의무화할수록 소비자들의 실질적인 정보량은 늘어난다.

05

다음에 해당하는 윌슨(Wilson)의 규제정치이론은?

> 응집력이 강한 비용 부담 집단의 논리가 규제과정에서 투입될 가능성이 높다. 예를 들어, 외제차에 대한 수입규제 완화는 소비자가 많은 제품선택권을 가지기 때문에 전체 국민에 이익이 되는 규제이지만 손해를 보는 국산 자동차 제조 및 유통업자들의 적극적인 로비로 인해 도입되지 않는 상황이 발생하는 것이다.

① 고객정치　② 기업가적 정치
③ 대중정치　④ 이익집단정치

06

자원배분, 소득분배, 경제안정이라는 재정의 3대 기능 중 자원배분기능의 성격이 가장 강한 것은?

① 최저임금제 실시　② 공공근로사업 시행
③ 누진세제 도입　④ 국방비 지출

07

현상학적 접근방법에 관한 설명으로 옳지 않은 것은?

① 사회과학에서 형성하는 사유 대상 또는 정신적 구성물은 자연과학의 그것과는 본질적으로 같다고 본다.
② 사회과학연구에서 경험적 관찰을 지나치게 한정시키기보다는, 일상생활의 상식적 생각 속에서 인간행위를 이해하고, 그 이면에 깔린 동기나 목표로서 설명되는 '경험의 형식'까지도 포함시킨다면 훨씬 더 풍부한 인간행위의 이해가 가능하다고 본다.
③ 인간의 주관적 관념, 의식 및 동기 등의 의미를 더 적절하게 다루고 이해할 가능성을 제기해 주고 있어 연구의 적실성을 높여 줄 수 있다.
④ 가치중립적인 연구에서 가치비판적이고 가치평가적인 연구를 할 수 있게 함으로써 정책연구에 기여할 수 있다.

08

신행정학(New Public Administration)에 대한 설명으로 옳지 않은 것은?

① 정치 · 행정 일원론에 입각하여 독자적인 행정이론의 발전을 이루고자 하였다.
② 전문직업주의와 가치중립적인 관리론을 강조하였다.
③ 행정학의 실천적 성격과 적실성을 회복하기 위한 정책지향적 행정학을 요구하였다.
④ 행태주의의 한계를 지적하면서 가치문제와 처방적 연구를 강조하였다.

09

포스트모더니즘 행정이론에 관한 설명으로 옳지 않은 것은?

① 포스트모더니즘은 산업화 이후 사회의 특성을 설명하는 하나의 관점이나 이론을 말한다.
② 과학주의와 기술주의의 한계와 부작용을 비판하는 포스트모더니즘의 등장과 관련이 있다.
③ 객관주의를 배척하고 사회적 현실은 우리들의 마음속에서 구성된다고 보는 구성주의(constructivism)와 관련이 있다.
④ 포스트모더니즘의 세계관은 보편주의와 객관주의를 추구한다.

10

행정학의 접근방법에 관한 설명으로 옳지 않은 것은?

① 역사적 접근방법은 각종 정치 · 행정제도의 진정한 성격과 제도가 형성된 특수한 방법을 인식하는 수단을 제공하고, 일종의 사례연구 형식을 띠는 경우가 많으며, 발생론적 설명 방식을 주로 사용한다.
② 제도적 접근방법에서 주목하는 각종 제도는 법률에 기반을 두기 때문에 두 가지를 통합해 법률 · 제도적 접근방법이라 하며, 공식적 제도나 법률에 기반을 두어 제도 이면에 있는 행정의 동태적 측면을 파악하기 용이하다.
③ 행태적 접근방법은 명백한 자극과 반응으로 볼 수 있는 행위 또는 행동만을 연구 대상으로 삼는 심리학적 행동주의와는 달리 특정 질문에 따른 반응을 통해 파악해 볼 수 있는 태도, 의견, 개성 등도 행태에 포함시키고 있다.
④ 생태론적 접근방법은 후진국의 행정현상을 설명하는 데 크게 기여했으며, 행정의 보편적 이론보다는 중범위이론의 구축에 자극을 주어 행정학의 과학화에 기여하였다.

11

딜레마이론은 딜레마의 논리적 구성 요건으로서 분절성(discreteness), 상충성(trade-off), 균등성(equality), 선택 불가피성(unavoidability)을 제시하고, 이를 모두 충족해야 딜레마가 초래된다고 한다. 딜레마이론에 관한 설명으로 〈보기〉 중 옳은 것만을 모두 고른 것은?

> **보기**
>
> ㄱ. 분절성은 대안 간 절충이 불가능하다는 것을 의미한다.
> ㄴ. 상충성은 대안의 상충으로 인해 하나의 대안만 선택해야 한다는 것이다.
> ㄷ. 균등성은 대안이 가져올 결과가치가 균등해야 한다는 것이다.
> ㄹ. 선택의 불가피성은 최소한 하나의 대안을 반드시 선택해야 한다는 것을 의미한다.

① ㄱ　　② ㄱ, ㄴ
③ ㄱ, ㄴ, ㄷ　　④ ㄱ, ㄴ, ㄷ, ㄹ

12

신공공관리론에 따른 행정개혁 전략에 대한 설명으로 옳지 않은 것은?

① 규정과 규제의 완화, 분권화 및 관료의 재량권 확대를 통한 관리의 탈규제화
② 성과기준의 명시적 설정 및 성과측정에 의한 투입 통제 및 관료제적 절차의 대체
③ 자원배분과 보상을 측정된 성과와 연계하는 금전적인 유인체제로서 비금전적 유인체제의 대체
④ 정부의 역할을 대폭 시장에 맡겨야 한다는 것을 의미

13

신공공서비스론에 대한 설명으로 옳지 않은 것은?

① 이론적 토대는 시민행정학, 인간 중심 조직이론 등이라고 할 수 있다.
② 전략적으로 생각하고 민주적으로 행동할 것을 강조한다.
③ 공익은 개인들의 총 이익으로 본다.
④ 단순한 생산성보다 사람에 대한 가치 부여를 강조한다.

14

탈신공공관리론(post-NPM)에 대한 설명으로 옳지 않은 것은?

① 전문화된 기관으로의 분절화
② 재집권화와 재규제의 주창
③ 총체적 정부 또는 합체된 정부의 주도
④ 역할 모호성의 제거 및 명확한 역할관계의 안출(案出)

15

다음과 가장 관계가 깊은 행정이념은?

> 사회적 가치의 재분배는 정부의 정책을 통해 이루어진다. 공공정책은 정치권력을 배경으로 하여 사회적 가치 또는 이익을 강제로 배분하는 성질을 갖는다. 그런데 공공정책은 편익과 비용을 모든 구성원들에게 평등하게 배분하는 것이 아니라 일정한 기준에 따라 불평등하게 배분하는 성질, 즉 부분이익 선택성(policy selectivity)을 갖고 있기 때문에 구성원의 사회경제적 지위에 큰 영향을 미친다.

① 효율성　　② 형평성
③ 합법성　　④ 책임성

16

국공립학교를 통한 교육 서비스 제공, 주택자금의 대출과 관련된 정책유형은?

① 분배정책
② 규제정책
③ 구성정책
④ 재분배정책

17

다음과 관련이 있는 정책유형은?

- 정당이 그 결정에 중요한 영향을 미침
- 선거구의 조정, 정부의 새로운 기구나 조직의 설립, 공직자 보수 등
- 정치체제에서 투입을 조직화하고 체제의 구조와 운영에 관련된 정책

① 규제정책　② 배분정책
③ 구성정책　④ 재분배정책

18

정책유형에 관한 설명으로 옳지 <u>않은</u> 것은?

① 추출정책은 정책목표에 의해 일반 국민에게 인적·물적 자원을 부담시키는 것으로, 조세, 병역, 물자수용, 노력 동원, 부실기업퇴출 등과 관련된 정책이 여기에 속한다.
② 배분정책에서는 이해관계 충돌이 상대적으로 낮아 갈등이 발생될 가능성이 상대적으로 낮은 반면, 로그롤링이나 포크배럴과 같은 정략적 행태가 발생할 수 있다.
③ 규제정책에서는 누가 손해를 보고, 누가 혜택을 보는지를 놓고 벌이는 이해당사자 간 제로섬(zero sum) 게임이 벌어지고 참여자들 간에 갈등이 발생할 가능성이 높다.
④ 재분배정책은 사회계급적인 접근에 기반해서 이루어지기 때문에 규제정책보다 갈등이 좀 더 가시적이다.

19

정책의제설정에 영향을 미치는 요인으로 옳은 것만을 모두 고르면?

ㄱ. 정책의제화를 요구하는 집단의 규모가 클수록, 그리고 정책 영향력이 클수록 정책의제화될 가능성이 높다.
ㄴ. 정책이해관계자가 넓게 분포하고 조직화 정도가 낮은 경우(조직비용이 높은 경우)에는 정책의제화될 가능성이 높다.
ㄷ. 국민의 관심 집결도가 높거나 문제에 대한 관심을 가지고 지원하는 정치인이 많을수록 정책의제화가 쉽게 진행된다.
ㄹ. 사회 이슈와 관련된 행위자가 많고, 이 문제를 해결하기 위한 정책의 영향이 많은 집단에 영향을 미치거나 정책으로 인한 영향이 중요한 것인 경우 상대적으로 쉽게 정책의제화된다.

① ㄱ, ㄴ　② ㄴ, ㄷ
③ ㄱ, ㄷ, ㄹ　④ ㄴ, ㄷ, ㄹ

20

다음에 해당하는 정책결정이론모형은?

이 모형은 과거 의료보험 통합정책의 결정과정과 같이 정책갈등상황에서 소모적인 논쟁이 지속되다가 대통령선거라는 계기에 의해 정책이 최종적으로 결정되면서 갈등이 종결되는 상황을 설명하는 데 유용하게 활용될 수 있다.

① 합리모형　② 만족모형
③ 쓰레기통모형　④ 점증모형

약점 체크와 약점 보완을 한 번에 정답과 해설 P.190

제2회 진도별 모의고사

정책학, 정책결정이론모형 ~ 인사행정론, 공직의 분류

적정시간	15분	풀이시간	시작: 시 분	완료: 시 분	총 분

1초 합격예측! 모바일 성적분석표

QR 코드로 접속하여 문제 풀이시간을 측정하고, 〈1초 합격예측 & 모바일 성적분석표〉 서비스를 통해 지금 바로! 실력을 점검해 보세요.
http://eduwill.kr/ywPe

01

점증모형의 문제점으로 보기 어려운 것은?

① 불가능한 일을 정책결정자에게 강요함으로써 바람직한 의사결정에 도움을 주지 못하고 있다.
② 정책과정이 소수 몇몇 사람이나 힘 있는 일부 집단들에 의해 좌우된다면 '잘못된 정책에 의한 악순환' 현상이 일어날 소지가 많다.
③ 혁신을 저해할 우려가 있으며, 환경 변화에 대한 적응력이 약하다.
④ '눈덩이 굴리기식'으로 결정이 오래 계속되다 보면 그 정책의 축소·종결 작업이 매우 어려워진다.

02

정책결정모형에 대한 설명으로 가장 옳지 않은 것은?

① 합리모형은 참여자들의 상호조절에 의한 문제해결을 중시한다.
② 만족모형은 경제적 합리성보다 제한된 합리성을 전제로 한다.
③ 점증모형은 다원화된 민주사회에 적합하다.
④ 최적모형은 정책결정자의 직관적 판단을 중시한다.

03

점증주의 방식이란 기존 정책을 토대로 하여 그보다 약간씩 향상된 정책을 추구하는 방식으로 결정하는 것을 말한다. 이런 결정이 선호되는 이유와 거리가 먼 것은 모두 몇 개인가?

ㄱ. 시간, 비용, 노력의 절약
ㄴ. 정책체제와 정책담당자의 보수성
ㄷ. 선례의 존중 또는 강요당함
ㄹ. 대안 창출능력 부족
ㅁ. 위험부담을 줄이기 위한 방편
ㅂ. 매몰비용에 대한 고려
ㅅ. 한 번 태어난 정책은 스스로 생명력을 갖는 경향
ㅇ. 쇄신성

① 1개　　② 3개
③ 5개　　④ 7개

04

다음 중 정책집행이 가장 곤란한 경우는?

구분		규모 및 조직화 정도 강	규모 및 조직화 정도 약
집단의 성격	수혜집단	(가)	(나)
집단의 성격	희생집단	(다)	(라)

① (가)　　② (나)
③ (다)　　④ (라)

05

정책의 실시와 정책목표의 달성이 일어났다고 해도 두 사건 간에 인과관계를 단정하기 위해서는 적어도 세 가지 조건이 충족되어야 한다. 다음 중 이 세 가지 조건과 거리가 먼 것은?

① 정책(독립변수)은 목표 달성(종속변수)보다 시간적으로 선행해야 한다.
② 정책과 목표 달성은 모두 일정한 방향으로 변화해야 한다.
③ 그 정책 이외의 다른 요인이 목표 달성에 영향을 미치지 않았음을 입증해야 한다.
④ 동일한 측정도구를 반복해서 사용했을 때 동일한 결과를 얻어야 한다.

06

정책평가가 정책 결과물을 적절하게 측정했는가에 관한 것으로서 평가의 이론적 구성요소가 성공적으로 조작화되어 있는가를 의미하는 것은?

① 구성적 타당성 ② 통계적 결론의 타당성
③ 내적 타당성 ④ 외적 타당성

07

정책의 효과가 다른 경쟁적 원인들보다는 해당 정책에만 기인하는 것이라고 판단할 수 있는 정도를 의미하는 것은?

① 구성적 타당성 ② 통계적 결론의 타당성
③ 내적 타당성 ④ 외적 타당성

08

애코프(R. L. Ackoff)의 기획의 정향 중에서 선형계획, 계획예산제도, 위험분석, 비용효과분석과 같은 계량적 방법에 매료되며, 경제적 최적화를 항상 추구하려는 것은?

① 반동주의 ② 무위주의
③ 능동주의 ④ 선도주의

09

조직규모가 커질수록 조직구조가 더욱 관료제적으로 변하게 되는데, 다음 중 관료제적 통제전략으로 보기 어려운 것은?

① 조직과정을 규칙과 절차를 통해 더욱 공식화·표준화시킨다.
② 실질적인 자유재량권이 주어진다.
③ 업무과정에 자동화를 도입하여 통제력의 손실 없이 더 많은 분권화를 가능하게 해 준다.
④ 조직규모가 커질수록 조직구조가 더욱 기계적 유형으로 변한다.

10

다음 중 기능구조의 장점으로 보기 어려운 것은?

① 중복과 낭비를 막아 효율성을 높일 수 있다.
② 분업을 통해 전문기술을 더욱 발달시킬 수 있다.
③ 부서 내 의사소통과 조정이 유리해진다.
④ 환경 변화에 좀 더 신축적이고 대응적일 수 있다.

11

다음 조직구조의 모형에 관한 설명으로 옳지 않은 것은?

① 기능구조는 수평적 조정의 필요가 높을 때 효과적인 조직구조이다.
② 사업구조는 자기완결적 단위이므로 기능 간 조정이 극대화될 수 있는 조직구조이다.
③ 네트워크구조는 조직구성 단위의 자율성이 높으며, 조직구성원의 관계가 수평적이다.
④ 두 상관의 갈등적인 요구를 해결해야 하는 매트릭스조직의 구성원은 탁월한 인간관계 기술이 필요하다.

12

유기적 구조의 조직특성으로 옳지 않은 것은?

① 넓은 직무 범위　② 표준운영절차
③ 모호한 책임관계　④ 채널의 분화

13

다음 중 학습조직(learning organization)이 갖는 특징으로 거리가 먼 것은?

① 일체감과 사명의 공유
② 시스템적 사고
③ 전문적 소양을 통한 자기완성
④ 개인적 학습

14

책임운영기관에 관한 설명으로 옳지 않은 것은?

① 1988년도에 영국에서 국방 · 보건 · 교도소 등 140여 개의 부서를 '집행기관(executive agency)'으로 지정하면서 처음 등장하였다.
② 우리나라는 기관의 지위에 따라 소속과 중앙책임운영기관으로 구분된다.
③ 인사와 예산에서 자율성이 확대되는 반면 운영성과에 대해 인센티브와 벌칙이 주어지는 새로운 형태의 정부기관이다.
④ 공공성을 유지하지 위해 민영화가 가능한 기능을 정부가 직접 수행하기 위한 제도이다.

15

베스(B. M. Bass)가 주장한 변혁적 리더십의 구성요소가 아닌 것은?

① 개별적 배려　② 업적에 따른 보상
③ 영감적 리더십　④ 카리스마적 리더십

16

유비쿼터스 IT 발전과 원격근무의 등장에 대한 설명으로 옳지 않은 것은?

① 급속한 IT의 발달은 유비쿼터스(ubiquitous)라는 새로운 패러다임의 변화를 가져왔으며, 유비쿼터스 세상의 도래는 컴퓨팅(Computing), 커뮤니케이션(Communication), 접속(Connectivity), 콘텐츠(Contents), 조용함(Calm) 등 5C의 5Any화(Any-time, Any-where, Any-device, Any-network, Any-service)를 지향하며, 유비쿼터스 네트워크 환경에서는 언제, 어디서나, 어느 기기로도 미디어에 구애받지 않고 경제적이며 편리하게 어떠한 서비스를 이용하는 것을 가능하게 한다.
② 유비쿼터스 패러다임은 모든 사물에 컴퓨터와 네트워킹 기술이 적용되어 도처에 존재하는 컴퓨팅 인프라를 통해 사람과 컴퓨팅 기기 및 환경이 상호작용해 컴퓨터가 필요사항을 알아서 처리하는 인간 중심의 컴퓨팅 환경을 지향하고 있다.
③ 원격근무는 유비쿼터스 IT를 활용함으로써 가정뿐만 아니라 장소에 구애받지 않고 어디서나 업무를 수행할 수 있는 새로운 작업 방식을 의미한다. 과거에는 주로 텔레커뮤팅(telecommuting) 혹은 원격근무(telework)라는 용어를 사용했으나, 업무 스타일의 범위 확대에서 정보통신기술의 역할이 부각되면서 1999년 이후 유럽을 중심으로 좀 더 확대된 개념으로 'e-work'라는 용어를 사용하고 있다.
④ 스마트워크(smart work)란 원격근무의 한 형태로 영상회의 등 정보통신기술을 이용해 시간 · 장소의 제약 없이 업무를 수행하는 유연한 근무로서, '이동근무', '재택근무', '스마트워크센터 근무' 등과는 다른 개념이다.

17

다음은 전자정부의 발전단계 중 어느 단계에 해당하는 내용인가?

> 제공자와 이용자 간에 좀 더 적극적인 상호 거래가 이루어지며, 여권이나 비자를 온라인으로 발급받는다든지, 출생, 사망, 면허와 관련된 신고 및 관련 서류를 발급받을 수 있는 단계이다. 기관 간 상호 연계되어 서비스가 여러 기관 간에 관련되어 복합적으로 처리되어 제공되는 서비스라 하더라도 이용자 입장에서는 '하나의 창구'를 통해 원스톱으로 제공받을 수 있다는 의미를 포함하고 한다.

① 통합 1단계 ② 통합 2단계
③ 통합 3단계 ④ 통합 4단계

18

인사행정제도에 관한 설명으로 옳은 것만을 모두 고르면?

> ㄱ. 직업공무원제는 장기근무를 장려하기 때문에 공직을 하나의 전문 직업 분야로 확립할 수 있으며, 공직에 대한 자부심과 일체감을 제고해서 공무원이 갖춰야 할 높은 봉사정신과 행동규범을 보장할 수 있다.
> ㄴ. 엽관주의는 인사권자와의 개인적 신임이나 친분관계를 중요한 임용기준으로 삼는 데 비해, 정실주의는 정치적 신념이나 정당에 대한 충성도 등을 중요한 임용기준으로 삼는다는 점에서 차이가 있다.
> ㄷ. 실적주의는 개인의 능력이나 자격, 적성에 기초한 실적을 공직의 임용기준으로 삼는 인사행정제도이다.
> ㄹ. 대표관료제는 사회를 구성하는 모든 주요 집단으로부터 인구 비례에 따라 관료를 충원하고, 정부관료제 내의 모든 계급에 비례적으로 배치해 정부관료제가 그 사회의 모든 계층과 집단에 공평하게 대응하도록 하는 제도이다.

① ㄱ ② ㄱ, ㄴ
③ ㄱ, ㄷ, ㄹ ④ ㄱ, ㄴ, ㄷ, ㄹ

19

대표관료제(representative bureaucracy)에 관한 설명으로 옳지 않은 것은?

① 외부통제만으로는 비대해진 관료제를 효과적으로 통제하기 어려워지면서 등장하였다.
② 모든 사회집단들이 인구 전체 안에서 차지하는 비율에 맞게 구성되는 관료제이다.
③ 모셔(F. C. Mosher) 등은 적극적 대표에 대해서 의문을 제기하였다.
④ 관료가 공익에 부합하는 정책결정을 할 것이라고 가정한다.

20

고위공무원단에 관한 설명으로 옳지 않은 것은?

① 역량평가를 통과한 사람으로서 3급 공무원은 고위공무원단후보자가 된다.
② 인사혁신처장은 4급 이상 공무원을 대상으로 고위공무원에게 필요한 역량을 함양하기 위한 교육과정을 운영하여야 한다.
③ 역량평가는 고위공무원으로 신규채용되려는 사람 또는 4급 이상 공무원이 고위공무원단 직위로 승진임용되거나 전보되려는 사람을 대상으로 신규채용, 승진임용 또는 전보 전에 실시하여야 한다.
④ 역량평가는 2명 이상의 역량평가위원이 참여하여 제시된 직무상황에서 나타나는 평가 대상자의 행동을 관찰하여 그 역량을 평가하는 방법으로 한다.

약점 체크와 약점 보완을 한 번에 정답과 해설 P.193

제3회 진도별 모의고사

인사행정론, 공직의 분류 ~ 지방행정론

적정시간	15분	풀이시간	시작: 시 분	완료: 시 분	총 분

01

직위분류제의 구성요소에 대한 설명으로 옳은 것은?

① 직위는 동일한 직렬 내에서 담당분야가 동일한 직무의 군이다.
② 직급은 직무의 종류는 상이하나 직무의 곤란성과 책임도가 상당히 유사한 직위의 군이다.
③ 직렬은 직무의 종류가 유사하고 그 책임과 곤란성의 정도가 상이한 직급의 군이다.
④ 등급은 직무의 종류·곤란성과 책임도가 상당히 유사한 직위의 군이다.

02

다음 중 근무성적평정의 용도로 보기 어려운 것은?

① 공무원의 직무수행 개선 및 능력발전
② 인사행정의 공정한 기준 제시
③ 시험의 신뢰성 측정 기준
④ 교육훈련의 필요성 파악 및 기초자료 제공

03

시험의 효용성 중에서 다음의 사례와 관계가 깊은 것은?

> 타이피스트 선발시험에서 실제적인 근무상황에서 사용되는 것과 똑같은 서류양식을 시험문제로 출제하는 경우나, 취재기자 선발시험에서 일반적인 논술 주제가 아닌 구체적인 기사 작성을 시험문제로 출제할 경우

① 기준타당성　　② 내용타당성
③ 구성타당성　　④ 신뢰성

04

정부가 동원하는 공공재원에는 조세, 수익자부담금, 국공채, 민간자본 투자 유치 등이 있다. 조세의 단점에 관한 내용으로 옳지 않은 것은?

① 미래 세대까지 혜택이 발생하는 자본 투자를 현 세대만 부담한다면 세대 간 비용·편익의 형평성 문제가 발생한다.
② 조세를 통해 투자된 자본시설은 대가를 지불하지 않는 자유재(free good)로 인식돼 과다 수요 혹은 과다 지출되는 비효율성 문제가 발생한다.
③ 일시적으로 대규모 재원 투자가 필요한 전략 투자사업에서는 조세 재원 동원의 시의성을 맞추지 못할 수 있다.
④ 현 세대의 의사결정에 대한 재정 부담이 미래 세대로 전가된다.

05

예산에 관한 설명으로 옳지 않은 것은?

① 추가경정예산은 횟수의 제한이 없으며, 우리나라의 경우 사용한 예가 많다.
② 계속비는 준예산의 적용 대상이나, 예비비는 대상이 아니다.
③ 모든 수입을 세입으로 계상한 예산을 예산총계라 한다.
④ 준예산은 국회 사전동의가 필요하지 않다.

06

우리나라 예산심의의 특징으로 옳지 않은 것은?

① 대통령 중심제라는 정치체제의 성격이 국회 예산심의의 기본 특징을 규정한다.
② 본회의 중심이 아니라 상임위원회와 예산결산특별위원회 중심으로 예산이 심의된다.
③ 전통적으로 국회는 정부예산을 통제·감독한다고 인식되었으며, 최근에도 상임위원회에서 소관부처의 예산안이 증액되는 경우는 매우 드물다.
④ 예산의 형식으로 통과되어 법률보다 하위 효력을 가진다.

07

기획재정부는 전략기획과 분권 확대의 접근들을 예산편성 방식에 도입하기 위해 총액배분·자율편성제도를 실시하고 있다. 다음 중 거리가 먼 것은?

① 기획재정부에서는 경제사회 여건 변화와 국가발전전략에 입각한 재원 배분계획(국가재정운용계획)에 근거해 연도별 재정규모, 분야별·중앙관서별·부문별 지출 한도를 제시한다.
② 각 중앙부처는 소관 정책과 우선순위에 입각해 자율적으로 지출한도 내에서 사업별로 재원을 배분한다.
③ 부처별로 총액 한도를 지정하고 예산재원 배분의 재량은 확대했지만 기획재정부의 사업별 예산통제기능은 계속 유지하고 있다.
④ 기획재정부가 정한 총액 내에서 의원들의 관심이 높은 사업은 대규모 혹은 우선순위를 높게 설정해 예산심의에서 증액을 유도할 수 있다.

08

정부회계에 관한 설명으로 옳지 않은 것은?

① 단식부기는 현금, 특정 재산, 채무 등을 중심으로 거래의 일면만을 기록하는 방식으로, 현금이 수입되면 현금출납장에 기재하고 수입에 대한 반대급부 내역은 장부의 비고란에 기재하는 반면, 복식부기는 거래의 이중성에 따라 거래의 인과관계를 회계장부의 차변과 대변에 기록하고 차변의 합계와 대변의 합계를 일치시켜 자기검증기능을 가지는 기장 방식이다.
② 현금주의란 현금을 수불한 시점을 기준으로 거래를 인식하는 방식이며, 발생주의란 근원적으로 자산과 부채에 영향을 미치는 사건을 기준으로 거래를 인식하는 방식이다.
③ 발생주의에서 인정되는 계정과목으로는 감가상각충당금, 대손충당금 등 자산의 정당한 가치를 반영하기 위한 평가성 충당금 및 관련 비용, 퇴직급여충당금 등 미래의 대규모 지출에 대비해 현금이 지출되지 않았더라도 특정 기간의 비용으로 인식·설정되는 부채성 충당금, 미래에 지출·수입의 가능성이 있는 손해배상 등의 우발채무, 미지급금·미수금의 채권·채무 등이 있다.
④ 발생주의 방식에 의한 복식부기는 재정의 총괄적이고 체계적인 파악이 곤란하고, 미래의 재정에 영향을 미치는 자산·부채를 체계적으로 인식하지 못해 정부재정의 건전성을 제대로 판단하지 못하며, 오류의 자기검증 및 회계 간의 연계성 분석기능이 취약하다.

09

다음 중 세출예산요구액을 감액하고자 할 때 국무회의에서 해당 기관의 장의 의견을 들어야 하는 독립기관이 아닌 것은?

① 대법원
② 헌법재판소
③ 감사원
④ 국민권익위원회

10

합리적 분석에 의한 예산배분에 관한 설명으로 옳지 않은 것은?

① 바람직한 목표를 설정한다.
② 목표 달성을 위한 모든 대안을 탐색한다.
③ 다양한 이해관계의 조정을 중시한다.
④ 각 대안에 따른 비용과 편익의 추계 및 비교를 한다.

11

예산제도에 관한 설명으로 타당하지 않은 것은?

① 품목별 예산제도는 투입 중심의 예산제도로 통제 지향적 성격을 갖는다.
② 성과주의 예산제도는 관리 지향적 예산제도이지만 회계적 통제가 어렵다는 단점이 있다.
③ 계획예산제도는 목표 설정 및 대안 선택의 질적 향상을 가져온다.
④ 영기준 예산은 우선순위를 설정할 때 의사결정자들의 객관적 판단에 많이 의존한다.

12

행정통제에 관한 설명으로 옳지 않은 것은?

① 행정이 비교적 단순했던 과거 입법국가시대에는 외부통제가 중시되었지만, 행정이 전문화되고 복잡해진 현대 행정국가시대에서는 내부통제가 강조되고 있다.
② 2004년 국회예산정책처가 출범함에 따라 국회의 정책 전문성이 강화되어 행정부에 대한 통제능력이 상당 수준 향상될 수 있게 되었다.
③ 최근 우리나라의 NGO들은 정부정책에 대한 감시와 견제에 큰 비중을 두고 있다.
④ 총액인건비제도의 도입 등 각급 기관의 자율성을 확대하는 방향으로 정부개혁이 추진되고 있어 중앙행정부처에 의한 통제는 점차 용이해지고 있는 경향이 있다.

13

다음은 「지방자치법」상 지방자치단체에 대한 국가의 지도·감독에 관한 설명이다. 옳지 않은 것은?

① 지방자치단체나 그 장이 위임받아 처리하는 국가사무에 관하여 시·도에서는 주무부장관, 시·군 및 자치구에서는 1차로 시·도지사, 2차로 주무부장관의 지도·감독을 받는다.
② 지방자치단체의 사무에 관한 그 장의 명령이나 처분이 법령에 위반되거나 현저히 부당하여 공익을 해친다고 인정되면 시·도에 대해서는 주무부장관이, 시·군 및 자치구에 대해서는 시·도지사가 기간을 정하여 서면으로 시정할 것을 명하고, 그 기간에 이행하지 아니하면 이를 취소하거나 정지할 수 있다.
③ 지방자치단체의 장이 법령에 따라 그 의무에 속하는 국가위임사무나 시·도위임사무의 관리와 집행을 명백히 게을리하고 있다고 인정되면 시·도에 대해서는 주무부장관이, 시·군 및 자치구에 대해서는 시·도지사가 기간을 정하여 서면으로 이행할 사항을 명령할 수 있다.
④ 지방의회의 의결이 월권이거나 법령에 위반되거나 공익을 현저히 해친다고 판단되면 시·도에 대해서는 주무부장관이, 시·군 및 자치구에 대해서는 시·도지사가 해당 지방자치단체의 장에게 재의를 요구하게 할 수 있고, 재의 요구 지시를 받은 지방자치단체의 장은 의결사항을 이송받은 날부터 20일 이내에 지방의회에 이유를 붙여 재의를 요구하여야 한다.

14

다음 중 행정안전부에 설치된 지방자치단체 중앙분쟁조정위원회의 조정사항으로 보기 어려운 것은?

① 시·도 간 또는 그 장 간의 분쟁
② 시·도를 달리하는 시·군 및 자치구 간 또는 그 장 간의 분쟁
③ 시·도와 시·군 및 자치구 간 또는 그 장 간의 분쟁
④ 동일 광역자치단체 내 기초자치단체 간의 분쟁

15

특별지방행정기관의 존재와 남설로 인한 문제점으로 보기 어려운 것은?

① 주민들의 직접 통제와 참여가 용이하지 않고 책임 확보도 어렵다.
② 국가업무의 효율적이고 광역적인 추진이 곤란하다.
③ 특별지방행정기관의 관할 범위가 넓을 경우 이용자인 고객의 불편을 가중시킨다.
④ 특별지방행정기관과 지방자치단체 간 기능의 중복으로 인한 비효율성 문제가 있다.

16

지방자치단체의 기관구성은 기관통합형과 기관대립형으로 분류한다. 다음 중 옳지 않은 것은?

① 지방의회와 집행기관을 각각 주민 직선으로 구성하느냐, 아니면 지방의회만 주민 직선으로 하느냐에 따라 구분된다.
② 기관통합형은 의원내각제와 유사하고, 기관대립형은 대통령 중심제와 유사하다.
③ 기관통합형은 의회와 집행기관 간 견제와 균형이 용이하다.
④ 기관대립형은 행정책임의 소재가 분명하다는 장점이 있다.

17

주민참여는 일반주민이 기존의 정치체제 틀 안에서 지역사회의 공공문제 해결과정에 영향력을 행사하는 일체의 과정을 의미한다. 주민참여와 관련된 내용으로 옳지 않은 것은?

① 1995년 지방자치제 부활 이후 「지방자치법」에서 정한 주민참여의 방식은 조례제정개폐청구권(1999), 주민투표제(2004), 주민소송제(2005), 주민소환제(2007), 주민총회(2009) 등 더욱 직접적이고 실질적인 참여제도들이 마련되었다.

② 주민투표는 2005년 제주도 행정구조 개편, 청주시·청원군 통합, 중·저준위 방사성 폐기물 처분시설 유치, 2011년 서울시 무상급식 등과 같이 지방자치단체의 주요 정책사항이나 국책사업 유치 여부를 결정하기 위해 실시되었다.

③ 주민소환제도의 경우에는 소환청구 요건이 지나치게 엄격해 실효성이 낮다는 주장과 소환청구 사유를 엄격히 해서 남발을 막아야 한다는 주장이 대립된다.

④ 주민참여예산제는 집행부가 독점적으로 행사해 왔던 예산편성과정에 해당 지역주민이 직접 참여해 자신들의 선호와 우선순위를 예산에 반영토록 하는 것으로, 지방자치단체의 장은 지방예산편성과정에 주민이 참여할 수 있는 절차를 마련하여 시행하여야 한다.

18

「지방재정법」상 긴급재정관리단체에 대한 설명으로 옳지 않은 것은?

① 행정안전부장관은 소속 공무원의 인건비를 60일 이상 지급하지 못한 경우 등 지방자치단체가 자력으로 그 재정위기상황을 극복하기 어렵다고 판단되는 경우에는 해당 지방자치단체를 긴급재정관리단체로 지정할 수 있다.

② 행정안전부장관은 국가기관 소속 공무원 또는 재정관리에 관한 업무 지식과 경험이 풍부한 사람을 긴급재정관리인으로 선임하여 긴급재정관리단체에 파견하여야 한다.

③ 긴급재정관리단체의 장은 긴급재정관리계획안을 작성하여 긴급재정관리인의 검토를 받아 지방의회의 의결을 거친 후 행정안전부장관의 승인을 받아야 한다.

④ 긴급재정관리단체의 장은 예산안을 편성하는 경우에는 긴급재정관리계획에 따라야 하며, 긴급재정관리계획에 따르지 아니하고는 지방채의 발행, 채무의 보증, 일시차입, 채무부담행위를 할 수 없다.

19

지방재정의 효율적 관리를 위한 사후적 재정관리제도에 해당하는 것은?

① 중기지방재정계획

② 지방채발행승인제도

③ 지방재정투자심사제도

④ 지방재정분석 및 진단제도

20

다음 중 특별교부세의 교부 대상으로 보기 어려운 것은?

① 기준재정수요액의 산정방법으로는 파악할 수 없는 지역 현안에 대한 특별한 재정수요가 있는 경우

② 보통교부세의 산정기일 후에 발생한 재난을 복구하거나 재난 및 안전관리를 위한 특별한 재정수요가 생기거나 재정수입이 감소한 경우

③ 국가적 장려사업, 국가와 지방자치단체 간에 시급한 협력이 필요한 사업, 지역 역점시책 또는 지방행정 및 재정 운용 실적이 우수한 지방자치단체에 재정 지원 등 특별한 재정수요가 있을 경우

④ 기준재정수입액이 기준재정수요액에 못 미치는 경우

약점 체크와 약점 보완을 한 번에 정답과 해설 P.196

2025 에듀윌 7·9급공무원 단원별 기출&예상 문제집 행정학

발 행 일 2024년 10월 28일 초판
편 저 자 남진우
펴 낸 이 양형남
펴 낸 곳 (주)에듀윌
ISBN 979-11-360-3402-1
등록번호 제25100-2002-000052호
주 소 08378 서울특별시 구로구 디지털로34길 55
코오롱싸이언스밸리 2차 3층

www.eduwill.net
대표전화 1600-6700

여러분의 작은 소리
에듀윌은 크게 듣겠습니다.

본 교재에 대한 여러분의 목소리를 들려주세요.
공부하시면서 어려웠던 점, 궁금한 점,
칭찬하고 싶은 점, 개선할 점, 어떤 것이라도 좋습니다.

에듀윌은 여러분께서 나누어 주신 의견을
통해 끊임없이 발전하고 있습니다.

에듀윌 도서몰 book.eduwill.net

- 부가학습자료 및 정오표: 에듀윌 도서몰 → 도서자료실
- 교재 문의: 에듀윌 도서몰 → 문의하기 → 교재(내용, 출간) / 주문 및 배송

공무원 단원별 기출 & 예상 문제집 회독용 OMR 카드

컴퓨터용 사인펜으로 마킹하고 지우개로 지워서 여러 번 활용할 수 있어요.

문번	정답
1	① ② ③ ④ ⑤
2	① ② ③ ④ ⑤
3	① ② ③ ④ ⑤
4	① ② ③ ④ ⑤
5	① ② ③ ④ ⑤
6	① ② ③ ④ ⑤
7	① ② ③ ④ ⑤
8	① ② ③ ④ ⑤
9	① ② ③ ④ ⑤
10	① ② ③ ④ ⑤
11	① ② ③ ④ ⑤
12	① ② ③ ④ ⑤
13	① ② ③ ④ ⑤
14	① ② ③ ④ ⑤
15	① ② ③ ④ ⑤
16	① ② ③ ④ ⑤
17	① ② ③ ④ ⑤
18	① ② ③ ④ ⑤
19	① ② ③ ④ ⑤
20	① ② ③ ④ ⑤
21	① ② ③ ④ ⑤
22	① ② ③ ④ ⑤
23	① ② ③ ④ ⑤
24	① ② ③ ④ ⑤
25	① ② ③ ④ ⑤
26	① ② ③ ④ ⑤
27	① ② ③ ④ ⑤
28	① ② ③ ④ ⑤
29	① ② ③ ④ ⑤
30	① ② ③ ④ ⑤

문번	정답
31	① ② ③ ④ ⑤
32	① ② ③ ④ ⑤
33	① ② ③ ④ ⑤
34	① ② ③ ④ ⑤
35	① ② ③ ④ ⑤
36	① ② ③ ④ ⑤
37	① ② ③ ④ ⑤
38	① ② ③ ④ ⑤
39	① ② ③ ④ ⑤
40	① ② ③ ④ ⑤
41	① ② ③ ④ ⑤
42	① ② ③ ④ ⑤
43	① ② ③ ④ ⑤
44	① ② ③ ④ ⑤
45	① ② ③ ④ ⑤
46	① ② ③ ④ ⑤
47	① ② ③ ④ ⑤
48	① ② ③ ④ ⑤
49	① ② ③ ④ ⑤
50	① ② ③ ④ ⑤
51	① ② ③ ④ ⑤
52	① ② ③ ④ ⑤
53	① ② ③ ④ ⑤
54	① ② ③ ④ ⑤
55	① ② ③ ④ ⑤
56	① ② ③ ④ ⑤
57	① ② ③ ④ ⑤
58	① ② ③ ④ ⑤
59	① ② ③ ④ ⑤
60	① ② ③ ④ ⑤

문번	정답
61	① ② ③ ④ ⑤
62	① ② ③ ④ ⑤
63	① ② ③ ④ ⑤
64	① ② ③ ④ ⑤
65	① ② ③ ④ ⑤
66	① ② ③ ④ ⑤
67	① ② ③ ④ ⑤
68	① ② ③ ④ ⑤
69	① ② ③ ④ ⑤
70	① ② ③ ④ ⑤
71	① ② ③ ④ ⑤
72	① ② ③ ④ ⑤
73	① ② ③ ④ ⑤
74	① ② ③ ④ ⑤
75	① ② ③ ④ ⑤
76	① ② ③ ④ ⑤
77	① ② ③ ④ ⑤
78	① ② ③ ④ ⑤
79	① ② ③ ④ ⑤
80	① ② ③ ④ ⑤
81	① ② ③ ④ ⑤
82	① ② ③ ④ ⑤
83	① ② ③ ④ ⑤
84	① ② ③ ④ ⑤
85	① ② ③ ④ ⑤
86	① ② ③ ④ ⑤
87	① ② ③ ④ ⑤
88	① ② ③ ④ ⑤
89	① ② ③ ④ ⑤
90	① ② ③ ④ ⑤

문번	정답
91	① ② ③ ④ ⑤
92	① ② ③ ④ ⑤
93	① ② ③ ④ ⑤
94	① ② ③ ④ ⑤
95	① ② ③ ④ ⑤
96	① ② ③ ④ ⑤
97	① ② ③ ④ ⑤
98	① ② ③ ④ ⑤
99	① ② ③ ④ ⑤
100	① ② ③ ④ ⑤
101	① ② ③ ④ ⑤
102	① ② ③ ④ ⑤
103	① ② ③ ④ ⑤
104	① ② ③ ④ ⑤
105	① ② ③ ④ ⑤
106	① ② ③ ④ ⑤
107	① ② ③ ④ ⑤
108	① ② ③ ④ ⑤
109	① ② ③ ④ ⑤
110	① ② ③ ④ ⑤
111	① ② ③ ④ ⑤
112	① ② ③ ④ ⑤
113	① ② ③ ④ ⑤
114	① ② ③ ④ ⑤
115	① ② ③ ④ ⑤
116	① ② ③ ④ ⑤
117	① ② ③ ④ ⑤
118	① ② ③ ④ ⑤
119	① ② ③ ④ ⑤
120	① ② ③ ④ ⑤

문번	정답
121	① ② ③ ④ ⑤
122	① ② ③ ④ ⑤
123	① ② ③ ④ ⑤
124	① ② ③ ④ ⑤
125	① ② ③ ④ ⑤
126	① ② ③ ④ ⑤
127	① ② ③ ④ ⑤
128	① ② ③ ④ ⑤
129	① ② ③ ④ ⑤
130	① ② ③ ④ ⑤
131	① ② ③ ④ ⑤
132	① ② ③ ④ ⑤
133	① ② ③ ④ ⑤
134	① ② ③ ④ ⑤
135	① ② ③ ④ ⑤
136	① ② ③ ④ ⑤
137	① ② ③ ④ ⑤
138	① ② ③ ④ ⑤
139	① ② ③ ④ ⑤
140	① ② ③ ④ ⑤
141	① ② ③ ④ ⑤
142	① ② ③ ④ ⑤
143	① ② ③ ④ ⑤
144	① ② ③ ④ ⑤
145	① ② ③ ④ ⑤
146	① ② ③ ④ ⑤
147	① ② ③ ④ ⑤
148	① ② ③ ④ ⑤
149	① ② ③ ④ ⑤
150	① ② ③ ④ ⑤

문번	정답
151	① ② ③ ④ ⑤
152	① ② ③ ④ ⑤
153	① ② ③ ④ ⑤
154	① ② ③ ④ ⑤
155	① ② ③ ④ ⑤
156	① ② ③ ④ ⑤
157	① ② ③ ④ ⑤
158	① ② ③ ④ ⑤
159	① ② ③ ④ ⑤
160	① ② ③ ④ ⑤
161	① ② ③ ④ ⑤
162	① ② ③ ④ ⑤
163	① ② ③ ④ ⑤
164	① ② ③ ④ ⑤
165	① ② ③ ④ ⑤
166	① ② ③ ④ ⑤
167	① ② ③ ④ ⑤
168	① ② ③ ④ ⑤
169	① ② ③ ④ ⑤
170	① ② ③ ④ ⑤
171	① ② ③ ④ ⑤
172	① ② ③ ④ ⑤
173	① ② ③ ④ ⑤
174	① ② ③ ④ ⑤
175	① ② ③ ④ ⑤
176	① ② ③ ④ ⑤
177	① ② ③ ④ ⑤
178	① ② ③ ④ ⑤
179	① ② ③ ④ ⑤
180	① ② ③ ④ ⑤

응시자 준수사항

□ 답안지 작성요령

※다음 사항을 준수하지 않을 경우에 발생하는 불이익은 응시자의 귀책사유가 되므로 기재된 내용대로 이행하여 주시기 바랍니다.

1. 득점은 OCR 스캐너 판독결과에 따라 산출합니다. 모든 기재 및 표기사항은 "컴퓨터용 흑색 사인펜"을 사용하여 반드시 〈보기〉의 올바른 표기 방식으로 답안을 작성해야 합니다.
   이를 준수하지 않아 발생하는 불이익(득점 불인정 등)은 응시자 본인 책임입니다.
   특히, 답란을 전부 채우지 않고 점만 찍어 표기한 경우, 번짐 등으로 두 개 이상의 답란에 표기된 경우, 농도가 옅은 컴퓨터용 사인펜을 사용하여 답안을 흐리게 표기한 경우 등에는 불이익(득점 불인정 등)을 받을 수 있으니 유의하시기 바랍니다.
   〈보기〉 올바른 표기: ● 잘못된 표기: ⊘ ⊗ ◑ ⊙ ◍ ◟ ◟ ◕ ③

2. 적색볼펜, 연필, 샤프펜 등 펜의 종류와 상관없이 예비표기를 하여 중복 답안으로 판독된 경우에는 불이익을 받을 수 있으므로 각별히 주의하시기 바랍니다.

3. 답안지를 받으면 상단에 인쇄된 성명, 응시직렬, 응시지역, 시험장소, 응시번호, 생년월일이 응시자 본인 정보와 일치하는지 확인하시기 바랍니다.
   가. (책 형) 응시자는 시험 시작 전 감독관 지시에 따라 문제책 앞면에 인쇄된 책형을 확인한 후, 답안지 책형란에 해당 책형(1개)을 "●"로 표기하여야 합니다.
   ※ 책형 및 인적사항을 기재하지 않을 경우 불이익(당해시험 무효 처리 등)을 받을 수 있습니다.
   나. (필적감정용 기재) 예시문과 동일한 내용을 본인의 필적으로 직접 작성해야 합니다.
   다. (자필성명) 본인의 한글성명을 정자로 직접 기재하여야 합니다.
   라. (교체답안지 작성) 답안지를 교체하면 반드시 교체답안지 상단 책형란에 해당 책형(1개)을 "●"로 표기하고, 필적감정용 기재란, 성명, 응시직렬, 응시지역, 시험장소, 응시번호, 생년월일을 빠짐없이 작성(표기)해야 하며, 작성한 답안지는 1인 1매만 유효합니다.

4. 시험이 시작되면 문제책 편철과 표지의 과목순서의 일치 여부, 문제 누락 · 파손 등 문제책 인쇄상태를 반드시 확인하여야 합니다.

5. 답안은 반드시 문제책 표지의 과목순서에 맞추어 표기하여야 하며, 과목 순서를 바꾸어 표기한 경우에도 문제책 표지의 과목순서대로 채점되므로 각별히 유의하시기 바랍니다.
   – 선택과목이 있는 행정직군 응시자는 본인의 응시표에 인쇄된 선택과목 순서에 따라 제4과목과 제5과목의 답안을 표기하여야 합니다. 원서접수 시 선택한 과목이 아닌 다른 과목을 선택하여 답안을 표기하거나, 선택과목 순서를 바꾸어 표기한 경우에도 응시표에 기재된 선택과목 순서대로 채점되므로 유의하시기 바랍니다.

6. 답안을 매 문항마다 반드시 하나의 답만을 골라 그 숫자에 "●"로 표기해야 하며, 답안을 잘못 표기하였을 경우에는 답안지를 수정하거나 교체하여 작성할 수 있습니다.
   – 표기한 답안을 수정하는 경우에는 응시자 본인이 가져온 수정테이프만을 사용하여 해당 부분을 완전히 지우고 부착된 수정테이프가 떨어지지 않도록 눌러 주어야 합니다(수정액 또는 수정스티커 등은 사용 불가).
   – 불량 수정테이프의 사용과 불완전한 수정처리로 인해 발생하는 문제는 응시자 본인에게 책임이 있음을 유념하시기 바랍니다.

7. 답안지는 훼손 · 오염되거나 구겨지지 않도록 주의해야 하며, 특히 답안지 상단의 타이밍 마크(▮▮▮▮▮)를 절대 훼손해서는 안됩니다.

□ 부정행위 등 금지

※다음 사항을 위반한 경우에는 공무원임용시험령 제51조(부정행위자 등에 대한 조치)에 따라 그 시험의 정지, 무효, 합격취소, 5년간 공무원임용시험 응시자격정지 등의 불이익 처분을 받게 됩니다.

1. 시험시작 전까지 문제내용을 보아서는 안됩니다.

2. 시험시간 중 일체의 통신기기(휴대폰, 태블릿PC, 스마트시계, 이어폰, 등) 및 전자기기(전자계산기, 전자사전 등)를 소지할 수 없습니다.

3. 응시표 출력사항 외 시험과 관련된 내용이 인쇄 또는 메모된 응시표를 시험시간 중 소지하고 있는 경우 당해시험 무효 처분을 받을 수 있으며, 특히 부정한 자료로 판단되는 경우에는 5년간 공무원 임용시험 응시자격 정지 처분을 받을 수 있습니다.

4. 시험종료 후에도 계속하여 답안지를 작성하거나, 시험감독관의 답안지 제출 지시에 불응할 경우에는 무효처분을 받게 됩니다.
   – 답안, 책형 및 인적사항 등 모든 기재(표기) 사항 작성은 시험종료 전까지 해당 시험실에서 완료하여야 하며, 특히 답안지 교체 작성 시 누락되는 항목이 없도록 유의하시기 바랍니다.

5. 답안 기재가 끝났더라도 시험종료 후 시험감독관의 지시가 있을 때까지 퇴실할 수 없으며, 사용한 모든 답안지는 반드시 제출해야 합니다.

6. 그 밖에 공고문의 응시자 준수사항이나 시험감독관의 정당한 지시 등을 따르지 않을 경우 부정행위자로 간주될 수 있습니다.

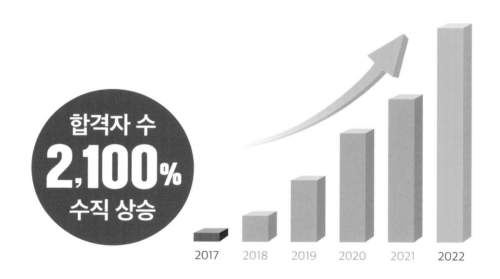

2025

에듀윌 7·9급공무원

행정학 | 해설편

정답과 해설

eduwill

2025

에듀윌 7·9급공무원

행정학 | 해설편

2025

에듀윌 7·9급공무원 단원별 기출&예상 문제집

행정학 | 해설편

eduwill

합격을 당기는 전략
기출회독 최종점검
문제풀이 집중훈련

기 출 회 독   최 종 점 검

필수기출편

정답과 해설

정답과 해설

CHAPTER 01 행정의 개념

출제 비중 9%

약점진단표											
1회독				2회독				3회독			
○	△	×	총	○	△	×	총	○	△	×	총
			10				10				10

*문제풀이 후 약점진단 결과를 적어보세요!

문제편 P.16

01	②	02	④	03	③	04	④	05	④
06	③	07	①	08	①	09	④	10	③

01 ②

中

개념 카테고리 행정의 개념 > 정부관의 변천

| 정답 해설 | ② 진보주의자는 조세제도를 통해 부자들로부터 가난한 사람들로 소득을 재분배하는 정부의 소득재분배정책을 선호한다.

| 오답 해설 | ① 보수주의자는 기본적으로 정부를 불신하며 자유시장을 신봉한다.

③ 신자유주의가 등장하면서 큰 정부에서 작은 정부로의 전환이 이루어졌다.

④ 1930년대 대공황을 겪으면서 최대의 정부가 최선의 정부라는 신념이 중요시되었다.

02 ④

中

개념 카테고리 행정의 개념 > 정부관의 변천

| 정답 해설 | ④ 하이에크(Hayek)는 「노예의 길」에서 국가기획을 비판하고 작은 정부를 강조하였다. 하이에크(Hayek)는 「노예의 길」이라는 저서에서 국가기획제도를 도입하면 ㉠ 의회제도의 파괴 및 무력화 초래, ㉡ 시민의 자유와 권리의 침해, ㉢ 이질성, 복합성, 융통성이 없는 극히 단조로운 경제사회의 탄생 등으로, 자유 민주주의 국가들이 전체주의 국가로 전락할 것이라고 경고하였다. 반면 파이너(Finer)는 「반동에의 길」이라는 저서에서 시민의 자유와 권리를 보장하는 기획이 가능하며, 자본주의의 균형 있는 발전 및 질서가 있는 현대사회로 발전하기 위해서는 국가기획의 도입은 불가피하고 타당한 것이라고 역설하였다.

03 ③

中

개념 카테고리 행정의 개념 > 정부관의 변천 > 진보주의

| 정답 해설 | ③ 조세 감면 확대(법인세 인하 등)는 보수주의 정부에서 선호하는 정책이다. 보수주의 정부는 기업성장을 저해하는 조세제도를 선호하지 않는다. 반면, 진보주의 정부에서 선호하는 정책은 조세제도를 통한 소득재분배(누진세 강화)이다. 진보주의 정부는 조세제도를 통해 부자들로부터 가난한 사람들로 소득을 재분배하는 정책을 선호한다.

04 ④

上

개념 카테고리 행정의 개념 > 행정개념 > 행정관리론

| 정답 해설 | ④ 관리과학으로서 주류행정학(행정관리론)은 대공황과 뉴딜(new deal)정책 이후 정치·행정 일원론(통치기능설)의 등장에 따라 미국 행정학에서 지배적인 자기 정체성을 유지하지 못하였다.

05 ④

中

개념 카테고리 행정의 개념 > 정치·행정 이원론

| 정답 해설 | ④ 대공황 이후 각종 사회문제를 해결하기 위해서 행정의 정책결정·형성 및 준입법적 기능수행을 정당화한 것은 정치·행정 이원론이 아니라 정치·행정 일원론이다.

06 ③

中

개념 카테고리 행정의 개념 > 정치·행정 이원론

| 정답 해설 | ③ 정치·행정 이원론은 정치로부터 행정의 독자성을 강조하면서 과학적 관리법에 기반한 행정관리론적 관점을 지지한다. 즉 정치·행정 이원론과 관련이 있는 것은 과학적 관리

법과 행정관리론이며, 행태주의는 정치 · 행정 새이원론과 관련이 있다.

07 ①

中

개념 카테고리 행정의 개념 > 행정개념 > 정치 · 행정 일원론

| 정답 해설 | ① 정치 · 행정 일원론은 행정국가의 등장과 연관성이 깊다.

| 오답 해설 | ② 윌슨(Wilson)의 「행정연구」는 정치 · 행정 이원론의 등장에 공헌하였다.

③ 정치는 의사결정의 영역이고, 행정은 결정된 내용을 집행한다고 보는 것은 정치 · 행정 이원론이다.

④ 행정은 경영과 비슷해야 하며, 행정이 지향하는 가치로 절약과 능률을 강조한 것은 정치 · 행정 이원론(행정관리론)이다.

08 ①

中

개념 카테고리 행정의 개념 > 행정개념 > 정치 · 행정 이원론

| 정답 해설 | ① 정치 · 행정 이원론은 정당정치(엽관주의)의 개입으로부터 자유로운 행정 영역을 강조하였다.

| 오답 해설 | ② 1930년대 뉴딜정책은 정치 · 행정 일원론이 등장하게 된 중요 배경이다.

③ 과학적 관리론과 행정개혁운동은 정치 · 행정 이원론이 등장하게 된 중요 배경이다.

④ 정치 · 행정 이원론을 대표하는 굿노우(Goodnow)는 정치와 행정이 단절적이라고 보았다. 반면, 애플비(Appleby)는 정치와 행정의 관계는 정합 · 연속 · 순환적이기 때문에 양자를 구별하는 것은 적절하지 않다고 주장하였다. 애플비는 정치 · 행정 일원론의 대표적인 학자이다.

09 ④

下

개념 카테고리 행정의 개념 > 행정개념 > 현대행정개념

| 정답 해설 | ④ 행정의 활동은 정치권력을 배경으로 하지만, 공공서비스의 생산 및 공급을 정부가 독점하지는 않는다.

10 ③

上

개념 카테고리 행정의 개념 > 행정의 과정 > Gulick의 POSDCoRB

| 정답 해설 | ③ 1930년대 귤릭(Gulick)이 제시한 기본행정이론에 시대적 요구에 따라 1970년대 폴랜드(Poland)가 추가시킨 이론 분야는 평가(Evaluating)이다. 폴랜드는 귤릭의 POSDCoRB에 평가(Evaluating)의 첫 문자인 E를 포함시켜 POSDECoRB를 주장하였다.

CHAPTER 02 현대행정의 변천

출제 비중 24%

약점진단표											
1회독				2회독				3회독			
○	△	×	총	○	△	×	총	○	△	×	총
			46				46				46

*문제풀이 후 약점진단 결과를 적어보세요!

문제편 P.18

01	④	02	①	03	①	04	④	05	③
06	①	07	③	08	①	09	④	10	③
11	③	12	④	13	①	14	①	15	②
16	④	17	②	18	③	19	③	20	①
21	④	22	②	23	④	24	④	25	④
26	④	27	①	28	②	29	①	30	④
31	②	32	②	33	③	34	①	35	②
36	①	37	④	38	①	39	③	40	①
41	②	42	④	43	①	44	②	45	④
46	②								

01 ④

中

개념 카테고리 현대행정의 변천 > 정부의 기능 > 자원배분기능

| 정답 해설 | ④ 머스그레이브(Musgrave)는 재정의 3대 기능으로 자원배분의 효율성(①), 소득분배의 형평성(②), 경제안정(③)을 제시하였다. 관료에 대한 통제는 머스그레이브의 재정의 3대 기능에 포함되지 않는다.

02 ①

中

개념 카테고리 현대행정의 변천 > 시장실패

| 정답 해설 | ① 민영화를 강조하는 작은 정부론은 시장실패가 아니라 정부실패에 대한 대응으로 제기되었다. 반면 정부의 시장개입 및 규제를 강조하는 큰 정부론은 시장실패에 대한 대응으로 제기되었다.

03 ①

中

개념 카테고리 현대행정의 변천 > 시장실패 > 재화의 특성과 시장실패

| 정답 해설 | ① 가(시장재)는 ㉢ – ⓑ, 나(요금재)는 ㉣ – ⓐ, 다(공유재)는 ㉠ – ⓓ, 라(공공재)는 ㉡ – ⓒ에 해당한다.

소비의 배제성 \ 소비의 경합성	경합적	비경합적
배제 가능	시장재	요금재
배제 불가능	공유재	공공재

04 ④

上

개념 카테고리 현대행정의 변천 > 시장실패 > 재화의 특성과 시장실패

| 정답 해설 | ④ 사바스(Savas)가 구분한 공공서비스의 유형 중에서 비경합성과 비배타성(비배제성)을 모두 가진 것은 집합재(순수공공재)이다.

05 ③

中

개념 카테고리 현대행정의 변천 > 시장실패 > 공유지의 비극

| 정답 해설 | ③ 공유지의 비극은 소유권이 분명하지 않은 자원을 모든 사람들이 공동으로 사용할 때 비효율적으로 사용함에 따른 자원고갈 현상으로, 비용의 '분산'과 편익의 '집중'관계로 인해 발생한다.

| 오답 해설 | 매력적 오답 ⑤ 공유지의 비극은 개인의 이익극대화 활동의 결과가 집단 전체에는 최선의 이익이 될 수 없다는 사실을 보여 주는 사례에 해당한다. 즉, 공유지의 비극은 죄수의 딜레마와 더불어 사회적 딜레마의 대표적 사례로 개인적 합리성과 집단적 합리성의 괴리를 설명하는 이론이다.

06 ①

上

개념 카테고리 현대행정의 변천 > 시장실패 > 공유지의 비극

| 정답 해설 | ① 〈보기〉의 사례는 '공유지의 비극(tragedy of the commons)'에 대한 설명으로, 이는 부의 외부효과로 인한 시장실패를 설명해 준다. 공유재는 무임승차자 문제와 과잉소비의 문

제가 발생하는데, 〈보기〉의 사례에서는 과잉소비의 문제가 시장 실패의 주된 요인이 된다.

| 플러스 이론 | 코즈의 정리(Coase's theorem, 외부효과의 내부화)

코즈의 정리는 공유지의 비극을 해소하기 위한 방안이다. 코즈의 정리는 외부성으로 인한 시장실패의 경우 정부개입이 최선의 방법이 아님을 보여 주며, 외부성을 '내부화'하기 위한 정부의 직접적 개입을 필요로 하지 않는다는 것을 말한다.

07 ③

上

개념 카테고리 현대행정의 변천 > 시장실패 > 재화의 특성과 시장실패

| 정답 해설 | ③ 요금재(toll goods)는 배제성으로 인해 시장경제 체제에서 공급이 가능하나, 일부 요금재(망산업, network industries)는 규모의 경제에 따른 자연독점이 발생할 수 있는 문제 때문에 정부가 공급한다.

08 ①

中

개념 카테고리 현대행정의 변천 > 시장실패 > 재화의 특성과 시장실패

| 정답 해설 | ① (가)는 시장재(사적재), (나)는 공유재, (다)는 요금재, (라)는 공공재에 해당한다. 시장재(사적재)는 시장경제체제를 통해 생산과 공급이 가능하므로 시장에 맡겨 두고 정부가 간섭을 하지 않아야 한다는 것이 원칙적이나, 교육·의료 등의 가치재의 경우에는 정부가 관여하기도 한다.

09 ④

中

개념 카테고리 현대행정의 변천 > 시장실패 > 외부효과

| 정답 해설 | ④ 일정한 양의 오염허가서(pollution permits) 혹은 배출권을 보유하고 있는 경제 주체만 오염물질을 배출할 수 있게 허용하는 방식은 간접적 규제에 해당한다. 간접적 규제란 정부가 어떤 경제적 수단을 통하여 민간부문의 의사결정이나 행동에 간접적으로 영향을 주게 되는 방법으로서의 규제를 말한다. 반면, 직접적 규제란 법령에 근거하여 정부가 직접 어떤 행위를 요구하거나 지시하는 방법으로서의 규제이다.

| 오답 해설 | 매력적 오답 ① 영국의 경제학자 피구(Pigou)가 주장한 피구세는 외부효과를 해결하기 위하여 외부성을 일으킨 사람에게 비용의 차이만큼 부과하는 세금을 의미한다.

10 ③

上

개념 카테고리 현대행정의 변천 > 시장실패 > 재화의 특성과 시장실패

| 정답 해설 | ③ 노벨상을 수상한 오스트롬(Ostrom)은 정부의 규제나 사유화보다는 자기통치와 자기조직화의 원리에 의해 공유자원의 고갈을 방지할 수 있다는 보편적 이론을 제시하였다.

11 ③

中

개념 카테고리 현대행정의 변천 > 시장실패 > 시장실패 대응 방식

| 정답 해설 | ③ 자연독점에 대한 정부의 대응방식은 공적 공급 또는 정부규제이다.

| 오답 해설 | ① 공공재의 존재에 대한 정부의 대응방식은 직접적인 공적(公的) 공급이다.

② 외부효과의 발생에 대한 정부의 대응방식은 공적 유도(정부보조금) 또는 정부규제이다.

④ 정보의 비대칭성에 대한 정부의 대응방식은 공적 유도 또는 정부규제이다.

12 ④

中

개념 카테고리 현대행정의 변천 > 시장실패 > 시장실패 대응 방식

| 정답 해설 | ④ 불완전경쟁에 대해서는 정부규제로 대응할 수 있다.

| 플러스 이론 | 시장실패에 대한 정부의 대응방식

구분	공적 공급 (조직)	공적 유도 (보조금)	정부규제 (권위)
공공재의 존재	○(정부)		
외부효과의 발생		○(외부경제)	○(외부불경제)
자연독점	○(공기업)		○ (가격·생산량규제)
불완전경쟁			○(경쟁유도)
정보의 비대칭성		○(공개시 유인)	○(공개 의무)

13 ①

中

개념 카테고리 현대행정의 변천 > 행정국가와 정부규제 > Parkinson의 법칙

| 정답 해설 | ① 파킨슨(Parkinson)은 "공무원 수의 증가는 본질적으로 사무량의 증감과는 관계없이 공무원의 사회심리적 요인에 의해 증가한다."고 설명하고 있다. 즉, 파킨슨은 정부규모 팽창과 관련하여 '부하배증의 법칙'과 '업무배증의 법칙'이 상호작용하여 업무의 강도나 양과는 관계없이 공무원의 수는 항상 일정한 비율로 증가한다고 주장하였다. 부하배증의 법칙은 공무원은 업무의 양이 증가하면 비슷한 직급의 동료보다 부하 직원을 충원하려는 경향이 강하다는 것이고, 업무배증의 법칙은 부하의 수가

증가되면 파생적 업무가 창출되는 현상이 초래된다는 것이다. 즉, 업무배증의 법칙은 업무가 증가되면 과거에 혼자서 일하던 때와는 달리 지시, 보고, 승인, 감독 등 파생적 업무가 창조되어 본질적 업무의 증가 없이 업무량의 배증현상이 나타나며, 이에 따라 부하배증의 법칙이 나타나게 되는 것을 말한다. 결국 관료는 본질적인 업무가 증가하지 않아도 파생적인 업무로 인하여 부하 직원을 충원하려는 경향이 강하다는 것이다.

14 ①

中

개념 카테고리 현대행정의 변천 > 정부실패 > 윌슨의 규제정치모형

| 정답 해설 | ① ㄱ은 고객정치(수입규제), ㄴ은 대중(다수)의 정치(음란물규제), ㄷ은 이익집단정치(한약규제), ㄹ은 기업가적 정치(원자력발전규제)에 해당한다.

15 ②

中

개념 카테고리 현대행정의 변천 > 정부실패 > 윌슨의 규제정치모형

| 정답 해설 | ② 제시된 지문은 윌슨(Wilson)의 규제정치 유형 중 고객정치에 관한 설명이다. 고객정치 상황에서는 정부규제로 인하여 발생하게 될 비용은 상대적으로 작고 이질적인 불특정 다수에게 부담이 되나, 편익은 크고 동질적인 소수에 귀속된다. 고객정치 상황에서 상당한 이익을 얻을 수 있는 소수집단은 정치조직화하여 편익이 자신들에게 제도적으로 보장될 수 있도록 정치적 압력을 행사하여 응집력이 강한 소수의 편익 수혜자의 논리가 투입될 가능성이 높다. 따라서 고객정치 상황에서는 정부관료제가 소수집단의 이익을 대변하는 포획현상과 지대추구행위가 나타나며, 정부관료제가 다수의 비용으로 소수집단의 이익을 대변하는 역할을 수행하게 된다. 즉, 로비활동이 가장 강하게 발생한다.

| 플러스 이론 | 윌슨(Wilson)의 규제정치 유형

구분		규제의 비용	
		집중	분산
규제의 편익	집중	이익집단정치 예 한·약규제, 의·약분업규제	고객정치 예 수입규제, 가격규제
	분산	기업가정치 예 원자력발전규제, 식품위생규제	대중(다수)정치 예 음란물규제, 낙태규제, 차량10부제

16 ④

中

개념 카테고리 현대행정의 변천 > 정부실패 > 윌슨의 규제정치모형

| 정답 해설 | ④ 제시된 지문의 사례는 환경오염규제에 대한 내용으로, 상수원 보호구역 내 불법 음식점 단속(규제)을 통해 소수의 음식점주에게 비용(벌금)이 집중되는 반면, 수질 개선으로 인한 편익은 다수에게 분산되고 있다. 이는 기업가정치에 해당한다.

17 ②

中

개념 카테고리 현대행정의 변천 > 정부실패 > 규제의 피라미드

| 정답 해설 | ② 규제피라미드는 규제가 또 다른 규제를 낳은 결과, 피규제자의 비용 부담이 점점 늘어나게 되는 상황을 의미한다.

| 오답 해설 | 매력적 오답 ①③④⑤ '규제의 역설(regulatory paradox)'에 해당하는 내용이다. 규제의 역설은 출제 가능성이 매우 높은 영역이다.

| 플러스 이론 | 규제의 역설

- 과도한 규제는 과소한 규제가 된다. 특정한 규제를 무리하게 설정하면 실제로는 규제가 전혀 이루어지지 않는 상황이 발생한다.
- 새로운 위험만 규제하다 보면 사회의 전체 위험 수준은 증가한다. 정부는 새로운 위험에 대해 철저하게 규제하는 반면, 이전부터 있던 위험 요인들에 대해서는 간과할 수 있다.
- 최고의 기술을 요구하는 규제는 기술개발을 지연시킨다.
- 소득재분배를 위한 규제가 오히려 사회적으로 가장 어려운 사람들에게 해를 끼칠 수도 있다.
- 기업체에 자기 상품에 대한 정보공개를 의무화할수록 소비자들의 실질적인 정보량은 줄어든다.

18 ③

中

개념 카테고리 현대행정의 변천 > 공공재의 공급 규모

| 정답 해설 | ③ 보몰(Baumol)의 효과로 인하여 정부의 지출 규모가 증가하여 공공재는 과다 공급된다. 정부부문의 생산은 주로 인력에 의한 서비스 공급(예 교육, 치안 등)으로 인하여 제조업에 비해 생산성의 증가 속도가 훨씬 뒤처진다. 즉, 정부는 노동집약적 산업이므로 자본지출을 통한 생산성 향상을 거의 이루지 못하는 경향을 가지게 된다는 것이다.

19 ③

中

개념 카테고리 현대행정의 변천 > 정부규제

| 정답 해설 | ③ 경제적 규제는 기업의 본원적 활동(기업설립, 가격결정 등)에 관한 규제이다. 한편, 사회적 규제는 기업의 사회적 행동(사회적 영향을 야기하는 기업행동, 환경오염 등)에 대한 규제를 말한다.

20 ①

中

개념 카테고리 현대행정의 변천 > 정부규제 > 규제유형

| 정답 해설 | ① 성과규제에서는 정부가 제시한 성과 기준만 충족하면 되기 때문에 이를 달성하는 수단과 방법의 선택은 피규제자가 자유롭게 선택할 수 있으며, 수단규제에 비해 피규제자가 많은 자율성을 갖는다.

| 플러스 이론 | 정부규제의 유형

수단규제 (투입규제)	• 정부의 목표를 달성하기 위해 필요한 기술이나 행위에 대해 사전적으로 규제하는 것 • 정부의 규제 정도와 피규제자의 순응 정도를 파악하는 데 용이하지만 정책목표와 무관한 수단규제를 도입하면 불필요한 규제 준수 비용이 유발됨 예 환경오염을 방지하기 위해 기업에 특정한 유형의 환경통제기술 사용을 요구하는 것, 작업장 안전을 확보하기 위해 반드시 안전장비를 착용하게 하는 것 등
성과규제 (산출규제)	• 정부가 특정한 사회문제 해결에 대한 목표달성 수준을 정하고 피규제자에게 이를 달성할 것을 요구하는 것 • 성과규제에서는 정부가 제시한 성과 기준만 충족하면 되기 때문에 이를 달성하는 수단과 방법의 선택은 피규제자가 자유롭게 선택할 수 있지만, 사회·경제적으로 바람직한 최적의 성과 수준을 찾는 것은 곤란함 예 대기오염을 방지하기 위해 공기 중 이산화탄소 농도를 일정 수준으로 유지하라는 것, 인체 건강을 위해 개발된 신약에 허용 가능한 부작용 발생 수준을 요구하는 것 등
관리규제 (과정규제)	• 수단과 성과가 아닌 과정을 규제하는 것으로, 정부는 피규제자가 만든 규제 목표달성 계획의 타당성을 평가하고 그 이행을 요구하는 것 • 관리규제가 수단규제보다 나은 점은 피규제자가 스스로 비용 효과적인 규제를 설계하도록 피규제자에게 많은 자율성을 준다는 것임. 그 결과로 정부에 의해 일방적으로 정해지는 수단규제에 비해 피규제자의 특성과 상황을 고려한 유연한 규제설계가 가능해질 수 있음 • 성과달성 정도를 정하고 이를 확인해야 하는 성과규제를 적용하기 어려울 때 적합함(관리규제에서 정부는 성과달성 여부나 정도를 측정하는 것이 아니라, 피규제자 스스로 설계한 규제가 구체적인 상황에 적합하며 잘 집행되고 있는가를 평가하기 때문) 예 식품안전을 위해 그 효용이 부각되는 식품위해요소 중점관리기준(HACCP) 등

21 ④

中

개념 카테고리 현대행정의 변천 > 정부규제 > 규제유형

| 오답 해설 | ㄱ. 네거티브(negative) 규제는 '원칙 허용', '예외 금지'를 의미하는 것으로, '~할 수 없다' 또는 '~가 아니다'의 형식이며, 명시적으로 금지하는 것 이외에는 모든 것을 자유롭게 할 수 있다. 포지티브(positive) 규제는 '원칙 금지', '예외 허용'의 형태를 띠는 방식으로, '~할 수 있다' 또는 '~이다'의 형식이며, 명시적으로 허용하는 것 이외에는 원칙적으로 모든 행위가 금지된다. 따라서 네거티브 규제가 포지티브 규제보다 자율성을 더 보장해 준다.

22 ②

中

개념 카테고리 현대행정의 변천 > 정부규제 > 규제유형

| 정답 해설 | ② 네거티브규제는 '원칙 허용', '예외 금지'를 의미하는 것으로, 명시적으로 금지하는 것 이외에는 모든 것을 자유로이 할 수 있다. 따라서 네거티브 규제방식은 포지티브 규제방식에 비해 피규제자의 자율성을 더 보장한다.

23 ④

中

개념 카테고리 현대행정의 변천 > 정부규제 > 규제대상

| 정답 해설 | ④ 수단규제는 ⓑ – ❷, 성과규제는 ⓐ – ❸, 관리규제는 ⓒ – ❶이다.

구분	규제 사례	규제의 특징
수단규제	작업장 안전확보를 위한 안전 장비 착용 규제	투입규제
성과규제	개발 신약에 대한 허용 가능한 부작용 발생 수준 규제	산출규제
관리규제	식품안전성 확보를 위한 식품위해요소 중점관리기준(HACCP) 규제	과정규제

24 ④

下

개념 카테고리 현대행정의 변천 > 정부실패 > 정부실패의 원인

| 정답 해설 | ④ 작은 정부의 등장을 지지하게 된 이론적 배경은 정부실패이다. 외부효과는 큰 정부의 등장을 지지하게 된 이론적 배경인 시장실패의 원인에 해당한다.

25 ④

中

개념 카테고리 현대행정의 변천 > 시장실패와 정부실패

| 정답 해설 | ④ 관료가 부서의 확장에만 집착하는 것을 의미하는 것은 외부성(externalities)이 아니라 내부성(internalities)이다. 내부성이란 조직에서 비공식적 목표가 공식적 조직목표를 대체하는 현상을 의미한다. 즉, 정부관료조직이 공익을 추구하는 것이 공식적 목표이지만 관료들이 부서의 예산 확대만 집착해 재정을 낭비하는 경우에 이를 내부성으로 인한 정부실패라고 한다.

26 ④

中

개념 카테고리 현대행정의 변천 > 정부실패

| 정답 해설 | ④ 바그너(Wagner)는 경제성장에 따라 국민총생산(GNP)에서 공공지출의 비중이 높아진다는 공공지출증가의 법칙(law of increasing state spending)을 주장하였다. 이를 바그너 법칙(Wagner's Law)이라고도 한다. 즉, 바그너 법칙은 독일 경제학자 아돌프 바그너가 처음 제시한 법칙으로, 경제가 발전할

수록 국민이 복지 향상에 관심을 크게 가지게 되고, 그에 따라 투표권 행사 등을 통해 국민의 요구가 커지면 국민총생산 대비 공공지출의 비중이 증가한다는 법칙이다.

27 ①

中

개념 카테고리 현대행정의 변천 > 정부실패 > 정부실패의 요인

| 정답 해설 | ① 'X-비효율성'은 독점으로 인해 경쟁압력이 없을 때 최선의 노력을 다하지 않아 최소비용이 실현되지 않는 낭비요소를 말한다. 즉, 독점과 같은 제한된 경쟁상황에서 기술적으로 가능한 최소비용을 달성하지 못하는 것을 의미한다. 정부의 재화나 서비스 제공 자체가 독점적인 특성이 있어서 경쟁체제로 형성된 가격까지 낮추려는 경쟁압박을 받지 않기 때문에 나타난다. 또한, 정부가 추진하는 정책이 성공하거나 실패할 때 직접적인 평가(상벌)에 대한 기대가 크지 않아서 투입된 자원이 기대할 수 있는 최적의 생산량에 미치지 못하기 때문에 나타나는 현상이다. 정부가 가진 권력을 통해 불평등한 분배가 이루어지는 현상은 '지대추구'를 의미한다.

28 ②

中

개념 카테고리 현대행정의 변천 > 시장실패 > 시장실패 대응 방식

| 정답 해설 | ② 정보의 비대칭성에 의한 시장실패의 대응 방식은 공적 유도(보조금)나 정부규제이다.

| 오답 해설 | ① 공공재의 대응 방식은 공적 공급이다.

③ 자연독점의 대응 방식은 공적 공급이다.

④ 관료의 사적 목표의 설정(내부성)의 대응 방식은 민영화이다.

⑤ 정부개입에 의한 파생적 외부효과의 대응 방식은 정부보조 삭감이나 규제완화이다.

29 ①

中

개념 카테고리 현대행정의 변천 > 공공서비스 공급 접근방법

| 정답 해설 | ① 복지국가의 공공서비스 공급 접근방법에서는 민간부문을 조정·관리·통제하는 공공서비스기능이 강조된다. 나머지는 기업주의 국가의 공공서비스에 해당하는 내용이다.

30 ④

下

개념 카테고리 현대행정의 변천 > 공공서비스의 민간화 > 민간위탁

| 정답 해설 | ④ 책임경영 방식은 민간위탁 방법에 해당하지 않는다. 책임경영 방식은 서비스를 소비에서 배제하는 것은 가능하지만, 사회적 차원에서 중요성이 부각되어 정부의 직접적인 생산이 필요하다고 판단될 경우의 공공서비스 공급 방식이다.

31 ②

中

개념 카테고리 현대행정의 변천 > 공공서비스의 민간화 > 민간위탁

| 정답 해설 | ② 행정기관은 법령으로 정하는 바에 따라 그 소관 사무 중 조사·검사·검정·관리 업무 등 국민의 권리·의무와 직접 관계되지 아니하는 사무를 지방자치단체가 아닌 법인·단체 또는 그 기관이나 개인에게 위탁할 수 있다. 따라서 비영리단체는 민간위탁의 대상이 될 수 있다.

| 함께 보는 법령 |

「정부조직법」
제6조(권한의 위임 또는 위탁) ③ 행정기관은 법령으로 정하는 바에 따라 그 소관사무 중 조사·검사·검정·관리 업무 등 국민의 권리·의무와 직접 관계되지 아니하는 사무를 지방자치단체가 아닌 법인·단체 또는 그 기관이나 개인에게 위탁할 수 있다.

「행정권한의 위임 및 위탁에 관한 규정」
제11조(민간위탁의 기준) ① 행정기관은 법령으로 정하는 바에 따라 그 소관 사무 중 조사·검사·검정·관리 사무 등 국민의 권리·의무와 직접 관계되지 아니하는 다음 각 호의 사무를 민간위탁할 수 있다.
1. 단순 사실행위인 행정작용
2. 공익성보다 능률성이 현저히 요청되는 사무
3. 특수한 전문지식 및 기술이 필요한 사무
4. 그 밖에 국민 생활과 직결된 단순 행정사무

32 ②

中

개념 카테고리 현대행정의 변천 > 민간부분에 의한 공공서비스 생산의 유형

| 정답 해설 | ② 자원봉사는 서비스의 생산과 관련된 현금지출에 대해서만 보상받고 직접적인 보수를 받지 않으면서 정부를 위해 봉사하는 사람들을 활용하는 방식이다. 따라서 자원봉사는 간접적인 보수는 허용되지 않는다.

33 ③

中

개념 카테고리 현대행정의 변천 > 공공서비스의 민간화 > 민간위탁

| 정답 해설 | ③ 바우처(voucher)제도는 소비자에게 바우처를 제공함으로써 공급자가 아닌 소비자에게 서비스의 선택권을 부여한다.

| 오답 해설 | 매력적 오답 ⑤ 바우처는 민간위탁에 해당하며 민간위탁은 민간부문을 활용하지만, 여전히 최종적인 책임은 정부에 있다는 점에서 민영화와 구분된다.

34 ①

中

개념 카테고리 현대행정의 변천 > 공공서비스의 민간화 > 민간위탁

| 정답 해설 | ① 바우처(voucher)제도는 살라몬(Salamon)의 행정수단 유형 분류에 있어서 민간위탁과 같이 직접성이 매우 '낮은' 행정수단이다.

| 플러스 이론 | 살라몬의 행정수단 분류

직접성	행정수단	효과성	효율성	형평성	관리	정당성 (정치적 지지)
낮음	손해책임법, 보조금, 대출보증, 정부출자기업, 바우처	낮음	높음	낮음	낮음	높음
중간	조세지출, 계약, 사회적 규제, 벌금	낮음/중간	중간	낮음	낮음	높음
높음	보험, 직접 대출, 경제적 규제, 정보제공, 공기업, 정부소비	높음	중간	높음	높음	낮음

35 ② 中

개념 카테고리 현대행정의 변천 > 공공서비스의 공급과 생산

| 정답 해설 | ② 바우처(vouchers)는 공공서비스의 생산을 민간부문에 위탁하면서 시민들의 서비스 구입부담을 완화시키기 위해 금전적 가치가 있는 쿠폰을 제공하는 방식이다. 따라서 바우처제도를 운영하는 과정에서 관료와 서비스 제공자 간의 유착으로 인하여 부정부패가 발생할 수 있다. 즉, 바우처를 사용할 수 있는 업체를 선정하는 과정에서 관료와 서비스 제공자 간의 유착이 생길 가능성이 있다.

36 ① 中

개념 카테고리 현대행정의 변천 > 성과측정 지표

| 정답 해설 | ① 시립도서관 이용자 수는 산출(output), 시 정부에 대한 신뢰도는 영향(impact), 시립도서관 이용자 만족도는 성과(outcome)에 해당한다.

37 ④ 上

개념 카테고리 현대행정의 변천 > 비영리민간단체

| 정답 해설 | ④ 등록비영리민간단체는 보조금을 받아 수행한 공익사업을 완료한 때에는 다음 회계연도 1월 31일까지 사업보고서를 작성하여 행정안전부장관, 시·도지사나 특례시의 장에게 제출해야 하며, 사업평가, 사업보고서 및 평가결과의 공개 등에 필요한 사항은 행정안전부령으로 정한다.

| 함께 보는 법령 | 「비영리민간단체 지원법」

제2조(정의) 이 법에 있어서 "비영리민간단체"라 함은 영리가 아닌 공익활동을 수행하는 것을 주된 목적으로 하는 민간단체로서 다음 각 호의 요건을 갖춘 단체를 말한다.
1. 사업의 직접 수혜자가 불특정 다수일 것
2. 구성원 상호간에 이익분배를 하지 아니할 것
3. 사실상 특정정당 또는 선출직 후보를 지지·지원 또는 반대할 것을 주된 목적으로 하거나, 특정 종교의 교리전파를 주된 목적으로 설립·운영되지 아니할 것
4. 상시 구성원수가 100인 이상일 것
5. 최근 1년 이상 공익활동실적이 있을 것
6. 법인이 아닌 단체일 경우에는 대표자 또는 관리인이 있을 것

제6조(보조금의 지원) ① 행정안전부장관, 시·도지사나 특례시의 장은 제4조 제1항에 따라 등록된 비영리민간단체(이하 "등록비영리민간단체"라 한다)에 다른 법률에 따라 보조금을 교부하는 사업 외의 사업으로서 공익활동을 추진하기 위한 사업(이하 "공익사업"이라 한다)의 소요경비를 지원할 수 있다.
② 제1항에 따라 지원하는 소요경비의 범위는 사업비를 원칙으로 한다.
③ 제1항에 따라 지원하는 보조금에 관하여는 이 법에서 달리 정한 경우를 제외하고는 「보조금 관리에 관한 법률」을 준용한다.

제8조(사업계획서 제출) 등록비영리민간단체가 공익사업을 추진하기 위하여 보조금을 교부받고자 할 때에는 사업의 목적과 내용, 소요경비, 기타 필요한 사항을 기재한 사업계획서를 해당 회계연도 2월 말까지 행정안전부장관, 시·도지사나 특례시의 장에게 제출하여야 한다.

제9조(사업보고서 제출 등) ① 등록비영리민간단체는 제8조의 사업계획서에 따라 사업을 완료한 때에는 다음 회계연도 1월 31일까지 사업보고서를 작성하여 행정안전부장관, 시·도지사나 특례시의 장에게 제출하여야 한다.
③ 제2항에 따른 사업 평가, 사업보고서 및 평가결과의 공개 등에 필요한 사항은 행정안전부령으로 정한다.

38 ① 中

개념 카테고리 현대행정의 변천 > 시민사회조직

| 정답 해설 | ① 비정부조직이 생산하는 공공재나 집합재의 생산비용을 정부가 지원하는 경우에는 정부와 대체적 관계가 아니라 보완적 관계를 형성한다.

39 ③ 上

개념 카테고리 현대행정의 변천 > 시민단체 해석

| 정답 해설 | ③ 개인의 자유를 중시하는 전통적 자유주의와 개인의 책임을 강조하는 보수주의를 절충한 입장을 취하고 있는 것은 다원주의가 아니라 공동체주의이다. 다원주의에서는 사회적 다원성을 전제로 하는 시민사회와 시민단체의 등장을 효과적으로 설명한다. 그러나 다원주의적 입장도 1980~1990년대 이후 성장한 시민단체의 활동에 대한 설명의 틀로서는 제한적이라는 비판적 지적도 있다. 당시의 시민단체들은 국가, 정부에 대한 근본적 문제 제기의 성격을 띠고 있기 때문이다. 즉, 억압의 주체로서 국가와 정부에 대한 저항의 성격이 강하기 때문에, 보완재로서의 의미로 시민단체를 설명하는 다원주의적 입장에서 이 상황을 설명하기에는 부족하다는 것이다.

40 ① 中

개념 카테고리 현대행정의 변천 > 사회자본(사회적 자본)

| 정답 해설 | ① 사회자본은 공통의 목적을 위해서 협력을 가능하게 하는 사람들 사이의 사회적 구조로서, 신뢰(trust), 사회적 연결(계)망(social network), 상호호혜의 규범(norms of reciprocity), 믿음(beliefs), 규율(rules) 등으로 구성되어 있다고 할 수 있다. 하지만 사회적 자본은 경제적 자본에 비하여 그 형성과정이 불투명하며, 측정이 용이하지 않아 불확실하다.

41 ②

中

개념 카테고리 현대행정의 변천 > 사회자본(사회적 자본)

| 정답 해설 | ② 시장적 교환관계는 동등한 가치의 등가교환이지만, 사회자본의 사회적 교환관계는 동등한 가치의 등가교환을 의미하지 않는다. 시장적 교환관계는 제로섬(zero-sum)을 의미하지만, 사회자본의 사회적 교환관계는 포지티브섬(positive-sum)을 의미하기 때문이다.

42 ④

中

개념 카테고리 현대행정의 변천 > 사회자본(사회적 자본)

| 정답 해설 | ④ 사회적 자본은 거래비용을 감소시키는 순기능이 있다. 사회적 자본은 사회적 자본이 없다면 목표를 이루는 것이 불가능하거나 가외의 비용을 지불해야만 도달할 수 있는 목표를 달성할 수 있게 한다. 따라서 사회적 자본은 사회적 관계에서 거래비용을 감소시켜 주는 기능을 수행한다.

| 오답 해설 | ① 사회적 자본이 증가하면 제재력이 강화되는 순기능이 있다.

② 타인에 대한 신뢰는 사회적 자본의 구성요소이다.

③ 호혜주의는 사회적 자본에 영향을 미친다.

43 ①

中

개념 카테고리 현대행정의 변천 > 사회자본(사회적 자본)

| 정답 해설 | ① 사회자본은 참여자들이 협력하도록 함으로써 공유한 목적을 보다 효과적으로 성취하게 만드는 신뢰, 규범, 네트워크와 같은 사회조직의 특징으로 정의할 수 있다. 정밀한 사회적 연결망은 신뢰를 강화하고, 거래비용을 낮추며, 혁신을 가속화함으로써 경제 발전을 촉진할 수 있는 반면, 제한된 결속과 신뢰로 인해 폐쇄적 집단결속력을 조성할 수 있다는 점에서 부정적 효과를 갖기도 한다.

44 ②

中

개념 카테고리 현대행정의 변천 > 4차 산업혁명

| 정답 해설 | ② 대량 생산 및 규모의 경제 확산을 핵심으로 하는 것은 제2차 산업혁명이다. 제1차 산업혁명(1760~1840년)은 철도·증기기관의 발명 이후의 기계에 의한 생산, 제2차 산업혁명(19세기 말~20세기 초)은 전기와 생산 조립라인 등 대량생산체계 구축, 제3차 산업혁명은 반도체와 메인프레임컴퓨팅(1960년대), PC(1970~1980년대), 인터넷(1990년대)의 발달을 통한 정보기술 시대로 정리된다.

45 ④

中

개념 카테고리 현대행정의 변천 > 4차 산업혁명

| 정답 해설 | ④ 정보의 공개와 유통으로 직접민주주의가 활성화되고 시민 중심의 서비스가 제공된다.

46 ②

中

개념 카테고리 현대행정의 변천 > 4차 산업혁명

| 정답 해설 | ② 제시된 지문은 4차 산업혁명 시대의 주요 정보기술 중 블록체인(block chain)에 관한 설명이다. 블록체인은 ㉠ 일정 시간 동안 발생한 모든 거래정보를 블록(block) 단위로 기록하여 ㉡ 모든 구성원들에게 전송하고 ㉢ 블록의 유효성이 확보될 경우 이 새 블록을 ㉣ 기존의 블록에 추가 연결(chain)하여 보관하는 방식의 알고리즘이다.

CHAPTER 03 행정학이론 발달

출제 비중 49%

약점진단표											
1회독				2회독				3회독			
○	△	×	총	○	△	×	총	○	△	×	총
			46				46				46

*문제풀이 후 약점진단 결과를 적어보세요!

문제편 P.28

01	①	02	③	03	②	04	①	05	②
06	④	07	④	08	①	09	③	10	④
11	⑤	12	①	13	②	14	③	15	③
16	④	17	④	18	③	19	④	20	③
21	④	22	②	23	②	24	①	25	①
26	①	27	②	28	②	29	②	30	④
31	③	32	②	33	②	34	②	35	③
36	③	37	②	38	②	39	②	40	④
41	①	42	①	43	③	44	④	45	①
46	①								

01 ① 上

개념 카테고리 이론 발달 > 행정학의 과학성과 기술성

| 정답 해설 | ① 사이몬(Simon)이 'practice'란 용어로 지칭한 기술성은 정해진 목표를 어떻게 효율적으로 달성하는가 하는 방법을 의미한다. 반면, 왈도(Waldo)가 'art' 또는 'professional'이란 용어로 지칭한 기술성은 행정의 활동 자체를 처방하고 치료하는 행위를 의미한다.

| 오답 해설 | 매력적 오답 ② 윌슨(Wilson) 등 초기 행정학자들은 관리 기술이나 행정의 원리 등을 발견하려는 데 초점을 두고 행정학의 기술성을 강조하였는데, 윌슨이 강조한 기술성은 관리 기술(technique)을 의미한다.

02 ③ 中

개념 카테고리 이론 발달 > 미국 행정학 > 미국 행정의 발달과정

| 오답 해설 | ① 잭슨(Jackson)이 도입한 엽관주의는 정치지도자의 행정통솔력을 강화함으로써 국민의 요구에 대한 관료적 대응성의 제고 및 정책수행과정에서의 효율성을 초래하였다.

② 건국 후 미국 정치체제는 자유주의와 민주주의 이념을 상징하는 제퍼슨-잭슨철학이 지배했다.

④ 미국 행정학의 학문적 초석을 다진 굿노우(Goodnow)는 『정치와 행정』(1900)에서 행정에 대한 지나친 정당정치의 개입이 정책의 능률적 집행을 저해한다고 보았다.

03 ② 中

개념 카테고리 이론 발달 > 전통 행정학 > 과학적 관리론

| 정답 해설 | ② 조직 내의 인간은 사회적 욕구에 의해 동기가 유발된다고 전제하는 것은 인간관계론이다. 테일러(Taylor)의 과학적 관리론은 조직 내의 인간은 경제적 욕구에 의해 동기가 유발된다고 전제한다.

04 ① 中

개념 카테고리 이론 발달 > 전통 행정학 > 인간관계론

| 정답 해설 | ① 호손실험은 테일러(Taylor)의 과학적 관리법을 비판하고, 인간관계론의 이론적 틀을 마련하였다.

| 오답 해설 | 매력적 오답 ②③④ 호손실험의 본래 의도는 과학적 관리법에서 강조하는 물질적, 경제적 요인을 구체화하는 것이었다. 그러나 본래 실험 의도와 다르게 개인의 생산성 향상을 위해서는 물리적 작업환경, 작업의 과학화, 객관화, 분업화보다는 사회·심리적 요인이 중요하다는 점을 발견하였다.

05 ② 下

개념 카테고리 이론 발달 > 전통 행정학 > 행태론

| 정답 해설 | ② 인식론적 근거로서 논리실증주의를 신봉하는 행태적 접근방법은 행태의 규칙성·상관성 및 인과성을 경험적으로 입증하고 설명할 수 있다고 보아, 가치와 사실을 구분하고 과학적 연구를 위해 가치문제를 연구대상에서 제외한다.

06 ④

中

개념 카테고리 이론 발달 > 전통 행정학 > 행태론

| 정답 해설 | ④ 사회적 문제의 개선에 기여할 수 있는 연구와 가치평가적 정책연구를 지향하는 것은 후기 행태주의이다.

| 오답 해설 | 매력적 오답 ② 행태론적 접근방법은 행정의 실체는 제도나 법률이 아니라고 주장하며, 행정인의 행태에 초점을 맞춘다. 즉, 행태론자는 제도나 법률이 행정의 중요한 측면이기는 하지만 이들이 행정의 실체는 아니라고 주장하며, 행정학의 주요 관심사가 되어야 하는 것은 정치·행정제도 내의 행정인의 행위나 활동이어야 한다고 본다.

07 ④

上

개념 카테고리 이론 발달 > 전통 행정학 > 행태론

| 정답 해설 | ④ 제시된 지문은 원리주의를 비판한 사이먼(Simon)의 주장이다. 사이먼은 사실과 가치를 구분해 사실만을 다루는 과학으로서의 행정학(행태과학)을 주장했다.

08 ①

中

개념 카테고리 이론 발달 > 전통 행정학 > 생태론

| 정답 해설 | ① 생태론적 접근방법은 분석수준을 행위자 개인보다 집합적 행위나 제도에 맞추고 있어 거시적 분석의 성격을 띤다.

09 ③

中

개념 카테고리 이론 발달 > 전통 행정학 > 생태론

| 정답 해설 | ③ 고도의 분화성은 산업사회의 특징에 해당한다. 프리즘적 사회는 고도의 이질성을 특징으로 한다.

10 ④

上

개념 카테고리 이론 발달 > 전통 행정학 > 비교행정론

| 정답 해설 | ④ 비교행정론은 세계 여러 나라의 다양한 행정체제의 모든 실제적 자료를 활용하여 행정현상의 변수와 동이성(同異性)을 발견하고, 여러 행정체제에 적용될 수 있는 행정이론을 검증·확장하기 위한 일련의 체계적·과학적 행정연구 및 분석을 의미한다. 따라서 비교행정론은 각국의 행정에 대한 비교연구를 통해 행정학의 과학성을 높이고 일반화된 행정이론을 개발하기 위한 노력의 일환으로 대두되었으며, 행정학의 기술성보다는 과학성을 강조한다.

11 ⑤

中

개념 카테고리 이론 발달 > 전통 행정학 > 체제론

| 정답 해설 | ⑤ 체제론적 접근방법은 권력, 의사전달, 정책결정의 문제와 행정의 가치문제를 고려하지 못한다. 체제론적 접근방법이란 연구대상이나 관리 및 문제를 체제라는 개념을 기본으로 해서 설명하고 분석하는 것이다. 결국 체제론적 접근방법은 하위체제 간의 기능상의 조화·균형관계를 전체 체제적 관점에서 밝히고자 함을 주된 연구목적으로 하며, 환경의 요구와 지지를 받아 산출로 전환하고, 환경으로 내보내진 환류를 통해 체제로 다시 환류되는 계속적인 순환과정을 행정현상에 적용한다. 따라서 체제론적 접근방법은 독립변수로서 갖는 개인의 의미를 과소평가하기 쉽다. 즉, 정치·행정현상에서 특수한 인물의 성격, 개성, 리더십 등이 큰 비중을 차지하는 경우 이를 과소평가하기 쉬우며, 행정현상에서 중요한 요소인 권력, 의사전달, 정책결정 등의 문제나 행정의 가치문제를 고려하지 못한다는 것이다.

12 ①

中

개념 카테고리 이론 발달 > 전통 행정학과 현대 행정학

| 오답 해설 | ㄷ. 체제론은 계서적(계층제적) 관점을 중시하여 여러 가지 요소가 모여 체제(system)를 이룬다고 본다. 따라서 체제는 하위체제(sub-system), 하위체제는 다시 하위체제를 형성하므로 계층성을 가지게 된다.

ㄹ. 발전행정론은 행정이 정치, 사회, 경제를 이끌어 가는 불균형성장을 강조한다.

13 ②

中

개념 카테고리 이론 발달 > 전통 행정학 > 신행정론

| 정답 해설 | ② 신행정학은 미국의 사회문제 해결에 주력하면서, 가치에 대한 새로운 인식을 기초로 규범적이며 처방적인 연구를 강조하였다. 즉, 현실 사회문제 해결을 강조하는 신행정학은 '정치·행정 일원론'에 입각하여 독자적인 행정이론의 발전을 이루고자 하였다.

14 ③

上

개념 카테고리 이론 발달 > 전통 행정학 > 신행정론

| 정답 해설 | ③ '신행정학' 운동은 행정학의 실천적 성격과 적실성을 회복하기 위해 정책 지향적인 행정학을 요구했으며, 전문직업주의와 가치중립적인 관리론에 대한 집착을 비판하면서 민주적 가치규범에 입각하여 분권화, 고객에 의한 통제, 가치에 대한 합의 등을 강조했다. 즉, 1960년대 미국의 '신행정학' 운동은 전문직업주의와 가치중립적인 관리론(행태주의)에 대한 집착을 비판하였다.

15 ③

中

개념 카테고리 이론 발달 > 전통 행정학 > 신행정론

| 정답 해설 | ③ 신행정론은 행정현상의 본질, 인간인식의 특성, 이론의 성격 등 사회과학 연구의 본질적 문제에 대해 실증주의와 행태주의적 방법론을 비판하고 사회적 형평성과 적실성을 강조하였다.

| 오답 해설 | ① 귤릭(L. H. Gulick)은 최고관리자의 운영원리로 POSDCoRB를 제시하였다.

② 행정행태론은 가치와 사실을 구분하고 '사실'에 기반한 행정의 과학화를 시도하였다.

④ 민간과 공공 부문의 파트너십을 강조한 행정이론은 탈신공공관리론이고, 기업가 정신보다 시민권을 중요시한 행정이론은 신공공서비스론이다.

16 ④

中

개념 카테고리 이론 발달 > 현대 행정학 > 공공선택론

| 정답 해설 | ④ 공공선택이론은 경제주체의 개인적 선택행위를 중시하는 방법론적 개인(개체)주의 입장이다. 즉, 분석의 기본단위는 개인이며, 각 개인은 합리적 경제인(연역적 접근)으로 자기이익을 추구한다고 본다.

17 ④

中

개념 카테고리 이론 발달 > 현대 행정학 > 공공선택론

| 정답 해설 | ④ 던리비(Dunleavy)에 따르면 예산극대화 행동은 예산유형과 직위의 관계, 기관유형, 시대적 상황 등의 측면에서 다양하게 나타날 수 있다. 즉, 고위관료들은 예산의 규모보다 수행하는 업무성격에 따른 효용 증대에 더 관심을 가진다. 따라서 고위관료들은 예산극대화 전략보다 '관청형성 전략(bureau-shaping strategy, 소속 관청의 형태변화)'을 통한 효용 증대를 위해 노력한다. 고위관료들은 예산극대화 대신 소관부서를 소규모 참모적 기관으로 재구성함으로써 계선적 책임에서 벗어나고, 이를 통해 그들 정책분야의 전반적인 지출감축이 발생하는 상황에서도 불리한 영향을 덜 받을 수 있게끔 노력하게 된다는 것이다.

| 오답 해설 | ① 니스카넨(Niskanen)에 따르면 최적의 서비스 공급 수준은 정치인들이 결정하고, 이는 한계편익(marginal benefit)과 한계비용(marginal cost)이 일치하는 수준에서 결정된다.

18 ③

中

개념 카테고리 이론 발달 > 현대 행정학 > 공공선택론

| 정답 해설 | ③ 공공선택론은 단일의 대규모 조직에 의해 독점적으로 공공서비스가 공급되는 것보다 권한이 분산된 여러 작은 조직들에 의해 공급되는 것을 선호한다. 공공선택론은 공공서비스를 독점적으로 공급하는 전통적인 정부관료제는 시민의 요구에 민감하게 반응을 보일 수 없는 제도적 장치이며, 동시에 조직화된 압력단체들의 영향력하에 이들에게 공공서비스를 편향적으로 공급하고 주된 소비자인 시민의 선택을 억압한다고 보았다. 이러한 이유가 공공서비스의 생산과 공급에서 성과를 높이지 못하게 되는 정부실패의 원인이라는 것이다. 따라서 공공선택론자들은 공공서비스를 제공할 때에 시민 개개인의 선호와 선택을 존중하고, 경쟁을 통하여 서비스를 생산하고 공급하게 함으로써 행정의 대응성을 높일 수 있다고 주장한다.

19 ④

上

개념 카테고리 이론 발달 > 현대 행정학 > 공공선택론

| 정답 해설 | ④ 고위직 관료들의 관청형성전략(bureau-shaping strategy)은 소속 조직을 보다 분권화된 소규모의 참모적 관료조직으로 개편시키게 된다. 즉 내부조직 개편을 통해 정책결정 기능과 수준을 강화하되 일상적이고 번잡스러운 업무는 분리하고 이전하는 것이다.

20 ③

中

개념 카테고리 이론 발달 > 현대 행정학 > 신제도주의

| 정답 해설 | ③ 사회학적 신제도주의는 방법론적 전체주의에 의해서 분석한다. 반면 개인의 선택 결과에 대한 연역적 예측을 할 수 있다고 보는 합리적 선택 신제도주의는 방법론적 개체주의에 의해서 분석한다.

21 ④

中

개념 카테고리 이론 발달 > 현대 행정학 > 신제도주의

| 정답 해설 | ④ 신제도주의에 대한 설명으로 ㄴ, ㄷ, ㄹ이 옳다.

| 오답 해설 | ㄱ. 역사적 제도주의가 제도의 종단면적 측면을 중시하면서 국가 간의 차이를 강조한다면, 사회학적 제도주의는 횡단면적으로 서로 다른 국가나 조직에서 어떻게 유사한 제도가 나타나는지에 관심을 갖는다.

22 ②

中

개념 카테고리 이론 발달 > 현대 행정학 > 신제도주의

| 정답 해설 | ② 역사적 제도주의는 제도의 "종단적 측면"을 중시(어떤 연구대상을 일정 기간 동안 관찰하여 그 대상의 변화를 파악하는 연구)하면서 국가 간 제도의 상이성과 한 국가 내 제도의 지속성에 관심을 갖는다. 반면 사회학적 신제도주의는 "횡단적 측면"을 중시(특정 시점에서 여러 연구대상을 관찰하여 연구)하면서 국가 간에 어떻게 유사한 제도의 형태(제도의 동형화)를 취하는지에 관심을 갖는다.

23 ②

中

개념 카테고리 이론 발달 > 현대 행정학 > 사회학적 신제도주의

| 정답 해설 | ② 조직들이 시장의 압력 속에서 생존하기 위해 경쟁력 있는 조직형태나 조직관리기법을 합리적으로 선택하는 것은 모방적 동형화(mimetic isomorphism)의 예이다.

| 플러스 이론 | 제도적 동형화

제도적 동형화에는 강압적 동형화(힘의 우위를 지닌 조직의 영향을 받아 닮아 가는 것, 예 협력업체가 거래하는 대기업을 닮아 가는 것), 모방적 동형화(불확실성 속에서 좀 더 앞서가는 누군가를 따라 함으로써 닮아 가는 것, 예 성공적 관행을 벤치마킹하는 것), 규범적 동형화(교육기관이나 전문가의 의견이나 자문을 통해 조직이 서로 닮아 가는 것) 등이 있다.

24 ①

下

개념 카테고리 이론 발달 > 현대 행정학 > 신공공관리론

| 정답 해설 | ① 신공공관리론은 1980년대 이후 영미국가들을 중심으로 등장한 이론으로, 신자유주의(시장주의)와 신관리주의가 결합한 이론이다. 시장주의는 신자유주의이념에 기초하여 가격 메커니즘과 경쟁원리를 활용한 공공서비스 제공, 고객지향적 공공서비스 제공을 중시한다. 신관리주의는 행정과 경영의 유사성에 대한 인식에 기초하여 기업의 경영원리와 관리기법을 행정에 도입·접목하여 정부의 성과 향상과 관리의 효율성을 제고하는 것을 강조한다. 이에 따라 기업가정신, 성과에 기초한 관리, 권한이양, 품질관리기법, 인센티브 메커니즘, 마케팅기법, 고객만족경영기법 등을 행정에 도입하는 방안들이 논의된다. 따라서 신공공관리론의 특징은 시장원리 도입으로서 경쟁 도입과 고객지향의 확대이다.

| 오답 해설 | ② 신공공관리론은 급격한 행정조직 축소로 행정의 공동화(空洞化)가 발생한다.

③ 정부, 시장, 시민사회의 평등한 관계를 중시하는 것은 신공공관리론이 아니라 뉴거버넌스이다.

④ 신공공관리론은 과정보다 결과에 가치를 둔다.

25 ①

下

개념 카테고리 이론 발달 > 현대 행정학 > 신공공관리론

| 정답 해설 | ① 정부실패 이후 등장한 신공공관리론은 형평성 대신 효율성에 초점을 맞춘 고객지향적 정부를 강조한다. 효율성 대신 형평성에 초점을 맞춘 고객지향적 정부를 강조하는 것은 신행정론이다.

26 ①

中

개념 카테고리 이론 발달 > 현대 행정학 > 신공공관리론

| 정답 해설 | ① 신공공관리론은 1980년대 이후 영미국가들을 중심으로 등장한 이론으로, 시장주의(신자유주의)와 신관리주의(기업가적 정부)가 결합된 이론이다. 그 이면에는 공공선택론, 주인 – 대리인이론, 거래비용이론 등이 배경이 되고 있다. 시장주의는 신자유주의 이념에 기초하여 가격 메커니즘과 경쟁원리를 활용한 공공서비스 제공, 고객지향적 공공서비스 제공을 중시한다. 신관리주의는 행정과 경영의 유사성에 대한 인식에 기초하여 기업의 경영원리와 관리기법을 행정에 도입·접목하여 정부의 성과 향상과 관리의 효율성 제고를 강조한다. 이에 따라 기업가정신, 성과에 기초한 관리, 권한이양, 품질관리기법, 인센티브 메커니즘, 마케팅기법, 고객만족경영기법 등을 행정에 도입하는 방안들이 논의된다. 따라서 신공공관리론은 시장주의(신자유주의) 이념에 입각하여 시장에 대한 규제를 완화하며, 신관리주의(기업가적 정부)에 입각하여 성과제고를 위해 관료에게 재량권을 부여하기 때문에 관료에 대한 불필요한 규정과 규제도 완화한다.

27 ②

中

개념 카테고리 이론 발달 > 현대 행정학 > 오스본과 개블러의 「정부재창조론」

| 정답 해설 | ② 규칙 및 역할 중심 관리방식에서 사명 지향적 관리방식으로 전환되어야 함을 강조한다. 즉, 사명 지향적 정부를 구현하기 위해 법규나 규정에 의한 관리보다는 목표와 임무를 중심으로 조직을 운영하고, 결과를 중시해야 한다.

| 오답 해설 | ① 정부의 새로운 역할로 종래의 노젓기보다는 방향잡기를 강조한다.

③ 치료 중심적 정부보다는 예방적 정부로 바뀌어야 함을 강조한다.

④ 행정서비스 제공에 독점적 공급보다는 경쟁 개념을 도입하기를 강조한다.

⑤ 서비스를 직접적으로 제공하기보다는 주민에게 권한을 부여하는 방향으로 전환되어야 함을 강조한다.

| 플러스 이론 | 오스본 & 개블러의 「정부재창조론」

촉진적 정부	노젓기 → 방향잡기
지역사회가 주도하는 정부	서비스 제공 → 지역사회에 권한부여
경쟁적 정부	공공독점 → 경쟁도입
사명지향적 정부	규칙중심 → 사명중심
성과지향적 정부	투입 → 성과연계 예산배분
고객지향적 정부	관료제 → 고객요구 충족
기업가적(수익창출적) 정부	지출 → 수익창출
미래대비적 정부	치료 → 예방
분권적 정부	위계조직 → 참여와 팀워크
시장지향적 정부	행정 → 시장 메커니즘

28 ②

中

개념 카테고리 이론 발달 > 현대 행정학 > 전략기획

| 정답 해설 | ② 전략기획은 불확실한 미래에 체계적이고 능동적으로 대응하기 위한 전략을 만드는 과정이다. 따라서 상대적으로 정치 및 경제 등이 안정한 환경 속에서 유용성이 높다. 즉, 정치 및 경제 등이 불안정한 환경에서는 전략기획을 수립하기가 곤란하다. 전략기획은 급변하는 환경변화를 체계적으로 분석하고 조직 내부의 현황을 종합적으로 진단하여 조직의 비전과 미션을 구체화하고, 우선순위가 높은 핵심적인 실행 대안을 선택하는 과정을 거쳐 실천가능성이 높은 기획을 실현하는 것을 말한다. 전략기획의 핵심적인 과정은 ㉠ 전략적 기획에 대한 합의, ㉡ 미션과 비전의 확인, ㉢ 환경분석(SWOT), ㉣ 주요 전략적 이슈 분석, ㉤ 전략적 기획의 평가이다.

29 ②

上

개념 카테고리 이론 발달 > 현대 행정학 > 행정재정립운동

| 정답 해설 | ② 행정재정립운동의 대표적 학자인 스바라(Svara)는 기존의 정치행정이원론을 재해석하여 정책과정에서 공무원의 적극적인 역할을 옹호하였다.

30 ④

上

개념 카테고리 이론 발달 > 블랙스버그 선언과 행정재정립운동

| 정답 해설 | ④ 신행정학은 블랙스버그 선언의 태동을 가져왔다. 블랙스버그 선언은 미국사회에서 일어나고 있는 필요 이상의 관료공격(bureaucrat bashing), 대통령의 반관료적 성향, 정당정치권의 반정부 어조 등의 행정의 정당성을 침해하는 정치사회적 문제점을 지적하고 그 원인의 일부를 행정학 연구의 문제점에서 찾는다. 즉, 규범적 문제는 간과된 채 관리과학의 원리가 정부기능에 적용되고 있고 행태주의와 실증주의가 행정학을 지배하고 있기 때문에 행정의 정당성을 규명하는 데 행정학의 토대는 사실상 잘못되었으며, 행정학의 토대를 국정운영(governance)의 규범성, 특히 입헌주의(constitutionalism)를 통해 다시 닦을 필요가 있다고 제안한다.

31 ③

中

개념 카테고리 이론 발달 > 현대 행정이론 > 신공공서비스론(NPS)

| 정답 해설 | ③ 정부는 '노젓기'보다 '방향잡기'에 집중하면서 시민에게 더 많은 권력을 부여해야 한다고 보는 것은 신공공관리론이며, 신공공서비스론은 '방향잡기'보다 '봉사'를 해야 한다고 본다. 신공공서비스론은 신공공관리론에서 강조하는 것과 같이 정부가 방향을 잡는 것은 복잡한 미래사회에서 수행하기 어렵거나 불가능하다고 보기 때문에 관료의 역할도 바뀌어야 한다고 본다. 따라서 관료들로 하여금 자신들에게 집중되었던 권한을 소유주인 시민들에게 위임하고, 대신 소유주인 시민들을 위해 봉사하게 하고, 시민 중심의 공직제도를 구축하도록 하는 데 놓여야 한다는 신공공서비스론이 제기되고 있다.

32 ②

中

개념 카테고리 이론 발달 > 현대 행정학 > 신공공서비스론(NPS)

| 정답 해설 | ② 신공공서비스론(NPS)은 공익을 공유가치에 대한 담론의 결과로 본다. 공익을 개인적 이익의 집합체로 보는 것은 신공공관리론(NPM)이다.

| 플러스 이론 | 유파별 패러다임의 비교

구분	전통행정이론	신공공관리론	신공공서비스론
이론과 인식의 토대	초기의 사회과학	• 경제이론 • 실증적 사회과학에 기초한 정교한 토의	• 민주주의 이론 • 실증주의·해석학·비판이론·포스트모더니즘을 포괄하는 다양한 접근
합리성모형과 행태모형	• 개괄적 합리성 • 행정인	• 기술적·경제적 합리성 • 경제인 또는 자기이익에 기초한 의사결정자	• 전략적 합리성 • 정치적·경제적·조직적 합리성에 대한 다원적 검증
공익에 대한 입장	법률로 표현된 정치적 결정	개인들의 총이익	공유가치에 대한 담론의 결과
관료의 반응대상	고객과 유권자	고객	시민
정부의 역할	노젓기 (정치적으로 결정된 단일목표에 초점을 맞춘 정책의 입안과 집행)	방향잡기 (시장의 힘을 활용한 촉매자)	봉사 (시민과 지역공동체 내의 이익을 협상하고 중재, 공유가치의 창출)

정책목표의 달성기제	기존의 정부기구를 통한 프로그램	개인 및 비영리기구를 활용해 정책목표를 달성할 기제와 유인체제를 창출	동의된 욕구를 충족시키기 위한 공공기관, 비영리기관, 개인들의 연합체 구축
책임에 대한 접근양식	계층제적 (행정인은 민주적으로 선출된 정치지도자에 반응)	시장지향적 (개인이익의 총화는 시민 또는 고객집단에게 바람직한 결과 창출)	다면적 (공무원은 법, 지역공동체 가치, 정치규범, 전문적 기준 및 시민들의 이익에 참여)
행정재량	관료에게 제한된 재량만을 허용	기업적 목적을 달성하기 위해 넓은 재량 허용	재량은 필요하지만 제약과 책임이 수반
기대하는 조직구조	조직 내에 상명하복으로 움직이는 관료적 조직과 고객에 대한 규제와 통제	기본적 통제를 수행하는 분권화된 공조직	조직 내외적으로 공유된 리더십을 갖는 협동적 구조
관료의 동기유발	• 임금과 편익 • 공무원보호	• 기업가 정신 • 정부규모를 축소하려는 이데올로기적 욕구	공공서비스 사회에 기여하려는 욕구

33 ②

中

개념 카테고리 이론 발달 > 현대 행정학 > 신공공서비스론(NPS)

| 정답 해설 | ② 신공공서비스론(NPS)에 대한 설명으로 ㄱ, ㄴ, ㅁ이 옳지 않다.

ㄱ. 공무원이 반응해야 하는 대상을 고객과 유권자 집단으로 보는 것은 전통행정이론이다. 신공공서비스론은 공무원이 반응해야 하는 대상을 시민으로 본다.

ㄴ. 책임성 확보의 방법으로 개인이익의 총합을 통해 시민 또는 고객집단에게 바람직한 결과를 창출하는 방법을 추구하는 것은 신공공관리론(NPM)이다. 신공공서비스론은 책임성 확보의 방법으로 공무원은 법, 지역공동체 가치, 정치규범, 전문적 기준 및 시민들의 이익에 참여하는 방법을 추구한다.

ㅁ. 공무원의 동기를 유발하는 수단을 정부규모를 축소하려는 이데올로기적 욕구로 보는 것은 신공공관리론이다.

34 ②

上

개념 카테고리 이론 발달 > 현대 행정학 > 탈신공공관리론(post-NPM)

| 정답 해설 | ② 탈신공공관리는 신공공관리의 대체가 아니라 신공공관리의 주요 아이디어들을 수정과 보완하는 것이다. 즉 신공공관리 개혁의 한계를 보완하기 위한 조치로 탈신공공관리를 제시하였다.

35 ③

中

개념 카테고리 이론 발달 > 현대 행정학 > 탈신공공관리(post-NPM)

| 정답 해설 | ③ 탈신공공관리(post-NPM)의 아이디어들로 옳게 묶인 것은 ㄱ, ㄷ, ㅁ, ㅂ이다.

| 오답 해설 | ㄴ. 민간위탁과 민영화의 확대와 ㄹ. 정부부문 내 경쟁 원리 도입은 신공공관리론에서 강조하는 내용이다.

| 플러스 이론 | 탈신공공관리(post-NPM)의 주요내용

㉠ 구조적 통합을 통한 분절화의 축소, ㉡ 재집권화와 재규제의 주창, ㉢ 총체적 정부 또는 합체된 정부(whole of government)의 주도, ㉣ 역할 모호성의 제거 및 명확한 역할관계의 안출(案出), ㉤ 민간·공공부문의 파트너십 강조, ㉥ 집권화, 역량 및 조정의 증대, ㉦ 중앙의 정치·행정적 역량의 강화, ㉧ 환경적·역사적·문화적 요소에 대한 유의

36 ③

中

개념 카테고리 이론 발달 > 뉴거버넌스(New Governance)

| 정답 해설 | ③ 뉴거버넌스(New Governance)는 국민을 단순히 고객으로만 보는 것을 넘어 국정의 파트너로 보며, 정부·시장·시민사회 간의 협력적 파트너십과 유기적 결합관계를 중시한다. 따라서 행정과 정치의 관계를 일원론적으로 보는 경향이 강하다.

37 ②

中

개념 카테고리 이론 발달 > 피터스의 정부모형

| 정답 해설 | ② 피터스(Peters)가 『미래의 국정관리(The Future of Governing)』에서 제시한 정부개혁 모형은 시장 모형, 참여 모형, 신축 모형, 탈규제 모형이다. 따라서 자유민주주의 모형이 아니라 신축 모형이다.

38 ②

中

개념 카테고리 이론 발달 > 피터스의 정부모형

| 정답 해설 | ② 피터스의 거버넌스 유형 중 참여적 정부모형에 해당한다.

39 ②

中

개념 카테고리 이론 발달 > 피터스의 정부모형

| 정답 해설 | ② 피터스가 제시한 시장 모형의 구조 개혁 방안은 분권화이다.

| 플러스 이론 | 피터스의 새로운 국정관리모형

구분	전통적 정부모형	시장적 정부모형	참여적 정부모형	신축적 정부모형	탈내부규제 정부모형
기존 정부의 문제점	전근대적 권위	독점	계층제	조직의 영속성, 경직성	내부규제
구조의 개혁 방안	계층제(관료제)	• 분권화 • 공기업화 • 책임운영기관 • 지방분권	• 수평적 조직 • 평면조직 • 자문위원회	• 가상조직 • 임시과제단 • 준(비)정부기구	없음
관리의 개혁 방식	• 직업공무원제 • 절차적 통제	• 성과급 • 목표관리제 • 민간기법 도입	• TQM, 팀제 • 권한위임	• 가변적·적응적 인사관리 • 임시직	• 재량권 부여 • 공직윤리 강조
정책 결정의 개혁 방안	정치·행정이원론(정치–행정의 구분)	• 내부시장 • 시장적 유인	• 전문가 회의 • 협상, 협의	실험	기업가적 정부
공익의 기준	안정성, 평등	비용 최소화	참여, 협의	저비용, 조정	• 창의성 • 활동주의

40 ④

上

개념 카테고리 이론 발달 > 넛지(nudge)이론

| 정답 해설 | ④ 넛지(nudge)의 특성으로 ㄱ, ㄴ, ㄷ이 옳은 것이다.

ㄱ. 넛지 방식으로 정책을 설계하는 것을 선택설계(choice architecture)라고 한다. 넛지는 어떤 선택을 금지하거나 경제적 유인을 크게 변화시키지 않으면서 예측 가능한 방향으로 사람들의 행동을 변화시키는 선택설계의 제반 요소를 의미한다. 선택설계는 선택의 대안이 정책 대상자에게 제시되는 방법과 이를 통해 판단, 선택, 행동에 영향을 주는 방안을 설계하는 것을 의미한다. 결국 넛지는 명령이나 지시, 또는 경제적 유인이나 제재를 가하지 않으면서 사람들이 바람직한 행동을 하도록 유도하는 수단이다. 예를 들어 학교급식에서 튀김음식과 채소의 순서를 바꿔 학생들의 채소 섭취를 늘리는 것이다.

ㄴ. 넛지는 정책대상집단의 행동에 개입하지만 개인의 자유로운 선택을 허용한다. 즉, 넛지는 간접적이고 유도적인 방식의 정부개입방식으로 촉매적 정책수단의 성격을 띠고 있다. 예를 들어 튀김음식을 못 먹게 하는 것은 넛지가 아니며 튀김음식과 채소의 순서를 바꿔 채소의 섭취를 늘리는 것은 넛지에 해당한다.

ㄷ. 넛지는 디폴트 옵션[선택적 가입 방식(opt–in), 선택적 탈퇴 방식(opt–out)] 설정 방식처럼 사람들의 인지적 편향을 전략적으로 활용하는 정책수단이다. 즉, 더 좋은 선택을 유도하기 위한 선택설계 과정에서 넛지는 사람들의 인지적 편향을 전략적으로 활용한다. 예를 들어 학교급식에서 튀김음식을 건강에 좋은 채소의 뒤에 배치하는 것이다.

41 ①

上

개념 카테고리 이론 발달 > 넛지(nudge)이론

| 정답 해설 | ① 행동경제학에서는 휴리스틱(heuristic)과 행동 편향(behavior bias)으로 인한 비합리적 의사결정을 '행동적 시장실패(behavioral market failure)'의 핵심 요소라고 본다. 외부효과는 신고전학파에서 강조하는 시장실패의 원인에 해당한다.

| 플러스 이론 | 넛지이론(Nudge Theory)

- 넛지 이론은 실제의 인간 행동에 관한 행동경제학의 통찰을 정부의 정책 설계 및 집행에 적용·응용하기 위한 이론이다. 인간은 제한된 합리성으로 인해 불확실한 상황에서 이루어지는 판단과 선택을 효율적으로 수행하기 위해 '휴리스틱(heuristic)'이라는 의사결정 방법을 활용한다. 이 과정에서 발생하는 인지적 오류(cognitive error)와 행동 편향(behavior bias)으로 인한 비합리적 의사결정을 행동경제학에서는 '행동적 시장실패(behavioral market failure)'라고 정의한다. 넛지이론은 행동적 시장실패를 해결하기 위한 정부 역할의 필요성에 관한 규범적 근거와 이에 적합한 정책수단을 제시하고 있다. 정부는 선택설계자(choice architect)로서의 역할을 수행해야 하고, 이를 위해 전통적인 정책수단인 법률과 규제, 경제적 유인 수단(조세, 보조금) 등과 구별되는 새로운 정책수단인 넛지를 활용해야 한다는 점을 강조하고 있다.
- 이처럼 넛지는 행동경제학이 발견한 인간의 행동 메커니즘을 정책에 응용한 것이다. 넛지의 이론적 근거인 행동경제학은 인간의 본성에 대한 전통경제학(신고전학파 경제학)의 완전한 합리성 가정의 비현실성을 비판하고, 심리학(인지심리학, 사회심리학)의 연구 결과를 경제학에 반영하여 인간의 의사결정 과정에서 발생하는 비합리성을 분석하고 바람직한 결정을 유도하기 위한 대안을 제시하고 있다.

| 플러스 이론 | 신고전학파 경제학과 행동경제학

구분	신고전학파 경제학	행동경제학
인간관	• 완전한 합리성 • 완전한 이기성 • 경제적 인간	• 제한된 합리성, 생태적 합리성 • 이타성·호혜성(사회적 본능/선호) • 심리적 인간
의사결정모델(선택행동이론)	• 효용극대화 행동 • 기대효용이론(효용함수)	• 만족화 행동, 휴리스틱 • 전망이론(가치함수)
연구방법	가정에 기초한 연역적 분석	실험을 통한 귀납적 분석
정부역할의 근거와 목적	• 시장실패와 제도실패 • 재화의 효율적인 생산·공급	• 행동적 시장실패 • 바람직한 의사결정 유도(행동변화)
정책수단	법과 규제, 경제적 유인 수단	넛지(선택설계)

42 ①

上

개념 카테고리 이론 발달 > 넛지(nudge)이론

| 정답 해설 | ① 신공공관리론의 학문적 토대는 신고전학파 경제학과 공공선택론이며, 넛지이론은 행동경제학이다.

| 플러스 이론 | 신공공관리론과 넛지이론

구분	신공공관리론	넛지이론
이론의 학문적 토대	신고전학파 경제학, 공공선택론	행동경제학
합리성	완전한 합리성, 경제학 합리성	제한된 합리성, 생태적 합리성
정부 역할의 이념적 기초	신자유주의, 시장주의	자유주의적 개입주의
정부 역할의 근거와 한계	시장실패와 제도실패, 정부실패	행동적 시장실패와 정부실패
공무원상	정치적 기업가	선택설계자
정부 정책의 목표	고객주의, 개인의 이익증진	행동 변화를 통한 삶의 질 제고
정책수단	경제적 인센티브	넛지
정부개혁 모델	기업가적 정부	넛지 정부

43 ③

上

개념 카테고리 이론 발달 > 무어(Moore)의 공공가치창출론

| 정답 해설 | ③ 무어(Moore)의 공공가치창출론(creating public value)은 능률성만을 중요시하는 신공공관리론을 비판하고 등장하였다.

| 플러스 이론 | 무어(M. Moore)의 공공가치창출론(creating public value)

- 무어의 공공가치창출론은 민간분야의 관리자들이 주어진 자산을 활용하여 주주가 요구하는 민간부문의 가치를 창출하는 것처럼 민주적으로 선출되어 정당성을 부여받은 정부의 관리자들은 공공자산(국가 권위, 국가재정)을 활용하여 시민을 위한 공공가치를 창출해야 한다는 점에 착안한 것이다.
- 무어는 공공가치창출을 세 가지 전략적 삼각형(strategic triangle)으로 구성하여 제안한다.
  - 정당성과 지원의 확보: 외부환경으로부터 정당성 부여 환경을 의미하는 것으로서 시민의 지지(가시성) 및 정당성, 선출직 대표에 대한 책무성, 시민사회와 관계, 미디어 평판 등을 중요한 요소로 한다.
  - 공적 가치의 형성: 조직 차원에서 조직 비전과 미션, 전략적 목표, 목적과 활동 산출물 사이의 연계성, 정부조직에 대한 신뢰 등을 통한 과업환경을 확보하는 것을 중요한 요소로 한다.
  - 운영전략의 형성: 조직이 운영하는 정책이나 프로그램을 실현하는 데 필요한 재정적 역량, 조직 내 인적자원의 역량, 조직혁신 역량, 조직의 생산성 등을 중요한 요소로 한다.
- 무어의 공공가치창출론은 능률성만을 중요시하는 신공공관리론의 접근방법이나 기술적 차원에서 관리 효율성을 강조하는 전통적 행정관리이론의 접근법과 다른 특징을 가지게 된다.

구분	전통적 공공행정론	신공공관리론	공공가치관리론
공익	정치인이나 전문가가 정의	개인 선호의 집합	숙의를 거친 공공의 선호
성과목표	정치적으로 정의	효율성: 고객 대응성과 경제성 보장	공공가치 달성 서비스제공, 만족, 사회적 결과, 신뢰 및 정당성
서비스 전달체계	계층조직, 자율규제하는 전문직	민간조직, 책임행정기관	대안적 전달체계를 실용적으로 선택 공공부문, 공공기관, 책임행정기관, 민간기업, 공동체 조직
책임성 확보	정치인에 대한 책임, 정치인을 통한 의회에 대한 책임	성과계약을 통한 상위 기관에 대한 책임, 시장 메커니즘을 통한 고객에 대한 책임	다원적 차원 정부 감시자로서 시민 사용자로서의 고객 납세자
관리자의 역할	규칙과 적합한 절차의 준수를 보장	동의하는 성과목표를 정의하고 달성	숙의 절차와 전달 네트워크를 운영·조정하고 전체 시스템의 역량 유지에 기여
공공서비스 정신	공공부문이 독점	공공서비스 정신에 대해 회의적	공공서비스 정신 독점보다는 공유한 가치를 통한 관계 유지가 중요
민주적 과정의 기여	책임성의 전달: 선거를 통한 조직 리더 선출 경쟁적으로 책임성 확보	목표의 전달: 목표의 형성 및 성과 점검으로 한정되고, 관리자가 수단을 선택	대화의 형성과 전달: 지속적인 민주적 소통 과정이 필수적
공공참여	투표, 선출직 정치인에 대한 압박으로 제한	고객만족도조사 등을 제한적으로 허용	다원적(소비자, 시민, 이해관계자 등) 참여 보장

44 ④

中

개념 카테고리 이론 발달 > 현대 행정학 > 공공가치론

| 정답 해설 | ④ 공공가치론에 대한 설명으로 ㄷ, ㄹ이 옳다.

| 오답 해설 | ㄱ. 보즈만(Bozeman)은 공공가치 실패(시장 메커니즘이 효율적으로 작동하고 있음에도 불구하고 본질적 가치를 제공하지 못하는 실패 현상이 발생하는 경우)를 진단하는 도구로 '공공가치 지도그리기(mapping)'를 제안한다. 보즈만은 공공가치의 핵심 가치들로 인간의 존엄성, 지속가능성, 시민참여, 개방성과 기밀성, 타협, 온전성, 강건성 등을 제시하고, 이 가치들을 이웃하는 가치들과 매핑(mapping)시켜 시장에서 공급할 수 없는 가치들을 제안하고 있다.

ㄴ. 무어(Moore)는 공공기관에 의해 생산된 순(純)공공가치를 추정하는 '공공가치 회계'를 제시했다.

45 ①

中

개념 카테고리 이론 발달 > 현대 행정학 > 포스트모더니티 행정이론

| 정답 해설 | ① 포스트모더니티 이론에서 규칙에 얽매이지 않는 행정의 운영이나 특수성을 인정하는 것에 해당하는 것은 상상(imagination)이다. 상상은 단순히 상상력을 키운다고 하는 뜻 이상으로 이미지를 다루는 능력을 키우는 것을 의미한다. 부정적으로 보았을 때 상상은 규칙에 얽매이지 않는 행정의 운영이며, 긍정적으로 보았을 때 상상은 문제의 특수성을 인정하는 것이다. 즉, 과학적 합리성(rationality)보다는 관점에 따라 다양한 가능성이 허용되는 상상이 더 중요하다는 것이다.

파머(Farmer)는 관료제도를 중심으로 한 근대 행정이론을 특수주의, 과학주의(실증주의), 기술주의(낮은 수준의 기술, 기법), 기업주의(경쟁방식) 등으로 규정하면서 이를 비판적으로 해석하고, 포스트모더니티 행정이론을 상상, 해체(탈구성), 영역 해체(탈영역화), 타자성(他者性, alterity) 등을 중심으로 제시하였다.

| 오답 해설 | ② 해체(deconstruction)는 언어, 몸짓, 이야기, 설화, 이론 등의 근거를 파헤쳐 보는 것이다. 행정학에서는 "합리화가 인간의 진보와 같다.", "경제 발전이 역사 발전의 원동력이다.", "행정은 객관적으로 연구될 수 있다.", "행정의 실무는 능률적이어야 한다." 등의 설화를 해체의 대상으로 볼 수 있다.

③ 영역 해체(deterritorialization)는 모든 지식이 그 성격과 조직에서 가지는 '고유' 영역이 해체된다는 의미이다. 행정학의 경우 고유 영역이라고 믿는 지식의 성격이 변화하고 행정조직의 계층성 등이 약화된 탈관료제화된 모습을 나타내게 될 것으로 본다.

④ 타자성(alterity)은 나 아닌 다른 사람을 인식적 객체로서가 아니라 도덕적인 타자로 인정하는 것이다.

46 ①

中

개념 카테고리 이론 발달 > 현대 행정학 > 시차이론

| 정답 해설 | ① 제시된 지문은 시차이론으로, 원인변수와 결과변수 간 인과관계가 원인변수들이 작용하는 순서에 따라 달라진다고 본다. 따라서 시차이론은 정책이나 제도의 도입 이후 어느 시점에서 변경을 시도해야 바람직한 결과를 낳을 것인지에 주목하며, 정책이나 제도의 효과는 어느 정도 숙성기간이 지난 후에 평가하는 것이 보다 합리적이라고 본다. 시차이론은 현실적으로 한국의 정책집행 과정, 특히 정부개혁이 효과를 거두지 못한 이유를 파악하려는 데서 시작된 접근방법으로, 시차적 요소에 대해 적절하게 고려하지 않아 정부개혁의 실패가 나타난다고 본다.

CHAPTER 04 행정이념

출제 비중 18%

약점진단표											
1회독				2회독				3회독			
○	△	×	총	○	△	×	총	○	△	×	총
			21				21				21

*문제풀이 후 약점진단 결과를 적어보세요!

문제편 P.38

01	①	02	②	03	③	04	③	05	①
06	③	07	④	08	③	09	③	10	①
11	③	12	②	13	④	14	①	15	①
16	②	17	②	18	④	19	①	20	①
21	④								

01 ①

中

개념 카테고리 행정이념 > 행정문화

| 정답 해설 | ① 개인주의는 선진국 행정문화의 특성에 해당한다.

02 ②

上

개념 카테고리 행정이념 > 호프스테드(Hofstede)의 문화 비교차원

| 정답 해설 | ② 호프스테드(Hofstede)가 비교한 문화의 비교차원은 불확실성의 회피, 권력거리(power distance), 개인주의 대 집단주의, 장기성향 대 단기성향, 남성다움과 여성다움이다. 보편주의 대 특수주의는 포함되지 않는다.

| 플러스 이론 | 호프스테드(Hofstede)의 문화의 비교차원

네덜란드의 문화심리학자인 게흐트 호프스테드(Geert Hofstede)는 불확실성의 회피(uncertainty avoidance), 위계적 구조를 받아들이는 정도인 권력거리(power distance), 개인주의와 대비되는 집단주의(collectivism vs. individualism), 과거 혹은 현실을 지향하는 단기주의와 대비되는 장기주의(long-term orientation vs. short-term orientation), 사회적 성공 경쟁 위주의 남성주의(masculine vs. feminine culture)로 전 세계의 문화를 분류할 수 있다고 했다.

- 불확실성의 회피는 사람들이 모호한 상황이나 불확실성을 용인하는 정도를 나타낸다. 불확실성 회피성향이 높은 문화는 안정적인 직업에 높은 가치를 부여하고 관리자들이 아주 분명한 지시를 내려 줄 것을 기대하는 반면, 불확실성 회피성향이 낮은 문화는 변화에 대해서 두려워하지 않으며 위험을 극복하려는 성향이 높게 나타난다. 따라서 불확실성 회피 정도가 강한 경우 공식적 규정을 많이 만들어 불확실한 요소를 최대한 통제하려 한다.
- 권력거리(power distance)란 사회 내에서 부와 권력이 불평등하게 배분되어 있다거나 혹은 편중되어 있을 경우 이를 어느 정도 수용하는가를 나타낸다. 즉 조직이나 단체에서 권력이 작은 구성원이 권력의 불평등한 분배를 수용하는 정도를 의미한다. 권력거리가 큰 경우 제도나 조직 내에 내재되어 있는 상당한 권력의 차이를 자연스럽게 인정한다.
- 개인주의와 집단주의는 사람들이 얼마나 개인주의적이거나 집단주의적인 성향을 보이는가를 의미한다. 개인주의적인 성향의 문화는 개인들 간의 연계가 느슨하며 개인의 성취와 자유가 높게 평가되는 반면, 집단주의적인 성향의 문화는 개인 간의 관계가 밀접하게 연계되어 있다. 따라서 개인주의가 강한 문화는 집단주의가 강한 문화보다 상대적으로 느슨한 개인 간 관계를 더 중요시한다.
- 단기주의와 장기주의에서 장기주의 지표가 높은 문화의 가치는 끈기, 지위에 의한 인간관계 서열과 이에 대한 존중, 절약, 염치를 아는 것을 나타낸다. 장기주의적인 문화는 저축 등을 통해 장기적인 성과를 이루려는 성향을 나타내는 반면, 단기주의적인 문화는 절약이나 끈기 등에 관심이 적은 성향을 나타낸다. 따라서 장기주의적 성향이 강한 사회는 미래 지향적 가치를 중시한다.
- 남성다움과 여성다움은 남성중심적인 성향을 가지고 있는지 여성중심적인 성향을 가지고 있는지를 나타낸다. 남성중심적인 문화는 남녀간의 역할분담이 이루어져 있고 성취감이나 자기주장, 물질적인 성공에 대해서 강한 선호를 나타내는 반면, 여성중심적인 문화는 관계유지를 중요시하거나 구성원에 대해 배려해 주는 경향, 삶의 질을 강조하는 면이 강하게 나타난다. 따라서 남성성이 강한 문화는 여성성이 강한 문화보다 상대적으로 남성과 여성의 역할에 대한 분명한 차이를 인정하려고 한다.

03 ③

中

개념 카테고리 행정이념 > 행정가치 > 본질적 가치

| 정답 해설 | ③ 민주적 의사결정(민주성)은 본질적 가치가 아니라 수단적 가치에 해당한다. 본질적 가치에는 자유, 평등, 정의, 형평, 공익, 공공성 등이 포함된다.

04 ③

中

개념 카테고리 행정이념 > 행정가치 > 본질적 가치 > 공익

| 정답 해설 | ③ 공익에 대한 설명으로 ㄱ, ㄴ, ㄹ이 옳다.

| 오답 해설 | ㄷ. 실체설에 의하면 공익은 사익을 초월한 것이다. 따라서 실체설은 공익이라는 미명하에 개인의 이익이 침해될 수 있는 위험요소를 내포하고 있다. 반면, 과정설에 의하면 공익은 사익 간 갈등을 조정·타협하는 과정에서 산출되는 것이다. 따라서 다원적 민주주의에 도움을 주는 것은 과정설이다.

05 ①

中

개념 카테고리 행정이념 > 행정가치 > 본질적 가치 > 공익

| 정답 해설 | ① 공익의 실체설과 과정설을 구분하는 핵심은 공익의 선험적 존재여부이다. 실체설은 공익이 선험적으로 존재한다고 보는 데 비해, 과정설은 공익을 하나의 실체라기보다 다수의 이익들이 조정되면서 얻어진 결과로 본다. 따라서 "공익은 인식 가능한 행동결정의 유용한 안내자 역할을 한다는 입장"은 공익의 선험적 존재를 인정하기 때문에 실체설에 해당한다.

06 ③

上

개념 카테고리 행정이념 > 행정가치 > 본질적 가치 > 공익

| 정답 해설 | ③ 공리주의적 관점에서 공익을 설명한 것은 ㄱ, ㄴ이다.

ㄱ. 공리주의적 관점은 사회 전체의 효용이 증가하면 공익이 향상된다고 본다.

ㄴ. 공리주의적 관점은 행동이 가져올 결과로서의 윤리성을 판단하지 않고, 행동 자체가 윤리적 원칙을 준수하는가에 따라 윤리성을 판단하는 의무론적 윤리론이 아니라 행동 자체가 어떠한 윤리기준에 의하여 윤리성을 판단받는 것이 아니고 행동의 목적 내지 결과에 의해 윤리적인지의 여부가 좌우된다고 보는 목적론적 윤리론을 따르고 있다.

| 오답 해설 | ㄷ. 합법성(legitimacy)보다는 효율성(efficiency)이 윤리적 행정의 판단기준이다.

07 ④

中

개념 카테고리 행정이념 > 행정가치 > 본질적 가치 > 사회적 형평

| 정답 해설 | ④ 제1원리(기본적 자유의 평등 원리)는 제2원리(차등 조정의 원리)에 우선하며 제2원리에서는 공정한 기회균등의 원리가 차등원리에 우선적으로 적용된다. 즉, 롤스는 두 가지 원리가 충돌할 때에는 제1원리가 제2원리에 우선하고, 제2원리 내에서 충돌이 생길 때에는 '공정한 기회균등의 원리'가 '차등원리'에 우선되어야 한다고 주장한다. 따라서 '공정한 기회균등의 원리'와 '차등원리'가 충돌할 때에는 전자가 우선되어야 한다.

08 ③

中

개념 카테고리 행정이념 > 행정가치 > 본질적 가치 > 사회적 형평

| 정답 해설 | ③ 정부의 환경보존사업에 필요한 비용을 공채 발행으로 조달하여 다음 세대에게 그 부담을 전가하는 것은 수직적 형평성에 해당한다.

| 오답 해설 | ① 대표관료제는 수직적 형평성을 확보하기 위함이다.

② 롤스(Rawls)는 원초적 상태하에서 합리적 인간의 최소 극대화 원리에 따른다고 한다.

④ 형평성은 총체적 효용 개념을 비판한다.

09 ③

中

개념 카테고리 행정이념 > 행정가치 > 본질적 가치 > 사회적 형평

| 정답 해설 | ③ 수직적 형평성(vertical equity)은 '동등한 여건에 있지 않은 사람을 동등하지 않게 취급'함을 의미하며, 누진세, 대표관료제가 그 예이다.

10 ①

中

개념 카테고리 행정이념 > 행정가치

| 정답 해설 | ① 행정가치에 대한 설명으로 ㄱ, ㄴ이 옳다.

| 오답 해설 | ㄷ. 공익의 과정설은 현실주의 혹은 개인주의적으로 공익 개념을 주장한다. 따라서 과정설에서는 사익을 초월한 별도의 공익이란 존재할 수 없으며, 공익이란 사익의 종합이거나 사익 간 타협 또는 집단 간 상호작용의 산물이라고 본다.

ㄹ. 롤스(Rawls)의 정의관은 자유방임주의에 의거한 전통적 자유주의와 생산수단의 사회적 소유를 주장하는 사회주의의 양극단을 지양하고, 자유와 평등의 조화를 추구하는 중도적 입장을 취한다.

11 ③

中

개념 카테고리 행정이념 > 행정가치

| 정답 해설 | ③ 행정이 추구하는 가치에 대한 설명으로 ㄱ, ㄴ, ㄹ이 옳다.

| 오답 해설 | ㄷ. 목표에 비추어 적합한 행동이 선택되는 정도를 의미하는 것은 실질적 합리성이다.

ㅁ. 자율적이고 적극적인 행정책임을 의미하는 것은 자율적 책임성이다.

12 ②

中

개념 카테고리 행정이념 > 행정가치

| 정답 해설 | ② 효과성은 목표의 달성도를 나타내고, 능률성은 투입 대비 산출의 비율을 의미한다. 효율성은 효과성과 능률성을 합한 개념이다.

13 ④

中

개념 카테고리 행정이념 > 행정가치 > 수단적 가치 > 능률성

| 정답 해설 | ④ 사회적 효율성(능률성)은 인간관계론의 등장과 함께 강조되었다. 과학적 관리론의 등장과 함께 강조된 것은 기계적 효율성(능률성)이다.

14 ①

中

개념 카테고리 행정이념 > 행정가치

| 정답 해설 | ① 대의민주주의의 한계를 극복하기 위해 등장한 심의민주주의는 의사결정참여자들이 상호작용의 과정 중에 각자의 선호를 기꺼이 변화시킬 수 있다는 점을 전제로 한다. 심의민주주의는 간접적이고 선호집합적인 대의제민주주의가 보이고 있는 결함을 시정하여 고대 아테네의 고전적인 직접민주주의의 이상을 재현하려는 대안이다. 심의민주주의는 시민들 간의 대화, 토론, 의사소통을 통해 개인들이 자신의 선호를 계속 변화시켜 가면서 합의된 집단적 의사를 형성하려는 것으로, 시민이 직접 심의에 참여하는 직접적이고 참여적인 민주주의이다. 심의민주주의에 의하면 평등한 사람들의 자유로운 공적 심의를 통해 도달된 민주적 · 집단적 결정과정이 정당화된다.

15 ①

下

개념 카테고리 행정이념 > 행정가치

| 정답 해설 | ① 가외성은 예측하지 못한 행정수요에 대응이 가능하게 함으로써 행정에 대한 신뢰성, 창의성 등을 제고한다.

| 오답 해설 | ② 공익 과정설은 공익을 사익의 총합이거나 사익 간 타협 또는 집단 간 상호작용의 산물로 본다.

③ 사회적 효율성은 행정의 사회목적 실현과 다차원적 이익들 간의 통합 조정 등을 내용으로 한다.

④ 수직적 형평성은 '다른 사람은 다르게 취급한다'는 원칙으로, 실적과 능력의 차이로 인한 상이한 배분을 용인한다.

16 ②

中

개념 카테고리 행정이념 > 행정가치 > 수단적 가치 > 가외성

| 정답 해설 | ② 가외성은 행정의 불확실성의 관점에서 충분한 근거를 찾을 수 있다. 즉 현대행정의 불확실성으로 인해 가외적 장치의 설치가 정당화되는 것이다. 반면, 가외성은 경제성과 능률성과는 충돌하는 개념이다. 즉 가외적 장치를 설치하는 경우 행정의 경제성과 능률성이 저하될 수 있다.

17 ②

中

개념 카테고리 행정이념 > 행정가치 > 수단적 가치 > 합리성

| 정답 해설 | ② 디징(Diesing)은 합리성을 기술적 합리성, 경제적 합리성, 사회적 합리성, 법적 합리성, 정치적 합리성으로 나누어 설명한다.

18 ④

中

개념 카테고리 행정이념 > 행정가치 > 경쟁가치모형

| 정답 해설 | ④ 〈보기〉는 퀸과 로보그(Quinne & Rohrbaugh)의 경쟁가치모형에 관한 설명이다.

| 플러스 이론 | 퀸과 로보그의 경쟁가치모형

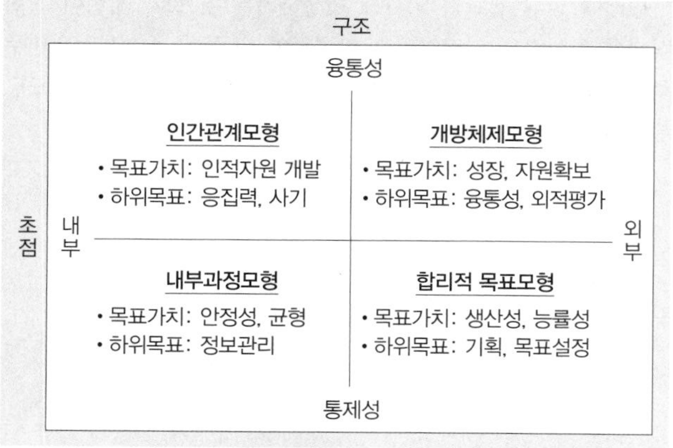

19 ①

中

개념 카테고리 행정이념 > 행정가치 > 경쟁가치모형

| 정답 해설 | ① 위계 문화(내부과정모형)는 안정성을 강조한다. 응집성을 강조하는 것은 관계지향문화(인간관계모형)이다.

20 ①

中

개념 카테고리 행정이념 > 행정가치 > 경쟁가치모형

| 정답 해설 | ① 개방체제 관점은 조직의 성장 및 자원획득의 목표를 강조한다.

21 ④

中

개념 카테고리 행정이념 > 행정가치 > 투명성

| 정답 해설 | ④ 공무원 부패를 방지하기 위해 가장 중요한 가치로서 인식되는 것은 투명성이다. 투명성은 정부의 의사결정과 집행과정 등 다양한 공적 활동이 정부 외부로 명확하게 드러나는 것을 의미한다. 투명성에서 가장 중요한 요소는 '공개'이며, 투명성은 단순히 정보공개의 소극적 개념에 머물지 않고 정부 외부에 존재하는 사람들에게 정보에 용이하게 접근할 수 있는 권한의 보장까지 포함한다는 점에서 적극적인 개념이다. 따라서 투명성은 공무원의 부패를 방지하기 위한 가장 중요한 가치이며, 투명성과 관련이 깊은 가치 개념으로서 청렴성과 이해충돌 문제를 들 수 있다.

| 플러스 이론 | 투명성

- 과정 투명성: 정부 내에서 이루어지는 많은 의사결정 과정이 개방적이고 투명하게 이루어져야 한다는 것이다. 예 정부의 의사결정 과정에 민간인이 참여, 민원처리 과정을 온라인으로 공개
- 결과 투명성: 의사결정이 투명하게 이루어졌다고 해서, 행정 결과의 정당성이나 공정성이 확보되는 것은 아니다. 결정된 의사결정이 제대로 집행되었는지를 확인할 수 있게 결과의 투명성을 확보하는 것이 중요하다. 예 시민 옴부즈만제도
- 조직 투명성: 조직 자체의 개방성과 공개성을 의미한다. 각급 행정기관들이 공시제도를 도입하거나 정보공개를 확대하는 것은 조직 투명성을 증대시키기 위한 방안들이다. 예 인터넷 홈페이지를 통해 정부조직의 각종 규정, 정책, 고시, 입찰 등 해당기관의 운영과 관련된 내용을 자세히 공개

PART

02 정책학

정답과 해설

CHAPTER 01 정책학의 기초이론

출제 비중 21%

약점진단표											
1회독				2회독				3회독			
○	△	×	총	○	△	×	총	○	△	×	총
			23				23				23

*문제풀이 후 약점진단 결과를 적어보세요!

문제편 P.44

01	②	02	④	03	①	04	①	05	④
06	①	07	①	08	①	09	②	10	④
11	③	12	②	13	①	14	④	15	②
16	②	17	①	18	②	19	⑤	20	②
21	②	22	③	23	①				

01 ②

下

개념 카테고리 기초이론 > 정책학의 발달

| 정답 해설 | ② 라스웰(Lasswell)은 1971년 「정책학 소개(A Pre-View of Policy Sciences)」에서 맥락지향성, 문제지향성, 연합학문지향성(학제적 연구)을 제시하였다.

02 ④

中

개념 카테고리 기초이론 > 정책유형의 분류 > Lowi의 분류

| 정답 해설 | ④ A는 배분정책, B는 구성정책, C는 규제정책, D는 재분배정책에 해당한다. 재분배정책(D)은 형평성을 위한 정책으로, 소득분배의 형평성은 지방정부보다는 중앙정부가 담당하는 것이 바람직하다.

03 ①

中

개념 카테고리 기초이론 > 정책유형의 분류 > Lowi의 분류

| 정답 해설 | ① 정부 혹은 정치체제의 정통성과 정당성을 확보하고, 국민의 단결력이나 자부심을 높여 줌으로써 정부의 정책활동을 원활하게 하기 위한 정책은 상징정책에 해당하며, 로위(Lowi)의 정책 유형에 해당하지 않는다.

04 ①

中

개념 카테고리 기초이론 > 정책의 유형

| 정답 해설 | ① 상징정책은 앨먼드와 파월(Almond & Powell)의 정책유형이다.

| 플러스 이론 | 학자별 정책유형

학자	정책유형
Lowi	분배정책, 규제정책, 재분배정책, 구성정책
Ripley & Franklin	분배정책, 경쟁적 규제정책, 보호적 규제정책, 재분배정책
Almond & Powell	분배정책, 규제정책, 추출정책, 상징정책
Salisbury	분배정책, 규제정책, 재분배정책, 자율규제정책

05 ④

中

개념 카테고리 기초이론 > 정책의 유형

| 정답 해설 | ④ 정부가 집단 간에 재산, 소득, 권리 등의 배정을 변동시켜 그들로부터 자원을 획득하는 정책은 추출정책이 아니라 재분배정책이다. 추출정책은 정부가 국내 또는 국제적 환경으로부터 정부의 서비스에 대한 비용 또는 대가로서 재화나 사람, 서비스 등과 같은 자원을 추출하는 정책으로, 국가 정책적 목표에 의해 일반 국민에게 인적·물적 자원을 부담시키는 정책이다.
예 징세, 징병, 물자 수용, 토지 수용 등

06 ① 下

개념 카테고리 기초이론 > 정책유형의 분류 > 분배정책

| 정답 해설 | ① 로그롤링(log rolling)이나 포크배럴(pork barrel)과 같은 정치적 현상이 나타나기 쉬운 정책유형은 분배정책이다.

| 플러스 이론 | 로그롤링(log rolling)과 포크배럴(pork barrel)

- 로그롤링(log rolling): 상대방이 나의 안건에 대해 찬성해 주면 내가 상대방의 안건에 대해 찬성해 주겠다는 투표결탁 행위로, 정책과정에서 이해당사자들이 서로에게 이익이 되는 방향으로 협력을 하는 현상
- 포크배럴(pork barrel): 특정 분배정책에 관여하는 사람이 그 혜택을 서로 쪼개어 가지려고 노력하는 현상

07 ① 中

개념 카테고리 기초이론 > 정책유형의 분류 > 경쟁적 규제정책

| 정답 해설 | ① 종합편성 채널의 운영권을 부여하고, 이를 확보한 방송사에 대한 규제는 리플리와 프랭클린(Ripley & Franklin)의 보호적 규제정책이 아니라 경쟁적 규제정책(competitive regulatory policy)을 시행한 것으로 볼 수 있다. 경쟁적 규제정책은 특정한 재화 및 용역을 제공할 수 있는 권리를 다수의 경쟁자들 중 특정 소수자에게 제한시키는 정책이다. 많은 이권이 개입하여 경쟁이 치열한 서비스업을 국가가 몇몇 개인을 선정하여 서비스를 제공하도록 규제하는 정책유형이다. 경쟁적 규제정책은 소수자에게 권리를 부여하는 배분정책적 성격과 서비스 제공의 일정한 측면을 규제하는 규제정책적 성격을 동시에 지니고 있는 잡종(hybrid)이지만, 그 목표가 대중의 보호에 있고 수단이 규제적인 요소가 많기 때문에 규제정책으로 보는 것이 일반적이다.

08 ① 中

개념 카테고리 기초이론 > 정책의 유형

| 정답 해설 | ① 정부기관 개편은 구성정책의 사례에 해당하나, 국경일의 제정은 상징정책의 사례에 해당한다.

09 ② 中

개념 카테고리 기초이론 > 정책유형의 분류 > Lowi의 분류

| 정답 해설 | ② 종합소득세, 임대주택, 노령연금은 분배정책이 아니라 재분배정책의 사례에 해당한다. 로위(T. J. Lowi)는 정책유형을 분배정책, 규제정책, 재분배정책, 구성정책으로 분류하였다. 한편 ③ 상징정책은 로위가 제시한 정책유형에는 해당하지 않지만, 복수정답으로 인정되지는 않았다.

10 ④ 上

개념 카테고리 기초이론 > 정책결정요인론 > 경제적 자원모형

| 정답 해설 | ④ 도슨과 로빈슨(Dawson & Robinson)은 그동안의 체제이론이 가정했던 사회경제적 변수, 정치체제 그리고 정책 간의 순차적 관계를 부정했으며, 사회경제적 변수가 정치체제와 정책 모두에 영향을 미치고 이것이 정치체제와 정책의 상관관계를 초래했다고 주장하였다. 따라서 사회경제적 변수를 통제하면 정치체제와 정책의 관계가 사라지는데, 이는 바로 양자의 관계가 허위상관에 불과하다는 것을 의미한다. 이에 따라 사회경제적 변수, 정치체제, 정책은 순차적 관계에 있다고 보기 어렵다.

11 ③ 中

개념 카테고리 기초이론 > 정책결정요인론

| 정답 해설 | ③ 정책결정요인론은 정치체제가 지니는 정량적(양적) 변수가 아니라 정성적(질적) 변수를 포함하지 않는다는 비판을 받는다. 즉, 정책결정요인론은 계량화가 곤란한 정치적 변수는 과소평가되고, 계량화가 용이한 경제적 변수에 대해서만 과대평가되었다는 비판을 받는다.

12 ② 下

개념 카테고리 기초이론 > 정책과정의 참여자

| 정답 해설 | ② 정당은 비공식적 참여자로서 대중의 여론을 형성하고 일반 국민에게 정책 관련 주요 정보를 전달하는 역할을 통해 정책과정에 영향을 미친다. 정당은 국가기관이나 행정기관이 아닌 사인 간 결사체이기 때문에 공식적인 정책행위자로 분류되지는 않는다.

13 ① 中

개념 카테고리 기초이론 > 정책과정상 관료의 우월적 위치

| 정답 해설 | ① 정책과정에 관료가 우월적 위치를 차지하게 되는데 이러한 관료의 우월적 위치의 근원으로 ㉠ 예산의 통제, ㉡ 정보의 통제, ㉢ 전문성, ㉣ 사회적 신뢰, ㉤ 전략적 지위, ㉥ 기관장의 리더십 등이 있다.

| 플러스 이론 | 정책과정에 관료가 우월적 위치를 차지하게 되는 근원

- 예산의 통제: 관료는 예산편성과정에서 중요한 역할을 수행하며, 재정자원을 실제 배분하는 중요한 역할은 관료들이 담당한다.
- 정보의 통제: 관료는 정보의 생성과 수집, 특정 정보에 대한 접근성을 가지며, 보다 정확하고 풍부한 정보를 가진 사람이 정책결정의 지배적인 역할을 담당한다.

• 전문성: 관료는 신분보장을 통해 장기간 근무가 가능하기 때문에 관련 분야의 경험을 통한 학습과 정보를 축적하기 때문에 정책에 대한 높은 전문성을 가진다.
• 사회적 신뢰: 우리나라에는 과거 공직에 대한 사회적 평가와 정부에 대한 신뢰도가 높았다. 다만 최근 공직에 대한 사회적 평가와 정부에 대한 신뢰도가 점점 낮아지고 있어 사회적 신뢰 측면에서 관료의 영향력은 약화될 것으로 보인다.
• 전략적 지위: 관료는 국민의 대표기관과 국민 사이에서 통로역할을 하며, 그들의 의견을 구체화하며 자신들의 역할을 지속할 수 있도록 정보의 흐름을 관리할 수 있다.
• 기관장의 리더십: 기관장은 예산확보 등에 영향력을 발휘함으로써 정책결정의 중요한 흐름을 바꿀 정도로 중요한 역할을 한다.

14 ④ 下

개념 카테고리 기초이론 > 철의 삼각

| 정답 해설 | ④ 정책과정에서 철의 삼각(iron triangle) 또는 하위정부모형에 해당하는 것은 의회 상임위원회, 행정부 관료, 이익집단이며, 법원은 해당하지 않는다.

15 ② 中

개념 카테고리 기초이론 > 정책네트워크모형 > 이슈네트워크와 정책공동체

| 정답 해설 | ② 이슈네트워크(issue network)에 비해서 정책공동체(policy community)는 제한된 행위자들이 정책과정에 참여하며 경계의 개방성이 낮은 특성이 있다.

| 플러스 이론 | 이슈네트워크와 정책공동체

구분	이슈네트워크	정책공동체
정책 행위자	다양한 행위자, 이슈에 따라 수시로 변동(이익집단, 전문가, 언론, 비조직화된 개인 등 모든 이해관계자), 개방적 · 유동적	공식적 · 조직화된 행위자에 한정(공무원, 연구원, 교수, 위원 등), 폐쇄적 · 안정적 · 지속적
상호관계	상호경쟁적, 상호의존성 약함, 권력의 편차가 심함, 연합형성 전략, negative sum 게임	상호협력적, 상호의존성 강함, 비교적 균등한 권력, positive sum 게임
참여의 목적	자기이익 극대화(이해 공유도 낮음), 이슈의 성격에 따라 이합집산	정책에 대한 기본적 이해의 공유와 협조(이해 공유도 높음)
유형의 구조화	개별행위자들로서 특별한 구조가 미형성	빈번한 상호작용, 안정된 구조적 관계로 유형화(언어, 가치관, 문화 등의 공유)
정책결정	정책결정과정에서 정책내용 많이 변경(예측 곤란)	처음의 정책내용대로 정책결정(예측 용이)
정책집행	결정된 정책내용과 다르게 집행되는 경우가 많음	결정된 정책내용과 크게 다르지 않음

16 ② 上

개념 카테고리 기초이론 > 정책네트워크모형

| 정답 해설 | ② 수많은 공식 · 비공식적 참여자가 존재하는 정책네트워크는 정책과정의 참여자들 간 상호작용을 구조적인 차원으로 설명하는 틀이다. 따라서 정책네트워크의 경계는 공식기관들보다는 구조적인 틀에 따라 달라지는 상호인지의 과정에 의해 결정된다.

17 ① 上

개념 카테고리 기초이론 > 정책네트워크모형

| 정답 해설 | ① 정책문제망은 대체로 네거티브섬게임(negative-sum game)의 성격을 띠지만, 정책공동체는 상대적으로 공동의 이익을 추구하는 포지티브섬 게임(positive-sum game)이다.

18 ② 中

개념 카테고리 기초이론 > 권력모형 > 다원주의이론

| 정답 해설 | ② 개발도상국가에서 경제개발과정에서의 이익집단에 대한 통제를 설명하기 위한 이론으로 활용되는 것은 다원주의가 아니라 국가조합주의이다. 다원주의는 정책에 대해 집단 간의 이익 갈등을 정부가 공정하고 중립적으로 조정한 결과라는 입장을 가지며 정책의 점진적인 변화를 강조한다. 다원주의에서는 이익집단론을 중시하는데, 한 집단이 정부를 지배하는 것이 아니라 이슈와 상황에 따라 균형을 이루려 하기 때문에 민주적일 수밖에 없다고 본다. 따라서 다원주의에서는 정책결정과정에서 정부가 소극적 · 수동적인 역할과 기능을 수행한다고 본다.

19 ⑤ 上

개념 카테고리 기초이론 > 권력모형 > 엘리트이론과 다원주의론

| 정답 해설 | ⑤ 다원주의론은 이익집단이 정부 정책과정에 대한 동등한 접근 기회를 가지고 있다고 주장하며, 이를 조정하기 위한 정부의 소극적이고 수동적인 역할 수행을 강조한다.

20 ② 中

개념 카테고리 기초이론 > 권력모형 > 엘리트이론과 다원주의이론

| 정답 해설 | ② 밀즈(Mills)는 지위접근법을 사용하여 엘리트들을 분석한 반면, 헌터는 명성접근법을 사용하여 엘리트들을 분석하였다.

21 ②

中

개념 카테고리 기초이론 > 권력모형 > 신엘리트이론

| 정답 해설 | ② 밀즈(Mills)의 지위접근법과 헌터(Hunter)의 명성적 접근방법은 1950년대 미국의 엘리트이론에 해당한다. 신엘리트이론은 바흐라흐와 바라츠(Bachrach & Baratz)가 『권력의 두 얼굴: Two Faces of Power』에서 무의사결정론을 근거로 다원주의론을 비판하면서 등장한 이론이다.

22 ③

中

개념 카테고리 기초이론 > 권력모형

| 정답 해설 | ③ ㉠은 헌터(Hunter)의 명성접근법, ㉡은 다알(Dahl)의 다원주의론에 해당한다. 헌터의 명성적 접근법(『Community Power Structure(1963)』)은 밀즈(Mills)의 지위접근법과 달리 전국적 차원이 아니라 조지아주의 애틀랜타시를 대상으로 지역사회의 지배구조에 초점을 맞추면서, 소수 엘리트(상업, 금융계, 제조업 분야의 기업가 및 최고경영자가 23명, 노동 지도자 2명, 변호사 5명, 그리고 시 정부 고위 공직자가 4명)가 강한 응집성을 가지고 정책을 결정하고 정치에 무관심한 일반대중들은 비판없이 이를 수용한다고 설명한다. 다알의 다원주의론은 정치권력에 두 얼굴(two faces of power)이 있음을 주장하는 바흐라흐와 바라츠(Bachrach & Baratz)의 무의사결정론으로부터 권력의 어두운 측면이 갖는 영향력에 대해 관심을 가지지 않았다는 점을 비판받았다.

23 ①

中

개념 카테고리 기초이론 > 권력모형

| 정답 해설 | ① 헌터(Hunter)는 지역사회연구를 통해 응집력과 동료의식이 강하고 협력적인 '경제' 엘리트들이 지역사회를 지배한다는 엘리트론을 주장하였다. 즉, 헌터는 인구 약 50만 명인 조지아주의 애틀랜타시를 대상으로, 가장 영향력 있는 것으로 명성이 높은 40명을 뽑아 이들의 성분을 조사하였다. 이들을 직업별로 보면 상업, 금융계, 제조업 분야의 기업가 및 최고 경영자가 23명으로 가장 많았고, 노동 지도자 2명, 변호사 5명, 그리고 시 정부 고위 공직자가 4명으로 밝혀졌다. 따라서 헌터는 정치엘리트가 아니라 경제 엘리트가 지역사회를 지배한다고 주장하였다.

CHAPTER 02 정책의제설정론

출제 비중 10%

약점진단표

1회독				2회독				3회독			
○	△	×	총	○	△	×	총	○	△	×	총
			9				9				9

*문제풀이 후 약점진단 결과를 적어보세요!

문제편 P.49

01	④	02	④	03	①	04	②	05	①
06	②	07	④	08	④	09	②		

01 ④

上

개념 카테고리 정책의제설정론 > 킹던(Kingdon)의 정책흐름모형

| 정답 해설 | ④ 킹던(Kingdon)이 제시한 정책흐름모형에 대한 설명으로 ㄴ, ㄷ이 옳다.

| 오답 해설 | ㄱ. 경쟁하는 연합의 자원과 신념 체계(belief system)를 강조하는 것은 사바티어(Sabatier)가 제시한 정책지지연합모형(Advocacy Coalition Framework)이다.

02 ④

中

개념 카테고리 정책의제설정론 > 정책의제설정 유형

| 정답 해설 | ④ (라)는 의제설정 주도자가 국가이므로 정책결정자가 이슈를 제기하면 자동적으로 정책의제화되지만 공중의 지지가 낮기 때문에 성공적인 집행을 위한 공중의 지지가 필요하다.

03 ① 中

개념 카테고리 정책의제설정론 > 정책의제 설정과정의 유형

| 정답 해설 | ① 일반 시민의 지지를 얻기 위해 정치지도자나 고위 정책결정자가 주도한 의제가 정부의 홍보활동(PR)을 통해 공중의제로 확산되는 정책의제 설정과정의 유형은 동원모형이다. 동원모형은 정치지도자나 고위 정책결정자의 지시에 따라 사회문제가 바로 정부의제로 채택되며 정부의 힘이 강하고 민간 부문이 취약한 후진국에서 자주 볼 수 있다. 내부접근모형은 정책결정자에게 접근이 용이한 매우 극소수의 외부집단과 정책 담당자들이 정책의제를 설정하는 현상을 설명한다. 정책담당자들이 주도적으로 정책의제를 설정한다는 점은 동원형과 유사하지만, 동원형이 정책의제설정을 위해 내부적으로 결정한 정부의제를 국민에게 적극적으로 홍보하여 공감을 형성하고 공중의제화 과정을 거치는 데 비해 내부접근형은 정부의제가 공중의제화되는 것을 피하고 곧바로 정책의제로 채택된다. 국방, 외교 등 비밀 유지가 필요한 분야의 정책들이나 강한 반대가 예상됨에도 불구하고 반드시 추진하려는 정책의 경우, 혹은 권력의 집중화가 심한 국가에서 발견된다.

| 플러스 이론 | 동원형과 내부접근형의 비교

차이점		유사점
동원형	내부접근형	
주도세력이 최고통치자 또는 고위정책결정자	동원형보다 낮은 지위에 있는 고위관료	외부주도형보다 정부의제화가 용이
정부의제가 되고 난 후에 정부의 PR을 통해 공중의제화	공중의제화를 막고 정책 내용을 대중에게 알리지 않으려 함	

04 ② 中

개념 카테고리 정책의제설정론 > 정책이해관계자의 특성

| 정답 해설 | ② 이해관계자는 정책으로 인해 이익을 얻거나 손해를 감내해야 하는 집단을 의미한다. 이들 집단 중 정책의제화를 요구하는 집단의 규모가 클수록, 정책영향력이 클수록 정책의제화될 가능성이 높다. 또한 정책이해관계자의 조직화 정도도 영향을 미치는데, 조직화 정도가 높은 경우에는 조직비용이 낮기 때문에 상대적으로 쉽게 의제화된다. 즉, 정책이해관계자가 넓게 분포하고 조직화 정도가 낮은 경우(조직비용이 높은 경우)에는 정책의제화가 상당히 어렵다. 또한 정책이해관계자가 좁게 분포하지만 조직화 정도가 낮은 경우(조직비용이 높은 경우)에도 정책의제화가 쉽지 않을 수 있다. 한편 정책이해관계자가 좁게 분포하고 조직화 정도가 높은 경우(조직비용이 낮은 경우)에는 상대적으로 쉽게 정책의제화될 것이며, 정책이해관계자가 넓게 분포하고 조직화 정도가 높은 경우(조직비용이 낮은 경우)에도 정책의제화될 가능성이 높다.

05 ① 中

개념 카테고리 정책의제설정론 > 정책의제의 선택적 설정

| 정답 해설 | ① ㄱ은 사이몬(Simon)의 의사결정론(A), ㄴ은 체제이론(B), ㄷ은 다원주의론(C), ㄹ은 무의사결정론(D)과 연결된다.

06 ② 上

개념 카테고리 정책의제설정론 > 정책의제의 선택적 설정 > 무의사결정론

| 정답 해설 | ② 무의사결정은 정책결정권자의 무관심이나 무능력 때문에 이루어지는 것은 아니다. 정책결정자들의 무관심이나 무능력으로 말미암아 쟁점화되지 못하는 정책문제는 정책과정에 제약을 가하지 않는다는 면에서 무의사결정과 구별되어야 한다.

07 ④ 中

개념 카테고리 정책의제설정론 > 바흐라흐(Bachrach)와 바라츠(Baratz)의 무의사결정론

| 정답 해설 | ④ 바흐라흐(Bachrach)와 바라츠(Baratz)의 무의사결정론은 엘리트의 두 얼굴 중 권력행사의 어두운 측면을 고려하지 못한다고 비판했기 때문에 신엘리트주의로 불린다. 무의사결정론은 바흐라흐와 바라츠(Bachrach & Baratz) 등의 신엘리트론자가 「권력의 두 얼굴: Two Faces of Power」에서 다원론자인 다알(R. Dahl)의 뉴헤이븐(new haven)시의 연구를 비판한 데서 비롯된다. 즉, 정치권력은 두 가지 모습을 가지고 있는데, 하나는 정책문제를 해결하기 위한 정책결정에 행사되는 권력이고, 다른 하나는 정책의제의 채택과정에서 갈등을 억압하고 갈등이 정치과정에 진입하는 것을 방지하는 데 행사되는 권력이라고 주장하였다. 각종 사회문제 중 일부만이 정책의제로 채택되고 일부는 기각·방치되는데, 이러한 기각·방치는 정책대안을 마련하지 않겠다는 소극적 의사결정이므로 이를 '무의사결정(non-decision making)'이라 한다.

08 ④

中

개념 카테고리 정책의제설정론 > 정책의제의 선택적 결정 > 무의사결정론

| 정답 해설 | ④ 조직의 주의집중력은 한계가 있어 일부 사회문제만이 정책의제로 선택된다고 주장한 것은 사이몬(Simon)의 의사결정론이다. 한편 체제이론은 가용자원의 한계 등 정치체제의 능력에 한계가 있어 일부 사회문제만이 정책의제로 선택된다고 주장한다.

09 ②

上

개념 카테고리 정책의제설정론 > 정책의제의 형성과정

| 정답 해설 | ② 크렌슨(Crenson)은 '대기오염의 비정치화'에서 문제특성론을 강조하며, 전체적 이슈 대 부분적 이슈(고통), 전체적 편익 대 부분적 편익(혜택), 전체적 비용 대 부분적 비용(부담)을 기준으로, 문제가 해결되면 전체적 이익을 가져오고 그 해결비용을 일부 집단이 부담하는 경우에는 정부의제화가 어렵다고 하였다. 전체적 이슈이면서 부분적 비용을 수반하는 정책문제로는 공해, 대중교통, 범죄예방, 정부조직 개혁문제 등이 있다.

CHAPTER 03 정책분석론

출제 비중 10%

약점진단표

1회독				2회독				3회독			
○	△	×	총	○	△	×	총	○	△	×	총
			18				18				18

*문제풀이 후 약점진단 결과를 적어보세요!

문제편 P.51

01	②	02	④	03	②	04	①	05	③
06	③	07	③	08	③	09	④	10	①
11	②	12	④	13	④	14	②	15	①
16	③	17	③	18	①				

01 ②

中

개념 카테고리 정책분석론 > 정책문제의 특성

| 정답 해설 | ② 정책 주체와 객체의 행태는 객관적이지만, 정책문제는 주관적이다.

02 ④

上

개념 카테고리 정책분석론 > 정책문제의 구조화기법

| 정답 해설 | ④ 정책문제의 구조화기법에 대한 설명으로 ㄷ, ㄹ이 옳다.

| 오답 해설 | ㄱ은 계층분석, ㄴ은 가정분석에 대한 설명이다.

03 ②

中

개념 카테고리 정책분석론 > 조직(정책)목표

| 정답 해설 | ② 애초에 설정된 목표를 달성할 수 없거나 목표가 완전히 달성된 경우 같은 유형의 다른 목표로 교체되는 것은 목표의 승계이다.

04 ①

中

개념 카테고리 정책분석론 > 정책대안의 결과예측 > 델파이기법

| 정답 해설 | ① 전통적 델파이기법은 전문가들의 의견일치를 유도하는 기법이다. 반면, 정책델파이는 전문가집단뿐만 아니라 다양한 이해관계자가 참여하며, 의도적으로 의견불일치나 갈등을 유발하고 있는 부분에 초점을 두어, 그 차이를 분명하게 부각시키는 방향으로 적용한다.

| 플러스 이론 | 전통적 델파이와 정책델파이

구분	전통적 델파이	정책델파이
개념	일반문제에 대한 예측	정책문제에 대한 예측
응답자	동일영역의 일반전문가를 응답자로 선정	정책전문가와 이해관계자 등 다양한 대상자 선정
익명성	철저한 격리성과 익명성 보장	선택적 익명성(중간에 상호교차토론 허용)
통계처리	의견의 대푯값·평균치(중위값) 중시	의견차이나 갈등을 부각시키는 이원화된 통계처리(극단적이거나 대립된 견해도 존중하고 이를 유도)

05 ③ 中

개념 카테고리 정책분석론 > 정책대안의 결과예측 > 델파이기법

| 정답 해설 | ③ 델파이기법은 가까운 미래보다는 중장기적 미래를 예측하기 위하여 통계분석을 활용하는 주관적 미래예측방법이다.

06 ③ 中

개념 카테고리 정책분석론 > 정책대안의 결과예측 > 델파이기법

| 정답 해설 | ③ 장래에 일어날 사건의 줄거리를 가상적 시나리오로 구성하는 것은 시나리오(scenario) 작성기법에 관한 설명이다. 시나리오 작성기법은 현 시점이나 주어진 상황에서 출발하여 장래 일어날 수 있는 상황을 단계별로 밝혀 나가는 미래예측기법이다.

07 ③ 中

개념 카테고리 정책분석론 > 정책대안의 결과예측 > 정책델파이

| 정답 해설 | ③ 정책델파이는 정책대안에 대한 주장들이 표면화된 후에는 참가자들로 하여금 공개적으로 토론을 벌이게 한다.

08 ③ 上

개념 카테고리 정책분석론 > 정책대안의 결과예측 > 불확실성 극복방안

| 정답 해설 | ③ ㄴ, ㄷ, ㄹ은 불확실성의 적극적 극복방안에 해당한다.

| 오답 해설 | ㄱ. 민감도분석은 불확실한 것을 주어진 것으로 보고 이에 대처하는 방안으로, 불확실성의 소극적 극복방안에 해당한다.

| 플러스 이론 | 불확실성 극복방안

- 가장 이상적인 불확실성 극복방안은 이론이나 모형의 개발로서 정책대안과 결과의 관계를 명확히 하고 이들이 현실에 적용될 때 개입되는 여러 가지 조건이나 상황변수들에 대한 정보를 획득하여 정책대안이 가져올 결과를 확실하게 예측하도록 하는 방법이다.
- 정책대안의 결과에 대한 불확실성을 극복하되, 시행착오적인 방법의 근본 아이디어를 보다 체계화하여 정식으로 채택한 정책실험과 전문가의 주관적 판단에 의존하여 불확실성을 극복하는 정책델파이, 브레인스토밍 등의 방법도 있다.

09 ④ 中

개념 카테고리 정책분석론 > 정책대안의 결과예측 > 불확실성 극복방안

| 정답 해설 | ④ 정책환경의 불확실성을 극복하는 대처방안 중 소극적 불확실성 극복방법은 불확실성을 주어진 것으로 보고, 불확실한 상태하에서 정책대안의 결과예측이나 정책결정을 진행하여 불확실성에 대처하는 방법이다. 보수적인 접근방법, 중복성의 확보방안, 민감도분석, 악조건가중 분석, 분기점 분석, 지연이나 회피 등이 있다. 적극적 불확실성 극복방법은 이론이나 모형의 개발로서 정책대안과 결과의 관계를 명확히 하고 이들이 현실에 적용될 때 개입되는 여러 가지 조건이나 상황변수들에 대한 정보를 획득하여 정책대안이 가져올 결과를 확실하게 예측하도록 하는 방법이다. 시행착오를 인정하는 것, 정책델파이·집단토의, 협상이나 타협 등이 있다.

10 ① 中

개념 카테고리 정책분석론 > 정책대안의 결과예측 > 민감도분석

| 정답 해설 | ① 불완전한 정보를 가지고 있는 모형 내의 파라미터의 변화에 따라 대안의 결과가 어떻게 반응하는지를 분석하는 기법은 민감도분석이다.

11 ② 上

개념 카테고리 정책분석론 > 정책대안의 결과예측 > 교차영향분석

| 정답 해설 | ② 제시된 지문은 교차영향분석에 대한 설명으로, 교차영향분석(Cross Impact Analysis)은 관련 사건의 발생 여부에 기초하여 미래 특정 사건의 발생 가능성에 대한 판단을 이끌어내는 분석기법이다.

12 ④ 中

개념 카테고리 정책분석론 > 정책대안의 결과예측 > 비용효과분석

| 정답 해설 | ④ 비용효과(cost-effectiveness)분석은 정책대안의 비용과 효과가 모두 화폐단위로 측정되기 어려운 국방, 치안, 보건 등의 영역에 적용할 수 있다.

| 오답 해설 | ① 정책대안의 비용과 효과가 모두 화폐단위로 측정되는 것은 비용편익(cost-benefit)분석이다.

② 비용편익분석은 정책대안의 비용과 효과가 모두 화폐단위로

측정되기 때문에 분석결과를 사회적 후생의 문제와 쉽게 연계시킬 수 있다.

③ 시장가격의 메커니즘에 전적으로 의존하는 것은 비용편익분석이다.

13 ④

中

개념 카테고리 정책분석론 > 정책대안의 결과예측 > 비용편익분석

| 정답 해설 | ④ 높은 할인율을 적용하면 장기간에 걸쳐 편익이 발생하는 장기 투자에 불리하다. 즉, 높은 할인율을 적용하면 장기간에 걸쳐 편익이 발생하는 장기 투자의 경우에는 현재가치가 낮게 평가되므로, 사업의 타당성이 저하된다.

| 오답 해설 | 매력적 오답 ① 비용편익분석은 예산편성과정에서 단수의 사업의 경우는 타당성, 복수의 사업의 경우는 우선순위를 식별하는 분석도구로 사용된다.

14 ②

中

개념 카테고리 정책분석론 > 정책대안의 결과예측 > 비용편익분석

| 정답 해설 | ② 공공사업의 경제성 분석에 대한 설명으로 ㄱ, ㄹ이 옳다.

| 오답 해설 | ㄴ. 직접적이고 유형적인 비용과 편익뿐 아니라 간접적이고 무형적인 비용과 편익도 포함한다.

ㄷ. 순현재가치(NPV)는 '편익'의 총현재가치에서 '비용'의 총현재가치를 뺀 것이며 0보다 클 경우 사업의 타당성을 인정할 수 있다.

15 ①

中

개념 카테고리 정책분석론 > 정책대안의 결과예측 > 비용편익분석

| 정답 해설 | ① 비용편익분석은 정책대안의 비용과 편익을 모두 가시적인 화폐 가치로 바꾸어 측정하기 때문에 분야가 다른 정책이나 프로그램을 비교할 수 있다는 장점이 있다.

| 오답 해설 | 매력적 오답 ② 비용편익분석은 정책대안의 비용과 편익을 모두 가시적인 화폐 가치로 바꾸어 측정하며, 화폐 가치로 측정이 곤란한 경우는 비용효과분석을 사용한다.

16 ③

中

개념 카테고리 정책분석론 > 정책대안의 결과예측 > 비용편익분석

| 정답 해설 | ③ 재분배적 편익의 문제를 중시하는 것은 로렌츠곡선과 지니계수이다. 칼도-힉스기준(Kaldor-Hicks criterion)은 재분배적 편익(형평성)보다 효율성의 문제를 중시하는 기법이다.

17 ③

上

개념 카테고리 정책분석론 > 정책분석기법

| 정답 해설 | ③ 최대최솟값(Maximin) 기준은 최소극대화 기준으로 비관적 기준을 의미한다. 따라서 미래의 상황이 자신에게 불리하게 전개될 것이라고 가정한다. 불리한 상황에서의 이익(각 대안의 최젓값) 중에서 최댓값을 갖는 대안을 선택(Rawls의 정의론에서 무지의 베일에 있는 당사자들이 선택하는 의사결정규칙, 안전제일주의적 입장)하고, 각 대안의 최저이익 15(A1), 20(A2), 10(A3) 중에서 최댓값이 20인 A2의 대안을 선택한다.

18 ①

上

개념 카테고리 정책분석론 > 재니스(Janis)의 집단사고(groupthink)

| 정답 해설 | ① 재니스(Janis)의 집단사고(groupthink)는 똑똑한 집단의 결정이 개인의 결정보다 오히려 잘못된 결정을 할 수 있다는 이론이다. 반면 집단지성(Collective Intelligence)은 다수의 개체들이 협력과 경쟁함으로써 축적되는 지식을 바탕으로 모아진 집단적 능력을 의미하며 집단사고와는 대립적 개념이다.

CHAPTER 04 정책결정이론모형

출제 비중 14%

약점진단표											
1회독				2회독				3회독			
○	△	×	총	○	△	×	총	○	△	×	총
			19				19				19

*문제풀이 후 약점진단 결과를 적어보세요!

문제편 P.55

01	②	02	④	03	③	04	④	05	④
06	④	07	①	08	②	09	④	10	③
11	③	12	③	13	④	14	③	15	②
16	④	17	③	18	②	19	④		

01 ②

中

개념 카테고리 정책결정이론모형 > 개인적 > 합리모형

| 정답 해설 | ② 국가권력이 사회 각 계층에 분산된 다원화된 민주사회에서 주로 활용되는 것은 점증모형이다. 반면, 합리모형은 정책결정자가 완전한 정보를 보유하고 대안을 포괄적으로 탐색하고 대안의 결과도 포괄적으로 고려한다고 전제하므로, 국가권력이 정책결정자에게 집중된 사회에서 주로 활용된다.

02 ④

中

개념 카테고리 정책결정이론모형 > 개인적 > 합리모형

| 정답 해설 | ④ 제시된 지문은 합리모형에 관한 설명이다. 합리모형에서 강조하는 경제적 합리성은 같은 비용으로 최대의 목표 산출을 얻을 수 있는 대안을 선택하는 행위를 의미한다. 합리모형은 인간은 누구나 이성과 고도의 합리성에 따라 행동하고 결정한다고 보는 이론모형으로, 규범적이고 이상적인 접근이론이다. 따라서 정책결정자나 정책분석가가 절대적 합리성을 가지고 있고, 주어진 상황 아래에서 목표의 달성을 극대화할 수 있는 최선의 정책대안을 찾아 낼 수 있다고 본다.

| 오답 해설 | ① 시간의 흐름에 따라 환류되는 정보를 분석하여 잘못한 점이 있으면 수정·보완하는 방식으로 정책결정이 이루어진다고 보는 정책결정모형은 사이버네틱스모형이다.

② 문제성 있는 선호(problematic preferences), 불명확한 기술(unclear technology), 일시적 참여자(part-time participants)를 전제조건으로 하는 정책결정모형은 쓰레기통모형이다.

③ 갈등을 완전히 해결하지 못하고, 타협을 통한 봉합을 모색한다고 보는 정책결정모형은 회사(연합)모형이다.

03 ③

中

개념 카테고리 정책결정이론모형 > 개인적 > 만족모형

| 정답 해설 | ③ 경제인은 합리적 분석적 결정을, 행정인은 직관, 영감에 기초한 결정을 한다고 보는 것은 드로어(Dror)의 최적모형이다.

04 ④

中

개념 카테고리 정책결정이론모형 > 개인적 > 점증모형

| 정답 해설 | ④ 점증모형은 합리모형의 완전한 정보를 비판하고 등장한 모형이다. 따라서 정보접근성은 점증모형의 논리적 근거(점증모형에 따른 정책결정이 정당화되는 근거)로 가장 거리가 먼 내용이다.

05 ④

中

개념 카테고리 정책결정이론모형 > 개인적 > 혼합모형

| 정답 해설 | ④ 제시된 지문은 정책결정모형 중에서 에치오니(Etzioni)의 혼합탐사모형에 관한 설명이다. 혼합탐사모형은 기본적(근본적) 결정에는 합리모형을 적용하되, 부분적(세부적, 점증적) 결정에는 점증모형을 적용한다. 기본적 결정이란 나무보다는 숲을 개략적으로 파악하는 유형의 결정을 말하며, 부분적 결정이란 숲보다는 나무를 면밀하게 파악하는 유형의 결정을 말한다.

06 ④

中

개념 카테고리 정책결정이론모형 > 개인적 > 혼합모형

| 정답 해설 | ④ 점증모형의 장점을 합리모형과의 통합으로 보완하려는 시도가 혼합모형에서 나타난다.

07 ①
上

개념 카테고리 정책결정이론모형 > 개인적 > 혼합주사모형

| 정답 해설 | ① 혼합주사모형은 합리모형, 만족모형, 점증모형, 최적모형과 더불어 정책결정자 개인에 초점을 두는 개인적 차원의 정책결정모형이다. 집단적 차원의 정책결정모형은 회사(연합)모형, 쓰레기통모형, 앨리슨모형, 사이버네틱스모형 등이 있다.

08 ②
中

개념 카테고리 정책결정이론모형 > 개인적 > 최적모형

| 정답 해설 | ② 경제적 합리성과 함께 초합리성을 강조하는 최적모형은 정책결정자의 직관적 판단을 중시한다.

09 ④
中

개념 카테고리 정책결정이론모형 > 개인적 > 최적모형

| 오답 해설 | ① 쓰레기통모형은 의사결정을 위해서는 문제, 해결책, 참여자, 선택기회의 '네 가지' 요소가 필요하다고 본다.

매력적 오답 ② 만족모형은 의사결정자들이 만족할 만하고 괜찮은 해결책을 얻기 위해 몇 개의 대안만을 '순차적, 서열적'으로 탐색한다고 본다.

③ 앨리슨(Allison)모형 II는 '느슨하게' 연결된 하위조직체들이 표준운영절차를 통해 상호의존적인 의사결정을 한다고 본다.

10 ③
中

개념 카테고리 정책결정이론모형 > 개인적 > 최적모형

| 정답 해설 | ③ 정책집행을 위한 동기부여는 후정책결정단계(post-policy making stage)에 해당한다.

11 ③
中

개념 카테고리 정책결정이론모형 > 집단적 > 회사모형

| 정답 해설 | ③ 조직을 하위조직의 연합이라고 보는 회사모형은, 의사결정자에 의해 조직의 의사결정이 통제된다고 보는 합리주의적 견해(합리모형)를 비판한다.

12 ③
中

개념 카테고리 정책결정이론모형 > 집단적 > 회사모형

| 정답 해설 | ③ 회사모형은 불확실성을 회피하기 위하여, 불확실성이 높은 장기적인 전략보다 결과가 확실한 단기전략을 중심으로 결정한다고 본다.

13 ④
上

개념 카테고리 정책결정이론모형 > 집단적 > 회사모형

| 정답 해설 | ④ '회사모형'은 조직의 불확실한 환경을 회피하고 조직 내 갈등을 극복하기 위하여 장기적인 전략과 기획의 중요성보다는 거래관행을 수립하거나 장기계약을 맺는 등 환경을 통제할 수 있는 방법을 강조한다. 즉 '회사모형'은 불확실성을 회피하기 위해 정책결정자들이 불확실성이 높은 장기적인 전략보다는 결과가 확실한 단기 전략을 중심으로 결정한다는 것이다.

| 플러스 이론 | 회사(연합)모형

사이어트(Cyert)와 마치(March)가 주장한 회사(연합)모형은 조직 내 각기 다른 부서가 각각 자기 목표를 달성하기 위해 노력하다가 조직 전체 목표를 극대화하는 과정에서 나타나는 특성을 정리해 제시하였다.

- 갈등의 준해결: 결정 과정에서 집단 간에 요구가 모두 수용되지 않고 타협하는 수준에서 대안을 찾는다는 것을 의미한다.
- 불확실성의 회피: 정책결정자들이 불확실성이 높은 장기적인 전략보다는 결과가 확실한 단기 전략을 중심으로 결정한다는 것이다.
- 문제 중심의 탐색: 정책결정 능력의 한계로 인해 관심이 가는 문제 중심으로 대안을 탐색한다는 의미이다.
- 조직의 학습: 반복적인 의사결정의 경험이 전수되며 시간의 흐름에 따라 결정 수준이 개선되고 목표달성도가 높아지게 된다는 의미이다.
- 표준운영절차(SOP)의 활용: 조직의 의사결정은 표준운영절차를 답습한다.

14 ③
中

개념 카테고리 정책결정이론모형 > 집단적 > 쓰레기통모형

| 정답 해설 | ③ 합리모형에서는 문제의 해결(resolution)이 의사결정을 통해서 이루어지는 것으로 암암리에 가정하고, 회사모형에서는 하위 집단의 연합에 의한 갈등의 준해결(quasi- resolution)을 대표적인 의사결정방식으로 지적하고 있다. 한편, 쓰레기통모형에서는 조직화된 무정부 상태에서 끼워넣기(by oversight)와 미뤄두기(by flight)가 나타난다.

| 오답 해설 | ① 조직구성원의 응집성이 아주 '약한' 혼란 상태에 있는 조직에서 의사결정이 어떻게 이루어지는가를 기술하고 설명한다.

② 조직에서 의사결정참여자의 범위와 그들이 투입하는 에너지가 유동적임을 의미하는 것은 일시적 · 유동적 참여자이다.

④ 목표와 수단 사이의 인과관계가 명확하지 않음을 의미하는 것은 불명확한 기술이다.

| 플러스 이론 | 미뤄두기와 끼워넣기

미뤄두기 (choice by flight)	• 해결해야 할 주된 문제와 관련된 다른 문제들에서 결정이 이루어지지 않을 때, 관련된 문제들이 스스로 다른 의사결정 기회를 찾아서 떠날 때(flight)까지 기다렸다가 결정을 하는 것 • 관련된 문제의 주장자들이 자신의 주장을 되풀이하다가 힘이 빠져 다른 기회를 찾을 때에 의사결정을 하는 것 예 교육부 예산을 심의하면서 초등학교 교과서에 통일에 관한 내용이 부족하다는 이유로 예산통과를 반대하는 국회의원이 있다고 생각해 보자. 이 국회의원이 이러한 이유를 들어 계속하여 예산통과를 거부할 때 통일부의 예산심의에서 이 문제를 거론하기로 하고, 교육부 예산을 통과시키는 경우가 이에 해당한다.
끼워넣기 (choice by oversight)	관련된 다른 문제들이 제기되기 전에 재빨리 의사결정을 하는 것 예 다른 문제의 해결도 동시에 할 것을 주장하리라고 예상되는 참여자가 있을 경우 이 사람이 참여하기 전에 결정을 하는 것이다.

15 ②

中

개념 카테고리 정책결정이론모형 > 집단적 > 사이버네틱스모형

| 정답 해설 | ② 사이버네틱스모형은 합리모형과 가장 극단적으로 대립되는 적응적·관습적 의사결정모형이다. 사이버네틱스란 '기계 및 동물에 있어서의 제어(control)와 통신(communication)에 관한 이론 전반'을 의미한다. 이 모형에서는 인간의 두뇌를 계산기와 같이 정보와 환류에 의한 제어장치로 본다. 즉, 상황의 변화에 따라 달라지는 정보를 해석하여 이에 적응하고, 그에 대한 정보를 환류하여 통제한다고 본다. 따라서 사이버네틱스모형을 설명하는 예시로 자동온도조절장치를 들 수 있다.

| 오답 해설 | ① 앨리슨모형은 1960년대 미국의 쿠바 미사일 위기사건을 설명하기 위해 연구된 모형이다.

③ 회사모형은 갈등의 준해결, 문제 중심의 탐색, 불확실성 회피, 표준운영절차의 활용을 설명하는 모형이다.

④ 만족모형은 만족할 만한 수준에서 의사결정이 이루어진다고 설명하는 모형이다.

16 ④

上

개념 카테고리 정책결정이론모형 > 집단적 > Allison모형

| 정답 해설 | ④ 제시된 지문은 앨리슨(Alison)모형 중 관료정치모형에 관한 설명이다. 관료정치모형은 갈등과 타협의 과정을 거쳐 정책결정이 이루어진다고 본다.

| 플러스 이론 | 앨리슨의 세 가지 모형 비교(참여자의 응집도에 따라)

구분	합리모형 (모형 I)	조직과정모형 (모형 II)	관료정치모형 (모형 III)
조직관	조정과 통제가 잘 된 유기체	느슨하게 연결된 하위조직들의 연합체	독립적인 개인적 행위자들의 집합체
권력의 소재	조직의 두뇌와 같은 최고지도자가 보유	반독립적인 하위조직들이 분산 소유	개인적 행위자들의 정치적 자원에 의존
행위자의 목표	조직 전체의 목표	조직 전체의 목표+하위조직들의 목표	조직 전체의 목표+하위조직의 목표+개인적 행위자들의 목표
목표의 공유도	매우 강함	약함	매우 약함
정책결정의 양태	최고지도자가 조직의 두뇌와 같이 명령하고 지시	SOP에 대한 프로그램 목록에서 대안 추출	정치적 게임의 규칙에 따라 타협·흥정에 지배
정책결정의 일관성	매우 강함 (항상 일관성 유지)	약함 (자주 바뀜)	매우 약함 (거의 일치하지 않음)
적용계층	전체계층	하위계층	상위계층

17 ③

中

개념 카테고리 정책결정이론모형 > 앨리슨(Allison)의 관료정치모형(모형 III)

| 정답 해설 | ③ 앨리슨(Allison)의 관료정치모형(모형 III)은 정책결정에 참여하는 구성원들 간의 목표 공유 정도와 정책결정의 일관성이 모두 매우 낮다.

| 오답 해설 | ① 정책결정은 준해결(quasi-resolution)적 상태에 머무르는 경우가 많은 것은 조직과정모형(모형 II)이다.

② 정책결정자들은 국가 전체의 이익이나 전략적 목표를 극대화하기 위한 결정을 하는 것은 합리적 행위자 모형(모형 I)이다.

④ 정부를 단일한 결정주체가 아니며 반독립적(semi-autonomous) 하위조직들이 느슨하게 연결된 집합체로 보는 것은 조직과정모형(모형 II)이다.

| 플러스 이론 | Allison의 세 가지 모형(참여자의 응집도에 따라)

구분	합리모형 (모형 I)	조직과정모형 (모형 II)	관료정치모형 (모형 III)
조직관	조정과 통제가 잘 된 유기체	느슨하게 연결된 하위조직들의 연합체	독립적인 개인적 행위자들의 집합체
권력의 소재	조직의 두뇌와 같은 최고지도자가 보유	반독립적인 하위조직들이 분산 소유	개인적 행위자들의 정치적 자원에 의존
행위자의 목표	조직 전체의 목표	조직 전체의 목표+하위 조직들의 목표	조직 전체의 목표+하위 조직의 목표+개인적 행위자들의 목표
목표의 공유도	매우 강함	약함	매우 약함

정책결정의 양태	최고지도자가 조직의 두뇌와 같이 명령하고 지시	SOP에 대한 프로그램 목록에서 대안 추출	정치적 게임의 규칙에 따라 타협·흥정에 지배
정책결정의 일관성	매우 강함 (항상 일관성 유지)	약함 (자주 바뀜)	매우 약함 (거의 일치하지 않음)
적용계층	전체계층	하위계층	상위계층

18 ②

上

개념 카테고리 정책결정이론모형 > 공론조사

| 정답 해설 | ② 공론조사는 조사 대상자가 중간에 탈락하는 경우도 많고, 표본집단의 수가 적어서, 즉 조사 대상자가 적기 때문에 대표성 측면에서 일반 여론조사보다 우위에 있다고 보기는 어렵다.

| 플러스 이론 | 공론조사

- 공론조사는 특정 주제에 대해 일정 수로 모집된 사람들에게 정보를 제공하고, 토론을 통해 형성된 공론(public judgement)을 끌어내는 방식을 말한다. 일반적인 여론조사와 소규모 집단토론을 결합한 것으로, 중요한 사회 문제나 정책에 대해 짧은 정보로만 대응하는 여론조사의 한계를 보완한 것이다. 토론하며 고민한다는 뜻으로 공론조사를 '숙의형 여론조사'라 부르기도 한다.
- 공론조사는 토론과 숙고에 기반을 두고 있어 개인의 불안정한 의견을 보완하고, 시민의 참여를 통해 더 좋은 의사결정을 유도할 수 있다. 공론조사는 주로 1차 여론조사를 통해 사전 여론을 확인하고, 이후 2차 여론조사에서 소규모 집단 토론을 거쳐 의견의 변화를 확인하는 방식으로 진행한다. 상황에 따라 여론조사가 두 번 이상 이루어지는 경우도 있다. 선거의 경우 양쪽 선거인단 모두에게 두 후보의 정보를 제공하고 같은 방식으로 후보를 결정하게 한다.
- 주로 찬반 의견이 첨예하게 대립해 타협 지점을 찾기 어려운 주제에 대해 공론조사를 시행한다. 토론을 통해 여러 이견들을 조율할 수 있어 일본을 비롯한 여러 나라에서 갈등을 줄이는 효과적인 방안의 하나로 공론조사를 활용하고 있다.
- 한국에서는 2005년 부동산 정책을 놓고 공론조사가 처음 시행되었다. 2010년에는 6·2 지방선거 경기도지사 후보 단일화 경선에서 유시민 국민참여당 후보와 김진표 민주당 의원이 공론조사를 하기도 했다. 최근에는 신고리 5·6호기, 대입개편 공론조사가 있었다.

19 ④

上

개념 카테고리 정책결정이론모형 > 증거기반 정책결정

| 정답 해설 | ④ 증거기반이론이 정책결정을 충분히 반영하지 못하고 있다는 지적이 있다. 정책결정 현장에서는 이상적이고 엄밀한 과학적 분석에 기반하여 정책이 결정되기보다는 정책결정자들이 이해관계의 조정이나 정책수용성 등 정치적 결정 과정을 거치는 경우가 많다는 것이다. 이에 대해 증거기반 정책결정을 주장하는 학자들은 현실 정책이 정치적 과정임에는 틀림없으나 정치적 결정 과정에서 '과학적 지식'의 활용을 배제할 수 있는 것은 아니라는 반론을 제기하고 있다. 즉, 정치적 결정 과정을 증거기반 정책결정으로 대체할 수는 없지만 보완할 수는 있다는 것이다.

| 플러스 이론 | 증거기반 정책결정의 성공적 도입 조건(Head, 2010)

- 관련 정책 영역에서 상당한 수준의 정보를 활용할 수 있는 정보기반(information base)이 갖추어져야 한다.
- 관련 데이터를 분석하고 가공하여 정책대안 및 기존 정책성과 등을 평가할 수 있는 전문가가 확보되어야 한다.
- 증거기반 각종 분석을 수행하고 조언을 수행할 수 있는 조직 차원의 인센티브 구조가 있어야 한다.
- 정책분석을 수행하는 연구자, 일선 정책 담당자, 그리고 정책 결정자 사이의 확고한 상호 이해 과정이 필요하다.

CHAPTER 05 정책집행론

출제 비중 19%

약점진단표											
1회독				2회독				3회독			
○	△	×	총	○	△	×	총	○	△	×	총
			10				10				10

＊문제풀이 후 약점진단 결과를 적어보세요!

문제편 P.59

01	③	02	①	03	①	04	④	05	③
06	④	07	③	08	③	09	①	10	①

01 ③

中

개념 카테고리 정책집행론 > 접근방법 > 하향적 접근

| 정답 해설 | ③ 정책집행을 주어진 정책목표의 달성을 위한 수단적 행위로 파악하는 접근방법은 하향적 접근방법이다. 정부 및 민간 프로그램에서의 의도하지 않은 효과까지도 분석할 수 있다는 장점이 있는 것은 상향적 접근방법이다.

02 ①

上

개념 카테고리 정책집행론 > 접근방법 > 하향적 접근

| 정답 해설 | ① 정책목표의 명확성과 그 실현을 위한 다양한 수단의 필요성을 강조한다는 점에서 합리모형에 입각한 이론은 상향적 접근법이 아니라 하향적 접근법이다. 즉, 하향적 접근법은 합리모형의 선형적 시각(명확한 목표설정 → 모든 대안의 완전한 탐색 → 최적대안의 선택)을 반영한다.

03 ①

中

개념 카테고리 정책집행론 > 접근방법 > 하향적 접근

| 정답 해설 | ① 제시된 지문에 해당하는 정책집행 모형(하향적 접근방법)을 제시한 학자는 사바티어(Sabatier)와 매즈매니언(Mazmanian)이다.

| 플러스 이론 | 하향적 접근방법

하향적 접근방법은 정책집행을 정책결정단계의 정책목표를 달성해 가는 과정으로 이해한다. 사바티어(Sabatier)와 매즈매니언(Mazmanian)은 문제처리의 용이성, 집행에 대한 법규의 구조화 능력, 집행에 영향을 미치는 비법규적 변수 등 크게 세 가지 범주로 정책집행의 이상적인 조건을 분류하였으며, 효과적인 정책집행을 위해서는 다음 다섯 가지의 조건이 필요하다고 보았다.

- 정책결정의 내용은 타당한 인과이론에 바탕을 둔 것이어야 한다. 이는 기술적 타당성이라고도 하며 정책목표와 정책수단 간의 인과관계를 포함한다.
- 법령은 정확한 정책지침을 갖고 있어야 하며 대상집단의 순응을 극대화하도록 구성되어야 한다.
- 유능하고 헌신적인 관료가 집행을 담당해야 한다.
- 결정된 정책에 대해 행정부와 입법부를 포함한 다수의 이해관계 집단으로부터 지속적인 지지를 받아야 한다.
- 정책목표의 집행과정 동안 우선순위가 변하지 않고 안정적이어야 한다.

04 ④

中

개념 카테고리 정책집행론 > 접근방법 > 하향적 접근

| 정답 해설 | ④ 정책집행의 하향식 접근(top-down approach)은 정책결정자가 결정한 정책을 집행자가 충실히 집행한다고 보기 때문에 하위직보다는 고위직(정책결정자)이 주도하며(ㄷ), 정책결정자는 정책집행에 영향을 미치는 정치적·조직적·기술적 과정을 충분히 통제할 수 있다고 본다(ㄹ).

| 오답 해설 | ㄱ, ㄴ. 정책집행의 상향식 접근(bottom-up approach)에 대한 설명이다.

05 ③

中

개념 카테고리 정책집행론 > 접근방법 > 일선관료제론

| 정답 해설 | ③ 일선관료는 고객(일반시민)을 범주화하여 분류하며, 계층별로 달리 대우한다.

06 ④

下

개념 카테고리 정책집행론 > 일선관료의 업무환경

| 정답 해설 | ④ 일선관료들의 정책대상집단은 복잡하고 비정형화되어 있다.

| 오답 해설 | 립스키(Lipsky)의 '일선관료제'에서 일선관료들이 처하는 업무환경의 특징은 자원의 부족(①), 일선관료 권위에 대한 도전(②), 모호하고 대립되는 기대(③)이다.

| 플러스 이론 | 일선관료의 업무환경

일선집행관료이론을 주장한 립스키는 일선관료의 문제성 있는 업무환경을 다음 세 가지로 제시한다.

- 자원의 부족 문제: 시간과 정보의 부족, 기술적인 지원의 부족 등은 불확실성이 높은 일선관료의 업무환경을 더욱 악화시키는 것으로 보고 있다.
- 권위에 대한 도전: 경찰이나 교사 등과 같이 일선집행 현장에서 육체적·정신적 위협이 큰 환경에 처한 경우 자신들의 권위를 보장받으려는 경향이 커진다.
- 모호하고 대립되는 기대의 존재: 일선관료의 업무 성과 중에는 비현실적이거나 상호갈등을 발생시키는 경우가 많다. 이런 경우 일선관료는 그중 하나의 기대만을 선택하게 되는 경향이 있다.

07 ③

中

개념 카테고리 정책집행론 > 나카무라와 스몰우드의 정책집행유형

| 정답 해설 | ③ 고전적 기술자형은 정책결정자가 집행과정에 대해서 엄격하게 통제를 하는 것을 의미하며, 정책집행자는 약간의 정책적 재량만을 갖는 유형이다.

| 오답 해설 | ① 재량적 실험가형, ② 기술적 위임형, ④ 협상형에 해당한다.

08 ③

中

개념 카테고리 정책집행론 > 정책수단 분류

| 정답 해설 | ③ ㄴ, ㄷ, ㅁ은 직접성이 높은 직접적 수단에 해당한다.

| 플러스 이론 | 직접성 정도에 따른 분류(Salamon)

직접성	정책(행정)수단	효과성	효율성	형평성	관리 가능성	정당성 (정치적 지지)
낮음	손해책임법, 보조금, 대출보증, 정부출자기업, 바우처	낮음	높음	낮음	낮음	높음
중간	조세지출, 계약, 사회적 규제, 벌금	낮음/중간	중간	낮음	낮음	높음
높음	보험, 직접 대출, 경제적 규제, 정보제공, 공기업, 정부소비	높음	중간	높음	높음	낮음

09 ①

中

개념 카테고리 정책집행론 > 살라몬의 정책도구

| 정답 해설 | ① 살라몬(Salamon)의 정책도구 분류에서 강제성이 가장 높은 것은 경제적 규제이다.

| 플러스 이론 | 강제성 정도에 의한 분류(Salamon)

강제성	정책수단	효과성	효율성	형평성	관리 가능성	정당성
낮음	손해책임법, 정보제공, 조세지출	낮음	중간	낮음	중간	높음
중간	바우처, 보험, 보조금, 공기업, 대출보증, 직접대출, 계약, 벌금	중간	높음	중간	중간	중간
높음	경제적 규제, 사회적 규제	높음	높음 / 낮음	높음	낮음	높음 / 낮음

10 ①

中

개념 카테고리 정책집행론 > 정책순응을 확보하기 위한 수단

| 정답 해설 | ① (가)는 도덕적 설득, (나)는 유인, (다)는 처벌에 관한 설명이다.

| 플러스 이론 | 정책순응을 확보하기 위한 수단

- 도덕적 설득(normative persuasion): 순응주체에게 특정한 정책에 순응하는 것이 국가·사회적 또는 윤리·도덕적 차원에서 올바른 것, 좋은 것임을 인식시키기 위한 설득을 말한다. 일선집행관료나 중간매개자는 원래 적극적으로 정책집행을 해야 할 도덕적·윤리적·법적 책임이 있기 때문에 이들에 대한 도덕적 설득은 큰 저항이 없다. 반면 정책대상집단은 자신들에게 피해를 주는 정책의 경우 그 정책내용의 소망성과 이를 결정하고 집행하는 결정기관과 집행기관의 정통성과 신뢰성에 대하여 의문을 품는 수가 있어서 의도적으로 불응의 핑계를 여기에서 찾으려고 한다. 이런 경우에 이들에게 도덕적 설득이 필요한 것이다.
- 유인(incentive) 또는 보상(rewards): 순응을 하는 경우에 혜택을 제공함으로써 순응자가 자발적으로 순응하도록 하는 방법이다. 유인 또는 보상의 단점은 도덕적 자각이나 이타주의적 고려에 의해 자발적으로 순응하는 사람들의 명예나 체면을 손상시키고 사람의 타락을 유발할 수 있고, 경제적 유인이 순응에 미치는 영향력을 정확하게 확인할 수 없으며, 비용이 많이 든다는 것이다.
- 처벌(punishment or penalty) 또는 강압(coercion): 순응하지 않는 행위에 대해서 처벌하거나 처벌하겠다고 위협하여 순응을 확보하는 방법이다. 처벌 또는 강압의 단점은 개인의 인권, 재산 등을 침해하고, 감정적인 적개심을 유발시켜 처벌만 없으면 불응을 쉽게 하도록 하는 심리적 역효과를 가져오며, 불응의 형태를 정확하게 점검 및 파악하기 어려운 경우가 많다는 것이다.

CHAPTER 06 정책평가론

출제 비중 26%

약점진단표											
1회독				2회독				3회독			
○	△	×	총	○	△	×	총	○	△	×	총
			20				20				20

*문제풀이 후 약점진단 결과를 적어보세요!

문제편 P.62

01	④	02	③	03	③	04	④	05	③
06	①	07	③	08	①	09	④	10	③
11	④	12	①	13	②	14	②	15	③
16	①	17	①	18	③	19	④	20	②

01 ④

中

개념 카테고리 정책평가론 > 정책평가의 유형

| 정답 해설 | ④ 집행이 종료된 후 정책이 의도했던 목적을 달성했는지에 초점을 맞춘 것은 총괄평가이다. 형성평가는 집행과정에서 나타나는 여러 문제점을 해결하여 좀 더 나은 집행전략과 방법을 구하고자 하는 평가이다.

02 ③

中

개념 카테고리 정책평가론 > 논리모형

| 정답 해설 | ③ 정책평가의 논리모형은 프로그램을 통해 핵심적으로 해결하려는 정책문제 및 정책 목표 결과물이 무엇인지를 명확히 해 주기 때문에 정책프로그램의 목표달성 여부를 보여 주어 평가의 타당성을 제고한다.

03 ③

上

개념 카테고리 정책평가론 > 타당성과 신뢰성

| 정답 해설 | ③ 신뢰성은 측정도구의 타당성을 담보할 수 있는 '필요조건'이다. 신뢰성이 있어야 타당성의 문제를 검토할 수 있으며, 신뢰성이 없는 측정도구가 타당성을 갖는다는 것은 불가능하다. 즉, 신뢰성은 타당성의 전제조건이며 조건식으로 보면 신뢰성은 타당성의 필요조건이지 충분조건이 아니다.

신뢰성과 타당성의 관계는 다음과 같다.

㉠ 신뢰성이 낮다면 타당성도 낮다.

㉡ 신뢰성이 높다고 해서 타당성도 높다고 단정할 수는 없다.

㉢ 타당성이 높다면 신뢰성도 높다.

㉣ 타당성이 낮다고 해서 신뢰성도 낮다고 단정할 수는 없다.

구분		신뢰성 유무	
		있음	없음
타당성 유무	있음	가능하고 바람직함	가능하지 않음
	없음	가능하지만, 잘못된 결론을 내릴 수 있음	가능하지만, 바람직하지 않음

04 ④

中

개념 카테고리 정책평가론 > 정책평가의 인과관계

| 정답 해설 | ④ ㄴ, ㄷ이 옳은 설명이다. 정책평가의 논리에서 수단과 목표 간의 인과관계가 성립하기 위해서는 시간적 선행성, 경쟁가설 배제, 공동 변화의 조건이 충족되어야 한다.

ㄴ. 특정 정책수단 실현과 정책목표 달성 간 관계를 설명하는 다른 요인이 배제되어야 한다(경쟁가설 배제).

ㄷ. 정책수단의 변화 정도에 따라 정책목표의 달성 정도도 변해야 한다(공동 변화).

| 오답 해설 | ㄱ. 정책수단의 실현이 정책목표의 달성에 선행해서 존재해야 한다(시간적 선행성).

05 ③

中

개념 카테고리 정책평가론 > 내적 타당성

| 정답 해설 | ③ 내적 타당성은 집행된 정책내용과 발생한 정책효과 간의 관계에 대한 인과적 추론의 정확성 정도를 의미하며, 정책이 집행된 후에 일어난 변화가 정책 때문인지 또는 다른 요인에 의한 것인지 명백히 하는 것이다.

| 오답 해설 | ① 외적 타당성은 분석 및 평가 결과를 다른 상황에서도 적용할 수 있는 정도를 의미한다.

② 구성적 타당성은 이론적 구성요소들의 추상적 개념을 성공적으로 조작화한 정도를 의미한다.

④ 신뢰성은 반복해서 측정했을 때 일관성 있는 결과를 얻는 정도를 의미한다.

06 ①

中

개념 카테고리 정책평가론 > 정책평가를 위한 사회실험

| 정답 해설 | ① 통제집단 사전·사후 설계는 검사효과를 통제할 수 없다. 사전–사후검사 통제집단설계는 진실험설계의 대표적인 형태이다. 먼저 무작위배정을 통해 실험집단과 통제집단을 구성하고 처치 전에 두 집단에 대한 사전검사를 실시한다. 다음으로 실험집단에 처치를 가한 후 두 집단에 대한 사후검사를 실시한다. 마지막으로 실험집단의 사전–사후검사의 차이와 통제집단의 사전–사후검사의 차이를 비교하여 처치효과를 파악한다. 무작위배정을 통해 실험집단과 통제집단을 구성하므로 내적 타당도를 위협하는 대부분의 요소를 통제할 수 있다. 그러나 사전검사를 시행하기 때문에 내적 타당도를 저해하는 검사효과가 발생할 가능성이 있다.

07 ③

中

개념 카테고리 정책평가론 > 정책평가의 타당성 > 내적 타당성 저해요인

| 정답 해설 | ③ 제시된 지문은 역사적 요인에 관한 사례이다. 역사적 요인은 연구기간 동안에 실험자의 의도와 관계없이 일어나는 사건이 정책효과의 연구대상이 되고 있는 개인이나 집단에 영향을 미쳐 대상 변수에 중요한 영향을 끼치는 경우를 말한다. 프로그램을 집행하기 전과 후에 측정을 하는데, 이때 그 기간이 길면 길수록 역사적 사건이 나타나게 될 확률은 더욱 높아진다.

| 플러스 이론 | 역사적 요인의 사례

- 정부는 혼잡통행료 제도의 효과를 측정하기 위해 혼잡통행료 실시 이전과 실시 후의 도심의 교통 흐름도를 측정·비교하였다. 그런데 두 측정시점 사이에 유류가격이 급등하는 상황이 발생하였다.
- 정부는 ○○하천의 수질오염을 방지하기 위해 주변 모든 공장에 폐수정화 시설을 의무적으로 갖추도록 하는 정책을 시행했다. 1년 후 정부는 정책평가를 통해 ○○하천의 오염 정도가 정책 실시 이전보다 훨씬 낮게 나타났다는 결과를 발표했다. ○○하천의 수질개선은 정책의 효과라는 정부의 입장에 대해 A교수는 "○○하천이 깨끗해진 것은 정책 시행기간 중 불경기가 극심하여 많은 공장들이 문을 닫았고, 정책평가를 위한 오염수준 측정 직전에 갑자기 비가 많이 왔기 때문"이라는 경쟁가설을 제기했다.

08 ①

中

개념 카테고리 정책평가론 > 정책평가의 타당성 > 외적 타당성 저해요인

| 정답 해설 | ① 연구자의 측정기준이나 측정도구가 변화되는 경우(측정도구의 변화)는 '내적' 타당성을 저해하는 요인에 해당한다.

| 오답 해설 | ②③④ 표본으로 선택된 집단의 대표성이 약할 경우(표본의 대표성 부족), 실험집단 구성원 자신이 실험대상임을 인지하고 평소와 다른 특별한 반응을 보일 경우(호손효과), 실험의 효과가 크게 나타날 것으로 예상되는 집단만을 의도적으로 실험집단에 배정하는 경우(크리밍효과) 등은 실험결과의 외적 타당성을 저해하는 요인에 해당한다.

09 ④

上

개념 카테고리 정책평가론 > 정책평가의 방법 > 실험적 방법

| 정답 해설 | ④ 사회실험에 대한 설명으로 ㄷ, ㄹ이 옳다.

| 오답 해설 | ㄱ. 사회실험은 자연과학의 실험실 실험처럼 통제집단(control group) 또는 비교집단(comparison group)이 있어야 한다. 사회실험은 실험실이 아닌 사회라는 상황 속에서 행해지는 실험이지만 여기서 사용하는 개념이나 기본논리는 실험실에서의 실험과 동일하다. 따라서 사회실험은 반드시 실험집단과 이에 비교되는 통제집단 또는 비교집단을 실험 실시 전에 미리 확보한다. 그래서 실험대상을 의도적으로 두 집단으로 나누고 처음부터 실험집단에게는 일정한 조작 또는 처리를 가하고 통제집단에게는 처리를 가하지 않게 하여 일정한 시간이 지난 후에 두 집단이 나타내는 결과변수상에서의 차이를 처리의 효과라고 판단하는 것이 실험의 기본논리이다.

ㄴ. 진실험 방법을 활용하여 사회실험을 진행하더라도 호손효과(Hawthorne effect)를 방지하기는 어렵다. 사회실험에서 특히 문제가 되는 것은 실험대상자들이 실험의 대상으로서 그들이 관찰되고 있다는 사실을 알게 되어 평소와는 다른 행동을 함으로써 발생하는 호손효과이다. 여기에 대한 대책은 사회실험을 가능한 한 조용하게 추진하여 실험대상자들이 실험이 진행되고 있다는 것과 자신들이 주목을 받고 있다는 것을 모르도록 하는 것이다.

10 ③

中

개념 카테고리 정책평가론 > 정책평가의 설계

| 정답 해설 | ③ 비동질적 통제집단설계와 같은 준실험은 진실험과 같은 수준의 내적 타당성을 확보할 수 없다. 내적 타당성 측면에서는 준실험보다는 실험집단과 통제집단의 동질성을 확보한 진실험이 더 우수하다. 준실험 방법은 진실험에서와 같이 동질적인 실험집단과 통제집단을 확보하기 어려운 경우, 가능한 한 실험 방법과 유사하게 대상집단을 구성하여 정책 효과를 측정하는 방법이다.

11 ④

中

개념 카테고리 정책평가론 > 정책변수

| 오답 해설 | ㄱ. 매개변수는 독립변수의 '결과'인 동시에 종속변수의 원인이 되는 제3의 변수를 말한다.

ㄷ. 억제변수란 독립변수와 종속변수 간에 상관관계가 있는데도 없는 것처럼 나타나게 하는 제3의 변수이다. 독립변수와 종

속변수 간에 상관관계가 없는데도 있는 것으로 나타나게 하는 제3의 변수는 허위변수이다.

12 ①

中

개념 카테고리 정책평가론 > 정책평가의 방법 > 실험적 방법

| 정답 해설 | ① 자연실험은 진실험(true experiment)이 아닌 준실험(quasi-experiment)에 가까운 실험설계 방식이다.

13 ②

中

개념 카테고리 정책평가론 > 「정부업무평가 기본법」

| 정답 해설 | ② 중앙행정기관의 장은 자체평가조직 및 자체평가위원회를 구성·운영하여야 한다. 이 경우 평가의 공정성과 객관성을 확보하기 위하여 자체평가위원의 3분의 2 이상은 민간위원으로 하여야 한다.

| 오답 해설 | ① 국무총리는 중앙행정기관의 자체평가결과를 확인·점검 후 평가의 객관성과 신뢰성에 문제가 있어 다시 평가가 필요하다고 판단되는 경우, 위원회의 심의·의결을 거쳐 재평가를 실시할 수 있다.

③ 국무총리는 둘 이상의 중앙행정기관 관련 시책, 주요 현안시책, 혁신관리 및 대통령령이 정하는 부문에 대하여 특정평가를 실시하고 그 결과를 공개하여야 한다.

④ 지방자치단체 또는 그 장이 위임받아 처리하는 국가사무, 국고보조사업 그리고 국가의 주요 시책사업 등에 대해 행정안전부장관은 관계중앙행정기관의 장과 합동으로 평가를 실시할 수 있다.

| 함께 보는 법령 |「정부업무평가 기본법」

> **제14조(중앙행정기관의 자체평가)** ① 중앙행정기관의 장은 그 소속기관의 정책 등을 포함하여 자체평가를 실시하여야 한다.
> ② 중앙행정기관의 장은 자체평가조직 및 자체평가위원회를 구성·운영하여야 한다. 이 경우 평가의 공정성과 객관성을 확보하기 위하여 자체평가위원의 3분의 2 이상은 민간위원으로 하여야 한다.
> **제17조(자체평가결과에 대한 재평가)** 국무총리는 중앙행정기관의 자체평가결과를 확인·점검 후 평가의 객관성·신뢰성에 문제가 있어 다시 평가할 필요가 있다고 판단되는 때에는 위원회의 심의·의결을 거쳐 재평가를 실시할 수 있다.
> **제20조(특정평가의 절차)** ① 국무총리는 2 이상의 중앙행정기관 관련 시책, 주요 현안시책, 혁신관리 및 대통령령이 정하는 대상부문에 대하여 특정평가를 실시하고, 그 결과를 공개하여야 한다.
> **제21조(국가위임사무 등에 대한 평가)** ① 지방자치단체 또는 그 장이 위임받아 처리하는 국가사무, 국고보조사업 그 밖에 대통령령이 정하는 국가의 주요시책 등에 대하여 국정의 효율적인 수행을 위하여 평가가 필요한 경우에는 행정안전부장관이 관계중앙행정기관의 장과 합동으로 평가(이하 "합동평가"라 한다)를 실시할 수 있다.

14 ②

上

개념 카테고리 정책평가론 > 「정부업무평가 기본법」

| 정답 해설 | ② 정부업무평가위원회의 회의는 재적위원 과반수의 출석으로 개의하고 출석위원 과반수의 찬성으로 의결한다.

| 함께 보는 법령 |「정부업무평가 기본법」

> **제10조(위원회의 구성 및 운영)** ① 위원회는 위원장 2인을 포함한 15인 이내의 위원으로 구성한다.
> ⑤ 공무원이 아닌 위원의 임기는 2년으로 하되, 1차에 한하여 연임할 수 있다.
> ⑥ 위원회의 회의는 재적위원 과반수의 출석으로 개의하고 출석위원 과반수의 찬성으로 의결한다.
> **제14조(중앙행정기관의 자체평가)** ① 중앙행정기관의 장은 그 소속기관의 정책 등을 포함하여 자체평가를 실시하여야 한다.
> **제18조(지방자치단체의 자체평가)** ① 지방자치단체의 장은 그 소속기관의 정책 등을 포함하여 자체평가를 실시하여야 한다.
> **제28조(평가결과의 예산·인사 등에의 연계·반영)** ③ 기획재정부장관은 평가결과를 중앙행정기관의 다음 연도 예산편성 시 반영하여야 한다.

15 ③

中

개념 카테고리 정책평가론 > 정책변동의 유형 > 정책유지

| 정답 해설 | ③ 실질적인 정책내용이 변하더라도 정책목표가 변하지 않는다면 이는 정책승계에 해당한다. 즉, 정책승계란 현존하는 기존 정책의 목표는 변경시키지 않고 정책의 기본적 성격을 바꾸는 것이다. 정책유지란 기존 정책을 새로운 정책으로 대체하지 않고 본래의 정책목표를 달성하기 위하여 정책의 기본적 특성을 그대로 유지하면서 상황의 변화에 능동적으로 적응하는 것을 의미한다. 따라서 정책유지는 실질적인 정책내용이 유지되어야 한다.

16 ①

中

개념 카테고리 정책평가론 > 정책변동의 유형

| 정답 해설 | ① 정책혁신은 기존의 조직이나 예산이 없이 새로운 형태의 개입을 결정하는 것이다. 즉, 정책혁신이란 정부가 관여하지 않고 있던 분야에 개입하기 위해 새로운 정책을 결정하는 것을 의미한다. 이제까지 그 분야에 대한 정부의 개입이 없었기 때문에 하나의 정책이 완전히 새로 만들어지는 것이므로 엄격하게 보면 정책의 '변동(change)'이 아니다. 사회문제가 처음으로 정책문제로 전환되고, 이것을 해결하기 위해 정부가 정책을 결정하는 것으로서, 현재의 정책이나 활동이 없고, 담당조직도 없으며 예산이나 사업활동도 없는 '무'에서 새로운 것을 만드는 것이다.

17 ①

上

개념 카테고리 정책평가론 > 정책변동모형 > 옹호연합모형

| 정답 해설 | ① 옹호연합모형(Advocacy Coalition Framework)에 대한 설명으로 ㄱ, ㄴ이 옳다.

| 오답 해설 | ㄷ. 행정규칙, 예산배분, 규정의 해석에 대한 결정은 이차적 측면과 관련된다.

ㄹ. 신념체계 구조에서 규범적 핵심 신념은 모든 정책 규범에 적용되며, 이차적 측면(secondary aspects)보다 변화 가능성이 작다.

| 플러스 이론 | 신념체계(beliefs)

옹호(지지)연합의 신념체계는 변화의 용이성에 따라 규범적 핵심, 정책핵심, 이차적 신념으로 나눌 수 있다.

- 규범적 핵심(normative core)은 모든 정책에 적용되는 근본가치이며, 그 변경가능성이 희박하다.
- 정책핵심(policy core)은 규범적 핵심을 달성하기 위한 기본 전략에 관한 근본적인 정책시각이나 입장으로, 쉽게 변하지 않지만, 사회경제적으로 심각한 변화가 발생하면 변동할 수 있다.
- 이차적 신념(secondary beliefs)은 행정규칙, 예산배분, 규정 해석 등과 같이 정책핵심을 집행하기 위해 필요한 도구나 정보탐색과 관련한 규칙으로 가장 쉽게 변할 수 있다.

18 ③

中

개념 카테고리 정책평가론 > 정책변동모형 > 통합모형(정책지지연합모형)

| 정답 해설 | ③ 1980년대 이후 하향적 접근방법과 상향적 접근방법의 장·단점을 보완하려는 학문적 노력으로 등장한 사바티어(Sabatier)의 통합모형(정책지지연합모형)은 상향식 접근방법의 분석 단위를 채택하고, 이에 영향을 미치는 요인으로 하향식 접근방법의 여러 가지 변수를 결합하였다. 즉, 상향식 접근방법에 의해 정책문제나 일선 조직에서 검토를 시작하여 다양한 공공부문과 민간부문에서 행위자들의 전략적 행위에 초점을 맞추며, 하향식 접근방법의 관점에서 정책하위시스템 참여자의 활동에 영향을 미치는 요소인 법적·사회경제적 변수들의 영향을 분석하였다. 따라서 정책하위시스템 참여자의 활동에 영향을 미치는 요소는 '하향식' 접근방법으로 도출한 것이다.

19 ④

中

개념 카테고리 정책평가론 > 정책변동모형 > 정책패러다임변동모형

| 정답 해설 | ④ 정책패러다임변동(paradigm shift)모형은 홀(Hall)에 의해 제시된 정책변동모형으로 정책목표, 정책수단, 정책환경의 세 가지 변수 중 정책목표와 정책수단에 급격한 변화가 발생하는 정책변동모형을 말한다.

20 ②

上

개념 카테고리 정책평가론 > 정책변동모형 > 정책혁신

| 오답 해설 | ① 혁신 확산에 관한 연구는 중위수준 및 거시수준에 머물러 있고, 미시수준에서의 연구는 여전히 미진한 실정이다.

③ 확산은 선진산업국가로부터 저개발지역으로 확산되는 '계층적 확산(hierarchical diffusion)'과 이웃지역으로부터의 모방을 통한 '공간적 확산(spatial diffusion)'으로 구분할 수 있다.

매력적 오답 ④ 로저스(Rogers)에 따르면, 혁신수용시간에 따라 누적도수는 S자 형태를 띠고, 수용자 수의 분포는 정규분포를 이룬다.

CHAPTER 07 기획이론

출제 비중 0%

약점진단표

1회독				2회독				3회독			
○	△	×	총	○	△	×	총	○	△	×	총
			2				2				2

*문제풀이 후 약점진단 결과를 적어보세요!

문제편 P.67

01	①	02	⑤						

01 ①

中

개념 카테고리 기획이론 > 기획의 의의 > 국가기획과 민주주의

| 정답 해설 | ① 하이에크(Hayek)는 『노예로의 길』이라는 저서에서 기획이 시장질서를 교란시키고 국민의 자유권을 침해하며 자유민주주의에 위배된다고 주장하며 국가기획을 반대하였다.

| 오답 해설 | ② 파이너(Finer)는 『반동에의 길』이라는 저서에서 자본주의의 균형 있는 발전 및 질서 있는 현대사회로의 발전을 위해서는 국가기획의 도입이 불가피하고 타당한 것이라고 주장하였다.

02 ⑤

中

개념 카테고리 기획이론 > 기획의 제약요인

| 정답 해설 | ⑤ 구체적이고 집권적인 기획은 구성원의 판단과 창의성을 저해할 수 있다.

PART

03 조직이론

정답과 해설

CHAPTER 01 조직의 기초이론

출제 비중 19%

약점진단표											
1회독				2회독				3회독			
○	△	×	총	○	△	×	총	○	△	×	총
			20				20				20

*문제풀이 후 약점진단 결과를 적어보세요!

문제편 P.70

01	④	02	②	03	③	04	④	05	④
06	②	07	③	08	④	09	④	10	④
11	②	12	④	13	④	14	①	15	④
16	④	17	④	18	⑤	19	②	20	②

01 ④

中

개념 카테고리 기초이론 > 조직의 개요 > 조직목표의 기능

| 정답 해설 | ④ 조직목표는 조직이 존재하고 활동하는 정당성의 근거가 된다.

| 플러스 이론 | 조직목표의 기능

- 조직구성원들이 목표로 인해 일체감을 느끼기 때문에 구성원들의 동기를 유발해 준다.
- 조직의 구조와 과정을 설계하는 준거를 제공하고 성과를 평가하는 기준이 된다.
- 미래의 바람직한 상태를 밝혀 조직활동의 방향과 구성원의 행동기준을 제시한다.
- 조직이 존재하고 활동하는 정당성의 근거가 된다.
- 조직 내부의 갈등을 조정하는 기능을 수행한다.

02 ②

中

개념 카테고리 기초이론 > 조직의 유형 > Parsons의 조직유형

| 정답 해설 | ② 파슨스(Parsons)의 조직유형 중 조직체제의 목표달성기능과 관련된 유형은 정치조직이다. 파슨스는 체제의 기능을 AGIL기능으로 분류(Adaptation – 적응기능, Goal attainment – 목표달성기능, Integration – 통합기능, Latent pattern maintenance – 체제유지기능)하였고, 이에 따라 조직의 유형을 경제적 생산조직, 정치조직, 통합조직, 형상유지조직으로 분류하였다.

| 플러스 이론 | 파슨스와 카츠–칸(Katz & Kahn)의 조직유형 비교

구분	파슨스	카츠–칸
적응기능	경제적 생산조직 (회사, 공기업 등)	적응조직 (연구소, 조사기관, 대학 등)
목표달성 기능	정치조직 (행정기관, 정당 등)	경제적 · 생산적 조직 (산업조직)
통합기능	통합조직 (사법기관, 경찰, 정신병원 등)	정치적 · 관리적 조직 (행정기관, 정당, 노동조합, 압력단체 등)
체제유지 기능	형상유지조직 (학교, 종교단체 등)	형상유지조직 (학교, 종교단체 등)

03 ③

中

개념 카테고리 기초이론 > 조직의 유형 > mintzberg의 조직유형

| 정답 해설 | ③ 민츠버그(Mintzberg)의 전문적 관료제 구조는 환경변화에 적응하는 속도가 느린 편이며, 복잡하고 안정한 환경에 적절하다. 전문적 관료제 구조는 복잡하고 안정적인 환경에 적합한 수평 · 수직적으로 분권화된 조직이다. 전문가들로 구성된 핵심운영층이 오랜 경험과 훈련으로 표준화된 기술을 내면화하여 자율권을 가지고 과업을 조정한다. 전문성 확보에는 유리한 반면, 수직적 집권화에 따른 환경변화에 적응하는 속도가 느리다는 문제가 있다.

04 ④

下

개념 카테고리 기초이론 > 조직이론의 발달 > 신고전적 조직이론

| 정답 해설 | ④ 신고전적 조직이론인 인간관계론이 강조한 내용은 인간의 사회 · 심리적 요인을 통한 동기부여이다. 나머지는 고전적 조직이론인 과학적 관리론이 강조한 내용이다.

05 ④

下

개념 카테고리 기초이론 > 조직이론의 발달 > 신고전적 조직이론

| 정답 해설 | ④ 신고전 조직이론의 대표적 이론인 인간관계론은 조직 내 사회적 능률을 강조하고, 조직의 비공식적 구조나 요인에 초점을 둔다.

| 오답 해설 | ① 신고전 조직이론의 대표적 이론은 인간관계론과 후기인간관계론이다. 조직군생태론, 자원의존이론 등은 현대조직이론이다.

② 신고전 조직이론은 인간을 사회적 존재로 파악하는 사회인으로 간주한다. 인간을 복잡한 내면구조를 가진 복잡인으로 간주하는 것은 현대조직이론이다.

③ 신고전 조직이론은 폐쇄체제이론이다. 환경과 상호작용하는 개방적·동태적·유기적 조직을 강조하는 것은 현대조직이론이다.

06 ②

中

개념 카테고리 기초이론 > 조직이론의 발달 > 후기 인간관계론

| 정답 해설 | ② 복잡인관에 해당하는 내용이다. 후기 인간관계론은 구성원의 참여를 강조하여 참여관리론이라 하며, 의사결정 과정에 개인을 참여시키는 관리전략이 필요하다. 따라서 구성원의 참여를 강조하는 후기 인간관계론은 합리적·경제적 인간관보다는 자아실현적 인간관과 더 부합한다.

07 ③

上

개념 카테고리 기초이론 > 현대조직이론

| 정답 해설 | ③ 상황론적 조직이론은 번스(Burns), 스토커(Stalker), 로렌스(Lawrence), 로쉬(Lorsch) 등에 의해 발전한 경험적인 조직이론으로, 관료제이론과 행정원리론에서 추구한 보편적인 조직 원리를 비판하면서 등장하였다. 상황론적 조직이론은 모든 상황에 적용되는 유일·최선의 조직구조나 관리 방법은 없다는 전제하에, 효과적인 조직구조나 관리 방법은 조직환경 등의 상황요인에 따라 달라지기 때문에, 상황에 적합한 효과적인 조직구조의 설계나 관리 방법을 찾아내고자 한다. 따라서 상황론적 조직이론은 독립변수를 한정하고 상황적 조건들을 유형화해 중범위라는 제한된 수준 내의 일반성과 규칙성을 발견하고 문제에 대한 처방을 추구한다.

| 오답 해설 | ① 조직군생태론은 기본 분석단위가 단일조직이 아니라 조직군이며, 환경에 대한 조직 적합도에 초점을 둔다.

② 거래비용이론은 조직경제학의 한 접근법으로, 생산보다는 비용에 더 많은 관심을 두며, 조직을 거래비용 감소를 위한 장치로 본다.

④ 대리인이론에 따르면 정보의 비대칭성이 합리적 선택을 제약(역선택, 도덕적 해이)하며, 주인-대리인 관계는 조직 내에서도 나타난다.

08 ④

中

개념 카테고리 기초이론 > 현대조직이론

| 정답 해설 | ④ 상황론적 조직이론은 기술, 규모, 환경 등의 다양한 상황요인에 대한 조직적합성을 발견하여 특정 상황에 적합한 조직구조를 처방하고자 노력한다. 따라서 모든 상황에 적합하고 유일한 최선의 조직설계와 관리방법은 없다고 본다.

09 ④

中

개념 카테고리 기초이론 > 거시조직이론 > 조직군 생태학이론

| 정답 해설 | ④ 조직군 생태학이론은 조직 변동이 외부환경의 선택에 의하여 좌우된다고 보며 조직환경의 절대성을 강조하는 극단적인 환경이론이다. 따라서 조직군의 변화를 이끄는 변이는 우연적 변화(돌연변이)뿐만 아니라 계획적이고 의도적인 변화도 포함된다.

10 ④

中

개념 카테고리 기초이론 > 거시조직이론 > 조직군 생태학이론

| 정답 해설 | ④ 조직군 생태학이론은 결정론에 해당한다. 따라서 조직의 주도적 선택보다는 조직은 수동적으로 환경에 적응해야만 한다는 점을 강조한다.

| 플러스 이론 | 거시조직이론의 분류

환경인식 / 분석수준	결정론	임의론
개별조직	체제구조적 관점 ① 구조적 상황이론 (상황적응이론)	전략적 선택 관점 ④ 전략적 선택이론 ⑤ 자원의존이론
조직군	자연적 선택 관점 ② 조직군 생태학이론 ③ 조직 경제학 (대리이론/거래비용이론)	집단적 행동 관점 ⑥ 공동체 생태학이론

11 ②

中

개념 카테고리 기초이론 > 거시조직이론 > 대리인이론

| 정답 해설 | ② 주인과 대리인의 목표 상충으로 인해 대리손실이 나타난다. X-비효율성은 독점으로 비효율성을 의미한다.

12 ④

上

개념 카테고리 기초이론 > 거시조직이론 > 대리인이론

| 정답 해설 | ④ 조직이 투자한 자산이 고정적이어서 자산 특정성이 높으면, 조직 내의 여러 관계나 외부공급자들과의 관계가 고착되어 대리인 관계가 비효율적이더라도 이를 바꾸기 어렵다. 자산의 특정성(자산 전속성)은 자산이 다른 용도에 사용되기 어려운 정도를 의미한다.

13 ④

上

개념 카테고리 기초이론 > 거시조직이론 > 대리인이론

| 정답 해설 | ④ 대리인 관계를 설정할 수 있는 다수의 잠재적 당사자(대리인) 존재는 주인-대리인 관계의 효율성을 제고하는 요인이다. 대리인이론은 행위자들이 이기적인 존재임을 전제한다. 따라서 대리인이 주인의 이익보다는 자신의 이익을 위해 기회주의적 행동 성향이 나타날 수 있다. 이로 인해 주인-대리인 관계의 효율성을 제약하게 된다. 반면, 대리인 관계를 설정할 수 있는 다수의 잠재적 당사자(대리인)가 존재할 경우 주인은 자신의 이익을 대변할 가능성이 높은 대리인을 선임할 수 있기 때문에 주인-대리인 관계의 효율성을 제고할 수 있다.

14 ①

中

개념 카테고리 기초이론 > 거시조직이론 > 거래비용이론

| 정답 해설 | ① 거래비용이론은 조직이 생겨나고 일정한 구조를 가지는 이유를 조직경제학적으로 설명하는 접근방법으로, 시장의 자발적인 교환행위에서 발생하는 거래비용이 계층제적 조정비용보다 크면 거래비용의 최소화를 위하여 거래의 내부화(insourcing), 즉 조직의 통합이 이루어진다는 이론이다. 따라서 기회주의적 행동(역선택과 도덕적 해이)을 제어하는 데에는 계층제가 시장보다 효율적인 수단이라고 본다.

15 ④

中

개념 카테고리 기초이론 > 거시조직이론 > 전략적 선택이론

| 정답 해설 | ④ 전략적 선택이론의 분석 단위는 조직군이 아니라 개별조직이다.

16 ④

中

개념 카테고리 기초이론 > 거시조직이론 > 자원의존이론

| 정답 해설 | ④ 자원의존이론은 임의론으로, 조직의 능동적 적응을 중시한다. 즉, 조직이 환경적 요인을 피동적으로 받아들이지 않고 스스로의 이익을 위하여 적극적으로 환경에 대처하며 조직 내의 대내적·정치적 맥락에서 조직의 환경적응을 위한 전략적 결정을 내린다고 본다.

17 ④

中

개념 카테고리 기초이론 > 조직의 원리 > 전문화(분업)의 원리

| 정답 해설 | ④ 분업은 업무를 종류별·성질별로 나누어 가능하면 한 가지의 주된 업무를 분담시켜 조직관리의 능률성을 향상시키고자 한다. 따라서 분업은 훈련된 무능 등으로 인하여 업무량의 변동이 심하거나 원자재의 공급이 불안정한 경우에는 유지되기 어렵다.

18 ⑤

中

개념 카테고리 기초이론 > 조직의 원리 > 전문화(분업)의 원리

| 정답 해설 | ⑤ (가)는 비숙련직무, (나)는 일선 관리직무, (다)는 전문가적 직무, (라)는 고위 관리직무에 해당한다.

19 ②

中

개념 카테고리 기초이론 > 조직의 원리

| 정답 해설 | ② 일반적인 조직구조 설계원리에 대한 설명으로 ㄱ, ㄴ, ㄹ이 옳다.

| 오답 해설 | ㄷ. 통솔범위가 넓을수록 고도의 수평적 분화가 일어나 저층구조가 형성되고, 좁을수록 고층구조가 이뤄진다.

20 ②

中

개념 카테고리 기초이론 > 조직의 원리 > 조정의 원리

| 정답 해설 | ② 프로젝트 팀(project team)은 강력한 수평적 연결 및 조정장치이다.

CHAPTER 02 조직구조론

출제 비중 27%

약점진단표											
1회독				2회독				3회독			
○	△	×	총	○	△	×	총	○	△	×	총
			39				39				39

*문제풀이 후 약점진단 결과를 적어보세요!

문제편 P.74

01	②	02	④	03	①	04	②	05	②
06	①	07	②	08	①	09	④	10	③
11	②	12	④	13	④	14	④	15	①
16	①	17	①	18	③	19	③	20	③
21	④	22	⑤	23	③	24	①	25	③
26	③	27	③	28	④	29	⑤	30	④
31	④	32	②	33	④	34	②	35	②
36	①	37	②	38	③	39	③		

01 ②

中

개념 카테고리 조직구조론 > 조직구조의 변수

| 정답 해설 | ② 조직구조의 상황요인에 대한 설명으로 ㄴ, ㄹ, ㅁ이 옳다.

| 오답 해설 | ㄱ. 비일상적 기술일 경우 공식화가 낮아질 것이다.
ㄷ. 환경의 불확실성이 높을수록 집권화가 낮아질 것이다.

02 ④

中

개념 카테고리 조직구조론 > 조직구조의 변수 > 집권화와 분권화

| 정답 해설 | ④ 집권화는 행정기능의 중복과 혼란을 회피할 수 있고 분열을 억제할 수 있다.

03 ①

中

개념 카테고리 조직구조론 > 조직구조의 변수 > 조직구조

| 정답 해설 | ① 기술(technology)은 조직 내에서 투입물을 산출물로 변화시키는 과정 또는 방법으로, 일상적인 기술일수록 복잡성은 낮고 공식성은 높을 가능성이 있다. 기술과 집권화의 관계는 상관도가 낮은데, 기술이 집권화에 미치는 영향은 다른 변수의 개입으로 달라지기 때문이다. 예를 들어 조직문화가 집권적이면 기술발달이 집권을 가속화하고, 조직문화가 분권적이면 기술발달이 분권을 가속화할 수 있다. 따라서 기술발달에 의해 집권 또는 분권이 결정된다는 기술결정론보다 조직문화에 의해 집권 또는 분권이 결정된다는 문화결정론이 더 설득력을 얻고 있다.

04 ②

上

개념 카테고리 조직구조론 > 조직구조의 변수 > Perrow의 기술유형론

| 정답 해설 | ② 비정형화된(non-routine) 기술은 부하들에 대한 상사의 통솔범위를 좁힐 수밖에 없을 것이다. 즉, 비정형화된 기술(비일상기술)은 문제의 분석가능성이 낮고, 과제의 다양성이 높아 부하들에 대한 상사의 통제가 어렵기 때문에 부하들에 대한 상사의 통솔범위를 좁힐 수밖에 없을 것이다.

구분		과제 다양성(예외적 사건의 빈도)	
		낮음	높음
분석 가능성	낮음	기예적(장인) 기술 • 대체로 유기적 • 중간의 공식화 • 중간의 집권화 • 작업 경험 • 중간의 통솔범위 • 수평적, 구두 의사소통	비정형화된(비일상) 기술 • 유기적 구조 • 낮은 공식화 • 낮은 집권화 • 훈련 및 경험 • 적은 통솔범위 • 수평적 의사소통, 회의
	높음	정형화된(일상) 기술 • 기계적 구조 • 높은 공식화 • 높은 집권화 • 적은 훈련 및 경험 • 넓은 통솔범위 • 수직적 문서 의사소통	공학적 기술 • 대체로 기계적 • 중간의 공식화 • 중간의 집권화 • 공식훈련 • 중간의 통솔범위 • 문서 및 구두 의사소통

05 ②

中

개념 카테고리 조직구조론 > 조직구조의 유형 > 유기적 조직

| 정답 해설 | ② 조직 환경이 안정적인 상황에서 현실적인 타당성을 인정받을 수 있는 것은 기계적 조직이다. 유기적 조직은 조직 환경이 불안정적인(유동적인) 상황에서 현실적인 타당성을 인정받을 수 있다.

06 ① 中

개념 카테고리 조직구조론 > 조직구조의 유형 > 사업(부)구조

| 정답 해설 | ① 사업(부)구조는 조직의 산출물에 기반을 둔 구조화 방식으로, 각 부서는 한 제품을 생산하거나, 한 지역에 봉사하거나, 또는 특정 고객집단에 봉사할 때 필요한 모든 기능적 직위들이 부서 내로 배치된 자기완결적 단위이다. 따라서 사업(부)구조는 사업(부) 내 기능 조정은 용이하지만, 사업(부) 간 기능 조정은 어렵다.

07 ② 中

개념 카테고리 조직구조론 > 조직구조의 유형 > 매트릭스구조

| 정답 해설 | ② 매트릭스(matrix)구조는 기능부서와 사업부서의 화학적 결합을 시도한 조직구조로, 조직환경이 복잡해지면서 기능부서의 기술적 전문성이 요구되는 동시에 사업부서의 신속한 대응성의 필요가 증대되면서 등장한 조직 형태이다. 따라서 매트릭스구조는 기능부서 통제권한의 계층은 '수직적'으로 흐르고, 사업부서 간 조정권한의 계층은 '수평적'으로 흐르게 된다. 이러한 이중구조에서 조직구성원은 동시에 두 명의 상관에 보고하는 체계를 가지므로, 명령통일의 원리에 위배되며 기능적·사업적 권한 체계의 적절한 균형을 찾는 것이 중요한 문제가 된다.

08 ① 中

개념 카테고리 조직구조론 > 조직구조의 유형 > 매트릭스구조

| 정답 해설 | ① 매트릭스조직(matrix structure)은 기능 중심의 수직적 계층구조에 수평적 조직구조를 결합한 조직으로 명령통일의 원리에 위배된다.

09 ④ 中

개념 카테고리 조직구조론 > 조직구조의 유형 > 매트릭스구조

| 정답 해설 | ④ 제시된 지문에 해당하는 조직유형은 매트릭스구조이다. 매트릭스구조는 명령 계통의 다원화로 유연한 인적자원 활용이 용이하다.

10 ③ 中

개념 카테고리 조직구조론 > 조직구조의 유형 > 팀제 조직

| 정답 해설 | ③ 팀제 조직에 대한 설명으로 ㄴ, ㄹ이 옳다.

| 오답 해설 | ㄱ. 결정과 기획의 핵심 기능만 남기고 사업집행 기능은 전문 업체에 위탁하는 것은 네트워크 조직이다.

ㄷ. 기술구조(techno structure) 부문이 중심이 되고 작업 과정의 표준화가 주요 조정수단이 되는 것은 기계적 관료제 조직이다.

11 ② 中

개념 카테고리 조직구조론 > 조직구조의 유형 > 네트워크구조

| 정답 해설 | ② 네트워크조직에 대한 설명으로 ㄱ, ㄹ이 옳다.

| 오답 해설 | ㄴ. 네트워크조직에서 조직 간 연계장치는 수평적인 협력관계에 바탕을 둔다.

ㄷ. 네트워크조직은 수평적 협력관계에 바탕을 두므로, 타율적 관리보다 자율적 관리(개방적 의사전달과 참여)가 강조된다.

12 ④ 中

개념 카테고리 조직구조론 > 조직구조의 유형 > 네트워크구조

| 정답 해설 | ④ 네트워크구조에서 조직은 모호한 조직경계에 따라 조직의 정체성이 약해 응집성 있는 조직문화를 가지기 어렵고, 구성원의 충성을 기대하기 쉽지 않다.

13 ④ 下

개념 카테고리 조직구조론 > 조직구조의 유형 > 네트워크구조

| 정답 해설 | ④ 계층의 통합과 단일의 지도자는 네트워크구조가 아니라 기능구조(관료제)의 기본원리에 해당한다. 네트워크구조는 구성원 간의 자발적 연결을 통한 수평적 협력을 기본원리로 운영되는 조직구조이다.

14 ④ 中

개념 카테고리 조직구조론 > 관료제 > Weber의 관료제이론

| 정답 해설 | ④ 관료제는 수직적 계층제와 수평적 전문화를 특징으로 한다. 따라서 관료제의 구성원들은 조직 전반의 일반적인 업무에 대해 책임을 지는 것이 아니라 본인이 수행한 업무나 부하직원 관리에 대한 책임을 진다.

15 ① 中

개념 카테고리 조직구조론 > 관료제 > Weber의 관료제이론

| 정답 해설 | ① 베버(Weber)의 관료제모형에서 관료에게 지급되는 봉급은 업무수행 실적에 대한 평가보다는 연공서열에 따라 결정된다.

16 ①

中

개념 카테고리 조직구조론 > 관료제 > Weber의 관료제이론

| 정답 해설 | ① 관료제는 18세기 이후 서구 사회의 산업화와 함께 등장하였다. 과학기술의 발달에 힘입어 대량 생산체제가 확립되고, 그에 따라 사회 각 부문이 조직화되고 규모 또한 팽창하게 된 것이다. 그리고 산업화 과정에서 파생되는 여러 문제는 정부조직의 기능과 규모를 점차 확대시키고 거대화시키는 결과를 초래하였다. 이와 같은 사회구조의 변화는 과거와는 다른 사회조직 원리를 필요로 하게 되었다. 즉, 사회조직의 기본원리가 점차 능률성향상에 초점을 맞추어 제도를 합리화하는 방향으로 바뀌게 된 것이다.

17 ①

中

개념 카테고리 조직구조론 > 관료제 > 관료제의 병리

| 정답 해설 | ① 최고관리자의 관료에 대한 지나친 통제가 조직의 경직성을 초래하여 관료제의 병리현상이 나타난다고 주장한 학자는 머튼(Merton)이다.

18 ③

中

개념 카테고리 조직구조론 > 관료제 > 관료제의 병리

| 정답 해설 | ③ 비정의성(비인간화)은 주관적이고 재량적인 관료 행태를 억제할 수 있다.

19 ③

中

개념 카테고리 조직구조론 > 관료제 > 관료제의 병리

| 정답 해설 | ③ 관료들의 세력 팽창 욕구로 인한 기구와 인력의 증대는 파킨슨의 법칙과 관련이 있다. 피터(Peter)의 원리는 무능력자의 승진을 의미한다. 즉, 계층제적 관료조직의 구성원이 각자의 능력을 넘는 수준까지 승진하여 상당수의 직위가 무능자로 채워지는 경향이 나타난다는 것이다.

20 ③

下

개념 카테고리 조직구조론 > 후기 관료제 > 탈관료제

| 정답 해설 | ③ 관료제는 수직적으로 계층제(계서제), 수평적으로 전문화(분업화)를 특징으로 하는 조직구조이다. 그런데 계층제로 인한 경직성, 전문화로 인한 훈련된 무능 등으로 인해 탈관료제가 등장한다. 따라서 분업화에 의한 문제 해결은 관료제의 특징이다.

21 ④

中

개념 카테고리 조직구조론 > 후기 관료제 > 애드호크라시

| 정답 해설 | ④ 네트워크조직이란 조직의 자체 기능은 핵심역량 위주로 합리화하고, 여타 기능은 외부기관들과 계약관계를 통해 수행하는 조직구조 방식이다. 따라서 네트워크조직은 전체 기능을 포괄하는 조직을 중심에 놓는 것이 아니라 조직의 자체 기능은 핵심역량 위주로 합리화하고, 여타 기능은 다수의 협력체를 묶어 일을 수행하는 조직형태이다.

22 ⑤

中

개념 카테고리 조직구조론 > 지식정보사회의 조직 > 학습조직

| 정답 해설 | ⑤ 관리자의 리더십은 셍게(Senge)가 제시한 학습조직(Learning Organization) 구축을 위한 다섯 가지 방법에 해당하지 않으며, 관리자의 리더십이 아니라 사고모형(mental models)이 포함되어야 한다. 사고모형은 뇌리에 깊이 박힌 전제(관성, 타성) 또는 정신적 이미지를 성찰하고 새롭게 하는 것으로, 세상에 관한 사람들의 생각과 관점, 그것이 선택과 행동에 어떤 영향을 미치는지에 대해 끊임없이 성찰하고 가다듬어야 한다는 것이다. 셍게가 제시한 학습조직 구축을 위한 다섯 가지 방법은 ㉠ 자아 완성(personal mastery), ㉡ 사고모형(mental models), ㉢ 비전 공유(shared vision), ㉣ 집단학습(team learning), ㉤ 시스템적 사고(system thinking)이다.

23 ③

中

개념 카테고리 조직구조론 > 지식정보사회의 조직 > 학습조직

| 정답 해설 | ③ 학습조직의 특성에 대한 설명으로 ㄴ, ㄷ이 옳다.

| 오답 해설 | ㄱ. 학습조직은 수평적 조직구조를 강조한다.

ㄹ. 학습조직은 구성원들에게 권한강화(empowerment)를 강조한다.

24 ①

中

개념 카테고리 조직구조론 > 지식정보사회의 조직 > 삼엽조직

| 정답 해설 | ① 삼엽조직은 핵심자인 소규모 전문적 근로자, 계약직 근로자, 신축적인 근로자들로 구성된 조직으로, 계층의 수가 적다.

| 오답 해설 | ② 혼돈정부는 정부조직의 혼돈에 숨어 있는 질서를 발견할 수 있다는 것이다.

③ 공동(空洞)조직은 정부의 업무가 축소된 형태를 말한다.

④ 그림자 국가는 고객에 대한 복지서비스의 공급에 중요한 역할을 수행한다.

⑤ 후기 기업가조직은 신속한 행동, 창의적인 탐색, 더 많은 신축성, 직원과 고객의 밀접한 관계 등을 강조하는 조직 형태이다.

25 ③

上

개념 카테고리 조직구조론 > 지식정보사회의 조직 > 혼돈정부

| 정답 해설 | ③ 혼돈(chaos)이론에 대한 설명으로 ㄱ, ㄴ, ㄹ이 옳다.

| 오답 해설 | ㄷ. 혼돈이론은 비선형적 변화를 가정하며, 이는 뉴턴(Newton)의 운동법칙을 비판한 것이다.

| 플러스 이론 | 혼돈이론

개념	혼돈상태에서 숨겨진 질서를 발견하고 혼돈의 변화상태를 설명하려는 이론으로, 비선형동학을 이용하여 불규칙적 행태에서 규칙성을 발견하려 함(무질서 속의 질서, 질서 있는 무질서 이론)	
혼돈의 발생원인	나비효과	초깃값의 미세한 차이에 의해 결과가 완전히 달라지는 현상(초기조건의 민감성)
	비선형적 변화	불규칙적 변화
혼돈 속에서 질서를 찾는 과정	자기조직화	비선형적 변화 속에서 스스로의 구조와 질서를 갖추어 가는 것(경로 의존성)
	공(동)진화	서로에게 적응하면서 상호진화하는 것

26 ③

中

개념 카테고리 조직구조론 > 보조기관(계선기관)과 보좌기관(막료기관)

| 정답 해설 | ③ 보좌(Staff, 막료 또는 참모)기관은 부문 간 조정이 용이하여 조직 운영의 효율성을 극대화할 수 있다. 반면 보조(Line, 계선)기관은 계층제와 전문화로 인해 부문 간 조정이 곤란하다. 따라서 조직의 규모가 커질 경우, 보좌기관을 통해 부문 간 조정이 요구된다.

27 ③

中

개념 카테고리 조직구조론 > 위원회

| 정답 해설 | ③ 국무총리 소속의 국민권익위원회는 부패방지와 국민의 권리보호 및 구제를 위하여 과거 국민고충처리위원회와 국가청렴위원회, 국무총리 행정심판위원회 등의 기능을 합쳐 2008년 2월 29일 새롭게 탄생한 기관으로, 의사결정의 권한이 있는 중앙행정기관인 행정위원회에 해당된다.

| 함께 보는 법령 | 「부패방지 및 국민권익위원회의 설치와 운영에 관한 법률」

> **제11조(국민권익위원회의 설치)** ① 고충민원의 처리와 이에 관련된 불합리한 행정제도를 개선하고, 부패의 발생을 예방하며 부패행위를 효율적으로 규제하도록 하기 위하여 국무총리 소속으로 국민권익위원회(이하 "위원회"라 한다)를 둔다.
> ② 위원회는 「정부조직법」 제2조에 따른 중앙행정기관으로서 그 권한에 속하는 사무를 독립적으로 수행한다.

28 ④

中

개념 카테고리 조직구조론 > 위원회

| 정답 해설 | ④ 정부위원회에 대한 설명으로 ㄱ, ㄷ, ㄹ이 옳다.

| 오답 해설 | ㄴ. 자문위원회는 특별한 사안이나 문제에 대한 의견을 구하기 위하여 전문가들로 구성한 위원회이다. 따라서 자문위원회는 업무가 계속성·상시성이 없다.

29 ⑤

中

개념 카테고리 조직구조론 > 우리나라 정부조직

| 정답 해설 | ⑤ 방송통신위원회는 대통령 소속 위원회이다.

| 함께 보는 법령 | 「방송통신위원회의 설치 및 운영에 관한 법률」

> **제3조(위원회의 설치)** ① 방송과 통신에 관한 규제와 이용자 보호 등의 업무를 수행하기 위하여 대통령 소속으로 방송통신위원회(이하 "위원회"라 한다)를 둔다.

30 ④

中

개념 카테고리 조직구조론 > 우리나라 정부조직

| 정답 해설 | ④ 특허청은 산업통상자원부 소속이다.

31 ④

中

개념 카테고리 조직구조론 > 우리나라 정부조직

| 정답 해설 | ④ 공정거래위원회, 특허청, 국가유산청은 중앙행정기관이고, 지방자치인재개발원·국가기록원(행정안전부)과 국립중앙박물관(문화체육관광부)은 중앙행정기관의 소속기관이다.

32 ②

中

개념 카테고리 조직구조론 > 우리나라 정부조직

| 정답 해설 | ② ㄱ, ㄷ, ㅁ이 옳은 내용이다.

| 오답 해설 | ㄴ. 국민안전처를 해체하고 소방청과 해양경찰청 조직은 외청으로 독립시켜, 소방청은 행정안전부, 해양경찰청은 해양수산부 산하에 두었다.

ㄹ. 일관성 있는 수자원 관리를 위해 환경부가 물관리 일원화를 담당하게 하였다.

33 ④

中

개념 카테고리 조직구조론 > 우리나라 정부조직

| 정답 해설 | ④ 수량, 수질의 통일적 관리와 지속가능한 물 관리 체계의 구축을 위하여 국토교통부의 수자원 보전·이용 및 개발 기능을 환경부로 이관함으로써, 분산화된 물 관리 체계를 일정 부분 일원화하고 나아가 국민 모두가 보다 안전하고 깨끗한 물을 누릴 수 있도록 「정부조직법」이 개정되었다. 따라서 한국수자원공사에 대한 관할권을 국토교통부에서 환경부로 이관하였다는 내용이 옳다.

| 함께 보는 법령 | 「정부조직법」

> **제40조(환경부)** ① 환경부장관은 자연환경, 생활환경의 보전, 환경오염방지, 수자원의 보전·이용·개발 및 하천에 관한 사무를 관장한다.

34 ②

中

개념 카테고리 조직구조론 > 우리나라 정부조직

| 정답 해설 | ② 노무현 정부는 행정자치부 산하에 소방방재청을 신설하였다. 하지만 국정홍보처는 1999년 김대중 정부에서 신설되어 2008년에 폐지되었다.

35 ②

中

개념 카테고리 조직구조론 > 책임운영기관

| 정답 해설 | ② 국립중앙극장은 문화형 책임운영기관으로 정부부처의 형태의 공기업에 해당한다.

| 오답 해설 | ① 한국연구재단은 위탁집행형 준정부기관이다.

③ 한국소비자원은 위탁집행형 준정부기관이다.

④ 한국철도공사는 준시장형 공기업이다.

| 함께 보는 법령 |

> **「책임운영기관의 설치·운영에 관한 법률」**
> **제30조(「정부기업예산법」의 적용 등)** ① 책임운영기관특별회계기관의 사업은 「정부기업예산법」 제2조에도 불구하고 정부기업으로 본다.
> **「정부기업예산법」**
> **제2조(정부기업)** 이 법에서 "정부기업"이란 기업형태로 운영하는 우편사업, 우체국예금사업, 양곡관리사업 및 조달사업을 말한다.

36 ①

上

개념 카테고리 조직구조론 > 책임운영기관

| 정답 해설 | ① 책임운영기관의 기관장은 임기제로 임용되지만, 소속 직원은 공무원 신분을 유지한다. 책임운영기관은 정책 결정 기능으로부터 집행기능을 분리한 집행 중심의 조직이므로 정부조직이지만, 공법인은 아니다.

37 ②

中

개념 카테고리 조직구조론 > 책임운영기관

| 정답 해설 | ② 소속책임운영기관에 두는 공무원의 총 정원 한도는 대통령령으로 정하며, 이 경우 공무원의 종류별·계급별 정원과 고위공무원단에 속하는 공무원의 정원은 총리령 또는 부령으로 정하되, 대통령령으로 정하는 바에 따라 통합하여 정할 수 있다.

| 함께 보는 법령 | 「책임운영기관의 설치·운영에 관한 법률」

> **제16조(공무원의 정원)** ① 소속책임운영기관에 두는 공무원의 총 정원 한도는 대통령령으로 정한다. 이 경우 다음 각 호의 정원은 총리령 또는 부령으로 정하되, 대통령령으로 정하는 바에 따라 통합하여 정할 수 있다.
> 1. 공무원의 종류별·계급별 정원
> 2. 고위공무원단에 속하는 공무원의 정원

38 ③

中

개념 카테고리 조직구조론 > 책임운영기관

| 정답 해설 | ③ 소속책임운영기관에는 대통령령으로 정하는 바에 따라 소속 기관을 둘 수 있다.

| 함께 보는 법령 | 「책임운영기관의 설치·운영에 관한 법률」

> **제3조의2(중기관리계획의 수립 등)** ① 행정안전부장관은 5년 단위로 책임운영기관의 관리 및 운영 전반에 관한 기본계획(이하 "중기관리계획"이라 한다)을 수립하여야 한다.
> **제15조(소속 기관 및 하부조직의 설치)** ① 소속책임운영기관에는 대통령령으로 정하는 바에 따라 소속 기관을 둘 수 있다.
> **제40조(중앙책임운영기관의 장의 임기)** 중앙책임운영기관의 장의 임기는 2년으로 하되, 한 차례만 연임할 수 있다.
> **제47조(인사 관리)** ① 중앙책임운영기관의 장은 「국가공무원법」 제32조 제1항 및 제2항이나 그 밖의 공무원 인사 관계 법령에도 불구하고 고위공무원단에 속하는 공무원을 제외한 소속 공무원에 대한 일체의 임용권을 가진다.
> **제49조(책임운영기관운영위원회의 설치 및 기능 등)** ① 책임운영기관의 존속 여부 및 제도의 개선 등에 관한 중요 사항을 심의하기 위하여 행정안전부장관 소속으로 책임운영기관운영위원회(이하 "위원회"라 한다)를 둔다.
> **제50조(위원회의 구성 및 운영)** ① 위원회는 위원장 및 부위원장 각 1명을 포함한 15명 이내의 위원으로 구성한다.

39 ③

中

개념 카테고리 조직구조론 > 공기업 > 공기업의 민영화

| 정답 해설 | ③ 민영화는 경쟁을 위해서 하는 것이다. 따라서 경쟁의 심화는 민영화의 문제점으로 보기 어렵다.

CHAPTER 03 조직관리론

출제 비중 35%

약점진단표											
1회독				2회독				3회독			
○	△	×	총	○	△	×	총	○	△	×	총
			30				30				30

*문제풀이 후 약점진단 결과를 적어보세요!

문제편 P.82

01	①	02	①	03	②	04	③	05	②
06	④	07	②	08	①	09	①	10	②
11	①	12	④	13	①	14	④	15	④
16	①	17	①	18	③	19	③	20	③
21	②	22	①	23	③	24	③	25	③
26	②	27	④	28	③	29	③	30	②

01 ①

中

개념 카테고리 조직관리론 > 관리 전략

| 정답 해설 | ① 자아실현적 인간은 인간이 자기의 능력·자질을 최대한 생산적으로 활용하고자 하는 자기실현 욕구를 가지고 있으며, 자율적으로 자기 규제를 할 수 있다고 본다. 따라서 관리자는 구성원을 지시하고 통제하기보다는 구성원 스스로 자기통제와 자기계발을 통해 문제를 해결할 수 있도록 지원하고 촉진한다. 반면, 복잡한 인간은 인간이 다양한 욕구와 잠재력을 지닌 복잡하고 다양한 존재이며 인간의 동기는 상황·역할에 따라 달라진다고 본다. 따라서 관리자는 획일적이기보다는 유연하고 다원적이며 세분화된 관리 전략을 사용한다. 즉, ①은 자아실현적 인간이 아니라 복잡한 인간에 대한 관리 전략에 대한 설명이다.

02 ①

下

개념 카테고리 조직관리론 > 동기부여이론 > 과정이론

| 정답 해설 | ① 동기유발의 과정을 설명하는 '과정이론'에 해당하는 것은 ㄱ, ㄴ, ㄷ이다. 동기부여이론은 내용이론과 과정이론으로 구분되는데, 두 이론은 동기부여의 내재성과 계산가능성을 전제로 한다는 점에서 공통적이다. 그러나 내용이론은 구성원이 어떠한 내용(what)을 요구하는지에 초점을 맞추고 있는 것에 비해, 과정이론은 구성원이 어떠한 과정(how)을 통해 요구가 달성되는지에 초점을 맞추고 있어 접근방식의 차이를 보인다. 즉, 과정이론은 무엇에 의해 동기유발이 되는가보다 어떻게 동기가 유발되는가라는 과정을 설명하기 때문에 좀 더 복잡하고 역동적 모형을 취하게 된다. 따라서 시기적으로 초창기 동기이론의 연구들이 내용적 측면을 강조한 것에 비해, 이후 연구의 발전과 함께 과정적 측면으로 연구의 범위가 확대되었다. 과정이론의 대표적 이론으로는 브룸(Vroom)의 기대이론, 애덤스(Adams)의 공정성이론, 로크(Locke)의 목표설정이론, 포터(Porter)와 롤러(Lawler)의 업적·만족이론 등이 있다.

03 ②

中

개념 카테고리 조직관리론 > 동기부여이론 > 내용이론 > ERG이론

| 정답 해설 | ② 동기이론 중 앨더퍼(Alderfer)의 ERG이론은 상위 욕구가 만족되지 않으면, 하위 욕구를 더욱 충족시키고자 한다고 주장한다.

| 오답 해설 | ① 앨더퍼의 ERG이론은 욕구가 상위 수준에서 하위 수준으로 후퇴할 수도 있다고 본다.

③ 허즈버그(Herzberg)의 욕구충족 이원론은 '감독자와 부하의 관계'를 불만 요인 중 하나로 제시한다.

④ 포터와 롤러(Porter & Lawler)의 업적·만족이론은 성과보상에 대한 구성원의 만족이 직무성취를 가져온다고 지적한다.

04 ③

中

개념 카테고리 조직관리론 > 동기부여이론 > 내용이론 > 욕구단계이론

| 정답 해설 | ③ 매슬로우(Maslow)는 어느 한 단계의 욕구가 완전히 충족되어야만 다음 단계의 욕구를 추구하게 되는 것은 아니며, 어느 정도 충족된 욕구는 동기부여의 요인으로서의 힘을 상실하게 되고 다음 단계의 욕구가 나타난다고 본다.

| 오답 해설 | ① 가장 낮은 생리적 욕구부터 다섯 가지의 위계적 욕구단계가 존재한다.

② 사회적 욕구는 ERG이론의 관계욕구에 해당한다.

④ 사회적 욕구는 우정·친교 등의 애정적 욕구이다.

05 ②

中

개념 카테고리 조직관리론 > 동기부여이론 > X · Y이론

| 정답 해설 | ② 〈보기〉는 맥그리거(McGregor)의 X이론적 인간관이며, ②는 Y이론적 인간관에 대한 조직관리 전략이다.

06 ④

中

개념 카테고리 조직관리론 > 동기부여이론 > 내용이론 > 욕구충족요인 이원론

| 정답 해설 | ④ 성취감은 허즈버그(Herzberg)의 욕구충족요인 이원론에서 위생요인(불만요인)이 아니라 동기요인(만족요인)에 해당한다. 허즈버그는 인간의 욕구 차원을 불만과 만족으로 구분하고 불만을 일으키는 요인(위생요인, 불만요인)과 만족을 주는 요인(동기요인, 만족요인)은 서로 다르다는 욕구충족요인 이원론을 제시하였다. 위생/불만요인(hygiene factors)은 주로 환경에 관한 것으로, 직무에 불만족을 느끼게 하거나 예방하는 데 작용한다고 보았다. 동기/만족요인(motivator)은 인간에게 만족을 주고 우수한 직무수행을 위해 동기를 유발하는 데 작용하는 것으로 보았다. 즉, 동기요인(만족요인)은 직무와 구성원 사이의 관계에 관한 것으로, 더 나은 직무수행과 노력을 위한 동기부여의 요인이 되며 이러한 것이 갖춰지지 않더라도 불만족을 유발하지는 않는다. 반면, 불만요인(위생요인)은 그러한 요인이 없으면 구성원에게 불만족을 유발하지만 그것이 갖추어져 있어도 구성원의 직무수행의 동기를 유발시키지는 못한다는 것이다.

| 플러스 이론 | 허즈버그(Herzberg)의 욕구충족요인 이원론

불만요인(위생요인)	만족요인(동기요인)
〈직무의 조건 · 환경〉 • 조직의 정책 · 방침 · 관리 • 감독 • 근무(작업)조건 • 보수 • 대인관계(상사와의 인간관계) • 복지시설	〈직무 자체〉 • 직무상의 성취감 • 직무성취에 대한 인정 • 보람 있는 일 • 책임의 증대 • 발전 · 성장 • 승진 · 자아계발

07 ②

中

개념 카테고리 조직관리론 > 동기부여이론 > 내용이론 > 욕구충족요인 이원론

| 정답 해설 | ② 허즈버그(F. Herzberg)는 인간의 욕구 차원을 불만과 만족으로 구분하고 불만을 일으키는 요인(위생요인)과 만족을 주는 요인(동기요인)은 서로 다르다는 욕구충족요인 이원론을 제시하였다. 동기요인(만족요인)은 직무와 구성원 사이의 관계에 관한 것으로, 더 나은 직무수행과 노력을 위한 동기부여의 요인이 되며 이러한 것이 갖춰지지 않더라도 불만족을 유발하지는 않는다고 한다. 반면 불만요인(위생요인)은 그러한 요인이 없으면 구성원에게 불만족을 유발하지만 그것이 갖추어져 있어도 구성원의 직무수행의 동기를 유발시키지는 못한다. 따라서 허즈버그의 욕구충족이론에 의하면 위생요인(hygiene factor)이 아니라 동기요인(motivation factor)이 충족되는 경우 동기가 부여된다.

08 ①

中

개념 카테고리 조직관리론 > 동기부여이론 > 내용이론 > 욕구충족요인 이원론

| 정답 해설 | ① 허즈버그(Herzberg)의 이론은 전문직 종사자들을 대상으로 실제의 동기유발과 만족 자체에 중점을 두고 있기 때문에 하위 욕구를 추구하는 계층에 적용하기가 곤란하다는 평가를 받는다.

09 ①

中

개념 카테고리 조직관리론 > 동기부여이론 > 내용이론

| 정답 해설 | ① 동기부여이론에 대한 설명으로 ㉠, ㉡이 적절하다.

| 오답 해설 | ㉢ 앨더퍼(Alderfer)의 ERG이론은 욕구좌절로 인한 후진적 · 하향적 퇴행을 제시하였다.

㉣ 맥클리랜드(McClelland)는 개인의 동기는 사회문화와 상호작용하는 과정에서 취득되고 학습된다고 보았다.

10 ②

中

개념 카테고리 조직관리론 > 동기부여이론 > 과정이론 > 기대이론

| 정답 해설 | ② 기대감(Expectancy)은 개인의 노력(effort)이 공정한 보상(reward)으로 이어지는 것이 아니라 개인의 성과(performance)로 이어질 것이라는 주관적 믿음을 의미한다. 반면, 수단성(Instrumentality)은 개인의 성과와 보상 간의 관계에 대한 인식이다. 브룸(Vroom)의 기대이론에 의하면 동기부여의 강도는 유의성(V), 수단성(I), 기대감(E)의 곱의 함수라고 한다. 예를 들어, 어떤 사람이 자신의 노력만큼 높은 근무성적을 낼 수 있다고 생각할 때(기대감), 그 근무성적이 자신이 승진하는 데 주요 수단이 된다고 판단될 때(수단성), 승진이 매력적인 것으로 간주될 경우(유의성 또는 유인가, Valence)에 동기부여가 될 것이라고 가정하는 이론이다.

11 ①

中

개념 카테고리 조직관리론 > 동기부여이론 > 과정이론 > 공정성이론

| 정답 해설 | ① 애덤스(Adams)의 공정성이론에 따르면 '불공정'하다고 인식할 때 동기가 유발된다. 애덤스의 공정성(형평성) 이론에서는 자신의 노력과 그 결과로 얻어지는 보상과의 관계를 다른 사람(준거인)의 것과 비교해 상대적으로 느끼는 공평한 정

도가 행동 동기에 영향을 준다고 한다. 따라서 개인이 지각하는 산출−투입 비율이 다른 사람의 산출−투입 비율과 대등한 경우 개인은 공정하다고 느끼게 되고 동기는 유발되지 않는다. 그러나 양쪽의 비율이 불균형하다고 생각되면 불공정성을 느끼고 심리적 불균형과 불안감이 뒤따르며, 이러한 불공정성을 해소시키는 과정에서 개인의 동기가 형성된다고 본다.

12 ④

中

개념 카테고리 조직관리론 > 동기부여이론 > 과정이론 > 공정성이론

| 정답 해설 | ④ 애덤스(Adams)의 공정성이론에 따르면 준거인과 비교하여 과소보상자와 과대보상자 모두 불공정하다고 생각한다. 공정성이론에 의하면 개인이 지각하는 산출−투입 비율이 다른 사람의 산출−투입 비율과 대등한 경우 개인은 공정하다고 느끼게 되고 동기는 유발되지 않는다. 그러나 양쪽의 비율이 불균형하다고 생각되면 불공정성을 느끼고 심리적 불균형과 불안감이 뒤따르며, 이러한 불공정성을 해소시키는 과정에서 개인의 동기가 형성된다고 한다.

13 ①

中

개념 카테고리 조직관리론 > 동기부여이론

| 정답 해설 | ① 로크(Locke)의 목표설정이론에서는 목표의 도전성(난이도)과 명확성(구체성)을 강조했다. 로크는 목표설정이론에서 곤란하고 구체적인 목표가 용이하거나 애매한 목표 또는 무(無) 목표보다 더 직무성과를 향상시킬 수 있다고 주장하였다.

| 오답 해설 | ② 욕구의 좌절과 퇴행을 강조한 학자는 매슬로우(Maslow)가 아니라 앨더퍼(Alderfer)이다.

③ 유의성, 수단성, 기대감을 동기부여의 핵심으로 본 학자는 해크먼과 올드햄(Hackman & Oldham)이 아니라 브룸(Vroom)이다.

④ 위생요인이 충족되었다고 하더라도 동기부여가 되는 것은 아니라고 주장한 학자는 앨더퍼(Alderfer)가 아니라 허즈버그(Herzberg)이다.

14 ④

中

개념 카테고리 조직관리론 > 공직동기이론(공공봉사동기이론)

| 정답 해설 | ④ 페리와 와이스(Pery & Wise)는 공직동기 개념을 합리적 차원, 규범적 차원, 감성적 차원으로 구분하여 제시하였다.

| 플러스 이론 | 공직동기이론

개념 차원	특징
합리적 차원	• 공공정책에 대한 호감도와 매력 • 정책형성 과정의 참여 • 특정 이해관계에 대한 지지
규범적 차원	• 공익에 대한 몰입 • 공익에 대한 봉사 욕구 • 사회적 형평성의 추구 • 의무와 정부 전체에 대한 충성
감성적 차원	• 정책의 사회적 중요성에 기인한 정책 몰입 • 선의의 애국심

15 ④

上

개념 카테고리 조직관리론 > 공직동기이론(공공봉사동기이론)

| 정답 해설 | ④ 공직동기이론은 1980년대 이후 급격히 확산된 신공공관리론의 외재적 보상에 의한 동기부여를 비판하고 등장하였다. 즉, 공직동기이론은 신공공관리론에서 강조하는 이기적인 개인의 전제나 성과급 등을 통한 외재적 보상의 중요성보다는 공공부문 종사자가 갖고 있는 내적 동기 요인의 제고를 강조한다.

16 ①

中

개념 카테고리 조직관리론 > 리더십 > 상황론

| 정답 해설 | ① 블레이크(Blake)와 머튼(Mouton)의 관리그리드 이론은 리더십 행태론에 해당한다.

17 ①

中

개념 카테고리 조직관리론 > 리더십 > 상황론

| 정답 해설 | ① 피들러(Fiedler)의 상황적합적 리더십이론은 리더와 부하의 관계, 직위권력, 과업구조의 조합에 따라 리더의 상황적 유리성(situational favorableness)을 설명한다. 즉, 부하의 성숙도가 아니라 직위권력이다.

18 ③

中

개념 카테고리 조직관리론 > 리더십 > 행태이론

| 정답 해설 | ③ 리더의 어떠한 행동이 리더십 효과성과 관계가 있는가를 파악하고자 하는 접근법은 행태이론(아이오와 대학의 리더십연구, 미시간 대학의 리더십연구 등)이다.

19 ③

中

개념 카테고리 조직관리론 > 리더십 > 변혁적 리더십

| 정답 해설 | ③ 변혁적 리더십은 부하에게 새로운 비전을 제시하며, 지적 자극, 개별적 배려, 영감적 동기를 통한 동기부여를 강조한다.

| 오답 해설 | ① 조직의 안정보다 적응을 강조한다.

② 유기적 조직체계에 적합하며, 개인적 배려를 강조한다.

④ 리더와 부하의 관계를 경제적 교환관계로 인식하고, 보상에 관심을 두는 것은 교환적 리더십이다.

20 ③

上

개념 카테고리 조직관리론 > 리더십 > 변혁적 리더십

| 정답 해설 | ③ 상황적 보상과 예외관리를 특징으로 하는 것은 변혁적 리더십이 아니라 거래적 리더십이다. 예외관리란 리더가 정상 범위를 벗어나는 예외적인 현상(높은 성과에는 상을, 낮은 성과에는 벌)에 대해서만 집중적으로 관리하는 방법이다.

21 ②

中

개념 카테고리 조직관리론 > 리더십 > 리더십이론

| 정답 해설 | ② 리더십이론에 대한 설명으로 ㄱ, ㄹ이 옳다.

| 오답 해설 | ㄴ. 허시와 블랜차드(Hersey & Blanchard)의 생애주기이론에서는 지도자의 행태, 부하의 성숙도, 특정 상황에 따른 각 지도자 행태의 효과성에 관심을 갖는다. 경로-목표이론(path-goal theory of leadership)은 하우스(House)의 리더십 이론에 해당한다.

ㄷ. 번스(Burns)는 리더십을 거래적 리더십(transactional leadership)과 변혁적 리더십(transformational leadership)으로 구분하였다.

22 ①

上

개념 카테고리 조직관리론 > 리더십 > 서번트 리더십

| 정답 해설 | ① 서번트 리더십에 대한 설명으로 ㄱ, ㄷ이 옳다. 서번트 리더십이란 타인을 위한 봉사에 초점을 두고, 종업원과 고객의 커뮤니티를 우선으로 그들의 욕구를 만족시키기 위해 헌신하는 리더십을 뜻한다. 1977년 AT&T에서 경영관련교육과 연구를 담당했던 로버트 그린리프(Greenleaf)가 저술한 「Servant Leadership」에서 처음으로 제시되었다.

| 오답 해설 | ㄴ. 보상과 처벌을 핵심 관리수단으로 하는 것은 거래적 리더십이다.

ㄹ. 리더의 최우선적인 역할은 구성원의 성장을 지원하기 위한 후원자로서 지도자의 역할을 수행하는 것이다.

23 ③

中

개념 카테고리 조직관리론 > 리더십 > 경로·목표모형

| 정답 해설 | ③ 하우스(House)는 리더십의 유형을 지시적, 지원적, 참여적, 성취 지향적 리더십으로 구분하고, 참여적 리더는 부하들과 상담하고 의사결정 전에 부하들의 의견을 반영하려고 한다고 주장하였다.

| 오답 해설 | ① 리더십 유형을 결정하는 조건으로 부하의 성숙도를 중요시한 것은 허시(Hersey)와 블랜차드(Blanchard)이다.

② 번스(Burns)의 변혁적 리더십은 영감, 개인적 배려에 치중하고 조직에서 변화를 주도하는 리더십이다.

④ 블레이크와 머튼(Blake & Mouton)은 9·9형(단합형)이 가장 이상적인 리더십 유형이라고 규정한다.

24 ③

中

개념 카테고리 조직관리론 > 리더십 > 3차원적 리더십이론

| 정답 해설 | ③ 허시(Hersey)와 블랜차드(Blanchard)는 부하의 성숙도(maturity)에 따라 지시형, 설득형, 참여형, 위임형 순으로 효과적인 리더십을 제시하였다.

25 ③

中

개념 카테고리 조직관리론 > 갈등 > 갈등관 > 형태주의적 견해

| 정답 해설 | ③ 행태론적 입장에서는 갈등이란 조직 내에서 필연적으로 발생할 수밖에 없는 현상으로, 이를 완전히 제거한다는 것은 불가능하며 때로는 갈등이 집단의 성과를 향상시킨다고 보았다. 모든 갈등이 조직 성과에 부정적 영향을 미치므로 제거되어야 한다고 본 것은 전통적 견해에 해당한다.

26 ②

中

개념 카테고리 조직관리론 > 갈등 > 갈등관리

| 정답 해설 | ② 조직 내 하위목표를 강조하면 전문화로 인한 할거주의로 인해 오히려 갈등이 유발될 수 있다. 반면, 조직 내 상위목표를 강조함으로써 조직 하위단위 간의 할거주의를 극복하고 갈등을 해소할 수 있다.

27 ④

中

개념 카테고리 조직관리론 > 갈등

| 정답 해설 | ④ 폰디(Pondy)는 갈등을 진행단계에 따라 다섯 단계로 분류하였다. 진행단계별로 분류할 때 갈등이 야기될 수 있는 상황 또는 조건을 의미하는 것은 잠재적 갈등(latent conflict) 또는 갈등상황(conflict situation)이다.

| 플러스 이론 | 폰디의 갈등 분류

- 잠재적 갈등(latent conflict): 갈등이 야기될 수 있는 상황 또는 조건을 의미한다. 갈등상황 또는 갈등의 원인이라고 할 수 있다.
- 지각된 갈등(perceived conflict): 갈등상황을 지각하는 단계로 아직 갈등을 심각하게 느끼고 있지 않다.
- 정서적 갈등(felt conflict): 갈등상황에서 적개심이나 분노 등의 감정을 지니게 된다.
- 표면적 갈등(manifest conflict): 갈등의 감정이 현실적으로 표면화되어 행동으로 나타나는 단계이다.
- 갈등의 여파(conflict aftermath): 갈등의 후유증이나 잠재적 갈등이 더욱 심각해진 상황 또는 조건이다.

28 ③

中

개념 카테고리 조직관리론 > 갈등 > 갈등의 원인

| 정답 해설 | ③ 발문은 비비교성(incomparability)에 관한 설명이다.

| 오답 해설 | ① 비수락성(수락 불가능성, unacceptability)은 결정자가 각 대안의 성격·미래 결과를 알지만 만족 수준을 충족시키지 못하여 수락할 수 없는 경우를 말한다.

매력적 오답 ② 불확실성(uncertainty)은 결정자가 각 대안의 성격·미래 결과를 알 수 없는 경우를 말한다.

29 ③

中

개념 카테고리 조직관리론 > 갈등 > 갈등관리

| 정답 해설 | ③ 협동은 갈등 당사자 간 서로 존중하고 자신과 상대방 모두의 이익을 극대화하려는 유형으로 'win－win' 전략을 취한다.

30 ②

中

개념 카테고리 조직관리론 > 권력의 원천

| 정답 해설 | ② 카리스마 개념과 유사한 것은 준거적 권력으로, 어떤 사람이 자신보다 뛰어나다고 생각하는 사람을 닮고자 할 때 발생한다. 강압적 권력은 인간의 공포에 기반한 권력으로, 어떤 사람이 다른 사람을 처벌할 수 있는 능력을 가지거나 육체적 또는 심리적으로 다른 사람에게 위해를 가할 수 있는 능력을 가진 경우에 발생한다.

CHAPTER 04 조직정보론

출제 비중 11%

약점진단표											
1회독				2회독				3회독			
○	△	×	총	○	△	×	총	○	△	×	총
			25				25				25

*문제풀이 후 약점진단 결과를 적어보세요!

문제편 P.89

01	①	02	③	03	①	04	④	05	②
06	③	07	②	08	④	09	⑤	10	②
11	②	12	④	13	②	14	③	15	①
16	③	17	③	18	④	19	③	20	③
21	②	22	④	23	③	24	④	25	④

01 ①

中

개념 카테고리 조직정보론 > 행정과 정보 > 정보사회

| 정답 해설 | ① 지식정보사회에서는 소품종 대량생산체제에서 다품종 소량생산체제로 변화하게 된다.

02 ③

下

개념 카테고리 조직정보론 > 지식행정관리

| 정답 해설 | ③ 지식행정관리는 계층제적 조직(관료제)을 기반으로 하는 것이 아니라 학습조직을 기반으로 한다.

03 ①

中

개념 카테고리 조직정보론 > 지식행정관리

| 정답 해설 | ① 전자정부의 발달과 함께 정보의 공유가 활발해지므로, 개인 사유화가 심화되는 것이 아니라 공동 재산화가 이루어진다.

04 ④

中

개념 카테고리 조직정보론 > 지식행정관리

| 정답 해설 | ④ 지식의 개인 사유화는 기존행정관리에 해당하는 내용이다. 지식행정관리는 지식의 조직 공동 재산화를 특징으로 한다.

05 ②

中

개념 카테고리 조직정보론 > 지식행정관리 > 암묵지

| 정답 해설 | ② 지식은 표현되지 않은 자신만의 경험으로 나타나는 암묵지(tacit knowledge)와 객관적으로 공감할 수 있는 형태인 형식지(explicit knowledge)로 구분된다. 조직의 경험(ㄴ), 숙련된 기능(ㄷ), 개인적 노하우(ㄹ)는 암묵지에 해당하며, 나머지는 형식지에 해당한다.

06 ③

中

개념 카테고리 조직정보론 > 우리나라 행정정보화 > 지능정보화책임관

| 정답 해설 | ③ 지능정보기술 개발·고도화 및 실용화·사업화는 과학기술정보통신부장관의 소관사무에 해당한다.

※ 출제 당시 「국가정보화 기본법」으로 출제되었으나, 2020. 12. 10.자로 「지능정보화 기본법」으로 전면 개정됨에 따라 문제 내용을 수정하였습니다.

| 함께 보는 법령 |

「지능정보화 기본법」

제8조(지능정보화책임관) ① 중앙행정기관의 장과 지방자치단체의 장은 해당 기관의 지능정보사회 시책의 효율적인 수립·시행과 지능정보화 사업의 조정 등 대통령령으로 정하는 업무를 총괄하는 책임관(이하 "지능정보화책임관"이라 한다)을 임명하여야 한다.

② 중앙행정기관의 장과 지방자치단체의 장은 제1항에 따라 지능정보화책임관을 임명한 때에는 제9조 제2항에 따른 지능정보화책임관 협의회의 의장에게 이를 통보하여야 한다. 지능정보화책임관을 변경한 때에도 또한 같다.

제27조(지능정보기술 관련 지식재산권 등의 관리·유통) 과학기술정보통신부장관은 지능정보기술 개발·고도화 및 실용화·사업화를 효율적으로 지원하기 위하여 다음 각 호의 시책을 수립하고 이를 추진하여야 한다.

1. 지능정보기술 관련 지식재산권·표준 등의 수집·분석·가공
2. 지능정보기술 관련 지식재산권·표준 등의 관리·유통 및 활용을 위한 체계의 구축·운영
3. 지능정보기술 관련 전문가 자문, 기관 간 협업 및 시스템 연계 등을 위한 협력체계의 구축 및 운영
4. 그 밖에 대통령령으로 정하는 지능정보기술 관련 지식재산권·표준 등의 생산·관리·유통 및 활용에 관한 사항

「지능정보화 기본법 시행령」

제6조(지능정보화책임관의 업무) 법 제8조 제1항에서 "지능정보화 사업의 조정 등 대통령령으로 정하는 업무"란 다음 각 호의 업무를 말한다.

1. 지능정보화 사업의 조정, 지원 및 평가

2. 지능정보사회 정책의 총괄, 조정 지원 및 평가
3. 지능정보사회 정책과 기관 내 다른 정책 등과의 연계·조정
4. 지능정보기술을 이용한 행정업무의 지원
5. 정보자원의 현황 및 통계자료의 체계적 작성·관리
6. 「전자정부법」 제2조 제12호에 따른 정보기술아키텍처(이하 "정보기술아키텍처"라 한다)의 도입·활용
7. 건전한 정보문화의 창달 및 지능정보사회윤리의 확립
8. 지능정보화 및 지능정보사회 관련 교육 및 역량강화
9. 그 밖에 다른 법령에서 법 제8조 제1항에 따른 지능정보화책임관(이하 "지능정보화책임관"이라 한다)의 업무로 정하는 사항

07 ②

中

개념 카테고리 조직정보론 > 전자정부 > 정보기술아키텍처

| 정답 해설 | ② 제시된 지문은 「전자정부법」에서 정의하고 있는 정보기술아키텍처(Information Technology Architecture)의 개념이다.

| 함께 보는 법령 | 「전자정부법」

제2조(정의) 이 법에서 사용하는 용어의 뜻은 다음과 같다.
7. "전자문서"란 컴퓨터 등 정보처리능력을 지닌 장치에 의하여 전자적인 형태로 작성되어 송수신되거나 저장되는 표준화된 정보를 말한다.
11. "정보자원"이란 행정기관 등이 보유하고 있는 행정정보, 전자적 수단에 의하여 행정정보의 수집·가공·검색을 하기 쉽게 구축한 정보시스템, 정보시스템의 구축에 적용되는 정보기술, 정보화예산 및 정보화인력 등을 말한다.
12. "정보기술아키텍처"란 일정한 기준과 절차에 따라 업무, 응용, 데이터, 기술, 보안 등 조직 전체의 구성요소들을 통합적으로 분석한 뒤 이들 간의 관계를 구조적으로 정리한 체제 및 이를 바탕으로 정보화 등을 통하여 구성요소들을 최적화하기 위한 방법을 말한다.
13. "정보시스템"이란 정보의 수집·가공·저장·검색·송신·수신 및 그 활용과 관련되는 기기와 소프트웨어의 조직화된 체계를 말한다.

08 ④

中

개념 카테고리 조직정보론 > 전자정부 > 전자정부의 원칙

| 정답 해설 | ④ 전자정부의 국제협력 강화는 현행 「전자정부법」에 명시된 전자정부의 원칙이 아니다.

| 함께 보는 법령 | 「전자정부법」

제4조(전자정부의 원칙) ① 행정기관 등은 전자정부의 구현·운영 및 발전을 추진할 때 다음 각 호의 사항을 우선적으로 고려하고 이에 필요한 대책을 마련하여야 한다.
1. 대민서비스의 전자화 및 국민편익의 증진
2. 행정업무의 혁신 및 생산성·효율성의 향상
3. 정보시스템의 안전성·신뢰성의 확보
4. 개인정보 및 사생활의 보호
5. 행정정보의 공개 및 공동이용의 확대
6. 중복투자의 방지 및 상호운용성 증진

09 ⑤

中

개념 카테고리 조직정보론 > 전자정부 > 「전자정부법」

| 정답 해설 | ⑤ 정보의 수집·가공·저장·검색·송신·수신 및 그 활용과 관련되는 기기와 소프트웨어의 조직화된 체계를 말하는 것은 정보기술아키텍처가 아니라 '정보시스템'이다.

| 함께 보는 법령 | 「전자정부법」

제2조(정의) 이 법에서 사용하는 용어의 뜻은 다음과 같다.
4. "중앙사무관장기관"이란 국회 소속기관에 대하여는 국회사무처, 법원 소속기관에 대하여는 법원행정처, 헌법재판소 소속기관에 대하여는 헌법재판소사무처, 중앙선거관리위원회 소속기관에 대하여는 중앙선거관리위원회사무처, 중앙행정기관 및 그 소속기관과 지방자치단체에 대하여는 행정안전부를 말한다.
13. "정보시스템"이란 정보의 수집·가공·저장·검색·송신·수신 및 그 활용과 관련되는 기기와 소프트웨어의 조직화된 체계를 말한다.

제5조(전자정부기본계획의 수립) ① 중앙사무관장기관의 장은 전자정부의 구현·운영 및 발전을 위하여 5년마다 제5조의2 제1항에 따른 행정기관 등의 기관별 계획을 종합하여 전자정부기본계획을 수립하여야 한다.
② 제1항에 따른 전자정부기본계획(이하 "전자정부기본계획"이라 한다)에는 다음 각 호의 사항이 포함되어야 한다.
1. 전자정부 구현의 기본방향 및 중장기 발전방향
2. 전자정부 구현을 위한 관련 법령·제도의 정비
3. 전자정부서비스의 제공 및 활용 촉진
4. 전자적 행정관리
5. 행정정보 공동이용의 확대 및 안전성 확보
6. 정보기술아키텍처의 도입 및 활용
7. 정보자원의 통합·공동이용 및 효율적 관리
8. 전자정부 표준화, 상호운용성 확보 및 공유서비스의 확대
9. 전자정부사업 및 지역정보화사업의 추진과 성과 관리
10. 전자정부 구현을 위한 업무 재설계
11. 전자정부의 국제협력
12. 그 밖에 정보화인력의 양성 등 전자정부의 구현·운영 및 발전에 필요한 사항

제5조의2(기관별 계획의 수립 및 점검) ① 행정기관 등의 장은 5년마다 해당 기관의 전자정부의 구현·운영 및 발전을 위한 기본계획(이하 "기관별 계획"이라 한다)을 수립하여 중앙사무관장기관의 장에게 제출하여야 한다.

| 오답 해설 | ④ 선지의 내용은 출제 이후 「전자정부법」 제8조에서 「민원 처리에 관한 법률」 제10조로 이관되었습니다.

| 함께 보는 법령 | 「민원 처리에 관한 법률」

제10조(불필요한 서류 요구의 금지) ① 행정기관의 장은 민원을 접수·처리할 때에 민원인에게 관계법령 등에서 정한 구비서류 외의 서류를 추가로 요구하여서는 아니 된다.
② 행정기관의 장은 동일한 민원서류 또는 구비서류를 복수로 받는 경우에는 특별한 사유가 없으면 원본과 함께 그 사본의 제출을 허용하여야 한다.
③ 행정기관의 장은 민원을 접수·처리할 때에 다음 각 호의 어느 하나에 해당하는 경우에는 민원인에게 관련 증명서류 또는 구비서류의 제출을 요구할 수 없으며, 그 민원을 처리하는 담당자가 직접 이를 확인·처리하여야 한다.
1. 민원인이 소지한 주민등록증·여권·자동차운전면허증 등 행정기관이 발급한 증명서로 그 민원의 처리에 필요한 내용을 확인할 수 있는 경우
2. 해당 행정기관의 공부(公簿) 또는 행정정보로 그 민원의 처리에 필요한 내용을 확인할 수 있는 경우
3. 「전자정부법」 제36조 제1항에 따른 행정정보의 공동이용을 통하여 그 민원의 처리에 필요한 내용을 확인할 수 있는 경우

4. 행정기관이 증명서류나 구비서류를 다른 행정기관으로부터 전자문서로 직접 발급받아 그 민원의 처리에 필요한 내용을 확인할 수 있는 경우로서 민원인이 행정기관에 미리 해당 증명서류 또는 구비서류에 대하여 관계법령 등에서 정한 수수료 등을 납부한 경우
④ 행정기관의 장이 제3항에 따라 증명서류나 구비서류를 확인·처리한 경우에는 관계법령 등에서 정한 절차에 따라 증명서류나 구비서류를 확인·처리한 것으로 본다.
⑤ 행정기관의 장은 제3항 제3호에 따라 행정정보의 공동이용을 통하여 민원인의 증명서류 또는 구비서류 제출을 갈음하는 경우에는 증명서류나 구비서류의 발급기관의 장과 협의하여 해당 증명서류나 구비서류에 대한 수수료를 감면할 수 있다.
⑥ 행정기관의 장은 제3항 제3호에 따라 행정정보의 공동이용을 통하여 그 내용을 확인할 수 있는 민원의 종류·범위와 그 밖에 필요한 사항을 인터넷 홈페이지 등을 통하여 공표하여야 한다.
⑦ 행정기관의 장은 원래의 민원의 내용 변경 또는 갱신 신청을 받았을 때에는 특별한 사유가 없으면 이미 제출되어 있는 관련 증명서류 또는 구비서류를 다시 요구하여서는 아니 된다.
⑧ 제3항부터 제6항까지의 규정에 따른 민원 처리에 필요한 내용의 확인 절차와 그 밖에 필요한 사항은 국회규칙, 대법원규칙, 헌법재판소규칙, 중앙선거관리위원회규칙 및 대통령령으로 정한다.

10 ② 中

개념 카테고리 조직정보론 > 전자정부 > 「전자정부법」

| 정답 해설 | ② 행정안전부장관은 5년마다 행정기관 등의 기관별 계획을 종합하여 '전자정부기본계획'을 수립하여야 한다.

| 함께 보는 법령 | 「전자정부법」

제2조(정의) 이 법에서 사용하는 용어의 뜻은 다음과 같다.
4. "중앙사무관장기관"이란 국회 소속 기관에 대하여는 국회사무처, 법원 소속 기관에 대하여는 법원행정처, 헌법재판소 소속 기관에 대하여는 헌법재판소사무처, 중앙선거관리위원회 소속 기관에 대하여는 중앙선거관리위원회사무처, 중앙행정기관 및 그 소속 기관과 지방자치단체에 대하여는 행정안전부를 말한다.

제5조(전자정부기본계획의 수립) ① 중앙사무관장기관의 장은 전자정부의 구현·운영 및 발전을 위하여 5년마다 제5조의2 제1항에 따른 행정기관 등의 기관별 계획을 종합하여 전자정부기본계획을 수립하여야 한다.

11 ② 中

개념 카테고리 조직정보론 > 전자정부

| 정답 해설 | ② 발문은 업무재설계(business process reengineering)에 관한 설명이다. 업무재설계는 기존 업무방식을 근본적으로 재고려하고 시스템 전체를 근본적으로 재구성함으로써 프로세스를 근본단위로 업무, 조직, 조직문화까지 전 부분에 걸쳐 대폭적으로 성취도를 증가시킨다.

12 ④ 上

개념 카테고리 조직정보론 > 전자정부

| 정답 해설 | ④ 유비쿼터스 전자정부에 대한 설명으로 ㄱ~ㄷ 모두 옳다. 유비쿼터스 전자정부는 기술적으로 브로드밴드와 무선, 모바일 네트워크, 센싱, 칩 등을 기반으로 하고, 서비스 전달 측면에서 지능적인 업무수행과 개개인의 수요에 맞는 맞춤형 서비스를 제공하며, any-time, any-where, any-device, any-network, any-service 환경에서 실현되는 정부를 지향한다.

13 ② 中

개념 카테고리 조직정보론 > 전자정부 > 정부 3.0

| 정답 해설 | ② 정부 주도의 적극적인 일방향 서비스 제공은 정부 1.0의 내용이다. 정부 3.0은 양방향·맞춤형 서비스를 제공한다.

14 ③ 中

개념 카테고리 조직정보론 > 전자정부 > 빅데이터

| 정답 해설 | ③ 빅데이터(big data)의 3대 특징은 크기, 다양성, 속도이다. 빅데이터란 데이터의 생성, 양·주기·형식 등이 기존 데이터에 비해 너무 크기 때문에, 종래의 방법으로는 수집·저장·검색·분석이 어려운 방대한 데이터를 의미한다. 빅데이터는 각종 센서와 인터넷의 발달로 데이터가 늘어나면서 나타났다. 기존의 기업환경에서 사용되는 '정형화된 데이터'는 물론, 메타 정보와 센서 데이터, 공정제어 데이터 등 미처 활용하지 못하고 있는 '반정형화된 데이터', 여기에 사진과 이미지처럼 그동안 기업에서 활용하기 어려웠던 멀티미디어 데이터인 '비정형 데이터'를 모두 포함한다.

15 ① 中

개념 카테고리 조직정보론 > 전자정부 > 빅데이터

| 정답 해설 | ① 빅데이터(big data)는 데이터의 생성, 양·주기·형식 등이 기존 데이터에 비해 매우 크기 때문에, 종래의 방법으로는 수집·저장·검색·분석이 어려운 방대한 데이터를 의미하며, 각종 센서 장비의 발달로 데이터가 늘어나면서 나타났다. 즉, 빅데이터에는 수치 데이터 등 기존의 정형화된 정보뿐 아니라 텍스트·이미지·오디오·로그기록 등 여러 형태의 비정형 정보가 포함된다. 따라서 빅데이터는 기존의 정형 데이터뿐만 아니라 사진 등을 포함하는 개념이다. 빅데이터의 주요 특징으로는 크기, 다양성, 속도를 들 수 있다.

16 ③

上

개념 카테고리 조직정보론 > 전자정부 > 지능형 정부

| 정답 해설 | ③ 생애주기별 맞춤형 서비스를 제공하는 것은 기존 전자정부이며, 지능형 정부는 일상틈새+생애주기별 비서형 서비스를 제공한다. 지능형 전자정부란 인공지능, 빅데이터, 사물인터넷 등 지능정보기술을 활용하여 국민중심으로 정부서비스를 최적화하고 스스로 일하는 방식을 혁신하며, 국민과 함께 국정 운영을 실현함으로써 안전하고 편안한 상생의 사회를 만드는 디지털 신정부를 의미한다.

| 플러스 이론 | 전자정부와 지능형 정부

구분	전자정부	지능형 정부
정책결정	정부 주도	국민 주도
행정업무	• 국민/공무원 문제 제기 → 개선 • 현장 행정: 단순업무 처리 중심	• 문제 자동인지 → 스스로 대안제시 → 개선 • 현장 행정: 복합문제 해결 가능
서비스 목표	양적·효율적 서비스 제공	질적·공감적 서비스 공동생산
서비스 내용	생애주기별 맞춤형	일상틈새+생애주기별 비서형
서비스 전달방식	온라인+모바일 채널	수요기반 온·오프라인 멀티 채널

17 ③

中

개념 카테고리 조직정보론 > 전자정부 > 보편적 정보서비스

| 정답 해설 | ③ 「지능정보화 기본법」은 국가기관과 지방자치단체에 대하여 정보 격차 해소 시책을 마련할 의무를 규정하고 있으나, 민간기업에 관해서는 의무를 규정하고 있지 않다.

※ 출제 당시 「국가정보화 기본법」으로 출제되었으나, 2020. 12. 10.자로 「지능정보화 기본법」으로 전면 개정됨에 따라 문제 내용을 수정하였습니다.

| 함께 보는 법령 | 「지능정보화 기본법」

제45조(정보 격차 해소 시책의 마련) 국가기관과 지방자치단체는 모든 국민이 지능정보서비스에 원활하게 접근하고 이를 유익하게 활용할 기본적 권리를 누구나 격차 없이 실질적으로 누릴 수 있도록 필요한 시책을 마련하여야 한다.

18 ④

中

개념 카테고리 조직정보론 > 전자정부 > 정보통신기술

| 정답 해설 | ④ 공공기관의 공사, 용역, 물품 등의 발주정보를 공개하고 조달절차를 인터넷으로 처리하도록 '나라장터'를 도입하였다. 온나라시스템은 행정안전부가 정부 내부 업무처리과정과 과제관리, 문서관리 등 전반적인 행정 프로세스를 전자문서 등을 이용하여 표준화한 행정업무처리시스템(2007)이다.

19 ③

中

개념 카테고리 조직정보론 > 전자정부

| 정답 해설 | ③ 광대역통합망에 대한 설명이다. 스마트워크(smart work)란 원격근무의 한 형태로 영상회의 등 정보통신기술을 이용해 시간·장소의 제약 없이 업무를 수행하는 유연한 근무형태이다. 스마트워크의 주요 형태는 이동근무, 재택근무, 스마트워크센터 근무 등을 포함한다. 스마트워크센터는 주거지 인근에 정보통신기술 기반의 원격업무시스템을 갖춘 시설로, 지식근로 활동에 필요한 사무공간을 제공하는 복합공간이다. 도심의 사무실과 동일한 사무환경을 제공해 업무몰입도 유지 및 복무관리를 용이하게 만든 공간이며, 정부는 2010년에 도봉센터와 분당센터를 개소하고, 이후 서초·일산·부천·인천·수원·잠실·구로센터, 정부서울청사에 스마트워크센터를 마련하였다.

20 ③

中

개념 카테고리 조직정보론 > 전자적 행정서비스

| 정답 해설 | ③ 행정안전부의 온나라시스템과 같은 G2G(Government, Government)에서는 정부부처 간, 중앙과 지방정부 간에 정보를 공동활용하여 행정업무의 정확성과 효율성이 증대되고 거래비용이 감소한다.

| 플러스 이론 | 정부 운영 패러다임의 변화

- G2G(Government, Government)에서는 그룹웨어시스템을 통한 원격지 연결, 정보 공유, 업무의 공동처리, 업무 유연성 등으로 행정의 생산성이 제고된다. 행정안전부의 온나라시스템이 여기에 해당한다.
- G2C(Government, Citizen)의 관계 변화를 통해 시민요구에 부응하는 질 높은 행정서비스를 제공하고 시민참여를 촉진할 수 있으며 공공서비스 수요에 대한 대응성이 높아진다. 민원24, 국민신문고 등이 여기에 해당한다.
- G2B(Government, Business)의 관계 변화로 정부의 정책수행을 위한 권고, 지침전달 등을 위한 정보교류 비용이 감소하며 조달행정 비용도 감소한다. 나라장터(조달청), 전자통관시스템(UNI-PASS, 관세청)이 여기에 해당한다.

21 ②

中

개념 카테고리 조직정보론 > 전자정부

| 정답 해설 | ② 미국의 'challenge.gov' 프로그램은 2010년에 미국의 버락 오바마 전 대통령이 만든 플랫폼으로, 어려운 과제에 부닥친 정부기관이 문제를 혁신적으로 해결하기 위해 온라인 상에서 국민의 집단지성을 활용할 수 있도록 하였다. 따라서 미국의 'challenge.gov' 프로그램은 국민을 정부 정책을 홍보해야 할 대상으로 보기보다는 프로슈머 협력자로 여긴다.

22 ④

中

개념 카테고리 조직정보론 > 전자정부

| 정답 해설 | ④ 전자정부의 역기능에 해당하는 내용과 그 요인으로 모두 옳다.

ㄱ. 인포데믹스(infordemics)는 정보(information)와 전염병(epidemics)의 합성어로, 정보 확산으로 인한 각종 부작용을 의미한다. 추측이나 루머가 결합된 부정확한 정보가 인터넷이나 휴대 전화를 통해 전염병과 같이 빠르게 전파됨으로써 개인의 사생활 침해는 물론 경제, 정치, 안보 등에 치명적인 영향을 미치는 현상을 의미한다.

ㄴ. 집단극화(group polarization)는 집단의 의사결정이 구성원 개개인의 평균치보다 극단으로 치우치게 되는 현상을 의미한다. 집단이라는 익명성 뒤에 숨어 다른 사람들보다 선명하고 모험적인 결정을 택하거나, 다른 구성원들도 자신의 의견에 동의할 것이라는 경향으로 인해 발생하게 된다.

ㄷ. 선택적 정보접촉(selective exposure to information)은 본인에게 유리한 정보만을 선별적으로 선택하는 현상을 의미한다.

ㄹ. 정보격차(digital divide)는 개인, 가정, 기업 및 지역들 간의 상이한 사회·경제적 여건에서 비롯된 정보통신기술에 대한 접근 기회와 다양한 활동을 위한 인터넷 이용에서의 차이를 의미한다.

23 ③

上

개념 카테고리 조직정보론 > 전자정부 > 온라인 시민 참여

| 정답 해설 | ③ 옴부즈만제도는 협의형에 해당한다. 시민의 온라인 참여 유형은 정보제공형, 협의형, 정책결정형으로 구분할 수 있는데, 정보제공형에서 정책결정형으로 갈수록 행정에 대한 시민 참여 및 영향력이 증대된다.

| 오답 해설 | ①「행정절차법」은 협의형에 해당한다.

② 국민의 입법 제안은 정책결정형에 해당한다.

④「정보공개법」은 정보제공형에 해당한다.

| 플러스 이론 | 시민의 온라인 참여 유형의 구분

구분	정보제공형	협의형	정책결정형
특징	정책, 데이터, 예산, 법, 규제 등 주요 정책 이슈에 대한 정보 제공	공공정책에 관련된 주제에 대한 온라인 토론 및 실시간 토론 서비스	• 특정 정책 이슈나 선택에 대한 시민 토론 및 평가 • 정책결정과정에서 정보 제공과 정책 추진 결과 환류
주요 도구	• 전자정부 포털 사이트 구축(메일링 리스트, 온라인 포럼, 뉴스그룹, 채팅 등) • 인터넷 방송	• 자료분석 S/W • 메일링 리스트 • 온라인 여론조사 • 온라인 공청회 • 온라인 시민패널 • 포커스 그룹	• 독립적 웹사이트 • 온라인 채팅그룹 • 메일링 리스트
관련 제도	「정보공개법」 등	•「행정절차법」 • 옴부즈만제도 • 민원 관련 법	• 전자국민투표법 • 국민의 입법 제안
사례	미국 First – Gov	영국 Direct – Gov	싱가포르 E – Citizen

24 ④

中

개념 카테고리 조직정보론 > 의사전달 > 의사전달 네트워크

| 정답 해설 | ④ 제시된 지문은 개방(all channel)형에 관한 설명이다.

| 오답 해설 | ③ 바퀴(wheel)형은 개방형과 반대의 유형으로, 집권화된 기계적 구조에서 주로 나타난다. 의사소통의 신속성은 높으나 환류성과 정확성은 낮다.

25 ④

中

개념 카테고리 조직정보론 > 정보공개제도

| 정답 해설 | ④ 정보목록은 비공개 대상 정보가 포함된 경우에는 해당 부분을 갖추어 두지 아니하거나 공개하지 아니할 수 있다.

| 함께 보는 법령 |「공공기관의 정보공개에 관한 법률」

제8조(정보목록의 작성·비치 등) ① 공공기관은 그 기관이 보유·관리하는 정보에 대하여 국민이 쉽게 알 수 있도록 정보목록을 작성하여 갖추어 두고, 그 목록을 정보통신망을 활용한 정보공개시스템 등을 통하여 공개하여야 한다. 다만, 정보목록 중 제9조 제1항에 따라 공개하지 아니할 수 있는 정보가 포함되어 있는 경우에는 해당 부분을 갖추어 두지 아니하거나 공개하지 아니할 수 있다.

CHAPTER 05 조직변동(혁신)론

출제 비중 8%

약점진단표											
1회독				2회독				3회독			
○	△	×	총	○	△	×	총	○	△	×	총
			10				10				10

*문제풀이 후 약점진단 결과를 적어보세요!

문제편 P.95

01	②	02	①	03	④	04	③	05	①
06	④	07	②	08	④	09	⑤	10	②

01 ②

中

개념 카테고리 조직변동(혁신)론 > 목표관리제(MBO)

| 정답 해설 | ② 목표관리제(MBO: Management By Objective)에 대한 설명으로 ㄱ, ㄷ이 옳다. 목표관리란 조직의 상하 구성원의 참여과정을 통하여 조직의 공동목표를 명확히 하고, 조직구성원 개개인의 목표를 합의하여 체계적으로 부과하여 그 수행결과를 사후에 평가하여 환류함으로써 궁극적으로 조직의 효율성을 향상시키고자 하는 관리기법 또는 관리체제이다.

| 오답 해설 | ㄴ. 단기목표를 중·장기목표보다 강조한다.

ㄹ. 조직 목표달성을 위하여 목표의 정량적(계량적 목표), 객관적 성격이 강조된다.

02 ①

中

개념 카테고리 조직변동(혁신)론 > 총체적 품질관리(TQM)

| 정답 해설 | ① 총체적 품질관리(Total Quality Management)는 고객의 요구를 존중하며(ㄱ), 무결점을 향한 지속적 개선을 중시한다(ㄴ).

| 오답 해설 | ㄷ. 분권화된 관리와 사전적·예방적 품질관리를 강조한다.

ㄹ. 문제해결의 주된 방법은 개인적 노력에서 집단적 노력으로 옮아간다.

03 ④

下

개념 카테고리 조직변동(혁신)론 > 조직 혁신의 대상변수

| 정답 해설 | ④ 레비트(Levitt)가 제시하는 조직 혁신의 주요 대상 변수는 구조, 인간, 업무(과업), 기술이다.

04 ③

下

개념 카테고리 조직변동(혁신)론 > 조직발전(OD) > 감수성훈련

| 정답 해설 | ③ 제시된 지문은 감수성훈련에 관한 설명이다. 감수성훈련은 행태과학의 지식을 이용하여 자기·타인·집단에 대한 행태를 변화시킴으로써 조직 내의 개인 역할이나 조직목표를 잘 인식시켜 조직 개선에 기여하게 하려는 것이다. 즉, 훈련의 참가자들이 그들의 태도와 행동을 성찰하고 자신의 행동이 타인에게 미치는 영향을 검토하게 함으로써 개인의 태도와 행동의 변화를 유도하는 개인적 차원의 조직발전의 기법이다.

05 ①

中

개념 카테고리 조직변동(혁신)론 > 균형성과관리(BSC)

| 오답 해설 | ① 의사결정과정에 시민참여는 고객 관점이 아니라 내부 프로세스 관점에 해당한다. 고객 관점에는 고객만족도, 정책순응도, 민원인의 불만율, 신규 고객의 증감 등이 있다.

06 ④

中

개념 카테고리 조직변동(혁신)론 > 균형성과관리(BSC)

| 정답 해설 | ④ 재무적 관점의 성과지표는 전통적인 후행지표로서 매출, 자본수익률, 예산 대비 차이 등이 있다. 재무적(financial) 관점은 주주의 입장에서 기업이라는 투자대상을 바라보는 관점이다. 따라서 주주이익의 극대화 또는 기업가치의 극대화를 목표로 하며, 재무지표를 의미하는 것으로 전통적인 후행지표이다. 균형성과표(BSC)는 결과에 초점을 둔 재무지표 방식의 기존의 성과관리에 대한 대안으로 개발되었다. 따라서 균형성과표는 재무적 지표와 비재무적 지표(고객, 학습과 성장, 내부프로세스), 조직의 내부요소(직원과 내부프로세스)와 외부요소(재무적 투자자와 고객), 결과를 예측해 주는 선행지표와 결과인 후행지표, 단기적 관점과 장기적 관점의 균형을 중시한다.

07 ②

中

개념 카테고리 조직변동(혁신)론 > 균형성과관리(BSC)

| 정답 해설 | ② 잘 개발된 균형성과표(BSC)는 조직구성원들에게 조직의 전략과 목적을 달성하기 위해 필요한 성과가 무엇인지를 알려 주기 때문에 조직전략의 해석지침이 된다.

08 ④

中

개념 카테고리 조직변동(혁신)론 > 균형성과관리(BSC)

| 정답 해설 | ④ 고객 관점에서의 성과지표는 고객만족도, 정책순응도, 민원인의 불만율, 신규 고객의 증감 등이 있다. 시민참여, 적법절차, 공개 등은 내부 프로세스에서의 성과지표에 해당하며, 내부직원의 만족도는 학습과 성장 관점의 성과지표에 해당한다.

| 플러스 이론 | BSC의 핵심지표

고객(customer) 관점	목표의 대상인 고객에게 조직이 전달해야 하는 가치를 확인하는 것으로 공공부분에서 BSC를 도입할 때 가장 중요하게 고려해야 함 예 고객만족도, 정책순응도, 민원인의 불만율, 신규 고객의 증감 등
내부 프로세스(internal business process) 관점	고객이 원하는 가치를 구현하기 위해 조직이 운영해야 하는 내부 프로세스를 확인하는 것 예 의사결정과정의 시민참여, 적법적 절차, 커뮤니케이션 구조 등
재정(무)적(financial) 관점	재무지표를 의미하는 것으로 전통적인 후행지표 예 매출, 자본수익률, 예산 대비 차이 등
학습과 성장(learning & growth) 관점	장기적 관점으로 조직이 보유한 인적자원의 역량, 지식의 축적, 정보시스템 구축 등과 관련됨 예 학습동아리 수, 내부 제안건수, 직무만족도 등

09 ⑤

上

개념 카테고리 조직변동(혁신)론 > 균형성과관리(BSC)

| 정답 해설 | ⑤ 균형성과표(BSC)의 4가지 관점 중에서 고객 관점은 가치지향적 관점에 해당한다. BSC의 4가지 관점은 조직이 추구하는 상위 가치와 관련된 가치지향적 관점과 상위 가치를 달성하기 위한 구체적인 행동과 관련된 행동지향적 관점으로 구분할 수 있다. 가치지향적 관점에 해당하는 것은 재무 관점(기업이나 주주의 관점에서 본 가치)과 고객 관점(고객의 관점에서 본 가치)이고, 행동지향적 관점에 해당하는 것은 내부프로세스 관점과 학습과 성장 관점이다.

10 ②

上

개념 카테고리 조직변동(혁신)론 > SWOT분석

| 정답 해설 | ② SWOT분석을 기초로 한 전략에서 방향전환전략은 WO 전략이다.

| 플러스 이론 | SWOT분석

- 개념
  - ㉠ SWOT분석은 조직 외부 환경은 기회(Opportunity)와 위협(Threat)으로, 조직 내부 자원 · 역량은 강점(Strength)과 약점(Weakness)으로 구분하며, 조직 내적 특성과 외부 환경의 조합에 따른 네 가지의 맞춤형 대응전략 수립에 도움이 된다.
  - ㉡ 일부에서는 기업 자체보다는 기업을 둘러싸고 있는 외부환경을 강조한다는 점에서 위협 · 기회 · 약점 · 강점(TOWS)으로 부르기도 한다.
- 유형
  - ㉠ SO(강점–기회, 공격적 전략) 전략은 시장의 기회를 활용하기 위해 강점을 사용하는 전략이다.
  - ㉡ ST(강점–위협, 다양화 전략) 전략은 조직의 강점을 활용하여 위협을 회피하거나 최소화하는 전략이다.
  - ㉢ WO(약점–기회, 방향전환 전략) 전략은 약점을 극복함으로써 시장의 기회를 활용하는 전략이다.
  - ㉣ WT(약점–위협, 방어적 전략) 전략은 시장의 위협을 회피하고 약점을 최소화하는 전략이다.

구분		환경	
		기회(O)	위협(T)
역량	강점(S)	① SO전략(공격적 전략)	② ST전략(다양화 전략)
	약점(W)	③ WO전략(방향전환 전략)	④ WT전략(방어적 전략)

PART

04 인사행정론

정답과 해설

CHAPTER 01 인사행정의 기초이론

출제 비중 26%

약점진단표											
1회독				2회독				3회독			
○	△	×	총	○	△	×	총	○	△	×	총
			17				17				17

*문제풀이 후 약점진단 결과를 적어보세요!

문제편 P.98

01	③	02	②	03	①	04	③	05	③
06	②	07	①	08	②	09	③	10	③
11	④	12	①	13	②③	14	②	15	③
16	④	17	②						

01 ③

中

개념 카테고리 기초이론 > 인사행정제도 > 엽관제

| 정답 해설 | ③ 행정의 안정성과 중립성에 도움이 되는 것은 엽관제 공무원제도(spoil system)가 아니라 실적제 공무원제도(merit system)이다. 엽관주의에서는 정권이 바뀔 때마다 공무원이 교체됨으로써 행정의 계속성·안정성·지속성·중립성이 위협을 받게 되었기 때문에, 행정의 능률성과 전문성이 향상될 수 없다.

02 ②

中

개념 카테고리 기초이론 > 인사행정제도 > 정실주의와 엽관제

| 정답 해설 | ② 전문성을 통한 행정의 효율성 제고와 정부관료의 역량 강화에 기여한 것으로 평가되는 것은 엽관제가 아니라 실적제이다. 실적제는 개인의 능력이나 자격, 적성에 기초한 실적을 공직의 임용기준으로 삼는 인사행정제도이다. 실적이란 개인의 능력, 자격, 기술, 지식, 업적, 성과 등을 의미하며, 일반적으로 직무 수행 능력, 생산성, 교육 수준, 전공 분야, 근무 경력, 경력 및 훈련 등과 밀접하게 관련된다.

03 ①

中

개념 카테고리 기초이론 > 인사행정제도 > 실적주의

| 정답 해설 | ① 실적주의의 도입은 중앙인사기관의 권한과 기능을 집중시키는 결과를 가져왔다. 즉, 실적주의는 인사행정에 대한 정치적 간섭을 배제하고 정권 교체에 의한 영향을 받지 않도록 하기 위하여 공무원의 신분을 보장하는 데만 중점을 두는 소극적 성격을 가졌으며, 그 결과 중앙인사기관의 권한과 기능을 집중시키는 결과를 가져왔다.

04 ③

中

개념 카테고리 기초이론 > 인사행정제도 > 실적주의

| 오답 해설 | ① 직위분류제는 계급제에 비해 탄력적 인사관리가 곤란한 단점을 가진다.

② 엽관주의는 정당에의 충성도와 공헌도를 임용 기준으로 삼았기 때문에 민주주의의 발전에 기여한다.

④ 직업공무원제는 계급제, 폐쇄형 충원 및 일반행정가주의에 입각하고 있다. 반면 실적주의는 직위분류제, 개방형 충원 및 전문가주의에 입각하고 있다.

05 ③

上

개념 카테고리 기초이론 > 인사행정제도 > 실적주의

| 정답 해설 | ③ 실적주의 공무원제도는 공개경쟁시험, 신분보장, 정치적 중립이 핵심적인 요소이다.

| 오답 해설 | ① 미국에서 잭슨(Jackson) 대통령에 의해 공식화된 것은 엽관주의이다.

② 공직의 일은 건전한 상식과 인품을 가진 일반 대중 누구나 수행할 수 있는 것이라고 전제하는 것은 엽관주의이다.

④ 실적주의 공무원제도는 능률성을 가장 중요한 가치로 삼는 인사제도이다.

06 ②

中

개념 카테고리 기초이론 > 인사행정제도 > 실적주의와 직업공무원제

| 정답 해설 | ② 직업공무원제는 실적주의를 토대로 할 때 더욱 확고하게 뿌리내릴 수 있다. 하지만 결원 충원 방식 및 공직 분류 제도에 있어서 실적주의는 개방형과 직위분류제에, 직업공무원제는 폐쇄형과 계급제에 가깝다고 할 수 있다. 따라서 직업공무원제는 실적주의의 확립 요건 또는 구성요소 중 하나로 볼 수 없다. 즉, 실적주의와 직업공무원제는 역사적 배경과 이념이 동일하지는 않다.

07 ①

中

개념 카테고리 기초이론 > 인사행정제도 > 직업공무원제

| 정답 해설 | ① 직무급 중심 보수체계(직무의 내용·곤란성·책임도를 기준으로 한 보수체계－동일직무 동일보수)는 직업공무원제가 아니라 직위분류제의 특징에 해당한다. 직업공무원제란 공직이 유능하고 젊은 인재에게 개방되어 있고 업적에 따라 명예로운 높은 지위로 승진하는 기회가 보장되어, 공직근무를 보람있는 생애로 생각하고 평생을 공직에 바치도록 조직·운영되는 공무원제도를 말한다. 따라서 직업공무원제가 확립되기 위해서는 폐쇄형 충원방식을 채택하여 능력발전의 기회가 부여되어야 하며, 신분보장이 이루어져야 한다.

08 ②

中

개념 카테고리 기초이론 > 인사행정제도 > 대표관료제

| 정답 해설 | ② 대표관료제는 개인의 능력·자격보다 한 나라의 인구 구성의 특성을 관료제 조직에 그대로 반영시키는 데 중점을 두므로, 실적주의와 갈등을 빚게 된다. 따라서 다양한 집단의 이익을 반영하는 대표관료제는 실적주의 이념과 충돌하는 인사제도이다.

09 ③

上

개념 카테고리 기초이론 > 인사행정제도 > 대표관료제

| 정답 해설 | ③ 대표관료제는 공직임용에 개인의 능력·자격을 2차적인 기준으로 삼기 때문에 행정의 전문성과 능률성·생산성을 저해할 우려가 있다. 따라서 능력과 업적에 따른 인사관리를 강조하는 실적주의와 충돌할 수 있다. 즉, 대표관료제는 개인의 능력·자격보다 한 나라의 인구 구성의 특성을 관료제 조직에 그대로 반영시키는 데 중점을 두므로, 실적주의와 갈등을 빚게 된다.

10 ③

中

개념 카테고리 기초이론 > 인사행정제도 > 다양성 관리

| 정답 해설 | ③ 다양성 관리(diversity management)란 오늘날 개인의 성격, 가치관의 차이와 같은 내면적 다양성의 중요성이 커지면서 등장한 개념으로, 내적·외적 차이를 가진 다양한 조직구성원을 공평하고 효율적으로 활용하기 위한 체계적인 인적자원관리과정이다. 따라서 균형인사정책, 일과 삶 균형정책은 다양성 관리의 방안으로 볼 수 있다. 즉, 장애인·이공계전공자·저소득층 등에 대한 채용·승진·전보 등 인사관리상의 우대와 실질적인 양성 평등을 구현하기 위한 적극적인 정책실시와 같은 균형인사정책과 일과 삶 균형을 위해 통상적인 근무시간보다 짧게 근무하는 공무원으로 임용할 수 있는 근무시간의 단축 임용 등은 다양성 관리의 방안으로 볼 수 있다.

| 함께 보는 법령 | 「국가공무원법」

> **제26조(임용의 원칙)** 공무원의 임용은 시험성적·근무성적, 그 밖의 능력의 실증에 따라 행한다. 다만, 국가기관의 장은 대통령령 등으로 정하는 바에 따라 장애인·이공계전공자·저소득층 등에 대한 채용·승진·전보 등 인사관리상의 우대와 실질적인 양성 평등을 구현하기 위한 적극적인 정책을 실시할 수 있다.
> **제26조의2(근무시간의 단축 임용 등)** 국가기관의 장은 업무의 특성이나 기관의 사정 등을 고려하여 소속 공무원을 대통령령 등으로 정하는 바에 따라 통상적인 근무시간보다 짧게 근무하는 공무원으로 임용할 수 있다.

11 ④

中

개념 카테고리 기초이론 > 중앙인사기관 > 유형 > 비독립단독형

| 정답 해설 | ④ 제시된 지문은 비독립단독형 중앙인사기관에 관한 설명이다. 비독립단독형 중앙인사기관은 한 명의 인사기관의 장이 조직을 관장하고 행정수반의 지휘 아래 놓이게 된다.

| 오답 해설 | ①②③ 독립합의형 중앙인사기관에 관한 설명이다.

| 플러스 이론 | 중앙인사기관의 유형

구분	독립합의형	비독립단독형
장점	• 엽관주의의 영향력을 배제함으로써 실적주의를 발전시키는 데 유리함 • 합의제에 의한 신중한 의사결정을 할 수 있음 • 중요한 이익집단의 요구를 균형 있게 수용할 수 있음	• 인사행정의 책임소재가 분명해짐 • 신속한 의사결정이 가능함 • 행정수반에게 인사관리 수단을 제공함으로써 국가정책을 신속하고 강력하게 추진할 수 있음
단점	• 책임소재가 불분명해짐 • 의사결정이 지연됨 • 행정수반으로부터 인사관리 수단을 박탈함으로써 정책을 강력하게 추진할 수 없음	• 독립성의 결여로 인사행정의 정실화를 막기 어려움 • 기관장의 독선적·자의적 결정을 견제하기 어려움 • 기관장의 잦은 교체로 인해 인사행정의 일관성과 계속성이 결여되기 쉬움

단점		• 비독립단독형의 중앙인사기관은 행정수반이나 내각에 소속되므로 양당적이거나 초당적인 문제를 적절히 반영하기 어려움
사례	• 미국 연방인사위원회(FCSC: Federal Civil Service Commission, 1883~1978) • 미국 실적제도보호위원회(MSPB: Merit System Protection Board, 1978)	• 우리나라의 과거 총무처, 안전행정부, 현재 인사혁신처(2014년 신설) • 미국 인사관리처(OPM: Office of Personnel Management, 1978)

12 ①

中

개념 카테고리 기초이론 > 중앙인사기관 > 인사위원회

| 정답 해설 | ① 지방의회의원은 「지방공무원법」상 인사위원회의 위원으로 임명되거나 위촉될 수 없다.

| 함께 보는 법령 | 「지방공무원법」

제7조(인사위원회의 설치) ⑤ 지방자치단체의 장과 지방의회의 의장은 각각 소속 공무원(국가공무원을 포함한다) 및 다음 각 호에 해당하는 사람으로서 인사행정에 관한 학식과 경험이 풍부한 사람 중에서 위원을 임명하거나 위촉하되, 위원의 자격요건에 관하여 필요한 사항은 대통령령으로 정한다. 다만, 시험위원은 시험실시기관의 장이 따로 위촉할 수 있다.
1. 법관 · 검사 또는 변호사 자격이 있는 사람
2. 대학에서 조교수 이상으로 재직하거나 초등학교 · 중학교 · 고등학교 교장 또는 교감으로 재직하는 사람
3. 공무원(국가공무원을 포함한다)으로서 20년 이상 근속하고 퇴직한 사람
4. 「비영리민간단체 지원법」에 따른 비영리민간단체에서 10년 이상 활동하고 있는 지역단위 조직의 장
5. 상장법인의 임원 또는 「공공기관의 운영에 관한 법률」 제5조에 따라 지정된 공기업의 지역단위 조직의 장으로 근무하고 있는 사람

⑥ 다음 각 호의 어느 하나에 해당하는 사람은 위원으로 위촉될 수 없다.
1. 제31조 각 호의 어느 하나에 해당하는 사람
2. 「정당법」에 따른 정당의 당원
3. 지방의회의원

13 ②③

中

개념 카테고리 기초이론 > 중앙인사기관

| 정답 해설 | ②③ 1999년 설치된 중앙인사위원회는 대통령 소속의 합의제 중앙인사기관이다. 따라서 중앙인사위원회는 "비독립형 합의제 기관"으로 행정자치부와 업무를 분담하였으며, 2004년부터는 중앙인사위원회로 통합되어 정부 인사 기능이 일원화되었다.

2008년 중앙인사위원회의 폐지 이후 2013년까지 행정안전부를 거쳐 안전행정부로 인사관리기능이 "비독립형 단독제 기관"으로 통합되어 운영되었다.

14 ②

上

개념 카테고리 기초이론 > 중앙인사기관 > 소청심사제도

| 정답 해설 | ② 검사는 소청제도가 없다.

15 ③

中

개념 카테고리 기초이론 > 우리나라 공무원제도

| 정답 해설 | ③ 우리나라 공무원제도에 대한 설명으로 ㄴ, ㄹ이 옳다.

| 오답 해설 | ㄱ. 중앙정부 · 지방자치단체 및 그 하부기관에 근무하는 공무원은 직장협의회를 설립할 수 있으며, 하나의 기관에는 하나의 협의회만 설립이 가능하다.

ㄷ. 공무원은 소청심사위원회를 통해 부당하다고 여겨지는 징계에 대한 구제를 신청할 수 있으며, 소청심사위원회의 결정은 처분청을 기속한다.

| 함께 보는 법령 |

「공무원직장협의회의 설립 · 운영에 관한 법률」
제2조(설립) ① 국가기관, 지방자치단체 및 그 하부기관에 근무하는 공무원은 직장협의회(이하 "협의회"라 한다)를 설립할 수 있다.
② 협의회는 기관 단위로 설립하되, 하나의 기관에는 하나의 협의회만을 설립할 수 있다.
③ 협의회를 설립한 경우 그 대표자는 소속 기관의 장(이하 "기관장"이라 한다)에게 설립 사실을 통보하여야 한다.

「국가공무원법」
제15조(결정의 효력) 제14조에 따른 소청심사위원회의 결정은 처분 행정청을 기속(羈束)한다.

16 ④

中

개념 카테고리 기초이론 > 전략적 인적자원관리

| 정답 해설 | ④ 전략적 인적자원관리(strategic human resource management)는 조직의 궁극적인 목표를 좀 더 효과적으로 달성하기 위한 조직의 전략과 조직구성원의 욕구를 통합시키는 적극적인 인적자원관리를 의미한다. 따라서 개인의 욕구는 조직의 전략적 목표달성을 위해 희생하는 것이 아니라 조직은 개인의 욕구와 조직의 전략적 요구를 동시에 충족시키는 방향으로 인적자원을 관리해야 한다.

17 ②

中

개념 카테고리 기초이론 > 연공주의(seniority system)

| 정답 해설 | ② 연공주의(seniority system)는 조직 내 구성원의 서열을 근속연수나 연령 등에 따라 결정하고, 이러한 연공서열에 따라 구성원에 대한 보상 여부와 수준을 결정하는 방식이다. 정부조직의 경우 전통적으로 연공주의에 근거한 보상제도의 운영 등 사기관리 방식을 채택해왔다. 연공주의의 장점은 다음과

같다. 첫째, 조직 내 계층적 서열구조의 확립을 통해 개인의 안정감이 증진된다(ㄷ). 둘째, 장기근속에 따른 조직에 대한 충성심과 기여도가 향상된다(ㄱ). 셋째, 조직 내 경쟁 완화를 통한 협력적 관계 형성에 기여한다. 넷째, 개인성과평가 등 추가적 관리활동에 따른 비용을 절감할 수 있다.

| 오답 해설 | 개인의 성과에 따른 적절한 보상을 통해 사기를 높이고(ㄴ), 조직 내 경쟁을 통해서 개인의 역량 개발에 기여하는 것(ㄹ)은 성과주의이다.

| 플러스 이론 | 연공주의와 성과주의

구분	연공주의	성과주의
채용	• 정기 및 신입사원 채용 중심 • 일반적인 선발 기준	• 수시 및 경력사원 채용 강화 • 전문성과 창의성 중심의 선발 기준
평가	• 태도와 근속연수 중심의 평가 • 모호하고 불투명한 평가	• 성과와 능력 중심의 평가 • 객관적이고 투명한 평가
보상 진급	• 직급과 연차 중심의 연공 승진 • 연공형 월급제, 고정상여금	• 직급 파괴 및 성과, 역량에 의한 승진 • 연봉제, 성과급제 등
퇴직	평생고용	조기퇴직, 전직 지원 활성화

CHAPTER 02 공직의 분류

출제 비중 26%

약점진단표

1회독				2회독				3회독			
○	△	×	총	○	△	×	총	○	△	×	총
			24				24				24

*문제풀이 후 약점진단 결과를 적어보세요!

문제편 P.102

01	④	02	③	03	④	04	④	05	①
06	③	07	③	08	②	09	①	10	③
11	①	12	③	13	③	14	③	15	④
16	②	17	①	18	⑤	19	④	20	②
21	②	22	④	23	②	24	④		

01 ④

中

개념 카테고리 공직의 분류 > 경력직 공무원

| 오답 해설 | ① 소방공무원은 특정직 공무원에 해당한다.

② 국회 수석전문위원은 별정직 공무원에 해당한다.

③ 차관은 정무직 공무원이며, 1급에서 3급 공무원은 일반직 공무원에 해당한다.

| 함께 보는 법령 |

「국가공무원법」

제2조(공무원의 구분) ① 국가공무원(이하 "공무원"이라 한다)은 경력직 공무원과 특수경력직 공무원으로 구분한다.

② "경력직 공무원"이란 실적과 자격에 따라 임용되고 그 신분이 보장되며 평생 동안(근무기간을 정하여 임용하는 공무원의 경우에는 그 기간 동안을 말한다) 공무원으로 근무할 것이 예정되는 공무원을 말하며, 그 종류는 다음 각 호와 같다.

1. 일반직 공무원: 기술·연구 또는 행정 일반에 대한 업무를 담당하는 공무원
2. 특정직 공무원: 법관, 검사, 외무공무원, 경찰공무원, 소방공무원, 교육공무원, 군인, 군무원, 헌법재판소 헌법연구관, 국가정보원의 직원, 경호공무원과 특수 분야의 업무를 담당하는 공무원으로서 다른 법률에서 특정직 공무원으로 지정하는 공무원

③ "특수경력직 공무원"이란 경력직 공무원 외의 공무원을 말하며, 그 종류는 다음 각 호와 같다.

1. 정무직 공무원
   가. 선거로 취임하거나 임명할 때 국회의 동의가 필요한 공무원
   나. 고도의 정책결정 업무를 담당하거나 이러한 업무를 보조하는 공무원으로서 법률이나 대통령령(대통령비서실 및 국가안보실의 조직에 관한 대통령령만 해당한다)에서 정무직으로 지정하는 공무원
2. 별정직 공무원: 비서관·비서 등 보좌업무 등을 수행하거나 특정한 업무 수행을 위하여 법령에서 별정직으로 지정하는 공무원

「국회사무처법」

제8조(위원회의 공무원) ① 위원회에 수석전문위원 1명을 포함한 전문위원과 입법심의관, 입법조사관, 그 밖에 필요한 공무원을 둔다. 다만, 특별위원회의 수석전문위원과 위원회의 입법심의관은 필요한 경우에만 둘 수 있다.
② 수석전문위원은 별정직으로 하고 차관보와 같은 금액의 보수를 받는다.

02 ③

中

개념 카테고리 공직의 분류 > 별정직 공무원

| 정답 해설 | ③ 별정직 공무원의 근무상한연령은 60세로 한다. 별정직 공무원은 특수경력직 공무원이고, (일반)임기제 공무원은 경력직 공무원이다. 따라서 별정직 공무원을 일반임기제 공무원으로 채용할 수 없다.

| 함께 보는 법령 |

> **「별정직 공무원 인사규정」**
> **제6조(근무상한연령)** ① 별정직 공무원의 근무상한연령은 60세로 한다. 다만, 「대통령 등의 경호에 관한 법률」 제6조에 따른 별정직 공무원에 대해서는 임용권자나 임용제청권자가 근무상한연령을 따로 정할 수 있다.
>
> **「공무원임용령」**
> **제3조의2(임기제 공무원의 종류)** 임기제 공무원의 종류는 다음 각 호와 같다.
> 1. 일반임기제 공무원: 직제 등 법령에 규정된 경력직 공무원의 정원에 해당하는 직위에 임용되는 임기제 공무원

03 ④

中

개념 카테고리 공직의 분류 > 특수경력직 공무원

| 정답 해설 | ④ ㄴ(별정직 공무원), ㄷ(정무직 공무원), ㅁ(정무직 공무원)이 특수경력직 공무원에 해당한다.

| 오답 해설 | ㄱ, ㄹ. 경찰(특정직 공무원)과 군무원(특정직 공무원)은 경력직 공무원에 해당한다.

04 ④

中

개념 카테고리 공직의 분류 > 특정직 공무원

| 정답 해설 | ④ 특정직 공무원은 법관, 검사, 외무공무원, 경찰공무원, 소방공무원, 교육공무원, 군인, 군무원, 헌법재판소 헌법연구관, 국가정보원의 직원, 경호공무원과 특수 분야의 업무를 담당하는 공무원으로서 다른 법률에서 특정직 공무원으로 지정하는 공무원이다. 검찰청 검찰사무관은 특정직 공무원이 아니라 일반직 공무원에 해당한다.

| 함께 보는 법령 | **「국가공무원법」**

> **제2조(공무원의 구분)** ① 국가공무원은 경력직 공무원과 특수경력직 공무원으로 구분한다.
> ② "경력직 공무원"이란 실적과 자격에 따라 임용되고 그 신분이 보장되며 평생 동안(근무기간을 정하여 임용하는 공무원의 경우에는 그 기간 동안을 말한다) 공무원으로 근무할 것이 예정되는 공무원을 말하며, 그 종류는 다음 각 호와 같다.
> 1. 일반직 공무원: 기술·연구 또는 행정 일반에 대한 업무를 담당하는 공무원
> 2. 특정직 공무원: 법관, 검사, 외무공무원, 경찰공무원, 소방공무원, 교육공무원, 군인, 군무원, 헌법재판소 헌법연구관, 국가정보원의 직원, 경호공무원과 특수 분야의 업무를 담당하는 공무원으로서 다른 법률에서 특정직 공무원으로 지정하는 공무원

05 ①

中

개념 카테고리 공직의 분류 > 특수경력직 공무원 > 정무직 공무원

| 정답 해설 | ① 감사원 사무차장은 일반직 공무원에 해당한다.

※ ③은 출제 당시 '국무총리실 사무차장'으로 출제되었으나, 2013년에 개편되어 국무조정실로 변경됨에 따라 '국무조정실 국무차장'으로 수정하였습니다.

| 함께 보는 법령 |

> **「감사원법」**
> **제19조(사무총장 및 사무차장)** ① 사무총장은 정무직으로, 사무차장은 일반직으로 한다.
>
> **「헌법재판소법」**
> **제18조(사무처 공무원)** ① 사무처장은 정무직으로 하고, 보수는 국무위원의 보수와 같은 금액으로 한다.
> ② 사무차장은 정무직으로 하고, 보수는 차관의 보수와 같은 금액으로 한다.
>
> **「정부조직법」**
> **제20조(국무조정실)** ① 각 중앙행정기관의 행정의 지휘·감독, 정책 조정 및 사회 위험·갈등의 관리, 정부업무평가 및 규제개혁에 관하여 국무총리를 보좌하기 위하여 국무조정실을 둔다.
> ② 국무조정실에 실장 1명을 두되, 실장은 정무직으로 한다.
> ③ 국무조정실에 차장 2명을 두되, 차장은 정무직으로 한다.
>
> **「국가정보원법」**
> **제9조(원장·차장·기획조정실장)** ① 원장은 국회의 인사청문을 거쳐 대통령이 임명하며, 차장 및 기획조정실장은 원장의 제청으로 대통령이 임명한다.
> ② 원장은 정무직으로 하며, 국정원의 업무를 총괄하고 소속 직원을 지휘·감독한다.
> ③ 차장과 기획조정실장은 정무직으로 하고 원장을 보좌하며, 원장이 부득이한 사유로 직무를 수행할 수 없을 때에는 그 직무를 대행한다.

06 ③

上

개념 카테고리 공직의 분류 > 전문경력관제도

| 정답 해설 | ③ 전직시험을 거쳐 전문경력관을 다른 일반직 공무원으로 전직시키거나 다른 일반직 공무원을 전문경력관으로 전직시킬 수 있다.

| 함께 보는 법령 | **「전문경력관 규정」**

> **제1조(목적)** 이 영은 「국가공무원법」 제4조 제2항 제1호 및 「공무원임용령」 제3조 제2항에 따라 계급 구분과 직군 및 직렬의 분류를 적용하지 아니하는 직위에 임용되는 일반직 공무원의 임용, 임용시험 및 성과평가 등에 관한 특례를 정하는 것을 목적으로 한다.
> **제3조(전문경력관직위 지정)** ① 임용령 제2조 제3호에 따른 소속 장관(이하 "소속 장관"이라 한다)은 해당 기관의 일반직 공무원 직위 중 순환보직이 곤란하거나 장기 재직 등이 필요한 특수 업무 분야의 직위를 전문경력관직위로 지정할 수 있다.
> **제4조(직위군 구분)** ① 제3조에 따른 전문경력관직위(이하 "전문경력관직위"라 한다)의 군(이하 "직위군"이라 한다)은 직무의 특성·난이도 및 직무에 요구되는 숙련도 등에 따라 가군, 나군 및 다군으로 구분한다.
> **제17조(전직)** ① 임용권자는 다음 각 호의 어느 하나에 해당하는 경우에는 전직시험을 거쳐 전문경력관을 다른 일반직 공무원으로 전직시키거나 다른 일반직 공무원을 전문경력관으로 전직시킬 수 있다.

1. 직제나 정원의 개정 또는 폐지로 인하여 해당 직(職)의 인원을 조정할 필요가 있는 경우
2. 제7조에 따른 전문경력관 경력경쟁채용시험 등의 응시요건을 갖춘 경우(전문경력관이 아닌 일반직 공무원이 전문경력관으로 전직하는 경우로 한정한다)

07 ③

下

개념 카테고리 공직의 분류 > 시간선택제 채용 공무원

| 정답 해설 | ③ 통상적인 근무시간보다 짧은 시간(주 15~35시간)을 근무하는 공무원으로서 일반 공무원처럼 시험을 통해 채용되고 정년이 보장되는 공무원은 시간선택제 채용 공무원이다.

| 함께 보는 법령 |

「국가공무원법」

제26조의2(근무시간의 단축 임용 등) 국가기관의 장은 업무의 특성이나 기관의 사정 등을 고려하여 소속 공무원을 대통령령 등으로 정하는 바에 따라 통상적인 근무시간보다 짧게 근무하는 공무원으로 임용 또는 지정할 수 있다.

「공무원임용령」

제3조의3(시간선택제 채용 공무원의 임용) ① 임용권자 또는 임용제청권자는 법 제26조의2에 따라 통상적인 근무시간보다 짧은 시간을 근무하는 일반직 공무원(임기제 공무원은 제외한다)을 신규채용할 수 있다.

② 제1항에 따라 채용된 공무원(이하 "시간선택제 채용 공무원"이라 한다)의 주당 근무시간은 「국가공무원 복무규정」 제9조에도 불구하고 15시간 이상 35시간 이하의 범위에서 임용권자 또는 임용제청권자가 정한다. 이 경우 근무시간을 정하는 방법 및 절차 등은 인사혁신처장이 정한다.

③ 시간선택제 채용 공무원을 통상적인 근무시간 동안 근무하는 공무원으로 임용하는 경우에는 어떠한 우선권도 인정하지 아니한다.

08 ②

中

개념 카테고리 공직의 분류 > 유연근무제

| 정답 해설 | ② 제시된 지문은 유연근무제의 유형 중 집약근무형에 해당한다. 집약근무형은 탄력근무제의 한 유형으로 1일 8시간에 구애받지 않으며, 주 3.5~4일 근무하는 형태이다. 탄력근무제는 전일제 근무시간을 지키되 근무시간, 근무일수를 자율 조정할 수 있는 제도로 시차출퇴근형, 근무시간선택형, 집약근무형, 재량근무형(기관과 공무원 개인이 별도 계약에 의해 주어진 프로젝트 완료시 이를 근무시간으로 인정)이 있다.

| 오답 해설 | ① 재택근무형은 부여받은 업무를 사무실이 아닌 집에서 수행하는 형태로 탄력근무제가 아니라 원격근무형에 해당한다.

③ 시차출퇴근형은 1일 8시간(주 40시간) 근무체제를 유지하며 출근시간을 자율적으로 조정한다.

④ 근무시간선택형은 1일 8시간에 구애받지 않고 주 40시간 범위 내에서 1일 근무시간을 자율적으로 조정한다.

09 ①

上

개념 카테고리 공직의 분류 > 탄력근무제

| 정답 해설 | ① 「인사혁신처 예규(국가공무원 복무 · 징계 관련 예규)」상 유연근무제는 탄력근무제와 원격근무제로 구분된다. 재택근무형은 스마트워크근무형과 더불어 탄력근무제가 아니라 원격근무제에 해당한다.

<table>
<tr><th colspan="2">유형</th><th>활용 방법</th></tr>
<tr><td colspan="2">시간선택제 전환 근무제</td><td>• 기본개념: 주 40시간보다 짧은 시간 근무
• 실시기간: 1개월 이상
• 신청시기: 수시
• 보수 및 연가: 근무시간에 비례하여 적용</td></tr>
<tr><td rowspan="5">탄력근무제</td><td colspan="2">주 40시간 근무하되, 출퇴근시간 · 근무시간 · 근무일을 자율 조정</td></tr>
<tr><td>시차 출퇴근형</td><td>• 기본개념: 1일 8시간 근무체제 유지, 출퇴근시간 자율 조정
• 실시기간: 1일 이상
• 신청시기: 당일까지 신청하되, 당일 24시까지 부서장 승인
• 출근유형: 가급적 07:00~10:00까지로 30분 단위로 하되 필요시 탄력적으로 운영 가능</td></tr>
<tr><td>근무시간 선택형</td><td>• 기본개념: 일 8시간에 구애받지 않음(일 4~12시간 근무), 주 5일 근무 준수
• 실시기간: 1주 이상으로 하되 당일 신청 시 2일 이상
• 신청시기: 당일까지 신청하되, 당일 24시까지 부서장 승인
• 근무가능시간대는 06:00~24:00로 하되 1일 최대 근무시간은 12시간</td></tr>
<tr><td>집약 근무형</td><td>• 기본개념: 일 8시간에 구애받지 않음(일 4~12시간 근무), 주 3.5~4일 근무
• 실시기간: 1주일 이상
• 신청시기: 실시 전일까지
• 근무가능시간대는 06:00~24:00로 하되 1일 최대 근무시간은 12시간
• 정액급식비 등 출퇴근을 전제로 지급되는 수당은 출근하는 일수만큼만 지급</td></tr>
<tr><td>재량 근무형</td><td>• 기본개념: 출퇴근 의무 없이 프로젝트 수행으로 주 40시간 인정
• 실시기간: 기관과 개인이 합의
• 신청시기: 수시
• 고도의 전문적 지식과 기술이 필요해 업무수행 방법이나 시간 배분을 담당자의 재량에 맡길 필요가 있는 분야</td></tr>
<tr><td rowspan="3">원격근무제</td><td colspan="2">특정한 근무장소를 정하지 않고 정보통신망을 이용하여 근무</td></tr>
<tr><td>재택 근무형</td><td>• 기본개념: 사무실이 아닌 자택에서 근무
• 실시기간: 1주일 이상
• 신청시기: 실시 전일까지
• 재택근무일은 초과근무 불인정</td></tr>
<tr><td>스마트 워크 근무형</td><td>• 기본개념: 자택 인근 스마트워크센터 등 별도 사무실에서 근무
• 실시기간: 1일 이상
• 신청시기: 당일까지 신청하되, 당일 24시까지 부서장 승인
• 사전에 부서장 승인 시에만 초과근무 인정</td></tr>
</table>

10 ③

上

개념 카테고리 공직의 분류 > 인사청문회

| 정답 해설 | ③ 국회의 인사청문회는 인사청문특별위원회와 소관상임위원회로 구분하여 실시하고 있다. 「헌법」에서 동의를 요하는 대법원장·헌법재판소장·국무총리·감사원장 및 대법관과 국회에서 선출하는 헌법재판소 재판관 및 중앙선거관리위원회 위원은 인사청문특별위원회에서 인사청문이 이루어지며, 그 외에는 소관상임위원회에서 인사청문을 한다. 「헌법」에서 동의를 요하는 경우 국회에서 본회의 의결을 거쳐야 하므로 국회의 동의 없이는 대통령이 임명할 수 없으나, 소관상임위원회 인사청문에서 상임위원회가 경과 보고서를 채택하지 않는 경우에, 대통령이 후보자를 임명하는 것을 실정법으로 막을 수 없다.

| 오답 해설 | 매력적 오답 ① 국회의 인사청문회는 인사청문특별위원회와 소관상임위원회로 구분하여 실시하고 있다. 양자의 차이를 정확하게 구분하여 정리해 두어야 한다. 「헌법」에서 국회의 동의를 요하는 대법원장·헌법재판소장·국무총리·감사원장 및 대법관과 국회에서 선출하는 헌법재판소 재판관 및 중앙선거관리위원회 위원은 인사청문특별위원회에서 인사청문이 이루어지며, 구속력이 있다. 이외의 경우는 소관상임위원회에서 인사청문이 이루어지며, 구속력이 없다.

11 ①

中

개념 카테고리 공직의 분류 > 개방형 인사제도와 폐쇄형 인사제도

| 정답 해설 | ① 개방형 인사제도(open career system)는 공직의 모든 계급이나 직위를 불문하고 공직 내외의 모두로부터 신규채용이 허용되는 인사체제이다. 따라서 개방형 인사제도는 외부 전문가나 경력자에게 공직을 개방하여 새로운 지식과 기술, 아이디어를 수용해 공직사회의 침체를 막고 행정의 효율성을 높이는 데 유리하다.

| 오답 해설 | ② 일반적으로 개방형 인사제도는 직위분류제에 바탕을 두고 있으며, 일반행정가보다 전문가 중심의 인력구조를 선호한다.

③ 폐쇄형 인사제도는 개방형 인사제도에 비해 안정적인 공직사회를 형성함으로써 공무원의 사기를 높이고 장기근무를 장려한다.

④ 폐쇄형 인사제도는 개방형 인사제도에 비해 내부승진과 경력발전을 위한 교육훈련의 기회가 많다.

12 ③

中

개념 카테고리 공직의 분류 > 임용제도

| 정답 해설 | ③ 우리나라의 공무원 임용제도에 대한 설명으로 ㄴ, ㄷ, ㅁ 3개가 옳지 않다.

ㄴ. 개방형 직위는 일반직, 특정직 및 별정직을 대상으로 한다.

ㄷ. 중앙정부부처의 장은 소속기관의 개방형 직위 지정범위에 관해 중앙인사기관의 장과 협의해야 하나, 지방자치단체의 장은 소속기관의 개방형 직위 지정범위에 관해 중앙인사기관의 장과 협의를 할 필요가 없다.

ㅁ. 개방형 직위에 임용되는 공무원의 임용기간은 다른 법령에 특별한 규정이 있는 경우를 제외하고는 5년의 범위에서 소속장관이 정하되, 최소한 2년 이상으로 하여야 한다.

| 함께 보는 법령 |

「국가공무원법」
제28조의5(공모 직위) ① 임용권자나 임용제청권자는 해당 기관의 직위 중 효율적인 정책 수립 또는 관리를 위하여 해당 기관 내부 또는 외부의 공무원 중에서 적격자를 임용할 필요가 있는 직위에 대하여는 공모 직위(公募職位)로 지정하여 운영할 수 있다.

「개방형 직위 및 공모 직위의 운영 등에 관한 규정」
제3조(개방형 직위의 지정) ① 「국가공무원법」(이하 "법"이라 한다) 제28조의4 제1항에 따라 「공무원임용령」 제2조 제3호에 따른 소속장관(이하 "소속장관"이라 한다)은 소속장관별로 법 제2조의2 제2항 각 호의 고위공무원단 직위(이하 "고위공무원단직위"라 한다) 총수의 100분의 20의 범위에서 개방형 직위를 지정하되, 중앙행정기관과 소속기관 간 균형을 유지하도록 하여야 한다.
② 소속장관은 중앙행정기관의 실장·국장 밑에 두는 보조기관 또는 이에 상응하는 직위(이하 "과장급 직위"라 한다) 총수의 100분의 20의 범위에서 개방형 직위를 지정하되, 그 실시 성과가 크다고 판단되는 기관, 공무원의 종류 또는 직무 분야 등을 고려하여야 한다.
③ 소속장관은 제1항 및 제2항에 따른 개방형 직위 중 특히 공직 외부의 경험과 전문성을 적극 활용할 필요가 있는 직위를 공직 외부에서만 적격자를 선발하는 개방형 직위(이하 "경력개방형 직위"라 한다)로 지정할 수 있다.
④ 소속장관은 개방형 직위(경력개방형 직위를 포함한다)로 지정(변경 및 해제를 포함한다)되는 직위와 지정범위에 관하여 인사혁신처장과 협의하여야 한다. 이 경우 소속장관은 인사혁신처장과 협의한 직위를 훈령·예규 및 그 밖의 방법으로 정해야 한다.
제9조(개방형 직위의 임용기간) ① 개방형 직위에 임용되는 공무원의 임용기간은 다른 법령(「공무원임용령」은 제외한다)에 특별한 규정이 있는 경우를 제외하고는 5년의 범위에서 소속장관이 정하되, 최소한 2년 이상으로 해야 한다. 다만, 제3항에 따라 임기제 공무원이 동일 개방형 직위에 임기제 공무원이 아닌 일반직 공무원 또는 임기제 공무원이 아닌 외무공무원으로 임용되는 경우에는 특별한 사정이 없는 한 임용기간은 최소한 1년 이상으로 해야 한다.

「지방자치단체의 개방형 직위 및 공모 직위의 운영 등에 관한 규정」
제2조(개방형 직위의 지정) 「지방공무원법」(이하 "법"이라 한다) 제29조의4 제1항에 따른 개방형 직위(이하 "개방형 직위"라 한다)는 특별시·광역시·특별자치시·도 또는 특별자치도(이하 "시·도"라 한다)별로 1급부터 5급까지의 공무원 또는 이에 상응하는 공무원과 시·군 및 자치구별로 2급부터 5급까지의 공무원 또는 이에 상응하는 공무원으로 임명할 수 있는 직위 총수의 100분의 10 범위에서 지정할 수 있으며, 개방형 직위를 지정하는 경우에는 그 실시 성과가 크다고 판단되는 기관, 공무원의 종류 또는 직무 분야 등을 고려하여야 한다.

13 ③

下

개념 카테고리 공직의 분류 > 직위분류제 > 직무평가

| 정답 해설 | ③ 직위분류제의 수립절차 중 직무의 곤란성과 책임성을 기준으로 상대적 가치를 결정하는 것은 '직무평가'이다. 직무평가는 개인에게 공정한 보수를 제공하는 데 필요한 작업으로, 서열법, 분류법, 점수법, 요소비교법을 활용한다.

14 ③

中

개념 카테고리 공직의 분류 > 직위분류제 > 직무평가

| 정답 해설 | ③ 점수법은 직무와 관련된 평가요소를 선정하고 그 중요도를 부여하는 과정에서 계량화를 통해 직무평가를 수행한다. 하지만 점수법은 평가요소와 중요도의 선정이 어렵고, 평가요소와 중요도 선정의 명확하고 객관적인 이론적 증명이 곤란하다.

15 ④

中

개념 카테고리 공직의 분류 > 직위분류제 > 직무평가

| 정답 해설 | ④ 요소비교법은 기준직무(key job)와 평가할 직무를 상호 비교해 가며 평가하는 계량적 방법이다.

| 플러스 이론 | 직무평가 방법

비교기준	직무평가의 방법			
	서열법	분류법	점수법	요소비교법
사용빈도	가장 적음	둘째나 셋째	가장 많음	둘째나 셋째
비교방법	직무와 직무	직무와 기준표	직무와 기준표	직무와 직무
요소의 수	없음	없음	평균 11개	5~7개
척도의 형태	서열	등급	점수, 평가요소별	점수, 대표직위
다른 방법과의 관계	요소비교법의 조잡한 형태	점수법의 조잡한 형태	분류법의 발전된 형태	서열법의 발전된 형태
평가방법	비계량적 방법	비계량적 방법	계량적 방법	계량적 방법
평가대상	직무전체	직무전체	직무의 평가요소	직무의 평가요소

16 ②

中

개념 카테고리 공직의 분류 > 직위분류제

| 정답 해설 | ② 직무의 종류가 유사하고 곤란도·책임도가 서로 다른 직급의 군(群)을 의미하는 것은 직렬이다. 직급이란 직무의 종류·곤란성과 책임도가 상당히 유사한 직위의 군을 말한다.

구분	종류	곤란도	내용
직급	○	○	직무의 종류·~
직렬	○	×	직무의 종류가 유사하고~
등급	×	○	(직무의 종류는 상이하나~) 직무의 곤란성과 ~

| 함께 보는 법령 | 「국가공무원법」

제5조(정의) 이 법에서 사용하는 용어의 뜻은 다음과 같다.
1. "직위(職位)"란 1명의 공무원에게 부여할 수 있는 직무와 책임을 말한다.
2. "직급(職級)"이란 직무의 종류·곤란성과 책임도가 상당히 유사한 직위의 군을 말한다.
8. "직렬(職列)"이란 직무의 종류가 유사하고 그 책임과 곤란성의 정도가 서로 다른 직급의 군을 말한다.
9. "직류(職類)"란 같은 직렬 내에서 담당 분야가 같은 직무의 군을 말한다.
10. "직무등급"이란 직무의 곤란성과 책임도가 상당히 유사한 직위의 군을 말한다.

17 ①

中

개념 카테고리 공직의 분류 > 계급제

| 정답 해설 | ① 계급제는 사람을 중심으로 개개인의 일반적인 능력과 자격을 기준으로 공직을 분류하는 제도이다. 반면, 직위분류제는 직무의 속성(직위에 내포된 직무의 종류와 곤란성 및 책임성의 정도)을 중심으로 공직을 분류하는 제도이다.

18 ⑤

中

개념 카테고리 공직의 분류 > 계급제

| 정답 해설 | ⑤ 계급제는 담당할 직무와 관계없이 인사배치를 할 수 있어 직위분류제에 비해 인사배치의 신축성·융통성을 기할 수 있다.

| 오답 해설 | ① 업무 분담과 직무분석으로 합리적인 정원관리 및 사무관리에 유리한 것은 직위분류제이다.

② 권한과 책임의 명확화를 통해 전문화되고 체계적인 조직관리가 가능한 것은 직위분류제이다.

③ 동일 직무에 대한 동일 보수의 원칙을 따르는 직무급 제도를 통해 합리적인 보수체계를 확립할 수 있는 것은 직위분류제이다.

④ 직무의 종류·책임도·곤란도에 따라 공직을 분류하므로 시험·임용·승진·전직을 위한 기준을 제공해줄 수 있는 것은 직위분류제이다.

19 ④

中

개념 카테고리 공직의 분류 > 고위공무원단제도

| 정답 해설 | ④ 고위공무원단제도는 개방형직위제도와 공모직위제도를 두고 있다. 개방형직위제도는 공직 내부와 외부에서 선발이 가능하나, 경력개방형직위는 공직 외부에서만 적격자를 선발한다.

| 함께 보는 법령 |「개방형 직위 및 공모 직위의 운영 등에 관한 규정」

제3조(개방형 직위의 지정) ①「국가공무원법」 제28조의4 제1항에 따라 「공무원임용령」 제2조 제3호에 따른 소속장관은 소속 장관별로 법 제2조의 2 제2항 각 호의 고위공무원단 직위 총수의 100분의 20의 범위에서 개방형 직위를 지정하되, 중앙행정기관과 소속 기관 간 균형을 유지하도록 하여야 한다.

② 소속 장관은 중앙행정기관의 실장·국장 밑에 두는 보조기관 또는 이에 상응하는 직위 총수의 100분의 20의 범위에서 개방형 직위를 지정하되, 그 실시 성과가 크다고 판단되는 기관, 공무원의 종류 또는 직무 분야 등을 고려하여야 한다.

③ 소속 장관은 제1항 및 제2항에 따른 개방형 직위 중 특히 공직 외부의 경험과 전문성을 적극 활용할 필요가 있는 직위를 공직 외부에서만 적격자를 선발하는 개방형 직위(이하 "경력개방형 직위"라 한다)로 지정할 수 있다.

제5조(개방형 직위 선발시험) ① 소속 장관은 개방형 직위에 임용되는 공무원을 선발하려는 경우에는 공직 내부와 외부에서 다음 각 호의 어느 하나에 해당하는 사람을 대상으로 공개모집한 후 제6조 제1항에 따른 개방형 직위 중앙선발시험위원회가 실시하는 선발시험을 거쳐야 한다. 다만, 경력개방형 직위는 공무원이 아닌 사람을 대상으로 공개모집한다.

1. 임용예정 직위의 직무내용과 관련된 자격증을 가지고 관련 분야에서 소속 장관이 정하는 기간 동안 근무하거나 연구한 경력이 있는 사람
2. 임용예정 직위의 직무내용과 같거나 관련되는 분야에서 소속 장관이 정하는 기간 동안 근무하거나 연구한 경력이 있는 사람

20 ②

上

개념 카테고리 공직의 분류 > 고위공무원단제도

| 정답 해설 | ② 지방자치단체 및 지방교육행정기관의 '국가공무원' 중 국장급 직위에 상당하는 직위이다.

| 함께 보는 법령 |

「국가공무원법」

제2조의2(고위공무원단) ① 국가의 고위공무원을 범정부적 차원에서 효율적으로 인사관리하여 정부의 경쟁력을 높이기 위하여 고위공무원단을 구성한다.

② 제1항의 "고위공무원단"이란 직무의 곤란성과 책임도가 높은 다음 각 호의 직위(이하 "고위공무원단 직위"라 한다)에 임용되어 재직 중이거나 파견·휴직 등으로 인사관리되고 있는 일반직 공무원, 별정직 공무원 및 특정직 공무원(특정직 공무원은 다른 법률에서 고위공무원단에 속하는 공무원으로 임용할 수 있도록 규정하고 있는 경우만 해당한다)의 군(群)을 말한다.

1. 「정부조직법」 제2조에 따른 중앙행정기관의 실장·국장 및 이에 상당하는 보좌기관
2. 행정부 각급 기관(감사원은 제외한다)의 직위 중 제1호의 직위에 상당하는 직위
3. 「지방자치법」 제123조 제2항·제125조 제5항 및 「지방교육자치에 관한 법률」 제33조 제2항에 따라 국가공무원으로 보하는 지방자치단체 및 지방교육행정기관의 직위 중 제1호의 직위에 상당하는 직위
4. 그 밖에 다른 법령에서 고위공무원단에 속하는 공무원으로 임용할 수 있도록 정한 직위

「감사원법」

제17조의2(고위감사공무원단의 구성·운영) ① 고위감사공무원의 인사관리를 효율적으로 함으로써 감사의 전문성과 책임성을 높이기 위하여 고위감사공무원단을 구성한다.

② "고위감사공무원단"이란 다음 각 호의 군(群)을 말한다.

1. 직무의 곤란성과 책임도가 높은 감사원 사무차장·감사교육원장·감사연구원장·실장·국장
2. 제1호에 상당하는 보좌기관
3. 감사원규칙으로 고위감사공무원단에 속하는 공무원으로 임명하도록 정한 직위에 임용되어 재직 중이거나 파견·휴직 등으로 인사관리되고 있는 일반직 공무원·별정직 공무원

21 ②

中

개념 카테고리 공직의 분류 > 고위공무원단제도

| 정답 해설 | ② 고위공무원단제도는 계급 중심의 인사관리가 아니라 직무 중심의 인사관리를 한다. 고위공무원단 소속 공무원에 대해서는 1~3급의 계급을 폐지하고 직무와 직위에 따라 인사관리를 한다. 이에 따라, 계급에 구애되지 않는 폭넓은 인사로 적격자를 임용할 수 있다.

22 ④

中

개념 카테고리 공직의 분류 > 고위공무원단제도

| 정답 해설 | ④ 고위공무원단으로 관리되는 풀(pool)에는 일반직 공무원뿐만 아니라 별정직·특정직(외무공무원) 공무원도 포함된다.

| 오답 해설 | ① 고위공무원단의 구성은 소속 장관별로 개방형 직위 20%, 공모직위 30%, 기관자율 50%로 이루어져 있다.

② 고위공무원단 직무등급이 2009년 5등급에서 2등급으로 변경됨에 따라 계급 중심의 인사관리로 회귀할 가능성이 낮아졌다.

③ 적격 심사에서 부적격 결정을 받은 경우 직권면직이 가능하므로, 제도 도입 전보다 고위공무원의 신분보장이 약화되었다.

23 ②

中

개념 카테고리 공직의 분류 > 고위공무원단제도

| 정답 해설 | ② 특정 피평가자에 대해 다양한 사람으로부터 입체적이고 다면적인 평가 결과를 도출함으로써 평가의 공정성을 확보할 수 있는 것은 역량평가가 아니라 다면평가이다.

24 ④

上

개념 카테고리 공직의 분류 > 고위공무원단제도

| 정답 해설 | ④ 고위공무원단제도는 국가공무원에만 적용되며, 지방공무원은 포함되지 않는다. (행정)부지사·부교육감은 국가공무원으로 고위공무원단제도가 적용된다.

| 함께 보는 법령 |

「국가공무원법」

제2조의2(고위공무원단) ① 국가의 고위공무원을 범정부적 차원에서 효율적으로 인사관리하여 정부의 경쟁력을 높이기 위하여 고위공무원단을 구성한다.

② 제1항의 "고위공무원단"이란 직무의 곤란성과 책임도가 높은 다음 각

호의 직위(이하 "고위공무원단 직위"라 한다)에 임용되어 재직 중이거나 파견·휴직 등으로 인사관리되고 있는 일반직 공무원, 별정직 공무원 및 특정직 공무원(특정직 공무원은 다른 법률에서 고위공무원단에 속하는 공무원으로 임용할 수 있도록 규정하고 있는 경우만 해당한다)의 군(群)을 말한다.

1. 「정부조직법」 제2조에 따른 중앙행정기관의 실장·국장 및 이에 상당하는 보좌기관
2. 행정부 각급 기관(감사원은 제외한다)의 직위 중 제1호의 직위에 상당하는 직위
3. 「지방자치법」 제123조 제2항·제125조 제5항 및 「지방교육자치에 관한 법률」 제33조 제2항에 따라 국가공무원으로 보하는 지방자치단체 및 지방교육행정기관의 직위 중 제1호의 직위에 상당하는 직위
4. 그 밖에 다른 법령에서 고위공무원단에 속하는 공무원으로 임용할 수 있도록 정한 직위

제32조(임용권자) ① 행정기관 소속 5급 이상 공무원 및 고위공무원단에 속하는 일반직 공무원은 소속 장관의 제청으로 인사혁신처장과 협의를 거친 후에 국무총리를 거쳐 대통령이 임용하되, 고위공무원단에 속하는 일반직 공무원의 경우 소속 장관은 해당 기관에 소속되지 아니한 공무원에 대하여도 임용제청할 수 있다. 이 경우 국세청장은 국회의 인사청문을 거쳐 대통령이 임명한다.

「고위공무원단 인사규정」

제7조(고위공무원단후보자) ① 제9조에 따른 역량평가를 통과한 사람으로서 다음 각 호의 어느 하나에 해당하는 사람은 고위공무원단후보자가 된다. 이 경우 재직한 기간의 계산에 관하여는 임용령 제31조의 승진소요최저연수에 산입되는 재직연수 계산 방식을 준용한다.

제8조(고위공무원단후보자 교육) ① 인사혁신처장은 4급 이상 공무원(고위공무원이 아닌 연구관·지도관과 수석전문관을 포함한다)을 대상으로 고위공무원에게 필요한 역량을 함양하기 위한 교육과정(이하 "고위공무원단후보자교육과정"이라 한다)을 운영하여야 한다.

CHAPTER 03 인사행정의 3대 변수

출제 비중 28%

약점진단표

1회독				2회독				3회독			
○	△	×	총	○	△	×	총	○	△	×	총
			24				24				24

* 문제풀이 후 약점진단 결과를 적어보세요!

문제편 P.107

01	③	02	③	03	②	04	③	05	②
06	②	07	①	08	①	09	④	10	①
11	③	12	③	13	①	14	①	15	③
16	①	17	④	18	③	19	①	20	②
21	④	22	①	23	④	24	③		

01 ③

中

개념 카테고리 3대 변수 > 임용 > 인사이동

| 정답 해설 | ③ 강임(降任)이란 같은 직렬 내에서 하위 직급에 임명하거나 하위 직급이 없어 다른 직렬의 하위 직급에 임명하는 것을 말한다. 따라서 같은 직렬의 하위 직급이 없는 경우 다른 직렬의 하위 직급으로는 이동할 수 있다.

| 함께 보는 법령 | 「지방공무원법」

제5조(정의) 이 법에서 사용하는 용어의 뜻은 다음과 같다.

4. "강임(降任)"이란 같은 직렬 내에서 하위 직급에 임명하거나 하위 직급이 없어 다른 직렬의 하위 직급에 임명하는 것을 말한다.
5. "전직(轉職)"이란 직렬을 달리하여 임명하는 것을 말한다.
6. "전보(轉補)"란 같은 직급 내에서의 보직변경을 말한다.

제29조의3(전입) 지방자치단체의 장 또는 지방의회의 의장은 공무원을 전입시키려고 할 때에는 해당 공무원이 소속된 지방자치단체의 장 또는 지방의회의 의장의 동의를 받아야 한다.

02 ③

上

개념 카테고리 3대 변수 > 임용 > 공무원임용 결격사유

| 정답 해설 | ③ 징계로 파면처분을 받은 때부터 5년이 지나지 아니한 자는 공무원으로 임용될 수 없다. 따라서 2019년 10월 13일에 공무원으로서 징계로 파면처분을 받은 丙은 2022년 10월 14일 기준, 「국가공무원법」상 공무원으로 임용될 수 없다.

| 함께 보는 법령 |「국가공무원법」

> **제33조(결격사유)** 다음 각 호의 어느 하나에 해당하는 자는 공무원으로 임용될 수 없다.
> 1. 피성년후견인
> 2. 파산선고를 받고 복권되지 아니한 자
> 3. 금고 이상의 실형을 선고받고 그 집행이 끝나거나(집행이 끝난 것으로 보는 경우를 포함한다) 집행이 면제된 날부터 5년이 지나지 아니한 자
> 4. 금고 이상의 형의 집행유예를 선고받고 그 유예기간이 끝난 날부터 2년이 지나지 아니한 자
> 5. 금고 이상의 형의 선고유예를 받은 경우에 그 선고유예 기간 중에 있는 자
> 6. 법원의 판결 또는 다른 법률에 따라 자격이 상실되거나 정지된 자
>
> 6의2. 공무원으로 재직기간 중 직무와 관련하여 「형법」 제355조 및 제356조에 규정된 죄를 범한 자로서 300만 원 이상의 벌금형을 선고받고 그 형이 확정된 후 2년이 지나지 아니한 자
>
> 6의3. 다음 각 목의 어느 하나에 해당하는 죄를 범한 사람으로서 100만 원 이상의 벌금형을 선고받고 그 형이 확정된 후 3년이 지나지 아니한 사람
> 가. 「성폭력범죄의 처벌 등에 관한 특례법」 제2조에 따른 성폭력범죄
> 나. 「정보통신망 이용촉진 및 정보보호 등에 관한 법률」 제74조 제1항 제2호 및 제3호에 규정된 죄
> 다. 「스토킹범죄의 처벌 등에 관한 법률」 제2조 제2호에 따른 스토킹범죄
>
> 6의4. 미성년자에 대한 다음 각 목의 어느 하나에 해당하는 죄를 저질러 파면·해임되거나 형 또는 치료감호를 선고받아 그 형 또는 치료감호가 확정된 사람(집행유예를 선고받은 후 그 집행유예기간이 경과한 사람을 포함한다)
> 가. 「성폭력범죄의 처벌 등에 관한 특례법」 제2조에 따른 성폭력범죄
> 나. 「아동·청소년의 성보호에 관한 법률」 제2조 제2호에 따른 아동·청소년대상 성범죄
>
> 7. 징계로 파면처분을 받은 때부터 5년이 지나지 아니한 자
> 8. 징계로 해임처분을 받은 때부터 3년이 지나지 아니한 자

03 ② 中

개념 카테고리 3대 변수 > 임용 > 시험 > 신뢰성

| 정답 해설 | ② 시험성적과 본래 시험으로 예측하고자 했던 기준 사이에 얼마나 밀접한 상관관계가 있는가를 검증하는 것은 선발시험의 타당성이다. 타당성은 시험이 측정하려는 내용을 얼마나 정확하게 측정하고 있느냐의 정도를 의미하며, 채용시험 성적이 우수한 사람이 근무성적도 높게 나타나야 한다는 것을 말한다. 따라서 시험의 타당성이 높을수록 근무성적이 우수한 사람을 선발할 수 있다. 타당성을 검증하는 방법은 채용시험 성적과 채용 후의 근무성적을 비교함으로써 측정할 수 있다.

04 ③ 中

개념 카테고리 3대 변수 > 임용 > 시험 > 타당성

| 정답 해설 | ③ 제시된 지문의 (ㄱ)에 해당하는 개념은 내용타당도이다. 내용타당도는 시험이 특정한 직위의 의무와 책임에 직결되는 요소들을 어느 정도 측정할 수 있느냐에 대한 타당도의 개념이다. 예를 들어 공무원 선발시험과목 중 행정학시험의 타당도를 검증하기 위해 행정학교수들로 패널을 구성하여 전체적인 문항들을 검증하는 방법이다.

05 ② 中

개념 카테고리 3대 변수 > 임용 > 시보제도

| 정답 해설 | ② 시보공무원도 공무원법상 공무원에 해당한다. 따라서 시보기간 동안 보직을 부여받을 수 있다.

| 오답 해설 | ① 시보기간 동안은 신분이 보장되지 않지만, 그 기간은 공무원 경력에 포함된다.

③ 시보기간 동안에 징계로 해임처분을 받게 되면, 향후 3년간 다시 공무원으로 임용될 수 없는 결격사유에 해당한다.

④ 시보기간 동안은 신분이 보장되지 않지만, 징계처분에 대한 소청심사청구를 할 수 있다.

| 함께 보는 법령 |「국가공무원법」

> **제29조(시보 임용)** ① 5급 공무원(제4조 제2항에 따라 같은 조 제1항의 계급 구분이나 직군 및 직렬의 분류를 적용하지 아니하는 공무원 중 5급에 상당하는 공무원을 포함한다. 이하 같다)을 신규 채용하는 경우에는 1년, 6급 이하의 공무원을 신규 채용하는 경우에는 6개월간 각각 시보(試補)로 임용하고 그 기간의 근무성적·교육훈련성적과 공무원으로서의 자질을 고려하여 정규 공무원으로 임용한다. 다만, 대통령령 등으로 정하는 경우에는 시보 임용을 면제하거나 그 기간을 단축할 수 있다.
>
> ② 휴직한 기간, 직위해제 기간 및 징계에 따른 정직이나 감봉 처분을 받은 기간은 제1항의 시보 임용 기간에 넣어 계산하지 아니한다.
>
> ③ 시보 임용 기간 중에 있는 공무원이 근무성적·교육훈련성적이 나쁘거나 이 법 또는 이 법에 따른 명령을 위반하여 공무원으로서의 자질이 부족하다고 판단되는 경우에는 제68조와 제70조에도 불구하고 면직시키거나 면직을 제청할 수 있다. 이 경우 구체적인 사유 및 절차 등에 필요한 사항은 대통령령 등으로 정한다.

06 ② 上

개념 카테고리 3대 변수 > 능력발전 > 교육훈련 방식

| 정답 해설 | ② 교육훈련 방식에 대한 설명으로 ㄱ, ㄷ이 옳다.

| 오답 해설 | ㄴ. 학습조직은 암묵적 지식으로 관리되던 조직의 내부 역량을 구체화시켜 체계적으로 관리할 수 있으며, 조직구성원의 적극적 참여를 통해 새로운 지식 창출을 촉진한다. 그러나 학습조직 운영을 위한 구체적인 조직설계의 기준을 제시하기가 어렵다는 한계점이 있다.

ㄹ. 워크아웃 프로그램(work-out program)은 조직의 수직적·수평적 장벽을 제거하고, 전 구성원의 자발적 참여에 의한 행정혁신, 관리자의 신속한 의사결정과 문제 해결을 도모하는 교육훈련 방식이다. 워크아웃 프로그램은 1980년대 후반부터 미국 GE사의 전략적 인적자원 개발 프로그램으로 활용되었으며, 정부조직에서도 정책 현안에 대한 각종 워크숍의 운영을 통해 집단적 토론과 함께 문제 해결 방안을 모색하고, 개별 공무원의 업무 역량을 제고하기 위한 목적에서 적극 활용되고 있다.

07 ①

中

개념 카테고리 3대 변수 > 능력발전 > 교육훈련 방식

| 정답 해설 | ① 제시된 지문에 해당하는 공무원 교육훈련 방법은 액션러닝(action learning)이다. 액션러닝은 대표적인 역량기반 교육훈련방법의 하나로, 이론과 지식 전달 위주의 전통적인 강의식·집합식 교육의 한계를 극복하고 참여와 성과 중심의 교육훈련을 지향한다.

08 ①

中

개념 카테고리 3대 변수 > 능력발전 > 근무성적평정

| 정답 해설 | ① ㄱ은 강제배분법(forced distribution), ㄴ은 산출기록법(production records), ㄷ은 행태기준평정척도법(BARS: Behaviorally Anchored Rating Scales)이다.

ㄱ. 강제배분법은 근무성적을 평정한 결과 피평정자들의 성적 분포가 과도하게 집중화되거나 관대화 또는 엄격화되는 것을 막기 위해 성적 분포의 비율을 미리 정해 놓는 평정방법이다. 분포 비율을 정하는 방법은 여러 가지가 있으나, 등급의 수가 다섯인 경우 10, 20, 40, 20, 10의 비율로 종형(鐘型)인 정상 분포곡선(normal curve)이 되도록 배분하는 것이 일반적인 예이다. 강제배분법은 피평정자가 많을 때는 관대화 경향에 따르는 평정 오차를 방지할 수 있는 장점이 있다. 그러나 평정 대상 전원이 무능하더라도 일정 비율의 인원이 우수하다는 평정을 받게 되거나, 반대로 전원이 우수한 경우에도 일정한 비율의 인원은 열등하다는 평정을 받게 되는 단점이 있다. 또한 평정자가 미리 강제 배분 비율에 따라 평정 대상자를 각 등급에 분포시키고, 그다음에 역으로 등급에 해당하는 점수를 부여하는 역산식 평정을 할 가능성이 높다.

ㄴ. 산출기록법은 공무원이 달성한 작업량을 평가 대상으로 하는 방법이다. 즉, 공무원이 일정한 시간당 수행한 작업량을 측정하거나 또는 일정한 작업량을 달성하는 데 소요된 시간을 계산해 그 성적을 평정하는 것이다. 이 방법은 워드프로세서, 속기사 등과 같이 표준 작업 시간과 표준 작업량의 산정이 가능한 직종의 평정에 적합하다. 그러나 계량적으로 측정할 수 없는 작업의 질, 작업 능률에 영향을 미치는 성격·협동성·판단력 등은 평가할 수 없다.

ㄷ. 행태기준평정척도법은 도표식 평정척도법이 갖는 평정 요소 및 등급의 모호성과 해석상의 주관적 판단 개입, 그리고 중요 사건 평정법이 갖는 상호 비교의 곤란성을 보완하기 위해 두 방법의 장점을 통합시킨 것이다.

09 ④

中

개념 카테고리 3대 변수 > 능력발전 > 근무성적평정

| 정답 해설 | ④ 도표식 평정척도법은 평정요소와 등급의 추상성이 높기 때문에 평정자의 편견이 개입할 가능성이 높다. 창의성, 협조성, 지도력 등의 평정요소가 개념이 조작화되지 않고 평정자 나름대로 의미를 부여하기 때문에 사실은 똑같은 현상이라 하더라도 어떤 평정자는 '우수'하다고 평가하는 반면 어떤 평정자는 '보통'수준이라고 평가할 수 있다. 등급의 경우도 단순히 '대단히 우수'하다든가 '탁월'하다든가 하는 수준을 평정자들이 이해하는 정도는 각자 다를 수밖에 없다. 또한 어느 하나의 평정 요소에 대한 평정자의 판단이 다른 평정 요소의 평정에 영향을 주거나 평정자가 피평정자에 대하여 가지고 있는 막연한 일반적인 인상이 모든 평정 요소에 영향을 미치는 연쇄효과(halo effect)가 나타나기 쉽다.

10 ①

中

개념 카테고리 3대 변수 > 능력발전 > 근무성적평정

| 정답 해설 | ① 근무성적평정 방법 중 강제배분법은 등급별 할당 비율에 따라 피평가자들을 배정하는 방법으로 평가의 관대화, 집중화, 엄격화 경향을 억제하는 효과가 있다.

11 ③

中

개념 카테고리 3대 변수 > 능력발전 > 근무성적평정상의 오류

| 정답 해설 | ③ 초기 실적을 중심으로 평가함으로써 발생하는 시간적 오류는 최초효과(primacy effect), 최근의 실적을 중심으로 평가함으로써 발생하는 시간적 오류는 근접효과(recency effect)이다.

12 ③

中

개념 카테고리 3대 변수 > 능력발전 > 근무성적평정상의 오류

| 정답 해설 | ③ 평정결과의 공개는 관대화 경향을 유발하는 요소이다. 관대화 경향을 완화하기 위해서는 강제배분법을 실시하거나 평정결과를 비공개로 하는 것을 고려할 수 있다.

| 플러스 이론 | 연쇄효과(halo effect)

정의	• 한 평정요소에 대한 평정자의 판단이 연쇄적으로 다른 요소의 평정에도 영향을 주는 현상을 말함 • 근무성적평정의 타당성, 객관성을 떨어뜨리는 중요한 요인이 됨 예 피평정자가 성실한 경우 그에게서 받은 좋은 인상이 창의성·지도력 등 전혀 성격이 다른 요소의 측정에도 영향을 미쳐 좋은 점수를 부여하게 됨

연쇄효과가 발생하는 경우	• 쉽게 관찰할 수 없는 평정요소가 선정된 경우나 각 평정요소의 의미가 서로 구별되지 못하고 중복되어 있거나 애매할 때 나타남 • 평정자가 부하를 잘 모르는 경우에 나타남(평정자가 피평정자에 대한 관찰을 태만히 하는 경우) • 해당 피평정자의 어떤 특성에 대하여 특히 인상이 깊었던 경우에 그 이외의 다른 특성에 대해서도 우수하다고 생각하기 쉬움
연쇄효과를 줄이기 위한 방법	• 근무성적평정방법 중 프로브스트식 체크리스트 방법이나 강제선택법을 사용하여 평정요소 간의 연상효과를 가능한 한 배제함 • 각 평정요소별로 모든 피평정자를 순차적으로 평정함. 즉, 한 평정요소에 대하여 피평정자 전원을 평가하고, 이어 다음 요소를 평가함 • 평정요소의 의미를 명확하게 하고, 유사한 요소의 배치를 멀리 떨어지게 하는 등 요소별 배열 순서에 유의함

13 ①

上

개념 카테고리 3대 변수 > 능력발전 > 켈리의 귀인이론

| 정답 해설 | ① 판단대상 외 다른 사람들이 동일한 상황에서 동일한 행동을 보이는 정도(합의성)가 높다면, 그 행동의 원인을 '외적 요소'에 귀인하는 경향이 나타난다. 판단대상 외 다른 사람들이 다른 상황에서 동일한 행동을 보이는 정도가 높다는 것은 합의성이 높은 경우이다. 합의성이 높은 경우 외적 요소에, 합의성이 낮은 경우 내적 요소에 귀인하는 경향이 나타난다. 예를 들어 판단대상 뿐만 아니라 다른 사람들도 특정 개그맨을 보고 웃었다면 그 특정 개그맨의 개그가 재미있었기 때문에 웃은 것이므로 그 행동의 원인을 외적 요소에 귀인한다고 볼 수 있다. 반면 다른 사람들은 특정 개그맨을 보고 웃지 않았는데 판단대상만 웃었다면 그 판단대상인 사람이 잘 웃는 성격을 가지고 있기 때문에 그 행동의 원인을 내적 요소에 귀인한다고 볼 수 있다.

| 오답 해설 | ② 판단대상이 다른 상황에서는 달리 행동하는 정도(특이성)가 높다면, 그 행동의 원인을 외적 요소에 귀인하는 경향이 나타난다.

③ 판단대상이 동일한 상황에서 과거와 동일한 행동을 보이는 정도(일관성)가 높다면, 그 행동의 원인을 내적 요소에 귀인하는 경향이 나타난다.

④ 판단대상 외 다른 사람들도 동일한 상황에 대해 동일한 행동을 보이는 정도(합의성)가 높다면, 그 행동의 원인을 외적 요소에 귀인하는 경향이 나타난다.

| 플러스 이론 | 켈리의 귀인이론

귀인이론(attribution theory)은 인간이 우리 자신이나 다른 사람의 행동을 관찰한 후, 그러한 행동을 합의성, 일관성, 그리고 특이성을 기준으로 평가한다. 합의성(consensus)은 동일한 상황에 처한 여러 사람들이 같은 방식으로 행동하는 정도를 말하고, 일관성(consistency)은 같은 사람이 다른 시간에도 동일하게 행동하는 정도이며, 특이성(distinctiveness)이란 같은 사람이 다른 상황에서도 동일한 방식으로 행동하는 정도를 말한다.

관찰	해석	원인의 귀속
개인의 행동	합의성	높음 – 외적
		낮음 – 내적
	일관성	높음 – 내적
		낮음 – 외적
	특이성	높음 – 외적
		낮음 – 내적

14 ①

中

개념 카테고리 3대 변수 > 능력발전 > 근무성적평정

| 정답 해설 | ① 5급 이하 공무원의 승진후보자명부는 근무성적평정 90%, 경력평정 10%를 고려하여 작성된다.

| 함께 보는 법령 |

「국가공무원법」

제41조(승진시험 방법) ③ 공개경쟁 승진시험은 5급 공무원 승진에 한정하되, 기관 간 승진기회의 균형을 유지하고 유능한 공무원을 발탁하기 위하여 필요한 경우에 실시하며, 시험성적에 따라 합격자를 결정한다.

「공무원 성과평가 등에 관한 규정」

제30조(승진후보자 명부의 평정점 등) ① 승진후보자 명부를 작성하기 위한 평정점은 제18조에 따른 근무성적평가 점수와 제26조에 따른 경력평정점을 합산한 100점을 만점으로 한다. 다만, 제27조에 따른 가점 해당자에 대해서는 5점의 범위에서 그 가점을 추가로 합산한 점수를 승진후보자 명부의 총평정점으로 한다.

② 임용권자는 근무성적평가 점수의 반영비율은 90퍼센트, 경력평정점의 반영비율은 10퍼센트로 하여 승진후보자 명부를 작성하되, 근무성적평가 점수의 반영비율은 95퍼센트까지 가산하여 반영할 수 있고, 경력평정점의 반영비율은 5퍼센트까지 감산하여 반영할 수 있다. 이 경우 변경한 반영비율은 그 변경일부터 1년이 지난 날부터 적용한다.

「공무원임용령」

제31조(승진소요최저연수) ① 공무원이 승진하려면 다음 각 호의 구분에 따른 기간 동안 해당 계급에 재직해야 한다.

1. 일반직 공무원(우정직 공무원은 제외한다)
   가. 4급 및 5급: 3년 이상
   나. 6급: 2년 이상
   다. 7급, 8급 및 9급: 1년 이상

제35조의2(특별승진임용) ① 법 제40조의4에 따라 특별승진임용(일반승진시험에의 우선 응시를 포함한다. 이하 이 조에서 같다)하려는 경우에는 다음 각 호의 어느 하나에 해당하는 공무원 중에서 승진임용하여야 한다.

1. 법 제40조의4 제1항 제1호에 따른 경우: 인사혁신처장이 정하는 포상을 받은 4급 이하 공무원
2. 법 제40조의4 제1항 제2호에 따른 경우: 다음 각 목의 어느 하나에 해당하는 4급 이하 공무원
   가. 직무수행 능력이 탁월하고 적극적인 업무 수행으로 행정 발전에 지대한 공헌실적이 있다고 소속장관이 인정하는 공무원
   나. 인사혁신처장이 정하는 포상을 받은 공무원
3. 법 제40조의4 제1항 제3호에 따른 경우: 창안등급(創案等級) 동상 이상의 상을 받은 5급 이하 공무원
4. 법 제40조의4 제1항 제4호에 따른 경우: 명예퇴직하는 사람으로서 재직 중 특별한 공적이 있다고 인정되는 3급 이하 공무원
5. 법 제40조의4 제1항 제5호에 따른 경우: 소속장관이 재직 중 특별한 공적이 있다고 인정하는 공무원

> 「공무원 임용규칙」
> **제7조(근속승진 운영)** ② 승진후보자명부 작성단위기관 「직제」상의 정원표에 일반직 6급·7급 또는 8급의 정원이 없는 경우에도 「행정기관의 조직과 정원에 관한 통칙」 제26조 제3항에 따라 근속승진 인원만큼 상위직급에 결원이 있는 것으로 보고 승진 임용할 수 있다.

15 ③

中

개념 카테고리 3대 변수 > 능력발전 > 성과평가 > 다면평가제도

| 오답 해설 | ① 일반직 공무원의 근무성적평정은 크게 4급 이상을 대상으로 한 '성과계약 등 평가'와 5급 이하를 대상으로 한 '근무성적평가'로 구분된다.

② '근무성적평가'는 정기평가와 수시평가로 나눌 수 있으며, 정기평가는 6월 30일과 12월 31일 기준으로 연 2회 실시한다.

④ 역량평가제도는 고위공무원으로 신규채용되려는 사람 또는 4급 이상 공무원이 고위공무원단 직위로 승진임용되거나 전보되려는 사람을 대상으로 업무수행에 필요한 충분한 역량을 보유하고 있는지를 평가한다.

| 함께 보는 법령 |

> 「공무원 성과평가 등에 관한 규정」
> **제28조(다면평가)** ① 소속 장관은 소속 공무원에 대한 능력개발 및 인사관리 등을 위하여 해당 공무원의 상급 또는 상위 공무원, 동료, 하급 또는 하위 공무원 및 민원인 등에 의한 다면평가를 실시할 수 있다.
>
> 「고위공무원단 인사규정」
> **제9조(역량평가)** ① 법 제2조의2 제3항에 따른 평가(이하 "역량평가"라 한다)는 고위공무원으로 신규채용되려는 사람 또는 4급 이상 공무원(수석전문관을 포함한다. 이하 같다)이 고위공무원단 직위로 승진임용되거나 전보(고위공무원이 아닌 연구관·지도관을 고위공무원단 직위로 전보하는 경우만 해당한다)되려는 사람을 대상으로 신규채용, 승진임용 또는 전보 전에 실시하여야 한다.

16 ①

中

개념 카테고리 3대 변수 > 능력발전 > 성과평가 > 다면평가제도

| 정답 해설 | ① 우리나라의 다면평가제도는 상급자, 동료, 부하, 민원인이 해당 공무원에 대한 다면평가에 참여할 수 있다.

17 ④

中

개념 카테고리 3대 변수 > 능력발전 > 성과평가 > 다면평가제도

| 정답 해설 | ④ 미래 행동에 대한 잠재력 측정은 다면평가제도의 장점이 아니라 역량평가의 장점이다. 다면평가제도의 장점은 직무수행 동기 유발, 원활한 커뮤니케이션, 자기역량 강화, 평가의 수용성 확보 가능 등이 있다.

| 플러스 이론 | 역량평가의 특징 및 장점

- 역량에 대한 객관적 평가
  - ㉠ 역량평가는 구조화된 모의상황을 설정해 현실적 직무상황에 근거한 행동을 관찰하여 평가하는 방식이다. 이 방법은 추측이나 유추가 아닌 직접적 관찰을 통해 평가자의 주관성을 배제할 수 있다.
  - ㉡ 성과에 대한 외부 변수를 통제함으로써 개인의 역량에 대한 객관적 평가가 가능하다.
- 미래 행동에 대한 잠재력 측정: 역량평가는 대상자의 과거 성과를 평가하는 것이 아니라 미래 행동에 대한 잠재력을 측정하는 것이다.
- 다양한 역량 측정: 역량평가는 다양한 실행과제를 종합적으로 활용함으로써 개별 평가기법의 한계를 극복하고 대상자들의 몰입을 유도하며 다양한 역량을 측정할 수 있다.
- 평가의 공정성 확보: 역량평가는 다수의 평가자가 참여하여 합의를 통해 평가 결과를 도출하므로 개별 평가자의 오류를 방지하고 평가의 공정성을 확보할 수 있다.

18 ③

上

개념 카테고리 3대 변수 > 능력발전 > 성과평가 > 직무성과계약제

| 오답 해설 | ①② 직무성과계약제는 장·차관 등 기관의 책임자와 실·국장 등 고위관리자, 실·국장과 과장 등 중간관리자 간에 하향적(top-down) 방식으로 성과목표와 평가지표 등에 관해 공식적인 성과계약을 맺은 뒤, 계약서에 명시한 목표의 달성도에 따라 인사·보수상 차별을 받는 제도이다.

④ 직무성과계약제는 투입부문의 통제보다는 산출이나 성과에 초점을 두고 있다.

19 ①

中

개념 카테고리 3대 변수 > 사기앙양 > 공무원보수

| 정답 해설 | ① 고위공무원단 소속 고위공무원에 대해서는 직무성과급적 연봉제를 적용한다.

| 함께 보는 법령 | 「공무원보수규정」

> **제63조(고위공무원의 보수)** ① 고위공무원에 대해서는 [별표 31]에 따라 직무성과급적 연봉제를 적용한다. 다만, 대통령경호처 직원 중 고위공무원단에 속하는 별정직 공무원에 대해서는 호봉제를 적용한다.
> ② 직무성과급적 연봉제를 적용하는 고위공무원의 기본연봉은 개인의 경력 및 누적성과를 반영하여 책정되는 기준급과 직무의 곤란성 및 책임의 정도를 반영하여 직무등급에 따라 책정되는 직무급으로 구성한다.

20 ②

中

개념 카테고리 3대 변수 > 사기앙양 > 공무원보수

| 정답 해설 | ② 연공급(근속급)은 근속연수를 기준으로 하기 때문에 장기 근속자에 유리하나 전문기술인력 확보에 불리하다. 연공급(근속급)은 공무원의 근속 기간을 고려하여 지급되는 급여 유형이다. 계급제에 기초한 직업공무원제를 채택할 경우 공무원

의 조직충성도를 지속적으로 높이고 장기 복무를 유도하기 위해 장기 근속자에 유리한 보수를 제공할 필요가 있다. 성과주의에 비해 연공주의에 따른 조직 운영이 이루어질 경우에 연공급은 주된 인사관리 수단으로 활용된다.

| 오답 해설 | ① 직능급은 공무원이 자신의 직무를 수행하기 위해 요구되는 직무수행능력을 고려하여 지급되는 급여 유형이다. 근속급과 직무급의 절충적 형태로 볼 수 있으며, 직접적인 성과평가와는 다른 직무역량평가를 통해 직능급의 수준이 결정된다. 직무를 수행하기 위한 직무자격에 따라 급여를 차등 지급하는 방식도 직능급에 해당한다. 연공주의에 비해 실적주의를 강조하는 경우에 직능급의 활용가능성이 높아진다.

③ 직무급은 공무원 개인에게 부여된 직무의 상대적 가치를 고려하여 지급되는 급여 유형이다. 개인적 특성이나 근속 기간과 관계없이 동일 직무에 대한 동일 보수 원칙이 적용되는 방식이다. 생활급이나 연공급(근속급)과 달리 개별 공무원이 아닌 공무원에게 주어진 직무가 기준이 되며, 직무분석과 직무평가를 통해 객관적인 직무가치의 산정을 전제로 한다는 점에서 직위분류제를 채택하고 있는 경우 직무급의 활용이 유용하다.

④ 성과급은 공무원의 직무 수행에 따른 성과 수준의 정도를 고려하여 지급되는 급여 유형이다. 연공주의에 따른 연공급(근속급)과 상반되는 급여 유형이며, 정부조직 내에서도 성과평가를 통한 성과주의의 확산과 함께 성과급 제도가 확대되고 있다. 다른 급여 유형이 직무수행의 투입적 혹은 과정적 요소들을 고려하고 있는 것에 비해, 성과급은 직무 수행의 결과적 요소들을 고려하고 있다는 점이 차별적이다.

21 ④

中

개념 카테고리 3대 변수 > 사기앙양 > 보수 > 총액인건비제도

| 정답 해설 | ④ 총액인건비제도는 기구·정원 조정에 대한 재정당국의 중앙통제를 완화하고 수당의 신설·통합·폐지와 절감예산 활용 등에서의 부처 자율성을 부여하는 특성을 갖는다.

22 ①

中

개념 카테고리 3대 변수 > 사기앙양 > 보수와 연금

| 정답 해설 | ① 호봉 간 승급에 필요한 기간은 1년이며, 직종별로 구분하여 11개의 봉급표([별표 3], [별표 3의2], [별표 4]부터 [별표 6]까지, [별표 8] 및 [별표 10]부터 [별표 14]까지)가 적용된다.

| 오답 해설 | 매력적 오답 ② 고위공무원단에 속하는 공무원에 대해서는 대통령경호처 직원 중 별정직 공무원을 제외하고 직무성과급적 연봉제를 적용한다. 즉, 고위공무원에 대해서는 직무성과급적 연봉제를 적용한다. 다만, 대통령경호처 직원 중 고위공무원단에 속하는 별정직 공무원에 대해서는 호봉제를 적용한다.

| 함께 보는 법령 |「공무원보수규정」

제5조(공무원의 봉급) 공무원의 봉급월액은 [별표 1] 공무원별 봉급표 구분표에 따른 [별표 3], [별표 3의2], [별표 4]부터 [별표 6]까지, [별표 8] 및 [별표 10]부터 [별표 14]까지의 해당 봉급표에 명시된 금액으로 한다.

제13조(정기승급) ① 공무원의 호봉 간 승급에 필요한 기간(이하 "승급기간"이라 한다)은 1년으로 한다. 다만, 헌법연구관과 헌법연구관보의 승급기간은 다음 각 호와 같다.

1. 1호봉부터 14호봉까지: 각 호봉 간 1년 9개월
2. 14호봉부터 16호봉까지: 각 호봉 간 2년

③ 공무원의 호봉은 매달 1일자로 승급한다.

④ 제3항에도 불구하고 제14조에 따라 승급제한을 받고 있는 공무원은 승급제한 기간이 끝난 날의 다음 날에 승급한다. 이 경우 그 공무원이 제14조에 따른 승급제한 사유 없이 계속 근무하였을 때 획정되는 호봉을 초과할 수 없다.

23 ④

中

개념 카테고리 3대 변수 > 사기앙양 > 공무원연금

| 정답 해설 | ④ 퇴직급여 산정 기준은 전 재직기간 평균기준소득월액으로 변경하였다.

| 함께 보는 법령 |「공무원연금법」

제3조(정의) ① 이 법에서 사용하는 용어의 뜻은 다음과 같다.

4. "기준소득월액"이란 기여금 및 급여 산정의 기준이 되는 것으로서 일정 기간 재직하고 얻은 소득에서 비과세소득을 제외한 금액의 연지급합계액을 12개월로 평균한 금액을 말한다. 이 경우 소득 및 비과세소득의 범위, 기준소득월액의 결정방법 및 적용기간 등에 관한 사항은 대통령령으로 정한다.
5. "평균기준소득월액"이란 재직기간 중 매년 기준소득월액을 공무원보수인상률 등을 고려하여 대통령령으로 정하는 바에 따라 급여의 사유가 발생한 날(퇴직으로 급여의 사유가 발생하거나 퇴직 후에 급여의 사유가 발생한 경우에는 퇴직한 날의 전날을 말한다. 이하 같다)의 현재가치로 환산한 후 합한 금액을 재직기간으로 나눈 금액을 말한다. 다만, 제43조 제1항·제2항에 따른 퇴직연금·조기퇴직연금 및 제54조 제1항에 따른 퇴직유족연금(공무원이었던 사람이 퇴직연금 또는 조기퇴직연금을 받다가 사망하여 그 유족이 퇴직유족연금을 받게 되는 경우는 제외한다) 산정의 기초가 되는 평균기준소득월액은 급여의 사유가 발생한 당시의 평균기준소득월액을 공무원보수인상률 등을 고려하여 대통령령으로 정하는 바에 따라 연금 지급이 시작되는 시점의 현재가치로 환산한 금액으로 한다.

제30조(급여액 산정의 기초) ① 이 법에 따른 급여(제43조 제1항·제2항에 따른 퇴직연금·조기퇴직연금 및 제54조 제1항에 따른 퇴직유족연금은 제외한다)의 산정은 급여의 사유가 발생한 날이 속하는 달의 기준소득월액을 기초로 한다.

② 제43조 제1항·제2항에 따른 퇴직연금·조기퇴직연금 및 제54조 제1항에 따른 퇴직유족연금의 산정은 다음 각 호의 금액을 기초로 한다.

1. 다음 각 목에 따라 산정한 금액을 합산하여 3으로 나눈 금액을 공무원보수인상률 등을 고려하여 대통령령으로 정하는 바에 따라 연금 지급이 시작되는 시점의 현재가치로 환산한 금액
   가. 퇴직 3년 전 연도의 공무원 전체의 기준소득월액 평균액을 퇴직 3년 전 연도와 대비한 퇴직 전년도의 전국소비자물가변동률에 따라 환산한 금액
   나. 퇴직 2년 전 연도의 공무원 전체의 기준소득월액 평균액을 퇴직 2년 전 연도와 대비한 퇴직 전년도의 전국소비자물가변동률에 따라 환산한 금액
   다. 퇴직 전년도의 공무원 전체의 기준소득월액 평균액
2. 평균기준소득월액. 이 경우 기준소득월액은 공무원 전체의 기준소득월액 평균액의 160퍼센트를 초과할 수 없다.

③ 공무원 전체의 기준소득월액 평균액의 산정기준 및 산정방법은 대통령령으로 정한다.

24 ③ 中

개념 카테고리 3대 변수 > 사기앙양 > 공무원 노동조합

| 정답 해설 | ③ 「공무원의 노동조합 설립 및 운영 등에 관한 법률」의 개정에 따라 퇴직공무원도 노동조합에 가입할 수 있다.

| 오답 해설 | ① 노동조합과 그 조합원은 정치활동이 허용되지 않는다.

② 「공무원의 노동조합 설립 및 운영 등에 관한 법률」의 개정에 따라 공무원 노동조합의 가입 기준 중 공무원의 직급 제한이 폐지되었다.

④ 소방공무원과 교원은 노동조합 가입이 허용된다.

⑤ 교정·수사 등에 관한 업무에 종사하는 공무원은 노동조합에 가입할 수 없다.

| 함께 보는 법령 | 「공무원의 노동조합 설립 및 운영 등에 관한 법률」

제4조(정치활동의 금지) 노동조합과 그 조합원은 정치활동을 하여서는 아니 된다.

제6조(가입 범위) ① 노동조합에 가입할 수 있는 사람의 범위는 다음 각 호와 같다.

1. 일반직 공무원
2. 특정직 공무원 중 외무영사직렬·외교정보기술직렬 외무공무원, 소방공무원 및 교육공무원(다만, 교원은 제외한다)
3. 별정직 공무원
4. 제1호부터 제3호까지의 어느 하나에 해당하는 공무원이었던 사람으로서 노동조합 규약으로 정하는 사람

② 제1항에도 불구하고 다음 각 호의 어느 하나에 해당하는 공무원은 노동조합에 가입할 수 없다.

1. 업무의 주된 내용이 다른 공무원에 대하여 지휘·감독권을 행사하거나 다른 공무원의 업무를 총괄하는 업무에 종사하는 공무원
2. 업무의 주된 내용이 인사·보수 또는 노동관계의 조정·감독 등 노동조합의 조합원 지위를 가지고 수행하기에 적절하지 아니한 업무에 종사하는 공무원
3. 교정·수사 등 공공의 안녕과 국가안전보장에 관한 업무에 종사하는 공무원

CHAPTER 04 근무규율

출제 비중 20%

약점진단표

1회독				2회독				3회독			
○	△	×	총	○	△	×	총	○	△	×	총
			18				18				18

*문제풀이 후 약점진단 결과를 적어보세요!

문제편 P.112

01	①	02	①	03	④	04	①	05	②
06	④	07	②	08	③	09	①	10	②
11	②	12	③	13	①	14	②	15	①
16	④	17	②	18	④				

01 ① 中

개념 카테고리 근무규율 > 공직윤리 > 공무원 행동규범

| 정답 해설 | ① 부패행위 신고 의무는 「국가공무원법」이 아니라 「부패방지 및 국민권익위원회의 설치와 운영에 관한 법률」에 명시된 공무원의 의무에 해당한다.

| 함께 보는 법령 | 「부패방지 및 국민권익위원회의 설치와 운영에 관한 법률」

제56조(공직자의 부패행위 신고 의무) 공직자는 그 직무를 행함에 있어 다른 공직자가 부패행위를 한 사실을 알게 되었거나 부패행위를 강요 또는 제의받은 경우에는 지체 없이 이를 수사기관·감사원 또는 위원회에 신고하여야 한다.

02 ① 中

개념 카테고리 근무규율 > 공직윤리 > 공무원 행동규범

| 정답 해설 | ① 「공직자윤리법」에서 규정하고 있는 것은 ㄱ, ㄴ이다.

| 오답 해설 | ㄷ, ㄹ은 「국가공무원법」에서 규정하고 있는 의무이다.

| 함께 보는 법령 |

> 「공직자윤리법」
> **제2조의2(이해충돌 방지 의무)** ① 국가 또는 지방자치단체는 공직자가 수행하는 직무가 공직자의 재산상 이해와 관련되어 공정한 직무수행이 어려운 상황이 일어나지 아니하도록 노력하여야 한다.
> **제10조(등록재산의 공개)** ① 공직자윤리위원회는 관할 등록의무자 중 다음 각 호의 어느 하나에 해당하는 공직자 본인과 배우자 및 본인의 직계존속·직계비속의 재산에 관한 등록사항과 제6조에 따른 변동사항 신고내용을 등록기간 또는 신고기간 만료 후 1개월 이내에 관보(공보를 포함한다) 및 인사혁신처장이 지정하는 정보통신망을 통하여 공개하여야 한다.
> 「국가공무원법」
> **제59조의2(종교중립의 의무)** ① 공무원은 종교에 따른 차별 없이 직무를 수행하여야 한다.
> **제63조(품위 유지의 의무)** 공무원은 직무의 내외를 불문하고 그 품위가 손상되는 행위를 하여서는 아니 된다.

03 ④

上

개념 카테고리 근무규율 > 공직윤리 > 백지신탁 제도

| 정답 해설 | ④ 백지신탁에 관한 계약이 체결되면 공개대상자 등 또는 그 이해관계자는 신탁재산의 관리·운용·처분에 관여할 수 없다. 따라서 백지신탁은 이해충돌이 존재하는 주식을 신탁회사에서 해당 공직자의 의견을 반영해 이해충돌이 없는 주식으로 변경하는 제도가 아니라 직무관련성이 있는 주식을 매각하는 제도이다.

| 함께 보는 법령 | 「공직자윤리법」

> **제14조의4(주식의 매각 또는 신탁)** ① 등록의무자 중 제10조 제1항에 따른 공개대상자와 기획재정부 및 금융위원회 소속 공무원 중 대통령령으로 정하는 사람은 본인 및 그 이해관계자 모두가 보유한 주식의 총 가액이 1천만 원 이상 5천만 원 이하의 범위에서 대통령령으로 정하는 금액을 초과할 때에는 초과하게 된 날부터 2개월 이내에 다음 각 호의 어느 하나에 해당하는 행위를 직접 하거나 이해관계자로 하여금 하도록 하고 그 행위를 한 사실을 등록기관에 신고하여야 한다. 다만, 제14조의5 제7항 또는 제14조의12에 따라 주식백지신탁 심사위원회로부터 직무관련성이 없다는 결정을 통지받은 경우에는 그러하지 아니하다.
> 1. 해당 주식의 매각
> 2. 다음 각 목의 요건을 갖춘 신탁 또는 투자신탁(이하 "주식백지신탁"이라 한다)에 관한 계약의 체결
>   가. 수탁기관은 신탁계약이 체결된 날부터 60일 이내에 처음 신탁된 주식을 처분할 것. 다만, 60일 이내에 주식을 처분하기 어려운 사정이 있는 경우로서 수탁기관이 공직자윤리위원회의 승인을 받은 때에는 주식의 처분시한을 연장할 수 있으며, 이 경우 1회의 연장기간은 30일 이내로 하여야 한다.
>   나. 공개대상자 등 또는 그 이해관계자는 신탁재산의 관리·운용·처분에 관여하지 아니할 것
>   다. 공개대상자 등 또는 그 이해관계자는 신탁재산의 관리·운용·처분에 관한 정보의 제공을 요구하지 아니하며, 수탁기관은 정보를 제공하지 아니할 것. 다만, 수탁기관은 신탁계약을 체결할 때에 대통령령으로 정하는 범위에서 미리 신탁재산의 기본적인 운용방법을 제시할 수 있다.
>   라. 제14조의10 제2항 각 호의 어느 하나에 해당하는 사유가 발생하는 경우에는 신탁자가 신탁계약을 해지할 수 있을 것
>   마. 수탁기관이 선량한 관리자의 주의의무로써 신탁업무를 수행한 경우에는 이로 인한 일체의 손해에 대하여 책임을 지지 아니할 것
>   바. 수탁기관은 신탁업무를 수행하는 기관으로서 「자본시장과 금융투자업에 관한 법률」에 따른 신탁업자 또는 집합투자업자일 것. 다만, 공개대상자 등 또는 그 이해관계자가 최근 3년 이내에 임직원으로 재직한 회사는 제외한다.
>
> **제14조의5(주식백지신탁 심사위원회의 직무관련성 심사 등)** ① 공개대상자 등 및 그 이해관계인이 보유하고 있는 주식의 직무관련성을 심사·결정하기 위하여 인사혁신처에 주식백지신탁 심사위원회를 둔다.
> **제14조의7(신탁재산에 관한 정보제공금지 등)** ① 제14조의4 제1항 또는 제14조의6 제2항에 따라 주식백지신탁계약이 체결된 경우 공개대상자 등 및 그 이해관계자는 「자본시장과 금융투자업에 관한 법률」 제91조 및 제113조에도 불구하고 신탁업자·집합투자업자·투자회사·투자매매업자 또는 투자중개업자에 대하여 신탁재산의 관리·운용·처분에 관한 내용의 공개 등 정보의 제공을 요구할 수 없으며, 신탁업자·집합투자업자·투자회사·투자매매업자 또는 투자중개업자는 공개대상자 등 또는 그 이해관계자의 정보 제공 요구에 응하여서는 아니 된다. 다만, 신탁업자·집합투자업자·투자회사·투자매매업자 또는 투자중개업자는 신탁재산을 처분한 후 그로 인하여 양도소득세 등 납세의무가 발생하는 경우 공개대상자 등 및 그 이해관계자가 이를 자진 납부할 수 있도록 납세의무 이행에 필요한 정보를 해당 공개대상자 등 또는 이해관계자에게 통지할 수 있다.
> ② 제14조의4 제1항 또는 제14조의6 제2항에 따라 주식백지신탁계약이 체결된 경우 공개대상자 등 또는 그 이해관계자는 신탁재산의 관리·운용·처분에 관여하여서는 아니 된다.
> **제14조의8(신탁상황의 보고 등)** ① 주식백지신탁의 수탁기관은 매년 1월 1일(주식백지신탁계약이 체결된 해의 경우에는 계약체결일)부터 12월 31일까지 신탁재산을 관리·운용·처분한 내용을 다음 해 1월 중에 관할 공직자윤리위원회에 보고하여야 한다. 이 경우 12월 중에 주식백지신탁계약이 체결되었으면 다음 해의 관리·운용·처분에 관한 내용과 함께 보고할 수 있다.

04 ①

上

개념 카테고리 근무규율 > 공직윤리 > 재산 등록

| 정답 해설 | ① 등록하여야 할 재산이 국채, 공채, 회사채인 경우는 액면가로 등록하여야 한다.

| 오답 해설 | ② 혼인한 직계비속인 여성이 소유한 재산은 재산등록 의무자가 등록할 재산에 제외된다.

③ 공직자는 등록의무자가 된 날부터 2개월이 되는 날이 속하는 달의 말일까지 재산등록을 해야 한다.

④ 교육공무원 중 대학교 학장은 재산등록 의무자이다.

| 함께 보는 법령 | 「공직자윤리법」

> **제3조(등록의무자)** ① 다음 각 호의 어느 하나에 해당하는 공직자(이하 "등록의무자"라 한다)는 이 법에서 정하는 바에 따라 재산을 등록하여야 한다.
> 8. 교육공무원 중 총장·부총장·대학원장·학장(대학교의 학장을 포함한다) 및 전문대학의 장과 대학에 준하는 각종 학교의 장, 특별시·광역시·특별자치시·도·특별자치도의 교육감 및 교육장
>
> **제4조(등록대상재산)** ① 등록의무자가 등록할 재산은 다음 각 호의 어느 하나에 해당하는 사람의 재산(소유 명의와 관계없이 사실상 소유하는 재산, 비영리법인에 출연한 재산과 외국에 있는 재산을 포함한다. 이하 같다)으로 한다.
> 1. 본인
> 2. 배우자(사실상의 혼인관계에 있는 사람을 포함한다. 이하 같다)
> 3. 본인의 직계존속·직계비속. 다만, 혼인한 직계비속인 여성과 외증조부모, 외조부모, 외손자녀 및 외증손자녀는 제외한다.
>
> ③ 제1항에 따라 등록할 재산의 종류별 가액(價額)의 산정방법 또는 표시방법은 다음과 같다.

6. 국채·공채·회사채 등 유가증권은 액면가
제5조(재산의 등록기관과 등록시기 등) ① 공직자는 등록의무자가 된 날부터 2개월이 되는 날이 속하는 달의 말일까지 등록의무자가 된 날 현재의 재산을 다음 각 호의 구분에 따른 기관(이하 "등록기관"이라 한다)에 등록하여야 한다.

05 ②

中

개념 카테고리 근무규율 > 공직윤리 > 김영란법

| 정답 해설 | ② 공직자 등이 직무와 관련하여 1회 100만 원 이하의 금품을 수수하는 경우, 대가성 여부를 불문하고 그 위반행위와 관련된 금품 등 가액의 2배 이상 5배 이하에 상당하는 금액의 과태료를 부과한다. 즉 형사처벌이 아니라 과태료를 부과하는 것이다.

| 함께 보는 법령 |「부정청탁 및 금품 등 수수의 금지에 관한 법률」

제8조(금품 등의 수수 금지) ① 공직자 등은 직무 관련 여부 및 기부·후원·증여 등 그 명목에 관계없이 동일인으로부터 1회에 100만 원 또는 매 회계연도에 300만 원을 초과하는 금품 등을 받거나 요구 또는 약속해서는 아니 된다.
② 공직자 등은 직무와 관련하여 대가성 여부를 불문하고 제1항에서 정한 금액 이하의 금품 등을 받거나 요구 또는 약속해서는 아니 된다.
제22조(벌칙) ① 다음 각 호의 어느 하나에 해당하는 자는 3년 이하의 징역 또는 3천만 원 이하의 벌금에 처한다.
1. 제8조 제1항을 위반한 공직자 등(제11조에 따라 준용되는 공무수행사인을 포함한다). 다만, 제9조 제1항·제2항 또는 제6항에 따라 신고하거나 그 수수 금지 금품 등을 반환 또는 인도하거나 거부의 의사를 표시한 공직자 등은 제외한다.
제23조(과태료 부과) ⑤ 다음 각 호의 어느 하나에 해당하는 자에게는 그 위반행위와 관련된 금품 등 가액의 2배 이상 5배 이하에 상당하는 금액의 과태료를 부과한다. 다만, 제22조 제1항 제1호부터 제3호까지의 규정이나 「형법」 등 다른 법률에 따라 형사처벌(몰수나 추징을 당한 경우를 포함한다)을 받은 경우에는 과태료를 부과하지 아니하며, 과태료를 부과한 후 형사처벌을 받은 경우에는 그 과태료 부과를 취소한다.
1. 제8조 제2항을 위반한 공직자 등(제11조에 따라 준용되는 공무수행사인을 포함한다). 다만, 제9조 제1항·제2항 또는 제6항에 따라 신고하거나 그 수수 금지 금품 등을 반환 또는 인도하거나 거부의 의사를 표시한 공직자 등은 제외한다.

06 ④

中

개념 카테고리 근무규율 > 공직윤리 > 공직자의 이해충돌

| 정답 해설 | ④ 「공직자의 이해충돌 방지법」의 위반행위는 위반행위가 발생한 기관, 감사원, 수사기관, 국민권익위원회 등에 신고할 수 있다.

| 함께 보는 법령 |「공직자의 이해충돌 방지법」

제18조(위반행위의 신고 등) ① 누구든지 이 법의 위반행위가 발생하였거나 발생하고 있다는 사실을 알게 된 경우에는 다음 각 호의 어느 하나에 해당하는 기관에 신고할 수 있다.
1. 이 법의 위반행위가 발생한 공공기관 또는 그 감독기관
2. 감사원 또는 수사기관
3. 국민권익위원회

07 ②

上

개념 카테고리 근무규율 > 공직윤리 > 사적이해관계자

| 정답 해설 | ② 「공직자의 이해충돌 방지법」상 공직자의 직무수행과 관련하여 이익 또는 불이익을 직접적으로 받는 다른 공직자는 사적이해관계자에 해당하지 않는다.

| 함께 보는 법령 |「공직자의 이해충돌 방지법」

제2조(정의) 이 법에서 사용하는 용어의 뜻은 다음과 같다.
6. "사적이해관계자"란 다음 각 목의 어느 하나에 해당하는 자를 말한다.
가. 공직자 자신 또는 그 가족(「민법」 제779조에 따른 가족을 말한다. 이하 같다)
나. 공직자 자신 또는 그 가족이 임원·대표자·관리자 또는 사외이사로 재직하고 있는 법인 또는 단체
다. 공직자 자신이나 그 가족이 대리하거나 고문·자문 등을 제공하는 개인이나 법인 또는 단체
라. 공직자로 채용·임용되기 전 2년 이내에 공직자 자신이 재직하였던 법인 또는 단체
마. 공직자로 채용·임용되기 전 2년 이내에 공직자 자신이 대리하거나 고문·자문 등을 제공하였던 개인이나 법인 또는 단체
바. 공직자 자신 또는 그 가족이 대통령령으로 정하는 일정 비율 이상의 주식·지분 또는 자본금 등을 소유하고 있는 법인 또는 단체
사. 최근 2년 이내에 퇴직한 공직자로서 퇴직일 전 2년 이내에 제5조 제1항 각 호의 어느 하나에 해당하는 직무를 수행하는 공직자와 국회규칙, 대법원규칙, 헌법재판소규칙, 중앙선거관리위원회규칙 또는 대통령령으로 정하는 범위의 부서에서 같이 근무하였던 사람
아. 그 밖에 공직자의 사적 이해관계와 관련되는 자로서 국회규칙, 대법원규칙, 헌법재판소규칙, 중앙선거관리위원회규칙 또는 대통령령으로 정하는 자

08 ③

中

개념 카테고리 근무규율 > 공직윤리 > 공무원의 정치적 중립

| 정답 해설 | ③ 공무원의 정치적 중립은 참정권, 청원권, 언론·출판·집회·결사의 자유 등 공무원의 정치적 기본권을 약화시킬 수 있다. 정치적 기본권은 참정권, 청원권, 언론·출판·집회·결사의 자유 등 국민의 정치 사회생활을 보호하는 여러 기본권을 말한다. 정치적 기본권이 제대로 보장되지 않는 곳에서 민주주의가 발전하기는 힘들다.

| 함께 보는 법령 |「국가공무원법」

제65조(정치 운동의 금지) ① 공무원은 정당이나 그 밖의 정치단체의 결성에 관여하거나 이에 가입할 수 없다.
② 공무원은 선거에서 특정 정당 또는 특정인을 지지 또는 반대하기 위한 다음의 행위를 하여서는 아니 된다.
1. 투표를 하거나 하지 아니하도록 권유 운동을 하는 것
2. 서명 운동을 기도(企圖)·주재(主宰)하거나 권유하는 것
3. 문서나 도서를 공공시설 등에 게시하거나 게시하게 하는 것
4. 기부금을 모집 또는 모집하게 하거나, 공공자금을 이용 또는 이용하게 하는 것
5. 타인에게 정당이나 그 밖의 정치단체에 가입하게 하거나 가입하지 아니하도록 권유 운동을 하는 것
③ 공무원은 다른 공무원에게 제1항과 제2항에 위배되는 행위를 하도록 요구하거나, 정치적 행위에 대한 보상 또는 보복으로서 이익 또는 불이익을 약속하여서는 아니 된다.

09 ① 中

개념 카테고리 근무규율 > 신분보장 > 징계제도

| 정답 해설 | ① 공무원은 직무상의 관계가 있든 없든 그 소속 상관에게 증여하거나 소속 공무원으로부터 증여를 받아서는 아니 된다.

| 오답 해설 | ② 중징계의 일종인 파면의 경우 5년간 공무원으로 재임용될 수 없으며, 연금급여의 불이익이 있다.

③ 공무원은 자신의 직무권한을 행사하거나 지위·직책 등에서 유래되는 사실상 영향력을 행사하여 직무관련자 또는 직무관련공무원으로부터 사적 노무를 제공받거나 요구 또는 약속해서는 아니 된다. 다만, 다른 법령 또는 사회상규에 따라 허용되는 경우에는 그러하지 아니하다[공무원 행동강령 제13조의2(사적 노무 요구 금지)].

④ 감봉은 경징계에 해당하며 1개월 이상 3개월 이하 기간 동안 보수의 1/3을 삭감하는 처분이나, 직무에는 종사한다.

| 함께 보는 법령 | 「국가공무원법」

제61조(청렴의 의무) ① 공무원은 직무와 관련하여 직접적이든 간접적이든 사례·증여 또는 향응을 주거나 받을 수 없다.
② 공무원은 직무상의 관계가 있든 없든 그 소속 상관에게 증여하거나 소속 공무원으로부터 증여를 받아서는 아니 된다.

10 ② 上

개념 카테고리 근무규율 > 신분보장 > 징계제도

| 정답 해설 | ② 「공무원징계령」에 따르면 징계위원회는 위원 5명 이상의 출석과 출석위원 과반수의 찬성으로 의결하되, 의견이 나뉘어 출석위원 과반수의 찬성을 얻지 못한 경우에는 출석위원 과반수가 될 때까지 징계 등 혐의자에게 가장 불리한 의견에 차례로 유리한 의견을 더하여 가장 유리한 의견을 합의된 의견으로 본다. 해당 사례의 경우 징계위원 5명 이상이 출석하였으나, 파면 2명, 해임 2명, 강등 1명, 정직 1명, 감봉 1명으로 의견이 나뉘어 출석위원 과반수의 찬성을 얻지 못한 경우이다. 따라서 과반수(출석위원 7명 중 4명 이상)가 될 때까지 가장 불리한 의견(파면 2명)에 차례로 유리한 의견(해임 2명)을 더하면 해임이 되므로, 가장 유리한 의견인 해임을 합의된 의견으로 본다.

| 함께 보는 법령 | 「공무원징계령」

제12조(징계위원회의 의결) ① 징계위원회는 위원 5명 이상의 출석과 출석위원 과반수의 찬성으로 의결하되, 의견이 나뉘어 출석위원 과반수의 찬성을 얻지 못한 경우에는 출석위원 과반수가 될 때까지 징계 등 혐의자에게 가장 불리한 의견에 차례로 유리한 의견을 더하여 가장 유리한 의견을 합의된 의견으로 본다.

11 ② 中

개념 카테고리 근무규율 > 신분보장 > 공무원 신분의 변경과 소멸

| 정답 해설 | ② 정직은 징계처분의 일종으로, 정직 기간 중에는 보수의 전액을 감하도록 되어 있다.

| 함께 보는 법령 | 「국가공무원법」

제68조(의사에 반한 신분 조치) 공무원은 형의 선고, 징계처분 또는 이 법에서 정하는 사유에 따르지 아니하고는 본인의 의사에 반하여 휴직·강임 또는 면직을 당하지 아니한다. 다만, 1급 공무원과 제23조에 따라 배정된 직무등급이 가장 높은 등급의 직위에 임용된 고위공무원단에 속하는 공무원은 그러하지 아니하다.
제70조(직권 면직) ① 임용권자는 공무원이 다음 각 호의 어느 하나에 해당하면 직권으로 면직시킬 수 있다.
5. 제73조의3 제3항에 따라 대기 명령을 받은 자가 그 기간에 능력 또는 근무성적의 향상을 기대하기 어렵다고 인정된 때
제73조의3(직위해제) ① 임용권자는 다음 각 호의 어느 하나에 해당하는 자에게는 직위를 부여하지 아니할 수 있다.
2. 직무수행 능력이 부족하거나 근무성적이 극히 나쁜 자
③ 임용권자는 제1항 제2호에 따라 직위해제된 자에게 3개월의 범위에서 대기를 명한다.
제79조(징계의 종류) 징계는 파면·해임·강등·정직·감봉·견책(譴責)으로 구분한다.
제80조(징계의 효력) ③ 정직은 1개월 이상 3개월 이하의 기간으로 하고, 정직 처분을 받은 자는 그 기간 중 공무원의 신분은 보유하나 직무에 종사하지 못하며 보수는 전액을 감한다.

12 ③ 中

개념 카테고리 근무규율 > 신분보장 > 징계제도

| 오답 해설 | ① 직위해제는 공무원 징계에 해당하지 않는다.

② 직위해제 처분을 받은 공무원은 공무원 신분을 보유한다.

④ 직위해제의 사유가 소멸되면 임용권자는 지체 없이 직위를 부여하여야 한다.

| 함께 보는 법령 | 「국가공무원법」

제73조의3(직위해제) ① 임용권자는 다음 각 호의 어느 하나에 해당하는 자에게는 직위를 부여하지 아니할 수 있다.
2. 직무수행 능력이 부족하거나 근무성적이 극히 나쁜 자
3. 파면·해임·강등 또는 정직에 해당하는 징계 의결이 요구 중인 자
4. 형사 사건으로 기소된 자(약식명령이 청구된 자는 제외한다)
5. 고위공무원단에 속하는 일반직 공무원으로서 제70조의2 제1항 제2호부터 제5호까지의 사유로 적격심사를 요구받은 자
6. 금품비위, 성범죄 등 대통령령으로 정하는 비위행위로 인하여 감사원 및 검찰·경찰 등 수사기관에서 조사나 수사 중인 자로서 비위의 정도가 중대하고 이로 인하여 정상적인 업무수행을 기대하기 현저히 어려운 자
② 제1항에 따라 직위를 부여하지 아니한 경우에 그 사유가 소멸되면 임용권자는 지체 없이 직위를 부여하여야 한다.

13 ①

中

개념 카테고리 근무규율 > 공직부패

| 정답 해설 | ① 부패는 관료 개인의 윤리의식과 자질로 인하여 발생한다는 것은 부패의 원인에 관한 도덕적 접근방법이다.

| 오답 해설 | ② 부패를 관료 개인의 속성, 제도, 사회문화적 환경 등의 여러 요인이 복합적으로 상호작용한 결과로 보는 것은 체제론적 접근방법이다.

③ 부패를 현실과 괴리된 법령의 이중적인 규제 기준과 모호한 법규정, 적절한 통제장치의 미비 등에 의해 발생한다고 보는 것은 제도적 접근방법이다.

④ 부패를 공식적 법규나 규범보다는 관습과 같은 사회문화적 환경에 의해 유발된다고 보는 것은 사회문화적 접근방법이다.

14 ②

中

개념 카테고리 근무규율 > 공직부패

| 정답 해설 | ② 제도적 접근에 해당한다. 체제론적 접근은 관료 개인의 속성, 제도, 사회문화적 환경 등의 여러 요인이 복합적으로 상호작용한 결과가 부패의 원인으로 작용한다고 보는 입장이다.

15 ①

中

개념 카테고리 근무규율 > 공직부패

| 정답 해설 | ① 인·허가 업무처리 시 소위 급행료를 당연하게 요구하는 행위를 '제도화된 부패'라고 한다.

| 플러스 이론 | 부패의 제도화 정도에 따른 분류

- 일탈형(우발적) 부패: 개인적 부패에서 많이 발생하며, 부정적인 관행이나 구조보다는 개인의 윤리적 일탈에 의해 발생한다.
  - 예 무허가 업소를 단속하던 공무원이 정상적인 단속활동을 수행하다가 금품을 제공하는 특정 업소에 대해서는 단속을 하지 않는다.
- 제도화된 부패(구조화된 부패, 체제적 부패): 부패가 일상화·제도화되어, 부패를 저지르는 사람은 죄의식을 느끼지 못하면서 조직의 보호를 받도록 체제화된 것을 말한다. 부패 중에서도 매우 심각한 형태이다.
  - 예 인·허가와 관련된 업무를 담당하는 공무원의 대부분은 업무를 처리하면서 민원인으로부터 의례적으로 '급행료'를 받는다.

16 ④

中

개념 카테고리 근무규율 > 공직부패 > 제도적 접근

| 정답 해설 | ④ 부패의 타성화가 이루어진 제도화된 부패에서는 부패행위자에 대한 보호가 이루어지며, 오히려 공식적 행동규범을 준수하려는 부패저항자에 대한 보복이 이루어진다. 또한 비현실적 반부패 행동규범의 대외적 발표가 이루어진다.

17 ②

中

개념 카테고리 근무규율 > 공직부패 > 부패방지

| 정답 해설 | ② 공공기관의 부패행위에 대해 '감사원'에 감사를 청구할 수 있는 국민감사청구제도가 시행되고 있다.

18 ④

上

개념 카테고리 근무규율 > 공직부패 > 부패방지

| 정답 해설 | ④ 정부규제는 규제개혁 측면에서 경제적 규제는 완화하고 사회적 규제는 합리적으로 강화할 필요가 있지만, 경제적 규제이든 사회적 규제이든 포획과 지대추구행위로 인하여 공무원의 부패를 유발하는 원인이 될 수 있다. 따라서 사회적 규제 강화는 공무원의 부패 방지 대책이 아니라 공무원의 부패를 유발할 수 있는 원인에 해당한다.

PART

05 재무행정론

정답과 해설

CHAPTER 01 재무행정의 기초이론

출제 비중 41%

약점진단표											
1회독				2회독				3회독			
○	△	×	총	○	△	×	총	○	△	×	총
			37				37				37

＊문제풀이 후 약점진단 결과를 적어보세요!

문제편 P.118

01	②	02	②	03	①	04	④	05	②
06	④	07	③	08	③	09	③	10	④
11	②	12	③	13	④	14	②	15	⑤
16	②	17	③	18	④	19	①	20	④
21	③	22	①	23	③	24	②	25	②
26	④	27	①	28	④	29	⑤	30	①
31	③	32	②	33	②	34	①	35	③
36	①	37	③						

01 ② 中

개념 카테고리 기초이론 > 공공재원 > 조세

| 정답 해설 | ② 내구성이 큰 투자사업의 경비를 조달하기에 적합하며 사업이나 시설로 인해 편익을 얻게 될 후세대도 비용을 분담하기 때문에 세대 간 공평성을 높일 수 있는 것은 조세가 아니라 국공채이다. 조세는 현 세대의 의사결정에 대한 재정 부담이 미래 세대로 전가되지 않는 장점이 있는 반면, 미래 세대까지 혜택이 발생하는 자본투자를 현 세대만 부담한다면 세대 간 비용·편익의 형평성 문제가 발생하는 단점이 있다.

| 플러스 이론 | 국공채

개념	국가나 지방자치단체가 공공지출 경비의 재원을 조달하기 위해 부담하는 채무
특징	• 국공채는 내구성이 큰 투자사업의 경비를 조달하기 위해 발행되는데, 사업이나 시설로 인해 편익을 얻게 될 후세대도 비용을 부담하기 때문에 세대 간 공평성을 높일 수 있음 • 정부가 국공채를 발행하면 민간부문에서 투자할 자본이 정부로 이전되기 때문에 구축효과가 발생할 수 있음

02 ② 中

개념 카테고리 기초이론 > 공공재원 > 국공채

| 정답 해설 | ② 국공채는 국가나 지방자치단체가 공공지출 경비의 재원을 조달하기 위해 부담하는 채무로, 사회간접자본(SOC) 관련 사업이나 시설로 편익을 얻게 될 경우 후세대도 비용을 분담하기 때문에 세대 간 형평성을 높일 수 있다. 반면, 정부가 국공채를 발행하면 민간부문에서 투자할 자본이 정부로 이전되기 때문에 구축효과가 발생할 수 있다.

03 ① 上

개념 카테고리 기초이론 > 국가채무

| 정답 해설 | ① 「국가재정법」에 따른 국가채무는 국가의 회계 또는 기금이 발행한 채권을 포함한다.

| 함께 보는 법령 | 「국가재정법」

> **제91조(국가채무의 관리)** ② 제1항의 규정에 따른 금전채무는 다음 각 호의 어느 하나에 해당하는 채무를 말한다.
> 1. 국가의 회계 또는 기금(재원의 조성 및 운용방식 등에 따라 실질적으로 국가의 회계 또는 기금으로 보기 어려운 회계 또는 기금으로서 대통령령으로 정하는 회계 또는 기금은 제외한다. 이하 이 항에서 같다)이 발행한 채권
> 2. 국가의 회계 또는 기금의 차입금
> 3. 국가의 회계 또는 기금의 국고채무부담행위
> 4. 그 밖에 제1호 및 제2호에 준하는 채무로서 대통령령으로 정하는 채무

04 ④

上

개념 카테고리 기초이론 > 예산과 법률

| 정답 해설 | ④ 대통령은 국회가 의결한 법률안에 대해 재의 요구를 할 수 있으며, 국회는 정부가 제출한 예산안에 대한 심의·의결을 거부할 수 없다.

| 함께 보는 법령 | 「대한민국헌법」

제52조 국회의원과 정부는 법률안을 제출할 수 있다.
제53조 ① 국회에서 의결된 법률안은 정부에 이송되어 15일 이내에 대통령이 공포한다.
② 법률안에 이의가 있을 때에는 대통령은 제1항의 기간 내에 이의서를 붙여 국회로 환부하고, 그 재의를 요구할 수 있다. 국회의 폐회 중에도 또한 같다.
③ 대통령은 법률안의 일부에 대하여 또는 법률안을 수정하여 재의를 요구할 수 없다.
④ 재의의 요구가 있을 때에는 국회는 재의에 붙이고, 재적의원 과반수의 출석과 출석의원 3분의 2 이상의 찬성으로 전과 같은 의결을 하면 그 법률안은 법률로서 확정된다.
⑤ 대통령이 제1항의 기간 내에 공포나 재의의 요구를 하지 아니한 때에도 그 법률안은 법률로서 확정된다.
⑥ 대통령은 제4항과 제5항의 규정에 의하여 확정된 법률을 지체 없이 공포하여야 한다. 제5항에 의하여 법률이 확정된 후 또는 제4항에 의한 확정법률이 정부에 이송된 후 5일 이내에 대통령이 공포하지 아니할 때에는 국회의장이 이를 공포한다.
⑦ 법률은 특별한 규정이 없는 한 공포한 날로부터 20일을 경과함으로써 효력을 발생한다.
제54조 ① 국회는 국가의 예산안을 심의·확정한다.
② 정부는 회계연도마다 예산안을 편성하여 회계연도 개시 90일 전까지 국회에 제출하고, 국회는 회계연도 개시 30일 전까지 이를 의결하여야 한다.
제57조 국회는 정부의 동의 없이 정부가 제출한 지출예산 각 항의 금액을 증가하거나 새 비목을 설치할 수 없다.

05 ②

中

개념 카테고리 기초이론 > 예산의 종류 > 일반회계, 특별회계, 기금

| 정답 해설 | ② 특별회계는 예산총계주의 원칙의 예외에 해당하지 않는다. 예산총계주의 원칙(완전성의 원칙)은 정부의 모든 수입과 지출은 예산에 계상되어야 한다는 것으로 그 예외로는 수입대체경비, 현물출자, 차관전대, 순계예산, 기금이 있다.

| 함께 보는 법령 | 「국가재정법」

제53조(예산총계주의 원칙의 예외) ① 각 중앙관서의 장은 용역 또는 시설을 제공하여 발생하는 수입과 관련되는 경비로서 대통령령으로 정하는 경비(이하 "수입대체경비"라 한다)의 경우 수입이 예산을 초과하거나 초과할 것이 예상되는 때에는 그 초과수입을 대통령령으로 정하는 바에 따라 그 초과수입에 직접 관련되는 경비 및 이에 수반되는 경비에 초과지출할 수 있다.
② 국가가 현물로 출자하는 경우와 외국차관을 도입하여 전대(轉貸)하는 경우에는 이를 세입세출예산 외로 처리할 수 있다.
③ 차관물자대(借款物資貸)의 경우 전년도 인출예정분의 부득이한 이월 또는 환율 및 금리의 변동으로 인하여 세입이 그 세입예산을 초과하게 되는 때에는 그 세출예산을 초과하여 지출할 수 있다.
④ 전대차관을 상환하는 경우 환율 및 금리의 변동, 기한 전 상환으로 인하여 원리금 상환액이 그 세출예산을 초과하게 되는 때에는 초과한 범위 안에서 그 세출예산을 초과하여 지출할 수 있다.
⑤ 삭제 〈2014. 1. 1.〉
⑥ 수입대체경비 등 예산총계주의 원칙의 예외에 관하여 필요한 사항은 대통령령으로 정한다.

06 ④

中

개념 카테고리 기초이론 > 예산의 종류 > 특별회계예산

| 정답 해설 | ④ 특별회계예산에서는 행정기관의 재량 확대로 인해 경영의 능률화·합리화에 기여할 수 있는 반면, 입법부의 예산통제가 곤란해진다.

07 ③

中

개념 카테고리 기초이론 > 예산의 종류 > 특별회계예산

| 정답 해설 | ③ 특별회계예산은 일반회계예산와 마찬가지로 예산편성에 있어 국회의 심의 및 의결을 받는다.

| 함께 보는 법령 | 「국가재정법」

제4조(회계구분) ① 국가의 회계는 일반회계와 특별회계로 구분한다.
② 일반회계는 조세수입 등을 주요 세입으로 하여 국가의 일반적인 세출에 충당하기 위하여 설치한다.
③ 특별회계는 국가에서 특정한 사업을 운영하고자 할 때, 특정한 자금을 보유하여 운용하고자 할 때, 특정한 세입으로 특정한 세출에 충당함으로써 일반회계와 구분하여 회계처리할 필요가 있을 때에 법률로써 설치하되, [별표 1]에 규정된 법률에 의하지 아니하고는 이를 설치할 수 없다.
제5조(기금의 설치) ① 기금은 국가가 특정한 목적을 위하여 특정한 자금을 신축적으로 운용할 필요가 있을 때에 한정하여 법률로써 설치하되, 정부의 출연금 또는 법률에 따른 민간부담금을 재원으로 하는 기금은 [별표 2]에 규정된 법률에 의하지 아니하고는 이를 설치할 수 없다.
② 제1항의 규정에 따른 기금은 세입세출예산에 의하지 아니하고 운용할 수 있다.

08 ③

中

개념 카테고리 기초이론 > 예산의 종류 > 특별회계예산

| 정답 해설 | ③ 특별회계예산은 합목적성 차원에서 일반회계 예산보다는 자율성과 탄력성이 강하나, 기금보다는 자율성과 탄력성이 약하다. 기금은 각종 연금사업, 보험사업 등이 예산으로 운영될 때 예산에 적용되는 일반적인 제약 때문에 사업목적을 효과적으로 달성할 수 없는 경우에 설치된다. 즉 기금이란, 복잡다기하고 급변하는 현실에서 국가의 특수한 정책목적을 실현하기 위하여 예산원칙의 일반적인 제약으로부터 벗어나 좀 더 탄력적으로 운용할 수 있도록 세입·세출예산에 의하지 않고 특정 사업을 위해 보유·운용하는 특정 자금이라고 할 수 있다.

| 함께 보는 법령 | 「국가재정법」

제5조(기금의 설치) ① 기금은 국가가 특정한 목적을 위하여 특정한 자금을 신축적으로 운용할 필요가 있을 때에 한정하여 법률로써 설치하되, 정부의 출연금 또는 법률에 따른 민간부담금을 재원으로 하는 기금은 [별표 2]에 규정된 법률에 의하지 아니하고는 이를 설치할 수 없다.
② 제1항의 규정에 따른 기금은 세입세출예산에 의하지 아니하고 운용할 수 있다.

09 ③

中

개념 카테고리 기초이론 > 예산의 종류 > 기금

| 정답 해설 | ③ 기금운용계획안은 국무회의의 심의와 대통령의 승인이 필요하다(「국가재정법」 제66조).

| 오답 해설 | ① 기금은 세입·세출예산에 의하지 아니하고 운용할 수 있다.

② 재원의 자율적 운영이 보장되지만 국회의 심의를 거쳐야 한다.

④ 기금은 법률로써 설치하며 출연금, 부담금 등은 기금의 재원으로 활용할 수 있다.

| 함께 보는 법령 | 「국가재정법」

> **제5조(기금의 설치)** ① 기금은 국가가 특정한 목적을 위하여 특정한 자금을 신축적으로 운용할 필요가 있을 때에 한정하여 법률로써 설치하되, 정부의 출연금 또는 법률에 따른 민간부담금을 재원으로 하는 기금은 [별표 2]에 규정된 법률에 의하지 아니하고는 이를 설치할 수 없다.
> ② 제1항의 규정에 따른 기금은 세입세출예산에 의하지 아니하고 운용할 수 있다.
> **제66조(기금운용계획안의 수립)** ① 기금관리주체는 매년 1월 31일까지 해당 회계연도부터 5회계연도 이상의 기간 동안의 신규사업 및 기획재정부장관이 정하는 주요 계속사업에 대한 중기사업계획서를 기획재정부장관에게 제출하여야 한다.
> ② 기획재정부장관은 자문회의의 자문과 국무회의의 심의를 거쳐 대통령의 승인을 얻은 다음 연도의 기금운용계획안 작성지침을 매년 3월 31일까지 기금관리주체에게 통보하여야 한다.
> ③ 기획재정부장관은 제7조의 규정에 따른 국가재정운용계획과 기금운용계획 수립을 연계하기 위하여 제2항의 규정에 따른 기금운용계획안 작성지침에 기금별 지출한도를 포함하여 통보할 수 있다.
> ④ 기획재정부장관은 제2항의 규정에 따라 기금관리주체에게 통보한 기금운용계획안 작성지침을 국회 예산결산특별위원회에 보고하여야 한다.
> ⑤ 기금관리주체는 제2항의 규정에 따른 기금운용계획안 작성지침에 따라 다음 연도의 기금운용계획안을 작성하여 매년 5월 31일까지 기획재정부장관에게 제출하여야 한다.
> ⑥ 기획재정부장관은 제5항의 규정에 따라 제출된 기금운용계획안에 대하여 기금관리주체와 협의·조정하여 기금운용계획안을 마련한 후 국무회의의 심의를 거쳐 대통령의 승인을 얻어야 한다.

10 ④

中

개념 카테고리 기초이론 > 예산의 종류 > 추가경정예산

| 정답 해설 | ④ 정부는 국회에서 추가경정예산안이 확정되기 전에 이를 미리 배정하거나 집행할 수 없다.

| 함께 보는 법령 | 「국가재정법」

> **제89조(추가경정예산안의 편성)** ① 정부는 다음 각 호의 어느 하나에 해당하게 되어 이미 확정된 예산에 변경을 가할 필요가 있는 경우에는 추가경정예산안을 편성할 수 있다.
> 1. 전쟁이나 대규모 재해(「재난 및 안전관리 기본법」 제3조에서 정의한 자연재난과 사회재난의 발생에 따른 피해를 말한다)가 발생한 경우
> 2. 경기침체, 대량실업, 남북관계의 변화, 경제협력과 같은 대내·외 여건에 중대한 변화가 발생하였거나 발생할 우려가 있는 경우
> 3. 법령에 따라 국가가 지급하여야 하는 지출이 발생하거나 증가하는 경우
>
> ② 정부는 국회에서 추가경정예산안이 확정되기 전에 이를 미리 배정하거나 집행할 수 없다.

11 ②

上

개념 카테고리 기초이론 > 예산의 종류 > 추가경정예산

| 정답 해설 | ② 전쟁이나 대규모 재해(「재난 및 안전관리기본법」상 자연재난과 사회재난에 따른 피해)가 발생할 우려가 있는 경우는 현행 「국가재정법」상 추가경정예산안을 편성할 수 있는 경우가 아니다.

| 함께 보는 법령 | 「국가재정법」

> **제89조(추가경정예산안의 편성)** ① 정부는 다음 각 호의 어느 하나에 해당하게 되어 이미 확정된 예산에 변경을 가할 필요가 있는 경우에는 추가경정예산안을 편성할 수 있다.
> 1. 전쟁이나 대규모 재해(「재난 및 안전관리 기본법」 제3조에서 정의한 자연재난과 사회재난의 발생에 따른 피해를 말한다)가 발생한 경우
> 2. 경기침체, 대량실업, 남북관계의 변화, 경제협력과 같은 대내·외 여건에 중대한 변화가 발생하였거나 발생할 우려가 있는 경우
> 3. 법령에 따라 국가가 지급하여야 하는 지출이 발생하거나 증가하는 경우
>
> ② 정부는 국회에서 추가경정예산안이 확정되기 전에 이를 미리 배정하거나 집행할 수 없다.

12 ③

中

개념 카테고리 기초이론 > 예산의 성립

| 정답 해설 | ③ 동일 회계연도 예산의 성립을 기준으로 볼 때 수정예산, 본예산, 추가경정예산의 순서로 성립한다. 수정예산이란 예산안이 국회에 제출된 후, 심의를 거쳐 성립되기 이전에 부득이한 사유로 인하여 그 내용의 일부를 수정하고자 하는 경우에 작성되는 예산안을 말한다. 본예산이란 정상적인 절차를 거쳐 편성·심의·확정된 최초의 예산을 말한다. 추가경정예산이란 예산이 국회를 통과하여 성립한 후에 생긴 불가피한 사유로 인하여, 이미 성립된 예산에 변경을 가할 필요가 있을 때 편성되는 예산을 말한다. 마지막 추가경정예산을 최종예산이라고 한다. 따라서 동일 회계연도 예산의 성립을 기준으로 볼 때 시기적으로 빠른 것부터 순서대로 바르게 나열한 것은 수정예산, 본예산, 추가경정예산이다.

| 함께 보는 법령 | 「국가재정법」

> **제35조(국회제출 중인 예산안의 수정)** 정부는 예산안을 국회에 제출한 후 부득이한 사유로 인하여 그 내용의 일부를 수정하고자 하는 때에는 국무회의의 심의를 거쳐 대통령의 승인을 얻은 수정예산안을 국회에 제출할 수 있다.
> **제89조(추가경정예산안의 편성)** ① 정부는 다음 각 호의 어느 하나에 해당하게 되어 이미 확정된 예산에 변경을 가할 필요가 있는 경우에는 추가경정예산안을 편성할 수 있다.
> 1. 전쟁이나 대규모 재해(「재난 및 안전관리 기본법」 제3조에서 정의한 자연재난과 사회재난의 발생에 따른 피해를 말한다)가 발생한 경우
> 2. 경기침체, 대량실업, 남북관계의 변화, 경제협력과 같은 대내·외 여건에 중대한 변화가 발생하였거나 발생할 우려가 있는 경우
> 3. 법령에 따라 국가가 지급하여야 하는 지출이 발생하거나 증가하는 경우
>
> ② 정부는 국회에서 추가경정예산안이 확정되기 전에 이를 미리 배정하거나 집행할 수 없다.

13 ④

中

개념 카테고리 재무행정론 > 예산의 종류

| 정답 해설 | ④ 잠정예산은 수개월 단위로 임시예산을 편성해 운영하는 것으로 가예산과 마찬가지로 국회의 의결이 필요하다. 우리나라에서는 잠정예산을 채택한 적이 없다.

| 함께 보는 법령 | 「대한민국헌법」

> 제54조 ① 국회는 국가의 예산안을 심의·확정한다.
> ② 정부는 회계연도마다 예산안을 편성하여 회계연도 개시 90일 전까지 국회에 제출하고, 국회는 회계연도 개시 30일 전까지 이를 의결하여야 한다.
> ③ 새로운 회계연도가 개시될 때까지 예산안이 의결되지 못한 때에는 정부는 국회에서 예산안이 의결될 때까지 다음의 목적을 위한 경비는 전년도 예산에 준하여 집행할 수 있다.
> 1. 헌법이나 법률에 의하여 설치된 기관 또는 시설의 유지·운영
> 2. 법률상 지출의무의 이행
> 3. 이미 예산으로 승인된 사업의 계속

14 ②

中

개념 카테고리 재무행정론 > 예산의 종류 > 통합재정

| 정답 해설 | ② 일반적으로 재정의 범위는 공기업을 제외한 일반정부의 재정을 말한다. 최근에는 제도단위에 기초한 새로운 재정통계 작성 기준에 따라 공공비영리기관을 포함한 통합재정을 작성하여 공표하고 있다. 따라서 통합재정의 범위는 공기업을 제외한 일반정부와 공공비영리기관이 포함된다.

15 ⑤

中

개념 카테고리 기초이론 > 예산의 종류 > 통합재정

| 정답 해설 | ⑤ 우리나라 정부 재정은 일반회계·특별회계·기금으로 구성되는데, 이를 따로 분리하지 않고 하나로 합쳐 포괄범위 내에 있는 각종 회계 및 기금 간의 거래를 제외하고 외부거래만을 통합하여 파악하는 방식을 통합재정이라고 한다. 그리고 해당 연도의 순수한 수입에서 순수한 지출을 차감한 수치를 통합재정수지라고 한다. 따라서 통합재정수지는 일반회계, 특별회계, 기금을 포괄한 정부 재정의 규모를 정확하게 파악하기 위한 것이다.

| 오답 해설 | ① 2004년 이전까지는 지방재정이 통합재정수지에 포함되지 않았지만, 현재는 지방재정의 일반회계, 기금, 교육특별회계까지 모두 통합재정수지에 포함된다.

② 통합재정수지를 통해 국가재정을 통합하여 관리할 수 있게 되어 재정이 국민소득·통화·국제수지 등 국민경제에 미치는 효과를 파악할 수 있다. 따라서 예산운용의 신축성 제고가 아니라 재정이 건전하게 운용되었는지를 판단하는 데 유용한 지표로 활용된다.

③ 통합재정수지를 계산할 때 국민연금기금 등의 사회보장성 기금의 수지는 포함된다.

④ 통합재정수지는 정부가 실제 수행하고 있는 활동영역별 예산을 파악하기 위해 도입된 것이 아니라, 재정이 건전하게 운용되었는지를 판단하기 위해 도입되었다.

16 ②

中

개념 카테고리 기초이론 > 조세지출예산제도

| 정답 해설 | ② 지방재정에는 지방세지출제도(지방세지출보고서)가 도입되어 있다.

| 함께 보는 법령 | 「지방세특례제한법」

> 제5조(지방세지출보고서의 작성) ① 지방자치단체의 장은 지방세 감면 등 지방세 특례에 따른 재정 지원의 직전 회계연도의 실적과 해당 회계연도의 추정 금액에 대한 보고서(이하 "지방세지출보고서"라 한다)를 작성하여 지방의회에 제출하여야 한다.
> ② 지방세지출보고서의 작성방법 등에 관하여는 행정안전부장관이 정한다.

17 ③

中

개념 카테고리 기초이론 > 온실가스감축인지 예산제도

| 정답 해설 | ③ 정부의 기금은 온실가스감축인지 예산제도의 대상에 포함된다.

| 함께 보는 법령 | 「국가재정법」

> 제27조(온실가스감축인지 예산서의 작성) ① 정부는 예산이 온실가스 감축에 미칠 영향을 미리 분석한 보고서(이하 "온실가스감축인지 예산서"라 한다)를 작성하여야 한다.
> ② 온실가스감축인지 예산서에는 온실가스 감축에 대한 기대효과, 성과목표, 효과분석 등을 포함하여야 한다.
> ③ 온실가스감축인지 예산서의 작성에 관한 구체적인 사항은 대통령령으로 정한다.
> 제68조의3(온실가스감축인지 기금운용계획서의 작성) ① 정부는 기금이 온실가스 감축에 미칠 영향을 미리 분석한 보고서(이하 "온실가스감축인지 기금운용계획서"라 한다)를 작성하여야 한다.
> ② 온실가스감축인지 기금운용계획서에는 온실가스 감축에 대한 기대효과, 성과목표, 효과분석 등을 포함하여야 한다.
> ③ 온실가스감축인지 기금운용계획서의 작성에 관한 구체적인 사항은 대통령령으로 정한다.

18 ④

中

개념 카테고리 기초이론 > 예산의 원칙

| 정답 해설 | ④ 한정성 원칙의 예외로는 예비비, 이용과 전용, 계속비 등이 있으며, 단일성 원칙의 예외로는 특별회계, 기금 등이 있다. 따라서 계속비는 한정성 원칙의 예외이며, 기금은 단일성 원칙의 예외에 해당한다.

19 ①

中

개념 카테고리 기초이론 > 예산의 원칙 > 예산총계주의 원칙

| 정답 해설 | ① 수입대체경비(㉠)는 국가가 특별한 용역 또는 시설을 제공하고 그 제공을 받은 자로부터 비용을 징수하는 경우의 당해 경비로서 기획재정부장관이 정하는 경비를 의미하며, 「국가재정법」상 예산총계주의 원칙(㉡)의 예외로 규정되어 있다.

| 함께 보는 법령 | 「국가재정법」

> **제53조(예산총계주의 원칙의 예외)** ① 각 중앙관서의 장은 용역 또는 시설을 제공하여 발생하는 수입과 관련되는 경비로서 대통령령으로 정하는 경비(이하 "수입대체경비"라 한다)의 경우 수입이 예산을 초과하거나 초과할 것이 예상되는 때에는 그 초과수입을 대통령령으로 정하는 바에 따라 그 초과수입에 직접 관련되는 경비 및 이에 수반되는 경비에 초과지출할 수 있다.

20 ④

中

개념 카테고리 기초이론 > 예산의 원칙 > 예산총계주의 원칙

| 정답 해설 | ④ 제시된 지문은 예산 완전성의 원칙(예산총계주의)에 대한 규정이다. 국가연구개발사업의 대가는 「국가재정법」 개정(2014. 1. 1.)으로 예산 완전성의 원칙의 예외에서 제외된 내용이다.

| 함께 보는 법령 | 「국가재정법」

> **제17조(예산총계주의)** ① 한 회계연도의 모든 수입을 세입으로 하고, 모든 지출을 세출로 한다.
> ② 제53조에 규정된 사항을 제외하고는 세입과 세출은 모두 예산에 계상하여야 한다.
> **제53조(예산총계주의 원칙의 예외)** ① 각 중앙관서의 장은 용역 또는 시설을 제공하여 발생하는 수입과 관련되는 경비로서 대통령령으로 정하는 경비(이하 "수입대체경비"라 한다)의 경우 수입이 예산을 초과하거나 초과할 것이 예상되는 때에는 그 초과수입을 대통령령으로 정하는 바에 따라 그 초과수입에 직접 관련되는 경비 및 이에 수반되는 경비에 초과지출할 수 있다.
> ② 국가가 현물로 출자하는 경우와 외국차관을 도입하여 전대(轉貸)하는 경우에는 이를 세입세출예산 외로 처리할 수 있다.
> ③ 차관물자대(借款物資貸)의 경우 전년도 인출예정분의 부득이한 이월 또는 환율 및 금리의 변동으로 인하여 세입이 그 세입예산을 초과하게 되는 때에는 그 세출예산을 초과하여 지출할 수 있다.
> ④ 전대차관을 상환하는 경우 환율 및 금리의 변동, 기한 전 상환으로 인하여 원리금 상환액이 그 세출예산을 초과하게 되는 때에는 초과한 범위 안에서 그 세출예산을 초과하여 지출할 수 있다.

21 ③

中

개념 카테고리 기초이론 > 예산의 원칙 > 재정투명성

| 정답 해설 | ③ 「국가재정법」에서는 공공부문을 포함한 일반정부의 재정통계를 매년 1회 이상 투명하게 공표하도록 규정하고 있다.

| 함께 보는 법령 | 「국가재정법」

> **제9조(재정정보의 공표)** ① 정부는 예산, 기금, 결산, 국채, 차입금, 국유재산의 현재액, 통합재정수지 및 제2항에 따른 일반정부 및 공공부문 재정통계, 그 밖에 대통령령으로 정하는 국가와 지방자치단체의 재정에 관한 중요한 사항을 매년 1회 이상 정보통신매체·인쇄물 등 적당한 방법으로 알기 쉽고 투명하게 공표하여야 한다.
> **제100조(예산·기금의 불법지출에 대한 국민감시)** ① 국가의 예산 또는 기금을 집행하는 자, 재정지원을 받는 자, 각 중앙관서의 장(그 소속기관의 장을 포함한다) 또는 기금관리주체와 계약 그 밖의 거래를 하는 자가 법령을 위반함으로써 국가에 손해를 가하였음이 명백한 때에는 누구든지 집행에 책임 있는 중앙관서의 장 또는 기금관리주체에게 불법지출에 대한 증거를 제출하고 시정을 요구할 수 있다.

22 ①

上

개념 카테고리 기초이론 > 법적 기초 > 「국가재정법」

| 정답 해설 | ① 세계잉여금에 대한 설명으로 ㄱ이 옳다. 세계잉여금은 매 회계연도 세입세출의 결산상 잉여금 중 다른 법률에 따른 것과 이월액을 공제한 금액(「국가재정법」 제90조 제2항)이므로 일반회계, 특별회계는 포함되나, 세입세출예산에 의하지 아니하고 운용할 수 있는 기금(「국가재정법」 제5조 제2항)은 제외된다.

| 오답 해설 | ㄴ. 일반회계 예산의 세입 부족을 보전(補塡)하기 위한 목적으로 해당 연도에 이미 발행한 국채의 금액 범위에서는 해당 연도에 예상되는 초과 조세수입을 이용하여 국채를 우선 상환할 수 있고(「국가재정법」 제90조 제1항), 세계잉여금은 국채 또는 차입금의 원리금을 상환하는 데 사용하여야 한다(「국가재정법」 제90조 제4항). 이미 발행한 국채의 금액 범위에서 해당 연도에 예상되는 초과 조세수입을 이용하여 국채를 우선 상환하거나 세계잉여금을 국채 또는 차입금의 원리금을 상환하는 데 사용하였다면, 세계잉여금과 적자 국채 발행 규모는 부(−)의 관계이며, 국가의 재정 건전성을 파악하는 데 효과적이다. 하지만 「국가재정법」 제90조 제1항에 따르면 임의규정으로, 이미 발행한 국채의 금액 범위에서 해당 연도에 예상되는 초과 조세수입을 이용하여 국채를 우선 상환하지 않거나, 교부세, 교부금 정산과 공적자금상환기금에 출연에 세계잉여금을 모두 사용하여 국채 또는 차입금의 원리금을 상환하지 못하였다면 세계잉여금과 적자 국채 발행 규모는 부(−)의 관계라고 보기는 어렵다. 따라서 세계잉여금과 적자 국채 발행 규모가 항상 부(−)의 관계인 것은 아니다.

ㄷ. 세계잉여금은 교부세와 교부금 정산에 사용할 수 있으며, 공적자금상환기금에 출연하거나 채무상환에 사용하여야 한다. 이를 제외한 세계잉여금은 추가경정예산안의 편성에 사용할 수 있다.

| 함께 보는 법령 | 「국가재정법」

제90조(세계잉여금 등의 처리 및 사용계획) ① 일반회계 예산의 세입 부족을 보전(補塡)하기 위한 목적으로 해당 연도에 이미 발행한 국채의 금액 범위에서는 해당 연도에 예상되는 초과 조세수입을 이용하여 국채를 우선 상환할 수 있다. 이 경우 세입·세출 외로 처리할 수 있다.
② 매 회계연도 세입세출의 결산상 잉여금 중 다른 법률에 따른 것과 제48조의 규정에 따른 이월액을 공제한 금액(이하 "세계잉여금"이라 한다)은 「지방교부세법」 제5조 제2항의 규정에 따른 교부세의 정산 및 「지방교육재정교부금법」 제9조 제3항의 규정에 따른 교부금의 정산에 사용할 수 있다.
③ 제2항의 규정에 따라 사용한 금액을 제외한 세계잉여금은 100분의 30 이상을 「공적자금상환기금법」에 따른 공적자금상환기금에 우선적으로 출연하여야 한다.
④ 제2항 및 제3항의 규정에 따라 사용하거나 출연한 금액을 제외한 세계잉여금은 100분의 30 이상을 다음 각 호의 채무를 상환하는 데 사용하여야 한다.
1. 국채 또는 차입금의 원리금
2. 「국가배상법」에 따라 확정된 국가배상금
3. 「공공자금관리기금법」에 따른 공공자금관리기금의 융자계정의 차입금(예수금을 포함한다)의 원리금. 다만, 2006년 12월 31일 이전의 차입금(예수금을 포함한다)에 한정한다.
4. 그 밖에 다른 법률에 따라 정부가 부담하는 채무
⑤ 제2항부터 제4항까지의 규정에 따라 사용하거나 출연한 금액을 제외한 세계잉여금은 추가경정예산안의 편성에 사용할 수 있다.

23 ③

中

개념 카테고리 기초이론 > 법적 기초 > 성인지예산

| 정답 해설 | ③ 성인지예산제도는 성 중립적(gender neutral) 관점이 아니라 성 인지적(gender perspective) 관점에 기반하고 있다. 성 인지적 관점은 각종 제도나 정책에 포함된 특정 개념이 특정 성에게 유리하거나 불리하지 않은지, 성 역할 고정 관념이 개입되어 있는지 아닌지 등의 문제점을 검토하는 관점을 말한다. 이는 여성과 남성이 지닌 생물학적, 사회 문화적 경험의 차이에 의해 서로 다른 이해나 요구를 가지고 있다는 사실을 제도나 정책에 반영하기 위함이다. 즉, 각종 제도와 정책이 여성과 남성에게 미치는 영향을 고려하고, 남녀 성차별의 개선이라는 문제 의식에 기반하여 등장한 개념이다. 예산이 여성과 남성에게 미치는 효과를 분석해 국가재정이 성별로 평등하게 집행될 수 있도록 편성된 예산을 성인지예산이라고 하며, 이를 분석한 보고서를 '성인지예산서'라고 한다. 성인지예산은 예산이 성별에 미치는 영향이 다르다는 것을 전제하며, 예산 과정에 성 주류화의 적용을 의미한다. 성 주류화(gender mainstreaming)란 여성이 사회 모든 주류 영역에 참여해 목소리를 내고 의사결정권을 갖는 형태로 사회시스템 운영 전반이 전환되는 것을 말한다.

| 함께 보는 법령 | 「국가재정법」

제26조(성인지예산서의 작성) ① 정부는 예산이 여성과 남성에게 미칠 영향을 미리 분석한 보고서[이하 "성인지(性認知)예산서"라 한다]를 작성하여야 한다.
제57조(성인지결산서의 작성) ① 정부는 여성과 남성이 동등하게 예산의 수혜를 받고 예산이 성차별을 개선하는 방향으로 집행되었는지를 평가하는 보고서(이하 "성인지결산서"라 한다)를 작성하여야 한다.
제68조의2(성인지 기금운용계획서의 작성) ① 정부는 기금이 여성과 남성에게 미칠 영향을 미리 분석한 보고서(이하 "성인지 기금운용계획서"라 한다)를 작성하여야 한다.

24 ②

下

개념 카테고리 기초이론 > 법적 기초 > 「정부기업예산법」

| 정답 해설 | ② 우편사업, 우체국예금사업, 양곡관리사업, 조달사업을 수행하기 위한 특별회계예산의 운용에 관한 사항은 「정부기업예산법」에 규정되어 있다.

| 함께 보는 법령 | 「정부기업예산법」

제3조(특별회계의 설치) 정부기업을 운영하기 위하여 다음 각 호의 특별회계를 설치하고 그 세입으로써 그 세출에 충당한다.
1. 우편사업특별회계 2. 우체국예금특별회계
3. 양곡관리특별회계 4. 조달특별회계

25 ②

中

개념 카테고리 기초이론 > 법적 기초 > 「공공기관의 운영에 관한 법률」

| 오답 해설 | ① 공기업과 준정부기관의 지정기준은 직원 정원 300명 이상, 총수입액 200억 원 이상, 자산규모 30억 원 이상이다.
③ 기획재정부장관은 구성원 상호 간의 상호부조·복리증진·권익향상 또는 영업질서 유지 등을 목적으로 설립된 기관은 공공기관으로 지정할 수 없다.
④ 기획재정부장관은 기타공공기관의 일부만을 세분하여 지정할 수 있다.

| 함께 보는 법령 |

「공공기관의 운영에 관한 법률」
제4조(공공기관) ② 제1항에도 불구하고 기획재정부장관은 다음 각 호의 어느 하나에 해당하는 기관을 공공기관으로 지정할 수 없다.
1. 구성원 상호 간의 상호부조·복리증진·권익향상 또는 영업질서 유지 등을 목적으로 설립된 기관
2. 지방자치단체가 설립하고, 그 운영에 관여하는 기관
3. 「방송법」에 따른 한국방송공사와 「한국교육방송공사법」에 따른 한국교육방송공사
제5조(공공기관의 구분) ① 기획재정부장관은 공공기관을 다음 각 호의 구분에 따라 지정한다.
1. 공기업·준정부기관: 직원 정원, 수입액 및 자산규모가 대통령령으로 정하는 기준에 해당하는 공공기관
2. 기타공공기관: 제1호에 해당하는 기관 이외의 기관
③ 기획재정부장관은 제1항의 규정에 따라 공기업과 준정부기관을 지정하는 경우 총수입액 중 자체수입액이 차지하는 비중이 대통령령으로 정하는 기준 이상인 기관은 공기업으로 지정하고, 공기업이 아닌 공공기관은 준정부기관으로 지정한다.
⑤ 기획재정부장관은 제1항 및 제2항에 따라 기타공공기관을 지정하는 경우 기관의 성격 및 업무 특성 등을 고려하여 기타공공기관 중 일부를 연구개발을 목적으로 하는 기관 등으로 세분하여 지정할 수 있다.

「공공기관의 운영에 관한 법률 시행령」
제7조(공기업 및 준정부기관의 지정기준) ① 기획재정부장관은 법 제5조 제1항 제1호에 따라 다음 각 호의 기준에 해당하는 공공기관을 공기업·준정부기관으로 지정한다.
1. 직원 정원: 300명 이상
2. 수입액(총수입액을 말한다): 200억 원 이상
3. 자산규모: 30억 원 이상

26 ④

中

개념 카테고리 기초이론 > 법적 기초 > 「공공기관의 운영에 관한 법률」

| 정답 해설 | ④ 기획재정부장관은 지방자치단체가 설립하고 그 운영에 관여하는 기관을 공공기관으로 지정할 수 없다.

※ ③은 출제 당시 "기획재정부장관은 공공기관을 공기업·준정부기관과 기타 공공기관으로 구분하여 지정하되, 공기업과 준정부기관은 직원 정원이 50인 이상인 공공기관 중에서 지정한다."로 출제되었으나 법률 개정에 따라 "기획재정부장관은 공공기관을 공기업·준정부기관과 기타 공공기관으로 구분하여 지정하되, 공기업과 준정부기관은 직원 정원, 수입액 및 자산규모가 대통령령으로 정하는 기준에 해당하는 공공기관 중에서 지정한다."로 수정하였습니다.

| 함께 보는 법령 | 「공공기관의 운영에 관한 법률」

제4조(공공기관) ① 기획재정부장관은 국가·지방자치단체가 아닌 법인·단체 또는 기관으로서 다음 각 호의 어느 하나에 해당하는 기관을 공공기관으로 지정할 수 있다.
1. 다른 법률에 따라 직접 설립되고 정부가 출연한 기관
2. 정부지원액(법령에 따라 직접 정부의 업무를 위탁받거나 독점적 사업권을 부여받은 기관의 경우에는 그 위탁업무나 독점적 사업으로 인한 수입액을 포함한다. 이하 같다)이 총수입액의 2분의 1을 초과하는 기관
3. 정부가 100분의 50 이상의 지분을 가지고 있거나 100분의 30 이상의 지분을 가지고 임원 임명권한 행사 등을 통하여 해당 기관의 정책 결정에 사실상 지배력을 확보하고 있는 기관
4. 정부와 제1호부터 제3호까지의 어느 하나에 해당하는 기관이 합하여 100분의 50 이상의 지분을 가지고 있거나 100분의 30 이상의 지분을 가지고 임원 임명권한 행사 등을 통하여 해당 기관의 정책 결정에 사실상 지배력을 확보하고 있는 기관
5. 제1호부터 제4호까지의 어느 하나에 해당하는 기관이 단독으로 또는 두 개 이상의 기관이 합하여 100분의 50 이상의 지분을 가지고 있거나 100분의 30 이상의 지분을 가지고 임원 임명권한 행사 등을 통하여 해당 기관의 정책 결정에 사실상 지배력을 확보하고 있는 기관
6. 제1호부터 제4호까지의 어느 하나에 해당하는 기관이 설립하고, 정부 또는 설립 기관이 출연한 기관

② 제1항에도 불구하고 기획재정부장관은 다음 각 호의 어느 하나에 해당하는 기관을 공공기관으로 지정할 수 없다.
1. 구성원 상호 간의 상호부조·복리증진·권익향상 또는 영업질서 유지 등을 목적으로 설립된 기관
2. 지방자치단체가 설립하고, 그 운영에 관여하는 기관
3. 「방송법」에 따른 한국방송공사와 「한국교육방송공사법」에 따른 한국교육방송공사

③ 제1항 제2호의 규정에 따른 정부지원액과 총수입액의 산정 기준·방법 및 같은 항 제3호부터 제5호까지의 규정에 따른 사실상 지배력 확보의 기준에 관하여 필요한 사항은 대통령령으로 정한다.

27 ①

中

개념 카테고리 기초이론 > 법적 기초 > 「공공기관의 운영에 관한 법률」

| 정답 해설 | ① 기획재정부장관은 운영위원회의 심의·의결을 거쳐 매년 6월 20일까지 공기업·준정부기관의 경영실적평가를 마치고 그 결과를 국회와 대통령에게 보고하며, 경영실적평가결과에서 경영실적이 부진한 공기업·준정부기관에 대하여 운영위원회의 심의·의결을 거쳐 기관장·상임이사의 임명권자에게 그 해임을 건의하거나 요구할 수 있다. 하지만 3년 연속 최하등급을 받았다고 해서 민영화를 해야 하는 것은 아니다.

| 함께 보는 법령 | 「공공기관의 운영에 관한 법률」

제48조(경영실적평가) ③ 기획재정부장관은 제1항에 따른 경영실적의 평가를 위하여 필요한 경우 공기업·준정부기관에 관련 자료의 제출을 요청할 수 있다.

④ 공기업·준정부기관이 제24조의2 제3항에 따른 연차별 보고서, 제31조 제3항 및 제4항에 따른 계약의 이행에 관한 보고서, 경영실적보고서 및 그 첨부서류를 제출하지 아니하거나 거짓으로 작성·제출한 경우 또는 불공정한 인사운영 등으로 윤리경영을 저해한 경우로서 대통령령으로 정하는 경우에는 기획재정부장관은 운영위원회의 심의·의결을 거쳐 경영실적평가 결과와 성과급을 수정하고, 해당 기관에 대하여 주의·경고 등의 조치를 취하거나 주무기관의 장 또는 기관장에게 관련자에 대한 인사상의 조치 등을 취하도록 요청하여야 한다. 이 경우 기획재정부장관 또는 주무기관의 장은 감사, 감사위원회 감사위원이 관련 직무를 이행하지 아니하거나 게을리 하였다면 운영위원회의 심의·의결을 거쳐 해당 감사, 감사위원회 감사위원 또는 기관장을 해임하거나 그 임명권자에게 해임을 건의할 수 있다.

28 ④

中

개념 카테고리 기초이론 > 공공기관의 유형 > 위탁집행형 준정부기관

| 정답 해설 | ④ 한국소비자원은 위탁집행형 준정부기관에 해당한다.

| 오답 해설 | ① 한국방송공사는 「공공기관의 운영에 관한 법률」에 의해 공공기관으로 지정이 불가능하다.

② 한국마사회는 준시장형 공기업에 해당한다.

③ 한국연구재단은 위탁집행형 준정부기관이다.

29 ⑤

中

개념 카테고리 기초이론 > 공공기관의 유형 > 위탁집행형 준정부기관

| 정답 해설 | ⑤ 국민연금공단은 위탁집행형이 아니라 기금관리형 준정부기관에 해당한다.

30 ①

中

개념 카테고리 기초이론 > 공공기관의 유형

| 정답 해설 | ① ㄱ, ㅁ이 옳다.

※ 출제 당시 'ㄱ. 책임운영기관 – 국립의료원'이었으나 '국립의료원'이 '국립중앙의료원'으로 명칭이 변경되었고, 현재는 책임운영기관에서 제외되어 'ㄱ. 책임운영기관 – 국립재활원'으로 수정하였습니다.

| 오답 해설 | ㄴ. 한국관광공사는 준시장형 공기업이 아니라 위탁집행형 준정부기관이다.

ㄷ. 근로복지공단은 위탁집행형 준정부기관이 아니라 기금관리형 준정부기관이다.

ㄹ. 한국철도공사는 시장형 공기업이 아니라 준시장형 공기업이다.

31 ③

上

개념 카테고리 기초이론 > 재정사업의 성과평가

| 정답 해설 | ③ 재정사업자율평가 결과 추가적인 평가가 필요하다고 판단되는 사업은 심층평가를 실시할 수 있다.

| 함께 보는 법령 | 「국가재정법 시행령」

> **제39조의3(재정사업의 성과평가 등)** ① 기획재정부장관은 법 제85조의8 제1항에 따라 각 중앙관서의 장과 기금관리주체에게 기획재정부장관이 정하는 바에 따라 주요 재정사업을 스스로 평가(이하 "재정사업자율평가"라 한다)하도록 요구할 수 있으며, 다음 각 호의 어느 하나에 해당하는 사업에 대해서는 심층평가를 실시할 수 있다. 다만, 「과학기술기본법」 제11조에 따른 국가연구개발사업에 대한 평가는 「국가연구개발사업 등의 성과평가 및 성과관리에 관한 법률」에 따른 성과평가로 재정사업자율평가 또는 심층평가를 대체할 수 있다.
> 1. 재정사업자율평가 결과 추가적인 평가가 필요하다고 판단되는 사업
> 2. 부처간 유사·중복 사업이나 비효율적인 사업추진으로 예산낭비의 소지가 있는 사업
> 3. 향후 지속적 재정지출 급증이 예상되어 객관적 검증을 통해 지출효율화가 필요한 사업
> 4. 그 밖에 심층적인 분석·평가를 통해 사업추진 성과를 점검할 필요가 있는 사업

32 ②

中

개념 카테고리 기초이론 > 예산의 분류 > 기능별 분류

| 정답 해설 | ② 기능별 분류는 정부활동의 일반적이며 총체적인 내용을 보여 주어 일반납세자가 정부의 예산내용을 쉽게 이해할 수 있도록 설계된 예산의 분류방법으로, '시민을 위한 분류'라고도 한다.

| 오답 해설 | ① 품목별 분류는 정부가 구입하고자 하는 용역별(지출하고자 하는 대상별)로 세출예산을 분류하는 것을 말한다.

③ 경제성질별 분류는 예산이 국민경제(생산, 소득, 소비 등)에 미치는 영향을 기준으로 분류하는 것을 말한다.

④ 조직별 분류는 예산내용을 그 편성과 집행 책임을 담당하는 조직 단위별(부처별, 기관별, 소관별)로 분류하는 것으로, 예산의 편성·심의·집행 등 모든 예산과정상의 예산 주체에 따라 분류하는 방법을 말한다.

33 ②

中

개념 카테고리 기초이론 > 예산의 분류 > 조직별 분류

| 정답 해설 | ② 예산의 조직별 분류는 예산을 부처별·기관별·소관별로 분류하는 것으로, 예산의 편성·심의·집행·회계검사 등 모든 예산과정상의 예산주체에 따라서 분류하는 방법이다. 따라서 예산의 조직별 분류는 경비지출의 주체를 명백히 함으로써 경비지출의 책임소재를 분명하게 하지만, 예산지출의 목적(대상)은 파악하기 어렵다는 단점이 있다.

| 플러스 이론 | 예산의 조직별 분류

개념	• 예산을 부처별·기관별·소관별로 분류하는 것으로, 예산의 편성·심의·집행·회계검사 등 모든 예산과정상의 예산 주체에 따라서 분류하는 방법 • 예산의 총괄계정으로는 기능별 분류가 가장 적절하지만 그다음으로는 조직체별 분류가 적절함
장점	• 입법부의 예산통제에 가장 효과적이므로, 국회의 예산심의를 위한 가장 의의 있는 분류방법임 • 경비지출의 주체를 명백히 함으로써 경비 지출의 책임소재가 분명해짐 • 예산과정의 제 단계를 명백히 함 • 효율적인 예산집행이 가능함
단점	• 지출 목적을 밝히지 못함 • 예산의 전체적인 경제적 효과를 파악할 수 없음 • 조직활동의 전반적인 성과나 사업계획의 효과 및 진도를 평가하기 어려움

34 ①

中

개념 카테고리 기초이론 > 예산의 분류 방법과 분류 기준

| 정답 해설 | ① 기능별 분류는 정부가 무슨 일을 하는 데 얼마를 쓰느냐를 분류 기준으로 한다. 따라서 정부활동의 포괄적인 정보제공으로 국민이 정부예산을 이해하기가 용이하므로, '시민을 위한 분류(시민의 분류)'라고 한다.

| 오답 해설 | ② 정부가 무엇을 구입하는 데 얼마를 쓰느냐를 분류 기준으로 하는 것은 품목별 분류이다. 조직(체)별 분류는 예산을 부처별·기관별·소관별로 분류하는 것으로, 예산의 편성·심의·집행·회계검사 등 모든 예산과정상의 예산주체에 따라서 분류하는 방법이다.

③ 누가 얼마를 쓰느냐를 분류 기준으로 하는 것은 조직(체)별 분류이다. 경제 성질별 분류는 예산이 국민경제(생산, 소득, 소비, 투자, 저축 등)에 미치는 영향을 기준으로 하는 분류방법이다. 정부의 예산이 국민경제에 미치는 영향을 파악함으로써 경제정책(인플레이션·디플레이션의 방지, 경제발전·안정 등)의 수립에 유용한 자료를 제공해 준다는 점에 경제 성질별 분류의 주된 목적이 있다.

④ 국민경제에 미치는 총체적인 효과가 어떠한가를 분류 기준으로 하는 것은 경제 성질별 분류이다. 시민을 위한 분류는 기능별 분류를 의미한다.

35 ③

中

개념 카테고리 기초이론 > 우리나라 예산제도 > 프로그램 예산제도

| 정답 해설 | ③ 세부 업무와 단가를 통해 예산 금액을 산정하는 상향식(bottom up) 방식을 사용하는 것은 프로그램 예산제도가 아니라 품목별 예산제도이다.

36 ①

中

개념 카테고리 기초이론 > 우리나라 예산제도 > 프로그램 예산제도

| 정답 해설 | ① 2007년에 도입된 프로그램 예산제도(지자체는 2008년)는 현재도 운영되고 있다.

| 오답 해설 | ②④ 프로그램 예산제도는 품목별 분류가 아닌 정책과 성과중심의 예산운영을 위해 설계도입된 제도로, 프로그램 예산분류(과목) 체계는 분야 – 부문 – 프로그램 – 단위사업 – 세부사업 등으로 구성된다.

37 ③

中

개념 카테고리 기초이론 > 예산행태 유형

| 정답 해설 | ③ 윌다브스키(Wildavsky)의 예산행태 유형 중 국가의 경제력은 낮지만 재정 예측력이 높은 경우에 나타나는 행태는 세입예산(revenue budgeting)이다.

| 플러스 이론 | 윌다브스키의 예산행태 유형

구분		경제력: 큼	경제력: 작음
재정의 예측가능성	높음	• 점증적 예산 • 선진국	• 세입예산 • 선진국 도시정부
	낮음	• 보충적 예산 • 대체점증예산	• 반복적 예산 • 후진국

CHAPTER 02 예산과정론

출제 비중 38%

약점진단표

1회독				2회독				3회독			
○	△	×	총	○	△	×	총	○	△	×	총
			38				38				38

*문제풀이 후 약점진단 결과를 적어보세요!

문제편 P.125

01	②	02	①	03	①	04	②	05	③
06	①	07	③	08	④	09	④	10	②
11	①	12	③	13	②	14	④	15	②
16	③	17	②	18	⑤	19	③	20	②
21	④	22	④	23	①	24	②	25	①
26	③	27	②	28	②	29	①	30	④
31	④	32	④	33	②	34	①	35	②
36	③	37	③	38	④				

01 ②

中

개념 카테고리 예산과정론 > 예산편성 > 예산편성 절차

| 정답 해설 | ② (가)는 5, (나)는 3, (다)는 10, (라)는 3이다.

| 함께 보는 법령 | 「국가재정법」

제7조(국가재정운용계획의 수립 등) ① 정부는 재정운용의 효율화와 건전화를 위하여 매년 해당 회계연도부터 5회계연도 이상의 기간에 대한 재정운용계획(이하 "국가재정운용계획"이라 한다)을 수립하여 회계연도 개시 120일 전까지 국회에 제출하여야 한다.
제29조(예산안편성지침의 통보) ① 기획재정부장관은 국무회의의 심의를 거쳐 대통령의 승인을 얻은 다음 연도의 예산안편성지침을 매년 3월 31일까지 각 중앙관서의 장에게 통보하여야 한다.
제59조(국가결산보고서의 작성 및 제출) 기획재정부장관은 「국가회계법」에서 정하는 바에 따라 회계연도마다 작성하여 대통령의 승인을 받은 국가결산보고서를 다음 연도 4월 10일까지 감사원에 제출하여야 한다.

02 ① 上

개념 카테고리 예산과정론 > 「국가재정법」상 독립기관

| 정답 해설 | ① 「국가재정법」상 독립기관에 해당하는 기관은 국회·대법원·헌법재판소 및 중앙선거관리위원회이다.

| 함께 보는 법령 | 「국가재정법」

> **제6조(독립기관 및 중앙관서)** ① 이 법에서 "독립기관"이라 함은 국회·대법원·헌법재판소 및 중앙선거관리위원회를 말한다.
> **제40조(독립기관의 예산)** ① 정부는 독립기관의 예산을 편성할 때 해당 독립기관의 장의 의견을 최대한 존중하여야 하며, 국가재정상황 등에 따라 조정이 필요한 때에는 해당 독립기관의 장과 미리 협의하여야 한다.
> ② 정부는 제1항의 규정에 따른 협의에도 불구하고 독립기관의 세출예산요구액을 감액하고자 할 때에는 국무회의에서 해당 독립기관의 장의 의견을 들어야 하며, 정부가 독립기관의 세출예산요구액을 감액한 때에는 그 규모 및 이유, 감액에 대한 독립기관의 장의 의견을 국회에 제출하여야 한다.

03 ① 上

개념 카테고리 예산과정론 > 예산과 재정운영제도

| 정답 해설 | ① 국회는 예산안을 심의하여 확정하나, 국가재정운용계획을 심의하여 확정하지는 않는다. 국가재정운용계획은 정부가 수립하여 회계연도 개시 120일 전까지 국회에 제출하나 국회가 심의하여 확정하지는 않는다. 즉, 국가재정운용계획은 예산안과 함께 국회에 제출되지만 국회가 예산안처럼 심의하여 확정하지는 않는다.

| 함께 보는 법령 |

> 「대한민국헌법」
> **제54조** ① 국회는 국가의 예산안을 심의·확정한다.
>
> 「국가재정법」
> **제7조(국가재정운용계획의 수립 등)** ① 정부는 재정운용의 효율화와 건전화를 위하여 매년 해당 회계연도부터 5회계연도 이상의 기간에 대한 재정운용계획(이하 "국가재정운용계획"이라 한다)을 수립하여 회계연도 개시 120일 전까지 국회에 제출하여야 한다.

04 ② 中

개념 카테고리 예산과정론 > 재정개혁 > 총액배분·자율편성제도

| 정답 해설 | ② 소관 정책과 우선순위에 입각해 연도별 재정규모, 분야별·부처별 지출한도를 제시하는 것은 기획재정부이다. 즉, 총액배분·자율편성제도에서는 기획재정부가 국가재정운용계획을 참조하여 각 부처별 지출한도를 설정하면, 각 중앙부처는 지출한도 내에서 사업의 우선순위를 확정하고 자체 예산편성을 한다.

05 ③ 上

개념 카테고리 예산과정론 > 재정개혁 > 디지털예산회계시스템

| 정답 해설 | ③ 총액배분·자율편성예산제도는 기획예산처가 2005년에 도입한 제도로, 2007년에 구축된 d-Brain System에 앞서 도입되었다.

06 ① 下

개념 카테고리 예산과정론 > 예산 편성

| 정답 해설 | ① 「국가재정법」에서는 대통령의 승인을 얻은 정부 예산안이 회계연도 개시 120일 전까지 국회에 제출되어야 한다고 규정하고 있다. 반면, 대한민국헌법에서는 정부가 회계연도마다 예산안을 편성하여 회계연도 개시 90일 전까지 국회에 제출하여야 한다고 규정하고 있다.

| 함께 보는 법령 |

> 「대한민국헌법」
> **제54조** ① 국회는 국가의 예산안을 심의·확정한다.
> ② 정부는 회계연도마다 예산안을 편성하여 회계연도 개시 90일 전까지 국회에 제출하고, 국회는 회계연도 개시 30일 전까지 이를 의결하여야 한다.
>
> 「국가재정법」
> **제29조(예산안편성지침의 통보)** ① 기획재정부장관은 국무회의의 심의를 거쳐 대통령의 승인을 얻은 다음 연도의 예산안편성지침을 매년 3월 31일까지 각 중앙관서의 장에게 통보하여야 한다.
> **제33조(예산안의 국회제출)** 정부는 제32조의 규정에 따라 대통령의 승인을 얻은 예산안을 회계연도 개시 120일 전까지 국회에 제출하여야 한다.
> **제35조(국회제출 중인 예산안의 수정)** 정부는 예산안을 국회에 제출한 후 부득이한 사유로 인하여 그 내용의 일부를 수정하고자 하는 때에는 국무회의의 심의를 거쳐 대통령의 승인을 얻은 수정예산안을 국회에 제출할 수 있다.
>
> 「국회법」
> **제84조(예산안·결산의 회부 및 심사)** ⑤ 예산결산특별위원회는 소관 상임위원회의 예비심사 내용을 존중하여야 하며, 소관 상임위원회에서 삭감한 세출예산 각 항의 금액을 증가하게 하거나 새 비목(費目)을 설치할 경우에는 소관 상임위원회의 동의를 받아야 한다. 다만, 새 비목의 설치에 대한 동의 요청이 소관 상임위원회에 회부되어 회부된 때부터 72시간 이내에 동의 여부가 예산결산특별위원회에 통지되지 아니한 경우에는 소관 상임위원회의 동의가 있는 것으로 본다.

07 ③ 中

개념 카테고리 예산과정론 > 예산 편성

| 정답 해설 | ③ 국회에 제출된 예산안은 소관 상임위에서 예비심사하여 그 결과를 의장에게 보고하고, 의장은 예산결산특별위원회에 회부하여 심사가 끝난 후 본회의에 부의한다.

| 함께 보는 법령 | 「국회법」

> **제84조(예산안·결산의 회부 및 심사)** ① 예산안과 결산은 소관 상임위원회에 회부하고, 소관 상임위원회는 예비심사를 하여 그 결과를 의장에게 보고한다. 이 경우 예산안에 대해서는 본회의에서 정부의 시정연설을 듣는다.
> ② 의장은 예산안과 결산에 제1항의 보고서를 첨부하여 이를 예산결산특별위원회에 회부하고 그 심사가 끝난 후 본회의에 부의한다. 결산의 심사 결과 위법하거나 부당한 사항이 있는 경우에 국회는 본회의 의결 후 정부 또는 해당 기관에 변상 및 징계조치 등 그 시정을 요구하고, 정부 또는 해당 기관은 시정 요구를 받은 사항을 지체 없이 처리하여 그 결과를 국회에 보고하여야 한다.

08 ④

中

개념 카테고리 예산과정론 > 예산심의 > 예산심의 절차

| 정답 해설 | ④ 소관 상임위원회에서 삭감한 세출예산 각 항의 금액을 증가하게 할 경우에 소관 상임위원회의 동의를 받아야 한다.

| 함께 보는 법령 | 「국회법」

> **제84조(예산안 · 결산의 회부 및 심사)** ① 예산안과 결산은 소관 상임위원회에 회부하고, 소관 상임위원회는 예비심사를 하여 그 결과를 의장에게 보고한다. 이 경우 예산안에 대해서는 본회의에서 정부의 시정연설을 듣는다.
> ② 의장은 예산안과 결산에 제1항의 보고서를 첨부하여 이를 예산결산특별위원회에 회부하고 그 심사가 끝난 후 본회의에 부의한다. 결산의 심사 결과 위법하거나 부당한 사항이 있는 경우에 국회는 본회의 의결 후 정부 또는 해당 기관에 변상 및 징계조치 등 그 시정을 요구하고, 정부 또는 해당 기관은 시정 요구를 받은 사항을 지체 없이 처리하여 그 결과를 국회에 보고하여야 한다.
> ③ 예산결산특별위원회의 예산안 및 결산 심사는 제안설명과 전문위원의 검토보고를 듣고 종합정책질의, 부별 심사 또는 분과위원회 심사 및 찬반토론을 거쳐 표결한다. 이 경우 위원장은 종합정책질의를 할 때 간사와 협의하여 각 교섭단체별 대표질의 또는 교섭단체별 질의시간 할당 등의 방법으로 그 기간을 정한다.
> ④ 정보위원회는 제1항과 제2항에도 불구하고 국가정보원 소관 예산안과 결산, 「국가정보원법」 제4조 제1항 제5호에 따른 정보 및 보안 업무의 기획 · 조정 대상 부처 소관의 정보 예산안과 결산에 대한 심사를 하여 그 결과를 해당 부처별 총액으로 하여 의장에게 보고하고, 의장은 정보위원회에서 심사한 예산안과 결산에 대하여 총액으로 예산결산특별위원회에 통보한다. 이 경우 정보위원회의 심사는 예산결산특별위원회의 심사로 본다.
> ⑤ 예산결산특별위원회는 소관 상임위원회의 예비심사 내용을 존중하여야 하며, 소관 상임위원회에서 삭감한 세출예산 각 항의 금액을 증가하게 하거나 새 비목(費目)을 설치할 경우에는 소관 상임위원회의 동의를 받아야 한다. 다만, 새 비목의 설치에 대한 동의 요청이 소관 상임위원회에 회부되어 회부된 때부터 72시간 이내에 동의 여부가 예산결산특별위원회에 통지되지 아니한 경우에는 소관 상임위원회의 동의가 있는 것으로 본다.

09 ④

上

개념 카테고리 예산과정론 > 예산심의 > 예산심의 절차

| 정답 해설 | ④ 예산심의와 관련된 법령에 대한 설명으로 ㄴ, ㄷ, ㅁ이 옳다.

| 오답 해설 | ㄱ. 세목 또는 세율과 관계있는 법률의 제정 또는 개정을 전제로 하여 미리 제출된 세입예산안은 소관상임위원회나 예산결산특별위원회에서 심사할 수 없다.

ㄹ. 특별위원회는 활동기간을 정하여야 하나, 예산결산특별위원회는 그 활동기한에 제한이 없다.

| 함께 보는 법령 | 「국회법」

> **제45조(예산결산특별위원회)** ⑤ 예산결산특별위원회에 대해서는 제44조 제2항 및 제3항을 적용하지 아니한다.
> **제79조의2(의안에 대한 비용추계 자료 등의 제출)** ① 의원이 예산상 또는 기금상의 조치를 수반하는 의안을 발의하는 경우에는 그 의안의 시행에 수반될 것으로 예상되는 비용에 관한 국회예산정책처의 추계서 또는 국회예산정책처에 대한 추계요구서를 함께 제출하여야 한다.
> ② 제1항에 따라 의원이 국회예산정책처에 대한 비용추계요구서를 제출한 경우 국회예산정책처는 특별한 사정이 없으면 제58조 제1항에 따른 위원회의 심사 전에 해당 의안에 대한 비용추계서를 의장과 비용추계를 요구한 의원에게 제출하여야 한다. 이 경우 의원이 제1항에 따라 비용추계서를 제출한 것으로 본다.
> **제84조(예산안 · 결산의 회부 및 심사)** ① 예산안과 결산은 소관상임위원회에 회부하고, 소관상임위원회는 예비심사를 하여 그 결과를 의장에게 보고한다. 이 경우 예산안에 대하여는 본회의에서 정부의 시정연설을 듣는다.
> ⑦ 위원회는 세목 또는 세율과 관계있는 법률의 제정 또는 개정을 전제로 하여 미리 제출된 세입예산안은 이를 심사할 수 없다.

10 ②

中

개념 카테고리 예산과정론 > 예산심의 > 예산심의제도

| 정답 해설 | ② 예산과 법률은 모두 상호 개폐나 변경이 불가능하다.

| 오답 해설 | 매력적 오답 ③ 우리나라는 행정부 예산제도를 채택하여 예산안제출권을 행정부에 부여하고 있다(「대한민국헌법」 제54조). 따라서 법률과 달리 예산안은 정부만이 편성하여 제출할 수 있고, 법률에 대해서는 대통령의 거부권 행사가 가능하지만 예산은 거부권을 행사할 수 없다는 점에 유의해야 한다.

11 ①

中

개념 카테고리 예산과정론 > 예산심의 > 예산심의제도

| 정답 해설 | ① 우리나라는 견제와 균형을 핵심으로 하는 대통령제도를 택하고 있기 때문에 정치 체계의 성격상 예산심의과정이 의원내각제에 비해 상대적으로 엄격하다.

| 오답 해설 | 매력적 오답 ④ 전통적으로 국회는 정부예산을 통제 · 감독한다고 인식되었지만, 현실은 반드시 그렇지는 않다. 최근 예산심의의 실태를 보면, 상임위원회가 소관부처의 이해관계를 대변하여 국회 예산심의과정에서 정부예산안보다 예산이 오히려 증액되는 경우도 있다.

12 ③

中

개념 카테고리 예산과정론 > 예산집행 > 신축성 유지방안

| 정답 해설 | ③ 예산의 재배정은 예산집행의 신축성을 유지하기 위한 제도가 아니라 예산집행의 재정통제를 위한 제도이다.

| 함께 보는 법령 | 「국가재정법」

> **제43조의2(예산의 재배정)** ① 각 중앙관서의 장은 「국고금 관리법」 제22조 제1항에 따른 재무관으로 하여금 지출원인행위를 하게 할 때에는 제43조에 따라 배정된 세출예산의 범위 안에서 재무관별로 세출예산재배정계획서를 작성하고 이에 따라 세출예산을 재배정(기획재정부장관이 각 중앙관서의 장에게 배정한 예산을 각 중앙관서의 장이 재무관별로 다시 배정하는 것을 말한다. 이하 같다)하여야 한다.

| 플러스 이론 | 예산집행의 재정통제방안과 신축성 유지방안

예산집행의 재정통제방안	예산집행의 신축성 유지방안
• 예산의 배정과 재배정 • 지출원인행위의 통제 • 정원 및 보수의 통제 • 국고채무부담행위의 통제	• 예산의 이용과 전용 • 예산의 이체 • 예산의 이월 • 예비비 • 계속비 • 수입대체경비

13 ②

中

개념 카테고리 예산과정론 > 예산집행

| 오답 해설 | ① 예산과정은 예산편성–예산심의–예산집행–예산결산의 순으로 이루어진다.

③ 예산제도 개선 등으로 절약된 예산 일부를 예산성과금으로 지급할 수 있으며, 다른 사업에도 사용할 수 있다.

④ 각 중앙부처가 총액 한도를 지정한 후에 사업별 예산을 편성하고 있지만, 기획재정부의 사업별 예산통제 기능은 유지한다.

14 ④

中

개념 카테고리 예산과정론 > 예비타당성조사

| 정답 해설 | ④ 기획재정부장관은 총사업비가 500억 원 이상이고 국가의 재정지원 규모가 300억 원 이상인 신규 사업으로서 건설공사가 포함된 사업 등에 대한 예산을 편성하기 위하여 미리 예비타당성조사를 실시하고, 그 결과를 요약하여 국회 소관 상임위원회와 예산결산특별위원회에 제출하여야 한다.

| 함께 보는 법령 |「국가재정법」

> **제38조(예비타당성조사)** ① 기획재정부장관은 총사업비가 500억 원 이상이고 국가의 재정지원 규모가 300억 원 이상인 신규 사업으로서 다음 각 호의 어느 하나에 해당하는 대규모사업에 대한 예산을 편성하기 위하여 미리 예비타당성조사를 실시하고, 그 결과를 요약하여 국회 소관 상임위원회와 예산결산특별위원회에 제출하여야 한다. 다만, 제4호의 사업은 제28조에 따라 제출된 중기사업계획서에 의한 재정지출이 500억 원 이상 수반되는 신규 사업으로 한다.

15 ②

中

개념 카테고리 예산과정론 > 예비타당성조사

| 정답 해설 | ② 예비타당성조사 대상사업은 기획재정부장관이 중앙관서의 장의 신청에 따라 또는 직권으로 선정할 수 있다.

| 함께 보는 법령 |「국가재정법」

> **제38조(예비타당성조사)** ① 기획재정부장관은 총사업비가 500억 원 이상이고 국가의 재정지원 규모가 300억 원 이상인 신규 사업으로서 다음 각 호의 어느 하나에 해당하는 대규모사업에 대한 예산을 편성하기 위하여 미리 예비타당성조사를 실시하고, 그 결과를 요약하여 국회 소관 상임위원회와 예산결산특별위원회에 제출하여야 한다. 다만, 제4호의 사업은 제28조에 따라 제출된 중기사업계획서에 의한 재정지출이 500억 원 이상 수반되는 신규 사업으로 한다.
> 1. 건설공사가 포함된 사업
> 2. 「지능정보화 기본법」 제14조 제1항에 따른 지능정보화 사업
> 3. 「과학기술기본법」 제11조에 따른 국가연구개발사업
> 4. 그 밖에 사회복지, 보건, 교육, 노동, 문화 및 관광, 환경 보호, 농림해양수산, 산업 · 중소기업 분야의 사업
>
> ③ 제1항의 규정에 따라 실시하는 예비타당성조사 대상사업은 기획재정부장관이 중앙관서의 장의 신청에 따라 또는 직권으로 선정할 수 있다.
> ④ 기획재정부장관은 국회가 그 의결로 요구하는 사업에 대하여는 예비타당성조사를 실시하여야 한다.
> **제38조의3(국가연구개발사업 예비타당성조사의 특례)** ① 기획재정부장관은 제8조의2, 제38조 및 제38조의2에 규정된 사항 중 「과학기술기본법」 제11조에 따른 국가연구개발사업에 대한 예비타당성조사에 관해서는 대통령령으로 정하는 바에 따라 과학기술정보통신부장관에게 위탁할 수 있다.

16 ③

上

개념 카테고리 예산과정론 > 예산집행 > 신축성 유지방안

| 정답 해설 | ③ 예산집행의 시간적 제약은 (기간의) 한정성의 원칙, 즉 회계연도 독립원칙의 예외를 의미한다. 따라서 이월제도(ㄹ), 계속비제도(ㅁ), 국고채무부담행위(ㅂ) 등이 이에 해당한다.

17 ②

中

개념 카테고리 예산과정론 > 예산집행 > 신축성 유지방안

| 정답 해설 | ② 장 · 관 · 항뿐만 아니라 기관(機關) 간 이용도 가능하다.

| 오답 해설 | ① 이용은 입법과목 사이의 상호 융통으로 국회의 의결을 얻으면 기획재정부장관의 승인이나 위임이 있어야 한다.

③ 세출예산의 세항, 목 간 전용은 국회 의결 없이 기획재정부장관의 승인을 얻어서 할 수 있다. 세출예산의 항 간 이동은 전용이 아니라 이용이다.

④ 이용과 전용은 예산 한정성 원칙의 예외로 볼 수 있다.

| 함께 보는 법령 |「국가재정법」

> **제46조(예산의 전용)** ① 각 중앙관서의 장은 예산의 목적범위 안에서 재원의 효율적 활용을 위하여 대통령령으로 정하는 바에 따라 기획재정부장관의 승인을 얻어 각 세항 또는 목의 금액을 전용할 수 있다. 이 경우 사업 간의 유사성이 있는지, 재해대책 재원 등으로 사용할 시급한 필요가 있는지, 기관운영을 위한 필수적 경비의 충당을 위한 것인지 여부 등을 종합적으로 고려하여야 한다.
> **제47조(예산의 이용 · 이체)** ① 각 중앙관서의 장은 예산이 정한 각 기관 간 또는 각 장 · 관 · 항 간에 상호 이용(移用)할 수 없다. 다만, 다음 각 호의 어느 하나에 해당하는 경우에 한정하여 미리 예산으로써 국회의 의결을 얻은 때에는 기획재정부장관의 승인을 얻어 이용하거나 기획재정부장관이 위임하는 범위 안에서 자체적으로 이용할 수 있다.
> 1. 법령상 지출의무의 이행을 위한 경비 및 기관운영을 위한 필수적 경비의 부족액이 발생하는 경우
> 2. 환율변동 · 유가변동 등 사전에 예측하기 어려운 불가피한 사정이 발생하는 경우
> 3. 재해대책 재원 등으로 사용할 시급한 필요가 있는 경우
> 4. 그 밖에 대통령령으로 정하는 경우

18 ⑤

中

개념 카테고리 예산과정론 > 예산집행 > 신축성 유지방안

| 정답 해설 | ⑤ 예산의 이체는 국회의 승인이나 의결을 얻지 않아도 되는 예산집행의 신축성 유지방안에 해당한다.

| 함께 보는 법령 | 「국가재정법」

> **제47조(예산의 이용 · 이체)** ② 기획재정부장관은 정부조직 등에 관한 법령의 제정 · 개정 또는 폐지로 인하여 중앙관서의 직무와 권한에 변동이 있는 때에는 그 중앙관서의 장의 요구에 따라 그 예산을 상호 이용하거나 이체(移替)할 수 있다.

19 ③

中

개념 카테고리 예산과정론 > 예산집행 > 신축성 유지방안

| 정답 해설 | ③ 정부조직 등에 관한 법령의 제정 · 개정 또는 폐지로 인하여 중앙관서의 직무와 권한에 변동이 있는 때에는 기획재정부장관은 중앙관서장의 요구에 따라 그 예산을 상호 이용하거나 이체(移替)할 수 있다.

| 오답 해설 | 매력적 오답 ① 이용(移用)은 원칙적으로 할 수 없는 것이며, 예외적으로만 가능한 것이다.

20 ②

中

개념 카테고리 예산과정론 > 예산집행 > 신축성 유지방안

| 정답 해설 | ② 예비비의 경우, 정부는 예측할 수 없는 예산 외의 지출 또는 예산초과지출에 충당하기 위하여 일반회계 예산총액의 100분의 1 이내의 금액으로 세입세출예산에 계상할 수 있다.

| 함께 보는 법령 | 「국가재정법」

> **제22조(예비비)** ① 정부는 예측할 수 없는 예산 외의 지출 또는 예산초과지출에 충당하기 위하여 일반회계 예산총액의 100분의 1 이내의 금액을 예비비로 세입세출예산에 계상할 수 있다. 다만, 예산총칙 등에 따라 미리 사용목적을 지정해 놓은 예비비는 본문에도 불구하고 별도로 세입세출예산에 계상할 수 있다.
> **제23조(계속비)** ① 완성에 수년이 필요한 공사나 제조 및 연구개발사업은 그 경비의 총액과 연부액(年賦額)을 정하여 미리 국회의 의결을 얻은 범위 안에서 수년도에 걸쳐서 지출할 수 있다.
> ② 제1항의 규정에 따라 국가가 지출할 수 있는 연한은 그 회계연도부터 5년 이내로 한다. 다만, 사업규모 및 국가재원 여건을 고려하여 필요한 경우에는 예외적으로 10년 이내로 할 수 있다.
> **제46조(예산의 전용)** ① 각 중앙관서의 장은 예산의 목적범위 안에서 재원의 효율적 활용을 위하여 대통령령으로 정하는 바에 따라 기획재정부장관의 승인을 얻어 각 세항 또는 목의 금액을 전용할 수 있다. 이 경우 사업 간의 유사성이 있는지, 재해대책 재원 등으로 사용할 시급한 필요가 있는지, 기관운영을 위한 필수적 경비의 충당을 위한 것인지 여부 등을 종합적으로 고려하여야 한다.
> **제89조(추가경정예산안의 편성)** ② 정부는 국회에서 추가경정예산안이 확정되기 전에 이를 미리 배정하거나 집행할 수 없다.

21 ④

中

개념 카테고리 예산과정론 > 예산집행 > 예비비

| 정답 해설 | ④ 일반예비비는 그 사용 목적을 특정하지 않고 국회의 사전 의결을 거친 경비이지만, 회계연도 독립의 원칙에 따라 회계연도를 달리하여 사용할 수 없다.

| 함께 보는 법령 | 「국가재정법」

> **제3조(회계연도 독립의 원칙)** 각 회계연도의 경비는 그 연도의 세입 또는 수입으로 충당하여야 한다.
> **제22조(예비비)** ① 정부는 예측할 수 없는 예산 외의 지출 또는 예산초과지출에 충당하기 위하여 일반회계 예산총액의 100분의 1 이내의 금액을 예비비로 세입세출예산에 계상할 수 있다. 다만, 예산총칙 등에 따라 미리 사용목적을 지정해 놓은 예비비는 본문에도 불구하고 별도로 세입세출예산에 계상할 수 있다.
> ② 제1항 단서에도 불구하고 공무원의 보수 인상을 위한 인건비 충당을 위하여는 예비비의 사용목적을 지정할 수 없다.

22 ④

中

개념 카테고리 예산과정론 > 예산집행 > 신축성 유지방안

| 오답 해설 | ① 추가경정예산은 예산 성립 이후 사업을 변경하거나 새로운 사업을 추진해야 하는 경우에 이용하는 제도로서, '국회의 승인을 얻은 후'에 예산을 집행한다.

② 예비비는 예측할 수 없는 예산 외의 지출 또는 예산초과지출에 충당하기 위하여 '일반회계예산' 총액의 100분의 1 이내의 금액을 세입세출예산에 계상한 것이다.

③ 예산의 전용은 '세항, 목' 간의 융통을 의미하며, 중앙관서의 장은 예산의 효율적인 활용을 위하여 대통령령이 정하는 바에 따라 기획재정부장관의 승인을 얻어 재원을 사용할 수 있다.

23 ①

上

개념 카테고리 예산과정론 > 국고채무부담행위

| 정답 해설 | ① 국고채무부담행위에 대한 설명으로 ㄱ, ㄴ이 옳다.

| 오답 해설 | ㄷ. 국고채무부담행위는 국가가 채무를 부담할 권한을 부여받은 것으로, 지출을 위해서는 국회의 의결을 필요하다. 즉 정부가 예산 이외에 무책임하게 채무부담행위를 하는 것을 방지하기 위하여 국고채무부담행위는 미리 예산으로써 국회의 의결을 얻어야 한다. 다만, 국회의 의결은 채무를 부담할 권한만 부여하는 것이므로 채무부담과 관련한 지출에 대해서는 세출예산으로써 다시 국회의 의결을 얻어야 한다.

ㄹ. 단년도 예산 원칙의 예외라는 점에서 계속비와 동일하지만, 공사나 제조 및 연구개발 사업 등 대상이 한정되지 않는다는 점에서는 대상이 한정되어 있는 계속비와 차이가 있다.

| 함께 보는 법령 | 「국가재정법」

> 제25조(국고채무부담행위) ① 국가는 법률에 따른 것과 세출예산금액 또는 계속비의 총액의 범위 안의 것 외에 채무를 부담하는 행위를 하는 때에는 미리 예산으로써 국회의 의결을 얻어야 한다.
> ③ 국고채무부담행위는 사항마다 그 필요한 이유를 명백히 하고 그 행위를 할 연도 및 상환연도와 채무부담의 금액을 표시하여야 한다.

24 ②

中

개념 카테고리 예산과정론 > 예산집행 > 신축성 유지방안

| 정답 해설 | ② 우리나라 예산집행 제도에 대한 설명으로 ㄱ, ㄷ이 옳다.

| 오답 해설 | ㄴ. 계속비는 미리 국회의 의결을 얻기 때문에 사전 승인의 원칙에 해당하며, 국가가 지출할 수 있는 연한은 원칙적으로 그 회계연도로부터 5년 이내이다.

ㄹ. 국고채무부담행위는 국회의 사전 의결을 받아 예산 확보 없이 미리 채무를 부담하는 행위를 말하는 것으로, 해외공관 건축이나 함정 건조 등과 같은 지출원인행위와 지출이 동일 연도에 귀속되지 않는 사업에 주로 허용된다. 국고채무부담행위는 일반적인 채무부담과 재해복구를 위한 채무부담으로 구분된다. 국고채무부담행위에 대한 국회의 의결은 국가에 다음 연도 이후에 지출할 수 있는 권한까지 부여하는 것은 아니다. 다만, 채무를 부담할 권한만을 부여하는 것이므로 채무부담과 관련한 지출에 대해서는 다시 국회의 의결을 얻어야 한다. 따라서 국고채무부담행위에는 차관, 국공채 등이 포함되지 않는다.

| 함께 보는 법령 | 「국가재정법」

> 제22조(예비비) ① 정부는 예측할 수 없는 예산 외의 지출 또는 예산초과지출에 충당하기 위하여 일반회계 예산총액의 100분의 1 이내의 금액을 예비비로 세입세출예산에 계상할 수 있다. 다만, 예산총칙 등에 따라 미리 사용목적을 지정해 놓은 예비비는 본문에도 불구하고 별도로 세입세출예산에 계상할 수 있다.
> ② 제1항 단서에도 불구하고 공무원의 보수 인상을 위한 인건비 충당을 위하여는 예비비의 사용목적을 지정할 수 없다.
> 제23조(계속비) ① 완성에 수년이 필요한 공사나 제조 및 연구개발사업은 그 경비의 총액과 연부액(年賦額)을 정하여 미리 국회의 의결을 얻은 범위 안에서 수년도에 걸쳐서 지출할 수 있다.
> ② 제1항의 규정에 따라 국가가 지출할 수 있는 연한은 그 회계연도부터 5년 이내로 한다. 다만, 사업규모 및 국가재원 여건을 고려하여 필요한 경우에는 예외적으로 10년 이내로 할 수 있다.
> ③ 기획재정부장관은 필요하다고 인정하는 때에는 국회의 의결을 거쳐 제2항의 지출연한을 연장할 수 있다.
> 제25조(국고채무부담행위) ① 국가는 법률에 따른 것과 세출예산금액 또는 계속비의 총액의 범위 안의 것 외에 채무를 부담하는 행위를 하는 때에는 미리 예산으로써 국회의 의결을 얻어야 한다.
> ② 국가는 제1항에 규정된 것 외에 재해복구를 위하여 필요한 때에는 회계연도마다 국회의 의결을 얻은 범위 안에서 채무를 부담하는 행위를 할 수 있다. 이 경우 그 행위는 일반회계 예비비의 사용절차에 준하여 집행한다.
> ③ 국고채무부담행위는 사항마다 그 필요한 이유를 명백히 하고 그 행위를 할 연도 및 상환연도와 채무부담의 금액을 표시하여야 한다.

25 ①

中

개념 카테고리 예산과정론 > 예산집행 > 신축성 유지방안

| 정답 해설 | ① 수입대체경비는 회계연도 개시 전에 예산을 배정(긴급배정)할 수 있는 대상에 포함되지 않는다.

26 ③

中

개념 카테고리 예산과정론 > 예산집행 > 재정통제방안

| 정답 해설 | ③ 예비타당성조사제도가 아니라 총사업비제도에 대한 설명이다. 예비타당성조사제도는 총사업비가 500억 원 이상이고 국가의 재정지원 규모가 300억 원 이상인 신규사업으로, 대규모 사업에 대한 예산을 편성하기 위해 미리 예비타당성조사를 실시하고 그 결과를 요약하여 국회 소관상임위원회와 예산결산특별위원회에 제출하여야 한다.

| 오답 해설 | 매력적 오답 ① 프로그램 예산제도는 재정 운영에서 제도적 허브(hub) 역할을 하며, 성과관리, 발생주의회계, 중기재정계획, 총액배분·자율편성 등의 제도들과 함께 상호 직·간접적으로 연계되어 있으며, 제도의 중심점 또는 인프라의 성격을 갖는다. 따라서 총액배분·자율편성예산제도, 디지털예산회계시스템 등과 같은 예산개혁의 실효성을 확보하기 위한 제도적 기반으로서 프로그램 예산제도가 도입되었다.

27 ②

上

개념 카테고리 예산과정론 > 예산집행 > 재정통제방안

| 정답 해설 | ② 예비타당성조사는 1999년도부터 실시하여 2000년 예산편성 때부터 적용하고 있는 제도이다. 총사업비가 500억 원 이상이면서 국가재정지원 규모가 300억 원 이상인 신규사업 가운데 건설공사가 포함된 사업, 정보화, 그리고 연구개발사업에 대해서는 담당 부처의 본격적인 타당성 조사 및 기본설계 이전에 경제적 타당성을 예산 담당부처의 중립적인 입장에서 집중 검토하여 사업의 추진 여부를 결정하도록 하고 있다.

| 오답 해설 | ① 총사업비관리제도는 예비타당성조사제도 실시 이전인 1994년도부터 운영되고 있으며, 예비타당성조사는 1999년도부터 실시하여 2000년 예산편성 때부터 적용하고 있는 제도이다.

③ 토목사업은 500억 원 이상일 경우 총사업비관리 대상이다.

④ 재정사업자율평가제도는 2005년부터 실시되었다.

28 ②

下

개념 카테고리 예산과정론 > 예산집행 > 민간투자 방식 > BTL

| 정답 해설 | ② 민간투자사업자가 사회기반시설 준공과 동시에 해당 시설 소유권을 정부로 이전하는 대신 시설관리운영권을 획득하고, 정부는 해당 시설을 임차 사용하여 약정기간 임대료를

민간에게 지급하는 방식은 BTL(Build-Transfer-Lease)이다.

29 ①

中

개념 카테고리 예산과정론 > 예산집행 > 민간투자 방식 > BTL과 BTO

| 정답 해설 | ① BTL에서는 정부의 시설임대료를 통하여 투자비를 회수하기 때문에 민간의 수요 위험을 배제하나, BTO는 사용료를 통하여 투자비를 회수하기 때문에 이용자가 적을 경우 민간이 수요 위험을 부담한다.

| 오답 해설 | 매력적 오답 ⑤ BTO는 최종수요자에게 부과되는 사용료로 투자비 회수가 가능한 시설에 대해서 실시하는 경우가 일반적이며, 민간이 수요 위험을 부담한다. 따라서 BTO에서는 BTL과 달리 예상수입의 일부를 보장해 주는 최소수입보장제도(MRG: Minimum Revenue Guarantee)가 적용되었으나, 우리나라의 경우 부작용으로 인해 2009년부터 폐지되었다.

30 ④

中

개념 카테고리 예산과정론 > 결산 > 결산의 절차

| 정답 해설 | ④ 감사원은 세입·세출의 결산을 매년 검사하여 대통령과 차년도 국회에 그 결과를 보고하여야 한다(「대한민국 헌법」 제99조).

| 오답 해설 | ① 부당한 지출인 경우라도 집행된 내용을 무효로 할 수 없다.

② 국회는 결산 의결권을 가지며 예산결산특별위원회 심의를 거쳐 본회의에서 결산을 최종 승인한다.

③ 결산은 회계연도에서 국가의 수입과 지출을 확정적 수치로 표시하는 행위이다.

31 ④

中

개념 카테고리 예산과정론 > 결산 > 결산의 절차

| 정답 해설 | ④ 기획재정부장관은 회계연도마다 작성하여 대통령의 승인을 받은 국가결산보고서를 다음 연도 4월 10일까지 감사원에 제출하여야 한다.

| 함께 보는 법령 |「국가재정법」

> **제57조(성인지 결산서의 작성)** ① 정부는 여성과 남성이 동등하게 예산의 수혜를 받고 예산이 성차별을 개선하는 방향으로 집행되었는지를 평가하는 보고서(이하 "성인지 결산서"라 한다)를 작성하여야 한다.
> ② 성인지 결산서에는 집행실적, 성평등 효과분석 및 평가 등을 포함하여야 한다.
> **제58조(중앙관서결산보고서의 작성 및 제출)** ① 각 중앙관서의 장은 「국가회계법」에서 정하는 바에 따라 회계연도마다 작성한 결산보고서(이하 "중앙관서결산보고서"라 한다)를 다음 연도 2월 말일까지 기획재정부장관에게 제출하여야 한다.
> ② 국회의 사무총장, 법원행정처장, 헌법재판소의 사무처장 및 중앙선거관리위원회의 사무총장은 회계연도마다 예비금사용명세서를 작성하여 다음 연도 2월 말까지 기획재정부장관에게 제출하여야 한다.
> **제59조(국가결산보고서의 작성 및 제출)** 기획재정부장관은 「국가회계법」에서 정하는 바에 따라 회계연도마다 작성하여 대통령의 승인을 받은 국가결산보고서를 다음 연도 4월 10일까지 감사원에 제출하여야 한다.
> **제60조(결산검사)** 감사원은 제59조에 따라 제출된 국가결산보고서를 검사하고 그 보고서를 다음 연도 5월 20일까지 기획재정부장관에게 송부하여야 한다.

32 ④

中

개념 카테고리 예산과정론 > 결산 > 결산의 절차

| 정답 해설 | ④ 예산주기는 3년으로 구성된다. 따라서 예산주기에 비추어 볼 때 2021년도 예산에 대한 결산검사보고서 작성은 2022년에 이루어지므로 2021년에는 볼 수 없는 예산과정이다.

33 ②

中

개념 카테고리 예산과정론 > 회계검사 > 정부회계

| 정답 해설 | ② 현금의 수불과는 관계 없이 경제적 자원에 변동을 주는 사건이 발생된 시점에 거래를 인식하는 방식은 발생주의를, 하나의 거래를 대차평균의 원리에 따라 차변과 대변에 이중 기록하는 방식은 복식부기를 의미한다.

34 ①

中

개념 카테고리 예산과정론 > 회계검사 > 정부회계

| 정답 해설 | ① 단식부기는 현금주의 회계와, 복식부기는 발생주의 회계와 서로 밀접한 연계성을 갖는다.

35 ②

中

개념 카테고리 예산과정론 > 회계검사 > 정부회계

| 정답 해설 | ② 예산회계는 재정통제 및 회계책임성 확보를 주목적으로 하기 때문에 현금주의 단식부기 방식에 의한다. 반면, 재무회계는 재무상태와 성과를 이해관계자에게 보고하는 것을 주목적으로 하기 때문에 발생주의 복식부기 방식에 의한다.

구분	목적	방식
예산회계	재정통제 및 회계책임성 확보	현금주의 단식부기
재무회계	재무상태와 성과 보고	발생주의 복식부기

| 함께 보는 법령 |「국가회계법」

> **제11조(국가회계기준)** ① 국가의 재정활동에서 발생하는 경제적 거래 등을 발생 사실에 따라 복식부기 방식으로 회계처리하는 데에 필요한 기준(이하 "국가회계기준"이라 한다)은 기획재정부령으로 정한다.
> ② 국가회계기준은 회계업무 처리의 적정을 도모하고 재정상태 및 재정운영의 내용을 명백히 하기 위하여 객관성과 통일성이 확보될 수 있도록 하여야 한다.

③ 삭제 〈2008. 12. 31.〉
④ 기획재정부장관은 국가회계기준에 관한 업무를 대통령령으로 정하는 바에 따라 전문성을 갖춘 기관 또는 단체에 위탁할 수 있다.

36 ③

上

개념 카테고리 예산과정론 > 회계검사 > 정부회계

| 정답 해설 | ③ 감가상각에 대해서 발생주의 회계는 비용으로 인식하지만 현금주의 회계에서는 인식이 안 된다. 감가상각(減價償却, depreciation)이란 토지를 제외한 고정 자산에 생기는 가치의 소모를 셈하는 회계상의 절차로, 시간의 흐름에 따른 유형자산의 가치 감소를 회계에 반영하는 것이다.

37 ③

中

개념 카테고리 예산과정론 > 회계검사 > 재무제표

| 정답 해설 | ③ 중앙정부 결산보고서상의 재무제표는 재정상태표, 재정운영표, 순자산변동표, 현금흐름표이다.

| 함께 보는 법령 | 「국가회계법」

제14조(결산보고서의 구성) 결산보고서는 다음 각 호의 서류로 구성된다.
1. 결산 개요
2. 세입세출결산(중앙관서결산보고서 및 국가결산보고서의 경우에는 기금의 수입지출결산을 포함하고, 기금결산보고서의 경우에는 기금의 수입지출결산을 말한다)
3. 재무제표
   가. 재정상태표
   나. 재정운영표
   다. 순자산변동표
   라. 현금흐름표
4. 성과보고서

38 ④

中

개념 카테고리 예산과정론 > 회계검사 > 재무제표

| 정답 해설 | ④ 우리나라의 국가재무제표는 「국가회계법」에 따라 발생주의와 복식부기를 기본으로 한다. 따라서 재정상태표와 재정운영표에는 모두 발생주의와 복식부기가 적용되고 있다.

| 함께 보는 법령 | 「국가회계법」

제11조(국가회계기준) ① 국가의 재정활동에서 발생하는 경제적 거래 등을 발생 사실에 따라 복식부기 방식으로 회계처리하는 데에 필요한 기준(이하 "국가회계기준"이라 한다)은 기획재정부령으로 정한다.

CHAPTER 03 예산제도론

출제 비중 21%

약점진단표

1회독				2회독				3회독			
○	△	×	총	○	△	×	총	○	△	×	총
			23				23				23

*문제풀이 후 약점진단 결과를 적어보세요!

문제편 P.134

01	②	02	①	03	②	04	④	05	④
06	①	07	①	08	④	09	②	10	⑤
11	①	12	①	13	③	14	③	15	②
16	④	17	②	18	③	19	①	20	②
21	③	22	④	23	②				

01 ②

中

개념 카테고리 예산제도론 > 예산결정이론

| 정답 해설 | ② 총체주의는 합리적·분석적 의사결정과 최적의 자원배분을 전제로 한다. 따라서 거시적 예산결정과 예산삭감을 설명하기에 적합한 이론은 총체주의이다. 총체주의는 재원배분 문제를 해결하기 위해 모형을 구성하고 이에 기초해서 최적의 해결 방안을 모색한다. 여기에서 경제학에 기초한 계량분석 모형과 대안평가에서 기회비용 기준을 사용한다. 우선, 문제를 확인하고 목표를 설

정하며 가능한 모든 대안을 탐색한다. 그리고 각 대안이 초래할 결과들을 비교해 정책과 사업에 재원을 배분하는 순으로 진행한다.

02 ①

中

개념 카테고리 예산제도론 > 예산결정이론

| 정답 해설 | ① 계획예산제도는 정치적 협상과 타협 등 정치적 합리성을 중시하는 점증모형이 아니라 자원배분의 최적화를 통한 사회후생의 극대화를 추구하는 합리모형(합리주의, 총체주의)에 의한 예산결정이다. 따라서 합리모형은 예산을 탄력적으로 활용하여 경기변동에 대응하는 재정정책적 기능을 수행한다.

03 ②

中

개념 카테고리 예산제도론 > 예산결정이론 > 합리주의

| 정답 해설 | ② 정치적 타협과 상호 조절을 통해 최적의 예산을 추구하는 것은 총체주의(합리주의) 예산이론이 아니라 점증주의 예산이론이다.

04 ④

中

개념 카테고리 예산제도론 > 예산결정이론 > 합리주의

| 정답 해설 | ④ 합리주의모형은 대안의 선정 시에 순현재가치, 내부수익률, 비용편익비율 등과 같은 분석 기준을 주로 사용하여 대안의 우선순위를 분석한다.

| 오답 해설 | ① 점증주의모형을 적용한 대표적인 예산제도에는 품목별 예산과 성과주의예산이 있으며, 합리주의모형을 적용한 대표적인 예산제도에는 계획예산제도와 영기준 예산제도가 있다.

② 단절균형모형은 특정 상황에 따라 균형 상태에서 급격한 변화가 일어나는 단절현상이 발생한 이후 다시 균형을 지속한다는 이론이다. 그러나 예산의 단절균형 발생 시점을 예측할 수 없다는 한계가 있어 미래 지향성을 지니기 어렵다.

③ 예산극대화모형은 관료들이 '개인적' 효용의 극대화를 위해 소속 부서의 예산을 증가시키려는 현상을 설명한다.

05 ④

上

개념 카테고리 예산제도론 > 예산결정이론

| 정답 해설 | ④ 루빈(Rubin)의 실시간 예산운영(Real-Time Budgeting)모형에서 기술적 성격이 강하며, 책임성(accountability)의 정치적 특징을 갖는 것은 '예산집행 흐름'에서의 의사결정이다. '예산균형 흐름'에서의 의사결정은 정부의 범위와 역할에 대한 결정의 성격이 강하며, 제약조건의 정치적 특징을 갖는다.

| 플러스 이론 | 루빈의 실시간 예산운영모형

서로 연결된 세입, 세출, 균형, 집행, 과정의 다섯 개의 의사결정 흐름이 통합되면서 나타나는 의사결정모형을 말한다. 여기서 '실시간'이란 한 결정의 흐름에서 이루어지는 결정이 다른 결정의 흐름 및 환경으로부터 오는 정보와 결정에 계속적으로 적응하는 것을 말한다.

구분	정치	관심
세입 흐름	설득의 정치	• 누가, 얼마만큼 부담할 것인가? • 세입원의 기술적 추계
세출 흐름	선택의 정치	• 예산획득을 위한 경쟁과 예산의 배분에 관한 의사결정 • 기준예산의 기술적 추계
예산균형 흐름	제약조건의 정치	• 예산균형의 정의, 방법 • 정부의 범위와 역할에 대한 결정
예산집행 흐름	책임성의 정치	예산계획에 따른 집행과 수정 및 일탈의 허용 범위
예산과정 흐름	누가 예산을 결정하는가의 정치	행정부와 사법부, 시민과 관료 간의 결정권한의 균형

06 ①

上

개념 카테고리 예산제도론 > 예산결정이론 > 다중합리성모형

| 정답 해설 | ① 윌로비와 서메이어(Wiloughby & Thurmaier)의 다중합리성모형은 복수의 합리성 기준이 중앙예산실의 예산분석가들에게 미치는 영향을 주로 미시적으로 분석하는 과정적 접근방법(process approach)에 근거한다. 따라서 정부예산의 성공을 위해서는 예산과정 각 단계에서의 예산활동과 행태를 구분해야 한다고 주장하였으며, 예산과정과 정책과정 간의 연계점(nexus)의 인식틀을 제시하기 위해 킹던(Kingdon)의 정책결정모형과 루빈(Rubin)의 실시간 예산운영모형(Real-Time Budgeting)을 통합하고자 하였다.

| 오답 해설 | ② 단절균형모형에 대한 설명이다. 단절균형 예산이론은 예산 재원의 배분 형태가 항상 일정하게 유지되는 것이 아니라 특정 사건이나 상황에 따라 균형 상태에서 급격한 변화가 발생하는 단절 현상이 발생하고, 이후 다시 균형을 지속한다는 예산이론이다. 이 모형은 예산이 전년 대비 일정 정도의 변화에 그친다는 점증주의이론의 한계를 비판하면서 제시되었다. 다만 사후적인 분석으로서는 적절하지만, 단절균형이 발생할 수 있는 시점을 예측하지 못하기 때문에 미래지향적 측면에서는 한계가 있는 접근이다.

③ 합리모형에 대한 설명이다.

④ 점증모형에 대한 설명이다.

⑤ 공공선택모형에 대한 설명이다.

07 ①

中

개념 카테고리 예산제도론 > 예산제도 > 품목별 예산제도(LIBS)

| 정답 해설 | ① 품목별 예산제도(LIBS: Line-Item Budgeting System)는 행정부에 대한 재정통제를 위해 도입되었다. 즉, LIBS는 정부지출의 대상이 되는 물품 또는 품목(인건비, 물건비, 여비 등)을 기준으로 하는 예산제도로, 예산의 통제기능을 충족시키기 위하여 고안되었다. 따라서 개별부서의 지출을 통제하고, 공무원들로 하여금 회계적 책임에 민감하도록 엄격하게 회계검사를 수행하도록 하는 것이 품목별 예산제도의 기본 목적이다.

08 ④

中

개념 카테고리 예산제도론 > 예산제도 > 품목별 예산제도(LIBS)

| 정답 해설 | ④ 품목별 예산제도(LIBS)는 지출을 통제하고 공무원들로 하여금 회계적 책임을 쉽게 확보할 수 있는 데 용이하다.

| 오답 해설 | ① 목표에 의한 관리(MBO)는 구성원의 참여를 촉진한다. 그러나 품목별 예산제도는 지출을 통제하고 공무원들로 하여금 회계적 책임을 쉽게 확보할 수 있는 데 용이하나, 구성원의 참여와는 관련이 없다.

② 거리 청소, 노면 보수 등과 같이 활동 단위를 중심으로 예산 재원을 배분하는 것은 성과주의 예산제도(PBS)이다. 품목별 예산제도에서는 해당 활동에 투입되는 동일한 재원들이 급여, 소규모 장비, 아스팔트, 가솔린 등으로 구분된다.

③ 미국 케네디 행정부의 국방장관인 맥나마라(McNamara)가 국방부에 최초로 도입한 것은 계획예산제도(PPBS)이다.

09 ②

中

개념 카테고리 예산제도론 > 예산제도 > 품목별 예산제도(LIBS)

| 정답 해설 | ② 품목별 예산제도(LIBS: Line-Item Budget System)는 정부지출의 대상이 되는 물품 또는 품목(인건비, 물건비, 여비 등)을 기준으로 하는 예산제도로, 예산의 통제기능을 충족시키기 위하여 고안되었다. 따라서 정부 활동에 대한 총체적인 사업계획과 우선순위 결정에 불리하다.

10 ⑤

中

개념 카테고리 예산제도론 > 예산제도 > 성과주의 예산제도(PBS)

| 정답 해설 | ⑤ 정부사업에 대한 회계책임을 묻는 데 용이한 것은 품목별 예산제도이다. 기능별 예산제도 또는 활동별 예산제도라고 부르는 성과주의 예산제도는 정부의 주요 기능이나 활동에 따라 예산을 운용하기 때문에 정부사업에 대한 회계책임을 묻기가 어려워서 재정통제가 곤란하다.

11 ①

中

개념 카테고리 예산제도론 > 예산제도 > 성과주의 예산제도(PBS)

| 정답 해설 | ① 성과주의 예산제도는 평가 대상 업무 단위가 중간 산출물인 경우가 많다. 따라서 예산성과의 질적인 측면을 파악하는 데에는 한계가 있다. 가령 경찰의 순찰활동은 순찰시간이 측정단위인데, 순찰시간을 많이 확보한다고 해서 치안유지가 직접 보장된다고 할 수 없다.

12 ①

中

개념 카테고리 예산제도론 > 예산제도 > 성과주의 예산제도(PBS)

| 오답 해설 | ① 프로그램을 이용하여 장기적인 계획과 연차별 예산이 유기적으로 연계되는 것은 성과주의 예산(PBS: Performance Budgeting System)이 아니라 계획예산(PPBS: Planning Programming Budgeting System)이다.

13 ③

中

개념 카테고리 예산제도론 > 예산제도 > 계획예산제도(PPBS)

| 정답 해설 | ③ 미국의 국방장관이었던 맥나마라(McNamara)에 의해 국방부에 처음 도입되었고, 국방부의 성공적인 예산개혁에 공감한 존슨(Johnson) 대통령이 1965년에 전 연방정부에 도입한 것은 계획예산제도(PPBS)이다. 계획예산제도는 예산의 기능 중 기획 기능을 강조한다.

| 오답 해설 | ① 통제 기능은 품목별 예산제도(LIBS), ② 관리 기능은 성과주의 예산제도(PBS), ④ 감축 기능은 영기준 예산제도(ZBB)에서 강조하는 기능이다.

14 ③

下

개념 카테고리 예산제도론 > 예산제도 > 계획예산제도(PPBS)

| 정답 해설 | ③ 제시된 지문은 계획예산제도(PPBS: Planning Programming Budgeting System)에 관한 설명이다.

| 플러스 이론 | 계획예산제도

- 계획예산제도란 장기적인 기획의 수립과 단기적인 예산의 편성을 프로그램 작성을 통하여 유기적으로 연결시킴으로써 자원배분에 관한 의사결정을 일관성 있게 합리적으로 하려는 예산제도를 말한다. 즉, PPBS는 목표의 구조화, 체계적인 분석, 재원배분을 위한 정보체계 등을 강조하는 예산제도이다.
- PPBS는 여러 가지 장점에도 불구하고, 사업구조를 작성하는 것이 어렵고, 결정구조가 집권화되는 문제가 있으며, 행정부처의 직원들이 복잡한 분석 기법을 이해하기 어렵다는 단점 혹은 한계로 인하여 정착이 어려운 예산제도로 평가를 받는다.

15 ②

中

개념 카테고리 예산제도론 > 예산제도 > 계획예산제도(PPBS)와 영기준 예산제도(ZBB)

| 정답 해설 | ② 계획예산제도(PPBS)가 단위사업을 사업-재정계획에 따라 장기적인 예산편성 쪽으로 방향을 잡았다면, 영기준 예산제도(ZBB)는 당해 연도의 예산 제약 조건을 먼저 고려한다.

16 ④

中

개념 카테고리 예산제도론 > 예산이론 > 영기준 예산제도(ZBB)

| 정답 해설 | ④ 집권화된 관리체계를 갖기 때문에 예산편성 과정에 소수의 조직구성원만이 참여하게 되는 것은 영기준 예산(ZBB)이 아니라 계획예산(PPBS)이다.

17 ②

中

개념 카테고리 예산제도론 > 예산제도 > 영기준 예산제도(ZBB)

| 정답 해설 | ② 영기준 예산제도(ZBB)는 예산에 관한 의사결정이 상향적(bottom up)으로 진행된다. 즉, 모든 계층의 관리자가 결정항목의 개발 · 평가에 참여함으로써 업무개선의 동기가 부여된다. 나아가서는 결정 방식이 상향적이므로 하의상달이 촉진된다.

18 ③

中

개념 카테고리 예산제도론 > 예산제도 > 영기준 예산제도(ZBB)

| 정답 해설 | ③ 불요불급한 지출을 억제하고 감축관리를 지향하기 위해 도입된 것은 영기준 예산제도(ZBB)이다.

19 ①

中

개념 카테고리 예산제도론 > 예산제도

| 정답 해설 | ① 예산제도에 대한 설명으로 ㄱ, ㄷ, ㄹ이 옳다.

| 오답 해설 | ㄴ. 성과주의 예산제도(PBS)는 예산배정과정에서 필요사업량이 제시되며, 단위원가와 곱해서 예산액이 정해진다.

ㅁ. 목표관리제도(MBO)는 예산결정과정에 관리자가 참여하므로, 분권적인 경향이 있다.

20 ②

下

개념 카테고리 예산제도론 > 예산제도 > 일몰법(SSL)

| 정답 해설 | ② 제시된 지문은 특정한 사업이나 조직이 정해진 기간이 지나면 자동적으로 폐지되도록 하는 제도인 일몰제에 관한 설명이다.

21 ③

中

개념 카테고리 예산제도론 > 예산제도 > 자본예산제도(CBS)

| 정답 해설 | ③ 계획과 예산 간의 불일치를 해소하고 이들 간에 서로 밀접한 관련성을 갖게 하는 것은 계획예산제도(PPBS)의 장점이다.

22 ④

上

개념 카테고리 예산제도론 > 예산제도 > 결과 지향적 예산제도

| 정답 해설 | ④ 미국 클린턴 행정부는 결과 지향적 예산제도의 일환으로, GPRA(Government Performance and Result Act)를 도입했다.

23 ②

上

개념 카테고리 예산제도론 > 예산제도 > 신성과주의 예산

| 정답 해설 | ② 과거의 성과주의 예산제도(PBS)는 그 내용과 범위가 상당히 광범위한 것에 비해, 새로운 성과주의 예산제도(신성과주의 예산제도, new performance budgeting)는 좁은 범위에서 적용되는 경향이 있다. 즉, 새로운 성과주의 예산제도는 프로그램 구조와 회계제도 등을 바꿀 수 있는 큰 틀의 제도개혁으로 보기보다는 성과정보의 예산과정에서의 활용을 예산개혁의 목표로 삼는 경향이 있다. 따라서 신성과주의 예산은 과거의 성과주의 예산과 비교하여 프로그램 구조와 회계제도에 미치는 영향이 제한적이다.

PART

06 행정환류론

정답과 해설

CHAPTER 01 행정책임과 통제

출제 비중 100%

약점진단표											
1회독				2회독				3회독			
○	△	×	총	○	△	×	총	○	△	×	총
			12				12				12

* 문제풀이 후 약점진단 결과를 적어보세요!

문제편 P.140

01	④	02	①	03	②	04	③	05	④
06	②	07	④	08	②	09	④	10	②
11	①	12	②						

01 ④

中

개념 카테고리 행정책임과 통제 > 행정책임 > 제도적 책임성

| 정답 해설 | ④ 공무원의 자율적이고 능동적인 행정책임을 의미하는 것은 자율적 책임성이다.

02 ①

中

개념 카테고리 행정책임과 통제 > 행정책임과 행정통제

| 정답 해설 | ① 행정통제와 행정책임에 대한 설명으로 ㄱ이 옳다.

| 오답 해설 | ㄴ. 감사원의 직무감찰과 회계감사는 내부통제에 해당한다.

ㄷ. 프리드리히(Friedrich)는 객관적 · 외재적 책임보다 내재적 통제를 강조한다.

03 ②

上

개념 카테고리 행정책임과 통제 > 롬젝(Romzeck)의 행정책임 유형

| 정답 해설 | ② 표준운영절차(SOP)나 내부 규칙(규정)에 따라 통제되는 것은 계층적 책임이다.

| 플러스 이론 | 롬젝(Romzeck)의 행정책임 유형

구분		기관통제의 원천	
		내부	외부
통제의 정도	높음	계층적(관료적) 책임	법적 책임
	낮음	전문가적 책임	정치적 책임

(1) 관료적 책임성: 조직의 통제가 높고, 관료통제의 원천이 내부에 있는 경우

① 자율성이 적은 개별 관료에 대한 통제와 감독이 중요하다.

② 규칙, 규제, 명령, 감독자의 책임 권한이 중요한 변수이다.

(2) 법률적 책임성: 조직의 통제가 높고, 관료통제의 원천이 외부에 있는 경우

① 주어진 법적 의무사항에 대한 준수 여부를 감독하고 평가하는 합법성에 대한 관리를 중시한다.

② 외부감시자의 역할이 중요하다.

(3) 전문적 책임성: 조직의 통제가 낮고, 관료통제의 원천이 내부에 있는 경우

① 정부조직 내에서 관료의 전문성과 자율성이 조직 운영의 중요한 요소가 된다.

② 투입요소보다는 개인과 조직의 사후적 성과에 대한 관리를 통해 책임성을 담보하게 된다.

(4) 정치적 책임성: 조직의 통제가 낮고, 관료통제의 원천이 외부에 있는 경우

① 대통령, 국회의원, 이익단체 등 주요 이해관계자들의 필요와 요구를 충족시키는가가 가장 중요한 요소이다.

② 선거구민에 대한 반응성이 중요하다.

04 ③

下

개념 카테고리 행정책임과 통제 > 행정통제

| 정답 해설 | ③ 행정이 전문성과 복잡성을 띠게 된 현대 행정국가 시대에는 외부통제보다 내부통제가 점차 강조되고 있다.

05 ④

中

개념 카테고리 행정책임과 통제 > 행정통제

| 정답 해설 | ④ 중앙부처의 예산 편성과 집행에 대한 기획재정부의 관리 활동은 행정책임 확보 방안 중 내부통제에 해당한다.

| 플러스 이론 | 행정통제

구분	내부통제	외부통제
공식통제	• 행정수반에 의한 통제 • 중앙행정부처에 의한 통제 • 감사원에 의한 통제 • 계층제에 의한 통제	• 입법부에 의한 통제 • 사법부에 의한 통제 • 옴부즈만에 의한 통제
비공식통제	• 공무원으로서 직업윤리 • 동료집단의 평판에 의한 통제 • 관료제의 대표성에 의한 통제 • 윤리적 책임의식의 내재화	• 시민에 의한 통제 • 정당에 의한 통제 • 언론기관에 의한 통제 • 선거권에 의한 통제

06 ②

上

개념 카테고리 행정책임과 통제 > 행정통제 > 내부통제 > 감사원

| 정답 해설 | ② 감사원은 「헌법」상 독립기관에 대하여 결산 확인과 회계검사는 실시할 수 있으나, 직무감찰은 실시할 수 없다. 대통령 소속인 감사원이 국회나 법원에 대하여 직무감찰을 실시하는 것은 삼권분립에 어긋나므로 인정되지 않는 것이다.

07 ④

中

개념 카테고리 행정책임과 통제 > 행정통제 > 외부통제

| 정답 해설 | ④ ㄴ, ㄹ, ㅂ, ㅇ이 행정부에 대한 외부통제에 해당한다. 나머지는 내부통제에 해당한다.

08 ②

中

개념 카테고리 행정책임과 통제 > 행정통제 > 외부통제 > 옴부즈만제도

| 정답 해설 | ② 옴부즈만(Ombudsman)제도는 입법부, 사법부 등에 의한 외부통제의 한계를 보완하기 위한 제도이다.

| 오답 해설 | 매력적 오답 ④ 옴부즈만제도를 의회형과 행정부형으로 구분할 경우, 대부분의 국가에서는 입법부(의회형)에 소속되어 있다. 반면, 국민권익위원회의 고충민원처리제도는 행정부에 속한다.

09 ④

中

개념 카테고리 행정책임과 통제 > 행정통제 > 외부통제 > 옴부즈만제도

| 정답 해설 | ④ 국무총리 소속으로 설치한 국민권익위원회는 행정체제(행정부) 내부의 독립통제기관이며, 대통령이 임명하는 옴부즈만의 일종이다.

10 ②

中

개념 카테고리 행정책임과 통제 > 행정통제 > 외부통제 > 옴부즈만제도

| 정답 해설 | ② 옴부즈만제도는 부족한 인력과 예산으로 인해 국민의 권익을 구제하는 데 한계가 있을 수 있다.

| 오답 해설 | ① 시민의 요구가 없어도 직권으로 조사활동을 할 수 있다.

③ 입법부가 임명한다.

④ 시정조치를 법적으로 강제할 수 있는 권한이 없다.

11 ①

中

개념 카테고리 행정책임과 통제 > 행정통제 > 외부통제 > 옴부즈만제도

| 정답 해설 | ① 독립성을 보장하기 위해 옴부즈만은 비교적 임기가 길고 임기보장이 엄격하게 적용된다.

12 ②

上

개념 카테고리 행정책임과 통제 > 행정통제 > 내부통제 > 교차기능조직

| 정답 해설 | ② 교차기능조직(criss－cross organizations)은 행정체제 전반에 걸쳐 관리작용을 분담하여 수행하는 참모적 조직단위(기획재정부, 행정안전부, 인사혁신처, 조달청 등)로서, 내부통제 조직에 해당한다.

| 오답 해설 | 매력적 오답 ④ 독립통제기관(separate monitoring agency)은 일반행정기관과 대통령 그리고 외부적 통제중추의 중간 정도에 위치하며, 상당한 수준의 독자성과 자율성을 누리는 기관으로, '감사원'이 대표적인 사례임을 기억해야 한다.

CHAPTER 02 행정개혁(정부혁신)

출제 비중 0%

약점진단표											
1회독				2회독				3회독			
○	△	×	총	○	△	×	총	○	△	×	총
			6				6				6

*문제풀이 후 약점진단 결과를 적어보세요!

문제편 P.143

01	①	02	②	03	①	04	③	05	②
06	③								

01 ①

下

개념 카테고리 행정개혁 > 행정개혁의 접근법 > 구조적 접근법

| 정답 해설 | ① 행정개혁의 접근방법 중 구조 중심적 접근방법에 해당하는 내용이다. 사업(산출) 중심적 접근방법은 행정산출의 정책목표와 내용 및 소요자원에 초점을 둠으로써 행정활동의 목표를 개선하고 행정서비스의 양과 질을 개선하려는 접근법이다.

02 ②

中

개념 카테고리 행정개혁 > 행정개혁의 접근법 > 관리·기술적 접근법

| 정답 해설 | ② 조직 내 운영과정의 개선은 관리·기술적 접근법이고, 나머지는 구조적 접근법에 해당한다.

03 ①

中

개념 카테고리 행정개혁 > 행정개혁의 저항

| 정답 해설 | ① 행정개혁을 담당하는 조직의 중복성 혹은 가외성(redundancy)의 존재는 행정개혁에 대한 저항이 나타나는 원인이나 요인으로 보기 어렵다. 행정개혁을 담당하는 조직이 중복적으로 존재하거나 가외적인 조직이 존재하는 경우 하나의 조직이 행정개혁에 실패하는 경우 다른 조직에 의해 행정개혁이 추진될 수 있기 때문에 행정개혁에 대한 저항이 나타나는 원인이나 요인보다는 행정개혁의 저항을 극복하는 방안에 해당한다.

04 ③

上

개념 카테고리 행정개혁 > 행정개혁의 저항

| 정답 해설 | ③ 교육훈련과 자기계발 기회 제공은 행정개혁에 대한 저항을 극복하는 규범적·사회적 전략이다.

| 오답 해설 | ① 경제적 손실 보상, 임용상 불이익 방지는 공리적·기술적 전략이다.

② 개혁지도자의 신망 개선, 의사전달과 참여의 원활화, 사명감 고취는 규범적·사회적 전략이다.

④ 개혁 시기 조정은 공리적·기술적 전략이다.

05 ②

中

개념 카테고리 행정개혁 > 행정개혁의 저항

| 정답 해설 | ② 행정개혁의 저항을 줄이는 방법에 대한 설명으로 ㄱ, ㄷ, ㅁ, ㅂ이 옳다.

| 오답 해설 | ㄴ. 행정개혁의 저항을 줄이기 위해서는 포괄적 개혁보다는 점진적 개혁을 추진해야 한다.

ㄹ. 외부집단보다는 내부집단에 의한 개혁 추진이 행정개혁의 저항을 줄이는 방법이다.

06 ③

上

개념 카테고리 행정개혁 > 우리나라의 행정개혁

| 정답 해설 | ③ 우리나라의 행정개혁에 관한 내용을 시대적 순서대로 배열하면, ㄴ(김대중 정부) – ㄹ(노무현 정부) – ㄱ(이명박 정부) – ㄷ(박근혜 정부) 순이다.

PART

07 지방행정론

정답과 해설

CHAPTER 01 지방행정의 기초이론

출제 비중 5%

약점진단표											
1회독				2회독				3회독			
○	△	×	총	○	△	×	총	○	△	×	총
			11				11				11

*문제풀이 후 약점진단 결과를 적어보세요!

문제편 P.146

01	④	02	④	03	②	04	②	05	④
06	⑤	07	②	08	①	09	②	10	②
11	①								

01 ④

中

개념 카테고리 기초이론 > 주민자치와 단체자치

| 오답 해설 | ① 자치권의 인식에서 주민자치는 고유권으로, 단체자치는 전래권으로 본다.

② 주민자치는 민주주의 이념을, 단체자치는 지방분권의 이념을 강조한다.

③ 주민자치는 의결기관이 집행기관도 되는 기관통합형을 채택하는 반면, 단체자치는 의결기관과 집행기관을 분리하여 대립시키는 기관분리형을 채택한다.

02 ④

中

개념 카테고리 기초이론 > 주민자치와 단체자치

| 정답 해설 | ④ 정치적 차원의 자치를 강조하는 것은 주민자치이다. 단체자치는 법률적 차원의 자치를 강조한다.

| 플러스 이론 | 주민자치와 단체자치

구분	주민자치(영·미형)	단체자치(대륙형)
기초 사상	민주적 정치분권사상	중앙집권사상
채택 국가	영국·미국	독일·프랑스·일본·한국
자치권의 본질	천부적 권리 (고유권설)	실정법상의 권리 (전래권설)
자치의 중점	주민과의 협력관계	국가와의 권력관계
자치의 의미	정치적 의미	법률적 의미
중시하는 권리	주민의 권리(주민의 참여)	자치단체의 권능(자치권)
권한부여방식	개별적 수권주의	포괄적 위임주의
사무의 구분	구분 없음(고유사무)	고유사무·위임사무
자치단체의 성격	단일적 성격(자치단체)	이중적 성격(자치단체·국가의 하급기관)
중앙통제방식	입법·사법통제 중심	행정통제 중심
자치권의 범위	광범위함	협소함
지방세제	독립세 중심	부가세 중심
지방정부의 구조	기관통합형 (내각제와 유사)	기관대립형 (대통령제와 유사)
우월적 지위	의결기관 우월주의	집행기관 우월주의
민주주의와 관계	인정	부정

03 ②

上

개념 카테고리 기초이론 > 주민자치

| 정답 해설 | ② 조례제정개폐청구제(1999), 주민투표제(2004), 주민소송제(2005), 주민소환제(2007) 순으로 도입되었다.

04 ②

下

개념 카테고리 기초이론 > 지방자치의 정치적·행정적인 기능

| 정답 해설 | ② 지방자치가 발달할 경우 지방자치단체가 주민의 요구에 따른 행정활동이 이루어져 행정의 대응성을 제고할 수는 있지만, 지역 간 행정의 통일성을 확보하기는 어렵다. 지역 간 행정의 통일성 확보는 지방자치보다는 중앙집권의 장점에 해당한다.

05 ④

上

개념 카테고리 기초이론 > 지방자치의 필요성 > Oates의 분권화정리

| 정답 해설 | ④ 오츠(Oates)의 분권화정리가 성립하기 위한 조건에 대한 설명으로 ㄴ, ㄷ이 옳다. 오츠의 분권화정리는 티부모형과 더불어 지방자치의 당위성을 이론적으로 뒷받침하고 있는 이론으로, 지방공공재는 일반적으로 소비의 비경합성이 불완전

하여 혼잡의 문제가 발생한다. 따라서 오츠의 분권화정리는 공공재의 지역 간 외부효과가 없다면(ㄴ), 지방정부가 해당 지역에서 파레토 효율적 수준으로 공공재를 공급(ㄷ)할 수 있다는 것이다.

| 오답 해설 | ㄱ. 지방정부의 공공재 공급 비용이 중앙정부의 공공재 공급 비용보다 더 적게 든다.

06 ⑤

中

개념 카테고리 기초이론 > 티부모형

| 정답 해설 | ⑤ 티부(Tiebout)모형의 가정 중 하나는 다수의 소규모 지방자치단체가 존재해야 한다는 것이다. 반면 소수의 대규모 지방자치단체가 존재할 경우 규모의 경제가 성립하여 주민의 자유로운 이동(완전한 이동성)이 제약된다. 티부는 다수의 이질적 지역사회가 존재하고 주민에게 그에 대한 완전한 정보가 주어지며 이동성이 보장된다면 지방자치단체가 주민의 선호를 반영한 서비스를 공급함으로써 자원배분의 효율성이 달성될 수 있다고 주장한다. 주민들의 지역 간 이동을 통한 선호의 표출, 즉 '발에 의한 투표(vote by feet)'가 이루어지기 때문에 지방자치단체 간에 시장과 유사한 경쟁 상황이 조성되어 중앙정부에 의한 획일적 서비스 공급 방식보다 효율적으로 지방서비스가 제공될 수 있다.

| 플러스 이론 | 티부(Tiebout)모형의 전제조건

- 다수의 지역사회 존재(= 다수의 참여자): 상이한 재정 프로그램을 제공하는 지역사회가 충분히 많아 사람들이 가장 선호하는 지방정부를 선택한다는 것이다.
- 시민의 (완전한) 이동성(= 진 · 퇴의 용이): 직장 등이 주거지의 선택에 영향을 주지 않는다는 것을 의미한다.
- 지방정부 재정패키지에 대한 완전한 정보: 사람들이 각 지역에서 제공하는 재정 프로그램의 내용에 관해 완전한 정보를 갖추고 있어야 한다.
- 공공재 공급의 규모수익 불변(규모의 경제 ×): 규모의 경제가 성립되면 규모가 큰 소수의 지방정부만이 존재하는 상황이 나타나 경쟁체제의 성립이 어려워진다.
- 외부효과의 배제: 각 지역이 수행한 사업에서 나오는 혜택을 그 지역 주민들만 누릴 수 있다는 가정이 필요하다. 즉 외부성이나 파급효과(spillover effect)가 존재하지 않아야 한다.
- 배당수입에 의한 소득: 거주지 선정에 고용기회가 아무런 영향을 미치지 못하도록 하기 위한 것이다.
- 고정적 생산요소의 존재: 모든 지방정부에는 최소한 한 가지의 고정적인 생산요소(fixed factor)가 존재하며, 이와 같은 제약 때문에 각 지방정부는 자신에게 맞는 최적규모(optimal size)를 갖는다.
- 최적규모의 추구: 자신의 최적규모보다 적은 지방정부는 평균비용을 감소시키기 위하여 더 많은 주민을 유인하려 할 것이다. 또한 자신의 최적규모보다 큰 지방정부는 자신의 주민을 감소시키려 할 것이고, 자신의 최적규모에 있는 지방정부는 그들의 인구를 그대로 유지하려 할 것이다.

07 ②

中

개념 카테고리 기초이론 > 신중화집권화

| 정답 해설 | ② 국민적 최저수준 유지에 대한 요청이 확대되면서 경제 및 사회적 불평등 해소를 위해 촉진된 것은 신지방분권화가 아니라 신중앙집권화이다. 신중앙집권화란 현대국가의 새로운 경향으로서, 지방자치제도를 발전시켜 왔던 근대 민주국가에서 사회발전과 행정기능의 확대 · 강화에 따른 복지사회의 실현을 위해 민주성과 능률성의 조화라는 근본원리에 입각하여 중앙정부의 권한이 강화되는 경향을 말한다.

08 ①

上

개념 카테고리 기초이론 > 지방자치에 관한 이론

| 정답 해설 | ① 피터슨(Peterson)의 저서 「도시한계(City Limits)」에 따르면, 개방체제로서의 지방정부는 재분배정책보다 개발정책을 추구하는 경향이 있다. 이는 중앙정부와는 달리 자본과 노동의 흐름을 통제할 수 없는 지방정부는 고용증대, 세수확대, 정부서비스 향상을 위해 경제성장에 최고의 관심을 가질 수 밖에 없다는 것이다. 즉, 지방정부가 개발정책을 추구하고 재분배정책을 경시하는 경향을 보이는 이유는 지방의 사회적, 경제적 세력에서 자유롭지 못해서가 아니라 지방정부가 직면한 구조적 제약에서 비롯된 것이라는 주장이다.

| 오답 해설 | ② 라이트(Wright)는 정부 간 관계를 분리권위형, 중첩권위형, 포괄권위형으로 분류하고, 연방정부와 주정부 간 사회적 · 문화적 측면의 동태적 관계를 기술하였다.

③ 로즈(Rhodes)의 정부 간 관계론은 중앙정부는 법적 자원, 재정적 자원에서 우위를 점하며, 지방정부는 정보자원과 조직자원의 측면에서 우위를 점한다고 주장하였다.

④ 티부(Tiebout)의 발에 의한 투표(voting with feet)가 가능하기 위해서는 주민의 자유로운 이동성, 공공서비스 제공에서 외부효과 "부존재" 등의 전제조건이 충족되어야 한다.

09 ②

中

개념 카테고리 기초이론 > 자치경찰제

| 정답 해설 | ② 경찰 업무의 통일성과 효율성을 높일 수 있는 것은 국가경찰제도이다.

| 함께 보는 법령 |

「제주특별자치도 설치 및 국제자유도시 조성을 위한 특별법」

제90조(사무) 자치경찰은 다음 각 호의 사무(이하 "자치경찰사무"라 한다)를 처리한다.

1. 주민의 생활안전활동에 관한 사무
   가. 생활안전을 위한 순찰 및 시설 운영
   나. 주민참여 방범활동의 지원 및 지도
   다. 안전사고와 재해 · 재난 등으로부터의 주민보호

라. 아동·청소년·노인·여성 등 사회적 보호가 필요한 사람의 보호와 가정·학교 폭력 등의 예방
마. 주민의 일상생활과 관련된 사회질서의 유지와 그 위반행위의 지도·단속
2. 지역교통활동에 관한 사무
가. 교통안전과 교통소통에 관한 사무
나. 교통법규위반 지도·단속
다. 주민참여 지역교통활동의 지원·지도
3. 공공시설과 지역행사장 등의 지역경비에 관한 사무
4. 「사법경찰관리의 직무를 수행할 자와 그 직무범위에 관한 법률」에서 자치경찰공무원의 직무로 규정하고 있는 사법경찰관리의 직무
5. 「즉결심판에 관한 절차법」 등에 따라 「도로교통법」 또는 「경범죄 처벌법」 위반에 따른 통고처분 불이행자 등에 대한 즉결심판 청구 사무

「국가경찰과 자치경찰의 조직 및 운영에 관한 법률」

제18조(시·도자치경찰위원회의 설치) ① 자치경찰사무를 관장하게 하기 위하여 특별시장·광역시장·특별자치시장·도지사·특별자치도지사(이하 "시·도지사"라 한다) 소속으로 시·도자치경찰위원회를 둔다. 다만, 제13조 후단에 따라 시·도에 2개의 시·도경찰청을 두는 경우 시·도지사 소속으로 2개의 시·도자치경찰위원회를 둘 수 있다.
② 시·도자치경찰위원회는 합의제 행정기관으로서 그 권한에 속하는 업무를 독립적으로 수행한다.
③ 제1항 단서에 따라 2개의 시·도자치경찰위원회를 두는 경우 해당 시·도자치경찰위원회의 명칭, 관할구역, 사무분장, 그 밖에 필요한 사항은 대통령령으로 정한다.

10 ②

中

개념 카테고리 기초이론 > 우리나라 지방자치의 역사

| 정답 해설 | ② 1991년 지방선거에서 지방의회의원을 선출하였으나, 지방자치단체장 선거는 실시되지 않았으며, 1995년 지방선거에서 지방의회의원과 지방자치단체장 선거가 실시되면서 실질적 의미의 지방자치가 시작되었다.

| 오답 해설 | ① 제헌의회가 성립하면서 1949년 「지방자치법」이 제정되어 서울특별시장과 도지사는 대통령이 임명하고, 시·읍·면장은 각 시·읍·면의회에서 간접 선출하도록 규정하였으나, 선거가 실시되지는 않았다.
③ 2006년 「지방교육자치에 관한 법률」의 개정 이후 2007년부터 주민직선제에 의한 시·도교육감 선거가 실시되었고, 2010년부터 지방선거와 동시에 주민직선제에 의한 시·도교육감 선거가 실시되면서 실질적 의미의 교육자치가 시작되었다.
④ 1960년 지방선거에서는 서울특별시장·도지사와 시·읍·면장 선거가 실시되었다.

11 ①

上

개념 카테고리 기초이론 > 주민자치위원회와 주민자치회

| 정답 해설 | ① 주민자치위원회위원은 읍·면·동장이 위촉하고, 주민자치회위원은 시·군·구청장이 위촉한다.

| 오답 해설 | ②③④ 주민자치회는 주민자치위원회에 비해 법적 지위면에서 독립적이고 법적 위상이 높다는 평가를 받는다. 주민자치위원회의 설치근거가 법률이나 주민자치회에 관한 조례가 아니고 '주민자치센터 설치·운영 조례'에 주민자치센터의 운영 조직으로서 규정되어 있어서 독자적인 주민자치위원회의 설치나 권한에 관한 법적 근거가 결여되어 있고, 주민자치위원회를 단순히 주민자치센터의 운영위원회 정도로 규정하고 있는 것에 비해, 주민자치회는 「지방자치분권 및 지역균형발전에 관한 특별법」에 의해 설치되는 법적기구의 위상을 갖게 되었기 때문이다. 따라서 주민자치위원회는 읍·면·동의 자문기구이고, 주민자치회는 주민자치의 협의·실행기구라는 측면에서 지방자치단체와의 관계는 주민자치회가 주민자치위원회보다 더 대등한 협력적 관계이며, 주민자치회가 주민자치위원회보다 더 주민대표성이 강하다.

| 플러스 이론 | 주민자치위원회와 주민자치회

구분	주민자치위원회	주민자치회
법적 근거	지방자치법 및 관련 조례	지방분권법 및 관련 조례
위상	읍·면·동 자문기구	주민자치 협의·실행기구
위촉권자	읍·면·동장	시·군·구청장
대표성	지역 유지 중심, 대표성 미약	주민 대표성 확보
기능	주민자치센터 프로그램 운영 및 심의(문화, 복지, 편익 기능 등)	주민자치사무, 협의 및 자문사무, 지방자치단체가 위임·위탁하는 사무처리 등
재정	읍·면·동사무소 지원 외에 별도 재원 거의 없음	자체재원(회비, 수익·위탁사업 수입, 사용료 등), 기부금 등 다양
지방자치단체와의 관계	읍·면·동 주도로 운영	대등한 협력적 관계

| 함께 보는 법령 | 「지방자치분권 및 지역균형발전에 관한 특별법(지방분권균형발전법)」

제40조(주민자치회의 설치 등) ① 풀뿌리자치의 활성화와 민주적 참여의식 고양을 위하여 읍·면·동에 해당 행정구역의 주민으로 구성되는 주민자치회(이하 "자치회"라 한다)를 둘 수 있다.
② 제1항에 따라 자치회가 설치되는 경우 관계 법령, 조례 또는 규칙으로 정하는 바에 따라 지방자치단체 사무의 일부를 자치회에 위임하거나 위탁할 수 있다.
③ 자치회는 다음 각 호의 업무를 수행한다.
1. 자치회 구역 내의 주민화합 및 발전을 위한 사항
2. 지방자치단체가 위임하거나 위탁하는 사무의 처리에 관한 사항
3. 그 밖에 관계 법령, 조례 또는 규칙에서 위임하거나 위탁한 사항
④ 자치회의 위원은 조례로 정하는 바에 따라 지방자치단체의 장이 위촉한다.
⑤ 제4항에 따라 위촉된 위원은 그 직무를 수행할 때에는 지역사회에 대한 봉사자로서 정치적 중립을 지켜야 하며 권한을 남용하여서는 아니 된다.
⑥ 자치회의 설치 시기, 구성, 재정 등 자치회의 설치 및 운영에 필요한 사항은 따로 법률로 정한다.
⑦ 행정안전부장관은 자치회의 설치 및 운영에 참고하기 위하여 자치회를 시범적으로 설치·운영할 수 있으며, 이를 위한 행정적·재정적 지원을 할 수 있다.

CHAPTER 02 정부 간 관계

출제 비중 5%

약점진단표											
1회독				2회독				3회독			
○	△	×	총	○	△	×	총	○	△	×	총
			12				12				12

*문제풀이 후 약점진단 결과를 적어보세요!

문제편 P.148

01	②	02	②	03	③	04	④	05	①
06	③	07	③	08	①	09	④	10	②
11	④	12	①						

01 ②

中

개념 카테고리 정부 간 관계 > 정부 간 관계모형

| 정답 해설 | ② 대등권위모형(조정권위모형, coordinate-authority model)은 연방정부와 주정부는 분리되어 동등한 권한을 가지지만, 지방정부는 주정부에 종속되어 있다고 설명한다.

02 ②

上

개념 카테고리 정부 간 관계 > 정부 간 관계모형

| 정답 해설 | ② 영국의 중앙·지방관계는 중세 귀족사회에서 지주와 그 지주의 명을 받아 토지와 소작권을 관리하는 마름(steward)의 관계에 가깝다고 하여 지주–마름 모형을 제시한 학자는 챈들러(Chandler)이다. 그린피스(Griffith)는 지도 및 감독 방식을 기준으로 중앙·지방 간의 역학관계를 중심으로 자유방임형, 규제형, 장려형으로 구분하였다.

㉠ 자유방임형: 중앙정부가 지방자치단체에 대한 관여를 최소화하고, 지방자치단체는 중앙의 지시보다는 스스로 시행착오를 통해 지식과 능력을 습득해 나갈 수 있다는 견해이다.

㉡ 규제형: 행정 서비스의 표준화를 유지하고 지방자치단체에 대해 국가의 정책을 강요하는 유형이다.

㉢ 장려형: 중앙이 지방자치단체를 설득하고 강요하여 그들의 정책을 채택하게 하고 그 정책의 효율적 집행을 확보하려는 것으로 사전적, 권력적 감독보다는 비권력적 지도 방식을 사용하는 유형이다.

03 ③

中

개념 카테고리 정부 간 관계 > 국가의 지도·감독

| 정답 해설 | ③ 서울시장은 주무부장관의 이행명령에 이의가 있으면 이행명령서를 접수한 날부터 15일 이내에 대법원에 소를 제기할 수 있다.

| 함께 보는 법령 | 「지방자치법」

제189조(지방자치단체의 장에 대한 직무이행명령) ① 지방자치단체의 장이 법령에 따라 그 의무에 속하는 국가위임사무나 시·도위임사무의 관리와 집행을 명백히 게을리하고 있다고 인정되면 시·도에 대해서는 주무부장관이, 시·군 및 자치구에 대해서는 시·도지사가 기간을 정하여 서면으로 이행할 사항을 명령할 수 있다.

② 주무부장관이나 시·도지사는 해당 지방자치단체의 장이 제1항의 기간에 이행명령을 이행하지 아니하면 그 지방자치단체의 비용부담으로 대집행 또는 행정상·재정상 필요한 조치(이하 이 조에서 "대집행 등"이라 한다)를 할 수 있다. 이 경우 행정대집행에 관하여는 「행정대집행법」을 준용한다.

③ 주무부장관은 시장·군수 및 자치구의 구청장이 법령에 따라 그 의무에 속하는 국가위임사무의 관리와 집행을 명백히 게을리하고 있다고 인정됨에도 불구하고 시·도지사가 제1항에 따른 이행명령을 하지 아니하는 경우 시·도지사에게 기간을 정하여 이행명령을 하도록 명할 수 있다.

④ 주무부장관은 시·도지사가 제3항에 따른 기간에 이행명령을 하지 아니하면 제3항에 따른 기간이 지난 날부터 7일 이내에 직접 시장·군수 및 자치구의 구청장에게 기간을 정하여 이행명령을 하고, 그 기간에 이행하지 아니하면 주무부장관이 직접 대집행 등을 할 수 있다.

⑤ 주무부장관은 시·도지사가 시장·군수 및 자치구의 구청장에게 제1항에 따라 이행명령을 하였으나 이를 이행하지 아니한 데 따른 대집행 등을 하지 아니하는 경우에는 시·도지사에게 기간을 정하여 대집행 등을 하도록 명하고, 그 기간에 대집행 등을 하지 아니하면 주무부장관이 직접 대집행 등을 할 수 있다.

⑥ 지방자치단체의 장은 제1항 또는 제4항에 따른 이행명령에 이의가 있으면 이행명령서를 접수한 날부터 15일 이내에 대법원에 소를 제기할 수 있다. 이 경우 지방자치단체의 장은 이행명령의 집행을 정지하게 하는 집행정지결정을 신청할 수 있다.

04 ④

中

개념 카테고리 정부 간 관계 > 지방자치단체의 사무

| 정답 해설 | ④ 지방자치단체의 자치사무에 대하여는 행정안전부장관이 그 회계를 감사할 수 있다.

| 함께 보는 법령 |「지방자치법」

> **제185조(국가사무나 시·도 사무 처리의 지도·감독)** ① 지방자치단체나 그 장이 위임받아 처리하는 국가사무에 관하여 시·도에서는 주무부장관, 시·군 및 자치구에서는 1차로 시·도지사, 2차로 주무부장관의 지도·감독을 받는다.
> **제190조(지방자치단체의 자치사무에 대한 감사)** ① 행정안전부장관이나 시·도지사는 지방자치단체의 자치사무에 관하여 보고를 받거나 서류·장부 또는 회계를 감사할 수 있다. 이 경우 감사는 법령 위반사항에 대해서만 한다.

05 ①

中

개념 카테고리 정부 간 관계 > 행정협의조정위원회

| 정답 해설 | ① 행정협의조정위원회는 대통령 소속이 아니라 국무총리 소속이다.

| 함께 보는 법령 |「지방자치법」

> **제187조(중앙행정기관과 지방자치단체 간 협의·조정)** ① 중앙행정기관의 장과 지방자치단체의 장이 사무를 처리할 때 의견을 달리하는 경우 이를 협의·조정하기 위하여 국무총리 소속으로 행정협의조정위원회를 둔다.

06 ③

上

개념 카테고리 정부 간 관계 > 지방자치단체 간 분쟁조정

| 정답 해설 | ③ 중앙분쟁조정위원회는 행정안전부에 설치하며 시·도와 시·군 및 자치구 간 또는 그 장 간의 분쟁을 심의·의결한다.

| 함께 보는 법령 |「지방자치법」

> **제165조(지방자치단체 상호 간의 분쟁조정)** ① 지방자치단체 상호 간 또는 지방자치단체의 장 상호 간에 사무를 처리할 때 의견이 달라 다툼(이하 "분쟁"이라 한다)이 생기면 다른 법률에 특별한 규정이 없으면 행정안전부장관이나 시·도지사가 당사자의 신청을 받아 조정할 수 있다. 다만, 그 분쟁이 공익을 현저히 해쳐 조속한 조정이 필요하다고 인정되면 당사자의 신청이 없어도 직권으로 조정할 수 있다.
> ⑦ 행정안전부장관이나 시·도지사는 제4항부터 제6항까지의 규정에 따른 조정 결정 사항이 성실히 이행되지 아니하면 그 지방자치단체에 대하여 제189조를 준용하여 이행하게 할 수 있다.
> **제166조(지방자치단체중앙분쟁조정위원회 등의 설치와 구성 등)** ① 제165조 제1항에 따른 분쟁의 조정과 제173조 제1항에 따른 협의사항의 조정에 필요한 사항을 심의·의결하기 위하여 행정안전부에 지방자치단체중앙분쟁조정위원회(이하 "중앙분쟁조정위원회"라 한다)를, 시·도에 지방자치단체지방분쟁조정위원회(이하 "지방분쟁조정위원회"라 한다)를 둔다.
> ② 중앙분쟁조정위원회는 다음 각 호의 분쟁을 심의·의결한다.
> 1. 시·도 간 또는 그 장 간의 분쟁
> 2. 시·도를 달리하는 시·군 및 자치구 간 또는 그 장 간의 분쟁
> 3. 시·도와 시·군 및 자치구 간 또는 그 장 간의 분쟁
> 4. 시·도와 지방자치단체조합 간 또는 그 장 간의 분쟁
> 5. 시·도를 달리하는 시·군 및 자치구와 지방자치단체조합 간 또는 그 장 간의 분쟁
> 6. 시·도를 달리하는 지방자치단체조합 간 또는 그 장 간의 분쟁
>
> ③ 지방분쟁조정위원회는 제2항 각 호에 해당하지 아니하는 지방자치단체·지방자치단체조합 간 또는 그 장 간의 분쟁을 심의·의결한다.

07 ③

中

개념 카테고리 정부 간 관계 > 광역행정

| 정답 해설 | ③ 광역행정은 기존의 행정구역을 초월해 더 넓은 지역을 대상으로 행정을 수행하기 때문에 규모의 경제를 확보할 수 있다. 즉, 동일한 업무는 동일한 행정기관에 의하여 광역적으로 처리되는 경우 인력·비용면에서 경제성을 높일 수 있다.

08 ①

中

개념 카테고리 정부 간 관계 > 지방자치단체 간의 관계

| 정답 해설 | ① 지방자치단체나 그 장은 소관 사무의 일부를 다른 지방자치단체나 그 장에게 '위탁'하여 처리하게 할 수 있다. 권한의 위임이란 행정관청이 법률에 따라 특정한 권한을 다른 행정관청에 이전하여 수임관청의 권한으로 행사하도록 하는 것을 말한다. 권한의 이전은 지휘·감독관계에 있는 자 사이의 이전과 대등관계에 있는 자 사이의 이전으로 구분하여, 전자를 '좁은 의미의 위임'이라고 하고, 후자를 '위탁'이라고 한다. 즉, 위탁이란 대등관계에 있는 행정청 사이에서 이루어지는 권한의 위임을 말한다.

| 함께 보는 법령 |「지방자치법」

> **제117조(사무의 위임 등)** ① 지방자치단체의 장은 조례나 규칙으로 정하는 바에 따라 그 권한에 속하는 사무의 일부를 보조기관, 소속 행정기관 또는 하부행정기관에 위임할 수 있다.
> **제168조(사무의 위탁)** ① 지방자치단체나 그 장은 소관 사무의 일부를 다른 지방자치단체나 그 장에게 위탁하여 처리하게 할 수 있다.
> ② 지방자치단체나 그 장은 제1항에 따라 사무를 위탁하려면 관계 지방자치단체와의 협의에 따라 규약을 정하여 고시하여야 한다.
> **제169조(행정협의회의 구성)** ① 지방자치단체는 2개 이상의 지방자치단체에 관련된 사무의 일부를 공동으로 처리하기 위하여 관계 지방자치단체 간의 행정협의회(이하 "협의회"라 한다)를 구성할 수 있다. 이 경우 지방자치단체의 장은 시·도가 구성원이면 행정안전부장관과 관계 중앙행정기관의 장에게, 시·군 또는 자치구가 구성원이면 시·도지사에게 이를 보고하여야 한다.
> **제182조(지방자치단체의 장 등의 협의체)** ① 지방자치단체의 장이나 지방의회의 의장은 상호 간의 교류와 협력을 증진하고, 공동의 문제를 협의하기 위하여 다음 각 호의 구분에 따라 각각 전국적 협의체를 설립할 수 있다.
> 1. 시·도지사
> 2. 시·도의회의 의장
> 3. 시장·군수 및 자치구의 구청장
> 4. 시·군 및 자치구의회의 의장
>
> **제187조(중앙행정기관과 지방자치단체 간 협의·조정)** ① 중앙행정기관의 장과 지방자치단체의 장이 사무를 처리할 때 의견을 달리하는 경우 이를 협의·조정하기 위하여 국무총리 소속으로 행정협의조정위원회를 둔다.

09 ④ 上

개념 카테고리 정부 간 관계 > 광역행정 > 처리 방식

| 정답 해설 | ④ 광역행정의 방식 중에서 법인격을 갖춘 새 기관을 설립하는 방식은 지방자치단체조합(ㄷ)과 합병(ㅁ)이다.

| 함께 보는 법령 | 「지방자치법」

> **제176조(지방자치단체조합의 설립)** ① 2개 이상의 지방자치단체가 하나 또는 둘 이상의 사무를 공동으로 처리할 필요가 있을 때에는 규약을 정하여 지방의회의 의결을 거쳐 시·도는 행정안전부장관의 승인, 시·군 및 자치구는 시·도지사의 승인을 받아 지방자치단체조합을 설립할 수 있다. 다만, 지방자치단체조합의 구성원인 시·군 및 자치구가 2개 이상의 시·도에 걸쳐 있는 지방자치단체조합은 행정안전부장관의 승인을 받아야 한다.
> ② 지방자치단체조합은 법인으로 한다.

10 ② 中

개념 카테고리 정부 간 관계 > 특별지방행정기관

| 정답 해설 | ② 특별지방행정기관은 국가의 사무를 집행하기 위해 설치한 일선집행기관으로, 전문분야의 행정을 보다 효율적으로 수행하기 위해 설치하나 행정기관 간의 중복을 야기하기도 한다.

| 오답 해설 | ① 국가의 사무를 집행하기 위해 설치한 일선집행기관이나, 고유의 법인격을 가지고 있지는 않다.

③ 특별지방행정기관은 국가의 사무를 집행하기 위해 설치한 일선집행기관으로 지방국세청, 지방병무청 등이 있다. 자치구가 아닌 일반행정구는 지방자치단체의 하부행정기관에 해당한다.

④ 특별지방행정기관은 국가의 사무를 집행하기 위해 설치한 일선집행기관으로 지방행정의 전문성을 제고하나, 지방분권 강화에 부정적인 영향을 미친다.

11 ④ 中

개념 카테고리 정부 간 관계 > 특별지방행정기관

| 정답 해설 | ④ 특별지방행정기관의 확대는 국가사무의 효율적이고 광역적인 추진을 촉진한다.

12 ① 中

개념 카테고리 정부 간 관계 > 특별지방행정기관

| 정답 해설 | ① 특별지방행정기관은 국가의 사무를 집행하기 위해 중앙정부에서 설치한 일선행정기관으로, 자치권을 가지고 있지 않다. 따라서 관할 지역 주민들의 직접적인 통제와 참여가 곤란하며, 책임행정을 실현하기 곤란하다.

CHAPTER 03 지방자치단체의 운영체계

출제 비중 53%

약점진단표											
1회독				2회독				3회독			
○	△	×	총	○	△	×	총	○	△	×	총
			24				24				24

*문제풀이 후 약점진단 결과를 적어보세요!

문제편 P.151

01	③	02	②	03	③	04	④	05	②
06	①	07	③	08	④	09	③	10	②
11	①	12	③	13	③	14	①	15	④
16	②	17	①	18	④	19	③	20	①
21	②	22	①	23	④	24	④		

01 ③

中

개념 카테고리 지자체의 운영체계 > 지역에서의 행정서비스 전달주체

| 정답 해설 | ③ 지방자치단체는 법인이다. 따라서 지방자치단체는 독자적인 법인격이 있으며, 국가의 위임사무나 자치사무를 수행한다.

| 함께 보는 법령 | 「지방자치법」

제3조(지방자치단체의 법인격과 관할) ① 지방자치단체는 법인으로 한다.

02 ②

上

개념 카테고리 지자체의 운영체계 > 지방자치단체 간의 연결구조

| 정답 해설 | ② 한 구역에 하나의 자치단체만이 존재하는 단층제를 예외적으로 채택하고 있으며, 제주특별자치도·세종특별자치시가 여기에 해당한다. 반면 종전의 강원도와 전라북도를 관할구역으로 하는 강원특별자치도·전북특별자치도는 중층제에 해당한다.

| 함께 보는 법령 |

「제주특별자치도 설치 및 국제자유도시 조성을 위한 특별법」
제10조(행정시의 폐지·설치·분리·합병 등) ① 제주자치도는 「지방자치법」 제2조 제1항 및 제3조 제2항에도 불구하고 그 관할구역에 지방자치단체인 시와 군을 두지 아니한다.

「세종특별자치시 설치 등에 관한 특별법」
제6조(설치 등) ② 세종특별자치시의 관할구역에는 「지방자치법」 제2조 제1항 제2호의 지방자치단체를 두지 아니한다.

「강원특별자치도 설치 및 미래산업글로벌도시 조성을 위한 특별법」
제7조(강원특별자치도의 설치) ② 강원특별자치도의 관할구역은 종전의 강원도의 관할구역으로 한다.

「전북특별자치도 설치 등에 관한 특별법」
제6조(전북특별자치도의 설치) ② 전북특별자치도의 관할구역은 종전의 전라북도의 관할구역으로 한다.

03 ③

上

개념 카테고리 지자체의 운영체계 > 특별지방자치단체

| 정답 해설 | ③ 지방의회 의원은 특별지방자치단체의 의회 의원을 겸직할 수 있다.

| 함께 보는 법령 | 「지방자치법」

제199조(설치) ① 2개 이상의 지방자치단체가 공동으로 특정한 목적을 위하여 광역적으로 사무를 처리할 필요가 있을 때에는 특별지방자치단체를 설치할 수 있다. 이 경우 특별지방자치단체를 구성하는 지방자치단체(이하 "구성 지방자치단체"라 한다)는 상호 협의에 따른 규약을 정하여 구성 지방자치단체의 지방의회 의결을 거쳐 행정안전부장관의 승인을 받아야 한다.
③ 특별지방자치단체는 법인으로 한다.
제201조(구역) 특별지방자치단체의 구역은 구성 지방자치단체의 구역을 합한 것으로 한다. 다만, 특별지방자치단체의 사무가 구성 지방자치단체 구역의 일부에만 관계되는 등 특별한 사정이 있을 때에는 해당 지방자치단체 구역의 일부만을 구역으로 할 수 있다.
제204조(의회의 조직 등) ① 특별지방자치단체의 의회는 규약으로 정하는 바에 따라 구성 지방자치단체의 의회 의원으로 구성한다.
② 제1항의 지방의회의원은 제43조 제1항(겸직 등 금지)에도 불구하고 특별지방자치단체의 의회 의원을 겸할 수 있다.

04 ④

中

개념 카테고리 지자체의 운영체계 > 지방공기업

| 정답 해설 | ④ 경영평가 결과를 토대로 경영진단 대상 지방공기업을 선정하는 것은 행정안전부장관의 권한이다.

| 함께 보는 법령 | 「지방공기업법」

제78조(경영평가 및 지도) ① 행정안전부장관은 제3조에 따른 지방공기업의 경영 기본원칙을 고려하여 대통령령으로 정하는 바에 따라 지방공기업에 대한 경영평가를 하고, 그 결과에 따라 필요한 조치를 하여야 한다. 다만, 행정안전부장관이 필요하다고 인정하는 경우에는 지방자치단체의 장으로 하여금 경영평가를 하게 할 수 있다.
제78조의2(경영진단 및 경영 개선 명령) ① 지방자치단체의 장은 제78조 제1항 단서에 따라 경영평가를 하였을 때에는 그 평가가 끝난 후 1개월 이내에 경영평가보고서, 재무제표, 그 밖에 대통령령으로 정하는 서류를 행정안전부장관에게 제출하여야 한다.

> ② 행정안전부장관은 제78조 제1항 본문에 따라 경영평가를 하거나 제1항에 따른 서류 등을 분석한 결과 특별한 대책이 필요하다고 인정되는 지방공기업으로서 다음 각 호의 어느 하나에 해당하는 지방공기업에 대하여는 대통령령으로 정하는 바에 따라 따로 경영진단을 실시하고, 그 결과를 공개할 수 있다.
> 1. 3개 사업연도 이상 계속하여 당기 순손실이 발생한 지방공기업
> 2. 특별한 사유 없이 전년도에 비하여 영업수입이 현저하게 감소한 지방공기업
> 3. 경영 여건상 사업 규모의 축소, 법인의 청산 또는 민영화 등 경영구조 개편이 필요하다고 인정되는 지방공기업
> 4. 그 밖에 대통령령으로 정하는 지방공기업

05 ②

中

개념 카테고리 지자체의 운영체계 > 지방공기업

| 정답 해설 | ② 지방공사를 설립하고자 하는 시장 · 군수 · 구청장은 설립 전에 관할 특별시장 · 광역시장 및 도지사와 협의하여야 하며, 특별시장, 광역시장, 특별자치시장, 도지사 및 특별자치도지사는 행정안전부장관과 협의하여야 한다.

| 함께 보는 법령 |「지방공기업법」

> **제5조(지방직영기업의 설치)** 지방자치단체는 지방직영기업을 설치 · 경영하려는 경우에는 그 설치 · 운영의 기본사항을 조례로 정하여야 한다.
> **제7조(관리자)** ① 지방자치단체는 지방직영기업의 업무를 관리 · 집행하게 하기 위하여 사업마다 관리자를 둔다. 다만, 조례로 정하는 바에 따라 성질이 같거나 유사한 둘 이상의 사업에 대하여는 관리자를 1명만 둘 수 있다.
> ② 관리자는 대통령령으로 정하는 바에 따라 해당 지방자치단체의 공무원으로서 지방직영기업의 경영에 관하여 지식과 경험이 풍부한 사람 중에서 지방자치단체의 장이 임명하며, 임기제로 할 수 있다.
> **제49조(설립)** ① 지방자치단체는 제2조에 따른 사업을 효율적으로 수행하기 위하여 필요한 경우에는 지방공사(이하 "공사"라 한다)를 설립할 수 있다. 이 경우 공사를 설립하기 전에 특별시장, 광역시장, 특별자치시장, 도지사 및 특별자치도지사(이하 "시 · 도지사"라 한다)는 행정안전부장관과, 시장 · 군수 · 구청장(자치구의 구청장을 말한다)은 관할 특별시장 · 광역시장 및 도지사와 협의하여야 한다.
> **제50조(공동설립)** ① 지방자치단체는 상호 규약을 정하여 다른 지방자치단체와 공동으로 공사를 설립할 수 있다.

06 ①

中

개념 카테고리 지자체의 운영체계 > 지방자치단체 종류별 사무배분의 기준

| 정답 해설 | ① 인구 50만 이상의 시에 대해서는 도가 처리하는 사무의 일부를 직접 처리하게 할 수 있다.

| 함께 보는 법령 |「지방자치법」

> **제13조(지방자치단체의 사무 범위)** ① 지방자치단체는 관할 구역의 자치사무와 법령에 따라 지방자치단체에 속하는 사무를 처리한다.
> ② 제1항에 따른 지방자치단체의 사무를 예시하면 다음 각 호와 같다. 다만, 법률에 이와 다른 규정이 있으면 그러하지 아니하다.
> 1. 지방자치단체의 구역, 조직, 행정관리 등
> **제14조(지방자치단체의 종류별 사무배분기준)** ① 제13조에 따른 지방자치단체의 사무를 지방자치단체의 종류별로 배분하는 기준은 다음 각 호와 같다. 다만, 제13조 제2항 제1호의 사무는 각 지방자치단체에 공통된 사무로 한다.
> 1. 시 · 도
> 가. 행정처리 결과가 2개 이상의 시 · 군 및 자치구에 미치는 광역적 사무
> 나. 시 · 도 단위로 동일한 기준에 따라 처리되어야 할 성질의 사무
> 다. 지역적 특성을 살리면서 시 · 도 단위로 통일성을 유지할 필요가 있는 사무
> 라. 국가와 시 · 군 및 자치구 사이의 연락 · 조정 등의 사무
> 마. 시 · 군 및 자치구가 독자적으로 처리하기 어려운 사무
> 바. 2개 이상의 시 · 군 및 자치구가 공동으로 설치하는 것이 적당하다고 인정되는 규모의 시설을 설치하고 관리하는 사무
> 2. 시 · 군 및 자치구
> 제1호에서 시 · 도가 처리하는 것으로 되어 있는 사무를 제외한 사무. 다만, 인구 50만 이상의 시에 대해서는 도가 처리하는 사무의 일부를 직접 처리하게 할 수 있다.
> ② 제1항의 배분기준에 따른 지방자치단체의 종류별 사무는 대통령령으로 정한다.
> ③ 시 · 도와 시 · 군 및 자치구는 사무를 처리할 때 서로 겹치지 아니하도록 하여야 하며, 사무가 서로 겹치면 시 · 군 및 자치구에서 먼저 처리한다.

07 ③

中

개념 카테고리 지자체의 운영체계 > 중앙정부와 지자체 간의 관계

| 정답 해설 | ③ 시 · 도와 시 · 군 및 자치구의 사무가 서로 경합하면 시 · 군 및 자치구에서 먼저 처리한다.

08 ④

中

개념 카테고리 지자체의 운영체계 > 지자체의 기관구성

| 정답 해설 | ④ 기관통합형의 집행기관은 집행기관 구성에서 주민의 대표성을 확보할 수 있으나, 기관대립형에 비해 행정의 전문성이 높지 않을 가능성이 크다. 즉, 기관통합형은 의결기관과 집행기관이 통합되어 있는 데 비해 기관대립형은 의결기관과 집행기관이 분리되어 집행기관은 집행만 전담하기 때문에 기관통합형의 집행기관은 기관대립형의 집행기관에 비해 행정의 전문성이 높지 않을 가능성이 크다.

| 오답 해설 | ① 우리나라는 시장의 권한이 지방의회의 권한에 비해 상대적으로 강한 기관대립형을 유지하고 있다. 즉, 우리나라는 강(强)시장－의회형에 해당한다.

② 영국의 의회형에서는 집행기관의 장을 주민이 직선으로 선출하지 않는다.

③ 미국의 위원회형은 기관통합형의 특수한 형태로 볼 수 있다.

09 ③

上

개념 카테고리 지자체의 운영체계 > 지방행정제도

| 정답 해설 | ③ 정책지원 전문인력인 정책지원관 제도는 지방의회의 정책기능을 강화하기 위해 도입되었다.

| 함께 보는 법령 | 「지방자치법」

> **제41조(의원의 정책지원 전문인력)** ① 지방의회의원의 의정활동을 지원하기 위하여 지방의회의원 정수의 2분의 1 범위에서 해당 지방자치단체의 조례로 정하는 바에 따라 지방의회에 정책지원 전문인력을 둘 수 있다.
> ② 정책지원 전문인력은 지방공무원으로 보하며, 직급·직무 및 임용절차 등 운영에 필요한 사항은 대통령령으로 정한다.

10 ②

中

개념 카테고리 지자체의 운영체계 > 지방의회 > 지방의회의 의결사항

| 정답 해설 | ② 재의요구권은 지방자치단체장의 권한에 해당한다.

11 ①

中

개념 카테고리 지자체의 운영체계 > 지방의회 > 지방의회의 의결사항

| 정답 해설 | ① 예산불성립 시 예산집행(준예산)은 지방자치단체장의 권한에 해당한다.

12 ③

中

개념 카테고리 지자체의 운영체계 > 지방의회

| 정답 해설 | ③ 지방의회는 매년 2회 정례회를 개최한다.

| 함께 보는 법령 | 「지방자치법」

> **제41조(의원의 정책지원 전문인력)** ① 지방의회의원의 의정활동을 지원하기 위하여 지방의회의원 정수의 2분의 1 범위에서 해당 지방자치단체의 조례로 정하는 바에 따라 지방의회에 정책지원 전문인력을 둘 수 있다.
> **제43조(겸직 등 금지)** ① 지방의회의원은 다음 각 호의 어느 하나에 해당하는 직(職)을 겸할 수 없다.
> 1. 국회의원, 다른 지방의회의원
> 2. 헌법재판소 재판관, 각급 선거관리위원회 위원
>
> **제53조(정례회)** ① 지방의회는 매년 2회 정례회를 개최한다.
> **제103조(사무직원의 정원과 임면 등)** ① 지방의회에 두는 사무직원의 수는 인건비 등 대통령령으로 정하는 기준에 따라 조례로 정한다.
> ② 지방의회의 의장은 지방의회 사무직원을 지휘·감독하고 법령과 조례·의회규칙으로 정하는 바에 따라 그 임면·교육·훈련·복무·징계 등에 관한 사항을 처리한다.

13 ③

中

개념 카테고리 지자체의 운영체계 > 지방의회

| 정답 해설 | ③ 의장은 의결에서 표결권을 가지며, 찬성과 반대가 같으면 부결된 것으로 본다.

| 함께 보는 법령 | 「지방자치법」

> **제64조(위원회의 설치)** ① 지방의회는 조례로 정하는 바에 따라 위원회를 둘 수 있다.
> ② 위원회의 종류는 다음 각 호와 같다.
> 1. 소관 의안(議案)과 청원 등을 심사·처리하는 상임위원회
> 2. 특정한 안건을 심사·처리하는 특별위원회
>
> ③ 위원회의 위원은 본회의에서 선임한다.
> **제73조(의결정족수)** ① 회의는 이 법에 특별히 규정된 경우 외에는 재적의원 과반수의 출석과 출석의원 과반수의 찬성으로 의결한다.
> ② 지방의회의 의장은 의결에서 표결권을 가지며, 찬성과 반대가 같으면 부결된 것으로 본다.
> **제80조(일사부재의의 원칙)** 지방의회에서 부결된 의안은 같은 회기 중에 다시 발의하거나 제출할 수 없다.
> **제89조(의원의 사직)** 지방의회는 그 의결로 소속 지방의회의원의 사직을 허가할 수 있다. 다만, 폐회 중에는 지방의회의 의장이 허가할 수 있다.

14 ①

上

개념 카테고리 지자체의 운영체계 > 우리나라의 지방선거

| 정답 해설 | ① 현재 광역–기초자치단체장 및 광역–기초의회의원 선거 모두에 정당공천제가 허용되고 있으나, 교육감은 정당공천제가 허용되고 있지 않다.

| 오답 해설 | ② 광역의회의 지역구 선거는 기본적으로 소선거구제(1명 선출)를 채택하고 있다.

매력적 오답 ③ 기초의회 지역구 선거는 기본적으로 중선거구제(2~4명 선출)에 입각하고 있다.

④ 소선거구제의 경우에 선거구가 작아서 풀뿌리 민주주의의 기반이 되는 주민과 의원과의 관계가 긴밀해질 수 있는 장점이 있는 반면, 중대선구제의 경우 선거구가 커서 주민과 의원과의 관계가 멀어질 수 있다는 단점이 있다.

| 함께 보는 법령 | 「공직선거법」

> **제26조(지방의회의원선거구의 획정)** ① 시·도의회의원지역선거구는 인구·행정구역·지세·교통 그 밖의 조건을 고려하여 자치구·시·군을 구역으로 하거나 분할하여 이를 획정하되, 하나의 시·도의원지역구에서 선출할 지역구시·도의원정수는 1명으로 하며, 그 시·도의원지역구의 명칭과 관할구역은 [별표 2]와 같이 한다.
> ② 자치구·시·군의원지역구는 인구·행정구역·지세·교통 그 밖의 조건을 고려하여 획정하되, 하나의 자치구·시·군의원지역구에서 선출할 지역구자치구·시·군의원정수는 2인 이상 4인 이하로 하며, 그 자치구·시·군의원지역구의 명칭·구역 및 의원정수는 시·도조례로 정한다.
> **제47조(정당의 후보자추천)** ① 정당은 선거에 있어 선거구별로 선거할 정수 범위 안에서 그 소속당원을 후보자로 추천할 수 있다. 다만, 비례대표자치구·시·군의원의 경우에는 그 정수 범위를 초과하여 추천할 수 있다.
> ② 정당이 제1항에 따라 후보자를 추천하는 때에는 민주적인 절차에 따라야 한다.
> ③ 정당이 비례대표국회의원선거 및 비례대표지방의회의원선거에 후보자를 추천하는 때에는 그 후보자 중 100분의 50 이상을 여성으로 추천하되, 그 후보자명부의 순위의 매 홀수에는 여성을 추천하여야 한다.

15 ④

中

개념 카테고리 지자체의 운영체계 > 지자체의 기관구성 형태

| 정답 해설 | ④ 의회–시지배인(council–manager) 형태에서는 시지배인이 실질적인 기능을 수행한다. 의회–시지배인 형태는 의회가 일정한 임기의 행정 전문가를 시지배인(city–manager)으로 선임해 그에게 집행의 전권을 위임하는 지방행정제도를 말한다. 이 경우 의회는 정책결정기관으로 규칙 제정·예산 결정 등의 기능을 수행하며, 시지배인은 의회의 관리하에 시정의 집행을 담당한다. 따라서 의회–시지배인 형태에서는 시지배인이 의례적이고 명목적인 기능이 아니라 실질적 기능을 수행하게 된다.

| 오답 해설 | ① 강시장–의회(strong mayor–council) 형태(기관대립형)에서는 시장이 강력한 정치적 리더십을 행사한다.

② 위원회(commission) 형태(기관통합형)에서는 주민 직선으로 선출된 의원들이 집행부서의 장을 맡는다.

③ 약시장–의회(weak mayor–council) 형태(기관대립형)에서는 일반적으로 의회가 예산을 편성한다.

16 ②

中

개념 카테고리 지자체의 운영체계 > 지방자치단체장의 권한 및 기능

| 정답 해설 | ② 학교, 그 밖의 교육기관의 설치·이전 및 폐지에 관한 사항은 지방자치단체장이 아니라 교육감의 권한 및 기능에 해당한다.

| 함께 보는 법령 | 「지방교육자치에 관한 법률」

제20조(관장사무) 교육감은 교육·학예에 관한 다음 각 호의 사항에 관한 사무를 관장한다.

1. 조례안의 작성 및 제출에 관한 사항
2. 예산안의 편성 및 제출에 관한 사항
3. 결산서의 작성 및 제출에 관한 사항
4. 교육규칙의 제정에 관한 사항
5. 학교, 그 밖의 교육기관의 설치·이전 및 폐지에 관한 사항
6. 교육과정의 운영에 관한 사항
7. 과학·기술교육의 진흥에 관한 사항
8. 평생교육, 그 밖의 교육·학예진흥에 관한 사항
9. 학교체육·보건 및 학교환경정화에 관한 사항
10. 학생통학구역에 관한 사항
11. 교육·학예의 시설·설비 및 교구(敎具)에 관한 사항
12. 재산의 취득·처분에 관한 사항
13. 특별부과금·사용료·수수료·분담금 및 가입금에 관한 사항
14. 기채(起債)·차입금 또는 예산 외의 의무부담에 관한 사항
15. 기금의 설치·운용에 관한 사항
16. 소속 국가공무원 및 지방공무원의 인사관리에 관한 사항
17. 그 밖에 해당 시·도의 교육·학예에 관한 사항과 위임된 사항

17 ①

中

개념 카테고리 지자체의 운영체계 > 지방자치단체장의 권한 및 기능

| 정답 해설 | ① 지방자치단체의 집행기관인 소속 행정기관은 직속기관, 사업소, 출장소, 합의제행정기관, 자문기관이 있다.

| 함께 보는 법령 | 「지방자치법」

제3절 소속 행정기관

제126조(직속기관) 지방자치단체는 소관 사무의 범위에서 필요하면 대통령령이나 대통령령으로 정하는 범위에서 그 지방자치단체의 조례로 자치경찰기관(제주특별자치도만 해당한다), 소방기관, 교육훈련기관, 보건진료기관, 시험연구기관 및 중소기업지도기관 등을 직속기관으로 설치할 수 있다.

제127조(사업소) 지방자치단체는 특정 업무를 효율적으로 수행하기 위하여 필요하면 대통령령으로 정하는 범위에서 그 지방자치단체의 조례로 사업소를 설치할 수 있다.

제128조(출장소) 지방자치단체는 외진 곳의 주민의 편의와 특정지역의 개발 촉진을 위하여 필요하면 대통령령으로 정하는 범위에서 그 지방자치단체의 조례로 출장소를 설치할 수 있다.

제129조(합의제행정기관) ① 지방자치단체는 소관 사무의 일부를 독립하여 수행할 필요가 있으면 법령이나 그 지방자치단체의 조례로 정하는 바에 따라 합의제행정기관을 설치할 수 있다.

제130조(자문기관의 설치 등) ① 지방자치단체는 소관 사무의 범위에서 법령이나 그 지방자치단체의 조례로 정하는 바에 따라 자문기관(소관 사무에 대한 자문에 응하거나 협의, 심의 등을 목적으로 하는 심의회, 위원회 등을 말한다. 이하 같다)을 설치·운영할 수 있다.

18 ④

上

개념 카테고리 지자체의 운영체계 > 자치권 > 주민참여 제도

| 정답 해설 | ④ 규칙의 제정과 개정·폐지 관련 의견 제출은 2021년 1월 전부개정된「지방자치법」에서 처음으로 도입된 주민참여 제도이다.

| 함께 보는 법령 | 「지방자치법」

제20조(규칙의 제정과 개정·폐지 의견 제출) ① 주민은 제29조에 따른 규칙(권리·의무와 직접 관련되는 사항으로 한정한다)의 제정, 개정 또는 폐지와 관련된 의견을 해당 지방자치단체의 장에게 제출할 수 있다.

19 ③

中

개념 카테고리 지자체의 운영체계 > 자치권 > 자치입법권

| 정답 해설 | ③ 지방자치단체는 조례를 위반한 행위에 대하여 조례로써 1,000만 원 이하의 과태료를 정할 수 있다.

| 함께 보는 법령 | 「지방자치법」

제34조(조례 위반에 대한 과태료) ① 지방자치단체는 조례를 위반한 행위에 대하여 조례로써 1천만 원 이하의 과태료를 정할 수 있다.

20 ①

中

개념 카테고리 지자체의 운영체계 > 자치권 > 자치재정권

| 정답 해설 | ① 지방자치단체는 자치재정권이 인정되지만, 조세 법률주의에 따라 조례를 통해서 독립적인 지방 세목을 설치할 수는 없다.

| 함께 보는 법령 | 「대한민국헌법」

제59조 조세의 종목과 세율은 법률로 정한다.

21 ②

中

개념 카테고리 지자체의 운영체계 > 지자체의 사무 > 위임사무

| 정답 해설 | ② 병역자원의 관리업무는 대표적인 기관위임사무이나, 보건소의 운영업무는 단체위임사무이다.

| 함께 보는 법령 | 「지방자치법」

제13조(지방자치단체의 사무 범위) ① 지방자치단체는 관할구역의 자치사무와 법령에 따라 지방자치단체에 속하는 사무를 처리한다.
② 제1항에 따른 지방자치단체의 사무를 예시하면 다음 각 호와 같다. 다만, 법률에 이와 다른 규정이 있으면 그러하지 아니하다.
1. 지방자치단체의 구역, 조직, 행정관리 등
2. 주민의 복지증진
마. 공공보건의료기관의 설립 · 운영
3. 농림 · 수산 · 상공업 등 산업 진흥
4. 지역개발과 자연환경보전 및 생활환경시설의 설치 · 관리
5. 교육 · 체육 · 문화 · 예술의 진흥
6. 지역민방위 및 지방소방
7. 국제교류 및 협력

22 ①

中

개념 카테고리 지자체의 운영체계 > 지자체의 사무 > 위임사무

| 정답 해설 | ① 기관위임사무의 처리에 드는 경비는 중앙정부가 전액 부담하는 것이 원칙이다. 반면, 단체위임사무의 처리에 드는 경비는 중앙정부와 지방정부가 공동 부담하는 것이 원칙이다.

23 ④

中

개념 카테고리 지자체의 운영체계 > 지자체의 사무 > 위임사무

| 정답 해설 | ④ 기관위임사무는 개별적인 법령의 근거 없이 지방자치단체의 장에게 위임된 국가사무이다. 따라서 지방자치단체의 장은 개별적인 법령의 근거가 없어도 조례나 규칙으로 정하는 바에 따라 그 권한에 속하는 사무의 일부를 보조기관, 소속 행정기관 또는 하부행정기관에 위임할 수 있다.

| 오답 해설 | ① 기관위임사무의 처리에 필요한 경비는 국가가 전액 부담한다.

② 상 · 하수도 설치 및 관리, 도시계획사업의 시행, 소비자 보호 및 저축장려는 기관위임사무가 아니라 「지방자치법」 제13조 규정에 의한 지방자치단체의 사무에 해당한다.

③ 지방자치단체의 장과 지방의회가 공동으로 수임주체가 되는 것은 기관위임사무가 아니라 단체위임사무이다.

⑤ 지방의회는 자치단체의 기관위임사무를 지휘할 수 있는 권한이 없다.

| 함께 보는 법령 |

「지방자치법」

제13조(지방자치단체의 사무 범위) ① 지방자치단체는 관할구역의 자치사무와 법령에 따라 지방자치단체에 속하는 사무를 처리한다.
② 제1항에 따른 지방자치단체의 사무를 예시하면 다음 각 호와 같다. 다만, 법률에 이와 다른 규정이 있으면 그러하지 아니하다.
1. 지방자치단체의 구역, 조직, 행정관리 등
2. 주민의 복지증진
3. 농림 · 수산 · 상공업 등 산업 진흥
카. 소비자 보호 및 저축 장려
4. 지역개발과 자연환경보전 및 생활환경시설의 설치 · 관리
다. 도시 · 군계획사업의 시행
자. 상수도 · 하수도의 설치 및 관리
5. 교육 · 체육 · 문화 · 예술의 진흥
6. 지역민방위 및 지방소방
7. 국제교류 및 협력

제117조(사무의 위임 등) ① 지방자치단체의 장은 조례나 규칙으로 정하는 바에 따라 그 권한에 속하는 사무의 일부를 보조기관, 소속 행정기관 또는 하부행정기관에 위임할 수 있다.
② 지방자치단체의 장은 조례나 규칙으로 정하는 바에 따라 그 권한에 속하는 사무의 일부를 관할 지방자치단체나 공공단체 또는 그 기관(사업소 · 출장소를 포함한다)에 위임하거나 위탁할 수 있다.
③ 지방자치단체의 장은 조례나 규칙으로 정하는 바에 따라 그 권한에 속하는 사무 중 조사 · 검사 · 검정 · 관리업무 등 주민의 권리 · 의무와 직접 관련되지 아니하는 사무를 법인 · 단체 또는 그 기관이나 개인에게 위탁할 수 있다.
④ 지방자치단체의 장이 위임받거나 위탁받은 사무의 일부를 제1항부터 제3항까지의 규정에 따라 다시 위임하거나 위탁하려면 미리 그 사무를 위임하거나 위탁한 기관의 장의 승인을 받아야 한다.

「지방재정법」

제21조(부담금과 교부금) ① 지방자치단체나 그 기관이 법령에 따라 처리하여야 할 사무로서 국가와 지방자치단체 간에 이해관계가 있는 경우에는 원활한 사무처리를 위하여 국가에서 부담하지 아니하면 아니 되는 경비는 국가가 그 전부 또는 일부를 부담한다.
② 국가가 스스로 하여야 할 사무를 지방자치단체나 그 기관에 위임하여 수행하는 경우 그 경비는 국가가 전부를 그 지방자치단체에 교부하여야 한다.

24 ④

中

개념 카테고리 지자체의 운영체계 > 지방자치권

| 정답 해설 | ④ 우리나라 지방자치단체의 기관위임사무는 의결기관인 지방의회가 그 사무의 처리에 관여할 수 없으나 단체위임사무는 관여할 수 있다.

CHAPTER 04 주민참여제도

출제 비중 11%

약점진단표											
1회독				2회독				3회독			
○	△	×	총	○	△	×	총	○	△	×	총
			13				13				13

*문제풀이 후 약점진단 결과를 적어보세요!

문제편 P.156

01	④	02	④	03	③	04	②	05	③
06	④	07	②	08	④	09	①	10	④
11	①	12	⑤	13	①				

01 ④

中

개념 카테고리 주민참여제도 > 주민참여 단계

| 정답 해설 | ④ 정보제공(informing)은 아른슈타인(Arnstein)이 제시한 주민참여의 8단계론 중 명목적(형식적) 참여의 범주에 해당한다.

| 오답 해설 | ①② 조작(manipulation), 치료(therapy)는 비참여 범주에 해당한다.

③⑤ 협력(partnership), 주민통제(citizen－control)는 실질적 참여 범주에 해당한다.

| 플러스 이론 | 아른슈타인의 주민참여 유형

비참여	조작, 치료
형식적 참여	정보제공, 상담, 회유
실질적 참여	대등협력, 권한위임, 주민통제

02 ④

中

개념 카테고리 주민참여제도 > 우리나라 주민참여제도 > 주민투표

| 정답 해설 | ④ 지방자치단체가 조례를 제정하면 해당 지역에 거주하는 18세 이상의 일정요건을 갖춘 외국인에게도 주민투표권이 부여된다.

| 함께 보는 법령 | 「주민투표법」

제5조(주민투표권) ① 18세 이상의 주민 중 제6조 제1항에 따른 투표인명부 작성기준일 현재 다음 각 호의 어느 하나에 해당하는 사람에게는 주민투표권이 있다. 다만, 「공직선거법」 제18조에 따라 선거권이 없는 사람에게는 주민투표권이 없다.
1. 그 지방자치단체의 관할구역에 주민등록이 되어 있는 사람
2. 출입국관리 관계 법령에 따라 대한민국에 계속 거주할 수 있는 자격(체류자격변경허가 또는 체류기간연장허가를 통하여 계속 거주할 수 있는 경우를 포함한다)을 갖춘 외국인으로서 지방자치단체의 조례로 정한 사람

② 주민투표권자의 연령은 투표일 현재를 기준으로 산정한다.

03 ③

中

개념 카테고리 주민참여제도 > 우리나라 주민참여제도 > 주민투표

| 정답 해설 | ③ 주민에게 과도한 부담을 주거나 중대한 영향을 미치는 지방자치단체의 주요 결정사항 등에 대하여 주민투표를 '청구'할 수 있으며, 주민투표의 발의는 지방자치단체장이 한다.

| 함께 보는 법령 | 「주민투표법」

제9조(주민투표의 실시요건) ① 지방자치단체의 장은 다음 각 호의 어느 하나에 해당하는 경우에는 주민투표를 실시할 수 있다. 이 경우 제1호 또는 제2호에 해당하는 경우에는 주민투표를 실시하여야 한다.
1. 주민이 제2항에 따라 주민투표의 실시를 청구하는 경우
2. 지방의회가 제5항에 따라 주민투표의 실시를 청구하는 경우
3. 지방자치단체의 장이 주민의 의견을 듣기 위하여 필요하다고 판단하는 경우

② 18세 이상 주민 중 제5조 제1항 각 호의 어느 하나에 해당하는 사람(같은 항 각 호 외의 부분 단서에 따라 주민투표권이 없는 사람은 제외한다. 이하 "주민투표청구권자"라 한다)은 주민투표청구권자 총수의 20분의 1 이상 5분의 1 이하의 범위에서 지방자치단체의 조례로 정하는 수 이상의 서명으로 그 지방자치단체의 장에게 주민투표의 실시를 청구할 수 있다.

⑤ 지방의회는 재적의원 과반수의 출석과 출석의원 3분의 2 이상의 찬성으로 그 지방자치단체의 장에게 주민투표의 실시를 청구할 수 있다.

⑥ 지방자치단체의 장은 직권에 의하여 주민투표를 실시하고자 하는 때에는 그 지방의회 재적의원 과반수의 출석과 출석의원 과반수의 동의를 얻어야 한다.

제13조(주민투표의 발의) ① 지방자치단체의 장은 다음 각 호의 어느 하나에 해당하는 경우에는 지체 없이 그 요지를 공표하고 관할선거관리위원회에 통지하여야 한다.
1. 제8조 제3항의 규정에 의하여 관계 중앙행정기관의 장에게 주민투표를 발의하겠다고 통지한 경우
2. 제9조 제2항 또는 제5항의 규정에 의한 주민투표청구가 적법하다고 인정되는 경우
3. 제9조 제6항의 규정에 의한 동의를 얻은 경우

04 ②

中

개념 카테고리 주민참여제도 > 우리나라 주민참여제도 > 주민투표

| 오답 해설 | ① 2004년 「지방자치법」 개정에서 도입된 이래 지

금까지 시행되고 있다.

③ 지방자치단체의 장은 자신의 직권으로 주민투표를 실시할 수 있으나, 그 지방의회 재적의원 과반수의 출석과 출석의원 과반수의 동의를 얻어야 한다.

④ 일정 요건을 갖춘 외국인은 주민투표에 참여할 수 있다.

| 함께 보는 법령 |「주민투표법」

> **제9조(주민투표의 실시요건)** ① 지방자치단체의 장은 다음 각 호의 어느 하나에 해당하는 경우에는 주민투표를 실시할 수 있다. 이 경우 제1호 또는 제2호에 해당하는 경우에는 주민투표를 실시하여야 한다.
> 1. 주민이 제2항에 따라 주민투표의 실시를 청구하는 경우
> 2. 지방의회가 제5항에 따라 주민투표의 실시를 청구하는 경우
> 3. 지방자치단체의 장이 주민의 의견을 듣기 위하여 필요하다고 판단하는 경우
>
> ⑥ 지방자치단체의 장은 직권에 의하여 주민투표를 실시하고자 하는 때에는 그 지방의회 재적의원 과반수의 출석과 출석의원 과반수의 동의를 얻어야 한다.
>
> **제24조(주민투표결과의 확정)** ① 주민투표에 부쳐진 사항은 주민투표권자 총수의 4분의 1 이상의 투표와 유효투표수 과반수의 득표로 확정된다. 다만, 다음 각 호의 어느 하나에 해당하는 경우에는 찬성과 반대 양자를 모두 수용하지 아니하거나, 양자택일의 대상이 되는 사항 모두를 선택하지 아니하기로 확정된 것으로 본다.
> 1. 전체 투표수가 주민투표권자 총수의 4분의 1에 미달되는 경우
> 2. 주민투표에 부쳐진 사항에 관한 유효득표수가 동수인 경우

05 ③

中

개념 카테고리 주민참여제도 > 우리나라 주민참여제도 > 주민조례발안

| 정답 해설 | ③ 주민은 지방자치단체의 장이 아니라 지방의회에 조례의 제정과 개폐를 청구할 수 있다.

| 함께 보는 법령 |「주민조례발안에 관한 법률」

> **제2조(주민조례청구권자)** 18세 이상의 주민으로서 다음 각 호의 어느 하나에 해당하는 사람(「공직선거법」 제18조에 따른 선거권이 없는 사람은 제외한다. 이하 "청구권자"라 한다)은 해당 지방자치단체의 의회(이하 "지방의회"라 한다)에 조례를 제정하거나 개정 또는 폐지할 것을 청구(이하 "주민조례청구"라 한다)할 수 있다.
> 1. 해당 지방자치단체의 관할 구역에 주민등록이 되어 있는 사람
> 2. 「출입국관리법」 제10조에 따른 영주(永住)할 수 있는 체류자격 취득일 후 3년이 지난 외국인으로서 같은 법 제34조에 따라 해당 지방자치단체의 외국인등록대장에 올라 있는 사람

06 ④

中

개념 카테고리 주민참여제도 > 우리나라 주민참여제도 > 주민의 감사청구

| 정답 해설 | ④ 제시된 지문에서 주민감사청구에 대한 「지방자치법」에 들어갈 내용은 18세 – 300명 – 200명 – 150명 – 18세 – 주무부장관 – 시 · 도지사이다.

| 함께 보는 법령 |「지방자치법」

> **제21조(주민의 감사청구)** ① 지방자치단체의 18세 이상의 주민으로서 다음 각 호의 어느 하나에 해당하는 사람(「공직선거법」 제18조에 따른 선거권이 없는 사람은 제외한다. 이하 이 조에서 "18세 이상의 주민"이라 한다)은 시 · 도는 300명, 제198조에 따른 인구 50만 이상 대도시는 200명, 그 밖의 시 · 군 및 자치구는 150명 이내에서 그 지방자치단체의 조례로 정하는 수 이상의 18세 이상의 주민이 연대 서명하여 그 지방자치단체와 그 장의 권한에 속하는 사무의 처리가 법령에 위반되거나 공익을 현저히 해친다고 인정되면 시 · 도의 경우에는 주무부장관에게, 시 · 군 및 자치구의 경우에는 시 · 도지사에게 감사를 청구할 수 있다.

07 ②

中

개념 카테고리 주민참여제도 > 우리나라 주민참여제도 > 주민의 감사청구

| 정답 해설 | ② 개인의 사생활을 침해할 우려가 있는 사항은 주민감사청구를 할 수 없다.

08 ④

上

개념 카테고리 주민참여제도 > 우리나라 주민참여제도

| 정답 해설 | ④ ㄱ, ㄴ, ㄷ, ㄹ 모두 현행 법률상 허용되지 않는 내용이다.

| 함께 보는 법령 |

> **「지방자치법」**
>
> **제19조(조례의 제정과 개정 · 폐지 청구)** ① 주민은 지방자치단체의 조례를 제정하거나 개정하거나 폐지할 것을 청구할 수 있다.
>
> ② 조례의 제정 · 개정 또는 폐지 청구의 청구권자 · 청구대상 · 청구요건 및 절차 등에 관한 사항은 따로 법률로 정한다.
>
> **제21조(주민의 감사청구)** ① 지방자치단체의 18세 이상의 주민으로서 다음 각 호의 어느 하나에 해당하는 사람(「공직선거법」 제18조에 따른 선거권이 없는 사람은 제외한다. 이하 이 조에서 "18세 이상의 주민"이라 한다)은 시 · 도는 300명, 제198조에 따른 인구 50만 이상 대도시는 200명, 그 밖의 시 · 군 및 자치구는 150명 이내에서 그 지방자치단체의 조례로 정하는 수 이상의 18세 이상의 주민이 연대 서명하여 그 지방자치단체와 그 장의 권한에 속하는 사무의 처리가 법령에 위반되거나 공익을 현저히 해친다고 인정되면 시 · 도의 경우에는 주무부장관에게, 시 · 군 및 자치구의 경우에는 시 · 도지사에게 감사를 청구할 수 있다.
> 1. 해당 지방자치단체의 관할구역에 주민등록이 되어 있는 사람
> 2. 「출입국관리법」 제10조에 따른 영주(永住)할 수 있는 체류자격 취득일 후 3년이 경과한 외국인으로서 같은 법 제34조에 따라 해당 지방자치단체의 외국인등록대장에 올라 있는 사람
>
> **제25조(주민소환)** ① 주민은 그 지방자치단체의 장 및 지방의회의원(비례대표 지방의회의원은 제외한다)을 소환할 권리를 가진다.
>
> ② 주민소환의 투표 청구권자 · 청구요건 · 절차 및 효력 등에 관한 사항은 따로 법률로 정한다.
>
> **「주민조례발안에 관한 법률」**
>
> **제4조(주민조례청구 제외 대상)** 다음 각 호의 사항은 주민조례청구 대상에서 제외한다.
> 1. 법령을 위반하는 사항
> 2. 지방세 · 사용료 · 수수료 · 부담금을 부과 · 징수 또는 감면하는 사항
> 3. 행정기구를 설치하거나 변경하는 사항
> 4. 공공시설의 설치를 반대하는 사항
>
> **「주민투표법」**
>
> **제7조(주민투표의 대상)** ② 제1항에 불구하고 다음 각 호의 어느 하나에 해당하는 사항은 이를 주민투표에 부칠 수 없다.
> 4. 행정기구의 설치 · 변경에 관한 사항과 공무원의 인사 · 정원 등 신분과 보수에 관한 사항

09 ①

中

개념 카테고리 주민참여제도 > 우리나라 주민참여제도

| 정답 해설 | ①「지방자치법」상 주민투표의 대상·발의자·발의요건, 그 밖에 투표절차 등에 관한 사항은 따로 법률로 정하도록 규정하고 있고, 해당 법률은「주민투표법」이다.

| 오답 해설 | ② 주민은 지방자치단체의 권한에 속하는 사무의 처리가 법령에 위반되거나 공익을 현저히 해친다고 판단될 때 시·도의 경우에는 주무부장관에게, 시·군 및 자치구의 경우에는 시·도지사에게 감사를 청구할 수 있다.

③ 주민은 지방자치단체의 공금지출에 관한 위법한 행위에 대하여 해당 지방자치단체의 장을 상대방으로 주민소송이 가능하며, 이 제도는 2005년 지방자치법 개정을 통해 처음 도입되었다.

④ 주민은 지방의회의원과 지방자치단체장에 대해 소환할 권리를 가지며 비례대표 지방의회의원은 소환 대상에 제외된다.

| 함께 보는 법령 |「지방자치법」

> **제18조(주민투표)** ① 지방자치단체의 장은 주민에게 과도한 부담을 주거나 중대한 영향을 미치는 지방자치단체의 주요 결정사항 등에 대하여 주민투표에 부칠 수 있다.
> ② 주민투표의 대상·발의자·발의요건, 그 밖에 투표절차 등에 관한 사항은 따로 법률로 정한다.
> **제21조(주민의 감사 청구)** ① 지방자치단체의 18세 이상의 주민으로서 다음 각 호의 어느 하나에 해당하는 사람(「공직선거법」 제18조에 따른 선거권이 없는 사람은 제외한다. 이하 이 조에서 "18세 이상의 주민"이라 한다)은 시·도는 300명, 제198조에 따른 인구 50만 이상 대도시는 200명, 그 밖의 시·군 및 자치구는 150명 이내에서 그 지방자치단체의 조례로 정하는 수 이상의 18세 이상의 주민이 연대 서명하여 그 지방자치단체와 그 장의 권한에 속하는 사무의 처리가 법령에 위반되거나 공익을 현저히 해친다고 인정되면 시·도의 경우에는 주무부장관에게, 시·군 및 자치구의 경우에는 시·도지사에게 감사를 청구할 수 있다.
> 1. 해당 지방자치단체의 관할 구역에 주민등록이 되어 있는 사람
> 2.「출입국관리법」 제10조에 따른 영주(永住)할 수 있는 체류자격 취득일 후 3년이 경과한 외국인으로서 같은 법 제34조에 따라 해당 지방자치단체의 외국인등록대장에 올라 있는 사람
>
> **제22조(주민소송)** ① 제21조 제1항에 따라 공금의 지출에 관한 사항, 재산의 취득·관리·처분에 관한 사항, 해당 지방자치단체를 당사자로 하는 매매·임차·도급 계약이나 그 밖의 계약의 체결·이행에 관한 사항 또는 지방세·사용료·수수료·과태료 등 공금의 부과·징수를 게을리한 사항을 감사 청구한 주민은 다음 각 호의 어느 하나에 해당하는 경우에 그 감사 청구한 사항과 관련이 있는 위법한 행위나 업무를 게을리한 사실에 대하여 해당 지방자치단체의 장(해당 사항의 사무처리에 관한 권한을 소속 기관의 장에게 위임한 경우에는 그 소속 기관의 장을 말한다. 이하 이 조에서 같다)을 상대방으로 하여 소송을 제기할 수 있다.
> 1. 주무부장관이나 시·도지사가 감사 청구를 수리한 날부터 60일(제21조 제9항 단서에 따라 감사기간이 연장된 경우에는 연장된 기간이 끝난 날을 말한다)이 지나도 감사를 끝내지 아니한 경우
> 2. 제21조 제9항 및 제10항에 따른 감사 결과 또는 같은 조 제12항에 따른 조치 요구에 불복하는 경우
> 3. 제21조 제12항에 따른 주무부장관이나 시·도지사의 조치 요구를 지방자치단체의 장이 이행하지 아니한 경우
> 4. 제21조 제12항에 따른 지방자치단체의 장의 이행 조치에 불복하는 경우
>
> **제25조(주민소환)** ① 주민은 그 지방자치단체의 장 및 지방의회의원(비례대표 지방의회의원은 제외한다)을 소환할 권리를 가진다.
> ② 주민소환의 투표 청구권자·청구요건·절차 및 효력 등에 관한 사항은 따로 법률로 정한다.

10 ④

中

개념 카테고리 주민참여제도 > 우리나라 주민참여제도 > 주민소환제도

| 정답 해설 | ④ 군수를 소환하려고 할 경우에는 해당 군의 주민소환투표청구권자 총수의 100분의 15 이상의 서명을 받아 청구해야 한다.

| 함께 보는 법령 |「주민소환에 관한 법률」

> **제7조(주민소환투표의 청구)** ① 전년도 12월 31일 현재 주민등록표 및 외국인등록표에 등록된 제3조 제1항 제1호 및 제2호에 해당하는 자(이하 "주민소환투표청구권자"라 한다)는 해당 지방자치단체의 장 및 지방의회의원(비례대표선거구시·도의회의원 및 비례대표선거구자치구·시·군의회의원은 제외하며, 이하 "선출직 지방공직자"라 한다)에 대하여 다음 각 호에 해당하는 주민의 서명으로 그 소환사유를 서면에 구체적으로 명시하여 관할 선거관리위원회에 주민소환투표의 실시를 청구할 수 있다.
> 1. 특별시장·광역시장·도지사(이하 "시·도지사"라 한다): 당해 지방자치단체의 주민소환투표청구권자 총수의 100분의 10 이상
> 2. 시장·군수·자치구의 구청장: 당해 지방자치단체의 주민소환투표청구권자 총수의 100분의 15 이상
> 3. 지역선거구시·도의회의원(이하 "지역구시·도의원"이라 한다) 및 지역선거구자치구·시·군의회의원(이하 "지역구자치구·시·군의원"이라 한다): 당해 지방의회의원의 선거구 안의 주민소환투표청구권자 총수의 100분의 20 이상

11 ①

上

개념 카테고리 주민참여제도 > 우리나라 주민참여제도 > 주민참여예산제도

| 정답 해설 | ① 주민이 참여할 수 있는 예산의 범위는「지방재정법」이 아니라 조례에 규정되어 있다.

| 함께 보는 법령 |

> **「지방재정법」**
> **제39조(지방예산 편성 등 예산과정의 주민참여)** ① 지방자치단체의 장은 대통령령으로 정하는 바에 따라 지방예산 편성 등 예산과정(「지방자치법」 제47조에 따른 지방의회의 의결사항은 제외한다. 이하 이 조에서 같다)에 주민이 참여할 수 있는 제도를 마련하여 시행하여야 한다.
> ⑤ 주민참여예산기구의 구성·운영과 그 밖에 필요한 사항은 해당 지방자치단체의 조례로 정한다.
>
> **「지방재정법 시행령」**
> **제46조(지방예산 편성 등 예산과정에의 주민참여)** ④ 제1항 및 제2항에서 규정한 사항 외에 예산과정에의 주민참여에 관한 절차 및 지원 등에 필요한 사항은 지방자치단체의 조례로 정한다.
>
> **「서울특별시 시민참여예산제 운영 조례」**
> **제6조(시민참여예산의 범위)** 예산과정에 있어서 시민의견 제출의 범위는 해당 연도의 전체 예산과 기금을 대상으로 한다.

12 ⑤

上

개념 카테고리 주민참여제도 > 우리나라 주민참여제도 > 주민참여예산제도

| 정답 해설 | ⑤ 주민참여예산제도는 「지방재정법」상 지방자치단체의 의무이지만, 주민참여예산제도를 통해 수렴된 주민의 의견은 예산에 반드시 반영되어야 하는 것은 아니다. 즉, 「지방재정법」 제39조는 지방자치단체의 장이 주민참여예산제도를 마련하여 시행하여야 한다고 규정하고 있으나, 「지방재정법 시행령」 제46조에서는 지방자치단체의 장이 수렴된 주민의견을 검토하고 그 결과를 예산과정에 반영할 수 있다고 규정하고 있다. 따라서 주민참여예산제도를 통해 수렴된 주민의 의견은 예산에 반영되어야만 하는 것은 아니다.

| 함께 보는 법령 |

「주민소환에 관한 법률」

제8조(주민소환투표의 청구제한기간) 제7조 제1항 내지 제3항의 규정에 불구하고, 다음 각 호의 어느 하나에 해당하는 때에는 주민소환투표의 실시를 청구할 수 없다.

1. 선출직 지방공직자의 임기개시일부터 1년이 경과하지 아니한 때
2. 선출직 지방공직자의 임기만료일부터 1년 미만일 때
3. 해당 선출직 지방공직자에 대한 주민소환투표를 실시한 날부터 1년 이내인 때

「지방자치법」

제22조(주민소송) ① 제21조 제1항에 따라 공금의 지출에 관한 사항, 재산의 취득·관리·처분에 관한 사항, 해당 지방자치단체를 당사자로 하는 매매·임차·도급 계약이나 그 밖의 계약의 체결·이행에 관한 사항 또는 지방세·사용료·수수료·과태료 등 공금의 부과·징수를 게을리한 사항을 감사청구한 주민은 다음 각 호의 어느 하나에 해당하는 경우에 그 감사 청구한 사항과 관련이 있는 위법한 행위나 업무를 게을리한 사실에 대하여 해당 지방자치단체의 장(해당 사항의 사무처리에 관한 권한을 소속기관의 장에게 위임한 경우에는 그 소속기관의 장을 말한다. 이하 이 조에서 같다)을 상대방으로 하여 소송을 제기할 수 있다.

「지방재정법」

제39조(지방예산 편성 등 예산과정의 주민참여) ① 지방자치단체의 장은 대통령령으로 정하는 바에 따라 지방예산 편성 등 예산과정(「지방자치법」 제47조에 따른 지방의회의 의결사항은 제외한다. 이하 이 조에서 같다)에 주민이 참여할 수 있는 제도(이하 이 조에서 "주민참여예산제도"라 한다)를 마련하여 시행하여야 한다.

② 지방예산 편성 등 예산과정의 주민참여와 관련되는 다음 각 호의 사항을 심의하기 위하여 지방자치단체의 장 소속으로 주민참여예산위원회 등 주민참여예산기구(이하 "주민참여예산기구"라 한다)를 둘 수 있다.

1. 주민참여예산제도의 운영에 관한 사항
2. 제3항에 따라 지방의회에 제출하는 예산안에 첨부하여야 하는 의견서의 내용에 관한 사항
3. 그 밖에 지방자치단체의 장이 주민참여예산제도의 운영에 필요하다고 인정하는 사항

③ 지방자치단체의 장은 주민참여예산제도를 통하여 수렴한 주민의 의견서를 지방의회에 제출하는 예산안에 첨부하여야 한다.

「지방재정법 시행령」

제46조(지방예산 편성 등 예산과정에의 주민참여) ① 법 제39조 제1항에 따른 지방예산 편성 등 예산과정(이하 이 조에서 "예산과정"이라 한다)에 주민이 참여할 수 있는 방법은 다음 각 호와 같다.

1. 공청회 또는 간담회
2. 설문조사
3. 사업공모
4. 그 밖에 주민의견 수렴에 적합하다고 인정하여 조례로 정하는 방법

② 지방자치단체의 장은 제1항에 따라 수렴된 주민의견을 검토하고 그 결과를 예산과정에 반영할 수 있다.

13 ①

中

개념 카테고리 주민참여제도 > 우리나라 주민참여제도

| 정답 해설 | ① 주민참여예산제는 「지방재정법」에 근거하는 제도이다.

| 함께 보는 법령 | 「지방재정법」

제39조(지방예산 편성 등 예산과정의 주민 참여) ① 지방자치단체의 장은 대통령령으로 정하는 바에 따라 지방예산 편성 등 예산과정(「지방자치법」 제47조에 따른 지방의회의 의결사항은 제외한다. 이하 이 조에서 같다)에 주민이 참여할 수 있는 제도(이하 이 조에서 "주민참여예산제도"라 한다)를 마련하여 시행하여야 한다.

CHAPTER 05 지방재정

출제 비중 26%

약점진단표											
1회독				2회독				3회독			
○	△	×	총	○	△	×	총	○	△	×	총
			15				15				15

*문제풀이 후 약점진단 결과를 적어보세요!

문제편 P.159

01	③	02	④	03	②	04	③	05	③
06	②	07	①	08	④	09	③	10	③
11	①	12	③	13	①	14	③	15	②

01 ③

中

개념 카테고리 지방재정 > 지방재정의 사전관리제도

| 정답 해설 | ③ 중기지방재정계획(ㄱ), 지방재정투자심사(ㄴ), 성인지 예산제도(ㄹ)는 지방재정의 사전관리제도에 해당한다.

| 함께 보는 법령 |「지방재정법」

제33조(중기지방재정계획의 수립 등) ① 지방자치단체의 장은 지방재정을 계획성 있게 운용하기 위하여 매년 다음 회계연도부터 5회계연도 이상의 기간에 대한 중기지방재정계획을 수립하여 예산안과 함께 지방의회에 제출하고, 회계연도 개시 30일 전까지 행정안전부장관에게 제출하여야 한다.
제36조의2(성인지 예산서의 작성·제출) ① 지방자치단체의 장은 예산이 여성과 남성에게 미칠 영향을 미리 분석한 보고서[이하 "성인지 예산서"(性認知 豫算書)라 한다]를 작성하여야 한다.
제37조(투자심사) ① 지방자치단체의 장은 다음 각 호의 사항에 대해서는 미리 그 필요성과 타당성에 대한 심사(이하 "투자심사"라 한다)를 직접 하거나 행정안전부장관 또는 시·도지사에게 의뢰하여 투자심사를 받아야 한다.
1. 재정투자사업에 관한 예산안 편성
2. 다음 각 목의 사항에 대한 지방의회 의결의 요청
가. 채무부담행위
나. 보증채무부담행위
다. 「지방자치법」 제47조 제1항 제8호에 따른 예산 외의 의무부담

02 ④

中

개념 카테고리 지방재정 > 지방수입의 지표 > 재정자립도

| 정답 해설 | ④ 지방자치단체가 중앙정부 등 외부의 간섭이나 통제 없이 자주적으로 편성·집행할 수 있는 재원의 비율은 재정자립도가 아니라 재정자주도에 관한 설명이다. 재정자립도는 일반회계 예산규모에서 지방세와 세외수입 합계액의 비(比)를 의미한다.

03 ②

中

개념 카테고리 지방재정 > 지방수입의 지표

| 정답 해설 | ② 재정자주도는 일반회계 세입에서 자주재원과 지방교부세를 합한 일반재원의 비중으로, 생계급여 등 사회복지 분야에서의 차등보조율을 설계할 때 사용된다.

04 ③

上

개념 카테고리 지방재정 > 자주재원 > 국세

| 정답 해설 | ③ 조세를 실제로 부담하는 사람과 이를 직접 납부하는 사람이 서로 다른 간접세를 포함하고 있는 국세의 종목은 부가가치세(ㄴ), 주세(ㄹ), 개별소비세(ㅁ) 3개이다.

05 ③

中

개념 카테고리 지방재정 > 자주재원 > 지방세

| 정답 해설 | ③ 특별시·광역시의 보통세와 도의 보통세에 공통적으로 속하는 세목은 ㄴ, ㄹ, ㅂ이다.

| 오답 해설 | ㄱ. 지방소득세는 특별시·광역시의 보통세이며, 시·군의 보통세이다.
ㄷ. 주민세는 특별시·광역시의 보통세이며, 시·군의 보통세이다.
ㅁ. 재산세는 시·군·구의 보통세이다.

| 플러스 이론 | 지방세의 세목

구분	보통세	목적세
특별시세·광역시세	취득세, 레저세, 담배소비세, 지방소비세, 주민세, 지방소득세, 자동차세	지역자원시설세, 지방교육세
도세	레저세, 취득세, 등록면허세, 지방소비세	지역자원시설세, 지방교육세
자치구세	등록면허세, 재산세	
시·군세 (광역시 군세 포함)	담배소비세, 지방소득세, 자동차세, 주민세, 재산세	

06 ②

中

개념 카테고리 지방재정 > 자주재원 > 지방세

| 정답 해설 | ② 지방세 중 목적세로는 지역자원시설세, 지방교육세가 있다. 담배소비세, 레저세, 자동차세는 목적세가 아니라 보통세에 해당한다.

07 ①

中

개념 카테고리 지방재정 > 자주재원 > 지방세

| 정답 해설 | ① 담배소비세, 주민세, 지방소득세, 재산세, 자동차세는 시·군세이며, 레저세, 취득세, 등록면허세, 지방소비세, 지역자원시설세, 지방교육세는 도세이다.

| 오답 해설 | ② 국가위임사무 집행기능은 자치단체장의 권한이다.

③ 지방자치단체는 2층제(제주특별자치도, 세종특별자치도 제외)이며, 17개의 광역자치단체와 226개의 기초자치단체가 설치되어 있다.

④ 기관대립형 구조를 채택하고 있으며, 기초자치단체장 선거에서는 정당공천제를 실시하고 있다.

08 ④

中

개념 카테고리 지방재정 > 자주재원 > 지방세

| 정답 해설 | ④ 특별시의 재산세는 특별시분과 자치구분으로 구분하고, 특별시분은 구의 지방세수 등을 고려하여 자치구에 균등 분배하고 있다.

09 ③

上

개념 카테고리 지방재정 > 자주재원 > 지방채

| 정답 해설 | ③ 외채를 발행하거나 지방채 발행 한도액의 범위를 초과하여 지방채를 발행하는 경우 행정안전부장관의 승인을 요하나, 제주특별자치도는 특별법에 의해 행정안전부장관의 승인을 요하지 않는다.

| 오답 해설 | ① 지방자치단체조합의 장은 지방채를 발행할 수 있다.

② 이미 발행한 지방채의 차환을 위해서 지방자치단체의 장은 지방채를 발행할 수 있다.

④ 외채를 발행할 경우에는 지방채 발행 한도액 범위더라도 지방의회의 의결을 거치기 전에 행정안전부장관의 승인을 받아야 한다.

| 함께 보는 법령 |

「지방재정법」

제11조(지방채의 발행) ① 지방자치단체의 장은 다음 각 호를 위한 자금 조달에 필요할 때에는 지방채를 발행할 수 있다. 다만, 제5호 및 제6호는 교육감이 발행하는 경우에 한한다.

1. 공유재산의 조성 등 소관 재정투자사업과 그에 직접적으로 수반되는 경비의 충당
2. 재해예방 및 복구사업
3. 천재지변으로 발생한 예측할 수 없었던 세입결함의 보전
4. 지방채의 차환
5. 「지방교육재정교부금법」 제9조 제3항에 따른 교부금 차액의 보전
6. 명예퇴직(「교육공무원법」 제36조 및 「사립학교법」 제60조의3에 따른 명예퇴직을 말한다. 이하 같다) 신청자가 직전 3개 연도 평균 명예퇴직자의 100분의 120을 초과하는 경우 추가로 발생하는 명예퇴직 비용의 충당

② 지방자치단체의 장은 제1항에 따라 지방채를 발행하려면 재정 상황 및 채무 규모 등을 고려하여 대통령령으로 정하는 지방채 발행 한도액의 범위에서 지방의회의 의결을 얻어야 한다. 다만, 지방채 발행 한도액 범위더라도 외채를 발행하는 경우에는 지방의회의 의결을 거치기 전에 행정안전부장관의 승인을 받아야 한다.

③ 지방자치단체의 장은 제2항에도 불구하고 대통령령으로 정하는 바에 따라 행정안전부장관과 협의한 경우에는 그 협의한 범위에서 지방의회의 의결을 얻어 제2항에 따른 지방채 발행 한도액의 범위를 초과하여 지방채를 발행할 수 있다. 다만, 재정책임성 강화를 위하여 재정위험수준, 재정 상황 및 채무 규모 등을 고려하여 대통령령으로 정하는 범위를 초과하는 지방채를 발행하는 경우에는 행정안전부장관의 승인을 받은 후 지방의회의 의결을 받아야 한다.

④ 「지방자치법」 제176조에 따른 지방자치단체조합(이하 "조합"이라 한다)의 장은 그 조합의 투자사업과 긴급한 재난복구 등을 위한 경비를 조달할 필요가 있을 때 또는 투자사업이나 재난복구사업을 지원할 목적으로 지방자치단체에 대부할 필요가 있을 때에는 지방채를 발행할 수 있다. 이 경우 행정안전부장관의 승인을 받은 범위에서 조합의 구성원인 각 지방자치단체 지방의회의 의결을 얻어야 한다.

⑤ 제4항에 따라 발행한 지방채에 대하여는 조합과 그 구성원인 지방자치단체가 그 상환과 이자의 지급에 관하여 연대책임을 진다.

「제주특별자치도 설치 및 국제자유도시 조성을 위한 특별법」

제126조(지방채 등의 발행 특례) 도지사는 제주자치도의 발전과 관계가 있는 사업을 위하여 필요하면 「지방재정법」 제11조에도 불구하고 도의회의 의결을 마친 후 외채 발행과 지방채 발행 한도액의 범위를 초과한 지방채 발행을 할 수 있다. 이 경우 「지방재정법」 제11조 제2항에서 대통령령으로 정하는 지방채 발행 한도액을 초과하여 지방채를 발행하려면 도의회 재적의원 과반수가 출석하고 출석의원 3분의 2 이상의 찬성을 받아야 한다.

10 ③

中

개념 카테고리 지방재정 > 의존재원 > 지방교부세

| 정답 해설 | ③ 신청주의를 원칙으로 하며 각 중앙관서의 예산에 반영되어야 하는 것은 지방교부세가 아니라 국고보조금이다.

| 함께 보는 법령 |

「지방교부세법」

제1조(목적) 이 법은 지방자치단체의 행정 운영에 필요한 재원(財源)을 교부하여 그 재정을 조정함으로써 지방행정을 건전하게 발전시키도록 함을 목적으로 한다.

제3조(교부세의 종류) 지방교부세(이하 "교부세"라 한다)의 종류는 보통교부세·특별교부세·부동산교부세 및 소방안전교부세로 구분한다.

제4조(교부세의 재원) ① 교부세의 재원은 다음 각 호로 한다.

1. 해당 연도의 내국세(목적세 및 종합부동산세, 담배에 부과하는 개별소비세 총액의 100분의 45 및 다른 법률에 따라 특별회계의 재원으로 사용되는 세목의 해당 금액은 제외한다. 이하 같다) 총액의 1만분의 1,924에 해당하는 금액
2. 「종합부동산세법」에 따른 종합부동산세 총액
3. 「개별소비세법」에 따라 담배에 부과하는 개별소비세 총액의 100분의 45에 해당하는 금액

4. 제5조 제3항에 따라 같은 항 제1호의 차액을 정산한 금액
5. 제5조 제3항에 따라 같은 항 제2호의 차액을 정산한 금액
6. 제5조 제3항에 따라 같은 항 제3호의 차액을 정산한 금액

제9조의3(부동산교부세의 교부) ① 부동산교부세는 지방자치단체에 전액 교부하여야 한다.

「보조금 관리에 관한 법률」

제4조(보조사업을 수행하려는 자의 예산 계상 신청 등) ① 보조사업을 수행하려는 자는 매년 중앙관서의 장에게 보조금의 예산 계상(計上)을 신청하여야 한다.

제6조(중앙관서의 장의 보조금 예산 요구) ① 중앙관서의 장은 보조사업을 수행하려는 자로부터 신청받은 보조금의 명세 및 금액을 조정하여 기획재정부장관에게 보조금 예산을 요구하여야 한다. 이 경우 제5조에 따른 보조사업의 경우에는 보조금의 예산 계상 신청이 없더라도 그 보조금 예산을 요구할 수 있다.

제16조(보조금의 교부 신청) ① 보조금의 교부를 받으려는 자는 대통령령으로 정하는 바에 따라 보조사업의 목적과 내용, 보조사업에 드는 경비, 그 밖에 필요한 사항을 적은 신청서에 중앙관서의 장이 정하는 서류를 첨부하여 중앙관서의 장이 지정한 기일 내에 중앙관서의 장에게 제출하여야 한다.

11 ① 下

개념 카테고리 지방재정 > 우리나라 지방재정 > 지방재정조정제도

| 오답 해설 | ② 중앙정부가 국가사무를 지방정부에 위임하거나 지방정부가 추진하는 사업경비의 전부 또는 일부를 보조하거나 지원하기 위한 제도는 국고보조금이다.

③ 전국적 최소한 동일 행정서비스 수준 보장을 위해 중앙정부가 내국세의 일정 비율을 자치단체에 배분하는 것은 지방교부세이다.

④ 지방교부세 대비 국고보조금의 비중 증가는 지방재정의 자율성을 약화한다.

| 함께 보는 법령 | 「지방교부세법」

제3조(교부세의 종류) 지방교부세의 종류는 보통교부세·특별교부세·부동산교부세 및 소방안전교부세로 구분한다.

12 ③ 中

개념 카테고리 지방재정 > 의존재원 > 지방교부세

| 정답 해설 | ③ 행정안전부장관은 특별교부세의 사용에 관하여 조건을 붙이거나 용도를 제한할 수 있다.

| 함께 보는 법령 | 「지방교부세법」

제3조(교부세의 종류) 지방교부세의 종류는 보통교부세·특별교부세·부동산교부세 및 소방안전교부세로 구분한다.

제6조(보통교부세의 교부) ① 보통교부세는 해마다 기준재정수입액이 기준재정수요액에 못 미치는 지방자치단체에 그 미달액을 기초로 교부한다. 다만, 자치구의 경우에는 기준재정수요액과 기준재정수입액을 각각 해당 특별시 또는 광역시의 기준재정수요액 및 기준재정수입액과 합산하여 산정한 후, 그 특별시 또는 광역시에 교부한다.

제9조(특별교부세의 교부) ① 특별교부세는 다음 각 호의 구분에 따라 교부한다.

1. 기준재정수요액의 산정방법으로는 파악할 수 없는 지역 현안에 대한 특별한 재정수요가 있는 경우: 특별교부세 재원의 100분의 40에 해당하는 금액
2. 보통교부세의 산정기일 후에 발생한 재난을 복구하거나 재난 및 안전관리를 위한 특별한 재정수요가 생기거나 재정수입이 감소한 경우: 특별교부세 재원의 100분의 50에 해당하는 금액
3. 국가적 장려사업, 국가와 지방자치단체 간에 시급한 협력이 필요한 사업, 지역 역점시책 또는 지방행정 및 재정운용 실적이 우수한 지방자치단체에 재정 지원 등 특별한 재정수요가 있을 경우: 특별교부세 재원의 100분의 10에 해당하는 금액

② 행정안전부장관은 지방자치단체의 장이 제1항 각 호에 따른 특별교부세의 교부를 신청하는 경우에는 이를 심사하여 특별교부세를 교부한다. 다만, 행정안전부장관이 필요하다고 인정하는 경우에는 신청이 없는 경우에도 일정한 기준을 정하여 특별교부세를 교부할 수 있다.

③ 삭제 〈2017. 7. 26.〉

④ 행정안전부장관은 제1항에 따른 특별교부세의 사용에 관하여 조건을 붙이거나 용도를 제한할 수 있다.

13 ① 中

개념 카테고리 지방재정 > 우리나라 지방재정 > 지방재정조정제도

| 정답 해설 | ① 지방교부세의 재원에는 내국세(목적세 및 종합부동산세, 담배에 부과하는 개별소비세 총액의 100분의 45 및 다른 법률에 따라 특별회계의 재원으로 사용되는 세목의 해당 금액은 제외) 총액의 19.24%, 종합부동산세 총액, 담배에 부과하는 개별소비세 총액의 45%가 포함된다.

| 오답 해설 | ② 가장 최근에 신설(2015년)된 지방교부세는 소방안전교부세이다.

③ 소방안전교부세는 담배소비세 총액의 100분의 20을 재원으로 하였으나 2020년 100분의 45로 상향 조정되었다.

④ 특별교부세는 그 교부 주체가 행정안전부장관으로 통합·일원화되었다.

⑤ 국고보조금은 지정된 사업목적 이외의 용도로 사용할 수 없는 재원이다.

| 함께 보는 법령 | 「지방교부세법」

제4조(교부세의 재원) ① 교부세의 재원은 다음 각 호로 한다.

1. 해당 연도의 내국세(목적세 및 종합부동산세, 담배에 부과하는 개별소비세 총액의 100분의 45 및 다른 법률에 따라 특별회계의 재원으로 사용되는 세목의 해당 금액은 제외한다. 이하 같다) 총액의 1만분의 1,924에 해당하는 금액
2. 「종합부동산세법」에 따른 종합부동산세 총액
3. 「개별소비세법」에 따라 담배에 부과하는 개별소비세 총액의 100분의 45에 해당하는 금액
4. 제5조 제3항에 따라 같은 항 제1호의 차액을 정산한 금액
5. 제5조 제3항에 따라 같은 항 제2호의 차액을 정산한 금액
6. 제5조 제3항에 따라 같은 항 제3호의 차액을 정산한 금액

제9조(특별교부세의 교부) ① 특별교부세는 다음 각 호의 구분에 따라 교부한다.

1. 기준재정수요액의 산정방법으로는 파악할 수 없는 지역 현안에 대한 특별한 재정수요가 있는 경우: 특별교부세 재원의 100분의 40에 해당하는 금액

2. 보통교부세의 산정기일 후에 발생한 재난을 복구하거나 재난 및 안전관리를 위한 특별한 재정수요가 생기거나 재정수입이 감소한 경우: 특별교부세 재원의 100분의 50에 해당하는 금액
3. 국가적 장려사업, 국가와 지방자치단체 간에 시급한 협력이 필요한 사업, 지역 역점시책 또는 지방행정 및 재정운용 실적이 우수한 지방자치단체에 재정 지원 등 특별한 재정수요가 있을 경우: 특별교부세 재원의 100분의 10에 해당하는 금액

② 행정안전부장관은 지방자치단체의 장이 제1항 각 호에 따른 특별교부세의 교부를 신청하는 경우에는 이를 심사하여 특별교부세를 교부한다. 다만, 행정안전부장관이 필요하다고 인정하는 경우에는 신청이 없는 경우에도 일정한 기준을 정하여 특별교부세를 교부할 수 있다.
④ 행정안전부장관은 제1항에 따른 특별교부세의 사용에 관하여 조건을 붙이거나 용도를 제한할 수 있다.
⑤ 지방자치단체의 장은 제4항에 따른 교부조건의 변경이 필요하거나 용도를 변경하여 특별교부세를 사용하고자 하는 때에는 미리 행정안전부장관의 승인을 받아야 한다.
⑥ 행정안전부장관은 제1항에 따른 특별교부세를 교부하는 경우 민간에 지원하는 보조사업에 대하여는 교부할 수 없다.
⑦ 제1항 제3호에 따른 우수한 지방자치단체의 선정기준 등 특별교부세의 운영에 필요한 사항은 대통령령으로 정한다.

14 ③

中

개념 카테고리 지방재정 > 우리나라 지방재정

| 정답 해설 | ③ 국가가 정책상 필요하다고 인정할 때 또는 지방자치단체의 재정 사정상 특히 필요하다고 인정할 때 예산의 범위에서 지방자치단체에 지급하는 것은 '교부금'이 아니라 '보조금'이다.

| 함께 보는 법령 | 「지방재정법」

제23조(보조금의 교부) ① 국가는 정책상 필요하다고 인정할 때 또는 지방자치단체의 재정 사정상 특히 필요하다고 인정할 때에는 예산의 범위에서 지방자치단체에 보조금을 교부할 수 있다.
제25조(지방자치단체의 부담을 수반하는 법령안) 중앙관서의 장은 그 소관 사무로서 지방자치단체의 경비부담을 수반하는 사무에 관한 법령을 제정하거나 개정하려면 미리 행정안전부장관의 의견을 들어야 한다.
제45조(추가경정예산의 편성 등) 지방자치단체의 장은 이미 성립된 예산을 변경할 필요가 있을 때에는 추가경정예산(追加更正豫算)을 편성할 수 있다.
제49조(예산의 전용) ① 지방자치단체의 장은 대통령령으로 정하는 바에 따라 각 정책사업 내의 예산액 범위에서 각 단위사업 또는 목의 금액을 전용(轉用)할 수 있다.
제60조의3(긴급재정관리단체의 지정 및 해제) ① 행정안전부장관은 지방자치단체가 다음 각 호의 어느 하나에 해당하여 자력으로 그 재정위기상황을 극복하기 어렵다고 판단되는 경우에는 해당 지방자치단체를 긴급재정관리단체로 지정할 수 있다. 이 경우 행정안전부장관은 긴급재정관리단체로 지정하려는 지방자치단체의 장과 지방의회의 의견을 미리 들어야 한다.
2. 소속 공무원의 인건비를 30일 이상 지급하지 못한 경우

15 ②

中

개념 카테고리 지방재정 > 우리나라 지방재정 > 지방재정조정제도

| 정답 해설 | ② 국고보조금과 같은 의존재원은 지방세, 세외수입과 같은 자주재원에 비해 지방재정 운영의 자율성을 제약한다.

회독의 빈틈을 채워줄

출제예상편

정답과 해설

CHAPTER 01 행정의 개념

출제 비중 9%

약점진단표											
1회독				2회독				3회독			
○	△	×	총	○	△	×	총	○	△	×	총
			8				8				8

*문제풀이 이후 약점진단 결과를 적어보세요!

문제편 P.166

01	①	02	④	03	③	04	①	05	④
06	③	07	①	08	④				

01 ①

中

개념 카테고리 행정의 개념 > 정부관의 변천 > 진보주의

| 정답 해설 | ① 보수주의의 특징에 해당한다. 진보주의자의 정부관을 보면 많은 영역에서 정부의 더욱 적극적인 역할을 지지하고, 더 많은 정부 지출과 규제를 선호한다. 반면, 보수주의자는 기업성장을 저해하는 조세제도나 소외집단을 돕기 위한 정책 등을 선호하지 않으며, 조세 감면과 완화, 시장 지향 정책 등을 선호한다.

02 ④

中

개념 카테고리 행정의 개념 > 정부관의 변천 > 보수주의

| 정답 해설 | ④ 보수주의자는 소극적 자유를 지향한다. '간섭과 제약이 없는 상태'를 소극적 자유(정치권력과 맞서는 개인의 자유를 강조)라고 하는데, 소극적 자유의 주창자들은 개인에 대한 정치권력의 부당한 억압과 강제를 배제하기 위한 법적 · 제도적 장치를 마련하는 데에 주된 관심을 갖는다.

03 ③

下

개념 카테고리 행정의 개념 > 행정과 정치의 관계

| 정답 해설 | ③ 정치 · 행정 이원론은 엽관주의의 폐해를 극복하기 위하여 대두된 이론으로, 행정관리의 능률성을 이념으로 하며 정당정치로부터 행정의 독립을 강조한다.

| 오답 해설 | ① 과학적 관리론은 정치 · 행정 이원론의 발전에 기여하였다.

② 정치와 행정을 엄격히 구분한 것은 정치 · 행정 이원론이다. 정치 · 행정 일원론은 정치와 행정의 상호 보완성을 강조하였다.

④ 행정의 정치적 기능을 강조한 것은 정치 · 행정 일원론이다.

04 ①

中

개념 카테고리 행정의 개념 > 행정과 정치의 관계 > 정치 · 행정 일원론

| 정답 해설 | ① 정치 · 행정 일원론에 관한 설명으로 ㄱ만 틀리고 나머지는 전부 옳다.

ㄱ. 행정에 있어서 절약과 능률을 최고 가치로 추구하는 것은 정치 · 행정 이원론이다.

05 ④

上

개념 카테고리 행정의 개념 > 행정과 정치의 관계 > 행정학의 정체성 위기

| 정답 해설 | ④ 신행정학 운동은 행정학의 실천적 성격과 적실성을 회복하기 위하여 정책 지향적인 행정학을 요구했으며, 전문직업주의와 가치중립적인 관리론에 대한 집착을 비판하면서 민주적 가치규범에 입각해 분권화, 고객에 의한 통제, 가치에 대한 합의 등을 강조하였다.

06 ③

下

개념 카테고리 행정의 개념 > 행정과 경영

| 정답 해설 | ③ 반대로 기술되어 있다. 행정은 공익을 추구하기 때문에 경영보다 직접적이고 엄격한 법적 규제를 받는다.

07 ①

下

개념 카테고리 행정의 개념 > 행정과 경영

| 정답 해설 | ① 행정과 경영 모두 의사결정을 본질로 하며, 동일한 관리기법(인력관리, 조직관리 등)을 사용한다.

08 ④

中

개념 카테고리 행정의 개념 > 행정과 경영

| 정답 해설 | ④ 행정의 경영화는 수익자부담에 의한 '응익주의' 원칙을 강조한다.

CHAPTER 02 현대행정의 변천

출제 비중 24%

약점진단표											
1회독				2회독				3회독			
○	△	×	총	○	△	×	총	○	△	×	총
			31				31				31

*문제풀이 후 약점진단 결과를 적어보세요!

문제편 P.168

01	②	02	④	03	①	04	①	05	③
06	②	07	②	08	③	09	①	10	②
11	①	12	①	13	④	14	③	15	④
16	③	17	④	18	④	19	④	20	④
21	④	22	②	23	①	24	③	25	①
26	④	27	④	28	①	29	②	30	②
31	④								

01 ②

中

개념 카테고리 현대행정의 변천 > 정부의 기능 > 자원배분기능

| 정답 해설 | ② 제시된 지문의 주장은 스미스(Smith)의 「국부론」의 내용으로, 보이지 않는 손(③)에 의한 자원배분의 효율성(①)을 주장하며 이른바 자유방임국가(④)를 강조하였다. 스미스를 비롯한 고전학파 경제학자들은 정부의 시장개입을 꺼렸으나 시장실패를 인식하지 못하였으며, 지나치게 시장을 신봉하였다.

02 ④

上

개념 카테고리 현대행정의 변천 > 온정적 간섭

| 정답 해설 | ④ 운전 중 안전벨트 미착용 단속은 규제가 아니라 운전자를 보호하기 위한 온정적 간섭주의이며, ①②③은 타인을 보호하기 위한 규제에 해당한다. 정부는 정부의 입장에서 꼭 해야 할 일이라고 판단되면 개인선호와 무관하게 강제로 개입하는데, 이는 민간에 대한 규제라기보다 온정주의적 개입이라고 할 수 있다. 온정주의적 개입은 충분한 정보를 가지고 합리적인 의사결정을 할 수 있는 능력이 부족한 자(예 미성년자나 정신박약자)를 정상인과 달리 취급하거나, 시민들이 그 위험성을 알고 있는데도 불구하고 그 행위를 하지 못하도록 하거나(예 마약밀매 단속), 어떤 행위를 수행하도록 하는 경우(예 자동차 운전 시 안전벨트 착용 의무화, 오토바이 운전자의 안전모 착용 의무화) 등의 형태로 나타나기도 한다.

03 ①

中

개념 카테고리 현대행정의 변천 > 시장실패 > 시장실패의 원인

| 정답 해설 | ① 울프(Wolf)가 주장한 비용과 편익의 괴리는 시장실패의 요인이 아니라 정부실패(비시장실패)의 요인이다.

04 ①

中

개념 카테고리 현대행정의 변천 > 시장실패 > 시장실패의 원인

| 정답 해설 | ① 공공재의 존재(ㄱ), 정보의 비대칭성(ㄷ), 외부효과의 발생(ㅂ)은 시장실패의 요인이며, 나머지는 정부실패의 요인에 해당한다.

05 ③

上

개념 카테고리 현대행정의 변천 > 시장실패

| 정답 해설 | ③ 긍정적 외부효과가 존재하는 시장의 경우 과소공급에 따른 비효율성이 초래된다. 따라서 정부는 공적 공급(보

조금)을 통해 대응하게 된다.

| 오답 해설 | 매력적 오답 ①② 전기·수도와 같은 공공서비스 공급에 정부가 개입하는 이유는 규모의 경제에 따른 자연독점 때문이다. 따라서 경쟁의 촉진보다는 공적 공급이나 정부규제를 통해 대응하는 것이 바람직하다.

④ 코즈의 정리(Coase's theorem)에서는 부정적 외부효과의 해결을 위한 정부의 규제정책보다는 내부화(재산권 설정을 통한 가격·대가의 지불)를 강조한다.

06 ②

上

개념 카테고리 현대행정의 변천 > 큰 정부와 작은 정부

| 정답 해설 | ② 여성·노인·저소득 취약계층이 큰 정부를 선호한다고 해서 현실의 사회 또한 그렇게 되는 것은 아니다. 이들 계층은 대개 사회에서 주류적인 위치를 차지하지 못하기 때문에 정부 성격을 규정할 정도의 역량을 가지지 못할 수도 있다.

07 ②

上

개념 카테고리 현대행정의 변천 > 시장실패 > 공공재와 가치재

| 정답 해설 | ② 가치재는 공공재와 같이 정부가 직접 공급에 참여하고 있는 재화이지만, 공공재와는 그 성격이 전혀 다르며 가치재는 공공재가 아니라 사적재(시장재)이다. 그러므로 가치재의 공급에 정부가 개입하는 것은 시장실패의 치유를 위해서 정당화된다고 할 수 없다.

08 ③

上

개념 카테고리 현대행정의 변천 > 시장실패 > 외부효과

| 정답 해설 | ③ 악화가 양화를 구축(그레샴의 법칙)하는 것은 정보의 비대칭성에 의한 역선택을 의미한다. 중고차시장에서 나쁜 품질의 중고차를 레몬(lemon)이라고 하는데, 소비자는 중고차의 상태를 잘 모르기 때문에 역선택을 하게 된다. 따라서 중고차시장에서 좋은 품질의 중고차는 사라지고 나쁜 품질의 자동차만 남게 되는 것이다. 역선택은 악화가 양화를 구축하는 현상의 현대적 해석으로 볼 수 있다.

09 ①

上

개념 카테고리 현대행정의 변천 > 시장실패 > 외부효과

| 정답 해설 | ① 외부효과란 어떤 경제주체의 경제활동이 의도치 않게 타 경제주체에게 이익이나 손해를 주면서도 그 대가를 지불하지 않거나 지불받지 못하는 상태를 의미한다. 자원봉사 행위와 같이 의도적으로 한 행동은 외부효과로 보기 어렵다.

10 ②

中

개념 카테고리 현대행정의 변천 > 시장실패 > 공유지의 비극

| 정답 해설 | ② 공유재는 비배제성과 경합성을 띠는 재화로서 그 속성상 무임승차 및 집단행동의 딜레마를 초래하는 경우에 해당하는데, 이른바 '공유지의 비극'을 초래하게 된다. 따라서 공공부문에서는 공급비용 부담과 무분별한 사용에 대한 규칙을 설정해야 한다.

11 ①

上

개념 카테고리 현대행정의 변천 > 시장실패 > Coase의 정리

| 정답 해설 | ① 코즈(Coase)의 정리는 재산권의 배분에 관한 공정성(형평성)보다는 자원배분의 효율성에 관심이 있다.

| 오답 해설 | 매력적 오답 ③ 재산권의 확정이 중요하지, 재산권의 소재는 중요하지 않다. 즉, 재산권만 확정하면 가격이나 대가를 지불하여 외부성의 문제를 내부화하여 해결할 수 있다고 본다.

12 ①

中

개념 카테고리 현대행정의 변천 > 시장실패 > 시장실패 대응 방식

| 정답 해설 | ① 국방과 같은 공공재는 정부에 의한 공적 공급을 통해 해결할 수 있다.

| 오답 해설 | ② 규모의 경제에 따른 자연독점은 공기업을 통한 공적 공급을 통해 해결할 수 있다.

13 ④

下

개념 카테고리 현대행정의 변천 > 행정국가 > Parkinson의 법칙

| 오답 해설 | ① 세이어의 법칙(Sayre's law)이란 '공·사행정은 모든 중요하지 않은 점에서 근본적으로 같다'라는 역설적 표현을 말한다. 이는 공·사행정이 근본적으로 같은 점과 다른 점이 모두 있다는 사실을 인정하면서도 중요한 점은 서로 다르다는 것을 역설적으로 표현하고 있는 것이다.

② 피터의 원리(Peter's principle)란 조직의 규모가 팽창하고 학연이나 혈연, 지연 등에 의해 승진하다 보면 자신이 감당할 수 없는 직위까지 승진하게 된다는 법칙을 말한다.

③ 과두제의 철칙(iron law of oligarchy)은 미첼스(Michels)가 주장한 것으로, 권력을 집중 장악한 소수 지도층은 조직의 본래 목표를 추구하기보다 자신의 권력·지위를 강화시키는 데 조직을 이용하는 목표의 전환 현상을 일으킨다고 하였다.

14 ③

中

개념 카테고리 현대행정의 변천 > 작은 정부론

| 정답 해설 | ③ ㄱ, ㄴ, ㄹ은 옳은 내용이고, ㄷ은 틀린 내용이다.

| 오답 해설 | ㄷ. '작은 정부'의 판단기준은 단순히 공무원의 수, 조직 및 예산의 규모나 기능의 범위만을 의미하는 것이 아니다. 국민생활에 대한 규제의 범위나 정부와 국민 사이의 권력관계 등이 중요하며, 특히 시장에 대한 개입 정도가 중요하다.

15 ④

中

개념 카테고리 현대행정의 변천 > 정부실패 > Wilson의 규제정치모형

| 정답 해설 | ④ ㄱ, ㅁ은 옳은 내용이고, ㄴ, ㄷ, ㄹ은 틀린 내용이다.

ㄴ. 수입규제는 고객정치의 대표적 예이다.

ㄷ. 다수의 수혜집단에서는 집단행동의 딜레마가 발생하여 수혜자들이 잘 조직화되지 못한다.

ㄹ. 해당 사업에 대한 신규사업자의 진입이 제한되는 것은 고객정치이다. 고객정치에서는 소수집단의 이익을 대변하는 포획현상과 지대추구행위가 나타나 신규사업자의 진입이 제한된다.

16 ③

中

개념 카테고리 현대행정의 변천 > 정부실패 > Wilson의 규제정치모형

| 정답 해설 | ③ 제시된 지문은 윌슨(Wilson)의 규제정치모형 중 기업가적 정치에 관한 내용이다.

17 ④

上

개념 카테고리 현대행정의 변천 > 정부규제 > 규제샌드박스

| 정답 해설 | ④ 규제샌드박스의 유형으로 규제 신속 확인제도(①), 임시 허가(②), 실증특례(③)가 있다.

| 플러스 이론 | 규제샌드박스

규제샌드박스는 기존 규제로 인해 신기술이나 신제품의 시장 출시가 지연되고 있는 경우, 기존 규제의 개선 이전에도 우선 시장에 출시할 수 있도록 해 주는 임시적인 조치를 포괄하고 있다.

- 규제 신속 확인제도: 규제 신속 확인제도는 시장 행위자가 제품 출시 등에 직면하여 발생하는 규제의 불확실성을 제거해 주기 위해 신기술·신산업 관련 규제 존재 여부와 내용을 문의하면 30일 이내에 회신받을 수 있도록 하는 것이다.
- 임시 허가: 임시 허가는 혁신적인 신제품이 시장 출시를 앞두고 관련 규제가 해당 신기술이나 신서비스가 적용된 제품에 적용하는 것이 곤란하거나 맞지 않은 경우, 또는 해당 신기술이나 신서비스가 적용된 제품에 대해 명확히 규정되어 있지 않아 어려움을 겪는 경우에 임시 허가를 통해 제품 출시를 허용하고 2년 이내에 법령 정비를 의무화한 제도이다. 만약 2년 이내에 관련 법령 정비가 완결되지 않을 때에는 2년을 연장할 수 있도록 하여 최대 4년 이내에 법령 정비를 완료하여 정식 허가를 취득하도록 한 제도이다.
- 실증특례(실증을 위한 규제특례): 실증특례는 관련 법령의 모호성이나 불합리성 혹은 금지규정의 존재로 인해 신제품이나 신서비스의 사업화가 제한적일 경우, 일정한 조건 하에서 기존 규제의 적용을 배제한 실증 테스트가 가능하도록 한 제도이다. 이 제도의 경우에도 임시 허가와 같은 방식으로 최대 4년 이내에 법령 정비를 통해 정식허가를 통한 시장 출시를 의미하고 있으며, 만약 법령 정비가 그 이상 지연될 경우 임시 허가를 통한 시장 출시도 가능하도록 하고 있다.

| 함께 보는 법령 | 「산업융합 촉진법」

제10조의2(규제 신속확인) ① 산업융합 신제품·서비스를 활용하여 사업을 하려는 자는 산업통상자원부장관에게 해당 신제품 또는 서비스와 관련된 허가 등의 필요 여부 등을 확인하여 줄 것을 신청할 수 있다.

제10조의3(실증을 위한 규제특례) ① 산업융합 신제품·서비스를 시험·검증하기 위한 목적으로 사업을 하려는 자는 다음 각 호의 어느 하나에 해당하는 경우에 산업통상자원부장관에게 해당 산업융합 신제품·서비스의 실증을 위한 규제특례(이하 이 조에서 "규제특례"라 한다)를 신청할 수 있다.

1. 허가 등의 근거가 되는 법령에 해당 산업융합 신제품·서비스에 맞는 기준·규격·요건 등이 없는 경우
2. 허가 등의 근거가 되는 법령에 따른 기준·규격·요건 등을 해당 산업융합 신제품·서비스에 적용하는 것이 맞지 아니한 경우
3. 다른 법령의 규정에 의하여 허가 등을 신청하는 것이 불가능한 산업융합 신제품·서비스에 대하여 제한된 구역·기간·규모 안에서 실증이 필요한 경우

제10조의6(임시허가) ① 산업융합 신제품·서비스를 활용하여 사업을 하려는 자는 다음 각 호의 어느 하나에 해당하는 경우에 산업통상자원부장관에게 해당 산업융합 신제품·서비스에 대하여 임시허가를 신청할 수 있다.

1. 허가 등의 근거가 되는 법령에 해당 산업융합 신제품·서비스에 맞는 기준·규격·요건 등이 없는 경우
2. 허가 등의 근거가 되는 법령에 따른 기준·규격·요건 등을 해당 산업융합 신제품·서비스에 적용하는 것이 맞지 아니한 경우

18 ④

中

개념 카테고리 현대행정의 변천 > 정부규제 > 규제개혁

| 정답 해설 | ④ 규제의 존속기한 또는 재검토기한은 규제의 목적을 달성하기 위하여 필요한 최소한의 기간 내에서 설정되어야 하며, 그 기간은 원칙적으로 5년을 초과할 수 없다(「행정규제기본법」 제8조 제2항).

19 ④

上

개념 카테고리 현대행정의 변천 > 정부규제 > 규제개혁

| 정답 해설 | ④ 규제심사는 정부입법에 대해서만 적용되며, 의원입법은 대상에서 제외된다.

20 ④

中

개념 카테고리 현대행정의 변천 > 정부규제 > 규제개혁

| 정답 해설 | ④ ㄴ, ㄷ, ㄹ은 옳은 내용이고, ㄱ은 틀린 내용이다.

| 오답 해설 | ㄱ. 경제적 규제는 완화되어야 하고 사회적 규제는 강화되어야 한다.

21 ④

上

개념 카테고리 현대행정의 변천 > 정부규제 > 규제와 재정

| 정답 해설 | ④ 규제와 재정이라는 정부활동의 두 방식은 상호 대체성이 높다.

22 ②

中

개념 카테고리 현대행정의 변천 > 정부실패 > X-비효율성

| 정답 해설 | ② X-비효율성은 정부산출물이 정부에 의해 독점적으로 생산됨으로써 발생한다. 따라서 정부의 X-비효율성은 사회적·정치적 수요 측면보다는 정부서비스의 공급 측면 때문에 발생한다.

23 ①

中

개념 카테고리 현대행정의 변천 > 정부실패 > 사적 목표의 설정

| 정답 해설 | ① 정부조직에 근무하는 관료의 공익이 아닌 사적 목표의 설정(내부성) 문제는 민영화를 통해 해결하는 것이 효과적이다.

24 ③

下

개념 카테고리 현대행정의 변천 > 공공서비스의 민간화 > 민간위탁

| 정답 해설 | ③ 제시된 지문은 민간위탁에 관한 내용이다.

25 ①

中

개념 카테고리 현대행정의 변천 > 공공서비스의 민간화 > 민간위탁

| 정답 해설 | ① 행정기관은 법령이 정하는 바에 따라 그 소관 사무 중 조사·검사·검정·관리 사무 등 국민의 권리·의무와 직접 관계되지 아니하는 사무를 민간위탁할 수 있다고 규정하고 있다.

| 함께 보는 법령 | 「행정권한의 위임 및 위탁에 관한 규정」

> **제11조(민간위탁의 기준)** ① 행정기관은 법령으로 정하는 바에 따라 그 소관 사무 중 조사·검사·검정·관리 사무 등 국민의 권리·의무와 직접 관계되지 아니하는 다음 각 호의 사무를 민간위탁할 수 있다.
> 1. 단순 사실행위인 행정작용
> 2. 공익성보다 능률성이 현저히 요청되는 사무
> 3. 특수한 전문지식 및 기술이 필요한 사무
> 4. 그 밖에 국민생활과 직결된 단순 행정사무

26 ④

中

개념 카테고리 현대행정의 변천 > 공공서비스의 민간화 > 민간위탁

| 정답 해설 | ④ 면허 방식에서는 시민 또는 이용자가 서비스 제공자에게 비용을 지불하며 서비스 수준과 질은 정부가 규제한다.

27 ④

中

개념 카테고리 현대행정의 변천 > 공공서비스의 민간화 > 민간위탁

| 정답 해설 | ④ 수요자에게 직접 쿠폰이나 전자바우처 등을 지급하는 명시적 바우처가 있고, 서비스 공급자에게 수요량에 따라 보조금을 지급하는 묵시적 바우처가 있다. 또한 수요자가 서비스를 구매하고 영수증 등을 제출해 지원금을 환급받는 환급형 바우처가 있다.

28 ①

上

개념 카테고리 현대행정의 변천 > 시민사회 > 결사체 민주주의

| 정답 해설 | ① 결사체 민주주의에 관한 설명이다.

29 ②

上

개념 카테고리 현대행정의 변천 > 시민사회 > 공동체주의

| 정답 해설 | ② 공동체주의에 관한 설명이다.

30 ②

下

개념 카테고리 현대행정의 변천 > 시민사회 > 비정부조직(NGO)

| 정답 해설 | ② 살라몬(Salamon)의 비정부조직(NGO) 실패모형 중 NGO에 가장 많은 자원을 공급하는 사람이나 집단의 결정에 의해 그 활동내용과 방식이 결정되는 단점과 관련 있는 것은 박애적 온정주의(philanthropic paternalism)이다.

| 오답 해설 | ① 박애적 아마추어리즘(philanthropic amateurism): NGO는 도덕적·종교적 신념에 바탕을 둘 뿐, 전문성과 책임성을 확보하기 어렵다.

③ 박애적 배타주의(philanthropic particularism): NGO의 활동영역과 서비스 공급대상이 한정되어 있어 모든 대상자에게 전달되지 않는다.

④ 박애적 불충분성(philanthropic insufficiency): NGO는 강제성이 없으므로 활동에 필요한 자원을 지속적이고 안정적으로 확보하기 어렵다.

31 ④

中

개념 카테고리 현대행정의 변천 > 사회자본(사회적 자본)

| 정답 해설 | ④ 사회적 자본은 사회적 관계에서 상호이익을 위해 집단행동을 촉진시키는 규범과 네트워크로, 사회구성원들 간의 신뢰와 협력을 중시한다.

| 오답 해설 | ① 신행정학의 이론 형성에 영향을 미친 것은 사회적 형평성이다.

② 행태론적 접근방법에 관한 설명이다.

③ 통치기능설(정치 · 행정 일원론)에 관한 설명이다.

CHAPTER 03 행정학이론 발달

출제 비중 49%

약점진단표

1회독				2회독				3회독			
○	△	×	총	○	△	×	총	○	△	×	총
			33				33				33

*문제풀이 후 약점진단 결과를 적어보세요!

문제편 P.175

01	②	02	③	03	①	04	③	05	④
06	④	07	④	08	③	09	④	10	③
11	②	12	③	13	④	14	②	15	③
16	①	17	④	18	②	19	③	20	④
21	②	22	②	23	③	24	②	25	④
26	②	27	④	28	④	29	②	30	②
31	④	32	④	33	④				

01 ②

中

개념 카테고리 이론 발달 > 행정학의 학문적 성격

| 정답 해설 | ② 행정학에서 기술성이란 어떻게(how)를 중심으로 실용성 · 실천성 · 처방성 등을 내포하는 것으로, 사회문제에 대한 해결과 처방을 중시하는 입장이다. 정치 · 행정 일원론, 신행정론에 의해 중요하게 제기되었다.

| 오답 해설 | ① 행정의 정책결정기능을 강조하는 통치기능설(정치 · 행정 일원론)의 영향으로 행정학의 정체성 위기(identity crisis)가 처음 등장했다.

③ 상대적으로 사이몬(Simon)은 과학성을, 왈도(Waldo)는 기술성을 더 강조하였다.

④ 행정학의 과학성을 강조하는 학자들은 행정현상의 보편적 원칙을 인정한다.

02 ③

中

개념 카테고리 이론 발달 > 미국 행정학 > 미국 행정의 발달과정

| 정답 해설 | ③ 정당정치로부터의 행정의 독립을 중시한 것은 정치 · 행정 이원론인 행정관리설이다. 1930년대 이후 등장한 통치기능설은 경제대공황을 극복하기 위해 뉴딜(new deal) 정책을 추진하는 과정에서 정책결정기능을 강조하였다.

03 ①

下

개념 카테고리 이론 발달 > 전통 행정학 > 과학적 관리론과 인간관계론

| 정답 해설 | ① 과학적 관리론은 공식적 조직의 역할을 강조하지만, 인간관계론은 비공식적 집단의 역할을 중시한다.

| 오답 해설 | 매력적 오답 ④ 과학적 관리론과 인간관계론은 경영학에서 발달한 이론이다. 따라서 두 이론은 능률성이나 생산성 향상을 추구한다는 점에서 유사하다. 일부 기출문제의 지문에 등장한 것처럼 인간관계론이 궁극적으로 추구하는 것이 행정의 민주화가 아니라는 점에 주의해야 한다.

04 ③

中

개념 카테고리 이론 발달 > 전통 행정학 > 인간관계론

| 정답 해설 | ③ 인간관계론에 관한 설명으로 ㄱ, ㄷ이 옳지 않다.

ㄱ. 합리적 경제인관 · X이론적 인간관에 기초한 것은 과학적 관리

론이다. 인간관계론은 사회인관 · Y이론적 인간관에 기초한다.

ㄷ. 인간을 생존에 대한 기본적인 욕구에 의해 동기부여되는 것으로 보는 것은 과학적 관리론이다. 인간관계론은 사회 · 심리적 요인을 통한 동기부여를 강조한다.

05 ④
下

개념 카테고리 이론 발달 > 전통 행정학 > 행태론

| 정답 해설 | ④ 〈보기〉에서 설명하는 행정이론은 행정행태론이다. 행정행태론은 인간이 어떤 가치관, 태도, 동기를 가지고 있는가를 알아보기 위하여 면접이나 설문조사 등의 사회 · 심리학적 접근을 통하여 개인의 행태를 객관적 · 실증적으로 분석한다. 그러나 행정행태론은 연구방법의 기술 및 과학성에 지나치게 치중하여 연구범위 및 대상을 지나치게 제약하였다는 비판을 받는다.

06 ④
上

개념 카테고리 이론 발달 > 전통 행정학 > 행태론

| 정답 해설 | ④ 행태주의는 미시적 접근에 입각하여 집단의 고유한 특성을 인정하지 않는 방법론적 개체주의의 입장을 취한다.

07 ④
中

개념 카테고리 이론 발달 > 전통 행정학 > 생태론

| 정답 해설 | ④ 프리즘적 사회는 농업사회에서 산업사회로 넘어가는 과도기적 사회인 개발도상국을 말하며, 개발도상국의 지배적인 행정모형을 사랑방 모형(sala model)이라 한다. 즉, 프리즘적 모형(prismatic model)을 사랑방 모형이라고도 한다.

08 ③
中

개념 카테고리 이론 발달 > 전통 행정학 > 생태론

| 정답 해설 | ③ 생태론적 접근방법은 행정체제의 개방성을 강조하고 있으며, 분석 수준을 행위자 개인보다는 집합적 행위나 제도에 맞추고 있어 거시적 분석의 성격을 띠고 있다.

09 ④
下

개념 카테고리 이론 발달 > 전통 행정학 > 발전행정론

| 정답 해설 | ④ 행정이 국가발전이라는 목표를 달성하기 위해 정치를 비롯하여 경제 · 사회의 변동을 주도해 나가야 한다는 행정학설은 발전행정(기능)론이다. 따라서 발전행정론은 정치, 사회, 경제의 불균형성장에 기여하였다.

10 ③
中

개념 카테고리 이론 발달 > 전통 행정학 > 신행정론(후기행태론)

| 정답 해설 | ③ ㄱ, ㄴ, ㄷ이 옳은 내용으로 옳은 것은 3개이다. ㄹ은 내용이 잘못 연결되어 있다.

| 오답 해설 | ㄹ. 이스턴(Easton)은 가치중립적 · 과학적 연구를 강조하는 행태주의를 비판하고 후기 행태주의를 주장하였다.

11 ②
中

개념 카테고리 이론 발달 > 전통 행정학 > 신행정론(후기행태론)

| 정답 해설 | ② 신행정학은 기업식 정부 운영보다 사회적 형평성을 위한 정부의 적극적 역할을 강조하였다. 기업식 정부 운영을 강조한 것은 신공공관리론이다.

12 ③
中

개념 카테고리 이론 발달 > 전통 행정학 > 현상학

| 정답 해설 | ③ 현상학적 접근방법(phenomenological approach)은 사회현상의 본질, 인간인식의 특성, 이론의 성격 등 사회과학 연구의 좀 더 본질적인 문제를 둘러싸고 실증주의와 행태주의가 내세우는 과학적인 연구방법에 대해 반기를 들고 있다.

| 오답 해설 | ① 현상학적 접근방법은 사회현상 또는 사회적 실재(social reality)란 자연현상처럼 사람과 동떨어진 객체로 존재하는 것이 아니라 그 속에 참여하는 사람들의 의식 · 생각 · 언어 · 개념 등으로 구성되며, 그들의 상호 주관적인 경험으로 이룩되는 것이기 때문에 사회과학에서 형성하는 사유 대상(thought objects) 또는 정신적 구성물은 자연과학의 그것과는 본질적으로 다르다고 본다.

② 현상학적 접근방법은 일반법칙적인 방법보다는 개개인의 사례나 문제 중심적인 방법에 의해서 설명된다.

매력적 오답 ④ 현상학적 접근방법은 근본적으로 행정학 연구를 행정가의 일상적이고 실제적 측면을 강조하는 미시적 관점으로의 방향 전환을 시도하는 것이다.

13 ④
下

개념 카테고리 이론 발달 > 현대 행정학 > 공공선택론

| 정답 해설 | ④ 제시된 지문은 공공선택론에 관한 내용이다. 공공선택론은 정치 · 행정현상을 경제학적으로 분석하는 이론으로 정치인이나 관료의 사익추구를 가정하기 때문에 득표극대화나 예산극대화를 추구하는 존재로 본다. 또한 정치인과 관료의 사익추구로 인해 포획이나 지대추구행위가 나타난다고 본다.

14 ②

中

개념 카테고리 이론 발달 > 현대 행정학 > 공공선택론

| 정답 해설 | ② 공공선택론은 공공서비스의 효율적 공급을 위해 공공부문의 시장경제화를 추구하며, 정치 및 행정현상에 경제학적 분석도구를 적용하여 설명한다.

| 오답 해설 | ① 신공공서비스론(NPS), ③ 현상학, ④ 뉴거버넌스에 대한 설명이다.

15 ③

上

개념 카테고리 이론 발달 > 현대 행정학 > 공공선택론

| 정답 해설 | ③ 중위투표자이론은 과반수제하에서는 중위투표자가 가장 선호하는 의안이 채택되는 현상을 말하는데, 극단적인 선호를 가진 투표자들은 기권을 많이 하게 된다.

16 ①

上

개념 카테고리 이론 발달 > 현대 행정학 > 공공선택론

| 정답 해설 | ① 던리비(Dunleavy)의 관청형성모형은 자익 추구적(self-interested)인 개인들의 합리적 선택을 기본가정으로 하는 공공선택론의 방법론을 기본으로 하고 있다.

17 ④

上

개념 카테고리 이론 발달 > 현대 행정학 > 신제도주의

| 정답 해설 | ④ 합리적 선택 제도주의의 연장선상에서 오스트롬(E. Ostrom)은 '공유재의 비극'의 해결 방안으로 공동체 중심의 자치제도를 제시한다.

| 오답 해설 | ① 신제도주의는 그동안 외생변수로만 다루어 오던 정책 혹은 행정환경을 내생변수와 같이 직접적인 분석대상에 포함시켜 종합·분석적인 연구에 기여하고 있다.

② 서로 다른 국가들 사이의 제도가 유사해지는 현상(동형화)을 설명하는 데 유리한 것은 사회학적 제도주의이다.

③ 동일한 상황에서 국가 간의 상이한 제도로 인해 서로 다른 정책이 채택되고 효과도 다르게 나타나는 현상을 강조하는 것은 역사적 제도주의이다.

18 ②

上

개념 카테고리 이론 발달 > 현대 행정학 > 역사적 신제도주의

| 정답 해설 | ② 〈보기〉는 역사적 신제도주의에서 강조하는 경로의존성에 관한 설명으로, t 시점에서 필요에 의해서 만들어진 제도는 t+1 시점에 환경 변화 등으로 인해 그 폐지·변화를 요구하더라도 그 제도 자체가 지속되는 경향이 있음을 나타내고 있다.

19 ③

中

개념 카테고리 이론 발달 > 현대 행정학 > 사회학적 신제도주의

| 정답 해설 | ③ 사회학적 신제도주의는 제도가 국가나 조직의 경계를 넘어 유사한 형태로 수렴된다는 제도의 동형화를 강조한다.

| 오답 해설 | ① 후기 행태론적 접근방법은 행정현상에 관한 이론의 맥락성과 상대성을 강조한다.

② 체제론적 접근방법은 구성부분 사이의 일반적·선형적 인과관계보다 현상의 전체성을 강조한다.

④ 역사적 신제도주의는 제도가 일단 형성되면 일정한 경로를 유지하기 때문에 환경 변화에 적응하지 못하는 점을 강조한다.

20 ④

中

개념 카테고리 이론 발달 > 현대 행정학 > 신공공관리론(NPM)

| 정답 해설 | ④ 신공공관리론(NPM)은 시민 전체로서의 공익에 대한 책임성과 대응성이 아닌 고객의 개인적 이익을 강조한다.

21 ②

中

개념 카테고리 이론 발달 > 현대 행정학 > 신공공관리론(NPM)

| 정답 해설 | ② 오스본(Osborne)과 플라스트릭(Plastrick)이 「관료제의 추방」(1997년)에서 제시한 정부개혁의 5가지 전략(5C)은 핵심(Core)전략, 결과(Consequence)전략, 고객(Customer)전략, 통제(Control)전략, 문화(Culture)전략이다.

22 ②

上

개념 카테고리 이론 발달 > 현대 행정학 > 신공공관리론(NPM)

| 정답 해설 | ② 직위분류제는 신공공관리론(NPM)과는 거리가 멀다. 직위분류제는 미국에서 직무의 구조적 배열과 체계적 분업화를 강조한 과학적 관리론의 영향으로 성립되었으며, 정부에서는 동일 업무에 대한 동일보수'라는 보수의 형평성을 요구하게 되면서 1923년 직위분류법이 제정되고 직위분류제가 확립되었다.

| 오답 해설 | ① NPM은 성과급제를 도입하여 근무성적평정에 주력하였다.

③ NPM은 정부기능의 대폭적인 감축, 민영화, 계약에 의한 민간위탁 등에 중점을 둔다.

④ NPM은 책임운영기관, 전문성, 권한의 위임 등을 전제로 한 조직 등을 도입하였다.

23 ③

中

개념 카테고리 이론 발달 > 현대 행정학 > 신공공관리론(NPM)

| 정답 해설 | ③ 신공공관리론(NPM)은 시장주의와 신관리주의를 결합하여 전통적인 관료제 패러다임의 한계를 극복하고 작은 정부를 구현하기 위해서 개발된 정부 운영 및 개혁에 관한 이론이다. 시장주의는 신자유주의 이념에 기초하여 가격 메커니즘과 경쟁원리를 활용한 공공서비스 제공, 고객 지향적 공공서비스 제공을 중시하며, 신관리주의는 행정과 경영의 유사성에 대한 인식에 기초하여 기업의 경영원리와 관리기법을 행정에 도입·접목하여 정부의 성과 향상과 관리의 효율성 제고를 강조한다. 따라서 NPM은 공·사행정의 엄격한 구분보다 양자의 유사성을 강조한다.

24 ②

中

개념 카테고리 이론 발달 > 현대 행정학 > 신공공관리론(NPM)

| 정답 해설 | ② 신공공관리적 행정개혁은 행정의 성과를 제고하기 위해서 등장하였다. 따라서 행정부패 방지는 신공공관리적 행정개혁이라고 보기 어렵다.

25 ④

中

개념 카테고리 이론 발달 > 현대 행정학 > 신공공서비스론(NPS)

| 정답 해설 | ④ 〈보기〉는 신공공서비스론(NPS)이 제시한 7가지 원칙에 해당한다. NPS는 복잡한 미래 사회에서 정부가 방향을 잡는 것은 수행하기 어렵거나 불가능하다고 본다. 정부의 방향잡기 역할을 강조한 것은 신공공관리론(NPM)의 특징이다.

26 ②

中

개념 카테고리 이론 발달 > 현대 행정학 > 신공공서비스론(NPS)

| 오답 해설 | ① 공공선택론, 대리인이론, 거래비용이론 등을 배경으로 등장한 것은 신공공관리론(NPM)이다. 신공공서비스론(NPS)은 실증주의·해석학·비판이론·포스트모더니즘을 포괄하는 다양한 접근을 중시한다.

③ NPS는 공익을 행정활동의 부산물이 아닌 목적으로 간주한다.

④ 개인이익의 총화는 시민 또는 고객집단에게 바람직한 결과를 창출한다는 시장지향적 책임을 강조하는 것은 신공공관리론이다. 신공공서비스론은 법, 공동체 가치, 정치적 규범, 전문성, 시민 이익 존중 등 다양한 측면에서의 책임성 확보를 강조한다.

27 ④

下

개념 카테고리 이론 발달 > 현대 행정학 > 뉴거버넌스론

| 정답 해설 | ④ 제시된 지문은 탈규제 정부모형에 관한 설명이다.

| 플러스 이론 | 피터스(Peters)의 국정관리모형

구분	시장적 정부모형	참여적 정부모형	신축적 정부모형	탈규제 정부모형
기존 정부의 문제점	독점	계층제	조직의 영속성·경직성	내부규제
구조의 개혁 방안	• 분권화 • 공기업화 • 책임운영기관 • 지방분권	• 수평적 조직 • 평면조직 • 자문위원회	• 가상조직 • 임시과제단 • 준(비)정부 기구	–
관리의 개혁 방식	• 성과급 • 목표관리제 • 민간기법 도입	• TQM • 팀제 • 권한 위임	• 가변적·적응적 인사관리 • 임시직	• 재량권 부여 • 공직윤리 강조
정책결정의 개혁 방안	• 내부시장 • 시장적 유인	• 전문가 회의 • 협상, 협의	실험	기업가적 정부
공익의 기준	비용 최소화	• 참여 • 협의	• 저비용 • 조정	• 창의성 • 활동주의

28 ④

中

개념 카테고리 이론 발달 > 현대 행정학 > 뉴거버넌스론

| 정답 해설 | ④ 시장적 정부모형이 아니라 탈규제 정부모형에 관한 설명이다.

29 ②

中

개념 카테고리 이론 발달 > 현대 행정학 > 신공공관리론(NPM)과 뉴거버넌스론

| 정답 해설 | ② ㄱ, ㄷ, ㅁ은 옳게 연결되었고, ㄴ, ㄹ은 잘못 연결되었다.

ㄴ. 신공공관리론의 관리가치는 결과이며, 뉴거버넌스론의 관리가치는 신뢰이다.

ㄹ. 신공공관리론에서 관료의 역할은 공공기업가이며, 뉴거버넌스론에서 관료의 역할은 조정자이다.

30 ②

上

개념 카테고리 이론 발달 > 넛지이론

| 정답 해설 | ② 신자유주의는 신공공관리론과 관련이 있다.

| 오답 해설 | ①③④ 넛지이론의 특징은 다음과 같다. ㉠ 넛지이론의 핵심 주장은 정부는 사람들의 선택의 자유를 존중하면서 보다 나은 의사결정을 하도록 도와줄 수 있다는 것이다. ㉡ 새로운 정책 수단인 넛지는 기본적으로 간접적이고 유도적인 방식의 정부 개입방식으로서 촉매적 정책 수단의 성격을 띠고 있다. ㉢ 넛

지는 엄격하게 검증된 증거에 기반하여 정책을 선택하거나 결정하는 것을 강조한다. ㉣ 행동적 시장실패를 해결하기 위해 정부 개입을 통한 개인의 행동 변화를 추진하는 것과 관련하여 넛지는 급진적 점증주의(radical incrementalism) 관점에 기초하고 있다. 급진적 점증주의는 단절적 변화로 보이는 많은 혁신적 변화가 사실은 지속적이고 부단한 소규모변화가 누적된 결과라는 개념이다.

| 플러스 이론 | 신공공관리론과 넛지이론

구분	신공공관리론	넛지이론
이론의 학문적 토대	신고전학파 경제학, 공공선택론	행동경제학
합리성	완전한 합리성, 경제적 합리성	제한된 합리성, 생태적 합리성
정부 역할의 이념적 기초	신자유주의, 시장주의	자유주의적 개입주의
정부 역할의 근거와 한계	시장실패와 제도실패, 정부실패	행동적 시장실패와 정부실패
공무원상	정치적 기업가	선택설계자
정부 정책의 목표	고객주의, 개인의 이익 증진	행동 변화를 통한 삶의 질 제고
정책수단	경제적 인센티브	넛지
정부개혁 모델	기업가적 정부	넛지 정부

31 ④

中

개념 카테고리 이론 발달 > 포스트모더니즘

| 정답 해설 | ④ 관료제도를 중심으로 한 근대 행정이론은 특수주의, 과학주의(실증주의), 기술주의(낮은 수준의 기술, 기법), 기업주의(경쟁방식) 등을 특징으로 하는 데 비해, 포스트모더니즘 행정이론은 상상(imagination), 해체(deconstrucion), 탈영역화(deterritorilization), 타자성(他者性, alterity), 은유(metaphor) 등을 특징으로 한다. 따라서 과학주의(scientism)는 모더니즘의 특징에 해당한다.

32 ④

上

개념 카테고리 이론 발달 > 재정이론의 전개과정

| 정답 해설 | ④ 공급중시 경제학자(supply-side economist)들은 래퍼곡선(laffer curve)을 근거로 감세정책을 주장하였다.

33 ④

上

개념 카테고리 이론 발달 > 행정환경의 복합성

| 정답 해설 | ④ 다문화주의(multiculturalism)란 하나의 사회 내부에서 복수 문화의 공존을 바람직한 것으로 보고, 문화의 공존이 가져오는 긍정적 측면을 적극적으로 평가하려고 하는 주장 내지 운동을 지칭한다.

CHAPTER 04 행정이념

출제 비중 18%

약점진단표											
1회독				2회독				3회독			
○	△	×	총	○	△	×	총	○	△	×	총
			8				8				8

*문제풀이 후 약점진단 결과를 적어보세요!

문제편 P.182

01	②	02	④	03	④	04	④	05	②
06	④	07	④	08	③				

01 ②

下

개념 카테고리 행정이념 > 행정가치 > 본질적 가치 > 형평성

| 정답 해설 | ② 형평성은 행정이 추구하는 가치 중 본질적 가치에 해당한다. 나머지 능률성(①), 합법성(③), 생산성(④)은 수단적 가치에 해당한다.

02 ④

中

개념 카테고리 행정이념 > 행정가치 > 본질적 가치 > 공익

| 정답 해설 | ④ 집단이기주의가 발생할 수 있는 것은 실체설이 아니라 과정설이다. 실체설은 공익과 사익은 명확히 구분된다고 보며, 공익은 사익을 초월한 것으로 공익과 사익 간의 갈등이란 있을 수 없다는 입장이다. 따라서 실체설보다는 과정설에서 집단이기주의가 발생할 가능성이 높다.

03 ④

上

개념 카테고리 행정이념 > 행정가치 > 본질적 가치 > 사회적 형평성

| 정답 해설 | ④ 신행정론의 주장에 따르면, 1960년대 이후 미국 사회에 실업, 빈곤, 무지 등의 악순환이 계속된 것은 관료제가 비민주적이고 공리주의적 총체적 효용에 사로잡혀 정치·경제적으로 소외된 소수집단에 대한 무관심 때문이었다고 한다. 즉, 신행정론은 공리주의적 총체적 효용을 비판하고 사회적 형평성을 강조한다.

04 ④

中

개념 카테고리 행정이념 > 행정가치 > 본질적 가치 > 정의

| 정답 해설 | ④ 차등원리는 저축원리와 양립하는 범위 내에서 가장 불우한 사람들의 편익을 최대화해야 한다는 원리를 말한다. 저축원리란 사회협동의 모든 산물 중 어느 정도 비율의 것을 분배나 재분배에 충당하지 않고, 설비나 기타 생산 수단 및 교육에의 투자 등의 형태로 장래 세대의 복지를 위해 유보 내지 저축하는 것이 적절한 것인가를 규정하는 원리를 말한다.

05 ②

中

개념 카테고리 행정이념 > 행정가치 > 수단적 가치

| 정답 해설 | ② ㄱ, ㄷ, ㄹ은 옳은 내용이고, ㄴ, ㅁ은 틀린 내용이다.

| 오답 해설 | ㄴ. 사회적 능률성은 민주성의 개념으로 이해되는데, 인간관계론에서 처음 주창된 가치이다.

ㅁ. 적극적 의미의 합법성(legality)은 예외 없이 적용하는 법의 안정성보다 상황에 따라 신축성을 부여하는 법의 적합성을 강조한다.

06 ④

中

개념 카테고리 행정이념 > 행정가치 > 수단적 가치 > 가외성

| 정답 해설 | ④ 환경의 불확실성이 커질수록 가외성의 필요성은 증가한다. 즉, 불확실성과 가외성은 비례관계이다.

07 ④

中

개념 카테고리 행정이념 > 행정가치 > 수단적 가치 > 가외성

| 정답 해설 | ④ 가외성은 경제성이나 능률성과는 충돌되는 개념이다.

08 ③

上

개념 카테고리 행정이념 > 행정가치 > 수단적 가치 > 투명성

| 정답 해설 | ③ 민원처리과정을 온라인으로 공개하는 것은 과정의 투명성을 확보하기 위한 조치이다.

정답과 해설

CHAPTER 01 정책학의 기초이론

출제 비중 21%

약점진단표											
1회독				2회독				3회독			
○	△	×	총	○	△	×	총	○	△	×	총
			15				15				15

*문제풀이 후 약점진단 결과를 적어보세요!

문제편 P.186

01	④	02	②	03	③	04	②	05	④
06	①	07	②	08	③	09	④	10	②
11	④	12	③	13	④	14	①	15	②

01 ④

中

개념 카테고리 기초이론 > 정책의 의의 > 정책학의 특징

| 정답 해설 | ④ 정책학은 가치판단을 위한 규범적(normative) 접근과 사실판단을 위한 실증적(positive) 접근을 융합하여 처방적 접근을 시도한다.

02 ②

中

개념 카테고리 기초이론 > 정책의 의의 > 정책의 기능 및 유형

| 오답 해설 | ① 정책은 정치적·행정적 과정으로서 매우 복잡하고 동태적 과정을 거친다.

③ 최저임금제는 보호적 규제정책의 대표적인 사례이다.

④ 경쟁적 규제정책은 배분정책과 규제정책의 성격을 동시에 지니고 있다.

03 ③

下

개념 카테고리 기초이론 > 정책유형의 분류 > Ripley & Franklin의 분류

| 정답 해설 | ③ 제시된 지문은 승리한 경쟁자에게 공급권을 부여하는 대신 공공이익을 위해서 서비스 제공의 일정한 측면을 규제하려는 경쟁적 규제정책에 관한 설명이다.

04 ②

中

개념 카테고리 기초이론 > 정책유형의 분류 > 보호적 규제정책

| 정답 해설 | ② ㄱ, ㄴ, ㄹ은 옳은 내용이고, ㄷ은 틀린 내용이다.

| 오답 해설 | ㄷ. 보호적 규제정책은 여러 사적 활동에 대해 활동을 제약하는 조건을 설정함으로써 일반대중을 보호하는 것을 목적으로 하는 정책으로, 소수의 피해집단(비용부담집단)과 다수의 수혜집단으로 나뉜다. 소수의 비용부담집단은 적극적으로 반대활동을 하지만, 다수의 수혜집단은 집단행동의 딜레마로 무임승차하려는 현상이 나타나 적극적인 지지활동을 보이는 데 한계가 있다.

05 ④

中

개념 카테고리 기초이론 > 정책유형의 분류 > 구성정책

| 정답 해설 | ④ 구성정책은 모든 국민을 대상으로 하는 정책이므로, 대외적인 가치배분에는 큰 영향이 없지만 대내적으로는 게임의 법칙이 일어난다.

06 ①

中

개념 카테고리 기초이론 > 정책유형의 분류 > Ripley & Franklin의 분류

| 정답 해설 | ① 리플리와 프랭클린(Ripley & Franklin)의 경쟁적 규제정책은 특정 소수자에게 권리를 부여하는 배분정책적 성격과 서비스 제공의 일정한 측면을 규제하는 규제정책적 성격을 동시에 지니고 있는 잡종(hybrid)이지만, 그 목표가 대중의 보호에 있고 수단에 규제적인 요소가 많기 때문에 규제정책으로 보는 것이 일반적이다.

| 오답 해설 | ② 리플리와 프랭클린의 보호적 규제정책은 다수를 보호하기 위해 소수를 규제하는 정책이다.

③ 로위(Lowi)가 주장하는 재분배정책의 가장 큰 특징은 계급 대립의 성격을 지닌다는 것이다.

④ 로위의 분배(배분)정책은 수혜자와 비용부담자 간의 갈등이 없다는 점이 특징이다.

07 ②

中

개념 카테고리 기초이론 > 정책유형의 분류 > 상징정책

| 정답 해설 | ② 올림픽 등 국제행사의 유치 및 개최(ㄴ)와 국경일의 제정 및 준수(ㄷ)는 상징정책에 해당한다.

| 오답 해설 | ㄱ. 선거구의 통폐합은 구성정책에 해당한다.

ㄹ. 국공립학교를 통한 교육서비스 제공은 배분정책에 해당한다.

ㅁ. 조세 부과 및 징병은 추출정책에 해당한다.

08 ③

上

개념 카테고리 기초이론 > 정책과정의 참여자 > 공식적 참여자

| 정답 해설 | ③ 정책집행단계에서 입법부는 간접적으로 집행에 개입하고 간섭할 수 있다.

09 ④

中

개념 카테고리 기초이론 > 정책과정의 참여자 > 비공식적 참여자

| 정답 해설 | ④ 시민사회의 발전역사가 일천한 우리나라 사회에서 NGO는 그동안 사회적 이슈를 제기하고 정책문제를 정의하는 정책의제설정단계에서 가장 참여가 빈번하였으며, 정책평가단계에서의 참여가 가장 적은 것으로 밝혀졌다.

10 ②

下

개념 카테고리 기초이론 > 정책과정의 참여자 > 비공식적 참여자

| 정답 해설 | ② 정당(ㄱ), 이익집단(ㄹ), 전문가집단(ㅁ), 시민단체(ㅂ), 언론(ㅅ) 등은 비공식 참여자에 해당한다.

11 ④

下

개념 카테고리 기초이론 > 정책네트워크모형 > 하위정부모형

| 정답 해설 | ④ 이익집단(ㄴ), 행정기관(ㄹ), 의회 소관 위원회(ㅁ)가 철의 삼각(iron triangle)모형에서 동맹을 형성하는 집단이다.

12 ③

中

개념 카테고리 기초이론 > 정책네트워크모형 > 이슈네트워크와 정책공동체

| 정답 해설 | ③ 참여자의 범위가 넓고 경계의 개방성이 높은 것은 정책공동체가 아니라 이슈네트워크이다.

13 ④

中

개념 카테고리 기초이론 > 정책네트워크모형 > 이슈네트워크와 정책공동체

| 정답 해설 | ④ 이슈네트워크는 정책공동체에 비해 개방적이고 유동적인 네트워크로서의 특징을 지닌다.

14 ①

下

개념 카테고리 기초이론 > 권력모형 > 다원주의이론

| 정답 해설 | ① 소수의 엘리트들이 정책을 주도하는 이론은 엘리트론이다.

15 ②

中

개념 카테고리 기초이론 > 권력모형 > 조합주의

| 정답 해설 | ② 조합주의는 사회통합을 지나치게 강조하여 자본주의사회의 기본 요소인 경쟁과 갈등을 무시한다는 단점이 있다.

CHAPTER 02 정책의제설정론

출제 비중 10%

약점진단표

1회독				2회독				3회독			
○	△	×	총	○	△	×	총	○	△	×	총
			6				6				6

*문제풀이 후 약점진단 결과를 적어보세요!

문제편 P.189

01	③	02	②	03	①	04	②	05	④
06	③								

01 ③

中

개념 카테고리 정책의제설정론 > 정책의제설정모형 > 동원모형

| 정답 해설 | ③ 고위의사결정자 등에 의해 정부의제가 먼저 설정되고 정책순응을 확보하기 위해 다각적인 홍보 등을 거쳐 최종적으로 정책의제로 채택되는 유형은 동원형이다.

02 ②

中

개념 카테고리 정책의제설정론 > 정책의제설정모형 > 내부접근모형

| 정답 해설 | ② 공중의제화를 억제하기 때문에 일종의 음모형에 해당하는 것은 내부접근형이다.

03 ①

下

개념 카테고리 정책의제설정론 > 정책의제설정모형 > 외부주도모형

| 정답 해설 | ① 〈보기〉는 정책의제설정의 유형 중에서 외부주도형에 해당하는 내용이다. 외부주도형은 사회문제 → 사회적 이슈 → 공중의제 → 정부의제의 순으로 정책의제설정이 이루어진다.

04 ②

中

개념 카테고리 정책의제설정론 > 정책이해관계자의 특성

| 정답 해설 | ② ㄱ, ㄹ은 옳은 내용이며, ㄴ, ㄷ은 틀린 내용이다.

| 오답 해설 | ㄴ. 집단의 규모가 클수록, 그리고 정책영향력이 클수록 정책의제화될 가능성이 높다.

ㄷ. 조직화 정도가 높은 경우에는 조직비용이 낮기 때문에 상대적으로 쉽게 의제화된다.

05 ④

中

개념 카테고리 정책의제설정론 > 정책의제의 선택적 설정 > 무의사결정론

| 정답 해설 | ④ 좁은 의미의 무의사결정은 정책채택과정에서 발생하지만, 넓은 의미의 무의사결정은 정책의 전 과정에 걸쳐서 일어난다.

| 오답 해설 | ① 무의사결정은 정책문제의 채택과정에서 엘리트들에게 안전한 이슈만을 논의하고 불리한 문제는 거론조차 못하게 하는 것으로, 지배엘리트들이 현실적 문제를 의도적으로 무시할 때 발생한다.

② 다원화된 선진국보다는 후진국에서 주로 발생한다.

③ 정책결정자들의 무관심으로 말미암아 쟁점화되지 못하는 정책문제는 정책과정에 제약을 가하지 않는다는 면에서, 무의사결정과 구별되어야 한다.

06 ③

中

개념 카테고리 정책의제설정론 > 정책의제의 선택적 설정 > 무의사결정론

| 정답 해설 | ③ 무의사결정은 정책의제 채택과정에서 주로 일어나지만, 정책결정과 집행과정에서도 일어날 수 있다.

| 플러스 이론 | 바흐라흐와 바라츠의 무의사결정론

바흐라흐와 바라츠는 무의사결정이 정책과정의 전반에 걸쳐 일어난다고 주장하였다. 좁은 의미의 무의사결정은 정책의제 채택과정에서 기존 세력에 도전하는 요구는 정책문제화하지 않고 억압을 당한다고 보았다. 이들이 처음 무의사결정을 주장할 당시에는 여기에 초점이 있었다. 그러나 정책결정과 집행과정에서도 무의사결정이 일어난다. 정책문제 채택과정에서 개혁요구세력이 주장하는 논리를 기존세력이 저지하지 못했을 경우에 정책결정과정에서 고려되는 정책대안의 범위나 내용을 한정·수정시키려고 노력할 것이며, 여기에서도 실패할 경우에는 집행과정에서 집행을 저지하기 위해 배정되는 예산이나 인력을 최소화하려고 노력하게 된다. 따라서 넓은 의미의 무의사결정은 정책의 전 과정에서 발생한다.

CHAPTER 03 정책분석론

출제 비중 10%

약점진단표											
1회독				2회독				3회독			
○	△	×	총	○	△	×	총	○	△	×	총
			10				10				10

*문제풀이 후 약점진단 결과를 적어보세요!

문제편 P.191

01	④	02	①	03	③	04	④	05	③
06	②	07	②	08	②	09	②	10	②

01 ④

中

개념 카테고리 정책분석론 > 정책문제의 특성

| 정답 해설 | ④ ㄴ, ㄷ, ㅁ은 옳은 내용이고, ㄱ, ㄹ은 틀린 내용이다.

| 오답 해설 | ㄱ. 정책문제는 공공성이 강하다.
ㄹ. 정책문제는 동태적 성격이 강하다.

02 ①

中

개념 카테고리 정책분석론 > 정책대안의 결과예측 > 정책델파이

| 정답 해설 | ① 정책델파이기법은 주관적·질적 예측기법에 해당한다.

03 ③

中

개념 카테고리 정책분석론 > 정책대안의 결과예측 > 델파이기법

| 정답 해설 | ③ 델파이(delphi)기법은 예측하려는 현상에 대하여 관련 있는 전문가의 자문을 설문지를 통하여 근접한 의견에 이를 때까지 체계적으로 유도하고 분석하는 직관적인 미래예측기법이다. 따라서 미래예측의 근거는 전문가의 주관적인 판단이나 직관적인 진술의 형태를 취하는 것으로서, 주관적인 판단에 기초를 둔다는 점이 본질적인 성격이다. 즉, 델파이기법은 전문가의 주관이나 직관에 의한 미래예측기법이지만 응답의 결과가 통계적으로 처리됨으로써 비교적 객관적인 결론을 도출할 수 있는 것이다.

04 ④

中

개념 카테고리 정책분석론 > 정책대안의 결과예측 > 델파이기법

| 정답 해설 | ④ 델파이기법이 아니라 정책델파이에 관한 설명이다. 정책델파이는 의견의 차이나 갈등을 부각시키는 이원화된 통계처리를 통해 극단적이거나 대립된 견해도 존중한다.

05 ③

中

개념 카테고리 정책분석론 > 정책대안의 결과예측 > 정책델파이

| 정답 해설 | ③ 제시된 지문은 정책델파이에 관한 설명이다.

06 ②

上

개념 카테고리 정책분석론 > 합리적 정책결정의 제약요인

| 정답 해설 | ② 관리정보체계의 발달은 합리적 정책결정을 제약하는 요인이 아니라 합리적 정책결정을 위한 수단으로 작용한다.

07 ②

中

개념 카테고리 정책분석론 > 합리적 정책결정의 제약요인 > 구조적 요인

| 정답 해설 | ② 매몰비용은 합리적 정책결정의 환경적 제약요인에 해당한다.

08 ②

上

개념 카테고리 정책분석론 > 정책결정자의 가치

| 정답 해설 | ② 정책결정자의 행동에 영향을 미치는 가치에는 정치적 가치, 조직의 가치, 개인의 가치, 정책의 가치, 이념적 가치 등이 있다. 제시된 지문의 내용은 정책의 가치에 해당하는 내용으로, 정책결정자들은 공익 또는 어느 정책이 도덕적으로 바람직한가 하는 정책의 가치에 의해 정책대안을 평가하기도 한다.

09 ②

上

개념 카테고리 정책분석론 > 정책대안의 결과예측 > 비용편익분석

| 정답 해설 | ② 금전적인 편익은 사회 전체적으로 보면 순이득이 아니므로, 비용편익분석 시 이를 고려하지 말아야 한다. 예컨

대 교육투자 프로젝트를 시행함에 따른 교사들의 소득 증대는 다른 사람들의 부담증가분(소득감소분)과 정확히 상쇄되므로 사회 전체적으로 보면 실질적인 편익이 아니다. 이 경우 비용효과분석에서의 편익은 화폐로 환산되지 않는다.

| 오답 해설 | 매력적 오답 ③ 비용편익분석 기법 중 순현재가치법, 편익비용비율법, 내부수익률법은 결과값이 클수록 우수한 대안이나, 회수기간법은 결과값이 작을수록 우수한 대안이 된다는 점을 주의해야 한다. 즉, 대동소이(大同小異)함에 주의하여야 한다.

10 ②

上

개념 카테고리 정책분석론 > 정책대안의 결과예측 > 비용편익분석

| 정답 해설 | ② 할인율이란 일종의 필수수익률을 말하는데, 공공투자에 시중금리보다 낮은 할인율을 적용할 경우 민간투자를 곤란하게 할 수 있다. 즉, 공공투자의 할인율이 시중금리보다 낮은 경우 민간투자가 감소하는 구축효과(crowding-out effect)가 발생할 수 있다.

CHAPTER 04 정책결정이론모형

출제 비중 14%

약점진단표											
1회독				2회독				3회독			
○	△	×	총	○	△	×	총	○	△	×	총
			13				13				13

*문제풀이 후 약점진단 결과를 적어보세요!

문제편 P.193

01	③	02	③	03	③	04	④	05	①
06	④	07	①	08	①	09	③	10	④
11	③	12	③	13	①				

01 ③

上

개념 카테고리 정책결정이론모형 > 개인적 > 정보사회의 모형 > 접시모형

| 정답 해설 | ③ 접시모형은 조직구성원이 조금씩의 정보를 갖고 있다고 전제한 후, 조직체에서 의사결정을 할 때 부분적인 토론이나 그에 대한 접근보다는 핵심적이고 본질적인 과제로 직접 접근한다.

02 ③

上

개념 카테고리 정책결정이론모형 > 개인적 > 정보사회의 모형 > 공동참여 전략형

| 정답 해설 | ③ 조직구성원 개개인의 인격과 자질 등이 충분하기 때문에 조직구성원 모두를 의사결정에 참여시키는 것이다.

03 ③

下

개념 카테고리 정책결정이론모형 > 개인적 > 합리모형

| 정답 해설 | ③ 합리모형에서 말하는 합리성은 정치적 합리성이 아니라 경제적 합리성이다.

04 ④

中

개념 카테고리 정책결정이론모형 > 개인적 > 합리모형

| 정답 해설 | ④ 합리모형이 아니라 점증모형에 대한 비판이다. 점증모형은 기존 정책이 잘못된 것이면 '잘못된 정책에 의한 악순환' 현상이 일어날 가능성이 높다는 비판을 받는다.

05 ①

上

개념 카테고리 정책결정이론모형 > 사이버네틱스모형

| 정답 해설 | ① 사전에 설정된 고차원 목표의 극대화를 추구하는 것은 합리모형이다. 합리모형과 가장 극단적으로 대립되는 적응적·관습적 의사결정모형인 사이버네틱스(cybernetics)모형은 고차원의 목표가 반드시 사전에 존재한다고 전제하지 않고, 일정한 주요 변수의 유지를 위한 끊임없는 적응에 초점을 두는 '비목적적인 적응모형'이다.

06 ④

中

개념 카테고리 정책결정이론모형 > 개인적 > 점증모형

| 정답 해설 | ④ 정책결정자의 직관이나 판단력, 창의력 등 초합리적인 요소를 중시하는 규범적 · 처방적 모형은 최적모형이다.

07 ①

上

개념 카테고리 정책결정이론모형 > 개인적 > 점증모형

| 정답 해설 | ① 점증모형은 이해관계자의 타협과 조정을 강조하므로, 의사결정에 있어 분석의 필요성이 낮다.

08 ①

中

개념 카테고리 정책결정이론모형 > 집단적 > 쓰레기통모형

| 정답 해설 | ① 쓰레기통모형에서 의사결정이 이루어지기 위한 네 가지 요소에는 선례가 포함되지 않는다. 쓰레기통모형의 네 가지 구성요소는 문제의 흐름, 해결책의 흐름, 참여자의 흐름, 의사결정기회의 흐름이다.

09 ③

中

개념 카테고리 정책결정이론모형 > 집단적 > 쓰레기통모형

| 정답 해설 | ③ 쓰레기통모형은 의사결정의 네 가지 요소인 정책문제, 해결방안, 참여자, 선택기회가 우연히 만나 의사결정이 이루어진다고 본다.

10 ④

中

개념 카테고리 정책결정이론모형 > 집단적 > 쓰레기통모형

| 오답 해설 | ① 사회적 약자나 참여에 소외된 계층의 이익이 무시될 우려가 있는 것은 점증모형이다.

② 합리모형의 의사결정은 당위적으로는 바람직하지만, 합리적 의사결정에 필요한 정보와 분석능력의 부족으로 현실적으로 불가능하다고 비판하는 것은 만족모형이다.

③ 혼합주사모형에서 점증적 결정이란, 숲보다는 나무를 미시적으로 파악하는 유형의 결정을 말한다.

11 ③

中

개념 카테고리 정책결정이론모형 > 집단적 > Allison모형

| 정답 해설 | ③ 쿠바 미사일 위기에 따른 미국 정부의 정책결정과정을 설명하기 위해서 고안된 모형은 앨리슨(Allison)모형이다.

12 ③

中

개념 카테고리 정책결정이론모형 > 집단적 > Allison모형

| 정답 해설 | ③ 앨리슨(Allison)모형 중 구성원의 응집도가 가장 약한 모형은 관료정치모형이다.

13 ①

中

개념 카테고리 정책결정이론모형 > 집단적 > 델파이기법

| 정답 해설 | ① 델파이기법(delphi method)은 종국적으로 전문가 집단의 의견일치를 유도하는 기법이다.

CHAPTER 05 정책집행론

출제 비중 19%

약점진단표

1회독				2회독				3회독			
○	△	×	총	○	△	×	총	○	△	×	총
			13				13				13

＊문제풀이 후 약점진단 결과를 적어보세요!

문제편 P.196

01	②	02	①	03	③	04	①	05	④
06	②	07	①	08	③	09	④	10	④
11	①	12	①	13	④				

01 ②

中

개념 카테고리 정책집행론 > 정책집행 연구의 전개

| 정답 해설 | ② 정책집행에 대한 관심의 대두요인 중 하나는 오클랜드(Oakland) 사업의 성공이 아니라 부진이다.

| 플러스 이론 | 오클랜드 사업의 실패요인

프레스만과 윌다브스키(Pressman & Wildavsky)는 「정책집행론」(1973)에서 오클랜드 사업의 실패요인을 다음과 같이 지적하고 있다.

- 참여자가 너무 많아 거부점이 과다하였다.
- 집행 추진 집단의 빈번한 교체가 있었다.
- 정책내용의 결정 시 집행에 대한 고려가 없었다.
- 적절치 않은 기관이 집행을 담당하였다.

02 ①

上

개념 카테고리 정책집행론 > 정책집행의 의의

| 정답 해설 | ① 각기 다른 집단들 간의 협상이나 타협을 폭넓게 수용하기 위해, 입법가들의 입법적 정책결정의 내용은 추상적이고 모호한 경우가 많다. 이 경우 실질적이고 세부적인 결정은 집행과정에서 구체화되기도 한다.

03 ③

上

개념 카테고리 정책집행론 > 정책결정과 집행 간 괴리

| 정답 해설 | ③ ㄱ, ㄴ, ㄹ은 옳은 내용이고, ㄷ은 틀린 내용이다.

| 오답 해설 | ㄷ. 정책집행과정에 있어서의 입법부의 강력한 통제는 정책결정과 집행 간의 괴리를 줄여 준다. 즉, 입법부(정책결정자)는 행정부(정책집행자)에게 자신들의 의도대로 집행을 요구하기 때문에 오히려 정책결정과 집행 간의 괴리가 줄어들게 되는 것이다.

04 ①

中

개념 카테고리 정책집행론 > 접근방법 > 하향적 접근

| 정답 해설 | ① 집행에 영향을 주는 집행관료와 이해관계집단 등 다양한 행위자들의 생각과 상호작용을 현장감 있게 분석할 수 있는 것은 상향적 접근방법이다.

05 ④

中

개념 카테고리 정책집행론 > 접근방법 > 상향적 접근

| 정답 해설 | ④ 선거직 공무원에 의한 정책결정과 책임이라는 민주주의의 기본가치를 충실하게 반영하는 것은 하향적 접근방법이다.

06 ②

上

개념 카테고리 정책집행론 > 접근방법 > 상향적 접근

| 정답 해설 | ② 상향식 접근방법은 일선공무원들에게 권한과 재량이 주어지기 때문에 주인-대리인이론에서 발생하는 대리손실의 문제를 야기할 수 있다.

07 ①

中

개념 카테고리 정책집행론 > 접근방법 > 일선관료제론

| 정답 해설 | ① 립스키(Lipsky)는 업무 수행과정에서 시민과 직접적으로 접촉하며 업무 수행상 상당한 재량을 보유하는 공무원을 일선관료라고 하였다. 이들은 서면 처리적 업무보다는 사람 처리적 업무를 주로 진행한다.

08 ③

上

개념 카테고리 정책집행론 > 정책집행의 유형 > 재량적 실험형

| 정답 해설 | ③ 〈보기〉의 내용에 해당하는 유형은 재량적 실험형이다. 재량적 실험형은 정책집행자에게 정책목표와 수단 등의 구체적인 내용결정에서 광범위한 재량권을 위임한다.

09 ④

下

개념 카테고리 정책집행론 > 정책대상집단의 순응방안 > 순응확보수단

| 정답 해설 | ④ 형사처벌 등 제재의 사용은 대상집단의 순응을 확보하는 수단에 해당한다.

10 ④

上

개념 카테고리 정책집행론 > 정책수단 분류 > 직접성

| 정답 해설 | ④ 관리가능성 측면에서 볼 때 제3자가 참여하는 간접적인 수단을 사용하면 정부와 제3자, 그리고 수혜자 간의 복잡한 네트워크를 관리하는 문제가 발생한다.

11 ①

中

개념 카테고리 정책집행론 > 정책수단 분류 > 강제성

| 정답 해설 | ① 손해책임법, 정보 제공, 조세지출 등은 강제성이 낮은 대표적인 수단이며, 전통적으로 정부가 권위에 기반해 경제활동 등에 개입하는 규제는 강제성이 높은 수단이다.

12 ①

中

개념 카테고리 정책집행론 > 정책수단 분류 > 일반 분류 > 혼합적 수단

| 정답 해설 | ① 공기업은 강제적 수단에 해당하며, 나머지는 모두 혼합적 수단에 해당한다.

13 ④

上

개념 카테고리 정책집행론 > 정책수단의 선택 기준 > 정치적 기준

| 정답 해설 | ④ 합리성은 경제적 기준에 해당하며, 나머지는 모두 정치적 기준에 해당한다.

CHAPTER 06 정책평가론

출제 비중 26%

약점진단표											
1회독				2회독				3회독			
○	△	×	총	○	△	×	총	○	△	×	총
			13				13				13

*문제풀이 후 약점진단 결과를 적어보세요!

문제편 P.199

01	④	02	④	03	④	04	①	05	④
06	②	07	③	08	④	09	①	10	④
11	③	12	④	13	③				

01 ④

中

개념 카테고리 정책평가론 > 정책평가의 목적

| 정답 해설 | ④ 정책문제의 구조화는 정책문제를 올바르게 정의하기 위한 것으로 정책평가 이전에 이루어지며, 정책평가의 목적은 정책담당자의 자율성보다는 책임성을 확보하기 위함에 있다.

02 ④

下

개념 카테고리 정책평가론 > 정책평가의 과정

| 정답 해설 | ④ 정책평가는 정책목표의 확인 → 대상 및 기준의 설정 → 인과모형의 설정 → 자료의 수집 및 분석 → 평가결과의 환류의 순서로 이루어진다.

03 ④

中

개념 카테고리 정책평가론 > 정책평가의 과정

| 정답 해설 | ④ 정책평가 결과는 새로운 정책결정과 집행과정에 필요한 정보가 되어 정책과정에 환류될 뿐만 아니라 정책담당자의 책임성 규정, 정책집행의 효과성과 능률성을 증진하기 위한 지식의 축적에도 활용된다.

04 ①

中

개념 카테고리 정책평가론 > 정책평가의 유형 > 총괄평가와 과정평가

| 정답 해설 | ① 정책평가의 유형 중에서 ㄱ은 총괄평가, ㄴ은 과정평가에 해당한다.

05 ④

中

개념 카테고리 정책평가론 > 정책평가의 타당성

| 정답 해설 | ④ 선정요인, 성숙요인, 역사요인 등은 정책평가의 내적 타당성을 저해하는 요인에 해당한다.

06 ②

中

개념 카테고리 정책평가론 > 정책평가의 타당성

| 정답 해설 | ② 내적 타당성은 정책집행 이후 변화가 오직 해당 정책에 기인한 것인지 아닌지를 밝히는 것과 관련된다.

07 ③

下

개념 카테고리 정책평가론 > 정책평가의 타당성 > 내적 타당성 저해요인

| 정답 해설 | ③ 제시된 지문은 정책평가의 타당성 저해요인 중 회귀인공요인에 관한 설명이다.

08 ④

中

개념 카테고리 정책평가론 > 정책평가의 타당성

| 오답 해설 | ① 외적 타당성은 정책변수의 효과에 대한 결론을 일반화시킬 수 있는 범위를 의미한다.

② 내적 타당성은 정책 수단과 결과의 인과관계에 관한 추론의 정확성을 의미한다.

③ 구성적 타당성은 연구에 사용된 측정도구가 이론적 구성개념과 일치하는 정도를 의미한다.

09 ①

下

개념 카테고리 정책평가론 > 정책평가의 방법 > 실험적 방법 > 진실험과 준실험

| 정답 해설 | ① 진실험설계는 실험집단과 통제집단의 동질성을 확보하여야 한다. 반면, 준실험설계는 실험집단과 통제집단의 동질성을 확보하지 않고 행하는 실험이다.

10 ④

中

개념 카테고리 정책평가론 > 정책평가의 방법 > 실험적 방법 > 진실험

| 정답 해설 | ④ 진실험은 실험집단과 통제집단을 무작위로 배정해서 동질성을 확보하기 때문에 허위변수나 혼란변수를 통제할 수 있고, 준실험에 비해 내적 타당도가 높은 실험이다. 진실험과 준실험의 가장 큰 차이는 실험집단과 통제집단의 완전한 동질성을 확보한다는 점인데, 실험집단과 통제집단의 동질성을 확보하기 어려운 경우가 많기 때문에 준실험에 비해서 실행가능성이 낮다.

| 플러스 이론 | 진실험과 준실험의 비교

내적 타당성	진실험 > 준실험
외적 타당성	진실험보다 준실험이 약간 우수함
실행가능성	진실험 < 준실험

11 ③

上

개념 카테고리 정책평가론 > 정책평가제도

| 정답 해설 | ③ 재정사업 자율평가는 「국가재정법」, 환경영향평가는 「환경영향평가법」, 성별영향평가는 「성별영향평가법」 등 법제도적 기반 위에서 시행하는 평가제도이다.

12 ④

上

개념 카테고리 정책평가론 > 정책평가제도

| 정답 해설 | ④ 규제영향평가, 갈등영향평가, 부패영향평가는 특정 제도 혹은 정책이 도입되기 전 입법과정에서 미래 영향을 평가하는 제도들이다.

13 ③

下

개념 카테고리 정책평가론 > 정책변동모형 > 정책지지연합모형

| 정답 해설 | ③ 〈보기〉는 정책지지연합모형에 관한 설명이다. 정책지지연합모형은 행위자의 집단을 구분하는 기준으로 신념체계를 사용하며, 이에 따라 행위자 집단인 지지연합의 정책학습을 강조하는 모형이다.

CHAPTER 07 기획이론

출제 비중 0%

약점진단표											
1회독				2회독				3회독			
○	△	×	총	○	△	×	총	○	△	×	총
			2				2				2

*문제풀이 후 약점진단 결과를 적어보세요!

문제편 P.202

01	④	02	②						

01 ④

下

개념 카테고리 기획이론 > 기획의 의의 > 기획의 특성

| 정답 해설 | ④ 기획은 민주성보다는 능률성과 관련이 있다.

| 오답 해설 | ① 기획에서 결정은 미래의 상태를 전제로 한 것이므로, 기획의 미래 지향성은 필연적이다.

② 기획은 설정된 목표나 정책을 달성하기 위한 효율적인 수단을 제시하는 과정이다.

③ 기획은 의식적으로 최적 수단을 탐색하고 선택하는 합리적 의사결정이다.

02 ②

中

개념 카테고리 기획이론 > 기획의 제약요인 > 그레샴 법칙

| 정답 해설 | ② 제시된 지문은 그레샴 법칙과 관련된다. 그레샴 법칙은 일상적이고 진부한 업무와 쇄신적 기획업무 두 가지 중, 전자가 후자를 구축한다는 법칙으로, 관리자가 실행이 용이한 정형적 결정을 선호하여 쇄신적인 기획을 등한시할 가능성이 높은 현상을 말한다.

정답과 해설

CHAPTER 01 조직의 기초이론

출제 비중 19%

약점진단표											
1회독				2회독				3회독			
○	△	×	총	○	△	×	총	○	△	×	총
			12				12				12

*문제풀이 후 약점진단 결과를 적어보세요!

문제편 P.204

01	④	02	④	03	④	04	④	05	④
06	④	07	③	08	②	09	④	10	④
11	①	12	④						

01 ④

中

개념 카테고리 기초이론 > 조직이론의 발달 > 고전적 조직이론

| 정답 해설 | ④ 조직을 환경과 상호작용하는 동태적 · 유기체적 개방체제로 파악하는 것은 현대 조직이론이다.

02 ④

中

개념 카테고리 기초이론 > 조직이론의 발달 > 지식정보사회와 조직이론

| 정답 해설 | ④ 지식정보사회의 등장에 따라 조직 내 개인의 자율성이 현저하게 강화될 것이며, 개인은 조직의 간섭이나 통제에서 벗어나 자유롭게 자신의 업무를 수행함으로써 창의성을 발휘하게 될 것이다.

03 ④

中

개념 카테고리 기초이론 > 조직이론의 발달 > 현대적 조직이론

| 정답 해설 | ④ 조직군생태론은 조직을 외부환경의 선택에 따라 좌우되는 피동적인 존재로 보고, 왜 어떤 유형의 조직들은 존속 · 발전하고 어떤 유형의 조직들은 소멸하는가에 대한 원인을 환경에 대한 조직 적합도에서 찾는 이론이다.

04 ④

中

개념 카테고리 기초이론 > 거시조직이론 > 대리인이론

| 정답 해설 | ④ 주인-대리인이론에 관한 설명으로 ㄴ, ㄷ, ㄹ은 옳고, ㄱ은 틀리다.

| 오답 해설 | ㄱ. 주인-대리인이론은 주인과 대리인 간 정보가 불균등하다고 가정한다. 즉, 정보의 비대칭성을 가정한다.

05 ④

中

개념 카테고리 기초이론 > 거시조직이론 > 대리인이론

| 정답 해설 | ④ 정보의 비대칭성으로 인해 위임자는 대리인의 업무수행과정을 감시 · 통제하기 어렵고, 따라서 대리인은 무성의하거나 수준 이하의 노력을 할 가능성이 있는 현상을 도덕적 해이라고 한다.

06 ④

中

개념 카테고리 기초이론 > 거시조직이론 > 대리인이론

| 정답 해설 | ④ 제시된 지문은 역선택(adverse selection)의 예시이다. 역선택은 정보의 비대칭성 때문에 위임자는 자질이 부족한 대리인을 선택할 수도 있고 대리인의 능력에 비해 너무 많은 보수를 주는 계약을 체결할 수도 있는 현상을 의미한다. 일반적으로 한 사람이 어떤 상품의 속성에 대해 더 많은 정보를 가지고 있기 때문에 상대적으로 더 적은 정보를 가진 사람이 질 나쁜 상품을 사게 되는 현상을 말한다.

07 ③

上

개념 카테고리 기초이론 > 거시조직이론 > 대리인이론

| 정답 해설 | ③ 정부와 국민 간의 정보의 비대칭성을 극복하기 위해서는 주인인 국민에게 부족한 정보를 보충해 주어야 한다. 따라서 국민이 정부에게 행정 개선 등의 의견이나 고민을 제안하는 국민제안제도는 정부와 국민 간의 정보의 비대칭성을 극복하기 위한 방안으로 보기 어렵다.

08 ②

中

개념 카테고리 기초이론 > 거시조직이론 > 거래비용이론

| 정답 해설 | ② 거래비용이론은 생산보다는 비용에 관심을 갖고 조직을 거래비용을 감소하기 위한 장치로 본다.

09 ④

上

개념 카테고리 기초이론 > 거시조직이론 > 거래비용이론

| 정답 해설 | ④ 조직(계층제)은 집합적 의사결정의 결정비용은 감소시키며 외부비용은 증가시킨다.

10 ④

中

개념 카테고리 기초이론 > 조직의 원리 > 전문화(분업)의 원리

| 정답 해설 | ④ 계층제, 조정계층 신설, 규칙과 계획, 수직적 정보시스템은 수직적 연결에 해당한다.

11 ①

中

개념 카테고리 기초이론 > 조직의 원리 > 조정의 원리

| 정답 해설 | ① 무니(Mooney)는 "조정의 원리는 다른 조직원리를 내포하며 조직이 추구하는 내부 목표의 제1원리"라고 한 바 있다. 조직의 제 원리는 조정을 위한 수단적 원리들이므로 조정의 원리가 여러 조직의 원리 중에서 제1의 원리에 해당한다.

12 ④

中

개념 카테고리 기초이론 > 조직과 환경

| 정답 해설 | ④ 정부조직이 탈관료제화될수록 조직 내 중간관리자와 지원 인력을 상당 부분 감축할 수 있어 조직의 소규모화와 저층구조화를 가져올 수 있다.

CHAPTER 02 조직구조론

출제 비중 27%

약점진단표

1회독				2회독				3회독			
○	△	×	총	○	△	×	총	○	△	×	총
			28				28				28

*문제풀이 후 약점진단 결과를 적어보세요!

문제편 P.207

01	④	02	②	03	②	04	③	05	④
06	④	07	①	08	①	09	①	10	②
11	③	12	④	13	④	14	③	15	①
16	④	17	④	18	②	19	④	20	①
21	②	22	②	23	①	24	③	25	②
26	④	27	④	28	④				

01 ④

中

개념 카테고리 조직구조론 > 조직구조의 변수 > 기본변수 > 공식화

| 정답 해설 | ④ 공식화가 높은 조직은 업무처리과정에서 조직원의 의사결정이 그다지 필요하지 않기 때문에 기계적인 조직구조를 가진다.

02 ②

中

개념 카테고리 조직구조론 > 조직구조의 변수 > 기본변수 > 집권화

| 정답 해설 | ② 기술과 환경 변화가 역동적으로 이루어지는 경우는 조직의 분권화가 선호되는 상황에 해당한다.

| 플러스 이론 | 집권화 조직과 분권화 조직이 선호되는 경우

집권화	분권화
• 조직이 동원하고 배분하는 재정자원의 규모가 커지는 경우 • 조직이 규칙과 절차의 합리성과 효과성에 대해 신뢰하는 경우 • 부서 간·개인 간 횡적 조정이 어려운 경우 • 조직활동의 통일성·일관성이 요청되는 경우 • 신설 조직 등 조직의 역사가 짧은 경우 • 전시 등 조직에 위기상황이 발생한 경우 • 최고관리층이 권력욕을 추구하는 경우 등	• 기술과 환경 변화가 역동적으로 이루어지는 경우 • 조직의 규모가 확대되는 경우 • 조직이 속한 사회의 민주화가 촉진된 경우 • 조직구성원의 자발성과 창의성을 고무하고자 하는 경우 • 정보기술이 발달해 지식 공유가 원활하고 구성원의 전문성이 높은 경우 • 고객에 신속하고 상황적응적인 서비스를 해야 하는 경우 • 조직의 역사가 긴 대규모 조직인 경우 등

03 ②

中

개념 카테고리 조직구조론 > 조직구조의 변수 > 상황변수 > 조직기술

| 정답 해설 | ② 장인기술에는 소량의 풍성한 정보가, 공학기술에는 다량의 계량적 정보가 요구된다.

04 ③

上

개념 카테고리 조직구조론 > 조직구조의 변수 > 상황변수 > 조직규모

| 정답 해설 | ③ 표준화와 함께 의사결정의 분권화를 채택함으로써 하위계층에서 의사결정이 이루어지지만, 실질적인 자유재량권은 주어지지 않는다.

05 ④

中

개념 카테고리 조직구조론 > 조직구조의 변수 > 상황변수 > 조직기술

| 정답 해설 | ④ 문제의 분석가능성이 높아 표준화되기 쉬운 일상적 기술과 공학적 기술에는 기계적 구조가, 문제의 분석가능성이 낮아 경험과 훈련을 통해 적응적으로 문제를 해결해야 하는 장인기술과 비일상적 기술에는 유기적 구조가 적합하다.

06 ④

上

개념 카테고리 조직구조론 > 조직구조의 변수 > 상황변수 > 조직전략

| 정답 해설 | ④ 저비용전략을 추구하는 관리자는 주로 기계적 구조로 설계하고, 차별화전략을 추구하는 관리자는 주로 유기적 구조로 설계하는 것이 효과적이다.

07 ①

中

개념 카테고리 조직구조론 > 조직구조의 유형 > 기능구조

| 정답 해설 | ① 기능구조는 기본적으로 수평적 조정의 필요가 낮을 때 가장 효과적이다.

08 ①

中

개념 카테고리 조직구조론 > 조직구조의 유형 > 사업구조

| 정답 해설 | ① 기능구조는 중복과 낭비를 예방하고 기능 내에서 규모의 경제를 구현할 수 있는 장점이 있는 반면, 사업구조는 산출물별 기능의 중복에 따른 규모의 불경제와 비효율이 발생한다는 단점이 있다.

| 플러스 이론 | 기능구조와 사업구조의 장·단점

구분	장점	단점
기능구조	• 중복과 낭비를 예방하고 기능 내에서 규모의 경제 구현 • 유사 기능을 수행하는 조직구성원 간에 분업을 통해 전문기술을 발전시킴	• 각 기능부서들 간의 조정과 협력이 요구되는 환경에 적응하기 곤란 • 의사결정의 상위 집중화로 최고관리층의 업무 부담 증가 • 기능전문화에 따른 비효율
사업구조	• 사업부서 내의 기능 간 조정이 용이하고 신속한 환경 변화에 적합 • 특정 산출물별로 운영되기 때문에 고객만족도 제고 • 성과책임의 소재가 분명해 성과관리 체제에 유리 • 조직구성원들의 목표가 기능구조보다 포괄적으로 형성 • 의사결정의 분권화	• 산출물별 기능의 중복에 따른 규모의 불경제와 비효율 • 사업부서 내의 조정은 용이하지만, 사업부서 간 조정 곤란 • 사업부서 간 경쟁이 심화될 경우, 조직 전반적인 목표 달성 애로 • 각 기능에 맞는 기술 개발 곤란

09 ①

中

개념 카테고리 조직구조론 > 조직구조의 유형 > 기능구조와 사업구조

| 정답 해설 | ① 사업부서 내의 기능 간 조정이 용이하고 신속한 환경 변화에 적합한 것은 기능구조가 아니라 사업구조이다.

10 ②

中

개념 카테고리 조직구조론 > 조직구조의 유형 > 매트릭스조직

| 정답 해설 | ② 매트릭스조직은 유기적 조직구조로, 하위조직 간 정보 흐름이 활성화된다.

| 오답 해설 | ① 매트릭스조직은 기능구조와 사업구조의 화학적 결합을 시도하는 조직구조로, 이원적 명령 및 보고체제를 갖고 있다.

③ 매트릭스조직은 이원적 권한체계를 갖기 때문에 하위조직 간 할거주의가 발생할 경우 조정이 곤란하다.

매력적 오답 ④ 매트릭스조직은 유기적 조직구조로, 불안정하고 변화가 빈번한 환경에서 적절한 대응과 복잡한 의사결정이 가능하다.

11 ③

下

개념 카테고리 조직구조론 > 조직구조의 유형 > 수평구조

| 정답 해설 | ③ 제시된 지문은 조직구성원을 핵심업무과정 중심으로 조직하는 방식인 수평구조에 관한 설명이다.

12 ④

中

개념 카테고리 조직구조론 > 조직구조의 유형 > 네트워크구조

| 정답 해설 | ④ 네트워크구조는 계약관계에 있는 외부기관을 직접 통제하기가 어려우며, 여러 외부기관들과의 협력에 따른 대리인 문제가 발생하기가 쉬워 조정과 감시비용이 증가한다.

13 ④

下

개념 카테고리 조직구조론 > 관료제 > Weber의 관료제이론

| 정답 해설 | ④ 관료제는 비정의적(impersonal) 업무처리를 특징으로 한다. 관료제는 증오나 열정 없이 형식주의적인 비정의성(impersonality)의 정신에 따라 움직인다. 이는 합리적인 결정을 내리기 위해서는 부하들과 고객과의 감정적 연계를 피해야 한다는 것이며, 관료들은 법규 적용 등 임무수행에서 개인적 친분관계나 상대방의 지위 등에 구애됨이 없이 공평무사하게 임하여야 한다는 것이다. 즉, 관료들은 민원인에 따라 업무를 차별적으로 처리하여서는 안 되며, 법률에 따라 공평하게 처리하여야 한다.

14 ③

下

개념 카테고리 조직구조론 > 관료제 > Weber의 관료제이론

| 정답 해설 | ③ 관료제는 현상 유지에 집착하기 때문에 환경 변화에 유기적으로 대응하기가 어렵다.

15 ①

中

개념 카테고리 조직구조론 > 지식정보사회의 조직 > 학습조직

| 정답 해설 | ① 학습조직의 특징으로 ㄱ만 옳다.

| 오답 해설 | ㄴ, ㄹ. 학습조직은 모든 구성원이 문제 인지와 해결에 관여하므로 타인 지향적 인간관, 원자적 구조는 학습조직(유기적 구조)이 아니라 기계적 구조의 특징에 해당한다.

ㄷ. 학습조직의 기본 단위는 통합 기능팀이므로, 보상체계는 집단(팀)별 성과급 위주로 구성된다.

16 ④

中

개념 카테고리 조직구조론 > 지식정보사회의 조직 > 학습조직

| 정답 해설 | ④ 학습조직은 부분보다 전체를 중시한다. 강한 학습조직은 강한 조직문화를 가져야 한다. 강한 조직문화는 부처할거주의가 없는 문화로서, 부분보다 전체가 중요하기 때문에 부처간의 경계를 최소화하고 구성원들 상호 간에는 동정과 지원의 정서가 형성되어야 한다.

17 ④

中

개념 카테고리 조직구조론 > 지식정보사회의 조직 > 기존조직과 학습조직

| 정답 해설 | ④ 기존의 관료제적 조직은 계층제를 중심으로 구성되므로 변화에 대해 경직성을 띠고 신축성이 저하되는 반면, 학습조직은 환경 변화에 신속하게 대응하는 유연성을 띤다.

18 ②

上

개념 카테고리 조직구조론 > 지식정보사회의 조직 > 혼돈정부

| 정답 해설 | ② 혼돈정부(chaos goverment)의 이론적 근거인 카오스이론(chaos theory)은 뉴턴적 패러다임인 선형적(규칙적) 변화보다 비선형적(불규칙적) 변화를 강조한다.

19 ④

中

개념 카테고리 조직구조론 > 지식정보사회의 조직 > 후기 기업가조직

| 정답 해설 | ④ 후기 기업가조직(post-entrepreneurial organization)에 대한 설명으로 안정성과 지속성보다는 신속성, 창의성, 신축성을 강조하며, 대규모 조직이면서도 의사결정단계가 축소된 조직 형태이다.

20 ①

下

개념 카테고리 조직구조론 > 위원회

| 정답 해설 | ① 위원회는 합의제를 특징으로 한다. 따라서 책임전가 현상 등으로 책임한계가 불명확한 문제점이 있다. "공동책임은 무책임"이라는 서양 속담과 관계가 있다.

21 ②

上

개념 카테고리 조직구조론 > 위원회 > 독립규제위원회

| 정답 해설 | ② 독립규제위원회는 준입법적·준사법적 권한을 가지고 있어 권력통합적 성격을 가진다.

22 ②

中

개념 카테고리 조직구조론 > 위원회

| 정답 해설 | ② 방송통신위원회, 공정거래위원회와 같은 중앙행정기관인 행정위원회는 결정권한을 갖고 있으며 집행까지 책임을 진다.

23 ①

中

개념 카테고리 조직구조론 > 우리나라 정부조직

| 정답 해설 | ① 방송통신위원회는 헌법기관이 아니라 「방송통신위원회의 설치 및 운영에 관한 법률」에 의해 설치된 법률기관에 해당한다.

| 함께 보는 법령 | 「대한민국헌법」

> **제90조** ① 국정의 중요한 사항에 관한 대통령의 자문에 응하기 위하여 국가원로로 구성되는 국가원로자문회의를 둘 수 있다.
> **제91조** ① 국가안전보장에 관련되는 대외정책·군사정책과 국내정책의 수립에 관하여 국무회의의 심의에 앞서 대통령의 자문에 응하기 위하여 국가안전보장회의를 둔다.
> **제92조** ① 평화통일정책의 수립에 관한 대통령의 자문에 응하기 위하여 민주평화통일자문회의를 둘 수 있다.
> **제93조** ① 국민경제의 발전을 위한 중요정책의 수립에 관하여 대통령의 자문에 응하기 위하여 국민경제자문회의를 둘 수 있다.

24 ③

中

개념 카테고리 조직구조론 > 우리나라 정부조직

| 정답 해설 | ③ 보건복지부의 식품의약품안전청은 박근혜 정부에서 국무총리 소속의 식품의약품안전처로 승격되었다.

25 ②

中

개념 카테고리 조직구조론 > 우리나라 정부조직

| 정답 해설 | ② 교육부에는 현재 외청이 존재하지 않으며, 교육청은 「지방교육자치에 관한 법률」에 따르면 국가행정사무 중 시·도의 교육·학예에 관한 사무를 위임하여 집행하는 지방교육행정기관을 말한다.

26 ④

中

개념 카테고리 조직구조론 > 책임운영기관

| 정답 해설 | ④ 책임운영기관은 민영화 및 공사화 추진이 곤란한 분야, 내부시장을 창출할 수 있는 분야, 독립채산제를 적용해야 하므로 사용료, 수수료 등 활용이 가능한 분야 등에 도입된다.

27 ④

中

개념 카테고리 조직구조론 > 책임운영기관

| 오답 해설 | ① 책임운영기관은 민영화 또는 공기업화가 곤란한 분야에 우선 적용한다.
② 책임운영기관은 행정·재정상 자율성이 있다.
③ 책임운영기관의 설치는 대통령령으로 정한다.

28 ④

中

개념 카테고리 조직구조론 > 책임운영기관

| 정답 해설 | ④ 예산편성 및 집행상의 자율권을 확보하기 위하여 책임운영기관특별회계를 두며, 예산의 전용·이월 등이 허용된다.

| 함께 보는 법령 | 「책임운영기관의 설치·운영에 관한 법률」

> **제27조(특별회계의 설치 등)** ① 제4조 제1항 제2호의 사무를 주로 하는 소속책임운영기관의 사업을 효율적으로 운영하기 위하여 책임운영기관특별회계를 둔다.
> **제34조(예산안편성지침)** 기획재정부장관은 「국가재정법」 제29조 제1항에 따른 예산안편성지침을 작성할 때에는 소속책임운영기관의 특수성이 반영될 수 있도록 소속책임운영기관 및 관계 중앙행정기관의 장의 의견을 들어 지침을 따로 정할 수 있다.
> **제36조(예산의 전용)** ① 기관장은 「국가재정법」 제46조와 「정부기업예산법」 제20조에도 불구하고 예산 집행에 특히 필요한 경우에는 대통령령으로 정하는 바에 따라 특별회계의 계정별 세출예산 또는 일반회계의 세출예산 각각의 총액 범위에서 각 과목 간에 전용(轉用)할 수 있다.
> **제37조(예산의 이월)** ① 매 회계연도의 특별회계 또는 일반회계 세출예산 중 부득이한 사유로 그 회계연도 내에 지출하지 못한 경상적 성격의 경비는 대통령령으로 정하는 범위에서 다음 회계연도에 이월(移越)하여 사용할 수 있다.

CHAPTER 03 조직관리론

출제 비중 35%

약점진단표

1회독				2회독				3회독			
○	△	×	총	○	△	×	총	○	△	×	총
			18				18				18

*문제풀이 후 약점진단 결과를 적어보세요!

문제편 P.212

01	①	02	①	03	②	04	③	05	③
06	③	07	②	08	③	09	①	10	④
11	③	12	②	13	③	14	②	15	④
16	②	17	②	18	①				

01 ①

中

개념 카테고리 조직관리론 > 동기부여이론 > 내용이론

| 정답 해설 | ① 앨더퍼(Alderfer)는 인간의 욕구를 계층화하고 계층에 따라 욕구의 발로가 이루어진다고 규정한 점에서는 매슬로우(Maslow)와 공통된 견해를 지닌다.

02 ①

中

개념 카테고리 조직관리론 > 동기부여이론 > 내용이론 > 욕구충족요인 이원론

| 정답 해설 | ① 허즈버그(Herzberg)는 인간의 욕구를 불만과 만족이라는 상호 독립적인 이원적 구조로 파악하면서 욕구충족요인 이원론을 제시하였다. 즉, 인간의 욕구를 계층적 구조로 나누어 설명한 것이 아니라 불만과 만족이라는 상호 독립적인 이원적 구조로 설명하였다.

03 ②

上

개념 카테고리 조직관리론 > 동기부여이론 > 내용이론 > 욕구충족요인 이원론

| 정답 해설 | ② 직장 내 어린이집 설치는 복지시설로, 허즈버그(Herzberg)의 불만요인에 해당한다. 즉, 직장 내에 어린이집이 부족하면 워킹맘의 불만이 생기지만, 어린이집이 늘어난다고 해도 불만이 줄어드는 것이지 만족감이 생기는 것은 아니다.

04 ③

中

개념 카테고리 조직관리론 > 동기부여이론 > 과정이론 > 기대이론

| 정답 해설 | ③ 기대란 근무성과를 가져올 것이라는 주관적 확률에 대한 기대이다.

05 ③

中

개념 카테고리 조직관리론 > 동기부여이론 > 과정이론 > 기대이론

| 정답 해설 | ③ ㄱ, ㄷ, ㄹ이 옳은 설명이며, ㄴ은 틀린 설명이다.

| 오답 해설 | ㄴ. 브룸(Vroom)의 기대이론에서 기대감(expectation)이란 일정한 노력을 기울이면 근무성과를 가져올 수 있으리라는 가능성에 대한 인간의 주관적인 확률과 관련된 믿음을 의미한다.

06 ③

上

개념 카테고리 조직관리론 > 동기부여이론 > 과정이론 > 목표설정이론

| 정답 해설 | ③ 제시된 지문은 로크(Locke)의 목표설정이론에 해당하는 내용이다. 목표설정이론은 개인의 목표를 강력한 동기유발 요인으로 보고, 목표의 곤란성(목표 달성에 요구되는 노력의 정도)과 구체성(목표의 명확성)에 따라 직무성과가 결정된다고 한다. 동기유발을 위해서는 난이도가 높고 구체성이 높은 목표가 채택되어야 하며, 구체적인 목표가 모호한 목표나 목표가 없는 상태보다 직무성과를 높인다.

07 ②

上

개념 카테고리 조직관리론 > 동기부여이론 > 과정이론 > 업적 · 만족이론

| 정답 해설 | ② 포터와 롤러(Porter & Lawler)의 이론을 업적 · 만족이론이라 부르는 것은 종래의 사기(士氣)이론 등이 조직에서 업적의 달성을 만족의 결과로 보아 온 반면에, 이 이론은 업적의 달성이 만족을 가져온다고 하는 원인과 결과의 자리바꿈 현상을 보여 주고 있기 때문이다. 간단히 말해서 종래의 이론은 '만족 → 업적'의 관계를, 업적 · 만족이론은 '업적 → 만족'의 관계를 상정하고 있다.

08 ③

中

개념 카테고리 조직관리론 > 동기부여이론

| 정답 해설 | ③ 애덤스(Adams)는 개인이 지각하는 산출 – 투입 비율이 준거인의 비율과 대등한 경우 개인은 공정하다고 느끼게 되고 동기는 유발되지 않는다고 하였다. 그러나 양쪽의 비율이 불균형하다고 생각되면 불공정성을 느끼고 심리적 불균형과 불안감이 뒤따르며, 이러한 불공정성을 해소시키는 과정에서 개인의 동기가 형성된다고 하였다.

09 ①

中

개념 카테고리 조직관리론 > 동기부여이론 > 과정이론 > 공정성이론

| 정답 해설 | ① 발문은 애덤스(Adams)의 공정성이론의 예에 해당한다.

10 ④

上

개념 카테고리 조직관리론 > 동기부여이론 > 공직동기이론

| 정답 해설 | ④ 공무원 동기의 특성과 공직동기에 관한 설명으로 모두 옳은 내용이다.

11 ③

中

개념 카테고리 조직관리론 > 리더십 > 행태이론

| 정답 해설 | ③ 리더십 행동(행태)이론은 성공적인 지도자들이 보이고 있는 리더십 행태를 분석하여 바람직한 리더십 행태를 도출하기 때문에 훈련에 의해 효과적인 리더를 양성할 수 있다고 주장한다.

| 오답 해설 | ①은 상황론, ②는 상호작용이론, ④는 자질론(특성론)에 대한 설명이다.

12 ②

下

개념 카테고리 조직관리론 > 리더십 > 상황론

| 정답 해설 | ② 피들러(Fiedler)의 상황적응리더십이론은 상황론에 해당하므로, 지도자의 자질은 중요시하지 않는다. 리더십의 효율성에 영향을 미치는 3가지 상황변수는 지도자와 부하의 관계, 업무의 조직화(과업의 구조화), 지도자의 권위(직위권력의 크기)이다.

13 ③

中

개념 카테고리 조직관리론 > 리더십 > 상황론

| 정답 해설 | ③ 피들러(Fiedler)는 리더십의 효율성에 영향을 미치는 3가지 상황변수로 지도자와 부하의 관계, 업무의 조직화(과업의 구조화), 지도자의 권위(직위권력의 크기)를 제시하였다. 지도자의 자질은 중요시하지 않는다.

14 ②

下

개념 카테고리 조직관리론 > 리더십 > 변혁적 이론

| 정답 해설 | ② 업적에 따른 보상은 거래적 리더십의 주요한 요소에 해당한다.

15 ④

中

개념 카테고리 조직관리론 > 리더십 > 변혁적 이론

| 정답 해설 | ④ 합리적 과정이나 교환과정의 중요성을 강조하는 것은 거래적 리더십이다. 변혁적 리더십은 카리스마적 리더십, 영감적 리더십, 개별적 배려, 지적 자극 등을 특징으로 한다.

16 ②

下

개념 카테고리 조직관리론 > 리더십 > 변혁적 이론

| 정답 해설 | ② 합리적 과정이나 교환과정의 중요성을 강조하는 전통적(거래적) 리더십과는 다르게, 변혁적 리더십은 감정 및 가치관이나 상징적인 형태의 중요성과 어떠한 사건을 부하의 입장에서 볼 때 의미 있게 만드는 리더의 역할을 강조한다. 그 결과 변혁적 리더십은 부하에게 자긍심을 심어 주고, 개인적 차원에서 부하를 존중한다는 것을 보여 주며, 창조적인 사고를 할 수 있는 여건을 마련해 주고, 부하에게 영감을 제공함으로써 기대 이상의 성과를 이끌어 낼 수 있다. 변혁적 리더십은 카리스마적 리더십, 영감적 리더십, 개별적 배려, 지적 자극 등으로 구성된다.

17 ②

中

개념 카테고리 조직관리론 > 리더십 > 변혁적 이론

| 정답 해설 | ② 변혁적 리더십은 기술구조보다 경계작용적 구조가 더 지배적인 조직에 적합하다. 기술구조는 기술을 운용하여 투입을 처리하는 부서를 말하며, 경계작용적 구조는 조직과 그 환경의 연계작용을 유지하는 기능을 수행하는 부서를 의미한다.

18 ①

下

개념 카테고리 조직관리론 > 갈등 > 갈등관리

| 정답 해설 | ① 토머스(Thomas)의 모형 중 자신의 이익이나 상대방의 이익 모두에 무관심한 대인적 갈등관리 방안은 회피이다.

CHAPTER 04 조직정보론

출제 비중 11%

약점진단표											
1회독				2회독				3회독			
○	△	×	총	○	△	×	총	○	△	×	총
			19				19				19

*문제풀이 후 약점진단 결과를 적어보세요!

문제편 P.215

01	④	02	④	03	③	04	①	05	③
06	④	07	④	08	③	09	①	10	③
11	③	12	①	13	②	14	④	15	①
16	①	17	①	18	①	19	①		

01 ④

上

개념 카테고리 조직정보론 > 행정과 정보 > 정보사회

| 정답 해설 | ④ 지식정보사회에서는 소품종 대량생산에서 다품종 소량생산으로 변화한다.

02 ④

中

개념 카테고리 조직정보론 > 행정과 정보 > 정보화

| 정답 해설 | ④ 정보화로 인한 정치·행정과정의 변화에 관한 설명으로 모두 옳다. 정보화로 인하여 시민의 알 권리를 더욱 충족시키고, 텔레 커뮤니티 형성이 가능해지는 등의 정치· 행정과정의 변화가 나타났다.

03 ③

上

개념 카테고리 조직정보론 > 지식행정관리

| 정답 해설 | ③ 지식행정은 장래의 기회와 위협 요소에 대응하기 위해 행정활동의 프로세스를 끊임없이 개선하는 학습과정으로서, 조직 프로세스를 급격히 변화시키는 리엔지니어링과 구분된다.

04 ①

下

개념 카테고리 조직정보론 > 우리나라 행정정보화 > 정보기술아키텍처

| 정답 해설 | ① 제시된 지문은 정보기술아키텍처에 관한 내용으로, 「전자정부법」 제2조 제12호에 규정되어 있다.

05 ③

中

개념 카테고리 조직정보론 > 우리나라 행정정보화 > 정보통신망과 정보시스템감리

| 정답 해설 | ③ ㄱ은 정보통신망, ㄴ은 정보시스템감리에 관한 설명이다.

| 함께 보는 법령 | 「전자정부법」

> **제2조(정의)** 이 법에서 사용하는 용어의 뜻은 다음과 같다.
> 10. "정보통신망"이란 「전기통신기본법」 제2조 제2호에 따른 전기통신설비를 활용하거나 전기통신설비와 컴퓨터 및 컴퓨터 이용기술을 활용하여 정보를 수집·가공·저장·검색·송신 또는 수신하는 정보통신체제를 말한다.
> 14. "정보시스템감리"란 감리발주자 및 피감리인의 이해관계로부터 독립된 자가 정보시스템의 효율성을 향상시키고 안전성을 확보하기 위하여 제3자의 관점에서 정보시스템의 구축 및 운영 등에 관한 사항을 종합적으로 점검하고 문제점을 개선하도록 하는 것을 말한다.

06 ④

中

개념 카테고리 조직정보론 > 전자정부

| 정답 해설 | ④ 전자정부에 관하여 모두 옳은 설명이다.

07 ④

中

개념 카테고리 조직정보론 > 전자정부

| 정답 해설 | ④ 통합 3단계에 해당하는 내용이다. 통합 3단계에서는 제공자와 이용자 간에 좀 더 적극적인 상호 거래가 이루어지는데, 여권이나 비자를 온라인으로 발급받는 것을 포함하여 출생, 사망, 면허와 관련된 신고 및 관련 서류를 온라인으로 발급받을 수 있는 단계이다.

08 ③ 中

개념 카테고리 조직정보론 > 전자정부

| 정답 해설 | ③ 전자정부 통합 3단계는 정보제공자와 이용자 간에 좀 더 적극적인 상호 거래가 이루어지며, 관련 서류를 발급받을 수 있는 단계이다. 정보제공자와 이용자 간에 상호작용이 이루어지는 단계는 통합 2단계이다.

09 ① 中

개념 카테고리 조직정보론 > 전자정부 > 정부 3.0

| 정답 해설 | ① 정부 3.0은 국민 개개인의 행복에 초점을 둔 양방향·맞춤형 서비스 제공을 강조하고 있다.

10 ③ 上

개념 카테고리 조직정보론 > 지능형 전자정부

| 정답 해설 | ③ 지능형 전자정부는 생애주기별 맞춤형이 아니라 일상틈새와 생애주기별 비서형이다.

| 플러스 이론 | 전자정부와 지능형 정부

구분	전자정부	지능형 정부
정책결정	정부 주도	국민 주도
행정업무	국민/공무원 문제 제기 → 개선 현장 행정: 단순업무 처리 중심	문제 자동인지 → 스스로 대안제시 → 개선 현장 행정: 복합문제 해결 가능
서비스 목표	양적·효율적 서비스 제공	질적·공감적 서비스 공동생산
서비스 내용	생애주기별 맞춤형	일상틈새+생애주기별 비서형
서비스 전달방식	온라인+모바일 채널	수요 기반 온·오프라인 멀티채널

11 ③ 中

개념 카테고리 조직정보론 > 전자정부 > 보편적 정보서비스

| 정답 해설 | ③ 보편적 서비스정책의 주요 내용은 접근성, 활용가능성, 훈련과 지원, 유의미한 목적성, 요금의 저렴성이다. 광역성은 포함되지 않는다.

12 ① 中

개념 카테고리 조직정보론 > 전자정부 > 지역지능정보화

| 정답 해설 | ① 지역지능정보화는 광의로는 특정 지역을 대상으로 하는 국가 및 지방자치단체 주도의 정보화로 정의되고, 협의로는 특정 지역을 대상으로 하는 지역 주도의 지역민을 위한 정보정책의 수립과 추진을 의미한다.

13 ② 上

개념 카테고리 조직정보론 > 전자정부 > 웹 접근성

| 정답 해설 | ② 웹 관련 국제표준화기구인 W3C(World Wide Web Consortium)는 장애인의 인터넷 이용과 관련한 핵심 이슈가 접근성에서 사용성으로 무게 중심이 이동해야 한다고 강조하였다.

14 ④ 中

개념 카테고리 조직정보론 > 전자정부 > 온라인 시민 참여

| 정답 해설 | ④ 정보제공형에서 정책결정형으로 갈수록 행정에 대한 시민 참여 및 영향력이 증대된다.

15 ① 上

개념 카테고리 조직정보론 > 전자정부 > 온라인 시민 참여

| 정답 해설 | ① 온라인 시민 참여 유형은 정보제공형, 협의형, 정책결정형으로 구분할 수 있다. 전자국민투표법은 정책결정형에 해당하고, 나머지는 협의형에 해당한다.

16 ① 中

개념 카테고리 조직정보론 > 의사전달 > 공식적 의사전달

| 정답 해설 | ① 신속한 전달은 비공식적 의사전달의 장점에 해당한다. 공식적 의사전달은 일반적으로 계층제의 모든 단계를 거치게 되므로, 커뮤니케이션이 지체되기 쉽다.

17 ① 中

개념 카테고리 조직정보론 > 의사전달 > 장애요인

| 정답 해설 | ① 의사전달의 장애요인은 조직구조, 인간적 요인(전달자와 피전달자), 전달수단 및 매개체로 구분할 수 있다. 지위상의 차이는 인간적 요인에 해당하며, 나머지는 전부 조직구조에 의한 장애요인에 해당한다.

18 ①

下

개념 카테고리 조직정보론 > 정보공개 > 행정정보공개제도

| 오답 해설 | ② 외국인도 정보공개를 청구할 수 있다.
③ 공무원의 성명 · 직위는 공개 대상 정보이다.
④ 정보공개비용은 청구인이 부담한다.

| 함께 보는 법령 |「공공기관의 정보공개에 관한 법률」

제5조(정보공개 청구권자) ① 모든 국민은 정보의 공개를 청구할 권리를 가진다.
② 외국인의 정보공개 청구에 관하여는 대통령령으로 정한다.
제9조(비공개 대상 정보) ① 공공기관이 보유 · 관리하는 정보는 공개 대상이 된다. 다만, 다음 각 호의 어느 하나에 해당하는 정보는 공개하지 아니할 수 있다.
6. 해당 정보에 포함되어 있는 성명 · 주민등록번호 등 「개인정보 보호법」 제2조 제1호에 따른 개인정보로서 공개될 경우 사생활의 비밀 또는 자유를 침해할 우려가 있다고 인정되는 정보. 다만, 다음 각 목에 열거한 사항은 제외한다.
가. 법령에서 정하는 바에 따라 열람할 수 있는 정보
나. 공공기관이 공표를 목적으로 작성하거나 취득한 정보로서 사생활의 비밀 또는 자유를 부당하게 침해하지 아니하는 정보
다. 공공기관이 작성하거나 취득한 정보로서 공개하는 것이 공익이나 개인의 권리 구제를 위하여 필요하다고 인정되는 정보
라. 직무를 수행한 공무원의 성명 · 직위
마. 공개하는 것이 공익을 위하여 필요한 경우로서 법령에 따라 국가 또는 지방자치단체가 업무의 일부를 위탁 또는 위촉한 개인의 성명 · 직업
제11조(정보공개 여부의 결정) ① 공공기관은 제10조에 따라 정보공개의 청구를 받으면 그 청구를 받은 날부터 10일 이내에 공개 여부를 결정하여야 한다.
제17조(비용 부담) ① 정보의 공개 및 우송 등에 드는 비용은 실비(實費)의 범위에서 청구인이 부담한다.

19 ①

上

개념 카테고리 조직정보론 > 정보공개 > 행정정보공개제도

| 정답 해설 | ① 행정정보공개제도는 공무원 업무량 증가로 행정비용 증가를 유발하지만, 행정에 대한 통제비용은 감소한다. 즉, 적은 비용과 절차로 정보의 비대칭성을 완화하여 행정에 대한 통제를 용이하게 한다.

CHAPTER 05 조직변동(혁신)론

출제 비중 8%

약점진단표											
1회독				2회독				3회독			
○	△	×	총	○	△	×	총	○	△	×	총
			7				7				7

*문제풀이 후 약점진단 결과를 적어보세요!

문제편 P.219

01	④	02	①	03	②	04	④	05	①
06	④	07	②						

01 ④

中

개념 카테고리 조직변동(혁신)론 > 목표관리(MBO)

| 정답 해설 | ④ 하급자의 참여를 통한 협력적 목표 설정이라는 점에서 목표관리제는 조직목표 달성을 위한 상향식 접근이다.

02 ①

中

개념 카테고리 조직변동(혁신)론 > 총체적 품질관리(TQM)

| 정답 해설 | ① TQM은 산출과정 초기의 품질 정착과 서비스의 지나친 변이성 방지를 위해 결과보다는 투입과 과정의 계속적인 개선이 요청된다.

03 ②

上

개념 카테고리 조직변동(혁신)론 > 조직발전(OD)

| 정답 해설 | ② 조직발전(OD)은 조직구성원의 행태 변화를 통해 조직의 생산성과 환경에 대한 적응능력을 향상시키는 것을 목적으로 하는 기법으로, 과업수행기능보다는 대인관계능력에 역점을 둔다.

04 ④

中

개념 카테고리 조직변동(혁신)론 > 균형성과관리(BSC)

| 정답 해설 | ④ 모두 옳은 설명이다. BSC는 특히 네 가지 균형을 중시하는데, 첫째는 재무적 지표와 비재무적 지표(고객, 학습과 성장, 내부 프로세스)의 균형, 둘째는 조직의 내부 요소(직원과 내부 프로세스)와 외부 요소(재무적 투자자와 고객) 간 균형, 셋째는 결과를 예측해 주는 선행지표와 결과인 후행지표 간 균형, 넷째는 단기적 관점(재무 관점)과 장기적 관점(학습과 성장 관점)의 균형이다.

05 ①

中

개념 카테고리 조직변동(혁신)론 > 균형성과관리(BSC)

| 정답 해설 | ① BSC는 재무적 지표뿐만 아니라, 고객의 관점, 내부 프로세스의 관점, 학습과 성장의 관점이라는 4가지 관점을 바탕으로 조직의 성과를 균형 있게 측정한다.

06 ④

中

개념 카테고리 조직변동(혁신)론 > 균형성과관리(BSC)

| 정답 해설 | ④ 제시된 지문은 균형성과관리(BSC)와 관계가 깊다. BSC는 조직의 비전과 전략을 달성하기 위해 수행해야 할 핵심적인 사항을 측정 가능한 형태로 바꾼 성과지표의 집합이며, 성과지표를 도출함에 있어 전통적인 재무제표뿐 아니라 고객, 비즈니스 프로세스, 학습 및 성장과 같은 비재무적인 측면도 균형적으로 고려한다.

07 ②

中

개념 카테고리 조직변동(혁신)론 > SWOT 분석

| 정답 해설 | ② 설문은 SWOT 분석에 관한 내용이다. 조직의 내부 환경을 분석해 강점과 약점을 발견하고, 외부 환경을 분석해 기회와 위협을 찾아내 이를 토대로 강점은 살리고 약점은 보완, 기회를 활용하고 위협은 억제하는 전략을 수립하는 것을 의미한다. 이때 사용되는 4요소를 강점 · 약점 · 기회 · 위협(SWOT)이라고 하는데, 이 중 강점과 약점은 경쟁조직과 비교할 때 수요자로부터 강점과 약점으로 인식되는 것이 무엇인지, 기회와 위협은 외부 환경에서 유리한 기회, 불리한 요인은 무엇인지를 찾아내 활용하는 것을 말한다.

PART
04 인사행정론

정답과 해설

CHAPTER 01 인사행정의 기초이론

출제 비중 26%

약점진단표											
1회독				2회독				3회독			
○	△	×	총	○	△	×	총	○	△	×	총
			12				12				12

*문제풀이 후 약점진단 결과를 적어보세요!

문제편 P.222

01	④	02	④	03	③	04	①	05	②
06	④	07	④	08	③	09	④	10	④
11	②	12	④						

01 ④

中

개념 카테고리 기초이론 > 인사행정제도 > 엽관주의

| 정답 해설 | ④ 엽관주의는 국민 다수의 지지를 받은 정당의 당원이 관직에 임명됨으로써 민주통제의 강화 및 행정의 민주화·정부관료제의 민주화에 기여한다. 즉, 엽관주의는 행정의 대응성을 제고하고 인사권자의 지도력 강화에 기여한다.

| 오답 해설 | ① 실적주의를 기반으로 하는 직업공무원제도는 공개경쟁채용시험을 통한 임용을 강조하므로, 행정의 대응성 제고나 인사권자의 지도력 강화에 기여하기 어렵다.

② 대표관료제는 공직 임용에 있어 개인의 능력·자격을 2차적인 기준으로 삼기 때문에 행정의 전문성과 생산성을 저해할 우려가 있다.

③ 폐쇄형 공무원제도가 행정의 계속성 유지에 유리하다.

02 ④

中

개념 카테고리 기초이론 > 인사행정제도 > 엽관주의

| 정답 해설 | ④ 엽관주의는 정부관료제를 소수 정당 간부의 특수 이익을 위한 도구로 전락시켜 매관매직 등 정치적·행정적 부패를 초래하며, 행정의 전문성을 저해하고 비능률성을 야기한다.

03 ③

上

개념 카테고리 기초이론 > 인사행정제도 > 엽관주의

| 정답 해설 | ③ 설문은 공직을 선거에 승리한 정당의 전리품으로 간주하는 엽관주의에 관한 내용이다. 엽관주의는 대폭적인 공직의 경질을 통하여 공직의 특권화를 배제할 수 있다.

04 ①

上

개념 카테고리 기초이론 > 인사행정제도 > 실적주의

| 정답 해설 | ① 공직의 특권화 배제는 공직 경질을 특징으로 하는 엽관주의의 장점이다. 실적주의는 지나친 신분보장으로 인해 오히려 공직의 특권화를 초래할 수 있다.

05 ②

上

개념 카테고리 기초이론 > 인사행정제도 > 실적주의

| 정답 해설 | ② 실적주의는 시험을 통해 공무원을 선발하므로 공직 임용의 기회균등을 제고할 수 있다는 장점이 있다. 하지만 지나친 신분보장으로 인해 공직의 특권화가 초래될 수 있다는 단점이 있다.

06 ④

上

개념 카테고리 기초이론 > 인사행정제도 > 적극적 인사행정

| 정답 해설 | ④ 관리융통성모형(management flexibility model)은 변화하는 환경에 효과적으로 대응할 수 있도록 운영상의 자율성과 융통성을 높인 인사행정모형(오석홍)으로, 실적주의의 한계를 보완하기 위한 적극적 인사행정의 일환이다.

07 ④

中

개념 카테고리 기초이론 > 인사행정제도 > 직업공무원제

| 정답 해설 | ④ 직업공무원제는 폐쇄형의 충원 방식으로 인해 전문행정가의 양성을 저해함으로써 행정의 전문화 요구에 역행할 수 있다.

08 ③

中

개념 카테고리 기초이론 > 인사행정제도 > 대표관료제

| 정답 해설 | ③ 대표관료제는 실적주의의 폐해를 극복하기 위해서 등장하였다. 실적주의에서는 시험을 강조하기 때문에 시험에 유리한 계층이 관료제에 충원되고, 이들이 자신이 속한 계층의 이익만을 대변하므로 정부관료제가 전체 국민의 이익을 대변하지 못하는 현상을 극복하기 위해서 등장한 것이 대표관료제이다. 따라서 실적주의의 확립은 대표관료제와 충돌한다.

09 ④

下

개념 카테고리 기초이론 > 인사행정제도 > 대표관료제

| 정답 해설 | ④ 대표관료제는 실적주의의 폐단을 극복하기 위해 등장한 제도이다.

10 ④

中

개념 카테고리 기초이론 > 중앙인사기관 > 유형 > 비독립단독형

| 정답 해설 | ④ 비독립단독형의 중앙인사기관은 행정수반이나 내각에 소속되므로, 양당적이거나 초당적인 문제를 적절히 반영하기 어렵다.

11 ②

上

개념 카테고리 기초이론 > 중앙인사기관 > 소청심사제도

| 정답 해설 | ② 소청심사위원회의 독립성을 강화하기 위하여, 중앙인사기관의 장이 소청심사위원회의 결정에 대하여 재심을 요구할 수 있는 제도를 폐지하였다.

12 ④

上

개념 카테고리 기초이론 > 중앙인사기관 > 소청심사제도

| 정답 해설 | ④ 소청심사제도는 처분을 받은 자의 약 5%가 소청을 제기하며 구제율은 시대적 상황의 영향을 받아 연도별로 기복을 보이나, 공무원의 근무규율에 엄격한 제약을 가할 경우에는 구제율이 떨어지는 경향이 나타난다.

CHAPTER 02 공직의 분류

출제 비중 26%

약점진단표											
1회독				2회독				3회독			
○	△	×	총	○	△	×	총	○	△	×	총
			24				24				24

*문제풀이 후 약점진단 결과를 적어보세요!

문제편 P.224

01	②	02	③	03	①	04	②	05	④
06	③	07	②	08	②	09	③	10	③
11	①	12	②	13	③	14	②	15	②
16	④	17	②	18	②	19	②	20	③
21	②	22	②	23	②	24	④		

01 ②

上

개념 카테고리 공직의 분류 > 공무원의 구분

| 오답 해설 | 매력적 오답 ① 현재 행정부에 소속된 공무원 중 국가공무원이 지방공무원의 수보다 많다. 지방자치를 실시하면 국가공무원보다 지방공무원의 수가 많은 것이 일반적이다. 그러나 우리나라의 경우 경찰과 소방, 교원이 국가공무원으로 분류되기 때문에 국가공무원이 지방공무원보다 많다는 점을 주의해야 한다. 즉, 이론과 현실의 차이를 이용한 선지에 해당한다.

③ 인구수와 대비한 공무원 수를 외국(OECD 국가)과 비교하면 우리나라의 공무원 수는 상대적으로 적은 편에 속한다.

④ 파킨슨(Parkinson)은 공무원 수의 증가는 본질적으로 사무량의 증감과는 관계없이 공무원의 사회심리적 요인에 의해 증가한다고 본다.

02 ③

中

개념 카테고리 공직의 분류 > 지방공무원

| 정답 해설 | ③ ㄴ, ㄹ은 지방공무원이며, ㄱ, ㄷ은 지방공무원이 아니다.

ㄱ. 광역자치단체의 행정부단체장(행정부시장, 행정부지사)은 국가직 공무원이다.

ㄷ. 교육청의 교육감은 선출직으로 정무직이나, 부교육감은 국가직 공무원이다.

| 오답 해설 | ㄴ. 광역자치단체의 정무단체장은 지방직 공무원이다.

ㄹ. 지방의회의원(의장과 부의장 포함)은 지방직 공무원이다.

03 ①

中

개념 카테고리 공직의 분류 > 경력직 공무원 > 특정직 공무원

| 정답 해설 | ① 국가정보원 기획조정실장은 정무직으로 특수경력직 공무원에 해당한다.

04 ②

中

개념 카테고리 공직의 분류 > 특수경력직 공무원

| 정답 해설 | ② 헌법재판소 헌법연구관은 특정직 공무원으로 특수경력직 공무원이 아니라 경력직 공무원에 해당한다.

| 오답 해설 | ①④ 장관과 차관, 국가정보원 차장은 정무직, ③ 비서관은 별정직으로 특수경력직 공무원에 해당한다.

| 함께 보는 법령 |

「국가공무원법」

제2조(공무원의 구분) ① 국가공무원(이하 "공무원"이라 한다)은 경력직 공무원과 특수경력직 공무원으로 구분한다.

② "경력직 공무원"이란 실적과 자격에 따라 임용되고 그 신분이 보장되며 평생 동안(근무기간을 정하여 임용하는 공무원의 경우에는 그 기간 동안을 말한다) 공무원으로 근무할 것이 예정되는 공무원을 말하며, 그 종류는 다음 각 호와 같다.

1. 일반직 공무원: 기술·연구 또는 행정 일반에 대한 업무를 담당하는 공무원
2. 특정직 공무원: 법관, 검사, 외무공무원, 경찰공무원, 소방공무원, 교육공무원, 군인, 군무원, 헌법재판소 헌법연구관, 국가정보원의 직원, 경호공무원과 특수 분야의 업무를 담당하는 공무원으로서 다른 법률에서 특정직 공무원으로 지정하는 공무원

③ "특수경력직 공무원"이란 경력직 공무원 외의 공무원을 말하며, 그 종류는 다음 각 호와 같다.

1. 정무직 공무원
   가. 선거로 취임하거나 임명할 때 국회의 동의가 필요한 공무원
   나. 고도의 정책결정 업무를 담당하거나 이러한 업무를 보조하는 공무원으로서 법률이나 대통령령(대통령비서실 및 국가안보실의 조직에 관한 대통령령만 해당한다)에서 정무직으로 지정하는 공무원
2. 별정직 공무원: 비서관·비서 등 보좌업무 등을 수행하거나 특정한 업무 수행을 위하여 법령에서 별정직으로 지정하는 공무원

「국가정보원법」

제9조(원장·차장·기획조정실장) ① 원장은 국회의 인사청문을 거쳐 대통령이 임명하며, 차장 및 기획조정실장은 원장의 제청으로 대통령이 임명한다.

② 원장은 정무직으로 하며, 국정원의 업무를 총괄하고 소속 직원을 지휘·감독한다.

③ 차장과 기획조정실장은 정무직으로 하고 원장을 보좌하며, 원장이 부득이한 사유로 직무를 수행할 수 없을 때에는 그 직무를 대행한다.
④ 원장·차장 및 기획조정실장 외의 직원 인사에 관한 사항은 따로 법률로 정한다.

05 ④

中

개념 카테고리 공직의 분류 > 경력직 공무원과 특수경력직 공무원

| 정답 해설 | ④ 특정직 공무원은 각 개별 법률에 의해 별도 계급(직급) 체계를 유지하며, 특수경력직 공무원은 계급 구분이 없다.

| 오답 해설 | 매력적 오답 ② 서울시의 자치구는 지방자치단체이나, 경기도의 행정구는 지방자치단체가 아니다. 따라서 서울시 구청장은 정무직이지만, 경기도 구청장은 일반직이다. 자치구와 행정구의 차이를 정확하게 구분하여야 한다.

06 ③

上

개념 카테고리 공직의 분류 > 인사청문회

| 정답 해설 | ③ 헌법재판소 재판관 전원(9인)은 인사청문의 대상이지만, 국회에서 선출(3인)하는 경우만 인사청문특별위원회에서 인사청문을 실시하며, 대통령이 임명(3인)하는 경우와 대법원장이 지명(3인)하는 경우는 소관상임위원회(법제사법위원회)에서 인사청문을 실시한다.

07 ②

上

개념 카테고리 공직의 분류 > 인사청문회

| 정답 해설 | ② 대법원장·헌법재판소장·국무총리·감사원장 및 대법관과 국회에서 선출하는 헌법재판소 재판관 및 중앙선거관리위원회 위원은 인사청문특별위원회에서 인사청문을 실시(「국회법」 제46조의3)하나, 중앙선거관리위원회 위원장은 위원 중에서 호선하므로 별도의 청문을 거치지 않는다.

08 ②

上

개념 카테고리 공직의 분류 > 정규직 공무원과 임기제 공무원

| 정답 해설 | ② 임기제 공무원이란 국가나 지방자치단체의 임용권자가 담당 직원이 업무를 수행하는 데 전문지식이나 기술을 요구하거나, 임용관리에 특수성이 요구되는 업무를 담당하게 하기 위해 근무기간을 정해 '경력직 공무원'으로 임용하는 공무원을 말한다.

09 ③

上

개념 카테고리 공직의 분류 > 시간선택제 공무원

| 정답 해설 | ③ 시간선택제 채용 공무원은 통상적인 근무시간보다 짧은 시간을 근무(주당 15시간 이상 35시간 이하)할 것을 예정해 일반직 공무원으로 채용하는 공무원을 말한다.

| 함께 보는 법령 | 「공무원임용령」

제3조의3(시간선택제 채용 공무원의 임용) ① 임용권자 또는 임용제청권자는 법 제26조의2에 따라 통상적인 근무시간보다 짧은 시간을 근무하는 일반직 공무원(임기제 공무원은 제외한다)을 신규채용할 수 있다.
② 제1항에 따라 채용된 공무원(이하 "시간선택제 채용 공무원"이라 한다)의 주당 근무시간은 「국가공무원 복무규정」 제9조에도 불구하고 15시간 이상 35시간 이하의 범위에서 임용권자 또는 임용제청권자가 정한다. 이 경우 근무시간을 정하는 방법 및 절차 등은 인사혁신처장이 정한다.
③ 시간선택제 채용 공무원을 통상적인 근무시간 동안 근무하는 공무원으로 임용하는 경우에는 어떠한 우선권도 인정하지 아니한다.
제57조의3(시간선택제 근무의 전환 등) ① 임용권자 또는 임용제청권자는 통상적인 근무시간을 근무하는 공무원이 시간선택제 근무로 전환을 신청하는 경우 법 제26조의2에 따라 통상적인 근무시간보다 짧은 시간을 근무하는 공무원으로 지정할 수 있다.
② 시간선택제 전환 공무원의 근무시간은 「국가공무원 복무규정」 제9조에도 불구하고 주당 15시간 이상 35시간 이하의 범위에서 소속장관이 정한다.

10 ③

中

개념 카테고리 공직의 분류 > 탄력근무제 > 시차출퇴근제

| 정답 해설 | ③ 제시된 지문은 탄력근무제 중 시차출퇴근제에 관한 설명이다.

| 플러스 이론 | 탄력근무방식

탄력근무방식은 전일제 근무시간을 지키되 근무시간, 근무일수를 자율 조정할 수 있는 제도이다. ㉠ 시차출퇴근제(1일 8시간 근무체제 유지, 매일 같은 출근시각과 요일마다 다른 출근시각), ㉡ 근무시간선택제(1일 4~12시간 근무하면서 주 5일 근무), ㉢ 집약근무제(1일 10~12시간 근무하면서 주 3.5~4일 근무), ㉣ 재량근무제(출퇴근 의무 없이 프로젝트 수행으로 주 40시간 인정) 등이 있다.

11 ①

上

개념 카테고리 공직의 분류 > 탄력근무제 > 재량근무제

| 정답 해설 | ① 재량근무제는 출퇴근 의무 없이 프로젝트를 수행하는 것으로 주 40시간을 인정하는 탄력근무방식이므로 제시된 지문의 사례에서는 택하기 어려운 탄력근무방식이다.

12 ②

中

개념 카테고리 공직의 분류 > 폐쇄형 인사제도

| 정답 해설 | ② 행정의 전문화는 개방형 충원 방식의 장점에 해당한다. 폐쇄형 충원 방식은 행정의 전문화를 저해한다.

13 ③

中

개념 카테고리 공직의 분류 > 개방형 인사제도 > 개방형 직위

| 정답 해설 | ③ 지방자치단체의 경우 특별시·광역시 또는 도별로 1급부터 5급까지의 공무원 또는 이에 상당하는 공무원과 시·군 및 자치구별로 2급부터 5급까지의 공무원 또는 이에 상당하는 공무원으로 보할 수 있는 직위 총수의 100분의 10의 범위에서 개방형 직위를 지정할 수 있다.

14 ②

中

개념 카테고리 공직의 분류 > 직위분류제 > 직무분석

| 정답 해설 | ② 직위분류제의 수립절차 중 직류, 직렬과 직군이 결정되는 단계는 직무분석이며, 직급과 직무등급이 결정되는 단계는 직무평가이다.

15 ②

中

개념 카테고리 공직의 분류 > 직위분류제 > 직무평가

| 정답 해설 | ② 대인비교법은 직무평가의 방법이 아니라 근무성적평정의 방법에 해당한다.

16 ④

中

개념 카테고리 공직의 분류 > 직위분류제 > 직무평가

| 정답 해설 | ④ 대인비교법은 근무성적평정의 방법에 해당한다. 직무평가 방법의 계량적 방법에는 점수법, 요소비교법 등이 있으며, 비계량적 방법에는 서열법, 분류법 등이 있다.

17 ②

中

개념 카테고리 공직의 분류 > 직위분류제 > 직무평가 > 점수법

| 정답 해설 | ② 제시된 지문은 직무평가 방법 중 가장 많이 사용하는 점수법에 관한 내용이다. 점수법은 직무의 구성요소별로 계량적 점수를 부여하여 평가해 가는 방법으로, 한정된 평가요소만을 사용하는 것이 아니라 분류 대상 직위의 직무에 공통적이며 중요한 특징을 평가요소로 사용한다.

18 ②

中

개념 카테고리 공직의 분류 > 직위분류제 > 구성요소 > 직급

| 정답 해설 | ② 직급(class)은 직위가 내포하는 직무의 성질 및 난이도, 책임의 정도가 유사해 채용과 보수 등에서 동일하게 다를 수 있는 직위의 집단이다.

19 ②

中

개념 카테고리 공직의 분류 > 직위분류제 > 구성요소 > 직급

| 정답 해설 | ② 직무의 종류·곤란성과 책임도가 상당히 유사한 직위의 군은 직급(職級)이다. 직군(職群)이란 직무의 성질이 유사한 직렬의 군을 말한다.

20 ③

中

개념 카테고리 공직의 분류 > 직위분류제 > 구성요소

| 정답 해설 | ③ 직무의 종류가 유사하고 그 책임과 곤란성의 정도가 서로 다른 직급의 군(ㄱ)은 직렬, 직무의 종류·곤란성과 책임도가 상당히 유사한 직위의 군(ㄴ)은 직급, 직무의 곤란성과 책임도가 상당히 유사한 직위의 군(ㄷ)은 직무등급이다.

21 ②

中

개념 카테고리 공직의 분류 > 직위분류제

| 정답 해설 | ② 직위분류제는 현재의 해당 직무에만 최적화된 인재를 양성한다는 점에서 조직 및 직무 변화에 적절히 대응하지 못하며, 인사관리의 탄력성과 신축성을 떨어뜨리는 요인이 된다.

| 오답 해설 | ① 직위분류제는 개방형의 충원방식으로 적재적소의 인사배치는 가능하나, 전문성으로 인해 인사배치의 신축성은 저하된다.

22 ②

中

개념 카테고리 공직의 분류 > 계급제

| 정답 해설 | ② 계급제는 동일직무에 동일보수의 원칙의 적용이 어려워 직무급 체계의 확립을 어렵게 하고, 폐쇄형의 충원방식으로 인해 행정의 전문화에 부응하지 못한다.

23 ②

中

개념 카테고리 공직의 분류 > 고위공무원단제도

| 오답 해설 | ①④ 중앙행정기관에 근무하는 일반직 3급 이상 공무원뿐만 아니라 국가공무원으로 보하는 부시장, 부지사, 부교육감 등도 고위공무원단에 해당된다.

③ 정기 적격심사는 폐지되었다.

24 ④

上

개념 카테고리 공직의 분류 > 고위공무원단제도

| 정답 해설 | ④ 고위공무원에 대한 부처별 인사자율권이 확대되었다.

CHAPTER 03 인사행정의 3대 변수

출제 비중 28%

약점진단표											
1회독				2회독				3회독			
○	△	×	총	○	△	×	총	○	△	×	총
			18				18				18

*문제풀이 후 약점진단 결과를 적어보세요!

문제편 P.229

01	④	02	①	03	④	04	④	05	②
06	④	07	②	08	④	09	①	10	③
11	①	12	②	13	①	14	②	15	②
16	②	17	③	18	④				

01 ④

中

개념 카테고리 3대 변수 > 임용 > 자격요건 > 임용결격사유

| 정답 해설 | ④ 금고 이상의 형의 집행유예를 선고받고 그 유예기간이 끝난 날부터 2년이 지나지 아니한 자이다.

| 함께 보는 법령 |「국가공무원법」

제33조(결격사유) 다음 각 호의 어느 하나에 해당하는 자는 공무원으로 임용될 수 없다.
1. 피성년후견인
2. 파산선고를 받고 복권되지 아니한 자
3. 금고 이상의 실형을 선고받고 그 집행이 끝나거나(집행이 끝난 것으로 보는 경우를 포함한다) 집행이 면제된 날부터 5년이 지나지 아니한 자
4. 금고 이상의 형의 집행유예를 선고받고 그 유예기간이 끝난 날부터 2년이 지나지 아니한 자
5. 금고 이상의 형의 선고유예를 받은 경우에 그 선고유예 기간 중에 있는 자
6. 법원의 판결 또는 다른 법률에 따라 자격이 상실되거나 정지된 자

6의2. 공무원으로 재직기간 중 직무와 관련하여 「형법」 제355조 및 제356조에 규정된 죄를 범한 자로서 300만 원 이상의 벌금형을 선고받고 그 형이 확정된 후 2년이 지나지 아니한 자

6의3. 다음 각 목의 어느 하나에 해당하는 죄를 범한 사람으로서 100만 원 이상의 벌금형을 선고받고 그 형이 확정된 후 3년이 지나지 아니한 사람
가. 「성폭력범죄의 처벌 등에 관한 특례법」 제2조에 따른 성폭력범죄
나. 「정보통신망 이용촉진 및 정보보호 등에 관한 법률」 제74조 제1항 제2호 및 제3호에 규정된 죄
다. 「스토킹범죄의 처벌 등에 관한 법률」 제2조 제2호에 따른 스토킹범죄

6의4. 미성년자에 대한 다음 각 목의 어느 하나에 해당하는 죄를 저질러 파면·해임되거나 형 또는 치료감호를 선고받아 그 형 또는 치료감호가 확정된 사람(집행유예를 선고받은 후 그 집행유예기간이 경과한 사람을 포함한다)
가. 「성폭력범죄의 처벌 등에 관한 특례법」 제2조에 따른 성폭력범죄
나. 「아동·청소년의 성보호에 관한 법률」 제2조 제2호에 따른 아동·청소년대상 성범죄

7. 징계로 파면처분을 받은 때부터 5년이 지나지 아니한 자
8. 징계로 해임처분을 받은 때부터 3년이 지나지 아니한 자

02 ①

中

개념 카테고리 3대 변수 > 임용 > 자격요건

| 정답 해설 | ① 공무원의 응시 자격요건 중 소극적 요건은 '~는 안 된다'고 규정하는 것으로 연령·주민·학력 등이 이에 해당한다. 적극적 요건은 '~를 갖추어야 한다'는 것으로 가치관과 태도 및 지식과 기술 등을 의미하며, 이는 선발과정에서 시험을 통해서 측정될 수 있다.

03 ④

中

개념 카테고리 3대 변수 > 임용 > 자격요건

| 정답 해설 | ④ 「국가공무원법」이 개정되어 외국인의 공무원 임용요건이 완화되었다. 국가기관의 장은 국가안보 및 보안·기밀에 관계되는 분야를 제외하고 외국인을 공무원으로 임용할 수 있다.

| 함께 보는 법령 |「국가공무원법」

제26조의3(외국인과 복수국적자의 임용) ① 국가기관의 장은 국가안보 및 보안·기밀에 관계되는 분야를 제외하고 대통령령 등으로 정하는 바에 따라 외국인을 공무원으로 임용할 수 있다.

② 국가기관의 장은 다음 각 호의 어느 하나에 해당하는 분야로서 대통령령 등으로 정하는 분야에는 복수국적자(대한민국 국적과 외국 국적을 함께 가진 사람을 말한다. 이하 같다)의 임용을 제한할 수 있다.
1. 국가의 존립과 「헌법」 기본질서의 유지를 위한 국가안보 분야
2. 내용이 누설되는 경우 국가의 이익을 해하게 되는 보안·기밀 분야
3. 외교, 국가 간 이해관계와 관련된 정책결정 및 집행 등 복수국적자의 임용이 부적합한 분야

04 ④

上

개념 카테고리 3대 변수 > 임용 > 시험 > 타당성과 신뢰성

| 정답 해설 | ④ 타당도가 높다면 신뢰도도 높다. 하지만 타당도가 낮다고 해서 신뢰도도 낮다고 단정할 수는 없다.

05 ②
上

개념 카테고리 3대 변수 > 능력발전 > 교육훈련 > 역량기반 교육훈련

| 정답 해설 | ② 역량기반 교육훈련(competency-based curriculum)은 전통적 교육훈련의 한계를 극복하고 역량진단을 통한 문제 해결 및 현실 적용성을 제고하기 위한 방안으로 도입된 제도로, 대표적인 방식으로는 멘토링(mentoring), 학습조직, 액션 러닝(action learning), 워크아웃 프로그램(work-out program) 등이 있다.

06 ④
中

개념 카테고리 3대 변수 > 능력발전 > 근무성적평정 > 강제배분법

| 정답 해설 | ④ 집중화 경향이나 관대화 경향을 방지하기 위해서 사용하는 것은 강제배분법이다. 강제선택법은 비슷한 가치가 있다고 보통 생각하기 쉬운 항목들 중에서 피평정자의 특성에 가까운 것을 피평정자가 스스로 골라 표시하도록 강제하는 평정방법이다.

07 ②
上

개념 카테고리 3대 변수 > 능력발전 > 근무성적평정 > 행태기준 평정척도법

| 정답 해설 | ② 제시된 지문은 행태기준 평정척도법(BARS: Behaviorally Anchored Rating Scales)에 관한 설명이다. 행태기준 평정척도법은 평정대상자의 행태를 관찰해 척도상의 유사한 과업행태를 찾아 표시하면 되기 때문에 평정자에게서 오는 오류를 줄일 수 있고, 척도 설계 과정에서 평정대상자가 참여하므로 그의 신뢰와 적극적인 관심 및 참여를 기대할 수 있다. 반면, 직무가 다르면 별개의 평정양식이 있어야 하는 등 개발에 많은 시간과 비용이 요구된다.

08 ④
中

개념 카테고리 3대 변수 > 능력발전 > 근무성적평정 > 평정상 오차

| 정답 해설 | ④ 관대화 또는 집중화 경향은 평정결과 공개의 단점에 해당한다.

09 ①
中

개념 카테고리 3대 변수 > 능력발전 > 근무성적평정 > 평정상 오차

| 정답 해설 | ① 피평정자가 성실한 경우, 그에게서 받은 좋은 인상이 창의성·지도력 등 전혀 성격이 다른 요소의 측정에도 영향을 미쳐 좋은 점수를 부여하게 되는 현상은 연쇄효과이다. 선입견에 의한 오류란 평정요소와 관계없는 성별·출신지방·종교 등에 대해 평정자가 갖고 있는 편견이 영향을 미치는 현상을 말한다.

10 ③
中

개념 카테고리 3대 변수 > 능력발전 > 성과평가 > 다면평가제도

| 정답 해설 | ③ 다면평가제도는 능력보다는 인간관계를 주로 평가하여 인기투표로 나타날 가능성이 있으며, 이로 인해 상급자가 업무 추진보다는 부하의 눈치를 의식하는 행정이 이루어질 가능성이 높다. 즉, 다면평가의 단점에 해당한다.

11 ①
中

개념 카테고리 3대 변수 > 능력발전 > 성과평가 > 다면평가제도

| 정답 해설 | ① 다면평가제도는 긍정적인 효과에도 불구하고 인기투표 논란 등으로 인해 직접적인 인사관리 기준보다는 공무원의 역량 개발 및 교육훈련에 주로 사용된다.

12 ②
上

개념 카테고리 3대 변수 > 능력발전 > 성과평가 > 성과관리카드제도

| 정답 해설 | ② 성과관리카드 적용 대상은 행정부 소속 전 공무원에게 해당된다.

13 ①
上

개념 카테고리 3대 변수 > 능력발전 > 경력개발제도

| 오답 해설 | ② 경력개발제도 운영을 위한 기본원칙으로 적재적소의 원칙, 승진경로의 원칙, 인재양성의 원칙, 직무와 역량 중심의 원칙, 개방성 및 공정경쟁 원칙, 자기 주도의 원칙 등을 들 수 있다.

③ 조직 차원에서는 직무설계 → 경력설계 → 경력관리 → 평가 및 보완의 단계를 거쳐 경력개발제도가 운영된다.

④ 개인 차원에서는 자기평가 → 관심 있는 경력 탐색 → 경력 목표 설정 → 실행계획 수립 → 경력관리의 단계를 거쳐 경력개발제도가 운영된다.

14 ②
中

개념 카테고리 3대 변수 > 사기앙양 > 보수

| 정답 해설 | ② 보수의 책정 면에서 근로의 대가로서의 보수는 동일노동 동일대가를 지불하는 것이 원칙이지만, 정부의 업무는 엄격한 직위분류제를 이용하는 경우에도 노동의 비교치를 찾는 것이 힘든 경우가 많다. 경찰, 군인, 소방 등 정부의 직무는 사기업에서 볼 수 없는 직무가 많아 시장가격의 적용이 어렵다.

15 ②

中

개념 카테고리 3대 변수 > 사기앙양 > 보수

| 정답 해설 | ② 일반적으로 고위직의 보수는 사기업에 비해 상대적으로 적으나, 하위직의 보수는 높게 책정한다.

16 ②

下

개념 카테고리 3대 변수 > 사기앙양 > 보수

| 오답 해설 | ① 직무급은 직무가 지니는 상대적 가치를 평가하여 임금을 결정하는 보수체계이다.

③ 근속급은 근속년수를 기준으로 임금을 결정하는 보수체계이다.

④ 생활급은 노동자의 최저생활을 기준으로 임금을 결정하는 보수체계이다.

17 ③

中

개념 카테고리 3대 변수 > 사기앙양 > 인간관계관리 > 공무원단체

| 정답 해설 | ③ 해당 규정은 삭제되었고, 근로시간 면제 제도가 도입되었다. 기존에는 공무원 노동조합 업무 전임자에 대해서 전임기간 중 휴직명령을 하도록 하고 그 기간 중 보수지급을 금지하는 등 민간부문과 달리 노동조합 업무에 대한 근로시간 면제 제도를 적용하지 않았다. 이로 인하여 공무원의 노동권이 민간부문과 비교하여 형평성 측면에서 문제가 있다는 지적이 있었고, 공무원의 정당한 노조활동을 보장하기 위하여 공무원에 대해서도 단체협약으로 정하거나 정부교섭대표가 동의하는 경우 근무시간 면제 시간 및 사용인원의 한도를 초과하지 아니하는 범위에서 보수의 손실 없이 정부교섭대표와의 협의·교섭, 고충처리, 안전·보건활동 및 노조의 유지·관리업무 등을 할 수 있도록 근무시간 면제 제도를 도입하였다.

| 함께 보는 법령 | 「공무원의 노동조합 설립 및 운영 등에 관한 법률」

제6조(가입 범위) ① 노동조합에 가입할 수 있는 사람의 범위는 다음 각 호와 같다.
1. 일반직 공무원
2. 특정직 공무원 중 외무영사직렬·외교정보기술직렬 외무공무원, 소방공무원 및 교육공무원(다만, 교원은 제외한다)
3. 별정직 공무원
4. 제1호부터 제3호까지의 어느 하나에 해당하는 공무원이었던 사람으로서 노동조합 규약으로 정하는 사람

② 제1항에도 불구하고 다음 각 호의 어느 하나에 해당하는 공무원은 노동조합에 가입할 수 없다.
1. 업무의 주된 내용이 다른 공무원에 대하여 지휘·감독권을 행사하거나 다른 공무원의 업무를 총괄하는 업무에 종사하는 공무원
2. 업무의 주된 내용이 인사·보수 또는 노동관계의 조정·감독 등 노동조합의 조합원 지위를 가지고 수행하기에 적절하지 아니한 업무에 종사하는 공무원
3. 교정·수사 등 공공의 안녕과 국가안전보장에 관한 업무에 종사하는 공무원

제7조(노동조합 전임자의 지위) ① 공무원은 임용권자의 동의를 받아 노동조합으로부터 급여를 지급받으면서 노동조합의 업무에만 종사할 수 있다.

② 제1항에 따른 동의를 받아 노동조합의 업무에만 종사하는 사람[이하 "전임자"(專任者)라 한다]에 대하여는 그 기간 중 「국가공무원법」 제71조 또는 「지방공무원법」 제63조에 따라 휴직명령을 하여야 한다.

③ 삭제 〈2022. 6. 10.〉

④ 국가와 지방자치단체는 공무원이 전임자임을 이유로 승급이나 그 밖에 신분과 관련하여 불리한 처우를 하여서는 아니 된다.

제7조의2(근무시간 면제자 등) ① 공무원은 단체협약으로 정하거나 제8조 제1항의 정부교섭대표(이하 이 조 및 제7조의3에서 "정부교섭대표"라 한다)가 동의하는 경우 제2항 및 제3항에 따라 결정된 근무시간 면제 한도를 초과하지 아니하는 범위에서 보수의 손실 없이 정부교섭대표와의 협의·교섭, 고충처리, 안전·보건활동 등 이 법 또는 다른 법률에서 정하는 업무와 건전한 노사관계 발전을 위한 노동조합의 유지·관리업무를 할 수 있다.

② 근무시간 면제 시간 및 사용인원의 한도(이하 "근무시간 면제 한도"라 한다)를 정하기 위하여 공무원근무시간면제심의위원회(이하 이 조에서 "심의위원회"라 한다)를 「경제사회노동위원회법」에 따른 경제사회노동위원회에 둔다.

③ 심의위원회는 제5조 제1항에 따른 노동조합 설립 최소 단위를 기준으로 조합원(제6조 제1항 제1호부터 제3호까지의 규정에 해당하는 조합원을 말한다)의 수를 고려하되 노동조합의 조직형태, 교섭구조·범위 등 공무원 노사관계의 특성을 반영하여 근무시간 면제 한도를 심의·의결하고, 3년마다 그 적정성 여부를 재심의하여 의결할 수 있다.

④ 제1항을 위반하여 근무시간 면제 한도를 초과하는 내용을 정한 단체협약 또는 정부교섭대표의 동의는 그 부분에 한정하여 무효로 한다.

18 ④

下

개념 카테고리 3대 변수 > 사기앙양 > 인간관계관리 > 공무원단체

| 정답 해설 | ④ 보수에 관한 사항은 단체교섭의 대상에 해당하며, 나머지는 해당하지 않는다.

| 오답 해설 | 매력적 오답 ①②③ 정책결정에 관한 사항, 임용권의 행사 등 그 기관의 관리·운영에 관한 사항으로서 근무조건과 직접 관련되지 아니하는 사항은 교섭의 대상이 될 수 없다. 신규공무원의 채용기준, 승진 등은 임용권의 행사에 해당하는 구체적 사례이므로 주의하여야 한다.

CHAPTER 04 근무규율

출제 비중 20%

약점진단표											
1회독				2회독				3회독			
○	△	×	총	○	△	×	총	○	△	×	총
			16				16				16

*문제풀이 후 약점진단 결과를 적어보세요!

문제편 P.233

01	①	02	①	03	③	04	②	05	③
06	②	07	②	08	③	09	④	10	②
11	②	12	④	13	④	14	①	15	③
16	③								

01 ①

中

개념 카테고리 근무규율 > 공직윤리 > 행정윤리 확보방안

| 정답 해설 | ① 「국가공무원법」과 「공직자윤리법」은 기본적으로 부정부패를 방지하기 위한 소극적 윤리를 강조한다.

| 오답 해설 | 매력적 오답 ④ 일반직 공무원의 경우 4급 이상이면 등록의무자이고 1급 이상이면 공개의무자이나, 세무공무원 등의 경우는 7급 이상이면 등록의무자가 되고 3급 이상이면 공개의무자가 된다. 대상에 차이가 있어 혼동할 수 있으므로 주의하여야 한다.

02 ①

中

개념 카테고리 근무규율 > 공직윤리 > 공무원 행동규범

| 정답 해설 | ① 법령준수의 의무는 신분상의 의무가 아니라 직무상의 의무에 해당한다. 공무원의 신분상의 의무에는 품위유지의 의무, 정치운동의 금지, 집단행위의 금지, 비밀엄수의 의무, 청렴의 의무, 영예 등의 수령규제가 있다.

03 ③

中

개념 카테고리 근무규율 > 신분보장 > 징계제도

| 오답 해설 | ① 징계로 파면처분을 받은 때부터 5년이 지나지 아니한 자, 해임처분을 받은 때부터 3년이 지나지 아니한 자는 공무원으로 임용될 수 없다.

② 강등은 1계급 아래로 직급을 내리고 공무원신분은 보유하나 3개월간 직무에 종사하지 못하며 그 기간 중 보수는 전액을 감한다.

④ 감봉은 1개월 이상 3개월 이하의 기간 동안 보수의 3분의 1을 감한다.

04 ②

上

개념 카테고리 근무규율 > 공직윤리

| 정답 해설 | ② 공무원의 행위에 대한 평가는 결과주의적이며 동기에 대한 평가는 의무론적인 것이다.

05 ③

上

개념 카테고리 근무규율 > 신분보장 > 징계제도

| 정답 해설 | ③ 징계 사유가 금품 및 향응 수수, 공금의 횡령·유용인 경우에는 해당 징계 외에 금품 및 향응 수수액, 공금의 횡령액·유용액의 5배 내의 징계부가금 부과의결을 징계위원회에 요구하여야 한다.

06 ②

上

개념 카테고리 근무규율 > 공직부패 > 행정권의 오용

| 정답 해설 | ② 제시된 지문은 행정권의 오용 중 행정기관이 법규를 위반하지 않는 합법적인 테두리 안에서 특정 이익을 옹호하는, 입법 의도의 편향된 해석에 해당한다.

07 ②

中

개념 카테고리 근무규율 > 공직부패 > 사회문화적 접근

| 정답 해설 | ② 부패의 사회문화적 접근법이란 특정한 지배적 관습이나 경험적 습성과 같은 것이 관료 부패를 조장한다고 보는 입장이다. 예를 들면 전통적인 선물 관행이나 보은 의식 등이 이에 해당한다.

| 오답 해설 | ① 도덕적 접근법, ③ 제도적 접근법, ④ 체제론적 접근법에 해당한다.

08 ③

上

개념 카테고리 근무규율 > 공직부패 > 시장·교환적 접근

| 정답 해설 | ③ 제시된 지문은 부패행위를 경제적 자원을 획득하는 하나의 수단으로 보는 시장·교환적 접근법에 관한 설명이다.

09 ④

上

개념 카테고리 근무규율 > 공직부패 > 권력관계 접근

| 정답 해설 | ④ 제시된 지문은 사회 내의 권력관계를 부패의 원인으로 분석하는 권력관계 접근법에 관한 설명이다.

10 ②

中

개념 카테고리 근무규율 > 공직부패 > 회색부패

| 정답 해설 | ② 제시된 지문은 백색부패와 흑색부패의 중간 점이지대에서 발생하는 유형의 부패인 회색부패(gray corruption)에 관한 설명이다.

11 ②

中

개념 카테고리 근무규율 > 공직부패 > 일탈형 부패

| 오답 해설 | ① 제도화된 부패, ③ 회색부패, ④ 비거래형 부패에 해당한다.

12 ④

中

개념 카테고리 근무규율 > 공직부패 > 부패방지

| 정답 해설 | ④ 현재 우리나라는 「공직자윤리법」이 아니라 「부패방지 및 국민권익위원회의 설치와 운영에 관한 법률」 제62조에 의해 내부고발자를 보호하고 있다.

| 함께 보는 법령 | 「부패방지 및 국민권익위원회의 설치와 운영에 관한 법률」

제62조(불이익조치 등의 금지) ① 누구든지 신고자에게 신고나 이와 관련한 진술, 자료 제출 등(이하 "신고 등"이라 한다)을 한 이유로 불이익조치를 하여서는 아니 된다.

13 ④

中

개념 카테고리 근무규율 > 공직부패 > 부패방지

| 정답 해설 | ④ 내부고발자에게 신분상실에 해당하는 불이익조치를 한 자에 대해서는 3년 이하의 징역 또는 3천만 원 이하의 벌금에 처한다.

| 함께 보는 법령 | 「부패방지 및 국민권익위원회의 설치와 운영에 관한 법률」

제2조(정의) 이 법에서 사용하는 용어의 뜻은 다음과 같다.
7. "불이익조치"란 다음 각 목의 어느 하나에 해당하는 조치를 말한다.
가. 파면, 해임, 해고, 그 밖에 신분상실에 해당하는 불이익조치
나. 징계, 정직, 감봉, 강등, 승진 제한, 그 밖에 부당한 인사조치
다. 전보, 전근, 직무 미부여, 직무 재배치, 그 밖에 본인의 의사에 반하는 인사조치
라. 성과평가 또는 동료평가 등의 차별과 그에 따른 임금 또는 상여금 등의 차별 지급
마. 교육 또는 훈련 등 자기계발 기회의 취소, 예산 또는 인력 등 가용자원의 제한 또는 제거, 보안정보 또는 비밀정보 사용의 정지 또는 취급 자격의 취소, 그 밖에 근무조건 등에 부정적 영향을 미치는 차별 또는 조치
바. 주의 대상자 명단 작성 또는 그 명단의 공개, 집단 따돌림, 폭행 또는 폭언, 그 밖에 정신적·신체적 손상을 가져오는 행위
사. 직무에 대한 부당한 감사(監査) 또는 조사나 그 결과의 공개
아. 인가·허가 등의 취소, 그 밖에 행정적 불이익을 주는 행위
자. 물품계약 또는 용역계약의 해지(解止), 그 밖에 경제적 불이익을 주는 조치

제56조(공직자의 부패행위 신고의무) 공직자는 그 직무를 행함에 있어 다른 공직자가 부패행위를 한 사실을 알게 되었거나 부패행위를 강요 또는 제의받은 경우에는 지체 없이 이를 수사기관·감사원 또는 위원회에 신고하여야 한다.

제58조(신고의 방법) 신고를 하려는 자는 본인의 인적사항과 신고취지 및 이유를 기재한 기명의 문서로써 하여야 하며, 신고대상과 부패행위의 증거 등을 함께 제시하여야 한다.

제62조(불이익조치 등의 금지) ① 누구든지 신고자에게 신고나 이와 관련한 진술, 자료 제출 등(이하 "신고 등"이라 한다)을 한 이유로 불이익조치를 하여서는 아니 된다.

제82조(비위면직자 등의 취업제한) ① 비위면직자 등은 다음 각 호의 어느 하나에 해당하는 사람을 말한다.
1. 공직자가 재직 중 직무와 관련된 부패행위로 당연퇴직, 파면 또는 해임된 자
2. 공직자였던 사람으로서 재직 중 직무와 관련된 부패행위로 벌금 300만 원 이상의 형의 선고를 받은 사람(해당 형의 집행유예 선고를 받고 그 유예기간이 경과된 사람을 포함한다)

② 제1항에 따른 비위면직자 등(이하 "비위면직자 등"이라 한다)은 제3항 각 호의 구분에 따른 날부터 5년 동안 다음 각 호의 취업제한기관에 취업할 수 없다.
1. 공공기관(「유아교육법」, 「초·중등교육법」, 「고등교육법」 및 그 밖의 다른 법령에 따라 설치된 국·공립학교를 포함한다)
2. 대통령령으로 정하는 부패행위 관련 기관
3. 퇴직 전 5년간 소속하였던 부서 또는 기관의 업무와 밀접한 관련이 있는 영리사기업체 등(다음 각 목의 법인 등을 포함한다)
4. 제3호에 따른 영리사기업체 등의 공동이익과 상호협력 등을 위하여 설립된 법인·단체(이하 "협회"라 한다)

제90조(불이익조치 및 신분보장 등 조치결정 불이행의 죄) ① 다음 각 호의 어느 하나에 해당하는 자는 3년 이하의 징역 또는 3천만 원 이하의 벌금에 처한다.
1. 제62조 제1항(제65조 및 제67조에서 준용하는 경우를 포함한다)을 위반하여 제2조 제7호 가목에 해당하는 불이익조치를 한 자
2. 제62조의3 제1항(제65조 및 제67조에서 준용하는 경우를 포함한다)에 따른 신분보장 등 조치결정을 이행하지 아니한 자

② 다음 각 호의 어느 하나에 해당하는 자는 2년 이하의 징역 또는 2천만 원 이하의 벌금에 처한다.
1. 제62조 제1항(제65조 및 제67조에서 준용하는 경우를 포함한다)을 위반하여 제2조 제7호 나목부터 사목까지의 어느 하나에 해당하는 불이익조치를 한 자
2. 제62조 제2항을 위반하여 신고 등을 방해하거나 신고 등을 취소하도록 강요한 자

③ 제62조의5(제65조 및 제67조에서 준용하는 경우를 포함한다)에 따른 잠정적인 중지 조치 요구를 정당한 사유 없이 이행하지 아니한 자는 1년 이하의 징역 또는 1천만 원 이하의 벌금에 처한다.

14 ①

上

개념 카테고리 근무규율 > 국민감사청구

| 정답 해설 | ① ㄱ, ㄴ, ㄷ은 옳은 설명이고, ㄹ은 틀린 설명이다.

ㄹ. 국회, 법원, 헌법재판소, 중앙선거관리위원회, 감사원의 사무처리가 법령위반 또는 부패행위로 인하여 공익을 현저히 해하는 경우 당해 기관의 장에게 감사를 청구할 수 있다.

15 ③

上

개념 카테고리 근무규율 > 「공직자의 이해충돌 방지법」

| 정답 해설 | ③ 고위공직자가 임용 전 3년 이내에 민간 부문에서 업무활동을 한 경우 해당 내역을 소속기관장에게 제출하고, 소속기관장은 다른 법령이 금지하지 아니하는 범위에서 그 내용을 공개할 수 있다(「공직자의 이해충돌 방지법」 제8조).

| 플러스 이론 | 「공직자의 이해충돌 방지법」

1. 제정 이유: 공직자가 직무를 수행할 때 자신의 사적 이해관계가 관련되어 공정하고 청렴한 직무수행이 저해되거나 저해될 우려가 있는 상황인 이해충돌을 사전에 예방·관리하고, 부당한 사적 이익 추구를 금지함으로써 공직자의 공정한 직무수행을 보장하고 공공기관에 대한 국민의 신뢰를 확보하려는 것이다.
2. 주요 내용
   가. 공직자가 자신의 직무관련자가 사적이해관계자임을 안 경우 그 사실을 소속기관장에게 신고하고 회피를 신청하여야 하고, 직무관련자 또는 이해관계자는 그 공직자의 소속기관장에게 기피를 신청할 수 있다(제5조).
   나. 부동산을 직접 취급하는 공공기관의 공직자는 업무와 관련된 부동산을 보유하고 있거나 매수하면 이를 신고해야 하고, 그 외 공공기관의 공직자는 공공기관이 택지개발·지구지정 등 부동산 개발 업무를 하는 경우에 그 부동산을 보유하고 있거나 매수하면 이를 신고해야 한다(제6조).
   다. 고위공직자가 임용 전 3년 이내에 민간 부문에서 업무활동을 한 경우 해당 내역을 소속기관장에게 제출하고, 소속기관장은 다른 법령이 금지하지 아니하는 범위에서 그 내용을 공개할 수 있다(제8조).
   라. 공직자는 자신, 배우자, 직계존속·비속 또는 생계를 같이하는 배우자의 직계존속·비속이 공직자의 직무관련자와 금전을 빌리거나 빌려주는 행위, 유가증권을 거래하는 행위, 부동산을 거래하는 행위, 물품·용역·공사 등의 계약을 체결하는 행위를 한다는 것을 알게 된 경우 그 사실을 소속기관장에게 신고하여야 한다(제9조).
   마. 공직자는 직무관련자에게 사적으로 노무 또는 조언·자문 등을 제공하고 대가를 받는 행위, 소속된 공공기관의 상대방인 개인·법인을 대리하거나 조언·자문 또는 정보를 제공하는 행위 및 직무와 관련된 다른 직위에 취임하는 행위 등을 하여서는 아니 된다(제10조).
   바. 공공기관 등은 「국가공무원법」 등에서 정하는 공개경쟁채용시험 등에 합격한 경우 등 예외를 제외하고는 소속 고위공직자 및 채용업무를 담당하는 공직자의 가족을 채용할 수 없고, 고위공직자 등은 소속된 공공기관에 가족이 채용되도록 지시·유도 또는 묵인을 하여서는 아니 된다(제11조).
   사. 공공기관(국회의원은 소속 상임위 소관 공공기관) 등은 해당 물품의 생산자가 1명뿐인 경우 등 예외를 제외하고는 소속 고위공직자, 국회의원, 지방의회의원, 감독기관의 고위공직자, 해당 계약업무를 담당하는 공직자 및 그 배우자 등과 수의계약을 체결할 수 없고, 고위공직자 등은 소속된 공공기관이 자신 및 배우자 등과 수의계약을 체결하도록 지시·유도 또는 묵인을 하여서는 아니 된다(제12조).
   아. 공직자는 공공기관이 소유하거나 임차한 물품·차량·선박·항공기·건물·토지·시설 등을 사적인 용도로 사용·수익하거나 제3자로 하여금 사용·수익하게 하여서는 아니 된다(제13조).
   자. 공직자는 직무수행 중 알게 된 비밀 및 미공개정보를 이용하여 재물 또는 재산상의 이익을 취득하거나 제3자로 하여금 재물 또는 재산상의 이익을 취득하게 하여서는 아니 되며, 직무수행 중 알게 된 비밀 등을 사적 이익을 위하여 이용하거나 제3자로 하여금 이용하게 하여서는 아니 된다(제14조).
   차. 공직자가 직무관련자인 소속기관의 퇴직자와 골프, 여행, 사행성 오락을 같이 하는 행위 등 사적 접촉을 하는 경우 소속기관장에게 이를 신고하도록 한다(제15조).

16 ③

上

개념 카테고리 근무규율 > 이해충돌

| 정답 해설 | ③ 공무원이 미래에 공적 책임과 관련되는 일에 연루되는 경우 발생하는 것은 잠재적 이해충돌(potential conflict of interest)이다.

| 플러스 이론 | 이해충돌의 개념과 유형

- 이해충돌의 개념: 이해충돌은 "공무원에게 공적으로 부여된 직무 수행상의 의무와 사인으로서의 개인의 사적 이해의 충돌"을 의미한다.
  이해충돌에 대한 종합적인 입법으로는 '뇌물 및 이해충돌에 관한 법률(Bribery and Conflict of Interest Act of 1962)'을 들 수 있다.
  백지신탁(Blind Trust)은 이해충돌이 존재하는 주식을 신탁회사에서 신탁자(공직자)가 모르는 주식으로 처분해 이해충돌이 없는 주식으로 변경하는 것이다. 신탁자가 자기 자산의 형태를 모르게 한다는 점에서 '백지'라는 용어를 사용한다.
- 이해충돌의 유형
  - 실질적 이해충돌(actual conflict of interest): 현재 발생하고 있고 과거에도 발생한 이해충돌
  - 외견상 이해충돌(apparent conflict of interest): 공무원의 사익이 부적절하게 공적 의무의 수행에 영향을 미칠 가능성이 있는 상태로 부정적 영향이 현재화된 것이 아닌 상태
  - 잠재적 이해충돌(potential conflict of interest): 공무원이 미래에 공적 책임과 관련되는 일에 연루되는 경우 발생하는 것으로 다른 경우와 비교하여 이해충돌의 외관이 가장 미약한 경우

PART

05 재무행정론

정답과 해설

CHAPTER

01 재무행정의 기초이론

출제 비중 41%

약점진단표											
1회독				2회독				3회독			
○	△	×	총	○	△	×	총	○	△	×	총
			23				23				23

*문제풀이 후 약점진단 결과를 적어보세요!

문제편 P.238

01	①	02	③	03	④	04	①	05	④
06	④	07	②	08	④	09	②	10	③
11	④	12	④	13	②	14	①	15	①
16	①	17	④	18	④	19	①	20	②
21	④	22	①	23	②				

01 ①

中

개념 카테고리 기초이론 > 예산의 기능 > 자원배분기능

| 정답 해설 | ① 시장실패로 인해 시장에서 최적 규모로 공급되지 않는 공공서비스를 생산하는 기능은 자원배분기능에 해당한다.

02 ③

中

개념 카테고리 기초이론 > 공공재원

| 정답 해설 | ③ 수익자부담금은 형평성 차원에서 부담과 편익의 공평한 배분을 보장하며(ㄴ), 국·공채는 세대 간 공평성을 갖는다(ㄷ).

| 오답 해설 | ㄱ. 조세는 국가가 재정권에 기초해 동원하는 공공재원으로, 벌금과 과태료는 제외한다.

ㄹ. 민간자본은 주로 산업기반시설 건설에 유치되나 복지시설 건설에도 유치할 수 있다(「사회기반시설에 대한 민간투자법」 제2조).

03 ④

中

개념 카테고리 기초이론 > 공공재원 > 수익자부담금

| 정답 해설 | ④ 정부가 국공채를 발행하면 민간부문에서 투자할 자본이 정부로 이전하기 때문에 구축 효과가 발생할 수 있다. 즉, 수익자부담금이 아니라 국공채의 단점에 해당한다.

04 ①

中

개념 카테고리 기초이론 > 우리나라 예산제도

| 정답 해설 | ① ㄱ, ㄴ은 옳은 설명이고, ㄷ, ㄹ은 틀린 설명이다.

| 오답 해설 | ㄷ. 우리나라는 법률주의가 아니라 예산주의이므로 예산안은 국회에서 의결된 후 공포 절차를 거칠 필요가 없다.

ㄹ. 국회는 정부예산안에 대한 심의 거부권을 가지고 있지 않다.

05 ④

中

개념 카테고리 기초이론 > 예산의 종류 > 특별회계예산

| 정답 해설 | ④ 일반회계와 별도로 설치되는 특별회계는 예산제도가 복잡해지므로 국가재정의 통합적 관리를 어렵게 한다.

| 오답 해설 | ① 입법부의 심의를 받는다.

② 특별회계는 일반회계에 비해 신축성이 강해 입법부의 예산통제가 곤란하다.

③ 법률로 설치된다.

06 ④

中

개념 카테고리 기초이론 > 예산의 종류 > 추가경정예산

| 정답 해설 | ④ 「국가재정법」상 추가경정예산의 편성요건에는 전쟁이나 대규모 자연재해가 발생한 경우, 경기침체, 대량실업, 남북관계의 변화, 경제협력과 같은 대내·외 여건에 중대한 변화가 발생하였거나 발생할 우려가 있는 경우, 법령에 따라 국가가 지급하여야 하는 지출이 발생하거나 증가하는 경우가 있다.

07 ②

中

개념 카테고리 기초이론 > 예산의 종류 > 준예산

| 정답 해설 | ② 예비비는 준예산의 적용경비가 아니다.

| 플러스 이론 | 준예산에 적용되는 경비(「대한민국헌법」 제54조 제3항)

- 「헌법」이나 법률에 의하여 설치된 기관 또는 시설의 유지비·운영비
  예 인건비, 관세 운영비
- 법률상 지출의 의무가 있는 경비
  예 기초생활보장, 보훈보상금, 교부금, 부담금 등
- 이미 예산으로 승인된 사업의 계속을 위한 경비(계속비)

08 ④

中

개념 카테고리 기초이론 > 예산의 종류 > 예산순계

| 정답 해설 | ④ 일반회계와 특별회계 간 중복 부분을 제외한 것은 예산순계이다.

09 ②

中

개념 카테고리 기초이론 > 예산의 종류 > 통합재정

| 정답 해설 | ② 공기업은 통합예산의 범위에서 제외된다. 통합재정의 범위는 공기업을 제외한 일반정부의 재정(중앙정부와 지방자치단체의 일반회계, 특별회계, 기금)을 말하며, 기획재정부가 통합재정을 작성하는 기준은 국제통화기금(IMF)의 2001년 재정통계편람(GFSM: Government Finance Statistics Manual)으로, 1986년 재정통계편람(GFSM) 기준에는 포함되지 않았던 중앙정부의 금융성 기금, 외국환평형 기금, 공공비영리기관과 지방자치단체의 공공비영리기관이 일반정부 통합재정에 포함된다.

10 ③

上

개념 카테고리 기초이론 > 예산의 종류 > 통합재정

| 정답 해설 | ③ 통합재정제도는 현행 예산제도를 유지하면서 일반회계, 특별회계, 기금 간의 전출금 및 전입금 등 회계 간 내부거래와 국채발행, 차입, 채무상환 등 수지차 보전을 위한 보전거래(재정상 채권·채무액)를 세입과 세출에서 각각 제외한 순계 개념상의 정부예산 총괄표이다.

11 ④

中

개념 카테고리 기초이론 > 예산의 종류 > 조세지출예산제도

| 정답 해설 | ④ 미국과 영국을 비롯한 OECD의 14개 국가에서 조세지출예산제도를 시행하고 있다. 우리나라도 「국가재정법」 제27조에 의거하여 2009년까지는 조세지출보고서를 국회에 제출하고 2011년도부터는 본격적인 조세지출예산제도를 실시하고 있다.

12 ④

中

개념 카테고리 기초이론 > 예산의 종류 > 조세지출예산제도

| 정답 해설 | ④ ㄱ~ㄹ 모두 조세감면의 구체적인 내역을 예산구조를 통해 밝히는 조세지출예산제도에 관한 옳은 설명이다.

13 ②

中

개념 카테고리 기초이론 > 예산의 종류 > 지출통제예산제도

| 정답 해설 | ② 지출통제예산은 개개의 항목에 대한 통제가 아니라 예산총액만을 통제하고, 구체적인 항목별 지출에 대해서는 집행부에 대해 재량을 확대하는 성과 지향적 예산제도의 한 유형이다. 지출통제예산은 예산운영과정에 대한 지나친 재량의 허용이 자금의 오용이나 유용을 유발할 수 있다.

14 ①

下

개념 카테고리 기초이론 > 예산의 원칙 > 통일성의 원칙

| 정답 해설 | ① 특정한 세입과 특정한 세출의 연계는 안 된다는 예산의 원칙은 통일성의 원칙(non-affection)이다.

15 ①

中

개념 카테고리 기초이론 > 예산의 원칙 > 예산총계주의 원칙(완전성의 원칙)

| 정답 해설 | ① 제시된 지문은 정부의 모든 수입과 지출은 예산에 계상되어야 한다는 완전성의 원칙의 예에 해당한다.

16 ①

上

개념 카테고리 기초이론 > 예산의 원칙 > 예산총계주의 원칙(완전성의 원칙)

| 정답 해설 | ① 예산총계주의(완전성의 원칙)는 「국가재정법」 제17조에 규정되어 있다.

17 ④

上

개념 카테고리 기초이론 > 예산의 원칙 > 단일성의 원칙

| 정답 해설 | ④ 단일성의 원칙은 회계관리의 책임성과 관련이 있는 예산원칙에 해당한다.

| 플러스 이론 | 예산 및 재정관리의 원칙

원칙		내용	예외 사항
재정 민주주의	명확성	국민 눈높이에서 예산구조와 과목 설계	총액계상(「국가재정법」 제37조)
	사전의결	회계연도 개시 전 예산 확정	긴급명령, 준예산
	공개성	예산정보의 공개(「국가재정법」 제9조)	국방비와 국가정보원 예산

재원배분	통일성	특정 수입과 특정 지출 연계 금지	특별회계, 목적세, 수입대체경비
	한정성	• 목적 외 사용금지(「국가재정법」 제45조) • 계획 금액 한도 내 사용	예비비, 이용과 전용, 추가경정예산, 계속비, 이월
회계관리	단일성	단일회계 내 정리	특별회계, 기금, 추가경정예산
	완전성	• 예산총계주의(「국가재정법」 제17조) • 모든 세입과 세출 내역의 명시적 나열	전대차관
	정확성	계획대로 정확히 지출, 회계 수지 정확	–
재정사업 관리	계획성	사업계획과 재정계획의 연계(「국가재정법」 제7조)	–
	성과 중심	성과계획서와 성과보고서 작성(「국가재정법」)	–

18 ④

中

개념 카테고리 기초이론 > 법적 기초 > 「국가재정법」

| 정답 해설 | ④ 「예산회계법」상 세계잉여금은 추경소요 발생 시 우선 사용이 가능하였으나, 「국가재정법」에서는 국가채무 상환에 세계잉여금을 우선 사용한 후 잔액을 추경재원으로 사용토록 규정하였다.

19 ①

上

개념 카테고리 기초이론 > 법적 기초 > 「국가재정법」

| 정답 해설 | ① ㄷ 1개만 틀리고 나머지는 모두 옳은 내용이다.
ㄷ. 예비비는 일반회계 예산총액의 100분의 1 이하로 규정되어 있다.

20 ②

中

개념 카테고리 기초이론 > 예산의 분류 > 품목별 분류

| 정답 해설 | ② 품목별 분류란 정부가 구입하고자 하는 용역별로, 즉 지출하고자 하는 대상별로 세출예산을 분류하는 것으로, 재정통제는 용이하나 신축성 유지는 곤란하다.

21 ④

中

개념 카테고리 기초이론 > 우리나라 예산제도 > 프로그램 예산제도

| 정답 해설 | ④ 정부 재정지출을 통제해야 할 항목별로 관리 감독하는 데 효과적인 방식은 품목별 예산 형식이다.

| 플러스 이론 | 품목별 예산 형식과 프로그램 예산 형식

〈품목별 예산 형식〉

구분	합계	사업A	사업B	…
인건비				
물건비				
시설비				
…				

• 문제점
– 단위 사업별 총예산 규모 파악 곤란
– 사업목적(성과)에 대한 관심 미흡
– 전년 대비 점증적 예산편성
– 정책분석에 관심 미흡
– 품목별 총액 내 지출사업 자율 변경
– 품목별 한도 내에서 관리책임 국한

↓

〈프로그램 예산 형식〉

구분	합계	인건비	물건비	…
사업A				
사업B				
사업C				
…				

• 기대되는 효과
– 단위 사업별 예산 규모 파악 용이
– 성과 측정 용이
– 사업 기간별 중장기 예산편성
– 사업성·효과성 등 정책분석 강조
– 사업별 총액 내에서 지출 자율 변경
– 사업의 성과관리에 대한 책임 강화

22 ①

上

개념 카테고리 기초이론 > 미시적인 재정관리혁신

| 정답 해설 | ① 미시적인 재정관리혁신을 위한 대표적인 조치로는 예비타당성조사, 총사업비관리, SOC 민간투자, 예산성과금제도와 예산낭비신고센터 운영 등이 있다.

23 ②

上

개념 카테고리 기초이론 > 미시적인 재정관리혁신

| 정답 해설 | ② 국가재정운용계획, 총액배분·자율편성제도, 성과관리제도, 디지털예산회계시스템(d-Brain System) 등 4대 재정개혁은 거시적 재정관리혁신에 해당한다.

CHAPTER 02 예산과정론

출제 비중 38%

약점진단표											
1회독				2회독				3회독			
○	△	×	총	○	△	×	총	○	△	×	총
			23				23				23

*문제풀이 후 약점진단 결과를 적어보세요!

문제편 P.243

01	①	02	③	03	④	04	②	05	①
06	①	07	①	08	④	09	④	10	②
11	④	12	④	13	④	14	①	15	③
16	③	17	④	18	④	19	③	20	③
21	④	22	②	23	②				

01 ①

中

개념 카테고리 예산과정론 > 예산편성 > 예산편성의 성격

| 정답 해설 | ① 각 부처의 예산 확보 노력에서는 이익집단의 이익을 대변하는 모습이 나타나며 이러한 정치적 과정에서 다양한 전략이 나타나는데, 위기의 시기에 새로운 사업을 시작하는 것이 그중 하나이다.

| 플러스 이론 | **예산편성과정에서의 정치적 전략**

- 예산을 요구하는 각 부처에서는 관련 단체의 시위를 통해 필요성을 환기시키는 경우가 많다.
- 장관 역점사업이므로 꼭 살려야 한다는 전략을 구사하기도 한다.
- 우선순위를 낮추어 쟁점화하지 않고 지나가려고 노력한다.
- 엄청난 자료를 제시하여 아예 검토할 엄두를 내지 못하게 한다.
- 상급자나 국회의원과 같은 후견인을 동원하여 응원을 받는다.
- 새롭거나 문제 있는 사업을 인기 있는 프로그램과 결합하여 만든다.
- 위기의 시기에 새로운 사업을 시작한다.

02 ③

中

개념 카테고리 예산과정론 > 예산편성 > 예산편성의 성격

| 정답 해설 | ③ 위기의 시기에 새로운 사업을 시작한다. 즉, 위기 때 평소에 통과하기 힘든 사업들을 시작한다.

03 ④

中

개념 카테고리 예산과정론 > 행정부 예산제도

| 정답 해설 | ④ 우리나라는 행정부 예산제도를 택하고 있으므로 예산편성권은 행정부의 권한에 속하며, 예산의 심의·의결은 국회의 권한에 속한다.

04 ②

上

개념 카테고리 예산과정론 > 행정부 예산제도

| 정답 해설 | ② 행정부 예산제도는 행정부에 방대한 재량권을 부여하므로, 행정의 책임성을 제고하기는 어렵다.

05 ①

上

개념 카테고리 예산과정론 > 예산편성 > 독립기관의 예산편성

| 정답 해설 | ① 금융위원회는 「국가재정법」상 독립기관이 아니므로, 정부가 세출예산요구액을 감액하는 경우 해당 기관의 장의 의견을 구해야 하는 기관이 아니다.

06 ①

上

개념 카테고리 예산과정론 > 예산편성 > 독립기관의 예산편성

| 정답 해설 | ① 「국가재정법」상 예상편성 시 정부가 세출예산요구액을 감액하는 경우 해당 기관의 장의 의견을 구하여야 하는 기관에는 「헌법」상 독립기관인 국회·대법원·헌법재판소 및 중앙선거관리위원회와 「국가재정법」상 독립기관인 감사원이 있다. 국민권익위원회는 「헌법」상 독립기관이 아니므로, 국무회의에서 해당 독립기관의 장의 의견을 구하여야 하는 대상기관이 아니다.

07 ①

中

개념 카테고리 예산과정론 > 예산편성 > 예산편성의 절차

| 정답 해설 | ① ㄱ, ㄴ이 옳은 설명이다.

| 오답 해설 | ㄷ. 기획재정부장관은 각 중앙관서의 장에게 통보한 예산안편성지침을 국회 예산결산특별위원회에 보고하여야 한다.

ㄹ. 정부는 대통령의 승인을 얻은 예산안을 회계연도 개시 120일 전까지 국회에 제출하여야 한다.

| 함께 보는 법령 |「국가재정법」

> **제28조(중기사업계획서의 제출)** 각 중앙관서의 장은 매년 1월 31일까지 해당 회계연도부터 5회계연도 이상의 기간 동안의 신규사업 및 기획재정부장관이 정하는 주요 계속사업에 대한 중기사업계획서를 기획재정부장관에게 제출하여야 한다.
> **제29조(예산안편성지침의 통보)** ① 기획재정부장관은 국무회의의 심의를 거쳐 대통령의 승인을 얻은 다음 연도의 예산안편성지침을 매년 3월 31일까지 각 중앙관서의 장에게 통보하여야 한다.
> **제30조(예산안편성지침의 국회보고)** 기획재정부장관은 제29조 제1항의 규정에 따라 각 중앙관서의 장에게 통보한 예산안편성지침을 국회 예산결산특별위원회에 보고하여야 한다.
> **제33조(예산안의 국회제출)** 정부는 제32조의 규정에 따라 대통령의 승인을 얻은 예산안을 회계연도 개시 120일 전까지 국회에 제출하여야 한다.

08 ④ 中

개념 카테고리 예산과정론 > 예산편성 > 예산편성 형식

| 정답 해설 | ④ 예산편성 형식은 예산총칙, 세입세출예산, 계속비, 명시이월비, 국고채무부담행위이다. 따라서 계속비는 예산편성 형식에 포함된다.

09 ④ 上

개념 카테고리 예산과정론 > 예산편성 > 관료정치적 과정

| 정답 해설 | ④ 기획재정부가 정한 총액 내에서 의원들의 관심이 높은 사업은 소규모 혹은 우선순위를 낮게 설정해 예산심의에서 증액을 유도할 수 있다. 국회심의과정에서 증액된 부분은 부처별 한도액 제한을 받지 않는다.

10 ② 中

개념 카테고리 예산과정론 > 재정개혁 > 총액배분 · 자율편성제도

| 정답 해설 | ② 총액배분 · 자율편성(top-down)제도는 단기적 시각의 예산편성 방식이 갖는 문제를 해소하고 장기적 시각의 재정 운영을 도모하기 위하여 국가재정운용계획을 참조하여 각 부처별 지출한도를 설정하면, 개별부처는 지출한도 내에서 사업의 우선순위를 확정하고 자체 예산편성을 한다. 국가재정운영계획에 근거하여 부처별로 총액배분을 하기 때문에 하향식으로 자원을 배분하는 제도이다.

11 ④ 上

개념 카테고리 예산과정론 > 재정개혁 > 총액배분 · 자율편성제도

| 정답 해설 | ④ 총액배분 · 자율편성(top-down)제도는 통합재정을 기준으로 하기 때문에, 특별회계 · 기금 등 칸막이식 재원을 확보하려는 유인을 축소시킨다.

12 ④ 中

개념 카테고리 예산과정론 > 재정개혁 > 총액배분 · 자율편성제도

| 정답 해설 | ④ ㄱ~ㄹ 모두 총액배분 · 자율편성제도와 관련하여 옳은 내용이다.

13 ④ 中

개념 카테고리 예산과정론 > 예산심의 > 예산심의 절차

| 정답 해설 | ④ 국회에서 당초 정부가 제출한 항별 예산을 증액하거나 새로운 비목을 설치하려고 할 경우에는 정부의 동의를 받아야 한다.

| 함께 보는 법령 |「대한민국헌법」

> **제57조** 국회는 정부의 동의 없이 정부가 제출한 지출예산 각 항의 금액을 증가하거나 새 비목을 설치할 수 없다.

14 ① 中

개념 카테고리 예산과정론 > 예산집행 > 신축성 유지방안

| 정답 해설 | ① 예산의 이체는 국회의 승인을 요하지 않는다.

15 ③ 中

개념 카테고리 예산과정론 > 예산집행 > 신축성 유지방안

| 정답 해설 | ③ 예산의 이체는 국회의 승인을 요하지 않는다.

16 ③ 中

개념 카테고리 예산과정론 > 예산집행 > 신축성 유지방안

| 정답 해설 | ③ 예산의 이체(移替)는 정부조직 등에 관한 법령의 제 · 개정, 폐지 등의 사유가 있을 때 사용하는 신축성 유지방안에 해당한다.

17 ④ 中

개념 카테고리 예산과정론 > 예산집행 > 신축성 유지방안

| 정답 해설 | ④ ㄱ~ㄷ 모두 정부조직 개편과 관련하여 옳은 내용이다. 정부조직 개편은 정책유형상 구성정책(ㄱ)에 해당하며, 조직 개편에 따라 배치전환(ㄴ)과 예산의 이체(ㄷ)가 요구되기도 한다. 예를 들어 보건복지가족부가 보건복지부로, 여성부가 여성가족부로 개편되면 가족사무를 담당하는 공무원을 배치전환하여야 하고, 예산을 이체하여야 한다.

18 ④

中

개념 카테고리 예산과정론 > 예산집행 > 재정통제방안

| 정답 해설 | ④ 국고채무부담행위액은 세입 · 세출예산액에는 포함되지 않고, 그 상환액이 다음 연도 이후 세출예산에 포함되게 된다.

19 ③

上

개념 카테고리 예산과정론 > 우리나라 예산과정

| 정답 해설 | ③ 국회심의과정에서 증액된 부분은 부처별 한도액 제한을 받지 않는다.

| 오답 해설 | 매력적 오답 ② 국회심의과정에서 유권자를 의식하여 예산이 삭감된다고 생각하기 쉬우나, 최근 학자들의 연구에 의하면 국회심의 후의 예산은 당초 행정부 제출 예산보다 증액되기도 한다. 이론과 현실의 차이를 응용한 선지이므로 주의해야 한다.

20 ③

中

개념 카테고리 예산과정론 > 우리나라 예산과정

| 정답 해설 | ③ 오늘날의 예산은 중앙예산기관의 엄격한 통제를 완화하며, 각 부처의 자율성 · 책임성을 강화한다.

21 ④

中

개념 카테고리 예산과정론 > 회계검사 > 회계검사기관 > 감사원

| 정답 해설 | ④ 감사원장의 임기는 4년이며, 원장을 포함해 7인의 감사위원으로 구성한다.

| 함께 보는 법령 |

> **「대한민국헌법」**
> **제98조** ① 감사원은 원장을 포함한 5인 이상 11인 이하의 감사위원으로 구성한다.
> ② 원장은 국회의 동의를 얻어 대통령이 임명하고, 그 임기는 4년으로 하며, 1차에 한하여 중임할 수 있다.
> ③ 감사위원은 원장의 제청으로 대통령이 임명하고, 그 임기는 4년으로 하며, 1차에 한하여 중임할 수 있다.
>
> **「감사원법」**
> **제3조(구성)** 감사원은 감사원장(이하 "원장"이라 한다)을 포함한 7명의 감사위원으로 구성한다.

22 ②

中

개념 카테고리 예산과정론 > 회계검사 > 정부회계 > 현금주의와 발생주의

| 정답 해설 | ② 경영성과 파악이 용이한 것은 발생주의회계 방식이며, 절차와 운용이 간편한 것은 현금주의회계 방식이다.

23 ②

中

개념 카테고리 예산과정론 > 회계검사 > 정부회계

| 정답 해설 | ② 미지급비용은 현금주의에서는 인식되지 않으나 발생주의에서는 부채로 인식된다. 즉, 현금주의는 현금의 수취와 지출 시점에서 수익과 비용을 인식하기 때문에 미지급비용이 인식되지 않으나, 발생주의는 현금의 수취나 지출에 관계없이 수익은 실현된 때에 인식하고 비용은 수익 획득과 관련하여 발생한 때에 인식하기 때문에 미지급비용이 부채로 인식된다.

CHAPTER 03 예산제도론

출제 비중 21%

약점진단표

1회독				2회독				3회독			
○	△	×	총	○	△	×	총	○	△	×	총
			12				12				12

*문제풀이 후 약점진단 결과를 적어보세요!

문제편 P.247

01	③	02	①	03	③	04	②	05	④
06	③	07	④	08	①	09	②	10	③
11	④	12	③						

01 ③

上

개념 카테고리 예산제도론 > 예산결정이론

| 정답 해설 | ③ ㄱ, ㄴ, ㄷ이 올바르게 해석한 내용이다.

| 오답 해설 | ㄹ. 예산을 희소한 재원에 대한 중재된 정치투쟁의 산물로 보는 시각은 예산과정을 정치과정으로 인식할 때 정의되는 예산의 성격에 관한 것이다.

02 ①

上

개념 카테고리 예산제도론 > 예산결정이론

| 정답 해설 | ① 민간부문과 공공부문 간의 자원배분에 관한 결정은 거시적 배분(macro allocation)에 해당한다.

03 ③

上

개념 카테고리 예산제도론 > 예산결정이론 > 니스카넨모형

| 정답 해설 | ③ 니스카넨(Niskanen)모형에서 관료들은 공공재의 비용보다는 편익에 더 많은 관심을 두어 실제 비용이 예산에 의해 충당되어야 한다는 점에 대해서만 신경을 쓴다.

04 ②

中

개념 카테고리 예산제도론 > 예산결정이론 > 정치적 경기순환론

| 정답 해설 | ② 정치가는 선거에서 승리하기 위해 선거 전에 경기호황이 이루어지도록 확장정책을 쓰는 반면, 선거 후에는 선거로 인한 물가 상승을 억제하기 위해 긴축정책을 추진한다.

05 ④

上

개념 카테고리 예산제도론 > 예산의 희소성

| 정답 해설 | ④ 총체적 희소성은 가용자원이 정부의 계속사업을 지속할 만큼 충분하지 못한 경우에 발생한다. 정부가 사업의 점증 비용을 충당할 수 없는 급성 희소성과 달리 총체적 희소성은 정부가 이미 존재하는 사업에 대해 비용을 충당할 수 없는 조건이다. 따라서 총체적 희소성은 저개발 국가의 재정적 운명이다.

06 ③

中

개념 카테고리 예산제도론 > 예산제도 > 품목별 예산제도(LIBS)

| 정답 해설 | ③ 품목별 예산제도(LIBS)는 정부사업의 우선순위 파악이 곤란하다. 정부사업의 우선순위 파악이 용이한 것은 영기준 예산제도(ZBB)이다.

07 ④

中

개념 카테고리 예산제도론 > 예산제도 > 품목별 예산제도(LIBS)

| 정답 해설 | ④ 구체적인 개별적 사업만 제시되어 있어 전체적인 종합 목표 의식이 결여되어 있는 예산제도는 성과주의 예산제도(PBS)이다.

08 ①

中

개념 카테고리 예산제도론 > 예산제도 > 계획예산제도(PPBS)

| 정답 해설 | ① 계획예산제도(PPBS)는 중앙계획기구에서 수립한 계획에 예산을 뒷받침하는 예산제도로, 부서 간의 갈등이나 할거주의를 막아 줄 수 있다. 그러나 목표가 다양한 경우나 계량화하기 어려운 경우 사용하기 어렵고, 경제적 합리성을 강조하여 정치적 합리성이 무시되며, 지나친 집권화로 인해 민주주의를 약화시킬 우려가 있다.

09 ②

下

개념 카테고리 예산제도론 > 예산제도 > 일몰법(SSL)

| 정답 해설 | ② 제시된 지문은 일몰제에 관한 설명이다.

10 ③

中

개념 카테고리 예산제도론 > 예산제도 > 일몰법(SSL)과 영기준 예산제도(ZBB)

| 정답 해설 | ③ 영기준 예산(ZBB)은 전 회계연도(前 會計年度)의 예산에 구애됨이 없이 정부의 '모든' 사업활동에 대하여 영기준(zero-base)을 적용해서 그 능률성과 효과성 및 중요성 등을 체계적으로 분석하여 우선순위를 결정하고 그에 따라 실행예산을 편성·결정하는 예산제도이다. 반면, 일몰법(sunset law)이란 특정한 사업이나 조직이 정해진 기간이 지나면 자동적으로 폐지되도록 하는 법률을 일컫는 것으로 '최상위 계층'과 관련되어 있다.

11 ④

中

개념 카테고리 예산제도론 > 예산제도 > 자본예산제도(CBS)

| 정답 해설 | ④ 자본예산제도는 자칫 무리한 재정 팽창을 유발시켜 재정의 안정 효과를 감소시키고 무리한 팽창이 감행될 가능성이 있기 때문에, 인플레이션을 조장할 우려가 있다.

12 ③

中

개념 카테고리 예산제도론 > 예산제도 > 자본예산제도(CBS)

| 정답 해설 | ③ 자본예산제도(CBS)는 자본적 지출에 대해서는 어느 분야의 지출이 경기회복에 도움을 주는지를 심도 있게 분석하지만, 경상적 지출은 일상적인 지출이므로 특별한 관심의 대상이 되지 못한다.

CHAPTER 01 행정책임과 통제

출제 비중 100%

약점진단표											
1회독				2회독				3회독			
○	△	×	총	○	△	×	총	○	△	×	총
			10				10				10

*문제풀이 후 약점진단 결과를 적어보세요!

문제편 P.250

01	③	02	③	03	③	04	②	05	①
06	④	07	②	08	④	09	①	10	③

01 ③

中

개념 카테고리 행정책임과 통제 > 행정책임 > 시장책임성

| 정답 해설 | ③ 시장책임성은 규칙이나 계층제적 권위에 의한 통제보다 행정성과에 대한 측정의 수단을 중시한다.

02 ③

中

개념 카테고리 행정책임과 통제 > 행정통제 > 내부통제 > 감사원

| 정답 해설 | ③ 감사원은 대통령 소속이므로, 감사원에 의한 통제는 내부통제에 해당한다. 나머지는 외부통제에 해당한다.

| 플러스 이론 | 행정통제의 유형

외부통제	공식통제	입법통제, 사법통제, 옴부즈만통제
	비공식통제	민중통제, 전문직업진단에 의한 통제
내부통제	공식통제	행정수반에 의한 통제, 정책결정·기획에 의한 통제, 요소·절차·운영에 의한 통제, 감사원에 의한 통제, 조정기구·계층제에 의한 통제
	비공식통제	자율적 직업윤리에 의한 통제, 관료제의 대표성에 의한 통제, 비공식조직에 의한 통제

03 ③

中

개념 카테고리 행정책임과 통제 > 행정통제

| 정답 해설 | ③ 공익가치에 의한 통제는 비공식적 수단에 의한 행정통제이다.

04 ②

下

개념 카테고리 행정책임과 통제 > 행정통제 > 내부통제 > 감사원

| 정답 해설 | ② 감사원은 결산의 확인, 회계검사, 직무감찰, 감사결과의 처리, 심사청구결정, 회계관계법령의 제정·개정·해석에 관한 의견진술 등의 기능을 한다. 결산승인은 국회의 권한이다.

05 ①

中

개념 카테고리 행정책임과 통제 > 행정통제 > 내부통제 > 국민권익위원회

| 정답 해설 | ① 국민권익위원회에 의한 통제는 내부통제이며, 나머지는 외부통제에 해당한다.

06 ④

中

개념 카테고리 행정책임과 통제 > 행정통제 > 내부통제 > 국민권익위원회

| 정답 해설 | ④ 국민권익위원회는 신청조사를 원칙으로 한다. 즉, 신청에 의해서만 조사가 가능하다.

| 오답 해설 | ① 국민권익위원회는 행정부 소속(국무총리 소속하에 설치)으로, 내부통제에 해당한다.

② 헌법기관이 아닌 법률기관에 해당한다.

③ 고충민원의 조사 결과 위법·부당한 처분에 대해서는 시정조치의 권고를 할 수 있다.

07 ②

中

개념 카테고리 행정책임과 통제 > 행정통제 > 내부통제 > 국민권익위원회

| 정답 해설 | ② 위원장과 위원의 임기는 각각 3년으로 하되, 1차에 한하여 연임할 수 있다.

| 함께 보는 법령 | 「부패방지 및 국민권익위원회의 설치와 운영에 관한 법률」

> **제16조(직무상 독립과 신분보장)** ① 위원회는 그 권한에 속하는 업무를 독립적으로 수행한다.
> ② 위원장과 위원의 임기는 각각 3년으로 하되 1차에 한하여 연임할 수 있다.

08 ④

中

개념 카테고리 행정책임과 통제 > 행정통제 > 외부통제

| 정답 해설 | ④ 옴부즈만은 입법부 소속으로 외부통제에 해당하나, 국민권익위원회는 행정부 소속으로 내부통제에 해당한다.

09 ①

中

개념 카테고리 행정책임과 통제 > 행정통제 > 외부통제 > 옴부즈만통제

| 정답 해설 | ① 옴부즈만제도는 문제해결을 위한 처리과정에 시간이 적게 걸리고 비용도 적게 든다.

10 ③

上

개념 카테고리 행정책임과 통제 > 행정통제

| 정답 해설 | ③ 각급 기관의 자율성을 확대하는 방향으로 정부개혁이 추진되고 있어, 중앙행정부처에 의한 통제는 점차 약화되는 경향이 있다.

CHAPTER 02 행정개혁(정부혁신)

출제 비중 0%

약점진단표

1회독				2회독				3회독			
○	△	×	총	○	△	×	총	○	△	×	총
			8				8				8

＊문제풀이 후 약점진단 결과를 적어보세요!

문제편 P.253

01	③	02	②	03	④	04	③	05	④
06	②	07	②	08	③				

01 ③

中

개념 카테고리 행정개혁 > 행정개혁의 저항

| 정답 해설 | ③ 교육훈련(ㄱ), 의사소통과 참여 촉진(ㅁ)은 행정개혁 저항에 대한 사회적·규범적 극복방안에 해당하며, 임용상 불이익 방지(ㄴ), 경제적 보상(ㄷ)은 공리·기술적 극복방안, 긴장조성(ㄹ)은 강제적 극복방안에 해당한다.

02 ②

中

개념 카테고리 행정개혁 > 행정개혁 사업 > 시민헌장제도

| 정답 해설 | ② 행정서비스(시민)헌장제도는 공공기관이 국민이나 시민에게 제공할 공공서비스의 양과 질에 관한 자료와 정보를 정확하게 제공하고, 국민이나 시민에게는 이에 관한 권리를 부여하기 위해서 도입된 제도이다. 따라서 공공서비스 공급의 경쟁화를 통한 서비스 질 향상과는 거리가 있으며, 독점적인 영역에서 주로 사용하는 제도이다.

03 ④

中

개념 카테고리 행정개혁 > 행정개혁 사업 > 시민헌장제도

| 정답 해설 | ④ 시민(행정서비스)헌장제도는 공공서비스의 내용, 수준, 제공방법, 불이행 시 조치와 보상을 명문화하고 있는 제도로, 공공서비스 공급의 경쟁화를 통한 서비스 질 향상과는 거리가 있다. 즉, 독점적인 영역에서 주로 사용하는 제도이므로 경찰과 같은 순수공공재 영역에서 주로 적용된다.

04 ③

中

개념 카테고리 행정개혁 > 영연방식 정부혁신

| 정답 해설 | ③ 투입이 아니라 결과와 산출에 초점을 둔다.

05 ④ 上

개념 카테고리 행정개혁 > 개혁에서 포획의 원인

| 정답 해설 | ④ ㄱ만 틀린 내용이고, 나머지는 모두 옳은 내용이다.

| 오답 해설 | ㄱ. 개혁추진자가 강압적 개혁을 추진하는 경우 포획현상이 발생하기 어렵다. 즉, 개혁추진자가 개혁 초기에 강압적 개혁을 추진하는 경우 일단 순응하는 것이 일반적이다.

| 플러스 이론 | 개혁에서 포획의 원인

개혁추진자가 개혁 대상 조직의 영향 아래 들어가 그 이익을 옹호하는 포획현상의 원인은 다음과 같다.
- 개혁 대상 조직의 강한 응집력
- 개혁 대상 조직의 정보독점력
- 제도화된 부정부패 구조
- 개혁추진자의 목표 대치
- 규제기관과 피규제기관의 인사 교류
- 규제기관에 대한 낮은 관심

06 ② 中

개념 카테고리 행정개혁 > 공공서비스 공급의 혁신방안

| 정답 해설 | ② 공공서비스의 품질 혁신을 위한 방안으로는 고객만족 경영(customer satisfaction management)기법 활용, 품질행정제(TQM), 정부부문의 ISO 9000 품질경영 전략, 전자정부와 원스톱 민원행정 등이 있다.

07 ② 上

개념 카테고리 행정개혁 > 공공서비스 공급의 혁신방안

| 정답 해설 | ② 최근 OECD 주요 국가들의 정부혁신의 목표는 성과 중심의 행정을 지향하는 노력으로 볼 수 있다. 따라서 성과제고를 위해 (성과)연봉제를 도입하고 계약임용제를 확대하며, 균형성과표(BSC)를 도입한다. 또한 성과 중심의 조직 형태인 책임운영기관을 도입하고 있다. 직위분류제는 직무의 종류와 곤란도에 따른 과학적인 인사제도이기는 하지만, 성과제고와는 직접적인 관련이 없다.

08 ③ 中

개념 카테고리 행정개혁 > 사회적 기업

| 정답 해설 | ③ ㄹ만 옳은 설명이고, ㄱ, ㄴ, ㄷ은 틀린 설명으로 옳지 않은 것은 모두 3개이다.

ㄱ. 정부는 5년마다 사회적 기업의 활동실태를 조사하고 육성계획을 수립·추진하여야 한다.

ㄴ. 사회적 기업은 유급근로자를 고용하여야 인증을 받을 수 있다.

ㄷ. 이익을 재투자할 수 있으나, 연계기업에 배분할 수 없다.

| 함께 보는 법령 | 「사회적 기업 육성법」

제3조(운영주체별 역할 및 책무) ① 국가는 사회서비스 확충 및 일자리 창출을 위하여 사회적 기업에 대한 지원대책을 수립하고 필요한 시책을 종합적으로 추진하여야 한다.
② 지방자치단체는 지역별 특성에 맞는 사회적 기업 지원시책을 수립·시행하여야 한다.
③ 사회적 기업은 영업활동을 통하여 창출한 이익을 사회적 기업의 유지·확대에 재투자하도록 노력하여야 한다.
④ 연계기업은 사회적 기업이 창출하는 이익을 취할 수 없다.

제5조(사회적 기업 육성 기본계획의 수립) ① 고용노동부장관은 사회적 기업을 육성하고 체계적으로 지원하기 위하여 「고용정책 기본법」 제10조에 따른 고용정책심의회의 심의를 거쳐 사회적 기업 육성 기본계획을 5년마다 수립하여야 한다.
③ 고용노동부장관은 기본계획에 따른 연도별 시행계획을 매년 수립·시행하여야 한다.

제6조(실태조사) 고용노동부장관은 사회적 기업의 활동실태를 5년마다 조사하고, 그 결과를 고용정책심의회에 통보하여야 한다.

제8조(사회적 기업의 인증 요건 및 인증 절차) ① 사회적 기업으로 인증받으려는 자는 다음 각 호의 요건을 모두 갖추어야 한다.
1. 「민법」에 따른 법인·조합, 「상법」에 따른 회사·합자조합, 특별법에 따라 설립된 법인 또는 비영리민간단체 등 대통령령으로 정하는 조직 형태를 갖출 것
2. 유급근로자를 고용하여 재화와 서비스의 생산·판매 등 영업활동을 할 것
3. 취약계층에게 사회서비스 또는 일자리를 제공하거나 지역사회에 공헌함으로써 지역주민의 삶의 질을 높이는 등 사회적 목적의 실현을 조직의 주된 목적으로 할 것. 이 경우 그 구체적인 판단기준은 대통령령으로 정한다.
4. 서비스 수혜자, 근로자 등 이해관계자가 참여하는 의사결정 구조를 갖출 것
5. 영업활동을 통하여 얻는 수입이 대통령령으로 정하는 기준 이상일 것
6. 제9조에 따른 정관이나 규약 등을 갖출 것
7. 회계연도별로 배분 가능한 이윤이 발생한 경우에는 이윤의 3분의 2 이상을 사회적 목적을 위하여 사용할 것(「상법」에 따른 회사·합자조합인 경우만 해당한다)
8. 그 밖에 운영기준에 관하여 대통령령으로 정하는 사항을 갖출 것

CHAPTER 01 지방행정의 기초이론

출제 비중 5%

약점진단표											
1회독				2회독				3회독			
○	△	×	총	○	△	×	총	○	△	×	총
			6				6				6

*문제풀이 후 약점진단 결과를 적어보세요!

문제편 P.256

01	②	02	④	03	①	04	①	05	④
06	②								

01 ②

中

개념 카테고리 기초이론 > 주민자치와 단체자치

| 정답 해설 | ② 자치의 중점에서 주민자치는 자치정부에의 주민참여로 주민의 권리를 중시하며, 단체자치는 지방자치단체의 중앙정부로부터 독립으로 자치단체의 권능을 중시한다.

| 오답 해설 | ① 주민자치는 영국형 지방자치이며, 단체자치는 프랑스, 독일 등을 중심으로 하는 대륙형 지방자치이다.

③ 단체자치는 자치권을 국가로부터 부여받은 권리로, 주민자치는 자치권을 국가 이전의 고유권으로 인식한다.

④ 권한부여 방법에서 주민자치는 개별적 지정주의이고, 단체자치는 포괄적 위임주의이다.

02 ④

中

개념 카테고리 기초이론 > 지방자치제도의 한계

| 정답 해설 | ④ 사회계층 간 갈등은 수직적 갈등으로 인한 가진 자와 가지지 못한 자, 기성세대와 신세대 간의 갈등을 의미하는 것으로, 지방자치로 인해 사회계층 간의 갈등이 발생한다고 보기는 어렵다. 수평적 측면에서 지역 간의 갈등의 가능성은 존재한다.

03 ①

下

개념 카테고리 기초이론 > 지방자치의 필요성 > 경제적 필요성 > 티부모형

| 정답 해설 | ① 제시된 지문은 티부(Tiebout)의 발에 의한 투표(voting with the feed)와 관련이 깊다. 티부가설은 주민의 이동성을 전제로 지방정부서비스에 대한 주민들의 선택을 통하여 그들의 선호를 표명함으로써 시장과 유사한 방법으로 주민들의 공공서비스에 대한 수요를 파악할 수 있다고 주장한다.

04 ①

下

개념 카테고리 기초이론 > 지방자치의 필요성 > 경제적 필요성 > 티부모형

| 정답 해설 | ① 제시된 지문은 발에 의한 투표(티부모형)의 기본전제에 해당한다.

05 ④

中

개념 카테고리 기초이론 > 지방자치의 필요성 > 경제적 필요성 > 티부모형

| 정답 해설 | ④ 티부모형의 기본가정이 충족되면 효율성의 측면에서 만족할 만한 결과를 얻을지 모르지만, 공평성의 측면에서는 바람직하지 못한 결과를 얻을 수 있다.

06 ②

中

개념 카테고리 기초이론 > 신중앙집권화

| 정답 해설 | ② ㄱ, ㄴ, ㄷ은 옳은 내용이고, ㄹ은 틀린 내용이다.

ㄹ. 신중앙집권화는 수직적·관료적 집권이 아니라 수평적·협동적 집권을 의미한다. 즉, 과거의 절대주의 국가의 중앙집권이 수직적·권력적·관료적·절대적 집권인 것에 반해, 신중앙집권화는 수평적·비권력적·협동적·지식적·상대적 집권을 의미한다.

CHAPTER 02 정부 간 관계

출제 비중 5%

약점진단표											
1회독				2회독				3회독			
○	△	×	총	○	△	×	총	○	△	×	총
			6				6				6

*문제풀이 후 약점진단 결과를 적어보세요!

문제편 P.258

01	③	02	③	03	①	04	③	05	①
06	②								

01 ③

中

개념 카테고리 정부 간 관계 > 중앙과 지방의 기능배분이론 > 계급정치론적 관점

| 정답 해설 | ③ 제시된 지문은 계급정치론적 관점에 관한 설명이다.

| 오답 해설 | ① 다원주의적 관점은 전통적인 행정학 관점으로, 중앙과 지방의 기능배분은 역사적으로 오랜 기간 진화과정을 거치면서 점진적으로 제도화되어 온 것이라고 보는 관점이다.

② 신우파론적 관점은 합리적 경제인관과 방법론적 개체주의 입장을 취하고 있는 공공선택론적 입장으로, 중앙과 지방정부 간의 기능배분 문제도 개인후생을 극대화하고자 하는 시민과 공직자 개인들의 합리적 선택 행동에서 비롯되는 것으로 본다.

④ 엘리트론적 관점은 중앙정부는 사회적 투자기능을 수행하고, 지방정부는 사회적 소비기능을 민주적이고 경쟁적인 다원주의적 과정을 통해 수행하는 것으로 중앙과 지방 간의 기능배분을 파악한다.

02 ③

上

개념 카테고리 정부 간 관계 > 국가의 지도 · 감독

| 정답 해설 | ③ 행정안전부장관이나 시 · 도지사는 지방자치단체의 자치사무에 관하여 보고를 받거나 서류 · 장부 또는 회계를 감사할 수 있다. 이 경우 감사는 자치사무가 공익을 현저히 해친다고 판단될 때가 아니라, 법령 위반사항에 대하여만 실시한다.

| 함께 보는 법령 |「지방자치법」

> **제190조(지방자치단체의 자치사무에 대한 감사)** ① 행정안전부장관이나 시 · 도지사는 지방자치단체의 자치사무에 관하여 보고를 받거나 서류 · 장부 또는 회계를 감사할 수 있다. 이 경우 감사는 법령 위반사항에 대해서만 한다.
> ② 행정안전부장관 또는 시 · 도지사는 제1항에 따라 감사를 하기 전에 해당 사무의 처리가 법령에 위반되는지 등을 확인하여야 한다.

03 ①

中

개념 카테고리 정부 간 관계 > 광역행정 > 특별구역 설정 방식

| 정답 해설 | ① 한국의 교육구는 광역행정에 있어 특별구역 설정 방식에 해당한다. 특별구역 설정 방식은 특정 광역사무를 처리하기 위하여 별도로 구역을 설정하는 방식을 말한다.

04 ③

中

개념 카테고리 정부 간 관계 > 특별지방행정기관

| 정답 해설 | ③ 특별지방행정기관은 국가의 사무를 집행하기 위해 중앙부처에서 설치한 일선집행기관으로, 전국적 통일성을 확보할 수 있다는 장점이 있다.

05 ①

中

개념 카테고리 정부 간 관계 > 특별지방행정기관

| 정답 해설 | ① 특별지방행정기관이란 중앙행정기관이 지방에서의 그 소관사무를 처리하기 위하여 그 하부기관으로써 지방에 설치한 행정기관을 의미하는데, 사무배분의 기준 · 업무수행 절차 · 행정기술의 획일성 · 통일성을 기할 수 있다는 장점이 있다.

06 ②

中

개념 카테고리 정부 간 관계 > 특별지방행정기관

| 오답 해설 | ① 특별지방행정기관은 주민들의 직접참여와 통제가 곤란하여 책임행정 확보가 곤란하다.

매력적 오답 ③ 유사 중복기능의 수행 인력과 조직으로, 행정의 중복성을 통하여 효율성이 저해될 수 있다.

④ 관할 범위가 넓어 현지성 확보가 곤란하기 때문에 지역주민을 위한 행정이 곤란하다.

CHAPTER 03 지방자치단체의 운영체계

출제 비중 53%

약점진단표

1회독				2회독				3회독			
○	△	×	총	○	△	×	총	○	△	×	총
			20				20				20

*문제풀이 후 약점진단 결과를 적어보세요!

문제편 P.260

01	④	02	④	03	③	04	③	05	②
06	④	07	①	08	①	09	④	10	④
11	④	12	①	13	④	14	④	15	①
16	①	17	②	18	③	19	④	20	④

01 ④

中

개념 카테고리 지자체의 운영체계 > 특별지방자치단체

| 정답 해설 | ④ 특별지방자치단체를 구성하는 지방자치단체는 상호 협의에 따른 규약을 정하여 구성 지방자치단체의 지방의회 의결을 거쳐 행정안전부장관의 승인을 받아야 한다.

02 ④

中

개념 카테고리 지자체의 운영체계 > 지방자치계층

| 정답 해설 | ④ 제주특별자치도는 지방자치단체인 시와 군을 둘 수 없다. 따라서 제주특별자치도는 단층제로, 자치계층(제주특별자치도)과 행정계층(제주특별자치도–제주시–제주동)이 불일치한다.

| 함께 보는 법령 | 「제주특별자치도 설치 및 국제자유도시 조성을 위한 특별법」

> **제10조(행정시의 폐지 · 설치 · 분리 · 합병 등)** ① 제주자치도는 「지방자치법」 제2조 제1항 및 제3조 제2항에도 불구하고 그 관할구역에 지방자치단체인 시와 군을 두지 아니한다.

03 ③

中

개념 카테고리 지자체의 운영체계 > 지자체의 명칭과 구역

| 정답 해설 | ③ 광역자치단체의 경계 변경은 대통령령에 의한다.

| 함께 보는 법령 | 「지방자치법」

> **제5조(지방자치단체의 명칭과 구역)** ① 지방자치단체의 명칭과 구역은 종전과 같이 하고, 명칭과 구역을 바꾸거나 지방자치단체를 폐지하거나 설치하거나 나누거나 합칠 때에는 법률로 정한다.
>
> ② 제1항에도 불구하고 지방자치단체의 구역 변경 중 관할구역 경계 변경(이하 "경계 변경"이라 한다)과 지방자치단체의 한자 명칭의 변경은 대통령령으로 정한다. 이 경우 경계 변경의 절차는 제6조에서 정한 절차에 따른다.

| 플러스 이론 | 지방자치단체의 명칭과 구역

구분	폐치 · 분합	명칭 · 구역 변경	한자 명칭 변경	경계 변경
지방자치단체	지방의회의견 또는 주민투표 + 법률	지방의회의견 또는 주민투표 + 법률	지방의회의견 또는 주민투표 + 대통령령	대통령령
행정구 · 읍 · 면 · 동	행정안전부장관 승인 + 조례 (제주 – 보고)	조례 + 시 · 도지사 보고	조례 + 시 · 도지사 보고	
리	조례	조례	조례	

04 ③

中

개념 카테고리 지자체의 운영체계 > 지자체의 명칭과 구역

| 정답 해설 | ③ 자치구가 아닌 구와 읍 · 면 · 동의 명칭과 구역은 종전과 같이 하고, 자치구가 아닌 구와 읍 · 면 · 동을 폐지하거나 설치하거나 나누거나 합칠 때에는 행정안전부장관의 승인을 받아 그 지방자치단체의 조례로 정한다. 다만, 명칭과 구역의 변경은 그 지방자치단체의 조례로 정하고, 그 결과를 특별시장 · 광역시장 · 도지사에게 보고하여야 한다(「지방자치법」 제7조 제1항).

05 ②

上

개념 카테고리 지자체의 운영체계 > 지자체의 명칭과 구역

| 정답 해설 | ② 자치구가 아닌 구와 읍 · 면 · 동의 폐치 · 분합은 행정안전부장관의 승인이 필요하다.

06 ④

中

개념 카테고리 지자체의 운영체계 > 지방자치계층

| 정답 해설 | ④ 우리나라 계층구조는 광역과 기초의 중층제로, 광역사업의 처리가 용이하다.

07 ①

中

개념 카테고리 지자체의 운영체계 > 지방자치계층 > 다층제

| 정답 해설 | ① 지방자치단체의 계층구조는 단층제와 다층제로 나눌 수 있는데, 현행 우리나라의 지방자치단체의 계층구조는 기초자치단체(시 · 군 · 자치구)와 광역자치단체(특별시 · 광역시 · 특별자치시 · 도 · 특별자치도)로 다층제(이층제)의 형태이다. 행정책임을 명확히 할 수 있는 것은 단층제의 장점에 해당한다.

| 플러스 이론 | 다층제와 단층제의 장점

다층제의 장점	단층제의 장점
• 기초자치단체와 광역자치단체 간 행정기능을 분업적으로 수행함으로써 업무의 능률성을 확보할 수 있음 • 기초자치단체와 광역자치단체 간 기능수행상 상호 보완관계를 유지할 수 있음 • 국가의 감독기능을 효율화할 수 있음	• 이중행정과 이중감독의 폐단을 방지하고 신속한 행정을 도모함 • 행정수행상의 낭비를 제거하고 능률을 증진시킴 • 행정책임을 명확히 할 수 있음 • 각 기초자치단체의 자치권이나 지방의 특수성 및 개별성을 존중함

08 ①

中

개념 카테고리 지자체의 운영체계 > 지방자치계층 > 단층제와 중층제

| 정답 해설 | ① 단층제는 중층제보다 행정책임을 보다 명확하게 할 수 있다.

09 ④

下

개념 카테고리 지자체의 운영체계 > 사무배분의 기준

| 정답 해설 | ④ 제시된 조항은 보충성의 원칙에 관한 것이다.

10 ④

下

개념 카테고리 지자체의 운영체계 > 사무배분의 기준

| 정답 해설 | ④ 보충성의 원칙에 관한 설명이다. 현행 「지방자치법」은 시 · 군 및 자치구가 독자적으로 처리하기에 부적당한 사무는 시 · 도의 사무로, 지방자치단체의 기술과 재정능력으로 감당하기 어려운 사무는 국가사무로 규정하고 있다.

| 함께 보는 법령 | 「지방자치법」

제14조(지방자치단체의 종류별 사무배분기준) ① 제13조에 따른 지방자치단체의 사무를 지방자치단체의 종류별로 배분하는 기준은 다음 각 호와 같다. 다만, 제13조 제2항 제1호의 사무는 각 지방자치단체에 공통된 사무로 한다.

1. 시 · 도
   가. 행정처리 결과가 2개 이상의 시 · 군 및 자치구에 미치는 광역적 사무
   나. 시 · 도 단위로 동일한 기준에 따라 처리되어야 할 성질의 사무
   다. 지역적 특성을 살리면서 시 · 도 단위로 통일성을 유지할 필요가 있는 사무
   라. 국가와 시 · 군 및 자치구 사이의 연락 · 조정 등의 사무
   마. 시 · 군 및 자치구가 독자적으로 처리하기 어려운 사무
   바. 2개 이상의 시 · 군 및 자치구가 공동으로 설치하는 것이 적당하다고 인정되는 규모의 시설을 설치하고 관리하는 사무

제15조(국가사무의 처리 제한) 지방자치단체는 다음 각 호의 국가사무를 처리할 수 없다. 다만, 법률에 이와 다른 규정이 있는 경우에는 국가사무를 처리할 수 있다.

1. 외교, 국방, 사법(司法), 국세 등 국가의 존립에 필요한 사무
2. 물가정책, 금융정책, 수출입정책 등 전국적으로 통일적 처리를 할 필요가 있는 사무
3. 농산물 · 임산물 · 축산물 · 수산물 및 양곡의 수급조절과 수출입 등 전국적 규모의 사무
4. 국가종합경제개발계획, 국가하천, 국유림, 국토종합개발계획, 지정항만, 고속국도 · 일반국도, 국립공원 등 전국적 규모나 이와 비슷한 규모의 사무
5. 근로기준, 측량단위 등 전국적으로 기준을 통일하고 조정하여야 할 필요가 있는 사무
6. 우편, 철도 등 전국적 규모나 이와 비슷한 규모의 사무
7. 고도의 기술이 필요한 검사 · 시험 · 연구, 항공관리, 기상행정, 원자력개발 등 지방자치단체의 기술과 재정능력으로 감당하기 어려운 사무

11 ④

中

개념 카테고리 지자체의 운영체계 > 지자체의 기관구성 > 기관대립형

| 정답 해설 | ④ 정책결정기능과 정책집행기능을 단일기관에 귀속시키는 것은 기관통합형에 해당하는 내용이다.

12 ①

中

개념 카테고리 지자체의 운영체계 > 지방의회 > 지방의회의 권한

| 정답 해설 | ① 지방의회는 매년 1회 그 지방자치단체의 사무에 대하여 시 · 도에서는 14일의 범위에서, 시 · 군 및 자치구에서는 9일의 범위에서 감사를 실시하고, 지방자치단체의 사무 중 특정 사안에 관하여 본회의 의결로 본회의나 위원회에서 조사하게 할 수 있다.

13 ④

中

개념 카테고리 지자체의 운영체계 > 집행기관 > 지방자치단체의 장

| 오답 해설 | ① 지방의회에 두는 사무직원의 수는 인건비 등 대통령령으로 정하는 기준에 따라 조례로 정하며, 지방의회의 의장은 지방의회 사무직원을 지휘 · 감독하고 법령과 조례 · 의회규칙으로 정하는 바에 따라 그 임면 · 교육 · 훈련 · 복무 · 징계 등에 관한 사항을 처리한다.

② 지방자치단체의 폐치 · 분합에 따라 새로 지방자치단체의 장을 선거하여야 하는 경우 그 지방자치단체의 장이 선거될 때까지 시 · 도지사는 행정안전부장관이, 시장 · 군수 및 자치구의 구청장은 시 · 도지사가 각각 그 직무를 대행할 자를 지정하여야 한다.

③ 지방자치단체의 장은 회계연도마다 예산안을 편성하여 시·도는 회계연도 시작 50일 전까지, 시·군 및 자치구는 회계연도 시작 40일 전까지 지방의회에 제출하여야 한다.

14 ④

中

개념 카테고리 지자체의 운영체계 > 집행기관 > 지방자치단체의 장

| 오답 해설 | ① 단체장에 대한 불신임의결은 인정되지 않는다.

② 지방의회의 의장은 지방의회 사무직원을 지휘·감독하고 법령과 조례·의회규칙으로 정하는 바에 따라 그 임면·교육·훈련·복무·징계 등에 관한 사항을 처리한다.

매력적 오답 ③ 단체장이 그 직을 사임하려면 지방의회의 의장에게 사임통지서로 알려야 한다.

15 ①

中

개념 카테고리 지자체의 운영체계 > 집행기관 > 지방자치단체의 장

| 정답 해설 | ① 지방자치단체의 장은 지방의회의 의결이 월권이거나 법령에 위반되거나 공익을 현저히 해친다고 인정되거나, 예산상 집행할 수 없는 경비를 포함하고 있다고 인정되면 그 의결사항을 이송받은 날부터 20일 이내에 이유를 붙여 재의를 요구할 수 있다.

16 ①

中

개념 카테고리 지자체의 운영체계 > 집행기관 > 지방자치단체의 장

| 정답 해설 | ① 부단체장은 「지방자치법」상 지방자치단체의 장의 보조기관에 해당한다.

| 플러스 이론 | 지방자치단체의 집행기관

지방자치단체의 장	특별(자치)시장·광역시장·(특별자치)도지사·시장·군수·자치구청장
보조기관	부지사·부시장·부군수·부구청장, 행정기구, 지방공무원
소속 행정기관	직속기관(소방·교육훈련·보건치료·시험연구·중소기업지도기관 등), 사업소, 출장소, 합의제행정기관, 자문기관
하부행정기관(장)	자치시가 아닌 시(시장), 자치구가 아닌 구(구청장), 읍(읍장), 면(면장), 동(동장)
교육·과학·체육기관	지방자치단체의 교육·과학 및 체육에 관한 사무를 분장하게 하기 위하여 설치(교육원 등)

17 ②

中

개념 카테고리 지자체의 운영체계 > 우리나라 지방자치

| 정답 해설 | ② 단체장은 의회가 의결한 조례에 대해 재의를 요구할 수 있다.

18 ③

中

개념 카테고리 지자체의 운영체계 > 자치권 > 자치입법권

| 정답 해설 | ③ 지방자치단체는 법령의 범위에서 그 사무에 관하여 조례를 제정할 수 있다. 다만, 주민의 권리 제한 또는 의무 부과에 관한 사항이나 벌칙을 정할 때에는 법률의 위임이 있어야 한다. 따라서 지방자치단체는 법률의 구체적인 위임이 없으면 조례를 위반한 행위에 대하여 벌금을 부과하는 조례를 제정할 수 없다.

| 함께 보는 법령 |

> **「지방자치법」**
> **제28조(조례)** ① 지방자치단체는 법령의 범위에서 그 사무에 관하여 조례를 제정할 수 있다. 다만, 주민의 권리 제한 또는 의무 부과에 관한 사항이나 벌칙을 정할 때에는 법률의 위임이 있어야 한다.
>
> **「지방교육자치에 관한 법률」**
> **제25조(교육규칙의 제정)** ① 교육감은 법령 또는 조례의 범위 안에서 그 권한에 속하는 사무에 관하여 교육규칙을 제정할 수 있다.
> ② 교육감은 대통령령으로 정하는 절차와 방식에 따라 교육규칙을 공포하여야 하며, 교육규칙은 특별한 규정이 없으면 공포한 날부터 20일이 지남으로써 효력이 발생한다.

19 ④

中

개념 카테고리 지자체의 운영체계 > 자치권 > 자치재정권

| 정답 해설 | ④ 지방세 탄력세율, 재산과세의 과표 및 수수료 탄력 결정 등과 같은 자치재정권은 인정되는 반면, 조례를 통한 독립적인 지방세목은 설치할 수 없다. 조세법률주의에 따라 지방세의 세목과 세율에 대해 국회가 제정하는 법률로써 정해야 하며, 조례에 의한 세목의 신설은 허용되지 않는다.

20 ④

下

개념 카테고리 지자체의 운영체계 > 지자체의 사무 > 고유사무

| 정답 해설 | ④ 상수도사업은 지방자치단체의 사무 중 고유사무에 해당하나, 나머지는 지방자치단체의 사무에 해당되지 않는다.

CHAPTER

04 주민참여제도

출제 비중 11%

약점진단표

1회독				2회독				3회독			
○	△	×	총	○	△	×	총	○	△	×	총
			9				9				9

*문제풀이 후 약점진단 결과를 적어보세요!

문제편 P.264

01	④	02	②	03	②	04	①	05	②
06	①	07	①	08	④	09	①		

01 ④

上

개념 카테고리 주민참여제도 > 주민참여 단계

| 정답 해설 | ④ 정보제공(informing)은 아른슈타인(Arnstein)이 제시한 주민참여의 8단계론 중 명목적(형식적) 참여의 범주에 해당한다. 나머지는 실질적 참여에 해당한다.

02 ②

中

개념 카테고리 주민참여제도 > 우리나라 주민참여제도 > 주민투표

| 정답 해설 | ② 18세 이상의 주민투표청구권자는 주민투표청구권자 총수의 20분의 1 이상 5분의 1 이하의 범위 안에서 지방자치단체의 조례로 정하는 수 이상의 서명으로 그 지방자치단체의 장에게 주민투표의 실시를 청구할 수 있다.

| 오답 해설 | ③④ 지방자치단체의 장이 직권에 의하여 주민투표를 실시하고자 하는 때에는 그 지방의회 재적의원 과반수의 출석과 출석의원 과반수의 동의를 받으면 되지만, 지방의회가 지방자치단체의 장에게 주민투표의 실시를 청구하는 경우 재적의원 과반수의 출석과 출석의원 3분의 2 이상의 찬성을 받아야 한다. 양자의 경우 요건의 차이를 혼동하지 말아야 한다.

03 ②

上

개념 카테고리 주민참여제도 > 우리나라 주민참여제도 > 주민투표

| 정답 해설 | ② 주민투표의 투표일은 주민투표발의일부터 23일 이후 첫 번째 수요일로 한다.

| 함께 보는 법령 | 「주민투표법」

제3조(주민투표사무의 관리) ① 주민투표사무는 이 법에 특별한 규정이 있는 경우를 제외하고는 특별시·광역시·특별자치시·도 또는 특별자치도(이하 "시·도"라 한다)는 시·도선거관리위원회가, 시·군 또는 구(자치구를 말하며, 이하 "시·군·구"라 한다)는 구·시·군선거관리위원회가 관리한다.

제14조(주민투표의 투표일) ① 주민투표의 투표일은 제13조 제2항에 따른 주민투표발의일부터 23일(제3항에 따라 투표일을 정할 수 없는 기간은 산입하지 아니한다) 이후 첫 번째 수요일로 한다.

제15조(주민투표의 형식) 주민투표는 특정한 사항에 대하여 찬성 또는 반대의 의사표시를 하거나 두 가지 사항 중 하나를 선택하는 형식으로 실시하여야 한다.

제24조(주민투표결과의 확정) ① 주민투표에 부쳐진 사항은 주민투표권자 총수의 4분의 1 이상의 투표와 유효투표수 과반수의 득표로 확정된다. 다만, 다음 각 호의 어느 하나에 해당하는 경우에는 찬성과 반대 양자를 모두 수용하지 아니하거나, 양자택일의 대상이 되는 사항 모두를 선택하지 아니하기로 확정된 것으로 본다.

1. 전체 투표수가 주민투표권자 총수의 4분의 1에 미달되는 경우
2. 주민투표에 부쳐진 사항에 관한 유효득표수가 동수인 경우

04 ①

上

개념 카테고리 주민참여제도 > 우리나라 주민참여제도 > 주민조례발안

| 정답 해설 | ① 주민조례발안은 일정 요건을 갖춘 18세 이상의 주민이 해당 지방자치단체의 의회에 직접 조례의 제정 및 개폐를 청구할 수 있는 제도이다.

| 함께 보는 법령 | 「주민조례발안에 관한 법률」

제2조(주민조례청구권자) 18세 이상의 주민으로서 다음 각 호의 어느 하나에 해당하는 사람(「공직선거법」 제18조에 따른 선거권이 없는 사람은 제외한다. 이하 "청구권자"라 한다)은 해당 지방자치단체의 의회(이하 "지방의회"라 한다)에 조례를 제정하거나 개정 또는 폐지할 것을 청구(이하 "주민조례청구"라 한다)할 수 있다.

1. 해당 지방자치단체의 관할 구역에 주민등록이 되어 있는 사람
2. 「출입국관리법」 제10조에 따른 영주(永住)할 수 있는 체류자격 취득일 후 3년이 지난 외국인으로서 같은 법 제34조에 따라 해당 지방자치단체의 외국인등록대장에 올라 있는 사람

제4조(주민조례청구 제외 대상) 다음 각 호의 사항은 주민조례청구 대상에서 제외한다.

1. 법령을 위반하는 사항
2. 지방세·사용료·수수료·부담금을 부과·징수 또는 감면하는 사항
3. 행정기구를 설치하거나 변경하는 사항
4. 공공시설의 설치를 반대하는 사항

제5조(주민조례청구 요건) ① 청구권자가 주민조례청구를 하려는 경우에는 다음 각 호의 구분에 따른 기준 이내에서 해당 지방자치단체의 조례로 정하는 청구권자 수 이상이 연대 서명하여야 한다.

1. 특별시 및 인구 800만 이상의 광역시·도: 청구권자 총수의 200분의 1
2. 인구 800만 미만의 광역시·도, 특별자치시, 특별자치도 및 인구 100만 이상의 시: 청구권자 총수의 150분의 1
3. 인구 50만 이상 100만 미만의 시·군 및 자치구: 청구권자 총수의 100분의 1

4. 인구 10만 이상 50만 미만의 시·군 및 자치구: 청구권자 총수의 70분의 1
5. 인구 5만 이상 10만 미만의 시·군 및 자치구: 청구권자 총수의 50분의 1
6. 인구 5만 미만의 시·군 및 자치구: 청구권자 총수의 20분의 1

② 청구권자 총수는 전년도 12월 31일 현재의 주민등록표 및 외국인등록표에 따라 산정한다.
③ 지방자치단체의 장은 매년 1월 10일까지 제2항에 따라 산정한 청구권자 총수를 공표하여야 한다.

제6조(대표자 증명서 발급 등) ① 청구권자가 주민조례청구를 하려는 경우에는 청구인의 대표자(이하 "대표자"라 한다)를 선정하여야 하며, 선정된 대표자는 다음 각 호의 서류를 첨부하여 지방의회의 의장에게 대표자 증명서 발급을 신청하여야 한다. 이 경우 대표자는 그 발급을 신청할 때 제7조 제4항에 따른 전자서명의 요청에 필요한 제3조 제2항에 따른 정보시스템(이하 "정보시스템"이라 한다)의 이용을 함께 신청할 수 있다.
1. 주민조례청구의 취지·이유 등을 내용으로 하는 조례의 제정·개정·폐지 청구서(이하 "청구서"라 한다)
2. 조례의 제정안·개정안·폐지안(이하 "주민청구조례안"이라 한다)

05 ②

中

개념 카테고리 주민참여제도 > 우리나라 주민참여제도 > 주민소송

| 정답 해설 | ② 자치단체장이 지방세의 징수를 게을리하여 재산상 손실을 끼친 경우에 주민소송을 제기할 수 있다. 즉, 위법한 재무행위에 대해 주민감사청구를 제기한 자는 감사결과에 불복할 경우 주민소송을 제기할 수 있다.

| 함께 보는 법령 | 「지방자치법」

제22조(주민소송) ① 제21조 제1항에 따라 공금의 지출에 관한 사항, 재산의 취득·관리·처분에 관한 사항, 해당 지방자치단체를 당사자로 하는 매매·임차·도급 계약이나 그 밖의 계약의 체결·이행에 관한 사항 또는 지방세·사용료·수수료·과태료 등 공금의 부과·징수를 게을리한 사항을 감사청구한 주민은 다음 각 호의 어느 하나에 해당하는 경우에 그 감사청구한 사항과 관련이 있는 위법한 행위나 업무를 게을리한 사실에 대하여 해당 지방자치단체의 장(해당 사항의 사무처리에 관한 권한을 소속기관의 장에게 위임한 경우에는 그 소속기관의 장을 말한다. 이하 이 조에서 같다)을 상대방으로 하여 소송을 제기할 수 있다.

06 ①

中

개념 카테고리 주민참여제도 > 우리나라 주민참여제도 > 주민소환제도

| 정답 해설 | ① 주민소환투표의 대상은 선출직 지방공직자인 해당 지방자치단체의 장 및 지방의회의원을 대상으로 하되, 비례대표시·도의원 및 비례대표자치구·시·군의원은 제외한다.

07 ①

下

개념 카테고리 주민참여제도 > 우리나라 주민참여제도 > 주민소환제도

| 정답 해설 | ① 주민소환투표대상자는 주민소환투표안을 공고한 때부터 주민소환투표결과를 공표할 때까지 그 권한행사가 정지되며, 지방자치단체의 장의 권한이 정지된 경우에는 부단체장이 그 권한을 대행하도록 한다.

08 ④

中

개념 카테고리 주민참여제도 > 우리나라 주민참여제도 > 주민소환제도

| 정답 해설 | ④ 주민소환은 소환사유를 서면에 구체적으로 명시하여 관할 선거관리위원회에 주민소환투표의 실시를 청구할 수 있다.

09 ①

中

개념 카테고리 주민참여제도 > 우리나라 주민참여제도 > 주민소환제도

| 정답 해설 | ① 교육감은 주민소환 청구가 가능하다.

| 오답 해설 | ② 교육의원제도가 2014년에 폐지되어 이에 대한 소환제도 역시 폐지되었다.
③ 주민소환제도는 선출직 지방공직자를 대상으로 하기 때문에 국회의원은 제외된다.
④ 비례대표지방의원은 주민소환 대상에서 제외된다.

CHAPTER 05 지방재정

출제 비중 26%

약점진단표											
1회독				2회독				3회독			
○	△	×	총	○	△	×	총	○	△	×	총
			10				10				10

*문제풀이 후 약점진단 결과를 적어보세요!

문제편 P.266

01	④	02	④	03	②	04	①	05	④
06	④	07	①	08	④	09	④	10	②

01 ④

中

개념 카테고리 지방재정 > 국가재정과 지방재정

| 정답 해설 | ④ 국가재정은 응능주의의 원칙을, 지방재정은 응익주의의 원칙을 추구한다.

| 플러스 이론 | 국가재정과 지방재정의 비교

국가재정	지방재정
순수공공재적 성격이 강함	순수공공재적 성격이 약함
가격원리 적용 곤란	가격원리 적용 용이
조세에 의존	세외수입에 의존
응능주의의 원칙	응익주의의 원칙
포괄적인 기능 수행	자원배분기능 수행
형평성 추구	효율성 추구
비경쟁성	지방정부 간 경쟁성
지역 간 이동성 제한	지역 간 이동성 높음(티부가설)

02 ④

中

개념 카테고리 지방재정 > 지방수입의 지표

| 정답 해설 | ④ ㄱ~ㄹ은 모두 재정지표에 관하여 옳은 내용이다.

03 ②

中

개념 카테고리 지방재정 > 자주재원 > 지방세

| 정답 해설 | ② 지방교육세는 목적세로 특·광역시세이다. 따라서 강화군세가 아니라 인천광역시세에 해당한다.

04 ①

上

개념 카테고리 지방재정 > 자주재원 > 지방세

| 정답 해설 | ① 특별시의 재산세는 특별시분과 자치구분으로 구분하고, 특별시분 재산세는 자치구에 균등배분하고 있다.

| 오답 해설 | ② 지방교부세는 의존재원이므로, 지방교부세의 법정교부율을 대폭 상향 조정하게 되면 지방자치단체의 지방재정 자립도는 저하된다.

③ 일반재원주의란 재정구조보다는 재정규모의 순증을 중시하는 입장으로, 지방교부세와 같은 의존재원을 문제 삼지 않는다.

④ 재정자주도는 일반회계 세입에서 자주재원과 지방교부세를 합한 일반재원의 비중으로, 생계급여 등 사회복지 분야에서 차등보조율 적용 지자체를 선정할 때 사용된다.

05 ④

下

개념 카테고리 지방재정 > 자주재원 > 세외수입

| 정답 해설 | ④ 교부금은 부담금과 더불어 국고보조금에 해당한다.

06 ④

中

개념 카테고리 지방재정 > 자주재원 > 지방채

| 정답 해설 | ④ 지방자치단체의 장은 지방채를 발행하려면 재정상황 및 채무규모 등을 고려하여 대통령령으로 정하는 지방채 발행 한도액의 범위(당해 지방자치단체의 전전연도 예산액의 100분의 10의 범위)에서 지방의회의 의결을 얻어야 한다. 다만, 지방채 발행 한도액 범위더라도 외채를 발행하는 경우에는 지방의회의 의결을 거치기 전에 행정안전부장관의 승인을 받아야 한다(「지방재정법」 제11조 제2항).

| 오답 해설 | 매력적 오답 ② 지방교부세는 지방정부 간의 '수평적' 재정불균형을 해소하기 위해 운용되는 제도이나, 중앙정부에 의한 지방재정조정제도이므로 중앙정부와 지방정부 간의 '수직적' 재정불균형을 해소할 수도 있다.

07 ①

中

개념 카테고리 지방재정 > 우리나라 지방재정 > 지방재정조정제도

| 정답 해설 | ① 지방재정조정제도는 지방자치단체 간의 재정 격차를 시정하기 위하여 중앙정부가 국세의 일부나 다른 자금을 일정한 기준에 따라 각 지방자치단체에 배분하는 제도로, 지방교부세와 국고보조금이 대표적인 사례이다. 지방재정조정제도는 지방행정 수행에 필요한 재정수요를 충족시켜 줄 수는 있으나, 지방교부세와 국고보조금이 의존재원이므로 지방재정자립도를 저해한다. 즉, 지방재정자립도란 지방정부의 일반회계 세입에서 자주재원인 지방세와 세외수입이 차지하는 비율을 말하며, 지방교부세와 국고보조금과 같은 의존재원의 비율이 높아지면 재정자립도는 저하된다.

08 ④

下

개념 카테고리 지방재정 > 우리나라 지방재정

| 정답 해설 | ④ 지방양여금은 2005년에 폐지된 제도이다.

09 ④

中

개념 카테고리 지방재정 > 우리나라 지방재정

| 오답 해설 | ① 용도의 제한성에 따라 일반재원과 특정재원으로 분류한다.

② 수입원에 따라 자주재원과 의존재원으로 분류한다.

③ 지방교부세는 의존재원으로 재정자립도를 저하한다.

10 ②

中

개념 카테고리 지방재정 > 가도시화

| 정답 해설 | ② 가도시화란 시장경제에 쓰이는 가수요에서 유래된 표현으로서, 경제기반이 약한 개발도상국의 급속한 도시팽창 현상을 의미한다. 가도시화는 도시의 성장과정이 선진공업국들이 경험한 것과 같이 산업 발달에 따른 농촌 노동인구의 흡인작용보다 농촌경제의 파탄에 의한 이농현상에 의한 것으로, 이 같은 현상을 인구의 압출현상이라 한다. 즉, 도시의 경제기반 없이 농촌실업자의 증가에 따라 비정상적으로 성장하는 현상을 의미한다. 따라서 가도시화는 각종 악성도시문제, 즉, 주택 · 교통 · 환경문제 등의 발생 원인이 된다.

인생은 곱셈이다.

어떤 찬스가 와도 내가 제로라면
아무런 의미가 없다.

– 나카무라 미츠루

약점 보완 최종 마무리

진도별 모의고사

정답과 해설

문제 P.271

01	③	02	③	03	①	04	④	05	②
06	④	07	①	08	②	09	④	10	②
11	④	12	④	13	③	14	①	15	②
16	①	17	③	18	①	19	③	20	③

01 ③

中

개념 카테고리 행정학의 기초이론 > 현대행정의 변천 > 시장실패 > 시장실패 대응 방식

| 정답 해설 | ③ 자연독점에 대한 정부의 대응 방식에는 공적 공급(공기업)과 정부규제가 있다.

| 플러스 이론 | 시장실패에 대한 정부의 대응 방식

구분	공적 공급(조직)	공적 유도(보조금)	정부규제(권위)
공공재의 존재	○(정부)		
외부효과의 발생		○(외부경제)	○(외부불경제)
자연독점	○(공기업)		○(가격·생산량 규제)
불완전경쟁			○(경쟁유도)
정보의 비대칭성		○(공개 시 유인)	○(공개 의무)

02 ③

下

개념 카테고리 행정학의 기초이론 > 현대행정의 변천 > 시장실패 > 요금재

| 정답 해설 | ③ 제시된 지문은 요금재 성격을 가지는 공공서비스에 관한 내용이다. 요금재는 공동으로 사용하므로 경합성은 없지만 배제가 가능하기 때문에 시장에서 공급될 수 있는 재화이다.

03 ①

上

개념 카테고리 행정학의 기초이론 > 현대행정의 변천 > 시장실패 > 죄수의 딜레마

| 정답 해설 | ① 죄수의 딜레마(prisoner's dilemma)는 게임이론의 유명한 사례로, 2명이 참가하는 비제로섬 게임(non zero-sum game)의 일종이다.

04 ④

上

개념 카테고리 행정학의 기초이론 > 현대행정의 변천 > 정부규제 > 규제의 역설

| 정답 해설 | ④ 정보공개를 엄격하게 할수록 기업의 입장에서는 광고를 할 인센티브가 사라지기 때문에, 기업체에 자기 상품에 대한 정보공개를 의무화할수록 소비자들의 실질적인 정보량은 줄어든다.

| 플러스 이론 | 규제의 역설

개념	합리적으로 만들어진 규제는 시장행위자들에게 인센티브를 줄 뿐만 아니라 사회 전체로도 긍정적 성과를 도출하는 반면, 불합리한 규제는 민간의 행동을 비효율적으로 유도하고 사회적 자원의 왜곡을 가져오는 부작용을 초래한다. 이는 규제를 설계할 때 적응할 행위자들, 즉 행정가와 피규제자가 어떻게 적응할지에 대해 이해하지 못하기 때문에 발생한다. 이런 현상을 '규제의 역설(regulatory paradox)'이라고 한다.
특징	• 과도한 규제는 과소한 규제가 된다. 특정한 규제를 무리하게 설정하면 실제로는 규제가 전혀 이루어지지 않는 상황이 발생한다. • 새로운 위험만 규제하다 보면 사회의 전체 위험 수준은 증가한다. 정부는 새로운 위험에 대해 철저하게 규제하는 반면, 이전부터 있던 위험 요인들에 대해서는 간과할 수 있다. • 최고의 기술을 요구하는 규제는 기술개발을 지연시킨다. 정부가 현재 시점에서 최선의 기술을 사용하도록 규제하면 이 기술을 보유한 기업이나 기술을 설치한 업체에 강하게 진입장벽을 칠 수 있는 기회를 제공해 준다. 이 경우 새로운 기술을 민간에서 자발적으로 만들 유인이 생기지 않는다. 왜냐하면 민간에서 새로운 기술을 개발해도 이것을 판매할 수 있는 시장이 사라져 버리기 때문이다. • 소득재분배를 위한 규제가 오히려 사회적으로 가장 어려운 사람들에게 해를 끼칠 수도 있다. 최저임금제의 경우 이것이 강하면 강할수록 사업자 입장에서는 노동을 자본으로 대체해 고용할 노동자 수를 줄이게 된다. 이 경우 사업장 내에서 가장 무능하다고 판단되는 사람, 즉 최저임금으로 보호하려 했던 사람들이 해고될 가능성이 높다. 결국 소득재분배를 목적으로 규제가 도입될 경우 보호하려 했던 계층 순서로 피해를 입게 된다. • 기업체에 자기 상품에 대한 정보공개를 의무할수록 소비자들의 실질적인 정보량은 줄어든다. 왜냐하면 정보공개를 엄격하게 할수록 기업의 입장에서는 광고를 할 인센티브가 사라지기 때문이다. 그 결과 시장에서 제품에 대한 정보가 오히려 줄어들어 소비자들이 제품 구매를 할 때 필요한 판단근거가 오히려 줄어들게 된다. 기업은 정보공개를 해야 하는 부분만 공개하고, 그 밖의 것에 대해서는 실질적인 제품에 대한 내용을 공개하지 않게 된다.

05 ②

中

개념 카테고리 행정학의 기초이론 > 현대행정의 변천 > 정부실패 > Wilson의 규제정치모형

| 정답 해설 | ② 제시된 지문은 윌슨(Wilson)의 규제정치이론 중 기업가적 정치에 해당한다. '수입규제'는 고객정치에 해당하나, '수입규제 완화'는 기업가적 정치에 해당한다.

06 ④ 上

개념 카테고리 행정학의 기초이론 > 현대행정의 변천 > 정부의 기능 > 자원배분기능

| 정답 해설 | ④ 국방은 대표적인 공공재이다. 따라서 시장에서 생산과 공급이 어려운 공공재를 정부가 직접 공급하는 것은 자원배분의 효율성과 관계가 있다. 나머지는 소득분배의 형평성과 관련이 있다.

07 ① 中

개념 카테고리 행정학의 기초이론 > 이론 발달 > 전통 행정학 > 현상학

| 정답 해설 | ① 현상학적 접근방법은, 사회현상 또는 사회적 실재(social reality)란 자연현상처럼 사람과 동떨어진 객체로 존재하는 것이 아니라 그 속에 참여하는 사람들의 의식·생각·개념 등으로 구성되며 그들의 상호 주관적인 경험으로 이룩되는 것이기 때문에, 사회과학에서 형성하는 사유 대상 또는 정신적 구성물은 자연과학의 그것과는 본질적으로 다르다고 본다.

08 ② 上

개념 카테고리 행정학의 기초이론 > 이론 발달 > 전통 행정학 > 신행정학

| 정답 해설 | ② 신행정학운동은 행정학의 실천적 성격과 적실성을 회복하기 위해 정책 지향적인 행정학을 요구했으며, 전문직업주의와 가치중립적인 관리론에 대한 집착을 비판하면서 민주적 가치규범에 입각하여 분권화, 고객에 의한 통제, 가치에 대한 합의 등을 강조하였다.

09 ④ 中

개념 카테고리 행정학의 기초이론 > 이론 발달 > 포스트모더니즘

| 정답 해설 | ④ 포스트모더니즘의 세계관은 상대주의적이며 다원주의적인 것으로, 보편주의와 객관주의를 추구하는 것은 헛된 꿈이라고 비판하면서 지식의 상대주의를 주창하였다.

10 ② 中

개념 카테고리 행정학의 기초이론 > 이론 발달 > 행정학의 접근방법 > 법률적·제도론적 접근

| 정답 해설 | ② 제도적 접근방법에서 주목하는 각종 제도는 법률에 기반을 두기 때문에 두 가지를 통합해 법률·제도적 접근방법이라 하며, 공식적 제도나 법률에 기반을 두어 제도 이면에 있는 행정의 동태적 측면을 파악하기가 어렵다.

11 ④ 上

개념 카테고리 행정학의 기초이론 > 이론 발달 > 행정환경의 다양한 접근 > 딜레마이론

| 정답 해설 | ④ 딜레마란 의사결정을 해야 할 정책결정자가 선택을 하지 못하고 있는 곤란한 상황, 거의 동등한 가치를 갖고 있거나 하나의 가치를 포기하는 비용이 너무 큰 두 개의 대안 중 하나를 선택해야만 하는 상황을 말한다. 딜레마이론은 네 가지의 논리적 구성 요건을 모두 충족해야 딜레마가 초래된다고 하였는데, 〈보기〉는 이 요건과 관련하여 모두 옳은 내용이다.

12 ④ 中

개념 카테고리 행정학의 기초이론 > 이론 발달 > 현대 행정학 > 신공공관리론(NPM)

| 정답 해설 | ④ 신공공관리론(NPM)은 정부의 역할을 대폭 시장에 맡겨야 한다는 것을 의미하는 것은 아니다. 신공공관리론이 주장하는 것은 정부관료제의 운영체제가 경쟁의 원리에 기반한 시장체제를 모방하고 계층제적 통제를 대체함으로써 정부관료제의 효율성을 높이자는 것이다. 즉, 신공공관리론의 주장은 '시장이 정부를 대신해서 모든 사회문제를 해결해야 한다'는 것이 아니라, '관료들이 자유롭게 정부관료제를 관리하여 사회문제를 해결하도록 해야 한다'는 것이다.

13 ③ 中

개념 카테고리 행정학의 기초이론 > 이론 발달 > 현대 행정학 > 신공공서비스론(NPS)

| 정답 해설 | ③ 신공공서비스론은 공익을 공유가치에 대한 담론의 결과라고 본다. 즉, 공익을 행정의 부산물이 아닌 목적으로 보아야 한다는 점을 강조한다. 따라서 관료는 시민들이 담론을 통해 공유된 가치(shared value)를 표명하고 이와 함께 공익에 대한 집단적 의미로 발전시킬 수 있는 활동의 장을 만드는 데 기여해야 하는 것으로 본다.

14 ①

中

개념 카테고리 행정학의 기초이론 > 이론 발달 > 현대 행정학 > 탈신공공관리론(post-NPM)

| 정답 해설 | ① 신공공관리론(NPM)에 기반한 전문화된 기관으로의 분절화는 책임과 기능배분의 명확한 경계 설정에는 기여했지만, 조정 및 정치적 통제 훼손의 문제를 초래하였다. 따라서 탈신공공관리론(post-NPM)은 전문화된 기관으로의 분절화보다는 구조적 통합을 통한 분절화의 축소를 지향하고 있다.

| 플러스 이론 | 탈신공공관리론(post-NPM)의 주요 내용

- 구조적 통합을 통한 분절화의 축소
- 재집권화와 재규제의 주창
- 총체적 정부 또는 합체된 정부의 주도
- 역할 모호성의 제거 및 명확한 역할관계의 안출(案出)
- 민간·공공부문의 파트너십 강조
- 집권화, 역량 및 조정의 증대
- 중앙의 정치·행정적 역량의 강화
- 환경적·역사적·문화적 요소에의 유의 등

15 ②

中

개념 카테고리 행정학의 기초이론 > 행정이념 > 행정가치 > 본질적 가치 > 사회적 형평성

| 정답 해설 | ② 제시된 지문은 형평성과 관련된 부분이익 선택성(policy selectivity)에 대한 내용이다. 공공정책은 편익과 비용을 모든 구성원들에게 평등하게 배분하는 것이 아니라 일정한 기준에 따라 불평등하게 배분하는 성질인 부분이익 선택성으로 인해 형평성이 요구된다.

16 ①

下

개념 카테고리 정책학 > 기초이론 > 정책유형의 분류 > 분배정책

| 정답 해설 | ① 국공립학교를 통한 교육 서비스 제공, 주택자금의 대출, 도로 건설, 하천·항만 사업과 같이 국민에게 공공서비스나 혜택을 제공하기 위한 정책은 분배(배분)정책에 해당한다.

17 ③

下

개념 카테고리 정책학 > 기초이론 > 정책유형의 분류 > 구성정책

| 정답 해설 | ③ 로위(Lowi)는 정책을 배분정책, 규제정책, 재분배정책, 구성정책으로 분류하였는데, 제시된 지문은 그중에서 구성정책에 관한 설명이다.

18 ①

中

개념 카테고리 정책학 > 기초이론 > 정책유형의 분류 > 추출정책

| 정답 해설 | ① 추출정책은 정책목표에 의해 일반 국민에게 인적·물적 자원을 부담시키는 정책이다. 조세, 병역, 물자수용, 노력동원, 토지수용 등은 추출정책에 속하나, 부실기업퇴출은 규제정책에 속한다.

19 ③

中

개념 카테고리 정책학 > 정책의제설정론 > 정책이해관계자의 특성

| 정답 해설 | ③ ㄱ, ㄷ, ㄹ은 옳은 설명이며, ㄴ은 틀린 설명이다.

| 오답 해설 | ㄴ. 정책이해관계자의 조직화 정도도 정책의제설정에 영향을 미치는데, 조직화 정도가 높은 경우에는 조직비용이 낮기 때문에 상대적으로 쉽게 의제화된다. 예를 들어 정책이해관계자가 넓게 분포하고 조직화 정도가 낮은 경우(조직비용이 높은 경우)에는 정책의제화가 상당히 어렵다. 정책이해관계자가 좁게 분포하지만 조직화 정도가 낮은 경우(조직비용이 높은 경우)에도 정책의제화는 쉽지 않을 수 있다. 한편 정책이해관계자가 좁게 분포하고 조직화 정도가 높은 경우(조직비용이 낮은 경우)에는 상대적으로 쉽게 정책의제화될 것이며, 정책이해관계자가 넓게 분포하고 조직화 정도가 높은 경우(조직비용이 낮은 경우)에도 정책의제화될 가능성이 높다.

20 ③

中

개념 카테고리 정책학 > 정책결정이론모형 > 쓰레기통모형

| 정답 해설 | ③ 제시된 지문은 정책문제, 문제의 해결책, 선택기회, 참여자 등의 요소가 개별적으로 떠다니다가 우연한 계기로 교차되면 정책결정이 발생한다고 보는 쓰레기통모형에 관한 내용이다.

제2회 정답과 해설
진도별 모의고사

문제 P.275

01	①	02	①	03	①	04	③	05	④
06	①	07	③	08	④	09	②	10	④
11	①	12	②	13	④	14	④	15	②
16	④	17	③	18	③	19	④	20	④

01 ①

中

개념 카테고리 정책학 > 정책결정이론모형 > 점증모형

| 정답 해설 | ① 합리모형에 대한 설명이다. 합리모형은 불가능한 일을 정책결정자에게 강요함으로써 바람직한 의사결정에 도움을 주지 못하고 있다는 비판이 있다. 즉, 인간의 부족한 능력을 전제로 하여 불확실한 상황을 극복할 수 있는 방법은 알려주지 않고, 모든 대안을 탐색하고 모든 결과를 예측하게 함으로써 엄청난 분석비용과 시간을 낭비하게 하고 있다는 것이다.

02 ①

下

개념 카테고리 정책학 > 정책결정이론모형

| 정답 해설 | ① 참여자들의 상호조절에 의한 문제해결을 중시하는 것은 점증모형이다. 합리모형은 인간(정책결정자)의 전지전능(완전한 정보)을 전제로 하여, 모든 대안을 포괄적으로 탐색하고 대응하여 최적의 합리적 대안의 선택(경제적 합리성)이 가능하다고 본다.

03 ①

中

개념 카테고리 정책학 > 정책결정이론모형 > 점증모형

| 정답 해설 | ① 쇄신성(○)은 점증주의보다는 합리주의 방식과 관련이 있다. 점증모형은 급격한 정책의 쇄신보다는 기존 정책을 기반으로 한 정책결정을 선호한다.

04 ③

下

개념 카테고리 정책학 > 정책집행론 > 정책집행의 영향요인 > 조직화 정도

| 정답 해설 | ③ (다)의 경우 희생집단의 규모 및 조직화 정도가 강하기 때문에 정책집행이 가장 곤란한 경우에 해당한다.

| 플러스 이론 | 대상집단의 성격과 조직화 정도에 따른 정책집행

구분		규모 및 조직화 정도	
		강	약
집단의 성격	수혜집단	집행내용의 변화(용이)	집행 용이
	희생집단	집행 곤란	집행 용이

05 ④

上

개념 카테고리 정책학 > 정책평가론 > 정책평가의 타당성

| 정답 해설 | ④ 평가의 신뢰성에 관한 내용으로, 인과관계가 성립하기 위한 조건과 관련이 없다.

| 오답 해설 | 인과관계가 성립하기 위해서는 시간적 선행성(①), 공동 변화(②), 경쟁가설 배제 혹은 비허위적 관계(③)의 요건을 충족하여야 한다.

06 ①

中

개념 카테고리 정책학 > 정책평가론 > 정책평가의 타당성 > 구성적 타당성

| 정답 해설 | ① 설문이 의미하는 것은 구성적 타당성이다.

| 오답 해설 | ② 통계적 결론의 타당성이란 정책결과가 존재하고 이것이 제대로 조작되었다고 할 때, 이에 대한 효과를 찾아낼 만큼 충분히 정밀하고 강력하게 연구설계가 이루어진 정도를 말한다.

③ 내적 타당성이란 정책이 집행된 후에 일어난 변화가 정책 때문인지 혹은 다른 요인에 의한 것인지 명백히 하는 것을 말한다.

④ 외적 타당성이란 특정 상황에서 내적 타당성을 확보한 정책평가가 다른 상황에서도 적용될 가능성, 즉 일반화의 가능성을 말한다.

07 ③

中

개념 카테고리 정책학 > 정책평가론 > 정책평가의 타당성 > 내적 타당성

| 정답 해설 | ③ 정책의 효과가 다른 경쟁적 원인들보다는 해당 정책에만 기인하는 것이라고 판단할 수 있는 정도를 의미하는 것은 내적 타당성이다.

08 ④ 上

개념 카테고리 정책학 > 기획이론 > 기획의 정향 > 선도주의

| 정답 해설 | ④ 설문은 선도주의와 관련이 있다. 선도주의(미래 우선주의)는 미래가 과거나 현재보다 낫다고 믿기 때문에 변화를 가속화하기 위해 기술에 호감을 표명하고, 경제적 최적화를 추구하며, 계량적 방법에 매료된다.

| 오답 해설 | ① 반동주의(복고주의)는 현실에 만족하지도 않고 미래에도 희망을 두지 않으며, 구습적인 전통을 지키려는 극단적인 보수성을 띠며 향수를 불러일으키는 과거로 현재를 돌리기 위해 현재에 필요한 개입행동을 한다.

② 무위주의(현재주의)는 현재의 상태에 만족하는 태도를 지니며, 과거의 상태로 돌아가기도 원하지 않고 현재 일이 진행되어 가고 있는 방향도 원하지 않는다.

③ 능동주의(상호작용주의)는 과거와 현재에 집착하지 않고, 미래에 대해서도 설렘을 보이지 않으며, 기획이란 바람직한 사회의 설계와 그러한 설계를 실현하기 위한 수단의 도출이라고 개념화한다.

09 ② 中

개념 카테고리 조직이론 > 조직구조론 > 조직구조의 변수 > 상황변수

| 정답 해설 | ② 조직규모가 커질수록 조직구조는 표준화와 함께 의사결정의 분권화를 채택함으로써 하위계층에서 의사결정이 이루어지지만, 실질적인 자유재량권은 주어지지 않는다.

10 ④ 中

개념 카테고리 조직이론 > 조직구조론 > 조직구조의 유형 > 기능구조

| 정답 해설 | ④ 기능구조는 부서들 간의 조정과 협력이 요구되는 환경 변화에 둔감하다. 따라서 부서별로 상이한 기능을 수행하면서 각각 독특한 시관, 목표관을 갖게 되어 부서들 간에 조정이 어려워진다.

11 ① 中

개념 카테고리 조직이론 > 조직구조론 > 조직구조의 유형 > 기능구조

| 정답 해설 | ① 기능구조는 기계적 구조로서, 수평적 조정의 필요가 낮을 때 효과적인 조직구조이다.

12 ② 下

개념 카테고리 조직이론 > 조직구조론 > 조직구조의 유형 > 유기적 구조

| 정답 해설 | ② 표준운영절차는 기계적 구조의 특성에 해당한다. 유기적 구조는 표준운영절차보다 적은 규칙과 절차를 특징으로 한다.

13 ④ 中

개념 카테고리 조직이론 > 조직구조론 > 지식정보사회의 조직 > 학습조직

| 정답 해설 | ④ 학습조직(learning organization)은 개인적 학습이 아니라 집단적 학습을 강조한다.

14 ④ 中

개념 카테고리 조직이론 > 조직구조론 > 책임운영기관

| 정답 해설 | ④ 책임운영기관은 공공성 측면에서 민영화가 어려운 기능을 정부가 직접 수행하기 위한 제도이다.

15 ② 下

개념 카테고리 조직이론 > 조직관리론 > 리더십 > 변혁적 이론

| 정답 해설 | ② 업적에 따른 보상은 거래적 리더십에 대한 내용이다. 변혁적 리더십은 영감적 리더십, 카리스마적 리더십, 개별적 배려, 지적 자극을 주요 내용으로 한다.

16 ④ 中

개념 카테고리 조직이론 > 조직정보론 > 전자정부 > 유비쿼터스 정부

| 정답 해설 | ④ 스마트워크(smart work)란 원격근무의 하나로, 영상회의 등 정보통신기술을 이용해 시간·장소의 제약 없이 업무를 수행하는 유연한 근무 형태를 말한다. 스마트워크의 주요 형태는 '이동근무', '재택근무', '스마트워크센터 근무' 등을 포함한다. 스마트워크센터는 주거지 인근에 정보통신기술 기반의 원격업무시스템을 갖춘 시설로, 지식근로 활동에 필요한 사무공간을 제공하여 도심의 사무실과 동일한 사무환경을 제공함으로써 업무 몰입도 유지 및 복무관리를 용이하게 만든 복합공간이다. 정부는 2010년에 도봉센터와 분당센터를 개소하고, 이후 서초·일산·부천·인천·수원·잠실·구로센터, 정부서울청사에 스마트워크센터를 마련하였다.

17 ③ 上

개념 카테고리 조직이론 > 조직정보론 > 전자정부 > 전자정부 발전단계

| 정답 해설 | ③ 제시된 지문은 전자정부의 발전단계 중 제공자와 이용자 간에 좀 더 적극적인 상호 거래가 이루어지는 통합 3단계에 관한 설명이다.

| 오답 해설 | ① 통합 1단계는 전자정부 서비스가 출현하는 초기단계로, 정부가 온라인으로 각종 행정정보를 일방향적으로 제공하는 단계이다.

② 통합 2단계는 정보제공자와 이용자 간에 상호작용이 이루어진다는 점이 특징으로, 정보제공자가 온라인상에 제공하는 정보를 이용자가 수동적으로 볼 수 있을 뿐 아니라, 온라인상에서 질문하고 답을 받아 볼 수도 있다.

18 ③

中

개념 카테고리 인사행정론 > 기초이론 > 인사행정제도

| 정답 해설 | ③ ㄱ, ㄷ, ㄹ은 옳은 내용이며, ㄴ은 틀린 내용이다.

| 오답 해설 | ㄴ. 엽관주의는 정치적 신념이나 정당에 대한 충성도 등을 중요한 임용기준으로 삼는 데 비해, 정실주의는 인사권자와의 개인적 신임이나 친분관계를 중요한 임용기준으로 삼는다.

19 ④

中

개념 카테고리 인사행정론 > 기초이론 > 인사행정제도 > 대표관료제

| 정답 해설 | ④ 대표관료제는 관료가 자기 출신집단의 가치와 이익을 정책결정에 반영한다고 가정한다.

20 ④

中

개념 카테고리 인사행정론 > 공직의 분류 > 고위공무원단제도

| 정답 해설 | ④ 역량평가는 4명 이상의 역량평가위원이 참여하여 제시된 직무상황에서 나타나는 평가 대상자의 행동을 관찰하여 그 역량을 평가하는 방법으로 한다.

| 함께 보는 법령 | 「고위공무원단 인사규정」

제7조(고위공무원단후보자) ① 제9조에 따른 역량평가를 통과한 사람으로서 다음 각 호의 어느 하나에 해당하는 사람은 고위공무원단후보자가 된다. 이 경우 재직한 기간의 계산에 관하여는 임용령 제31조의 승진소요최저연수에 산입되는 재직연수 계산 방식을 준용한다.

1. 3급 공무원
2. 4급 공무원 중 해당 계급에서 5년 이상 재직한 사람
3. 고위공무원이 아닌 연구관 · 지도관으로서 7년 이상 재직한 사람(연구관 · 지도관으로 재직한 기간에는 5급 이상 일반직 공무원으로 재직한 기간을 합산하며, 중앙행정기관의 실장 · 국장 밑에 두는 보조기관 또는 이에 상응하는 직위에 재직한 연구관 · 지도관의 경우에는 해당 직위에서 총 3년 이상 재직한 사람을 말한다)
4. 고위공무원단 직위 또는 그에 상응하는 직위에 일반직 국가공무원(임기제 공무원은 제외한다)으로 재직한 사람
5. 수석전문관으로서 5년 이상 재직하였으며 과장급 직위에 2년 이상 재직한 사람(수석전문관 및 과장급 직위에서 재직한 기간에는 3급 또는 4급 일반직 공무원으로 재직한 기간을 합산한다)
6. 개방형 및 공모직위규정 제9조 제3항에 따라 일반직 공무원으로 임용된 사람

제8조(고위공무원단후보자 교육) ① 인사혁신처장은 4급 이상 공무원(고위공무원이 아닌 연구관 · 지도관과 수석전문관을 포함한다)을 대상으로 고위공무원에게 필요한 역량을 함양하기 위한 교육과정(이하 "고위공무원단후보자교육과정"이라 한다)을 운영하여야 한다.

② 소속 장관은 해당 기관의 교육 대상자를 선발하여 인사혁신처장에게 추천할 수 있으며, 인사혁신처장은 소속 장관별 고위공무원단 직위의 정원, 고위공무원단 직위로의 승진 예정 인원 등을 고려하여 교육 대상자 수를 결정해야 한다.

③ 고위공무원단후보자교육과정의 이수기준은 인사혁신처장이 정한다.

제9조(역량평가) ① 법 제2조의2 제3항에 따른 평가(이하 "역량평가"라 한다)는 고위공무원으로 신규채용되려는 사람 또는 4급 이상 공무원(수석전문관을 포함한다. 이하 같다)이 고위공무원단 직위로 승진임용되거나 전보(고위공무원이 아닌 연구관 · 지도관을 고위공무원단 직위로 전보하는 경우에만 해당된다)되려는 사람을 대상으로 신규채용, 승진임용 또는 전보 전에 실시하여야 한다. 다만, 다음 각 호의 어느 하나에 해당하는 경우에는 역량평가를 실시하지 아니할 수 있다.

1. 지방공무원이나 민간인을 법 제2조의2 제2항 제3호의 직위에 신규채용하는 경우(지방자치단체의 장이나 지방교육행정기관의 장이 역량평가를 거쳐 임용하는 것을 요청하는 경우는 제외한다)
2. 다음 각 목의 어느 하나에 해당하는 고위공무원단 직위에 임기제 공무원 또는 별정직 공무원으로 임용하는 경우
   가. 비서관
   나. 「정책보좌관의 설치 및 운영에 관한 규정」에 따른 정책보좌관(이하 "정책보좌관"이라 한다)
   다. 비상안전기획관
   라. 대통령경호처의 경호업무 관련 직위
   마. 그 밖에 가목부터 라목까지의 직위에 상응하는 직위
3. 고위공무원단 직위에 상응하는 지방자치단체 또는 지방교육행정기관의 직위에서 지방공무원(일반직 공무원으로 한정하며, 임기제 공무원은 제외한다)으로 재직 중인 사람을 임용령 제48조 제1항 제1호에 따른 인사교류대상 직위에 임용하는 경우(소속 장관이 역량평가를 거쳐 임용하는 것을 요청하는 경우는 제외한다)
4. 고위공무원단 직위 또는 그에 상응하는 직위(법 제2조의2 제2항 제3호 및 이 항 제2호의 직위는 제외한다)에 국가공무원으로 재직하였던 사람을 임용하는 경우
5. 그 밖에 다음 각 목의 어느 하나에 해당하는 경우로서 소속 장관이 인사혁신처장에게 역량평가를 실시하지 않도록 요청하는 경우. 이 경우 인사혁신처장은 특별한 사유가 없으면 그 요청에 따라야 한다.
   가. 고위공무원으로서 역량을 이미 갖추고 있다고 볼 만한 사람을 개방형 직위에 신규채용하는 경우
   나. 인사혁신처장이 정하는 고도의 전문성이 요구되는 직위에 임기제 공무원 또는 별정직 공무원으로 신규채용하는 경우

제11조(역량평가 방법) 역량평가는 4명 이상의 역량평가위원이 참여하여 제시된 직무상황에서 나타나는 평가 대상자의 행동을 관찰하여 그 역량을 평가하는 방법으로 한다.

제3회 정답과 해설 진도별 모의고사

문제 P.279

01	③	02	③	03	②	04	④	05	③
06	③	07	④	08	④	09	④	10	③
11	④	12	④	13	④	14	④	15	②
16	③	17	①	18	①	19	④	20	④

01 ③

中

개념 카테고리 인사행정론 > 공직의 분류 > 직위분류제 > 직렬

| 정답 해설 | ③ 직무의 종류가 유사하고 그 책임과 곤란성의 정도가 서로 다른 직급의 군은 직렬이다.

| 오답 해설 | ① 직위는 1인의 공무원에게 부여할 수 있는 직무와 책임을 말한다.

② 직급은 직무의 종류·곤란성과 책임도가 상당히 유사한 직위의 군이다.

④ 등급은 직무의 종류는 상이하나 직무의 곤란성과 책임도가 상당히 유사한 직위의 군이다.

02 ③

中

개념 카테고리 인사행정론 > 인사행정의 3대 변수 > 능력발전 > 근무성적평정

| 정답 해설 | ③ 근무성적평정은 지원자격 결정·시험·배치·훈련 등의 타당성을 측정하는 객관적 기준이 된다.

03 ②

中

개념 카테고리 인사행정론 > 인사행정의 3대 변수 > 임용 > 시험 > 타당성

| 정답 해설 | ② 제시된 지문은 시험의 효용성 중 내용타당성과 관련이 있다. 내용타당성은 시험을 통해 측정하는 행동이나 질문 주제의 내용이 직무 수행의 중요한 국면을 대표할 수 있느냐 하는 판단과 관련된다. 예를 들어 타이피스트 선발시험에서 실제적인 근무상황에서 사용되는 것과 똑같은 서류양식을 시험문제로 출제하는 경우나, 취재기자 선발시험에서 일반적인 논술 주제가 아닌 구체적인 기사 작성을 시험문제로 출제할 경우, 내용타당성이 확보될 수 있다.

04 ④

上

개념 카테고리 재무행정론 > 기초이론 > 공공재원 > 조세

| 정답 해설 | ④ 조세는 현 세대의 의사결정에 대한 재정 부담이 미래 세대로 전가되지 않는다는 장점이 있다.

| 플러스 이론 | **정부지출의 재원으로서 조세의 장점**

- 이자 부담이 없으며 부채관리와 관련된 재원관리 비용이 발생하지 않는다.
- 납세자인 국민들은 정부지출을 통제하고 성과에 대한 직접적인 책임을 강하게 요구할 수 있다.
- 현 세대의 의사결정에 대한 재정 부담이 미래 세대로 전가되지 않는다.
- 장기적으로 차입보다 비용이 저렴하다.

05 ③

上

개념 카테고리 재무행정론 > 기초이론 > 예산의 종류 > 예산총계

| 정답 해설 | ③ 모든 수입을 세입으로 계상한 예산은 총계예산이라고 한다. 예산총계는 일반회계와 특별회계 간에 전입금 또는 전출금 등의 형태로 이전 시 중복계산 분을 차감하지 않고 이중계산된 규모로 예산을 파악한 것을 말한다.

| 플러스 이론 | **총계예산과 순계예산, 예산총계와 예산순계**

총계예산	모든 수입을 세입으로 계상한 예산
순계예산	징세비를 공제한 순수입을 세입으로 계상한 것
예산총계	일반회계+특별회계
예산순계	예산총계−중복 부분

06 ③

中

개념 카테고리 재무행정론 > 예산과정론 > 예산심의

| 정답 해설 | ③ 전통적으로 국회는 정부예산을 통제·감독한다고 인식되었지만, 현실은 그러하지 않다. 최근 예산심의의 실태를 보면, 상임위원회가 소관부처의 이해관계를 대변하여 국회 예산심의과정에서 정부예산안보다 예산이 오히려 증액되는 경우가 있다.

07 ④

中

개념 카테고리 재무행정론 > 예산과정론 > 재정개혁 > 총액배분·자율편성제도

| 정답 해설 | ④ 기획재정부가 정한 총액 내에서 의원들의 관심이 높은 사업은 '소규모' 혹은 우선순위를 '낮게' 설정해 예산심의에서 증액을 유도할 수 있다. 국회심의과정에서 증액된 부분은 부처별 한도액의 제한을 받지 않는다.

08 ④ 上

개념 카테고리 재무행정론 > 예산과정론 > 회계검사 > 정부회계

| 정답 해설 | ④ 현금주의 방식에 의한 단식부기는 재정의 총괄적이고 체계적인 파악이 곤란하고, 미래의 재정에 영향을 미치는 자산·부채를 체계적으로 인식하지 못해 정부재정의 건전성을 제대로 판단하지 못하며, 오류의 자기검증 및 회계 간의 연계성 분석기능이 취약하다.

09 ④ 上

개념 카테고리 재무행정론 > 예산과정론 > 예산편성

| 정답 해설 | 세출예산요구액을 감액하고자 할 때 국무회의에서 해당 독립기관의 장의 의견을 들어야 하는 독립기관은 국회·대법원·헌법재판소 및 중앙선거관리위원회이며, 감사원의 세출예산요구액을 감액하고자 할 때도 국무회의에서 감사원장의 의견을 들어야 한다.

| 함께 보는 법령 | 「국가재정법」

> **제6조(독립기관 및 중앙관서)** ① 이 법에서 "독립기관"이라 함은 국회·대법원·헌법재판소 및 중앙선거관리위원회를 말한다.
> **제40조(독립기관의 예산)** ① 정부는 독립기관의 예산을 편성할 때 해당 독립기관의 장의 의견을 최대한 존중하여야 하며, 국가재정상황 등에 따라 조정이 필요한 때에는 해당 독립기관의 장과 미리 협의하여야 한다.
> ② 정부는 제1항의 규정에 따른 협의에도 불구하고 독립기관의 세출예산요구액을 감액하고자 할 때에는 국무회의에서 해당 독립기관의 장의 의견을 들어야 하며, 정부가 독립기관의 세출예산요구액을 감액한 때에는 그 규모 및 이유, 감액에 대한 독립기관의 장의 의견을 국회에 제출하여야 한다.
> **제41조(감사원의 예산)** 정부는 감사원의 세출예산요구액을 감액하고자 할 때에는 국무회의에서 감사원장의 의견을 들어야 한다.

10 ③ 下

개념 카테고리 재무행정론 > 예산제도론 > 예산결정이론 > 합리주의

| 정답 해설 | ③ 합리주의는 예산배분의 문제를 해결하기 위해 이론이나 모형을 구성하고 이에 기초해서 계량모형을 통해 최적의 해결방안을 모색하는 반면, 예산의 정치적 성격은 다양한 이해관계의 조정을 의미한다. 그 결과, 예산의 변화는 점증적이게 된다. 점증주의 예산결정은 보수성, 기득권 옹호, 안정성 등을 특징으로 한다.

11 ④ 中

개념 카테고리 재무행정론 > 예산제도론 > 예산제도 > 영기준 예산제도(ZBB)

| 정답 해설 | ④ 객관적 기준을 사용하는 계획예산제도(PPBS)와는 달리 영기준 예산제도(ZBB)는 우선순위를 설정할 때 의사결정자들의 주관적 판단에 많이 의존한다.

12 ④ 中

개념 카테고리 행정환류론 > 행정책임과 통제 > 행정통제

| 정답 해설 | ④ 총액인건비제도의 도입 등 각급 기관의 자율성을 확대하는 방향으로 정부개혁이 추진되고 있어, 중앙행정부처에 의한 통제는 점차 어려워지고 있는 경향이 있다.

13 ④ 中

개념 카테고리 지방행정론 > 정부 간 관계 > 국가의 지도·감독

| 정답 해설 | ④ 주무부장관이나 시·도지사의 재의 요구에는 월권이 포함되지 않는다.

| 함께 보는 법령 | 「지방자치법」

> **제192조(지방의회 의결의 재의와 제소)** ① 지방의회의 의결이 법령에 위반되거나 공익을 현저히 해친다고 판단되면 시·도에 대해서는 주무부장관이, 시·군 및 자치구에 대해서는 시·도지사가 해당 지방자치단체의 장에게 재의를 요구하게 할 수 있고, 재의 요구 지시를 받은 지방자치단체의 장은 의결사항을 이송받은 날부터 20일 이내에 지방의회에 이유를 붙여 재의를 요구하여야 한다.

14 ④ 上

개념 카테고리 지방행정론 > 정부 간 관계 > 중앙분쟁조정위원회

| 정답 해설 | ④ 동일 광역자치단체 내 기초자치단체 간의 분쟁은 시·도에 설치된 지방자치단체 지방분쟁조정위원회에서 조정한다.

| 함께 보는 법령 | 「지방자치법」

> **제166조(지방자치단체 중앙분쟁조정위원회 등의 설치와 구성 등)** ① 제165조 제1항에 따른 분쟁의 조정과 제173조 제1항에 따른 협의사항의 조정에 필요한 사항을 심의·의결하기 위하여 행정안전부에 지방자치단체 중앙분쟁조정위원회(이하 "중앙분쟁조정위원회"라 한다)를, 시·도에 지방자치단체 지방분쟁조정위원회(이하 "지방분쟁조정위원회"라 한다)를 둔다.
> ② 중앙분쟁조정위원회는 다음 각 호의 분쟁을 심의·의결한다.
> 1. 시·도 간 또는 그 장 간의 분쟁
> 2. 시·도를 달리하는 시·군 및 자치구 간 또는 그 장 간의 분쟁
> 3. 시·도와 시·군 및 자치구 간 또는 그 장 간의 분쟁
> 4. 시·도와 지방자치단체조합 간 또는 그 장 간의 분쟁
> 5. 시·도를 달리하는 시·군 및 자치구와 지방자치단체조합 간 또는 그 장 간의 분쟁
> 6. 시·도를 달리하는 지방자치단체조합 간 또는 그 장 간의 분쟁
> ③ 지방분쟁조정위원회는 제2항 각 호에 해당하지 아니하는 지방자치단체·지방자치단체조합 간 또는 그 장 간의 분쟁을 심의·의결한다.

15 ② 下

개념 카테고리 지방행정론 > 정부 간 관계 > 특별지방행정기관

| 정답 해설 | ② 특별지방행정기관은 국가의 사무를 집행하기 위해 중앙부처에서 설치한 일선집행기관으로, 국가업무의 효율적이고 광역적인 추진이 용이하다.

16 ③

下

개념 카테고리 지방행정론 > 지자체 운영체계 > 지자체의 기관구성 > 기관통합형과 기관대립형

| 정답 해설 | ③ 기관통합형은 의회와 집행부가 통합되어 있기 때문에 임기 동안 지방자치행정을 기관 간의 마찰 없이 안정적으로 수행할 수 있다. 하지만, 정치상황에 따라서는 의회와 집행기관 간 견제와 균형관계에서 기대되는 민주정치의 이익을 희생해야 한다는 단점이 있다. 반면, 기관대립형은 행정책임의 소재가 분명하다는 장점이 있으나, 집행부와 의회의 기구가 병존함에 따르는 비효율성과 양 기관의 마찰로 인한 피해가 있을 수 있다. 즉, 의회와 집행기관 간에 견제와 균형이 용이한 것은 기관통합형이 아니라 기관대립형이다.

17 ①

中

개념 카테고리 지방행정론 > 주민참여제도 > 우리나라 주민참여제도

| 정답 해설 | ① 「지방자치법」에서 정한 주민참여의 방식에는 주민총회가 포함되어 있지 않다.

18 ①

上

개념 카테고리 지방행정론 > 지방재정 > 긴급재정관리단체

| 정답 해설 | ① 행정안전부장관은 소속 공무원의 인건비를 30일 이상 지급하지 못한 경우 등 지방자치단체가 자력으로 그 재정위기상황을 극복하기 어렵다고 판단되는 경우에는 해당 지방자치단체를 긴급재정관리단체로 지정할 수 있다.

| 함께 보는 법령 | 「지방재정법」

제60조의3(긴급재정관리단체의 지정 및 해제) ① 행정안전부장관은 지방자치단체가 다음 각 호의 어느 하나에 해당하여 자력으로 그 재정위기상황을 극복하기 어렵다고 판단되는 경우에는 해당 지방자치단체를 긴급재정관리단체로 지정할 수 있다. 이 경우 행정안전부장관은 긴급재정관리단체로 지정하려는 지방자치단체의 장과 지방의회의 의견을 미리 들어야 한다.

1. 제55조의2에 따라 재정위기단체로 지정된 지방자치단체가 제55조의3에 따른 재정건전화계획을 3년간 이행하였음에도 불구하고 재정위기단체로 지정된 때부터 3년이 지난 날 또는 그 이후의 지방자치단체의 재정위험 수준이 재정위기단체로 지정된 때보다 대통령령으로 정하는 수준 이하로 악화된 경우
2. 소속 공무원의 인건비를 30일 이상 지급하지 못한 경우
3. 상환일이 도래한 채무의 원금 또는 이자에 대한 상환을 60일 이상 이행하지 못한 경우

19 ④

中

개념 카테고리 지방행정론 > 지방재정 > 사후적 재정관리제도

| 정답 해설 | ④ 지방재정분석 및 진단제도는 재정보고서의 내용을 분석하는 것이므로, 사후적 재정관리제도에 해당한다.

| 플러스 이론 | 지방재정관리제도

주체		사전예산관리	사후재정관리
중앙정부	재정·예산관리	• 지방자치단체 예산편성 기준(매뉴얼) • 중기지방재정계획 • 지방재정투자심사 • 국고보조사업 운영지침(개별 부처) • 지방채 발행(총액한도액 초과 발행)	• 지방재정분석 및 재정진단 • 지방재정위기 사전경보 시스템(현, 지방재정위기 관리제도) • 보통교부세 인센티브제 • 지방교부세 감액제 • 국고보조사업 정산 보고 • 발생주의, 복식부기 정부회계 • 감사원 감사와 국회의 국정감사
중앙정부	정책관리	• 성인지 예산제도(여성가족부) • 성별영향평가제도(여성가족부) • 참여예산제(행정안전부)	• 행정안전부 합동평가(국고보조사업) • 국고보조사업평가(기획재정부)
지방자치단체		• 프로그램 예산제도 • 지방채 발행(한도액 이내 발행) • 성과관리계획(서울특별시)	• 행정사무 감사(지방의회) • 재정사업 평가(전북 등 자체 평가)
지역주민		주민참여 및 감시(주민참여예산)	재정운영상황 공개(재정공시), 주민소송제도

20 ④

中

개념 카테고리 지방행정론 > 지방재정 > 의존재원 > 특별교부세

| 정답 해설 | ④ 기준재정수입액이 기준재정수요액에 못 미치는 경우는 보통교부세의 교부 대상에 해당한다.

| 함께 보는 법령 | 「지방교부세법」

제6조(보통교부세의 교부) ① 보통교부세는 해마다 기준재정수입액이 기준재정수요액에 못 미치는 지방자치단체에 그 미달액을 기초로 교부한다. 다만, 자치구의 경우에는 기준재정수요액과 기준재정수입액을 각각 해당 특별시 또는 광역시의 기준재정수요액 및 기준재정수입액과 합산하여 산정한 후, 그 특별시 또는 광역시에 교부한다.

제9조(특별교부세의 교부) ① 특별교부세는 다음 각 호의 구분에 따라 교부한다.

1. 기준재정수요액의 산정방법으로는 파악할 수 없는 지역 현안에 대한 특별한 재정수요가 있는 경우: 특별교부세 재원의 100분의 40에 해당하는 금액
2. 보통교부세의 산정기일 후에 발생한 재난을 복구하거나 재난 및 안전관리를 위한 특별한 재정수요가 생기거나 재정수입이 감소한 경우: 특별교부세 재원의 100분의 50에 해당하는 금액
3. 국가적 장려사업, 국가와 지방자치단체 간에 시급한 협력이 필요한 사업, 지역 역점시책 또는 지방행정 및 재정 운용 실적이 우수한 지방자치단체에 재정 지원 등 특별한 재정수요가 있을 경우: 특별교부세 재원의 100분의 10에 해당하는 금액

② 행정안전부장관은 지방자치단체의 장이 제1항 각 호에 따른 특별교부세의 교부를 신청하는 경우에는 이를 심사하여 특별교부세를 교부한다. 다만, 행정안전부장관이 필요하다고 인정하는 경우에는 신청이 없는 경우에도 일정한 기준을 정하여 특별교부세를 교부할 수 있다.

합격을 당기는 전략

기출회독 최종점검

문제풀이 집중훈련

합격을 당기는 전략
기출회독 최종점검
문제풀이 집중훈련

정답과 해설

2025

에듀윌 7·9급공무원

행정학 | 해설편

고객의 꿈, 직원의 꿈, 지역사회의 꿈을 실현한다

에듀윌 도서몰 book.eduwill.net	• 부가학습자료 및 정오표: 에듀윌 도서몰 > 도서자료실 • 교재 문의: 에듀윌 도서몰 > 문의하기 > 교재(내용, 출간) / 주문 및 배송